Intensivtäterinnen
beim Diebstahl

Europäische Hochschulschriften
Publications Universitaires Européennes
European University Studies

Reihe II
Rechtswissenschaft

Série II Series II
Droit
Law

Bd./Vol. 3192

PETER LANG
Frankfurt am Main · Berlin · Bern · Bruxelles · New York · Oxford · Wien

Elke Grützediek

Intensivtäterinnen beim Diebstahl

PETER LANG
Europäischer Verlag der Wissenschaften

Die Deutsche Bibliothek - CIP-Einheitsaufnahme

Grützediek, Elke:

Intensivtäterinnen beim Diebstahl / Elke Grützediek. - Frankfurt am Main ; Berlin ; Bern ; Bruxelles ; New York ; Oxford ; Wien : Lang, 2001
(Europäische Hochschulschriften : Reihe 2, Rechtswissenschaft ; Bd. 3192)
Zugl.: München, Univ., Diss., 2000
ISBN 3-631-37851-3

D 19
ISSN 0531-7312
ISBN 3-631-37851-3

www.peterlang.de

Meinen Eltern

Vorwort

Die Arbeit hat im Wintersemester 2000/2001 der Juristischen Fakultät der Ludwig-Maximilians-Universität München vorgelegen.

Ich danke meinem Doktorvater, Herrn Prof. Dr. Schöch, der das Thema der Dissertation anregte und die Arbeit betreute. Zudem bin ich ihm – wie auch dem Zweitgutachter, Herrn Prof. Dr. Schroth – für die Erstellung des Gutachtens zu Dank verpflichtet.

Des weiteren danke ich Frau Gertraud Koob-Sodtke, ohne deren wertvolle Hilfe die Erstellung der Arbeit nicht möglich gewesen wäre.

Dank gilt auch meiner Familie für ihre Unterstützung.

Elke Grützediek

Inhaltsübersicht

Inhaltsverzeichnis

Zweiter Teil: Eigene Untersuchung

§ 1 Einleitung

Die Thematik der weiblichen Kriminalität ist eng verknüpft mit dem Problem der Diebstahlsdelinquenz. Dies nicht nur, weil Frauen statistisch gesehen an Diebstählen stärker beteiligt sind als an anderen Straftaten, sondern auch weil weibliche Diebstahlsdelinquentinnen vielfach mit einem Phänomen in Verbindung gebracht werden, welches als „Kleptomanie“ oder „pathologisches Stehlen“ bezeichnet wird.[1]
Die Diskussion über die „Kleptomanie“ (griech.: kleptein = stehlen) reicht bis ins letzte Jahrhundert zurück und ist auch heute noch nicht zum Stillstand gekommen. Ätiologische Ansätze auf diesem Gebiet erstrecken sich von der Behauptung der „exzessiv ausschweifenden Begehrlichkeit des Weibes“[2] bis hin zu den unterschiedlichsten psychopathologischen Erklärungen und (vermeintlich) objektiven Abgrenzungskriterien, ohne daß die „Unerklärlichkeit“ der Taten im Ergebnis gelöst werden konnte.

Auch heute sehen sich Juristen, Psychiater, Psychologen und Soziologen bisweilen mit rückfälligen Delinquenten konfrontiert, deren Diebstahlshandlungen sich nur schwer einordnen lassen. Hiermit ist bereits eine der einschneidenden Schwierigkeiten bei der Beurteilung solcher Fälle angesprochen, nämlich die Beteiligung mehrerer Berufsgruppen mit unterschiedlichem Hintergrund und verschiedenen Fachsprachen: Zum einen der Richter, der eine strafrechtliche Entscheidung zu fällen hat, zum anderen der Gerichtspsychiater, der eine Einschätzung zur Schuldfähigkeit treffen muß, und schließlich die Psychotherapeuten und Sozialpädagogen, welche letztendlich eine Behandlung des Betreffenden durchführen. Die Frage nach der Qualifizierung der Tat als „pathologisch“ und die Rückfallvermeidung - gegebenenfalls durch eine therapeutische Behandlung - stehen in solchen Verfahren im Mittelpunkt.

Die vorliegende Untersuchung beleuchtet diese beiden Aspekte primär aus dem juristischen Blickwinkel, jedoch konnte und sollte auf die Zuhilfenahme der Erkenntnisse aus den beteiligten Wissenschaften schon wegen der Natur der Problematik nicht verzichtet werden.
Der Erste Teil liefert einen Überblick über die Spezifika weiblicher Diebstahlskriminalität. Unter diesem Gesichtspunkt werden zunächst die statistischen Daten dargestellt, bevor auf die Stimmen aus der Literatur eingegangen wird. Der Schwerpunkt in diesem Bereich liegt auf Beiträgen zur psychisch auffälligen Ladendiebin, wobei die Begriffe der Kleptomanie und des pathologischen Stehlens näher erläutert werden. Die sich hieraus ergebende spezifische Rückfall-

---

[1] *Suttinger*, in: HWB der Kriminologie, S.133; *Müller*, Lexikon der Psychiatrie, S.301; näher hierzu unter § 3 A. III.
[2] *Amelunxen*, 1958, zitiert nach *Krause*, MschrKrim 1963, 49, 55

und Sanktionsproblematik ist Thema des letzten Abschnitts. Letztlich führen die aus der Statistik und den Ansätzen der Literatur gewonnenen Überlegungen zur eingangs erwähnten Fragestellung, unter der die hier vorliegende Untersuchung durchgeführt wurde.
Im Zweiten Teil wurden acht Einzelfallstudien von rückfälligen Diebstahlsdelinquentinnen angefertigt. Die mittels Interview und Aktenstudium untersuchten Probandinnen sind Mitglieder einer Bewährungshilfegruppe in Ingolstadt, welche auf die gruppentherapeutische Behandlung weiblicher Diebstahltäterinnen spezialisiert ist (hierzu i.e. § 7). Sodann wurden die gewonnenen Erhebungen anhand der Methode der idealtypisch-vergleichenden Einzelfallanalyse nach *Göppinger* ausgewertet und ausgewählten Vergleichsfällen auf verschiedenen Ebenen gegenüber gestellt (siehe ausführlich zur Vorgehensweise §§ 8 bis 10).

Erster Teil: Frauenkriminalität und Diebstahlsdelikte

§ 2 Statistik

A. Statistik und Frauenkriminalität

Seit jeher liegt der Anteil der Frauen an der Gesamtkriminalität weit unter ihrem Bevölkerungsanteil. Während der weibliche Bevölkerungsanteil über 50% ausmacht,[3] liegt die Frauenquote 1997 in bezug auf die Tatverdächtigenzahlen (TVZ) bei allen Delikten insgesamt lediglich bei 24,4%.[4] Auffallend ist, daß die geringe Beteiligung der Frauen sowohl international als auch zeitlich gesehen relativ konstant bleibt.[5] Obwohl die Unterschiede zwischen Männer- und Frauenkriminalität nach Ergebnissen der Dunkelfeldforschung in Wirklichkeit geringer sind, als sie in den Statistiken erscheinen, bleibt doch ein erhebliches Übergewicht der männlichen Kriminellen bestehen. Während das Hellfeld 1 : 4 beträgt, geht man von einem Dunkelfeld von 1 : 2 aus.[6]

B. Statistik der Diebstahlskriminalität bei Frauen

I. Allgemeine Beteiligung an Diebstahlsdelikten

1. Aktueller Stand (1997)

Das häufigste Delikt, das Frauen begehen, ist der Diebstahl. Insgesamt lagen die weiblichen Täterinnen (TVZ: 255.343) 1997 mit einem Anteil von 30,8% über

[3]Statistisches Jahrbuch 1998, S.60: weiblich: 42.057.300; männlich: 39.954.800
[4]PKS 1997, S.71
[5]*Schneider*, in: GS für Kaufmann, 267, 268
[6]*Schwind*, § 3 Rn.42; *Kreuzer*, NStZ 1994, S.13

ihrer Gesamtbeteiligung von 24,4%.[7] Auffallend ist, daß sie bei Diebstählen unter erschwerenden Umständen erheblich unterrepräsentiert waren (1997 lediglich 7,9%[8], absolut: 13.058), während der Diebstahl ohne erschwerende Umstände bei Frauen 34,6% der Tatverdächtigen (TVZ: 245.510) ausmachte.[9] Beim Diebstahl ohne erschwerende Umstände differenziert die Polizeiliche Kriminalstatistik (PKS) weiter: Eine Untergruppe ist der „Diebstahl aus Warenhäusern, Verkaufsräumen und Selbstbedienungsläden", hierunter fällt wiederum als Untergruppe der „Ladendiebstahl". Den Schwerpunkt bildet im Hinblick auf die weibliche Beteiligung der Ladendiebstahl, bei dem 39,1%[10] aller Tatverdächtigen (TVZ: 218.473), die in der Untergruppe „Diebstahls aus Warenhäusern, Verkaufsräumen und Selbstbedienungsläden" registriert wurden, weiblichen Geschlechts waren. (Bei den Zahlen ist zu beachten, daß man beim „einfachen" Diebstahl von einem hohen Dunkelfeld ausgeht.[11]) In Tabelle 1 wird die Verteilung nach Diebstahlsarten, wie sie in der PKS zugrunde gelegt wird, noch einmal dargestellt:

Tab. 1: Anteil der weiblichen Täterinnen an den Diebstahlsarten 1997[12]

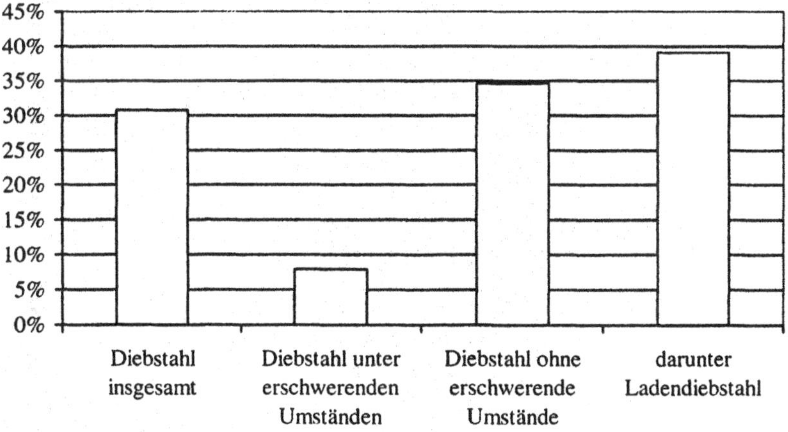

Daher ist in der Folge das Augenmerk insbesondere auf den Diebstahl ohne erschwerende Umstände bzw. den Ladendiebstahl zu richten. Unter letzterem wird

[7] PKS 1997, S.171
[8] PKS 1997, S.163
[9] PKS 1997, S.156
[10] PKS 1997, S.158
[11] PKS 1997, S.155
[12] PKS 1997, S.171, 163, 156, 158

laut PKS der „Diebstahl von ausgelegten Waren durch Kunden während der Geschäftszeit" verstanden.[13]

2. Entwicklung seit 1955 bzw. 1977

Die Tatverdächtigenzahlen beim Diebstahl ohne erschwerende Umstände bei Männern und Frauen insgesamt sind seit 1955 erheblich angestiegen, und zwar um 388,13 % (1955: 179.703[14]; 1998: 697.486[15]). Die folgende Tabelle 2 zeigt die Entwicklung im Überblick:

Tab. 2: Tatverdächtigenzahl en (männlich und weiblich zusammen) beim Diebstahl ohne erschwerende Umstände[16]

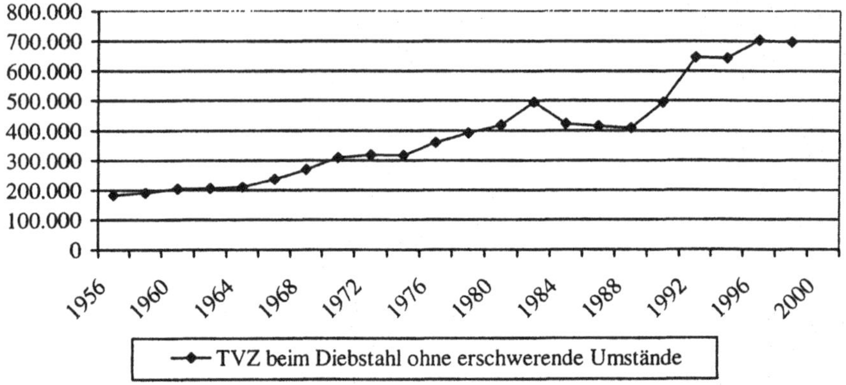

Während nach *Kaiser*[17] der Anstieg des einfachen Diebstahls von 1955 bis 1990 unter dem Anstieg der Gesamtkriminalität (160% zu 182%) liegt, kommt *Michaelis*[18] für den Ladendiebstahl zu dem Ergebnis, daß zwischen 1979 und 1987 ein Anstieg erfolgte, der über dem der Gesamtkriminalität liegt (32,2% zu 25,8%).

[13]PKS 1997, S.13
[14]PKS 1955, S.49
[15]Bulletin zur PKS 1998 Nr.29, S.283
[16]Quelle: PKS 1956 bis 1998
[17]*Kaiser*, S.472
[18]*Michaelis*, S.9

Auch bei den weiblichen Täterinnen hat sich die absolute Zahl der Delinquentinnen seit 1977 beim Ladendiebstahl erhöht (1977: 90.796[19]; 1997: 218.533[20]). Die folgende Tabelle gibt Aufschluß über die Verteilung der männlichen und weiblichen Täterzahlen beim Ladendiebstahl:

Tab. 3 : Tatverdächtigenzahlen (männlich und weiblich getrennt) beim Ladendiebstahl[21]

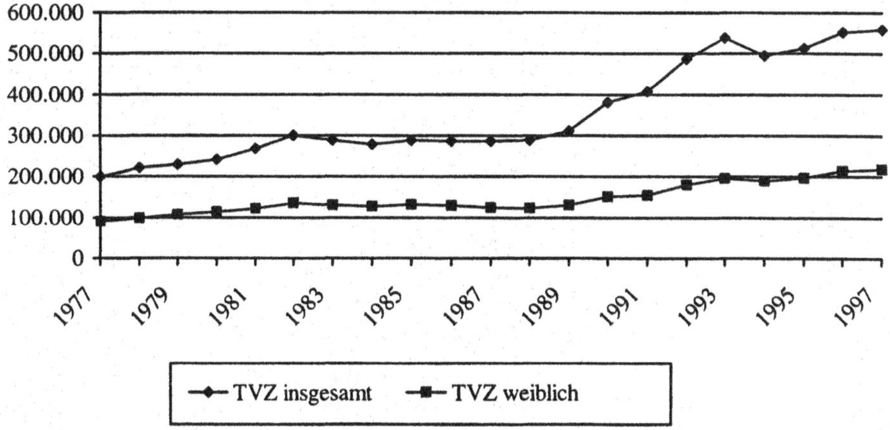

Aus Tabelle 3 wird bereits ersichtlich, daß sich - trotz des Anstiegs der absoluten Zahlen auch bei den Frauen - das Verhältnis zu Lasten der männlichen Täter verschoben hat, d.h. daß die Anzahl der männlichen Ladendiebe seit 1990 überproportional im Vergleich zur Zahl der weiblichen Täterinnen angestiegen ist. Diese Entwicklung wird ebenso in der folgenden Tabelle 4 deutlich, in der die prozentualen Anteile der Frauen beim Diebstahl ohne erschwerende Umstände bzw. beim Ladendiebstahl dargestellt sind:

[19]PKS 1977, S.78
[20]PKS 1997, S.156
[21]Quelle: PKS 1977 bis 1997; die PKS vor 1977 führt lediglich den „einfachen" Diebstahl, nicht aber den „Ladendiebstahl" auf.

Tab. 4: Anteil der weiblichen Täterinnen am Diebstahl ohne erschwerende Umstände und am Ladendiebstahl[22]

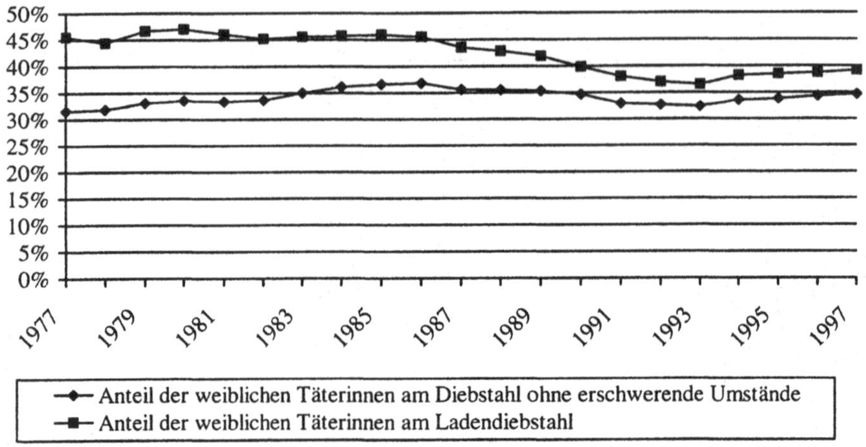

Ausweislich Tabelle 4 ist die weibliche Beteiligung seit 1977 gesunken. Aus dieser Entwicklung heraus kann bereits festgestellt werden: Der Ladendiebstahl ist nicht mehr das von Frauen beherrschte Delikt, so daß die Aussage, „dem Ladendiebstahl komme beim männlichen Geschlecht kaum Bedeutung zu"[23], nicht mehr haltbar ist. Als Gründe für den Anstieg der männlichen Täter werden u.a. die Veränderung der Kaufbevölkerung angeführt, da mehr Männer im Zuge der Änderung der geschlechtsspezifischen Rollenverteilung Einkäufe erledigen.[24] Außerdem sei das Heiratsalter angestiegen, welches zu einer stärkeren Repräsentation der Junggesellen in Warenhäusern führte.[25] Dennoch bleibt bei der Untersuchung der Frauenkriminalität der Diebstahl das herausragende Delikt.

II. Altersstruktur der weiblichen Diebstahlskriminalität

Delikte im Bereich der Diebstahlskriminalität werden überwiegend von jüngeren (Kindern und Jugendlichen) und älteren (über 60jährigen) Frauen begangen.[26] Zwar liegt auch in diesen Altersstufen die Anzahl der weiblichen Täterinnen

[22]Quelle: PKS 1977 bis 1997
[23]vgl. *Krause*, MschrKrim 1963, 49, 55
[24]*Krause*, MschrKrim 1963, 49, 57f.
[25]*Wagner*, Ladendiebstahl, S.21 f.
[26]*Göppinger*, S.52; *Schwind*, § 3 Rn.41; *Geerds*, in: HWB der Kriminologie, S.347

immer noch unter der der Männer, jedoch ist bereits bei den 14- bis 16jährigen Ladendiebinnen 1997 bereits ein Anteil von ca. 46% festzustellen,[27] während es 1993 erst ca. 36 % waren.[28] Frauen bzw. Mädchen begehen in diesem Alter in der Regel Diebstähle. So fielen 80,3% aller tatverdächtigen weiblichen Kinder wegen Diebstahls ohne erschwerende Umstände auf, bei den Jugendlichen waren es immerhin noch 65,0%.[29] Während in den folgenden Altersstufen der Anteil „nur" zwischen 41,2% (Heranwachsende), 33,9% (21 bis 24jährige), 32,4% (25 bis 19jährige) und 38,5% (30 bis 59jährige) liegt, steigt er bei den über 60jährigen wieder auf 70,2%.[30]

III. Familienstand und Beruf weiblicher Diebinnen

1. Familienstand

In den Untersuchungen von *Wagner* und *Michaelis* waren in der Gruppe der Ledigen die Männer überrepräsentiert, während bei den Verheirateten die Frauen den größeren Anteil ausmachten (78,8%[31] bzw. 54,4%[32]).

2. Beruf

Bei der Unterteilung in Berufe in verschiedenen Untersuchungen waren Frauen besonders in den Berufsgruppen der Angestellten, Rentner und Hausfrauen repräsentiert. So waren bei *Wagner*[33] 7,2% der Täter Hausfrauen und 12% Rentner, wobei 72% der Rentner weiblich waren. *Stephani*[34] kam sogar auf einen Anteil der Hausfrauen von 46,5%, Angestellte machten 12,5% aus, wovon 61% Frauen waren. Auch die Ergebnisse von *Loitz*[35] weisen eine Beteiligung der Hausfrauen von 36,97% auf, während der Anteil der Angestellten (7,14%) zu 75% von weiblichen Täterinnen besetzt wurde. Zu ähnlichen Ergebnissen gelangte auch *Fekete*.[36]

---

[27] PKS 1997, S.156
[28] PKS 1993, S.152
[29] PKS 1997, S.86
[30] PKS 1997, S.87 f.
[31] *Michaelis*, S.43 f.
[32] *Wagner*, Ladendiebstahl, S.35
[33] *Wagner*, Ladendiebstahl, S.39
[34] *Stephani*, S.29
[35] *Loitz*, S.36
[36] *Fekete*, S.25

Bei den ohnehin schon unterschiedlichen Ergebnissen ist weiterhin zu beachten, daß sie die Situation der achtziger und neunziger Jahre nicht berücksichtigen können und daher Entwicklungen im Berufsleben von Frauen in den letzten zwanzig Jahren nicht bewertet wurden.

§ 3 Einteilung der Diebstahlsdelinquenten

A. Typologien

Eine Vielzahl von Untersuchungen machte es sich zur Aufgabe, Ladendiebe in verschiedene Typen einzuteilen.

I. Unterscheidung nach Berufs- und Gelegenheitsdieben

In früheren Abhandlungen trafen die Autoren am häufigsten die Unterscheidung zwischen professionellen und Gelegenheitsdieben. Die dritte Gruppe bildeten meistens die „Kleptomanen" oder die „psychisch nicht Normalen". So teilten *Suttinger,*[37] *Bethge*[38] und *Dürrmüller*[39] die Ladendiebe in gewerbsmäßige Diebe und Amateur – bzw. Gelegenheitsdiebe und Kleptomanen ein. Unter Gelegenheitsdiebstahl ist nicht das Stehlen aus wirtschaftlicher Not heraus zu verstehen; vielmehr erliegt der Täter „den Versuchungen ausgeklügelter Werbemethoden".[40]

II. Unterscheidung nach Durchschnitts - und Rückfalltätern

Eine zweite Gruppe von Typologien wählt noch feinere Abstufungen und führt insbesondere die Unterscheidung zwischen Durchschnitts – und Rückfalltätern ein.

1. Typologie nach *Geerds*

Geerds gliedert die Ladendiebe in sogenannte antisoziale Rückfalltäter, Entwicklungstäter, psychisch abnorme und Durchschnittstäter.[41]

---

[37] *Suttinger*, in: HWB der Kriminologie, S.117, 133
[38] *Bethge*, S.59 ff.
[39] *Dürrmüller*, Kriminalistik 1972, 244
[40] *Suttinger*, in: HWB der Kriminologie, S.117, 133
[41] *Geerds*, in: FS für Dreher, S.544

Der antisoziale Rückfalldieb zeichnet sich durch eine aktive, gemeinschaftsfeindliche Einstellung aus; er stiehlt professionell und wiederholt.
Unter die Entwicklungstäter (Kinder, Jugendliche, Heranwachsende und Menschen über 60 Jahre) fallen diejenigen Täter, deren kriminellen Handlungen unter dem Einfluß einer bestimmten Entwicklungsphase stehen.
Die größte Gruppe bilden die Durchschnittstäter, die sich in ihrem Sozialverhalten nicht vom Durchschnitt der Bevölkerung unterscheiden.[42]

2. Typologie nach *Wagner*

In ähnlicher Weise wie *Geerds* geht *Wagner*[43] vor: Die Durchschnittstäter umfassen die Entwicklungstäter, die psychisch kranken Täter und die Gelegenheitstäter, während die Rückfalltäter in antisoziale und asoziale (d.h. gemeinschaftsuntüchtige, nicht gemeinschaftsfeindliche) Diebe unterteilt werden. Zusätzlich greift Wagner eine dritte Gruppe auf, nämlich die der Rückfall – und Durchschnittstäter aus wirtschaftlicher Not.

3. Typologie nach *Michaelis*

Auf die vorangegangene Klassifizierung baut auch die Typologie von *Michaelis*[44] auf, der allerdings den psychisch Kranken eine eigene Gruppe zuweist und bei den Rückfalltätern eine Untergruppe der Durchschnittstäter bildet.

III. Bedeutung der Typologien für die weibliche Diebstahlskriminalität

Für das hier zu behandelnde Thema der weiblichen Diebstahlskriminalität sind die Typologien dann interessant, sofern sie Aufschluß über die Geschlechterverteilung geben können. Es stellt sich die Frage, ob weibliche Täterinnen in bestimmten Typen überrepräsentiert sind.

Wenn innerhalb der Typologien auf einen verstärkten Anteil der Frauen an einem bestimmten Typ eingegangen wird, so liegt dieser in der Gruppe der „psychisch kranken Täter".

So erklärt *Suttinger,*[45] daß die sogenannten Kleptomanen „meist Frauen" sind, „denen der Stehlakt selbst – vor allem im Gewühl der Menschen – Lustgefühle

---

[42] *Geerds*, in: FS für Dreher, S.544
[43] *Wagner*, Ladendiebstahl, S.98, 102
[44] *Michaelis*, S.133 f.
[45] *Suttinger*, in: HWB der Kriminologie, S.133

bereitet, ...". *Kaess*, der die Stehlhandlung auf gestörte Sexualfunktionen bzw. „innersekretorische Vorgänge" (Pubertät, Menstruation, Gravidität) zurückführte (hierzu siehe unten § 4 B. 6.), schließt hieraus: „Es ist also kein Zufall, daß bei Frauen die Kleptomanie ungleich stärker verbreitet ist als bei Männern; die Frau ist doch wesentlich mehr körperlichen Krisen unterworfen."[46]
Ebenso verweist *Geerds*[47] in seiner Gruppe „Psychisch abnorme Täter" auf die relativ hohe Belastung des weiblichen Geschlechts. Auch *Tegel*[48] spricht in seiner Beschreibung von Kleptomanen und Fetischisten von dem Vorherrschen der weiblichen Täter.
Schumann erklärt, daß, soweit die Ausdehnung und Sinnlosigkeit von Diebstählen eine triebhafte Unwiderstehlichkeit des Dranges nahelegen, das weibliche Geschlecht bei weitem überwiege.[49] Im Lexikon der Psychiatrie[50] findet man den Hinweis, daß es sich bei Kleptomanen typischerweise um Frauen handelt. Insbesondere die ältere Literatur geht davon aus, daß die Kleptomanie fast ausschließlich bei Frauen vorliegt.[51]

B. Unterscheidung der Diebstahlstäter nach Motivationen

I. Untersuchung von *Michaelis*

Eine konsequente Aufschlüsselung nach Geschlecht führt *Michaelis* in seiner Untersuchung durch, die sich mit der Motivation der Täter beschäftigt.[52] Die entdeckten Täter wurden nach dem Grund des Diebstahls befragt, wobei die angegebenen Motive von „keine Ahnung, warum" über „Ich hatte kein Geld" bis zu „Es hat mich gereizt" reichten.

Frauen fielen mit folgenden Antworten auf:

- Über die Hälfte derjenigen, die keine Erklärung geben konnten („keine Ahnung", „Ich habe mir nichts dabei gedacht"), waren Frauen.
- Dagegen waren Frauen bei dem Motiv „Die Ware hat mir gut gefallen" nicht überrepräsentiert (anders *Wagner*[53]).

---

[46] *Kaess*, MschrKrim 1958, 46, 47
[47] *Geerds*, in: FS für Dreher, S.533, 542
[48] *Tegel*, Kriminalistik 1963, 203
[49] *v.Schumann*, S.93
[50] *Müller*, Lexikon der Psychiatrie, S.301; ebenso *Bleuler*, Lehrbuch der Psychiatrie, S.527; *Luthe*, S.185; *Schorsch*, in: Psychiatrische Begutachtung, 1986, S.308; *Comer*, Klinische Psychologie, S.614
[51] *v.Hentig*, S.53
[52] *Michaelis*, S.76 ff.
[53] *Wagner*, Ladendiebstahl, S.87

- Eine echte Notlage gab in der Untersuchung keine einzige Frau an.
- Am auffälligsten war die Beteiligung weiblicher Täterinnen an den Antworten „Reiz, Spaß“ (100% weibliche Beteiligung) und „Lustgefühl, unerklärlicher Zwang“ (85,7% weibliche Beteiligung).

II. Untersuchung von *Wagner*

Eine ähnliche Untersuchung hatte auch *Wagner*[54] durchgeführt. Frauen zeigten bei folgenden Antworten eine besondere Präsenz:

- „Keine Erklärung“ (zwei Drittel der Probanden waren Frauen);
- 69,6% derjenigen, die stahlen, weil ihnen „die Ware gut gefallen hat“, waren Frauen;
- Während Männer häufiger unter Alkoholeinfluß standen, waren in 75% der Fälle, in denen Tabletten eine Rolle spielten, die Täter weiblich;
- Bei der Angabe „Nervliche Belastung“ ergab sich ein Frauenanteil von 77,8%.

C. Ergebnis

Die Feststellung *Amelunxens*,[55] „daß diese Kriminalitätsform (Ladendiebstahl) eben der spezifisch weiblichen Naturanlage entspricht, dem unausgeglichenen vasomotorischen System, den sprunghaften Körperfunktionen“, wird der weiblichen Diebstahlskriminalität nicht mehr gerecht. Wie oben bereits festgestellt, ist der Ladendiebstahl kein reines Frauendelikt[56] und erst recht kein Delikt, welches vornehmlich psychisch kranke Frauen begehen.
Aus den Untersuchungen ergibt sich jedoch zumindest die Tendenz, daß Frauen – wenn überhaupt – besonders in der Gruppe der psychisch Gestörten auffallen. *Fekete* weist allerdings darauf hin, daß sich Frauen eher von sich aus zu einer psychiatrischen Untersuchung bereit erklärten, da es Männern schwerer falle, ihren Diebstahl als Folge einer psychischen Krankheit anzusehen.[57] Außerdem wird darauf hingewiesen, daß die stärkere Beteiligung der Frauen auch auf selektive Zuschreibungsprozesse zurückgeführt werden könnte: Weil krankhaftes Stehlen nach allgemeiner Meinung ein frauenspezifisches Phänomen darstelle, seien Juristen eher geneigt, krankhaftes Handeln den weiblichen Tätern zu unterstellen. Zudem seien Frauen beim Einkaufen noch immer überrepräsentiert.[58]

---

[54] *Wagner*, Ladendiebstahl, S.87 ff.
[55] *Amelunxen*, S.17
[56] so bereits *Krause*, MschrKrim 1963, 49, 73
[57] *Fekete*, S.48 f.; ebenso *Wagner*, Sanktionspraxis, S.244; *Leygraf/Windgassen*, Strafverteidiger 1991, 86, 87 Fn.14; so auch schon *Krause*, MschrKrim 1963, 49, 57
[58] *Leygraf/Windgassen*, Strafverteidiger 1991, 86, 87 Fn.14

Dennoch soll im folgenden dieser Typ näher beleuchtet werden, wobei stets zu berücksichtigen ist, daß man Ladendiebinnen keinesfalls mit „psychisch abnormen" Persönlichkeiten gleichstellen kann.

§ 4 Die psychisch auffällige Ladendiebin

A. Anteil der psychisch auffälligen Täter

Fraglich ist zunächst, welchen Anteil Täter mit psychischen Auffälligkeiten am Gesamtvolumen der begangenen Diebstähle ausmachen.
Einerseits wird behauptet, daß psychische Krankheiten als Ursachen für den Diebstahl weiter verbreitet seien, als gemeinhin angenommen;[59] es gebe eine ganze Reihe von Ladendieben mit psychischen Defekten.[60] *Schumann* erklärt sogar, Warenhausdiebe seien „vorwiegend psychopathische und neurotische Menschen, die in einer Krisensituation leben."[61] Teilweise nennen Autoren Zahlen von 77%.[62]
Dem stehen jedoch gegenteilige Aussagen gegenüber. *Michaelis*[63] stellt fest, daß „der weitaus überwiegende Teil der Ladendiebstähle (...) von psychisch völlig gesunden Tätern begangen" werde. So werden teilweise Zahlen zwischen maximal 5%[64] und zwischen 5 und 10%[65] angegeben.[66] Auch *Bethge*[67] und *Krause*[68] weisen darauf hin, daß die ganz überwiegende Mehrzahl der Täter keine krankhaft–seelischen Störungen aufweise. Ebenso verweist *Stephani* auf einen Anteil krankhaft Stehlsüchtiger von lediglich 1% hin.[69] *Floru*[70] beschreibt die Fälle, in denen echtes „pathologisches Stehlen" vorliege, gleichfalls als selten. *Junge*[71] vermerkt in seiner Untersuchung zwar psychische Auffälligkeiten in 61% der Fälle, hält die festgestellten Störungen jedoch nicht für gravierend.

---

59 *Möller*, Arch. Psychiat. Nervenkr. 1977, 323, 324; *Mey*, Kriminalistik 1966, 308, 309
60 *Geerds*, in: FS für Dreher, S.533, 540
61 *v.Schumann*, S.114
62 *Rasch/Petersen*, MschrKrim 1965, 187, 191
63 *Michaelis*, S.87; ebenso *Wagner*, Ladendiebstahl, S.84
64 *Wagner*, Ladendiebstahl, S.103; *Comer*, Klinische Psychologie, S.614
65 *Geerds*, in: FS für Dreher, S.533, 541, 543; häufiger seien jedoch partielle und vorübergehende Abnormität vorzufinden.
66 Weitere Untersuchungen, welche von einem Anteil von 4%, 15% bzw. 0% ausgehen, finden sich bei *Fiedler/Mundt*, in: Enzyklopädie der Psychologie, S.409
67 *Bethge*, S.53
68 *Krause*, MschrKrim 1963, 49, 72 f.
69 *Stephanie*, S.13
70 *Floru*, MschrKrim 1974, 72, 76; ebenso *Pauleikhoff/Hoffmann*, Fortschr. Neurol. Psychiat. 1975, 254; *Fekete*, S.47
71 *Junge*, S.46

Bei der isolierten Betrachtung der genannten Einschätzungen erscheinen die Bezeichnungen „psychisch krank“, „psychisch abnorm“ oder „psychisch auffällig“ zu ungenau. Nicht geklärt ist, welche Erkrankungen hiermit gemeint sind, welche Bedeutung die Frage der Schuldunfähigkeit hat und in welchem Zusammenhang der Begriff der Kleptomanie hierzu steht.

B. "Kleptomanie" und "pathologisches Stehlen"

I. Geschichte des Begriffes “Kleptomanie”

1. Begriff der Kleptomanie

Am bekanntesten im Zusammenhang mit "psychisch kranken Dieben" ist wohl der Begriff der Kleptomanie. Hierunter versteht man die Stehlsuch, bei der das Stehlen um des Stehlens und nicht um des Diebesgutes willen erfolgt.[72] Eine andere Definition beschreibt die Kleptomanie als „das wiederholte Stehlen aus unbewußten Motiven und aus einem unwiderstehlichen Drang.“[73]

2. Geschichte des Begriffes der Kleptomanie[74]

Die Bezeichnung „Kleptomanie“ erscheint erstmals 1838 bei *Marc*, der die Kleptomanie den instinktiven Monomanien von *Esquirol* (1816) zuordnete.[75] Monomanien (auch die Pyromanie, Dipsomanie u.a.) zeichneten sich durch ein „partielles Irresein“, d.h. durch einen ungewöhnlichen Trieb bei ansonsten weitgehend unauffälliger psychischer Konstitution aus. *Esquirol* ging von einer krankhaften Beeinträchtigung des Willens aus, welche sich unfreiwillig und unter schlechtem Gewissen in den Handlungen manifestiere.[76] In dieser Gruppe stellte nach *Marc* die Kleptomanie eine nosologische Einheit als moralische Willenskrankheit dar,[77] eine Störung des Begehrungsvermögens.[78] Eine weitere Erklärung als die des Vorliegens einer seelischen Krankheit gab es nicht, vielmehr wurden äußere Merkmale wie die (hohe) gesellschaftliche Stellung des Delinquenten, die relative Wertlosigkeit der Diebstahlsobjekte, ein freiwilliges

[72]*Floru*, MschrKrim 1974, 72, 73; *v.Schumann*, S.11
[73]*Müller*, S.301
[74]Ausführliche Zusammenfassungen finden sich bei *Schmidt*, Zbl. ges. Neurol. Psychiat. 1939, S.1 ff.; *Floru*, MschrKrim 1974, S. 72 ff.; *Krause*, MschrKrim 1963, S.49 ff.
[75]zitiert nach *Krause*, MschrKrim 1963, 49
[76]zitiert nach *Krause*, MschrKrim 1963, 49, 50
[77]zitiert nach *Floru*, MschrKrim 1974, 72, 74
[78]zitiert nach *Krause*, MschrKrim 1963, a.a.O.

Geständnis, die Schadenswiedergutmachung, fehlende Vorsicht, das Nichtbenutzen des Gegenstandes und psychische Entladungserscheinungen[79] angeführt.
Die Idee des krankhaften Stehltriebs - organisch bedingt durch erbliche Faktoren und Degeneration - findet sich bei *Kraepelin* (1904), der das Phänomen als „impulsives Irresein“ bezeichnet und als Hauptcharakteristikum das Fehlen jeglichen Beweggrundes angab.[80] In diese Richtung ging bereits 1887 *Fritsch*, der eine leichte Störung der Bewußtseinshelle während der Tat annahm, die sich erst nach dem Vergehen des krankhaften Impulses wieder zurückentwickele.[81]
In der Folge wurden in breitem Umfang biologische Abläufe wie Wachstum, Reife und, da die Kleptomanie als eine typische Frauenkrankheit angesehen wurde,[82] Menstruation, Schwangerschaft und das Klimakterium als Erklärung herangezogen.[83] Diese Ansätze beurteilt die heutige Fachwelt jedoch mit großer Zurückhaltung.[84] In diesem Zusammenhang soll auch auf (häufig spekulative) Ansätze hingewiesen werden, die aufgrund der Überzahl der weiblichen Täterinnen die Delikte auf eine - psychisch oder körperlich begründete - labile Disposition der Frau zum Diebstahl zurückführten. Aussagen wie der „physiologische Schwachsinn des Weibes“ (*Möbius*, 1900), die „exzessiv schweifende weibliche Begehrlichkeit“ (*Amelunxen*, 1958) oder die Feststellung, „ihre (die der Frau) Achtung vor fremdem Eigentum sei nicht besonders lebhaft“ (*Lombroso* und *Ferrero*, 1894) werden heute nicht mehr vertreten.[85]
Von der rein psychologischen Seite her stellte sich immer wieder die Frage nach der Zwanghaftigkeit der Diebstähle (so *Gudden* und *Laquer*[86]). Stehlen als Ausdruck eines Anankasmus´ wird allerdings - wenn überhaupt - nur als seltene Erscheinung qualifiziert.[87] Als sonstige Möglichkeiten, die Taten psychologisch und als triebhaft einzuordnen, finden sich Deutungen wie die Lust am Abenteuer,[88] Unruhe oder Angst, die Lust am Greifen[89] sowie unbestimmte Drangzu-

---

[79] zitiert nach *Schmidt*, Zbl. ges. Neurol. Psychiat. 1939, 1, 2; vgl. auch *Pauleikhoff/Hoffmann*, Fortschr. Neurol. Psychiat. 1975, 254, 255; zur Kritik siehe *Krause*, MschrKrim 1963, a.a.O.

[80] zitiert nach *Floru*, a.a.O.; *Krause*, MschrKrim 1963, 49, 51

[81] zitiert nach *Pauleikhoff/Hoffmann*, a.a.O.; zur Kritik siehe *Krause* a.a.O.

[82] hier nur beispielhaft *Gudden* (1906), zitiert nach *Krause*, MschrKrim 1974, 72, 86, Fn. 57; vgl. des weiteren *Michaelis*, S.85; *Osburg*, MschrKrim 1992, 10

[83] so *Kaess*, MschrKrim 1958, 46, 47; zum Einfluß der Menstruation siehe *Gudden*, a.a.O.; zum Klimakterium *Amelunxen* (1963), S.17; weitere Nachweise bei *Floru*, a.a.O. und *Schmidt*, Zbl. ges. Neurol. Psychiat. 1939, 1, 9 ff.

[84] *Loitz*, S.65; *Krause*, MschrKrim 1963, 49, 54; *Michaelis*, S.85; *Fekete*, S.16; *in der Beeck*, S.33 f.; *Langelüddeke/Bresser*, Gerichtliche Psychiatrie, S.58

[85] zitiert nach *Krause*, MschrKrim 1963, 49, 55

[86] zitiert nach *Krause*, MschrKrim 1963, 49, 52

[87] so bereits *Schmidt*, Zbl. ges. Neurol. Psychiat. 1939, 1, 4; *Krause*, MschrKrim 1963, 49, 52 ff.

[88] *Wernicke* (1906), zitiert nach *Floru*, MschrKrim 1974, 72, 88, Fn.141

stände, bei denen der Diebstahl eine Entladungsreaktion auslöse.[90] Diese Erklärungen werden insbesondere im Hinblick auf die ungenaue Begrifflichkeit als nicht stichhaltig kritisiert.[91]

Anfang des 20. Jahrhunderts beschäftigte sich die Wissenschaft vor allem mit dem Zusammenhang zwischen Diebstahl und Sexualität, wobei man die Tat bisweilen auf sexuelle Enthemmungsmechanismen zurückführte.[92] In diesem Kontext gewann die psychoanalytische Schule *Freud*s an Bedeutung. Man betrachtete den Diebstahl als symbolische Ersatzhandlung für unbefriedigte sexuelle Triebe. *Stekel*, ein Schüler *Freud*s, behandelte die Kleptomanie als eine Neurose, bei der der unter Wiederholungszwang stehende Stehlakt symbolisch die Wiedergutmachung einer frustrierten, infantilen oder sexuelle Befriedigung erreichen solle.[93] Der Täter stelle eine von ihm erwünschte Situation durch den Diebstahl auf symbolischer Ebene dar. *Stekel* betonte die (oben bereits in bezug auf die weiblichen Generationsvorgänge angesprochene) Bedeutung von innersekretorischen Vorgängen und gestörter Sexualität.[94] Des weiteren unterschied er zwischen dem (kleptomanischen) Diebstahl als Impulshandlung, der in reinster Form als symbolische Tat auftrete, und auf der anderen Seite dem Diebstahl als Triebhandlung, welche aus rationalen Motiven unter Wegfall von Hemmungen zustandekomme.[95] Man entwickelte die verschiedensten Ansätze zur Motivation, aber auch zur Bedeutung des Diebstahlsobjekts. So wurden schon früh masochistische,[96] sadistische und fetischistische[97] Tendenzen als Erklärung herangezogen. Anders als beim fetischistischen Diebstahl, bei dem es dem Täter primär auf das begehrte Tatobjekt an sich ankommt, könne das Tatobjekt jedoch auch einen unbewußten Wert für den Betreffenden darstellen, so im Falle des Oedipus-Komplexes und der Kastrationsangst,[98] des „Penisneides" der Frau,[99] des Orgasmusersatzes bei Frigidität[100] sowie latenter Homosexualität.[101] Auch in

---

[89] *Wagner-Jauregg* (1912), zitiert nach *Pauleikhoff/Hoffmann*, Fortschr. Neurol. Psychiat. 1975, 254, 271

[90] hier nur beispielhaft *Schmidt*, Zbl. ges. Neurol. Psychiat. 1939, 1, 9

[91] *Hadamik*, MschrKrim 1955, 83, 85; *Floru*, MschrKrim 1974, 72, 74; *Krause*, MschrKrim 1963, 49, 54

[92] so bspw. *Försterling* (1907), *Gross* (1909), *Forel* (1923) zitiert nach *Floru*, MschrKrim 1974, 72, 74 und 85 ff., Fn. 42, 51, 41

[93] *Stekel* (1922), zitiert nach *Floru*, a.a.O.

[94] *Stekel* (1922), zitiert nach *Kaess*, MschrKrim 1958, 46, 47

[95] *Stekel* (1922), zitiert nach *Kaess*, a.a.O.

[96] so *Forel* (1923), zitiert nach *Floru*, a.a.O.

[97] *Kielholz* (1920), zitiert nach *Floru*, MschrKrim, 1974, 72, 74 und 86, Fn.75; zum Fetischismus in Abgrenzung zur sexuellen Stehlhandlung als solche siehe auch unten II. 6.

[98] *Alexander* (1923), zitiert nach *Floru*, MschrKrim 1974, 72, 74 und 85, Fn.3

[99] *Stern* (1952), zitiert nach *Floru*, MschrKrim 1974, 72, 74 und 87, Fn.128; *Alexander* (1922), zitiert nach *Pauleikhoff/Hoffmann*, Fortschr. Neurol. Psychiat. 1975, 254, 256 und 269

[100] *Dickmeiss* (1946), zitiert nach *Floru*, MschrKrim 1974, 72, 74 und 86, Fn.33

neueren Untersuchungen betrachtete man die Sexualität immer wieder als zumindest mitbestimmenden Mechanismus (vgl. hierzu auch unten § 4 B.II.6.).[102]
Die Individualpsychologie *Adlers*, welche weniger den sexuellen Aspekt als vielmehr das Motiv des Geltungsstrebens in den Mittelpunkt rückte, beschrieb das Stehlen als eine Überkompensation von Minderwertigkeitskomplexen, eine Gier nach Macht und Überlegenheit.[103] Dieser Ansatz beschäftigte sich erstmals auch mit der Kleptomanie bei Männern.[104]
Vielfach wurden in Untersuchungen bei den Probanden hysterische,[105] neurasthenische[106] bzw. psychasthenische[107] Charakterstrukturen festgestellt und als Voraussetzung für kleptomane Verhaltensweisen qualifiziert.[108]
Hirschmann[109] (1956) leitete seine Erklärung aus der Trieblehre und der Ethologie ab und berief sich hierbei auf *Freud*, *Lorenz* und *Kretschmer*. Er ging davon aus, daß durch Stauungen von Triebenergien eine (angstgeprägte) Spannung dranghaften Charakters entstehe. Durch einen Affekt, der zusätzlich aus der Stehlhandlung mit einfließe, würden Triebhandlungen aktiviert. Entscheidend sei hierbei, daß die auslösenden Affekte nicht dem aktiven Trieb, sondern ande-

---

[101] *Kaess*, MschrKrim 1958, 46, 47; *Podalsky* (1932), zitiert nach *Floru*, MschrKrim 1974, 72, 74 und 87, Fn. 106

[102] vgl. die Übersicht bei *Pauleikhoff/Hoffmann*, Fortschr. Neurol. Psychiat. 1975, 254, 257 ff.

[103] *Straus* (1949), *Störring* (1953), zitiert nach *Floru*, MschrKrim 1974. 72, 74 und 87, Fn.132, 130; *Strasser* (1914), zitiert nach *Pauleikhoff/Hoffmann*, a.a.O.

[104] *Baer-Hess*, Mschr. Psychiat. Neurol. 1948, S.224 ff.

[105] „Hysterie: psychischer Zustand, bei dem neben seelischen Störungen besonders auch mannigfaltige Symptome auftreten können, ohne daß körperliche Ursachen hierfür nachweisbar sind. Die hysterischen Erscheinungen entstehen auf der Grundlage einer ererbten oder auch erworbenen Disposition unter dem Einfluß emotional stark belastender (traumatischer) Erlebnisse, die nicht normal verarbeitet bzw. abreagiert werden, insbes. Auch durch unbewußte Konflikte. Heute wird statt der Verwendung des Begriffs Hysterie unterschieden zwischen der Bezeichnung für psychogene somatoforme Störung im Sinne einer Konversionsstörung (mit sensorischen Symptomen oder Ausfällen, Anfällen oder Krämpfen, Ohnmachten, Seh- und Sprechstörungen, Lähmungen, verminderter Koordination oder Balance etc.) und (nach DSM-IV) der Histrionischen Persönlichkeitsstörung mit übermäßiger Emotionalität (Theatralik etc.), Egozentrismus und Geltungsstreben.“; *Dorsch*, Psychologisches Wörterbuch, S.381

[106] „Neurasthenie: psychovegetatives Syndrom; eine der Aktualneurosen (Aktualneurose: Neurose mit primär vegetativen Symptomen auf Grund starker, aber unspezifischer Affektwirkungen auf das veg. System im Zusammenhang eines aktuellen Konfliktes); *Dorsch*, Psychologisches Wörterbuch, S.572, 576

[107] „Psychasthenie: \`seelische Schwäche\`; Begriff für konstitutionelle psychische Kraftlosigkeit mit Neigung zu depressiven Verstimmungen, Selbstunsicherheit, Schreckhaftigkeit, Unfähigkeit, seelischen Belastungen standzuhalten, starker Ermüdbarkeit.“; *Dorsch*, Psychologisches Wörterbuch, S.670

[108] *Dubuisson* (1902), zitiert nach *Krause*, MschrKrim 1963, 49, 51; *Antheaume* (1925), zitiert nach *Floru*, MschrKrim 1974. 72, 75 und 85, Fn.4-6

[109] zitiert nach *Floru*, MschrKrim 1974, 72, 75 und 86, Fn.63

ren Quellen entspringen würden, sog. Irradiation. Wenn eine überstarke Erregung sich nicht auf normalem Wege entladen könne, so komme es zu Übersprungshandlungen und zur Arrosion. Dies sei der Fall, wenn zwei gleichstarke Triebe miteinander konkurrierten oder wenn die äußere Situation ausreiche, um einen starken (häufig sexuellen) Trieb auszulösen.
Ebenfalls unter Annahme einer symbolischen Bedeutung des Diebstahls (siehe oben Fn.93) hat *Zullinger* den Vergleich mit Handlungen im Kindesalter angestellt. Das Diebstahlsobjekt stehe für eine geliebte Person - sog. Pars-pro-toto-Denken.[110]
Neben psychologischen Ansätzen suchte man aber auch soziologische Erklärungen wie beispielsweise die familiäre oder milieubedingte Frustration des Täters.[111] In diesem Zusammenhang spielt insbesondere die Verführungssituation im Warenhaus eine große Rolle, welche zumindest unterstützend wirken soll.[112]

Aufgrund der zahlreichen Erklärungsversuche und der dadurch entstehenden Unklarheiten – nicht nur, was die Begrifflichkeiten angeht – wurden immer wieder neue, teilweise umfassende Ansätze auf diesem Gebiet entwickelt, wovon die wichtigsten in der Folge dargestellt werden sollen.

II. Ansätze und Untersuchungen

1. Pathologisches Stehlen

Der Begriff der Kleptomanie wird heute als veraltet angesehen[113] und wurde weitestgehend durch den des "pathologischen Stehlens" ersetzt.[114] Der Kleptomanie fehle die Eigenständigkeit, es handele sich nicht um eine abgrenzbare nosologische Einheit, sondern vielmehr um ein Syndrom mit vielschichtigen, mannigfaltigen Ursachen.[115]

Folgende Merkmale sind Voraussetzung für das pathologische Stehlen:[116]

---

[110] *Zullinger* (1953), zitiert nach *Bauer/Hagenbuchner*, Wien. Z. Nervenheilkunde 1972, 58, 64
[111] vgl. *Floru*, MschrKrim 1974, 72, 75
[112] *Lasègue* (1880); *Dubuisson* (1902), *Laquer* (1907), *Gudden* (1906), zitiert nach *Krause*, MschrKrim 1963, 49, 51f.; vgl. auch *Pauleikhoff/Hoffmann*, Fortschr. Neurol. Psychiat. 1975, 254, 256
[113] *Schorsch*, in: Venzlaff, Psychiatrische Begutachtung, 1986, S. 308
[114] vgl. *Michaelis*, S.86; *Floru*, MschrKrim 1974, 72, 76; *Wagner*, Ladendiebstahl, S.83; anders noch *v.Schumann* (1.Auflg.), S.11
[115] *Floru*, MschrKrim 1974, 72, 84
[116] *Floru*, MschrKrim 1974, 72, 76; *Pauleikhoff/Hoffmann*, Fortschr. Neurol. Psychiat. 1975, 254, 255

- es handelt sich um kleinere Entwendungen ohne Bereicherungsabsicht;
- die Tat ist persönlichkeitsfremd, d.h. paßt nicht zur sonstigen Lebensführung des Täters;
- der Täter neigt zur Selbstgefährdung, zur mangelnden Vorsicht;
- vor der Tat bestehen Symptome wie Depressionen, Angstzustände o.ä.;
- der Täter zeigt vegetative Reizerscheinungen;
- während der Tat besteht eine Trübung des Bewußtseins;
- dem Täter fehlt (zumindest teilweise) die Erinnerung an die Tat, er kann keine Erklärung für sein Verhalten abgeben.

Das pathologische Stehlen entstehe durch verschiedene Triebregungen (z.B. Lust am Greifen, oedipale Konflikte, sexuelle Verdrängung, Überkompensation von Minderwertigkeitsgefühlen, Geltungssucht, sadomasochischtische Elemente, prämorbide Persönlichkeit[117]). Die Triebhandlung werde aktiviert durch affektmäßig gestaute Triebenergien und der Irradiation,[118] dem Übersprung und der Arrosion.[119] *Floru* führt aus, der Stehlakt entspräche einer "überschwelligen Erregung mit Wettstreit und sich gegenseitig ersetzenden Trieben, die zur Entladung über die falsche Bahn führen".[120] Neben Wiedergutmachungsbestrebungen sei für die Art der pathologischen Reaktion das Vorliegen einer Konstellation maßgeblich, in der die Triebe einer verminderten Hemmungs- bzw. Besinnungsfähigkeit gegenüberstünden. Der hier vertretenen Betonung der Triebhaftigkeit steht die bereits angesprochene drang- oder zwanghafte Handlungsweise gegenüber.[121] *Langelüddecke* erklärt hierzu, daß unabhängig davon, ob man von Trieb oder Drang/Zwang rede, zumindest eine "dynamische Triebfeder" hinter dem Verhalten der Täter stehe.[122]

Floru sieht das Syndrom des pathologischen Stehlens in vielen Krankheitsbildern entweder als Begleiterscheinung oder selbständige Erscheinung (bspw. hormonelle Krisen, neurotische Fehlentwicklungen, psychopathische Verhaltensweisen, Psychosen etc.[123]). Bei der Darstellung von drei Fallstudien mit je-

---

[117] *Floru*, MschrKrim 1974, 72, 83

[118] Irradiation: Affekte entstammen anderen Quellen als der aktive Trieb; *Floru*, MschrKrim 1963, 72, 75, vgl. schon oben

[119] Übersprung, Arrosion: überstarke Erregung kann sich nicht auf dem üblichen Weg entladen, wenn zwei stark aktivierte Triebe miteinander im Wettstreit liegen, oder wenn bei einem starken Trieb die Außensituation hinreicht, um die Entladung auszulösen; *Floru*, MschrKrim 1963, 74, 75, vgl. schon oben I. 2. bei *Hirschmann*, Fn.109

[120] *Floru*, MschrKrim 1974, 72, 84

[121] vgl. oben I. 2.

[122] *Langelüddeke/Bresser*, Gerichtliche Psychiatrie, S.57; zur Kritik an den Merkmalen des pathologischen Stehlens siehe unten III.

[123] *Floru*, MschrKrim 1974, 72, 76

weils weiblichen Täterinnen bejaht er das Vorliegen der Merkmale des Syndroms.

So klar und eindeutig die oben genannten Merkmale erscheinen mögen, eine saubere Trennung zwischen dem normalen und dem pathologischen Diebstahl ist nur schwer zu treffen. So gibt *Floru* zu, daß nur eine "vielschichtige, multidimensionale Interpretation" möglich ist und selten alle Voraussetzungen zusammentreffen.[124] Die Übergänge vom durchschnittlichen zum kranken Täter sind fließend.[125] In diesem Zusammenhang äußert *Witter*, der statt des Rückgriffs auf die Monomanien den psychoanalytischen Aspekt der sekundären Triebbildung und (zusätzlich) den sozialpsychologischen Aspekt der sekundären Motivation für ergiebiger hält, daß „dennoch auch hier nur die schlichte und nicht weiterführende Feststellung getroffen werden kann, daß triebhafte Komponenten die kriminellen Verhaltensweisen entscheidend mitbestimmen."[126] Probleme ergeben sich insbesondere, wenn die Merkmale des pathologischen Stehlens zur Begründung der Schuldunfähigkeit herangezogen werden (siehe unten § 5 A. II. 4.).

Aufgrund der Tatsache, daß verschiedene Personengruppen (Psychiater, Psychologen, Soziologen und Juristen) das krankhafte Stehlen aus jeweils unterschiedlichen Blickwinkeln betrachten, bereitet die uneinheitliche Handhabung der Begriffe Schwierigkeiten.[127]

2. Kleptomanie als „Störung der Impulskontrolle"/ Einordnung nach Diagnoseschlüsseln

Mittels der anerkannten Diagnoseschlüssel (ICD-10 und DSM-III-R) versucht man, sämtliche psychiatrischen Befunde zu systematisieren, so auch das Phänomen der „Kleptomanie". Die Kleptomanie oder das pathologische Stehlen finden sich in der Gruppe der schweren anderen seelischen Abartigkeit (vgl. §§ 20, 21 StGB).[128] Hierin bilden sie eine eigene Gruppe, werden also nicht unter die Neurose oder die Persönlichkeitsstörung subsumiert, sondern als Störungen der Impulskontrolle bewertet. Die Impulsivität tritt als Symtom zahlreicher psychischer Störungen auf (so auch bei der antisozialen und der Borderline-Persönlichkeitsstörung, der bipolaren Störung, der substanzenbezogenen Stö-

---

[124] *Floru*, MschrKrim 1974, 72, 76 und 83

[125] *Müller*, S.301; *Fekete*, S.50 f.; *Floru*, MschrKrim 1974, 72, 77; *Fiedler/Mundt*, in: Enzyklopädie der Psychologie, S.409

[126] *Witter*, in: Göppinger/Witter: Handbuch der forensischen Psychiatrie, Bd.II, S.445 f.

[127] *Osburg*, MschrKrim 1992, 10, 11; *Floru*, MschrKrim 1974, 72, 73

[128] für ICD-10 siehe *Rasch*, Forensische Psychiatrie, 1999, S.59

rungen und der Schizophrenie).[129] Zusätzlich unterscheiden die Diagnoseschlüssel nach weiteren Störungen, bei denen die Impulsivität das zentrale beeinträchtigende Merkmal ist. Man geht davon aus, daß der oder die Betroffene dem Impuls, dem Antrieb zu Handlungen, die für sie oder andere schädlich sind, nicht widerstehen kann. Vor der Tat erleben die Betroffenen Gefühle wie Spannung oder Erregung, während der Tat Vergnügen oder Erleichtung und nachher nicht selten Reue und Schuldgefühle.[130]
Als Merkmale für Impuls- oder Dranghandlungen werden zusammenfassend aufgeführt:[131]

- überwältigend durchschlagende, unreflektierte Handlungen
- als Folge eines freiheitseinschränkenden imperativen Dranges;
- fehlende selbstreflexive Kontrolle;
- Fehlen von willentlichen Hemmungen oder fehlende Durchsetzungkraft dieser Hemmungen;
- Vorausgehen einer weitgehend ziel- und richtungslosen Entladungstendenz.

Neben der Kleptomanie fallen hierunter auch die sogenannte Pyromanie und das pathologische Spielen.
Eisenberg[132] erklärt, daß sich bezüglich der Diebstahlsdelikte der hier interessierende Charakteristik anhaltend die Vorstellung eines Stehltriebs als Kleptomanie gem. des ICD-10 finde, wobei es sich inhaltlich u.a. um ein Element aus Zusammenhängen allgemeiner Stimmungslabilität oder aber auch psychischer Erkrankungen handelte, während in den sonstigen Fällen sozial-psychologische Faktoren im Vordergrund stünden. Ähnliche Differenzierungen erschienen möglich, soweit beim Diebstahl ohne Bereicherungsabsicht von einem psychopathologischen Syndrom (siehe oben II. 1.) gesprochen werde. Bei der genaueren Beschreibung der diagnostischen Kriterien deckt sich die Einordnung bisweilen mit den Abgrenzungsmerkmalen des oben beschriebenen pathologischen Stehlens:[133]

---

[129] *Comer*, Klinische Psychologie, S.614
[130] *Comer*, Klinische Psychologie, S.614
[131] *Scharfetter/Faust*, in: Faust: Psychiatrie, S.79
[132] *Eisenberg*, Kriminologie, § 59 Rn.48
[133] zur Ablehnung der Kleptomanie und deren Einordnung in die Diagnoseschlüssel durch *Foerster* siehe unten B. III. 5.

DSM-III-R 312.3:[134]

Diagnose: Störungen der Impulskontrolle, die nicht andernorts klassifiziert sind
Begriff: Kleptomanie

Als Hauptmerkmal der Kleptomanie wird das Versagen bezeichnet, Impulsen zum Stehlen von Gegenständen zu widerstehen, die der Täter weder zum persönlichen Gebrauch noch wegen ihres Geldwertes benötige.[135] Die Störung könne bereits in der Kindheit beginnen und mit längeren, rückfallfreien Intervallen bis ins hohe Erwachsenenalter andauern. Zur Abgrenzung gegenüber dem nichtpathologischen (zweckmotivierten oder spontan-unsinnigen) Diebstahl, aber auch gegenüber der Simulation (zur Vermeidung von Strafe) muß die Kleptomanie gem. DSM-III-R folgende Merkmale als typische und damit als diagnostische Kriterien erfüllen:[136]

- Wiederholtes Versagen, dem Impuls zu widerstehen, Gegenstände, die weder zum persönlichen Gebrauch noch wegen ihres Geldwertes benötigt werden, zu stehlen;
- zunehmendes Spannungsgefühl unmittelbar vor der Handlung;
- das Erleben von Lust oder Entspannung während des Stehlens;
- das Stehlen ist nicht Ausdruck von Wut oder Rache;
- das Stehlen ist nicht auf eine Störung des Sozialverhaltens oder eine Antisoziale Persönlichkeitsstörung zurückzuführen.

ICD-10 F63.2:[137]

Diagnose: Abnorme Gewohnheiten und Störungen der Impulskontrolle
Begriff: Pathologisches Stehlen

Bei der übergeordneten Kategorie „abnorme Gewohnheiten und Störung der Impulskontrolle" im ICD-10-Schlüssel handele es sich um Befunde, welche sich nicht in die sonstigen Kategorien einordnen ließen. Als gemeinsame Merkmale werden repetierende Handlungen, fehlende Motivation und Selbst- oder Fremd-

---

[134] In den vorhergehenden Diagnoseschlüsseln (ICD-9.R (1979), DSM III (vor 1984) wurde die Kleptomanie folgendermaßen eingeordnet (vgl. *Rasch*, Forensische Psychiatrie, 1986, S.59):
Diagnose: Störung des Sozialverhaltens mit Zwangscharakter
Dazugehöriger Begriff: Kleptomanie
Bemerkungen: Von „Zwangscharakter" läßt sich nur sprechen, wenn im Zuge einer spezifischen Persönlichkeitsentwicklung das delinquente Verhalten zunehmend automatisiert wurde;
hierzu auch *Osburg*, MschrKrim 1992, 10, 11

[135] *Fiedler/Mundt*, in: Enzyklopädie der Psychologie, S.408

[136] *Fiedler/Mundt*, in: Enzyklopädie der Psychologie, S.409

[137] *Dilling/Mombour/Schmidt*, Internationale Klassifikation, S.240

schädigung genannt. Die Ursachen seien unbekannt, daher begründe sich die Zusammenfassung in einer Gruppe auf ähnliche Beschreibungen der Phänomene, nicht auf tatsächlich gemeinsame Charakteristika.[138]

Als diagnostische Leitlinien bezüglich der Störung des pathologischen Stehlens im speziellen gelten wachsende Spannung vor und Befriedigung nach und während der Tat. Die Täter versuchten zwar, nicht entdeckt zu werden, schöpften jedoch nicht alle Möglichkeiten hierzu aus. Bei den Tätern handele es sich um Einzeltäter. Schuld- oder Angstgefühle träten zwar auf, könnten aber Rückfälle nicht vermeiden.[139]
Zusätzlich existieren - abgesehen von der Möglichkeit der antisozialen Persönlichkeitsstörung - nach dem ICD-10 folgende Konstellationen in Abgrenzung zum pathologischen Stehlen:[140]

- Wiederholter Ladendiebstahl ohne deutliche psychische Störung: In diesen Fällen sind die Handlungen sorgfältiger geplant und der persönliche Nutzen ist offensichtlich.
- Organisch bedingte psychische Störung: Wiederholtes Nichtbezahlen von Waren als Folge schlechten Gedächtnisses und anderer Arten intellektueller Beeinträchtigung.
- Depressive Störung mit Diebstahl: Einige depressive Patienten stehlen wiederholt, solange die depressive Störung anhält.

3. Die kupidogene und die idiopathische Kleptomanie

Schumann beschreibt die Kleptomanie als "triebartiges Geschehen oder einen triebartigen Vorgang bzw. Betätigungsdrang oder (...) eine Triebhandlung, ohne Trieb im eigentlichen Sinne zu sein."[141] Als Merkmale führt er - ähnlich wie die oben genannte Definition der Kleptomanie bzw. des pathologischen Stehlens - die Entladungstendenz, die Bedeutungslosigkeit der Ware und die fehlende Bereicherungsabsicht an.[142] Es folgt eine Aufteilung der Eigentumsdelinquenten nach Krankheit bzw. psychischen Defekten, die die Tat entschuldbar machen können. So beschreibt er (neben der Schizophrenie, manisch Kranken, Schwachsinnigen usw.) die Kleptomanen. Während die "kupidogene Kleptomanie" ihren

---

[138] *Dilling/Mombour/Schmidt*, Internationale Klassifikation, S.237
[139] *Dilling/Mombour/Schmidt*, Internationale Klassifikation, S.240
[140] *Dilling/Mombour/Schmidt*, Internationale Klassifikation, S.240; so dann auch *Fiedler/Mundt*, in: Enzyklopädie der Psychologie, S. 409
[141] *v.Schumann*, S.12
[142] *v.Schumann*, S.13

Ursprung in Fehlentwickungen während der Kindheit habe,[143] führt *Schumann* die "idiopathische Kleptomanie" auf erblich bedingte Anlagen zurück.[144]

4. Das Obsessionsdelikt

"Jede menschliche Handlung ist von Motiven bestimmt und durch die aktuell vorhandenen Motive determiniert."[145] Unter dieser Prämisse beschreibt *de Boor* auch den Diebstahl als motivbeladen: Der Dieb handelt typischerweise aus dem Motiv der Bereicherugsabsicht. Nur selten seien sexuelle Motive oder hormonelle Schwankungen, z.B. während der Menstruation, der Auslöser.[146] Er fragt sich, ob sich bei genauerer Beobachtung der Diebstahl als sog. "Obsessionsdelikt" herausstellt. Hierunter sind Normenbrüche zu verstehen, die unter dem imperativen Druck einer nicht bewältigten Urschuld - häufig sexuell - erfolgen und Züge des Drang- und Zwanghaften tragen, ohne zum psychopathischen Zwang (Anankasmus) im klinischen Sinne zu gehören.[147] *De Boor* untersuchte sieben Fälle, in denen Tiefenmotive wie Schuldgefühle nach einer Abtreibung, Putativ-Tötung, Ehebruch, sexuelle Phobie, Lebensangst sowie Minderwertigkeitsgefühle eine Rolle spielen könnten. Mit Ausnahme eines Falles, in dem er zu einem aussagekräftigen Ergebnis kam, konnte *de Boor* das Tiefenmotiv nicht mit ausreichender Sicherheit als Ursache feststellen.[148]

5. Der Atalanta - Komplex

Dietrich[149] beschreibt eine Tätergruppe von Frauen, die an psychosomatischen Persönlichkeitsstörungen und zwar an dem sog. "Atalanta - Komplex" leiden.
Die aus der griechischen Mythologie stammende Atalanta verkörpert die Frau, die keine Frau sein will. Er schrieb der Atalanta - Persönlichkeit im Zusammenhang mit den Diebstahlstaten drei Triebkomponenten zu: Die sadistische Stehllust bei der Tat, die masochistische Triebbefriedigung beim Gefaßtwerden und den Kleptokollektivismus, das Horten der Beute. Die Atalanta-Frauen seien frigide und hätten eine hysterisch-anankastische Persönlichkeitsstruktur. Die Ursachen findet er damit im sexuellen Bereich ("Bei allen Kleptomanen ist die Sexualität gestört"[150]); die Diebstähle geschähen anfallsartig, triebhaft, unkontrolliert

[143] *v.Schumann*, S.77 ff.
[144] so z.B. das XXY-Chromosom, *v.Schumann*, S.128 ff.
[145] *de Boor*, S.1
[146] *de Boor*, S.2
[147] *de Boor*, S.6
[148] *de Boor*, S. 84, 96
[149] *Dietrich*, MschrKrim 1976, 141 ff.
[150] *Dietrich*, MschrKrim 1976, 141, 147

und ohne Bereicherungsabsicht.[151] Hiervon würde sich die gewöhnliche oder die psychopathische Diebstahlsdelinquenz (jugendliche Psychopathinnen, Zigeunerinnen und nicht rezidivierende Gelegenheitsdiebinnen[152]) unterscheiden.

6. Kleptomanie als sexualisierte Handlung

Schorsch[153] spricht in dem Kapitel „Die sexuellen Deviationen und sexuell motivierte Straftaten" auch den Kaufhausdiebstahl als ein Delikt an, bei dem (neben der vorwiegend durch junge Männer begangenen Brandstiftung) es häufig zu einer Sexualisierung als einem Abwehrmechanismus komme. Besonders in den Fällen, in denen bei einem Diebstahl bspw. die Bereicherungsabsicht nicht vorhanden zu sein scheine, gäben die Delinquentinnen vielfach an, die kriminellen Handlungen seien mit sexueller Erregung bzw. Befriedigung verbunden gewesen. Da die Sexualisierung ein allgemeiner Abwehrmechanismus sei, daß also alle möglichen Konflikte, Impulse und Ängste sexualisiert werden könnten, mache die Schaffung eines eigenen Syndroms oder eines Krankheitsbild wie die „Kleptomanie" überflüssig. Dem Erscheinungsbild der „Kleptomanie" und der „Pyromanie" seien gemeinsam, daß Situationen als spannungsvoll, angstgeladen, prickelnd und bedrängend empfunden und sexuell erlebt werden könnten, ohne in einem sexuellen Kontext zu stehen. *Schorsch* erklärt des weiteren: „Die Sexualisierung nicht-sexueller Störungen ist nicht so außergewöhnlich und die sexuelle Motivation bei Diebstählen ... ist nichts, was mit einem besonderen Geheimnis umgeben wäre."[154]
Kleptomanische Handlungen werden also zumindest für manche Fälle als sexualisiertes Verhalten eingestuft, wobei das Diebstahlsobjekt als Fetisch dienen kann oder (bei anderen Objekten) das Stehlen selbst als lustvoll empfunden wird. Jedenfalls existierten auch andere als sexuelle Motive Ursache für krankhaftes Stehlen wie orale Impulse, neurotisches Besitzstreben u.a. auch bei Anorexiekranken.[155] Die Kleptomanie wird in diesen Fällen als eine der ganz wenigen sexuellen Deviationen bei Frauen eingestuft.[156]

---

[151] *Dietrich*, MschrKrim 1976, 141, 144
[152] *Dietrich*, MschrKrim 1976, 141, 144
[153] *Schorsch*, in: Venzlaff, Psychiatrische Begutachtung, 1986, S.308
[154] *Schorsch*, in: Venzlaff, Psychiatrische Begutachtung, 1986, S.309
[155] *Tölle*, Psychiatrie, S.134
[156] *Kockoff*, in: Faust, Psychiatrie, S.648

7. Kleptomanie und Anorexia nervosa und Bulimie

Gerlinghoff[157] beschreibt in ihrer Untersuchung den Zusammenhang zwischen Stehlsucht und der Pubertätsmagersucht (Anorexia nervosa) bzw. der Bulimie. Männliche und weibliche untersuchte eßgestörte Probanden standen im Verhältnis 1 : 20. Fast 100% der Probanden hatten Diebstähle begangen. Rechne man das Stehlen von Nahrungsmitteln und das Stehlen im Privatbereich nicht mit, so blieben noch 12 von 47 Untersuchten mit Diebstahlsdelinquenz. Mögliche Ursachen seien neben dem naheliegenden Bedürfnis, Nahrungsmittel zu besorgen, Rache für ungerechte Behandlung durch Dritte und Ersatzhandlungen für versagte Liebe und Zuwendung.

Auch *Leygraf/Windgassen* bestätigen zumindest bei jüngeren Tätern Suchttendenzen, die Anorexia nervosa stellten sie bei 8 von 52 Probanden fest.[158]
An anderer Stelle wird von *Leygraf/Mester/Tölle* auf drei Untersuchungen von an Anorexia nervosa oder Bulimie erkrankten Probanden hingewiesen, die in 9,3%, 13,7% und sogar in 66% der Fälle Diebstahlstaten begangen hatten.[159]
Fiedler/Mundt nennen Untersuchungen, in denen man bei 24% der untersuchten bulimischen Patienten zugleich eine Einstufung als kleptomanisch vorgenommen hatte.[160]

8. Typologien

Neben der Konzentration auf ein spezielles „Syndrom" oder ein besonderes Merkmal teilten Autoren die Diebstahlsfälle in verschiedenen Beiträgen immer wieder in Gruppen ein. Diese Untersuchungen kann man jedoch nicht mit den bereits oben vorgestellten Typologien (siehe oben § 3 A.) vergleichen, da es sich von vornherein um forensisch-psychiatrisch begutachtete Ladendiebe handelte und somit bereits eine Vorauswahl zugunsten psychisch angegriffener Täter stattfand. Exemplarisch werden drei Untersuchungen vorgestellt.

8.1. Typologie von *Bauer* und *Hagenbuchner*

Der Untersuchung von *Bauer* und *Hagenbuchner*[161] lagen 90 Begutachtungsfälle (ungewöhnlicherweise hiervon 70 männliche Probanden) zugrunde. Folgende

---

[157] *Gerlinghoff/Backmund*, MschrKrim 1986, 325 ff.
[158] *Leygraf/Windgassen*, Strafverteidiger 1991, 86, 87 und 88 Fn.20
[159] *Leygraf/Mester/Tölle*, in: Pohlmeier, Forensische Psychiatrie heute, S.206
[160] *Fiedler/Mundt*, in: Enzyklopädie der Psychologie, S.410
[161] *Bauer/Hagenbuchner*, Wien. Z. Nervenheilkunde 1972, S. 58 ff.

Motive, die, so die Untersuchenden, eine grobe Vereinfachung darstellen, kommen dabei in Betracht:

(1) *Einfache Bereicherungsabsicht*: In 46 Fällen konnte man die Bereicherungsabsicht als Hauptmotiv nachweisen.

(2) *Abreaktion aus Spannungs- und Drangzuständen*: Diese Art des Diebstahls liege zwischen einer Tat mit klarer Bereicherungsabsicht und einem Diebstahl aus mit Sicherheit unbewußtem Motiv. Der Diebstahl werde als „Ventil unlustbetonter Drang- und Spannungszustände" benutzt. In dieser Gruppe diskutieren die Autoren auch den Zusammenhang zwischen weiblicher Diebstahlskriminalität und der Menstruation, welchen sie jedenfalls in dieser Untersuchung nicht signifikant nachweisen konnten.

(3) *Stehlen aus sportlichen Gründen*: Offen gelassen wurde in dieser Gruppe, ob weitere tiefenpsychologische Motive wirksam werden oder ob einfachere Ansätze ausreichen (so z.B. die Berücksichtigung der Tatsache, daß es einfacher ist, anonyme Opfer zu bestehlen).

(4) *Neurotisches Stehlen ohne sexuelle Erregung*: Hier habe der Diebstahl häufig eine symbolische Bedeutung (entweder das Diebstahlsobjekt oder das Stehlen selbst). Als pars-pro-toto-Denken könne das Diebstahlsobjekt auch eine geliebte Person darstellen. Im Rahmen dieser Gruppe weisen die Untersuchenden auch auf die Möglichkeit des zwanghaften Stehlens hin, welche jedoch äußerst selten vorkomme.

(5) *Stehlen mit sexueller Erregung*: Unterschieden wird zwischen dem fetischistischen Stehlen und dem Stehlen als sexueller Akt. Bei letzterem Phänomen halten die Autoren die sexuelle Lust an der Angst (und damit ein Zusammenhang mit dem Masochismus) für wahrscheinlich. Sie betonen jedoch, daß nicht jedes „Stehlen um des Stehlens willen" mit sexueller Erregung verbunden sei; auf die Gefahr der Überinterpretation weisen *Bauer* und *Hagenbuchner* ausdrücklich hin.

(6) *Andere Motive*: Hierunter fallen das Mitläufertum, Psychosen, Schwachsinn, somatische Erkrankungen bzw. Intoxikationen und sonstige, unklare Motive.

8.2. Typologie von *Möller*

In der Untersuchung von *Möller* wurden acht Probanden (sechs Frauen, zwei Männer) ausgewählt und mittels eines Erhebungsbogens befragt.[162] Den Schwerpunkt bildete das Problem der fehlenden Bereicherungstendenz. Im Ergebnis stellte sich heraus, daß die Diebstahlsobjekte von geringem Wert waren, sie auch keine subjektive Wertigkeit für die Betreffenden hatten (anders etwa beim Fetischismus) und im Anschluß verschenkt, gehortet oder zurückgegeben wurden. Diese Kriterien seien für eine mangelnde Bereicherungstendenz charakteristisch. Bei den Probanden handele es sich um sozial integrierte Personen, so daß die Taten als persönlichkeitsfremd bezeichnet werden könnten. Die Tatausführung sei unvorsichtig von statten gegangen; zudem bestehe eine große Wiederholungsgefahr. Für das Delikt hätten die Täter kein plausibles Motiv angeben können, vielmehr sei von einer unverständlichen Dranghaftigkeit oder einem unspezifischen Entspannungserleben u.ä. während der Tat berichtet worden.
Der Übergang zwischen Stehlhandlungen mit und ohne (wesentliche) Bereicherungstendenz sei fließend. Für die Gruppe der Diebstähle ohne Bereicherungstendenz bildeten die Untersucher vier Kategorien:[163]
(1) *Stehlen als sexuelle Ersatzhandlung*: Hiermit ist das Stehlen unter sexuellem Lusterleben gemeint. Die Wiederholungsgefahr sei sehr hoch; am häufigsten finde man dieses Phänomen bei neurotischen Persönlichkeiten in psychischen Belastungssituationen vor.
(2) *Stehlen als emotionale Entladungsreaktion*: Der Stehlakt werde begleitet von einem Entspannungserleben und einer Befreiung von affektiven Verstimmungen. In diese Kategorie fielen neurotische Persönlichkeiten und Störungen im Rahmen von Impulshandlungen. Vielfach nahm man als Ursache ein multifaktorielles Bedingungsgefüge von psychischen und physischen Komponenten an.[164]
(3) *Stehlen bei Bewußtseinstrübung* (insbesondere bei hypoglykämischen Zuständen, also bei einem zu geringen Blutzuckergehalt).
(4) *Psychotisch motivierte Diebstähle* (äußerst selten).

Diesen Kategorien stehen persönlichkeitsfremde Diebstähle *mit* Bereicherungstendenz gegenüber (so bei Neurosen, Persönlichkeitsstörungen, Psychosen etc.), zur Kritik am Begriff des pathologischen Stehlens siehe unten III.

---

[162] *Möller*, Arch. Psychiat. Nervenkr. 1977, 323, 325
[163] *Möller*, Arch. Psychiat. Nervenkr. 1977, 323, 332 f.
[164] so *Floru*, MschrKrim 1974, 72, 83; *Pauleikhoff/Hoffmann*, Fortschr. Neurol. Psychiat. 1975, 254

8.3. Typologie von *Osburg*[165]

8.3.1. Allgemeines zu Stichprobe

In der Untersuchung waren Männer und Frauen (286 Personen) gleich stark beteiligt. Von den Frauen befanden sich 53% in psychiatrischer Behandlung. Am häufigsten stellte *Osburg* eine neurotische Depression[166] fest (10% der Fälle).[167]

8.3.2. Typologie

Osburg nahm eine Einteilung in sechs Typen vor.

(1) *Der (alkohol-)abhängige* Delinquent machte ca. 7% der gesamten Untersuchungsgruppe aus und ist männlich.[168]

(2) Die Gruppe der *psychisch Gestörten jüngeren Alters* (14%) ist zur Hälfte weiblich und leidet an neurotischen Störungen, endogenen Psychosen und Persönlichkeitsstörungen.[169]

(3) Interessant ist in diesem Fall die *neurotische Konflikttäterin* (19% der Fälle), die weiblich, 30 bis 59 Jahre alt, verheiratet und ausschließlich wegen Diebstahls vorbestraft ist.[170] Vornehmlich finden sich in dieser Gruppe Arbeiterinnen und Hausfrauen, die überwiegend an depressiven Neurosen[171] leiden.

(4) Der Typ des *gescheiterten Alkoholikers* (21%) ist wiederum männlich.[172]

(5) Als fünfte Gruppe nennt Osburg die *körperlich kranke und medikamentenabhängige Frau* (22% der Stichprobe).[173] Diese Gruppe der Frauen zwischen 30

---

[165] *Osburg*, Psychisch kranke Ladendiebe

[166] Neurotische Depression: Wenn depressive Störungen der Erlebnisverarbeitung auf meist bis in die frühe Kindheit zurückreichende, anhaltende, verdrängte Konflikte zurückgeführt werden können. Abwesenheit psychotischer Merkmale (z.B.Halluzination, Wahn). Verstimmung ist veränderlich und weist starke Reaktivität auf Umweltveränderungen auf. Typischerweise bestehen Selbstmitleid und auf Situation bezogene erlebte eigene Unfähigkeit (anders bei der endogenen Depression). Sowohl hysterische als auch zwanghafte Persönlichkeitszüge; vgl. *Kraus*, in: Handwörterbuch der Psychiatrie, S. 108 f.

[167] *Osburg*, MschrKrim 1992, 11, 13

[168] *Osburg*, Psychisch kranke Ladendiebe, S.220 f.

[169] *Osburg*, Psychisch kranke Ladendiebe, S.226 f.

[170] *Osburg*, Psychisch kranke Ladendiebe, S.233

[171] depressive Neurose wird teilweise als Synonym für neurotische Depression benutzt; *Kraus*, in: Handwörterbuch der Psychiatrie, S.108

[172] *Osburg*, Psychisch kranke Ladendiebe, S.242

und 59 Jahre ist vorwiegend ledig und auch wegen anderer Delikte als Diebstahl aufgefallen. Sie betreiben Alkohol - und Medikamentenmißbrauch. Hier wurden ebenfalls überwiegend depressive Neurosen festgestellt.

(6) Der letzte Typ wird ebenfalls durch Frauen gebildet, nämlich die *hirnorganisch veränderte Frau über 60 Jahre*,[174] die nur wegen Diebstahls vorbestraft ist.[175] Sie weist hirnorganische Störungen auf, allerdings sind ca. 25% psychiatrisch weitgehend unauffällig.

8.3.3. Wertung

Osburg weist darauf hin, daß diejenigen Frauen, die mehrmals und (praktisch) ausschließlich wegen Diebstahls aufgefallen sind, die rein weiblichen Typen sind (Typ 3, 6 und mit Einschränkungen 5).[176] Somit handele es sich - entsprechend der idealtypischen Klassifikation - bei den untersuchten reinen Ladendieben um Frauen. Man kann hierin die gleiche Tendenz entdecken, die oben bereits angesprochen wurde: der Ladendieb, der psychische Auffälligkeiten zeigt und sonst nicht delinquent wird, ist typischerweise eine Frau.

III. Kritik

Bei derartig breit gefächterten Ansätzen ist es nicht verwunderlich, daß Kritik nicht ausbleibt. Insbesondere werden die unter den Begriff des pathologischen Stehlens fallenden Merkmale angegriffen.

1. Zunächst wenden Autoren immer wieder ein, daß viel weniger Diebe psychisch krank seien als angenommen.[177] Somit seien auch die Merkmale des Begriffes "pathologisches Stehlen" mit Vorsicht zu verwenden, da man ansonsten voreilig ein psychischen Defekt annehme, obwohl die Wahrscheinlichkeit, daß ein solcher tatsächlich vorliegt, äußerst gering sei.

2. *Wagner* und *Michaelis* erklären des weiteren, daß auch bei Dieben *mit Bereicherungsabsicht* psychische Krankheiten eine Rolle spielen können, dies werde in der Diskussion um das pathologische Stehlen nicht beachtet.[178] Diesen Ein-

---

[173] *Osburg*, Psychisch kranke Ladendiebe, S.249

[174] zur Begutachtung und Schuldfähigkeit von Alterstätern siehe *Weber*, in: Forensia 1987, 57 ff.

[175] *Osburg*, Psychisch kranke Ladendiebe, S.258

[176] *Osburg*, MschrKrim 1992, 10, 17

[177] siehe oben unter A.

[178] *Wagner*, Ladendiebstahl, S.83; *Michaelis*, S.86

wand macht auch *Möller* geltend. Er hält *Florus* Begriff des „pathologischen Stehlens", der die fehlende Bereicherungstendenz ja voraussetzt, für verfehlt.[179] Als pathologisch sei ein Diebstahl dann einzuordnen, wenn eine psychiatrische Grunderkrankung Ursache für die Tat sei. Dieses könne jedoch auch bei Diebstählen mit Bereicherungstendenz vorkommen (hierzu siehe oben II. 8.2.).

Auch das Merkmal der *Persönlichkeitsfremdheit* und der *fehlenden Erklärung* des Täters für die Tat seien nicht automatisch ein Zeichen für einen krankhaften Hintergrund der Tat. "Bewußte und unbewußte Motive, Erklärliches und Unerklärliches, Rationales und Irrationales findet man bei vielen Straftaten,...".[180] Hierzu führt *Rasch* aus, daß die Feststellung der Persönlichkeitsfremdheit lediglich heißen könne, daß der Gutachter die Persönlichkeit falsch eingeschätzt habe. Sinnloses Handeln existiere nicht, der „Sinn" einer Verhaltensweise könne objektiv nicht bestimmt werden. Das Merkmal der Erinnerungslücke soll nach *Rasch* mangels verläßlicher Außenkriterien bei der Beurteilung unberücksichtigt bleiben.[181]
Ebensowenig könne die fehlende wirtschaftliche Not als Beweis für krankhafte Züge herangezogen werden: "Stehlen ist nun mal billiger als kaufen."[182]

Daher stelle sich bei allen Untersuchungen die Frage, inwieweit die Angaben der Täter bloße Schutzbehauptungen seien. *Krause* vermutet dies, soweit keine anankastischen und psychotischen Züge bei dem Täter vorliegen.[183] Ebenso erklärt *Kockott*, daß die Täter häufig versuchten, den Ladendiebstahl als (u.U. sexuell motivierte) Kleptomanie darzustellen, um als schuldunfähig oder vermindert schuldfähig zu gelten.[184]

3. *Osburg* wendet sich gleichermaßen gegen das Merkmal der fehlenden Bereichungsabsicht. Diese sei nur kaum verläßlich festzustellen und erschwere damit die juristische Wertung. Zudem würden durch dieses Merkmal wichtigere psychopathologische Veränderungen in den Hintergrund gedrängt.[185]

4. Vehemente Kritik am Begriff des pathologischen Stehlens oder des "psychopathologischen Syndroms"[186] übt *Bresser*[187].

---

[179] *Möller*, Arch. Psychiat. Nervenkr. 1977, 323, 335
[180] *Michaelis*, S.87; gegen die Voraussetzung der "fehlenden Erklärung für die Tat" auch *Langelüddeke/Bresser*, Gerichtliche Psychiatrie, S.59
[181] *Rasch*, Forensische Psychiatrie, 1999, S.362 ff.
[182] *Michaelis*, S.87
[183] hierzu *Krause*, MschrKrim 1963, 49, 53
[184] *Kockott*, in: Faust, Psychiatrie, S.648; anders *Möller*, Arch. Psychiat. Nervenkr. 1977, 323, 324
[185] *Osburg*, MschrKrim 1992, 10, 11
[186] *Pauleikhoff/Hoffmann*, Fortschr.Neurol., Psychiatrie 1975, S.254

Zunächst bemängelt er das Fehlen von Vergleichsstudien über "normale Diebe".[188] Zu den Merkmalen des pathologischen Stehlens merkt *Bresser* folgendes an:[189]

(1) "Kleinere Entwendungen": Bei fast allen Diebstählen werden nur Waren mit geringem Wert entwendet. Das Merkmal ist demnach kein taugliches Abgrenzungskriterium.

(2) "Mangelnde Vorsicht, Selbstgefährdung": Die mangelnde Vorsicht kann nur objektiv festgestellt werden, die Angaben de Täters sind nicht verläßlich.

(3) "Fehlende Erinnerung": Es liegt nahe, daß die angegebene mangelnde Erinnerung eine Schutzbehauptung ist oder auf Verdrängen zurückgeführt werden kann. Auch ist es nicht ungewöhnlich, keine Erklärung oder kein Motiv direkt nach der Tat anzugeben oder angeben zu wollen.

(4) "Persönlichkeitsfremdheit": Betrachtet man die einzelne Tat mehrdimensional, so stellt sich die Tat nicht als derartig persönlichkeitsfremd dar.[190]

(5) "Fehlende Bereicherungsabsicht": Hierbei handelt es sich eher um ein Schlagwort, welches die Diagnose vereinfacht, aber nicht verbessert.[191]

5. *Foerster* wendet sich insbesondere gegen die Einordnung des Phänomens „pathologisches Stehlen“ und „Kleptomanie“ in die Klassifikationssysteme ICD-10 und DSM-IV.[192] Empirische Studien hätten keinen Beleg für eine einheitliche Störung oder ein einheitliches Syndrom finden können; die Begriffe seien empirisch widerlegt und obsolet. Die Bezugnahme auf das Fehlen einer „vernünftigen Motivation“, auf „unbewußte Motive“ oder „unbewußte Sexualkonflikte“ seien forensisch nichtssagend, so daß im Ergebnis auf den irreführenden Begriff der „Kleptomanie“ verzichtet werden solle.[193] *Knöllinger* und *Foerster* weisen insbesondere darauf hin, daß die bestehenden Diagnosekriterien nicht objektivierbar seien und der Gutachter damit auf die Aussagen der Betroffenen angewiesen seien. Hierbei dürfe nicht außer acht gelassen werden, daß aufgrund der juristischen Konsequenzen die Delinquenten zur Simulation neig-

[187]*Bresser*, Fortschr. Neurol. Psychiat. 1979, S.617 ff.
[188]*Bresser*, Fortschr. Neurol. Psychiat. 1979, 617, 627
[189]*Bresser*, Fortschr. Neurol. Psychiat. 1979, 617, 625 f.
[190]*Bresser*, Fortschr. Neurol. Psychiat. 1979, 617, 627; so schon *de Boor*, Motivisch unklare Delikte, S.144
[191]*Bresser*, Fortschr. Neurol. Psychiat. 1979, 617, 619 ff.
[192]*Foerster*, Psychiatrische Begutachtung, 2000, S.271
[193]*Foerster*, Psychiatrische Begutachtung, 2000, S.272; zur Auffassung *Foersters* zur forensisch-psychiatrischen Begutachtung in diesen Fällen siehe unten § 5 A. II. 3.1.

ten.[194] Ebenfalls sei auffallend, daß derselbe Proband bei einigen Delikten die Diagnosekriterien erfüllte, bei anderen wiederum nicht. Die Bezeichnung „kleptoman" beschreibe daher kein unveränderliches Persönlichkeitsmerkmal, sondern vielmehr ein auf den konkreten Fall bezogenes Fehlverhalten.[195] Wünschenswert sei daher, die erkannten Verhaltensweisen nicht als eigenständige Störung in die Diagnosesysteme einzuordnen, sondern sie als Symptom zu behandeln.[196]

6. *Lange*, *Engelmeier* und *Pach* versuchten, die Merkmale des pathologischen Stehlens nachzuweisen, indem sie 43 begutachtete Probanden untersuchten. Hiervon waren 12 Personen männlichen Geschlechts; die größte Gruppe (23 von 43) wies Persönlichkeitsstörungen und Neurosen auf.
Probleme bei der Überprüfung des herkömmlichen Begriffs des pathologischen Stehlens sahen die Autoren in folgenden Punkten:[197]
Die Gruppe der Diebe mit Bereicherungsabsicht wurde noch nicht genügend auf psychische Auffälligkeiten hin untersucht;
Die subjektiven Merkmale wie Bereichungsabsicht, Bewußtseinstrübung etc. sind nur schwierig nachzuweisen;
Die Tatsituation, d.h. die auslösende Situation im Kaufhaus, wird nicht in die Bewertung einbezogen; notwendig ist jedoch eine mehrdimensionale Betrachtung des Phänomens.

Sie kamen in ihrer Untersuchung zu folgendem Ergebnis:

(1) Die *fehlende Bereicherungsabsicht* habe sich nur selten völlig ausschließen lassen. Selbst wenn die Dinge nur von geringem Wert gewesen seien und nicht brauchbar, so besäßen für Täter aus den unteren Einkommensschichten auch billige Waren einen Wert. Zudem hätten die Täter teilweise aus Versehen die falsche Ware mitgenommen, teilweise wollten sie die Sachen ohnehin weiterverschenken. Dieses Merkmal sei damit nicht brauchbar.[198]

(2) Daß der Täter sich *selbst gefährde* und ungeplant vorgehe, fand ebenfalls keine Bestätigung. Die Behauptung der Hälfte der Probanden, sie hätten nie erfolgreich gestohlen, halten die Autoren angesichts der Dunkelziffer für Ladendiebstahl von 95% für höchst zweifelhalt. Auch die Aussagen der Kaufhausangestellten, die von einer recht raffinierten Vorgehensweise der Täter berichteten,

---

[194] *Knöllinger/Foerster*, Bewährungshilfe 2000, Heft 1, S.45 f.
[195] *Knöllinger/Foerster*, Bewährungshilfe 2000, S.48
[196] *Knöllinger/Foerster*, Bewährungshilfe 2000, Heft 1, S.45 f., 50 f.
[197] *Lange/Engelmeier/Pach*, MschrKrim 1980, 140, 141
[198] *Lange/Engelmeier/Pach*, MschrKrim 1980, 140, 143 f.

stünden dem entgegen. Lediglich in wenigen Einzelfällen sei die Lust an der Bestrafung mögliches Motiv.[199]

(3) Das Merkmal der *Bewußtseinstrübung* und der partiellen *Amnesie* für den Tathergang läge nur in maximal 4 von 43 Fällen vor. Alle anderen Hinweise hierauf können unter dem Blickwinkel des Vergessens, des Verdrängens und der Schutzbehauptung diskutiert werden.[200]

(4) *Depressive Verstimmungen* konnten die Untersuchenden allerdings in 60% der Fälle nachweisen. Welche Ursachen hinter der Depression steckten, blieb offen.

(5) Die *Persönlichkeitsfremdheit*, die bei Personen mit selbstbeherrschtem, überkontrolliertem Verhalten möglich ist, konnte in dieser Stichprobe nicht nachgewiesen werden. Daß die Tat den Probanden hinterher unverständlich und unsinnig erschien, könne man auf die nachfolgenden Konsequenzen (Verhöre, Gerichtsverhandlung, psychiatrische Untersuchung) zurückführen.

Im Ergebnis wurde in keinem Fall das psychopathologische Syndrom des Ladendiebstahls festgestellt.[201] Nach Ansicht der Autoren sollte man eine Zusammenfassung solch komplexer Bedingungen und Motive, die zum Ladendiebstahl führen können, nicht vereinfachend unter einem "Syndrom" zusammenfasen, da u.a. die Versuchssituation im Kaufhaus nicht berücksichtigt werde.[202]

7. *Leygraf* und *Windgassen*[203] äußern sich dahingehend, daß eine *retrogarde Amnesie* mannigfaltige Ursachen haben kann und daher nur eine geringe Aussagekraft habe.

Daß der Täter nur *mangelnde Vorsicht* walten ließe, sei - mit wenigen Ausnahmen - eine tautologische Erklärung dafür, daß der Diebstahl entdeckt worden sei.

Zudem sei die *mangelnde Bereicherungsabsicht* kein zuverlässiges Kriterium. Von den Autoren wird auf den Nahrungsmitteldiebstahl von Magersüchtigen verwiesen, der keinesfalls "nutzlos" sei. Die Täter wiesen im Gegenteil eine ganz spezielle, wenn auch zwiespältige Beziehung zum Tatobjekt auf.

---

[199] *Lange/Engelmeier/Pach*, MschrKrim 1980, 140, 144
[200] *Lange/Engelmeier/Pach*, MschrKrim 1980, 140, 144 f.
[201] *Lange/Engelmeier/Pach*, MschrKrim 1980, 140, 146
[202] *Lange/Engelmeier/Pach*, MschrKrim 1980, 140, 147
[203] *Leygraf/Windgassen*, Strafverteidiger 1991, 86, 88

8. *Glatzel* äußert sich insbesondere zu den biologischen und tiefenpsychologischen Ansätzen.
So hält er die auf der biologischen Ebene stattfindende Einordnung der Kleptomanie in die Gruppe der Monomanien[204] für forensisch - psychiatrisch nichtssagend.[205]
Ebensowenig sieht er in dem Stehlen die - tiefenpsychologisch angenommene - Ersatzhandlung für nicht befriedigte Bedürfnisse. Vielmehr sei das Stehlen eine Beschreibung motivationaler Zusammenhänge, die sich aus der Situation, dem Aufforderungscharakter der Situation und der Intention des Täters zusammensetze.[206]
Auch *Schneider* hält das "Stehlen zur Lösung von Spannungen" für nicht nachgewiesen.[207]

9. *Baljer* erklärt: „Die wieder aufgeflammte Diskussion um `Diebstähle ohne Bereicherungstendenz´ ... (muten) wie ein später Rückfall in die Geschichte der Kriminologie an (z.B. Monomanielehre Esquirols)."[208] Beim Diebstahl wie auch bei allen anderen Delikten könne man aus dem äußeren Ablauf der Tat und den hierzu getätigten Aussagen des Täters über Tat und Motive auf keinen Fall auf eventuelle psychische Abweichungen schließen, und nur diese seien relevant für die strafrechtliche Beurteilung. Da die Diebstahlsdelinquenz (in Warenhäusern) einen derartig großen Raum einnehme, sei nicht erstaunlich, daß die Delinquenten vielfach nicht in der Lage seien, ein überzeugendes Motiv anzugeben. Fast zwangsläufig werde daher - nicht nur von Laien - eine Kleptomanie, also ein Diebstahl ohne Bereicherungstendenzen bzw. ein pathologischer Stehltrieb angenommen. Verantwortlich seien aber zum Teil die Anonymität und der Aufforderungscharakter in den Warenhäusern sowie die gesamtgesellschaftlich veränderte Einstellung zu Fremdeigentum. Die vielfältigen Beweggründe seien bereits wegen der dem Menschen innewohnenden Selbstrechtfertigungstendenzen im Rückblick so gut wie nie zu objektivieren. Häufig spielten - außer der Bereicherungsabsicht - auch ideologische Motive eine Rolle. Zu bedenken sei bei Jugendlichen die Frage nach dem Vorliegen einer Mutprobe.[209] (Zur Frage der Schuldfähigkeit siehe unten § 5 A. II.4.)

---

[204] so aber die ältere Literatur, vgl. *Baer*, S.24 f.; Monomanie: „Einzelwahn", die Psyche ist in einem Punkt krankhaft verändert, während die übrigen seelischen Bereiche unberührt bleichen.
[205] *Glatzel*, Strafverteidiger 1982, 40, 41
[206] *Glatzel*, Strafverteidiger 1982, 40, 45
[207] *Schneider*, in GS für Kaufmann, S.278
[208] *Baljer*, in: Faust, Psychiatrie, S.816
[209] *Baljer*, in: Faust, Psychiatrie, S.816

IV. Zusammenfassung und Wertung

Der ursprüngliche Begriff der "Kleptomanie" in seiner Bedeutung als eigenständige Krankheit wird heute praktisch nicht mehr vertreten, da man die Eigenständigkeit dieser Erscheinung allgemein verneint.[210] So erklärt *Rasch*, daß „diverse `Manien` (Kleptmanie, Pyromanie) kein Phänomen ist, das in den heute gültigen wissenschaftlichen Anschauungen einen umschriebenen Platz hat."[211]

Aber auch das Vorgehen anhand der Merkmale des "pathologischen Stehlens" lehnt die neuere Literatur ab.[212] Vorwiegend kritisieren die Autoren, die Merkmale seien nicht aussagekräftig, weil sie im Gegensatz zu den "normalen Diebstählen" keine Besonderheiten aufweisen würden oder nicht beweisbar seien.[213] Vielmehr wird überwiegend eine mehrdimensionale Betrachtung des Problems gefordert, die sich nicht nur auf den Ablauf der Tat selbst konzentriert. Aus den Untersuchungsergebnissen ergibt sich in einer Vielzahl der Fälle, daß krisenhafte Situationen, depressive Verstimmungen und längerandauernde Fehlentwicklungen (Ehe - und Partnerschaftsprobleme, Trennungen, Todesfälle) den Taten vorausgingen.[214] In die Bewertung des Diebstahls als krankhaft seien daher insbesondere die psychopathologische Entwicklung, vorhandene Konfliktbelastungen, die Konfliktdynamik[215] und Krisen einzubeziehen.[216]

Diese Tendenz der neueren Literatur erscheint insofern plausibel, als die Merkmale des "pathologischen Stehlens" zwar auf den ersten Blick eine klare Abtrennung der normalen von den pathologischen Diebstählen versprechen, sie a-

---

[210] *Wagner*, Ladendiebstahl, S.83; *Michaelis*, S.86; *Floru*, MschrKrim 1974, 72, 76

[211] *Rasch*, in: Ponsold, Lehrbuch der gerichtlichen Medizin, Bd.I, S.56

[212] *Wagner*, Ladendiebstahl, S.83; *Michaelis*, S.86; *Krause*, MschrKrim 1963, 49, 53; *Osburg*, MschrKrim 1992, 10, 11; *Bresser*, Fortschr. Neurol.; Psychiatrie 1979, 617; *Lange/Engelmeier/Pach*, MschrKrim 1980, 140, 143 ff.; *Leygraf/Windgassen*, Strafverteidiger 1991, 86, 88; *Glatzel*, Strafverteidiger 1982, 40, 41 ff.; *Langelüddeke/Bresser*, Gerichtliche Psychiatrie, S.59

[213] *Michaelis*, S.87; *Wagner*, Ladendiebstahl, S.83; *Osburg*, MschrKrim 1992, 10, 11; *Bresser*, Fortschr. Neurol. Psychiat. 1979, 617; *Lange/Engelmeier/Pach*, MschrKrim 1980, 140, 144 f.

[214] *Leygraf/Mester/Tölle*, in: Pohlmeier, Forensische Psychiatrie heute, S.203; *Osburg*, MschrKrim 1992, 10, 13 (Tabelle); *Langelüddeke/Bresser*, Gerichtliche Psychiatrie, S.58; *Leygraf/Windgassen*, Strafverteidiger 1991, 86, 88; so i.ü. auch *Pauleikhoff/Hoffmann*, Fortschr. Neurol. Psychiat. 1975, 254; vgl. des weiteren *Fiedler/Mundt*, in : Enzyklopädie der Psychologie, S.410; wenn auch kritisch zur Frage Relevanz: *Baljer*, in: Faust, Psychiatrie, S.816 f.

[215] so *Leygraf/Mester/Tölle*, in: Pohlmeier, Forensische Psychiatrie heute, S.208

[216] *Rasch*, Forensische Psychiatrie, 1999, S.355 f. *Osburg*, MschrKrim 1992, 10, 11; *Lange/Engelmeier/Pach*, MschrKrim 1980, 140, 147; *Glatzel*, Strafverteidiger 1982, 40, 45; *Leygraf/Windgassen*, Strafverteidiger 1991, 86, 88

ber viele Gesichtspunkte nicht berücksichtigen können, womit die Bewertung der Tat im Ergebnis unvollständig bleibt. Gerade die Merkmale der mangelnden Vorsicht bei der Tatausführung, die fehlende Bereicherungsabsicht, der geringe Wert der gestohlenen Sachen oder die fehlende Erklärung für die Tat sind in der Tat schwierig nachzuweisen; zudem treten sie auch bei normalen Diebstählen häufig auf.
Andererseits wurde in den neueren Untersuchungen das auch zur Definition des "pathologischen Stehlens" gehörende Merkmal der Depression oder depressiven Verstimmung in einer Vielzahl der Fälle festgestellt.[217] Ebenso weisen die Untersuchungen an eßgestörten Probanden einen verhältnismäßig großen Anteil an Diebstahlsdelinquenten auf.[218] Es läßt sich vermuten, daß derartige psychologischen Störungen im Zusammenhang mit der Delinquenz der Probandinnen stehen.

§ 5 Sanktionen, Schuldfähigkeit und Rückfall bei weiblichen Diebinnen

A. Sanktionen

Es ist bei der hier in Frage stehenden Problematik ebenfalls zu untersuchen, wie die Strafverfolgungsinstanzen die weiblichen Täterinnen behandeln.

I. Sanktionen gegen "durchschnittliche" Diebinnen

Die Strafverfolgungstatistik gibt Aufschluß darüber, wieviele weibliche Täterinnen wegen Diebstahls abgurteilt bzw. verurteilt wurden und welche Art der Strafe die Verurteilten erhielten.

1. Aburteilungen

1997[219] wurden 47.160 Frauen wegen Diebstahls (nach allgemeinem Strafrecht und Jugendstrafrecht) abgeurteilt, womit der Anteil der Frauen im Vergleich zu den Männern bei 28,9% lag. Von 1993 bis 1997 schwankte diese Quote nur unerheblich zwischen 29,5 und 28,9%. Nach allgemeinem Strafrecht wurden 1997

[217] *Osburg*, MschrKrim 1992, 10, 13; *Lange/Engelmeier/Pach*, MschrKrim 1980, 140, 144 f.
[218] *Gerlinghoff/Backmund*, MschrKrim 1986, 325 ff.; *Leygraf/Windgassen*, Strafverteidiger 1991, 86, 87 und 88 Fn.20; *Pauleikhoff/Hoffmann*, Fortschr. Neurol. Psychiat. 1975, 254, 263 ff.
[219] Strafverfolgungsstatistik 1997 (Hrg. Stat.Bundesamt), Tabelle 2.1, S.25

37.816 Frauen abgeurteilt (Anteil: 29,6%), die nach dem JGG abgeurteilten Mädchen und Frauen machten einen Anteil von 26,2% aus (absolut: 9.344).
Die Aburteilungen nach allgemeinem Strafrecht 1997[220] umfaßten 629 Freisprüche für Frauen (Anteil: 24,2%), bei nach Jugendstrafrecht abgeurteilten Delinquentinnen wurde in 202 Fällen freigesprochen (Anteil: 25,2%). Nach allgemeinem Strafrecht wurden 3.302 Verfahren weiblicher Täterinnen eingestellt, also in 23,9% der Fälle. Einstellungen nach dem JGG (auch nach § 47 JGG) erfolgte in 4.668 Fällen (Anteil: 31,6%). Die Einstellungen durch die Staatsanwaltschaft nach Maßgabe der §§ 153 ff StPO sind hier nicht erfaßt. *Wagner* ermittelte in seiner Untersuchung eine Einstellungsquote von 51,4%.[221]

2. Verurteilungen

Von den wegen Diebstahls Verurteilten (nach allgemeinem und Jugendstrafrecht) waren 1997 29,2% weiblich (38.341 Frauen).[222] Die Entwicklung der Verurteiltenanteile bei Frauen in den letzten zehn Jahren zeigt die folgende Tabelle 5:

Tab. 5: Anteil der verurteilten weiblichen Täterinnen (mit Jugendstrafrecht) von 1987 bis 1997[223]

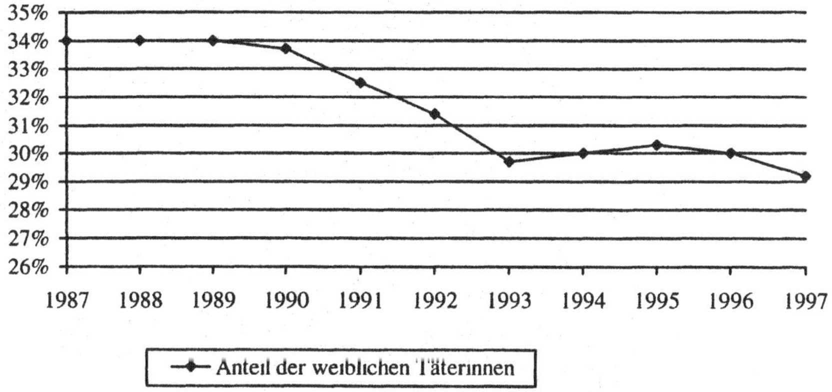

Interessant ist in diesem Zusammenhang insbesondere der Blick auf die Art der Verurteilung (hier nur nach allgemeinem Strafrecht).[224] Eine Freiheitsstrafe er-

[220] Strafverfolgungsstatistik 1997 (Hrg. Stat. Bundesamt), Tabelle 2.2, S.52 f.
[221] *Wagner*, Sanktonspraxis, S.165
[222] Strafverfolgungsstatistik 1997 (Hrg.Stat.Bundesamt), Tabelle 2.1, S.27
[223] Rechtspflege 1987 bis 1992, Reihe 1, Tabelle 3.6; Rechtspflege 1993 bis 1996, Reihe 3, Tabelle 2.1; Strafverfolgungsstatistik 1997, Tabelle 2.1, S.27

hielten 1997 3501 Frauen, somit 20,6% aller Verurteilten.[225] Hiervon wurden bei den Frauen 2712 Fälle zur Bewährung ausgesetzt, welches einem prozentualen Anteil von 25,1% aller Aussetzungen zur Bewährung ausmacht. Der Anteil derjenigen Täterinnen, die lediglich eine Geldstrafe erhielten, lag im Vergleich zu den männlichen Tätern bei 32,3%. Diese Aussagen veranschaulicht die folgende Tabelle 6 noch einmal graphisch:

Tab. 6: Art der Verurteilung (ohne Jugendstrafrecht)/Anteil der weiblichen Täterinnen 1997[226]

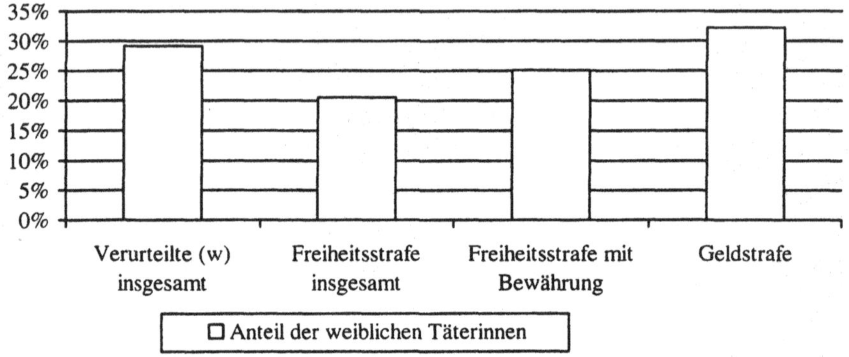

[224]Alle folgenden Zahlen beziehen sich ausschließlich auf Diebstahlsdelikte.
[225]Strafverfolgungsstatistik 1997 (Hrg. Stat. Bundesamt), Tabelle 2.3, S.78f.
[226]Strafverfolgungsstatistik 1997, Tabellen 2.1 und 2.3, S.27, 78f.

Gleichzeitig wird aus Tabelle 7 deutlich, daß sich die Sanktionspraxis von 1989 bis 1997 nicht wesentlich geändert hat:

Tab. 7: Entwicklung der Verurteilungen (ohne Jugendstrafrecht)[227]

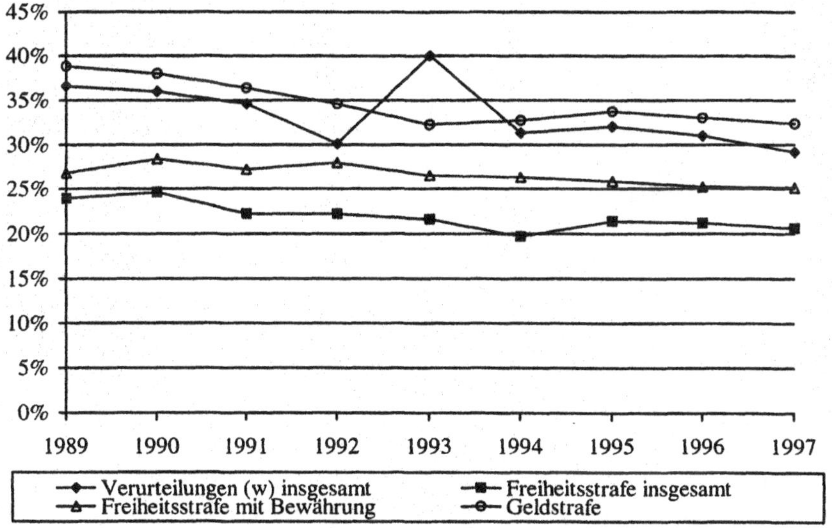

Im Ergebnis sind Frauen bei Geldstrafen und Bewährungsstrafen stärker vertreten als bei unbedingten Freiheitsstrafen. Diese Entwicklung zeigt sich auch in der Höhe der Freiheitsstrafen. Der Prozentsatz der Frauen sinkt kontinuierlich mit der Höhe der Freiheitsstrafe, wie Tabelle 8 zum Ausdruck bringt:

[227] Rechtspflege 1989-1996, Reihe 3, Tabelle 2.3 und 3.1; Strafverfolgungsstatistik 1997, Tabelle 2.3, S.78 f.

Tab. 8: Höhe der Freiheitsstrafe (weiblich) 1997[228]

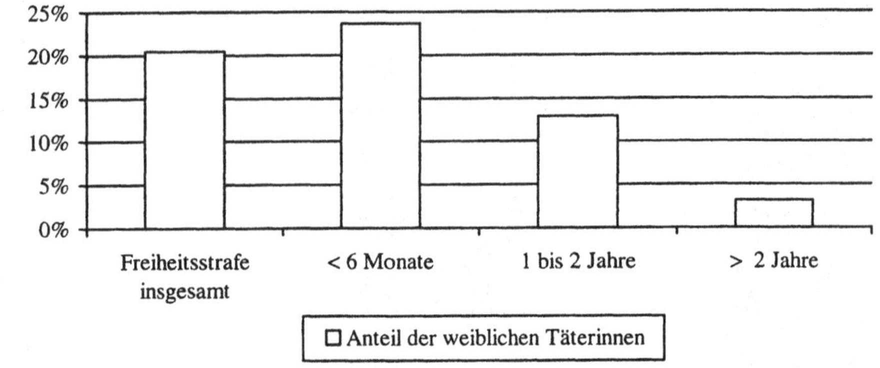

So sind 1997[229] 23,7% der zur einer Freiheitsstrafe unter sechs Monate Verurteilten Frauen (absolut: 2.548); die hiervon zur Bewährung ausgesetzten Strafen weisen sogar einen Anteil von 28,0% (2.037 Frauen) auf. Freiheitsstrafen zwischen einem und zwei Jahren werden in 87,1% der Fälle gegen Männer verhängt, Freiheitsstrafen darüber sogar in 96,9% der Fälle.
Dies deckt sich mit der Art der von Frauen begangenen Diebstähle: sie sind bei Diebstählen unter erschwerenden Umständen unterrepräsentiert.[230]

II. Sanktionen und Schuldfähigkeit bei "psychisch kranken" Diebinnen

Die Vermutung, es handele sich um krankhaftes Stehlen, wirft die Frage nach der Schuldfähigkeit gem. §§ 20, 21 StGB auf.

1. Schuldunfähige Ladendiebe insgesamt

Der Anteil der abgeurteilten bzw. verurteilten Ladendiebe mit rechtsrelevanten psychischen Auffälligkeiten ist relativ gering,[231] er wird auf 2 bis 3% geschätzt.[232] Auch *Wagner* stellt in seiner Untersuchung fest, daß die Staatsanwaltschaften und Gerichte nur in 2,9% der Fälle den psychologisch-psychiatrischen

---

[228] Strafverfolgungsstatistik 1997, Tabellen 2.3 und 3.1, S. 78f., 130f.
[229] Strafverfolgungsstatistik 1997 (Hrg. Stat. Bundesamt), Tabelle 3.1, S.130f.
[230] siehe oben § 2 B. I. 1.
[231] vgl. *Luthe*, S.185
[232] *Osburg*, MschrKrim 1992, 10

Hintergrund berücksichtigen.[233] Die Schuldunfähigen (§ 20 StGB) machen dabei nur etwa ein Promille aus. Größtenteils wird auf verminderte Schuldfähigkeit gem. § 21 StGB erkannt.[234]

Wagner macht die seltene Berücksichtigung psychischer Hintergründe (und hiermit auch die wenigen Fälle der Begutachtung) jedoch nicht den Justizbehörden zum Vorwurf. Die Symptome der psychischen Anspannung und unerklärlichen Verhaltensweisen seien noch kein Indiz für eine vorliegende Schuldunfähigkeit. Würde man dies annehmen, so wäre eine effektive Sanktionierung des Ladendiebstahls nicht mehr möglich.[235]

2. Schuldunfähigkeit bei begutachteten Ladendieben

Wegen der selektiven Auswahl der Fälle liegt die Ex - bzw. Dekulpationsrate bei den begutachteten Ladendieben höher.
So wurde in der Untersuchung von *Osburg* in 33% der Fälle wegen Schuldunfähigkeit freigesprochen, in 25 % der Fälle kam es zur Einstellung. Bei 49% der Probanden wurde verminderte, bei 43% volle Schuldunfähigkeit i.S.d. § 20 StGB angenommen.[236]

Volle oder verminderte Schuldunfähigkeit lag in der Arbeit von *Lange* in 7 von 16 Fällen vor.[237]

Die Untersuchung von *Leygraf/Mester/Tölle* ergab bei 33 begutachteten Fällen zweimal volle Schuldunfähigkeit und 20 Fälle von verminderter Schuldfähigkeit, die restlichen 11 Begutachtungen blieben offen.[238]

3. Subsumtion unter §§ 20, 21 StGB

Problematisch ist die Frage, wann und in welcher Form das beschriebene Phänomen zum Ausschluß der Schuldfähigkeit führt.

In der „Kleptomanie" sieht man größtenteils nicht mehr eine eigenständige Krankheit, sondern vielmehr ein Symptom für eine der in § 20 StGB genannten

---

[233] *Wagner*, Sanktionspraxis, S.243
[234] *Osburg*, MschrKrim 1992, 10; *Fekete*, S.50
[235] *Wagner*, Sanktionspraxis, S.251
[236] *Osburg*, MschrKrim 1992, 10, 14
[237] *Lange/Engelmeier/Pach*; MschrKrim 1980, 140, 147
[238] *Leygraf/Mester/Tölle*, in: Pohlmeier, Forensische Psychiatrie heute, S.207 f.

Grunderkrankungen.[239] So findet sich teilweise die Einschätzung, das isolierte Auftreten der charakteristischen Merkmale sei selten,[240] bisweilen wird die Eigenständigkeit völlig ausgeschlossen.[241] Da man die psychologischen Störungen unter die anerkannten psychischen Krankheiten, die die Schuldunfähigkeit begründen können, subsumieren kann, hält *Kury* den Begriff der „Kleptomanie" für obsolet.[242] Ebenso erklärt *Foerster*, daß die Kleptomanie als Krankheitsbild nicht bewiesen sei, und daher auf die normale Prüfung der sonstigen Erkrankungen in § 20 StGB zurückgegriffen werden sollte.[243]

Dem schließt sich die Frage an, welche der Erkrankungen in den §§ 20, 21 StGB in Betracht kommen. Der Ausschluß der Schuldunfähigkeit wird entweder unter dem Blickwinkel der krankhaften seelischen Störung oder der schweren anderen seelischen Abartigkeit diskutiert;[244] die tiefgreifende Bewußtseinsstörung oder der Schwachsinn spielen keine Rolle.
Innerhalb der beiden relevanten Befunde ergeben sich wiederum vielfache Möglichkeiten der Zuordnungen.[245]

3.1. Einordnung nach Diagnoseschlüsseln

Wie bereits oben dargestellt, gehören nach den Diagnoseschlüsseln ICD-10 bzw. DSM-III-R die Kleptomanie oder das pathologische Stehlen in die Kategorie der schweren anderen seelische Abartigkeit. Innerhalb dieses Befundbereiches sieht man das pathologische Stehlen als eine Störung der Impulskontrolle an (siehe oben § 4 B. II. 2.).
Gleichzeitig weisen Autoren jedoch darauf hin, daß diese Sondergruppe nicht als diagnostische Einheit verstanden werden darf, deren Feststellung unmittelbare Konsequenzen für die psychiatrisch-psychologische Beurteilung auslöst.[246] Da die Störung meist im Kontext anderer psychischer Störungen auftrete, wird

[239] *Leygraf/Windgassen*, Strafverteidiger 1991, 86; *Kury*, S.383; *Nedopil*, S.137; *in der Beeck*, S.119; *Lenckner*, in: Schönke/Schröder, § 20 Rn.24; *Wagner*, Sanktionspraxis, S.247 weist daraufhin, daß in keinem seiner untersuchten Fälle auf populäre Erklärungen wie Kleptomanie, Menstruation, Schwangerschaft oder Klimakterium abgestellt wurde.

[240] *Dillinger/Mombour/Schmidt*, Internationale Klassifikation, S.240; *Fiedler/Mundt*, in: Enzyklopädie der Psychologie, S.409

[241] *Baljer*, in: Faust, Psychiatrie, S.816

[242] *Kury*, S.383

[243] *Foerster*, Psychiatrische Begutachtung, 2000, S.271 f.

[244] siehe hierzu die folgenden Ausführungen

[245] zur Praxis der Begutachtung und den unterschiedlichen Ansätzen der forensischen Psychiatrie auch aus juristischer Sicht siehe *Konrad*, Psychiatrische Richtungen und Schuldfähigkeit

[246] *Rasch*, Forensische Psychiatrie, 1986, S.45

eine genaue Differentialdiagnose für notwendig erachtet.[247] *Foerster* hält die gesonderte Einteilung als „sonst nicht klassifizierte Störungen" sogar für forensisch unbrauchbar.[248] Allein aus der Aufnahme in den Diagnoseschlüssel könne man keine rechtlichen Schlußfolgerungen ziehen. Der Gutachter dürfe keine verallgemeinernde Begutachtung durchführen, sondern müsse sich im Einzelfall an der jeweils zugrunde liegenden Erkrankung orientieren.[249]

3.2. Einordnung in der Literatur

In der Literatur reichen die Begutachtungen von Psychosen und hirnorganischen Störungen (also krankhafte seelische Störungen) bis hin zu Neurosen und Persönlichkeitsstörungen (und damit schwere andere seelische Abartigkeiten). Die folgende Tabelle 9 weist diejenigen Befunde aus, die die Autoren typischerweise als Erklärung für krankhaftes Stehlen heranziehen:

Tab. 9

Kury[250]	krankhafte seelische Störung (krankSt): • schizophrene Psychose • hirnorganisches Psychodrom schwere andere seelische Abartigkeit (schwAb): • Persönlichkeitsstörung
Witter[251]	schwAb: • teilweise Neurose • teilweise psychopathische Persönlichkeitsstörung mit Charakterzug Selbstunsicherheit →Bei Neurosen liegt fast nie Schuldunfähigkeit vor; wenn doch, ist eher an eine Psychose (krankSt) zu denken →Die Gleichstellung von Kleptomanie und Neurose soll vermieden werden
Nodopil[252]	krankSt: • depressive Episode

[247] *Fiedler/Mundt*, in: Enzyklopädie der Psychologie, S.409
[248] *Foerster*, Psychiatrische Begutachtung, 2000, S.271
[249] *Foerster*, Psychiatrische Begutachtung, 2000, S.271
[250] *Kury*, S.383
[251] *Witter*, in: Göppinger/Witter, Handbuch der forensischen Psychiatrie, Bd.II, S.992, 1002 f.
[252] *Nedopil*, S.123, 137; zur Anwendung der §§ 20, 21 StGB siehe unten II. 4.

	schwAb: • Abnorme Gewohnheiten und Störungen der Impulskontrolle (vgl. ICD-10) • bei Diebstählen häufig Neurose • Dysthymie (gewisse Analogie zu depressiver Neurose, ICD-10 Nr.300.4)
Foerster[253]	schwAb: • Persönlichkeitsstörungen • Neurotische Konfliktsituationen → es finden sich fast immer komplexe Bedingungsgefüge der Stehlhandlungen, wie z.B. Selbstbestrafungstendenzen, aggressive Racheimpulse oder depressive Verstimmungen im Zusammenhang mit schwerwiegenden Lebenskrisen.
Ergebnisse aus Untersuchungen	
Leygraf/Mester/ Tölle[254] (Stichprobe: n=33)	krankSt: • Psychose • hirnorganische Störung schwAb: • Neurose • Persönlichkeitsstörung →19 von 33 Fällen wiesen depressive Verstimmungen aufgrund einer Lebenskrise (Partnerschaftsprobleme etc.) auf
Keller/Battegay/ Rauchfleisch[255] (Stichprobe: n=18; 11 w, 7 m)	schwAb: • depressive und narzißtische Neurose • Psychopathie (2 Fälle) →in 11 von 18 Fällen geschahen die Diebstähle im Zusammenhang mit Krisen (Trennung oder Probleme mit Partner, Tod)

[253] *Foerster*, Psychiatrische Begutachtung, 2000, S.271 f.
[254] *Leygraf/Mester/Tölle*, in: Pohlmeier, Forensische Psychiatrie heute, S.201, 203
[255] *Keller/Battegay/Rauchfleisch*, MschrKrim 1981, 342, 344

Leygraf/ Windgassen[256] (Stichprobe: n=52; ohne Patienten mit psychotischer Erkrankung)	krankSt: • Psychose →organische Psychosen sind einfacher zu diagnostizieren als Neurosen oder Persönlichkeitsstörungen und wurden daher aus der Stichprobe genommen schwAb: • Neurose • Persönlichkeitsstörung
Pauleikhoff/ Hoffmann[257] (n=13 w; hier nur weibliche Probandinnen aufgeführt)	krankSt: • reaktive Depression Schwachsinn (eine Probandin) schwAb: • sexuelle Deviation • abnorme Persönlichkeitsentwicklung • Psychopathie →begleitend traten auf: schwierige, konfliktbeladene eheliche Situationen, depressive Verstimmung als Folge der situativen Schwierigkeiten, körperliche und seelische Erschöpfung, eheliche sexuelle Frustration sowie aggressive und suizidale Tendenzen
Osburg[258]	Je nach Typ (siehe oben § 4 B. II. 8.3.2.) <u>Typ 3</u> (neurotische Konflikttäterin) schwAb: • depressive Neurose <u>Typ 5</u> (körperlich kranke und medikamentenabhängige Frau) schwAb: • depressive Neurose <u>Typ 6</u> (hirnorganisch veränderte ältere Frau) krankSt: • hirnorganische Störungen

[256] *Leygraf/Windgassen*, Strafverteidiger 1991, 86
[257] *Pauleikhoff/Hoffmann*, Fortschr. Neurol. Psychiat 1975, 254, 264 ff.
[258] *Osburg*, MschrKrim 1992, 10, 13 ff.

	→25% der Probanden wiesen eine neurotische Depression auf →Typ 3 und 5 wiesen in Beziehungen Konfliktbelastungen auf
Lange/ Engelmeier/ Pach[259] (Stichprobe: n=43)	krankSt: • Schizophrene Psychosen (10 Fälle) • Hirnorganische Störungen (3 Fälle) schwAb: • Persönlichkeitsstörungen und Neurosen (23 Fälle) • Abusus (7 Fälle)

Hieraus ergibt sich, daß insbesondere die Neurosen (und hier wiederum die depressive Neurose, siehe Fn. 166, 171) und die Persönlichkeitsstörungen im Vordergrund stehen. Wenn die Diagnose auf eine Psychose lautet, so kommen sowohl hirnorganische Störungen als exogene Psychose (besonders bei älteren Probanden), als auch schizophrene und depressive Störungen (endogene Psychosen) vor, wobei letztere eher selten auftreten.[260] Auffällig ist, daß häufig längere Konfliktbelastungen oder Krisen den Diebstählen vorgeschaltet waren. Während einige Erkrankungen und der damit zusammenhängende Schluß auf die Schuldunfähigkeit einfacher zu diagnostizieren sind (so z.B. bei einer akuten Psychose), fällt dies beim Vorliegen einer Neurose schwerer.[261] So weist *Roxin* darauf hin, daß die Rechtsprechung bei Neurosen mit der Begründung der Überwindbarkeit von Charaktermängeln und Willensschwäche nur in Ausnahmefällen das Vorliegen von Schuldunfähigkeit bejaht.[262] Auch *Witter* hält fest, daß man bei Neurosen fast nie die Schuldunfähigkeit bejahen kann, sondern daß man vielmehr an eine Psychose denken muß.[263]

Des weiteren ist die Unterscheidung zwischen Neurosen und Persönlichkeitsstörungen (Psychopathien) nicht immer eindeutig. Obwohl die Persönlichkeitsstörungen als anlagebedingte Charakterbesonderheit und die Neurose als erlebnisbedingt bezeichnet werden,[264] können Fachleute aufgrund der schwierigen Unterscheidung von anlage - und umweltbedingten Einflüssen nicht immer präzise

[259] *Lange/Engelmeier/Pach*, MschrKrim 1980, 140, 142

[260] zur Häufigkeit und Erklärung endogener Depressionen bei Eigentumsdelikten siehe *Mundt*, Fortschr. Neurol. Psychiat. 1981, S.214 ff.

[261] *Leygraf/Windgassen*, Strafverteidiger 1991, 86, 87 f.; in der Beeck, S.115

[262] *Roxin*, § 20 Rn.25

[263] *Witter*, in Göppinger/Witter, Handbuch der forensischen Psychiatrie, S. 992

[264] *Roxin*, Strafrecht AT Bd.I, § 20 Rn.24

entscheiden, welcher Befund vorliegt. Somit ist „die Verwendung der Termini ‚neurotisch' oder ‚psychopathisch' weitgehend eine Frage der Lehrmeinung."[265]

4. Anwendung der §§ 20, 21 StGB

Die Schwierigkeit der Thematik hat zur Folge, daß die Bejahung der Ex – bzw. Dekulpation mal strenger und mal großzügiger gehandhabt wird.

- *Nedopil* hält das einheitliche Syndrom „pathologisches Stehlen" nicht für belegt, bejaht aber die Möglichkeit, daß die Täter aus anderen Motiven als jenem der Bereicherung stehlen. Dies sei gelegentlich bei depressiven Verstimmungen im Rahmen depressiver Episoden, bei Konfliktreaktionen oder bei der Dysthymie der Fall. Er weist jedoch darauf hin, daß man bei der Begutachtung den psychopathologischen oder psychodynamischen Zusammenhang zwischen der jeweiligen individuellen Störung und der Diebstahlshandlung erst belegen müsse.[266]

- *Schumann* schlägt vor, daß, sobald bei Warehausdieben ein derart erheblicher Konflikt vorliegt oder eine solch hochabnorme Persönlichkeitsstruktur erkennbar wird, daß das Hemmungs - und Steuerungvermögen gegenüber dem Begehrensanreizen beeinträchtigt ist, die Möglichkeit der Zuerkennung der §§ 20, 21 StGB geprüft werden soll. Dabei müßten die besonderen Umstände der Warenhausatmosphäre Berücksichtigung finden.[267] *Wagner* hält diesen Ansatz für inhaltsleer und damit für unbrauchbar.[268]

- Bezüglich des *tiefenpsychologischen Ansatzes* kritisiert *Glatzel*, daß man mittels der Feststellung, der Proband handele triebhaft, nicht automatisch auf das Vorliegen einer schweren anderen seelischen Abartigkeit schließen könne. Genau dieses würden jedoch Sachverständige praktizieren, wenn sie das Vorliegen eines handlungsbestimmenden Triebes bei dem Täter als Grund für die Schuldunfähigkeit angeben. Kein Trieb könne per se geeignet sein, die Schuldunfähigkeit zu begründen.[269] Den hier angegriffenen tiefenpsychologischen Ansatz hält *Glatzel* für einen Widerspruch zu dem dem Strafrecht zugrunde liegenden relativen Indeterminismus des Menschen.[270]

---

[265] *Meyer*, ZStW 1976, 52; vgl. auch *Witter*, in: Göppinger/Witter, Handbuch der forensischen Psychiatrie, Bd.II, S.992

[266] *Nedopil*, S.137

[267] *v.Schumann*, S.115

[268] *Wagner*, Sanktionspraxis, S. 251, Fn.135

[269] *Glatzel*, Strafverteidiger, 1982, 40, 41

[270] *Glatzel*, Strafverteidiger 1982, 40, 42

- *Krause* hält fest, daß zumindest eine krankhafte seelisch-geistige Störung vorliegen muß, um eine Exkulpation in Erwägung ziehen zu können. Ansonsten sei auch bei unmotiviert oder persönlichkeitsfremd scheinendem Handeln volle Schuldfähigkeit anzunehmen, selbst wenn ein augenblicklicher Impuls dem Täter wenig Gelegenheit gebe, sein Handeln abzuwägen: „Das Gesetz kann und darf es ihm auch in einer solchen Situation nicht erlauben, das doch wohl in jedem Menschen tiefverwurzelte Eigentumsgefühl zugunsten des gleichfalls ubiquitär vorhandenen Strebens nach Besitz zu verabschieden."[271]

- Hingegen vertritt *Kaess* die Annahme von Schuldunfähigkeit bereits dann, wenn man neben unterschiedlichen tatbegründenden Faktoren ein Nachweis des Symbolcharakters des Diebstahls erbringen kann.[272]

- *Baljer*[273] hält fest, daß bei der Frage nach der Einordnung eines Täters als schuldunfähig Zurückhaltung geboten sei. Nur wenn eine tiefgreifende neurotische Persönlichkeit oder eine Persönlichkeitsstörung vorliege, sei überhaupt ein Sachverständiger erforderlich. So stelle z.B. der Warenhausdiebstahl als sexuelle „Ersatzhandlung" eine Rarität dar. Tiefenpsychologische Hypothesen würden nur selten überzeugen. Selbst wenn man jedoch diese speziellen Diebstähle als versteckte sexuelle Akte beurteile, so sei vom Täter in gleichem Maße die Einhaltung der Rechtsordnung zu erwarten wie für offene sexuelle Akte. Teilweise könne die zunehmende Intensität, die Entdifferenzierung der Persönlichkeit und eine erkennbare persönlichkeitsfremde Eigengesetzlichkeit die Annahme einer schuldmindernden abnormen Persönlichkeitsentwicklung zulassen. Die Täter seien vielfach konfliktbeladen und gefühlsbetont. Es handele sich um darstellungsorientierte, zu extrovertierten Reaktionen neigende und abnorm geltungsbedürftige Persönlichkeiten, welche sich zur Tatzeit überwiegend mit als belastend erlebten Lebenssituationen konfroniert sähen. In der Regel könnte hieraus nicht der Schluß auf eine verminderte Schuldfähigkeit abgeleitet werden, der Richter habe allerdings die Möglichkeit, Täterpersönlichkeit und Lebenssituation strafmildernd zu berücksichtigen.

- Zur Lösung der Schuldfähigkeitsfrage über das Konstrukt eines Obsessionsdelikts wird bemerkt, daß auch das Obsessionsdelikt keine Ableitungsbasis für den Nachweis von Schuldunfähigkeit sein könne, weil dieser Nachweis empirisch nicht abgesichert sei.[274] Damit sei jedoch noch nichts über die Exkulpation im Einzelfall gesagt.

---

[271] *Krause*, MschrKrim 1963, 49, 73
[272] *Kaess*, MschrKrim 1958, 46, 50
[273] *Baljer*, in: Faust, Psychiatrie, S.816
[274] *de Boor*, S.91

- Um zur Schuldunfähigkeit zu gelangen, erfolgt häufig eine Orientierung an den Merkmalen des pathologischen Stehlens, die jedoch heftiger Kritik ausgesetzt sind (siehe oben § 4 B. III.).

- *In der Beeck* erklärt, bei der Annahme von § 20 StGB sei große Vorsicht und eine sorgfältige Prüfung der Täterpersönlichkeit geboten; die Voraussetzungen des pathologischen Stehlens könnten immer nur Indizien sein.

- Auch *Lange* verweist auf die Notwendigkeit einer Einzelfallprüfung und lehnt das Vorgehen anhand der Merkmale des pathologischen Stehlens ab.[275]

- Ebenso mahnen *Langelüddeke/Bresser* zur Zurückhaltung bei der Annahme der Schuldunfähigkeit. Erklärungen wie das Vorliegen einer Symbolhandlung oder einer Ersatzbefriedigung hätten keinen Erklärungswert.[276] Auch bestünde zwischen einer Depression und der Diebstahlstat kein unmittelbarer Zusammenhang, da die Depression ihre Ursachen häufig in den Tatfolgen (Strafverfolgung) habe oder als Zuflucht und Ausweg nach dem Diebstahl gewählt werde.[277]

- *Wolfslast*[278] untersuchte die Arbeit des Gerichtsärztlichen Ausschusses für NRW, der von eintausend Begutachtungen im Jahr 1976 15% beanstandete. Ein Teil hiervon beschäftigte sich mit der Exkulpationsfrage beim Vorliegen von „Kleptomanie". Der Ausschuß kritisierte in 40 Fällen die fälschliche Annahme und nur in zwei Fällen die fälschliche Nichtannahme der Schuldunfähigkeit.[279] Unter den Beanstandungen befanden sich auch 18 Fälle des Ladendiebstahls (2 männlich, 16 weiblich). Der Ausschuß argumentierte in den kleptomanischen Fällen, daß unbewußte Motive nicht mit der Annahme der Schuldunfähigkeit gleichgesetzt werden könnten. Zwar habe man neurotische Störungen festgestellt, es lägen jedoch keine Zwangsneurosen, sondern Drangzustände vor, die die Anwendung der §§ 20, 21 StGB nicht rechtfertigen könnten. Ein logischer Zusammenhang zwischen einer Krise und dem Diebstahl bestünde nicht.[280] Die Autorin ist der Ansicht, daß der Ausschuß generell gegen die Bejahung der Ex - oder Dekulpation bei „Kleptomanie" sei.[281] Hierbei ist jedoch die relativ kleine Menge der Beanstandungen zu beachten, der eine große Mehrheit von nicht gerügten Untersuchungen gegenüber steht, wobei über letztere Entscheidungen keine Informationen vorliegen.

---

[275] *Lange/Engelmeier/Pach*, Strafverteidiger 1982, 140, 147
[276] *Langelüddeke/Bresser*, Gerichtliche Psychiatrie, S.57
[277] *Langelüddeke/Bresser*, Gerichtliche Psychiatrie, S.192
[278] *Wolfslast*, MschrKrim 1979, 76 ff.
[279] *Wolfslast*, MschrKrim 1979, 76, 79
[280] *Wolfslast*, MschrKrim 1979, 76, 83 f.
[281] *Wolfslast*, MschrKrim 1979, 76, 83

5. Zusammenfassung

Die neuere Literatur lehnt die Annahme der Schuldunfähigkeit anhand der herkömmlichen Merkmale des "pathologischen Stehlens" ab und stützt diesen Standpunkt auf deren fehlende Aussagekraft und die schwierige Beweislage.[282]

Die vielfältige Kritik an dem Syndrom des pathologischen Stehlens soll aber nach Meiung der meisten Autoren nicht dazu führen, daß die Frage der Schuldunfähigkeit überhaupt ignoriert wird. Teilweise greifen die Kritiker nur die formale Vorgehensweise nach den oben genannten Merkmalen an,[283] andere schlagen einen vorzugswürdigeren Weg vor.

Bereits 1955 erklärte *Hadamik*, daß der Rückgriff auf die Kleptomanie unzureichend und eine eindringendere Persönlichkeitsanalyse notwendig sei.[284] Auch *Krause*[285] verwies 1963 auf folgende Tatsache: „ ... aktuelle eheliche bzw. familiäre Konflikte liegen nach unseren Erfahrungen bei den Ladendiebinnen verhältnismäßig häufig vor." Er bezog zum einen die Überlegung ein, daß die (verlassene) Delinquentin ihrem Partner keine Rechenschaft mehr schuldig sei und daher eher einen Diebstahl wagen könne. Gleichzeitig spielten jedoch möglicherweise (unbewußte) Tendenzen eine Rolle, sich für den Verlust entschädigen zu wollen. Zwar maß *Krause* dieser Tatsache keinen Einfluß auf die psychiatrische Beurteilung bei, er hielt es jedoch für denkbar, „daß der Richter daraus in geeigneten Fällen mildernde Umstände herleiten könnte."
Im Zusammenhang mit der Ätiologie des pathologischen Diebstahls wird in den Fallbeschreibungen recht übereinstimmend von deutlichen Gefühlsschwankungen extrem ängstlich-phobischer Natur und/oder depressiven Verstimmungen unmittelbar vor einer kleptomanen Phase berichtet.[286] In den Fallbeschreibungen von *Goldman* - aufbauend auf genauen Lebenslaufanalysen durch Interviews und Psychotherapien - hätten die Probandinnen zudem regelmäßig frühe traumatische Erfahrungen wie Inzest oder extreme Gewalterfahrungen angegeben.[287] In diesem Zusammenhang empfiehlt *Leygraf*, statt der starren Prüfung der Voraussetzungen des pathologischen Stehlens sich stärker auf die psychopathologische Entwicklung vor der Tat zu konzentrieren und insbesondere die Entstehung der

---

[282] *Wagner*, Ladendiebstahl, S.83; *Michaelis* S.86; *Osburg*, MschrKrim 1992, 10, 11; *Bresser*, Fortschr. Neurol.; Psychiatrie 1979, 617; *Lange/Engelmeier/Pach*, MschrKrim 1980, 140, 143 ff.; *Leygraf/Windgassen*, Strafverteidiger 1991, 86, 88; *Glatzel*, Strafverteidiger 1982, 40, 41 ff.

[283] *Wagner*, Ladendiebstahl, S.83; Michaelis, S.86 ff.; Bresser, Fortschr. Neurol. Psychiat. 1979, 617 ff.

[284] *Hadamik*, MschrKrim 1955, 83

[285] *Krause*, MschrKrim 1963, 49, 62 f.

[286] *Fiedler/Mundt*, in: Enzyklopädie der Psychologie, S.410

[287] zitiert nach *Fiedler/Mundt*, in: Enzyklopädie der Psychologie, S.411

Depression durch langanhaltende Konfliktbelastungen zu untersuchen.[288] Ebenso weist *Osburg* auf die starke Relevanz psychopathologischer Veränderungen (im Gegensatz zur fehlenden Bereicherungsabsicht) hin, die bei der Frage der Schuldfähigkeit im Vordergrund stehen müsse.[289] Teilweise wird gefordert, bei der Frage nach der Schuldfähigkeit die jeweilige Aufforderungssituation im Kaufhaus sowie die vorgegebenen und geprägten Einstellungen und Handlungsbereitschaften des jeweiligen Täters in den Vordergrund zu rücken. Wichtig sei also die Beschreibung motivationaler Zusammenhänge.[290] In einer neueren Einzelfallstudie von *Knöllinger* und *Foerster* zeigte sich, daß die Probandinnen die Taten in der Regel nach affektiv belastenden Situationen (z.B. Auseinandersetzungen mit dem Partner) begingen.[291] Die untersuchten Frauen und Männer wiesen sämlich problematische Lebensläufe auf, welche durch mangelnde Anerkennung und das Gefühl des Zurückgesetztwerdens gekennzeichnet waren. Gleichzeitig fiel das Vorliegen von depressiven Verstimmungen, schweren Depressionen, Suizidversuchen und psychosomatischen Bewschwerden (bspw. Migräne) auf; unklar blieb hinsichtlich der depressiven Befunde, ob diese auch zum Tatzeitpunkt vorlagen.[292]
Rasch fordert eine mehrdimensionlae Betrachtung der. So müsse man die Persönlichkeit, körperliche Befunde, exogene Einflüsse, die Entwicklung zur Tat und das Verhalten unmittelbar vor, bei und nach der Tat untersuchen.[293]

Zusammenfassend läßt sich festhalten, daß die einseitige Betrachtung des Phänomens auch hinsichtlich der Frage der De – oder Exkulpation des Täters heute nicht mehr als ausreichend angesehen wird. Vielversprechender erscheint ein differenzierter und mehrdimensionaler Ansatz, der nicht nur die Situation während der Tat anhand formaler Kriterien, sondern auch andere Faktoren wie z.B. die Lebensgeschichte und die Persönlichkeit des Delinquenten mit einbezieht.

B. Rückfall und Vorstrafen

Die Untersuchung der Rückfallkriminalität stößt auf verschiedene Schwierigkeiten. So fehlt in der Rückfallstatistik eine Aufschlüsselung nach Delikten; andererseits betrachtet die Strafverfolgungsstatistik zwar Vorstrafen vor dem begangenen Diebstahl, nicht jedoch die Frage nach der Art der Delikte, welche zu den Vorstrafen führten. Damit bleibt nur der Rückgriff auf verschiedene Untersu-

---

[288] *Leygraf/Windgassen*, Strafverteidiger 1991, 86, 88
[289] *Osburg*, MschrKrim 1992, 10, 11
[290] *Glatzel*, Strafverteidiger 1982, 40, 45
[291] *Knöllinger/Foerster*, Bewährungshilfe 2000, S.46
[292] *Knöllinger/Foerster*, Bewährungshilfe 2000, S.46 f.
[293] *Rasch*, Forensische Psychiatrie, 1999, S.355 f.; vgl. auch die von *Rasch* aufgestellten Kriterien in: Forensische Psychiatrie, 1999, S.364 f.

chungen, deren Aussagekraft jedoch angezweifelt wird. *Wagner* kritisiert etwa, daß der betrachtete Rückfallzeitraum nicht ausreiche und die Untersuchungen Verfahrenseinstellungen nicht mitberücksichtigten. Wenn man die Ergebnisse durch Täterbefragungen erlange, seien diese möglicherweise mangels Ehrlichkeit der Betroffenen nicht verläßlich.[294]

I. Rückfall der "durchschnittlichen" Diebinnen

1. Vorstrafen nach der Strafverfolgungsstatistik 1991[295]

Während 50% der männiichen Diebe eine oder mehrere vorherige Verurteiligung aufwiesen, waren es diesbezüglich "nur" 35% der Frauen. Der Anteil der vorverurteilten Frauen zu einer Freiheitsstrafe betrug 17,2%, davon wurde in über 50% der Fälle die Strafe zur Bewährung ausgesetzt. Bei Geldstrafen waren die weiblichen Täterinnen stärker beteiligt, nämlich mit 41%.[296]

2. Rückfall der weiblichen Täterinnen

In der Rückfallstatistik von 1990[297] findet wie bereits erwähnt keine Aufschlüsselung nach Delikten statt. Allgemein wird die Rückfallkriminalität von Frauen als sinkend eingestuft (1990: 39,99% im Vergleich zu 40,49% 1986). Die niedrigste Rückfallquote wiesen diejenigen Frauen auf, die eine Freiheitsstrafe mit Bewährung erhielten, ohne daß diese widerrufen wurde (32,69%), wobei diese Tendenz seit 1986 konstant ist.[298] Die höchste Rückfallquote bei den zu Freiheitsstrafen von ein bis zwei Jahren Verurteilten auf (57,72%).

3. Rückfallkriminalität und Vorstrafen in einzelnen Untersuchungen

Immer wieder untersuchte man die Stichproben, die zur Erforschung des Phänomens des Ladendiebstahls ausgewählt wurden, auch in Hinblick auf Vorstrafen und Rückfalltaten. Die folgende Darstellung umfaßt zunächst nur diejenigen Arbeiten, denen eine Stichprobe von "Durchschnittstätern" zugrunde lag.

---

[294] *Wagner*, Ladendiebstahl, S.50
[295] Strafverfolungsstatistik 1991 (Hrg. Stat.Bundesamt)
[296] Strafverfolgungsstatistik 1991 (Hrg. Generalbundesanwalt beim BGH), Tabelle 7.1, S.324
[297] Rückfallstatistik 1990 (Hrg. Generalbundesanwalt beim BGH), S.7 Tabelle
[298] Rückfallstatistik 1990

3.1. Vorstrafen der weiblichen Täterinnen

- *Loitz*[299] stellte fest, daß in seiner Gruppe der untersuchten Ladendiebe 13,5% vorbestraft waren, wobei Frauen nur in 10,97% der Fälle Vorstrafen aufwiesen und es bei den weiblichen Täterinnen meist bei einer Vorstrafe blieb.

- *Wagner* untersuchte Männer und Frauen auf ihre Vorbelastung hin und kam zu dem Ergebnis, daß Frauen eine wesentlich geringere Vorstrafenzahl als Männer beim Diebstahl aufweisen und daß 31,9% aller Untersuchten ausschließlich wegen Diebstahls vorbestraft waren.[300]

3.2. Rückfälle weiblicher Täterinnen

- *Michaelis*[301] errechnete in seiner Untersuchung eine Rückfallquote von 19,9%, wobei hier der Rückfall wegen eines Diebstahls gemeint ist.
Interessant sind hierbei diejenigen seiner Motivtypen, die typischerweise von Frauen beherrscht werden.
In der Gruppe derjenigen, die keine Erklärung für den Diebstahl fanden (57,8% weibliche Beteiligung), waren lediglich 4% Rückfalltäter.
Von denjenigen, die den Diebstahl begingen, weil ihnen die Ware gut gefallen hatte (weibliche Beteiligung 50%), waren 27,8% Rückfalltäter.
Die Gruppe der Frauen, die der Diebstahl "gereizt" hat bzw. die "aus Spaß" gestohlen hatten, wurde zu 57,1% von Rückfalltäterinnen ausgemacht.
Unter den Frauen, die aus "Lustgefühl" oder einem "unerklärlichen Zwang" heraus handelten, fand sich keine Rückfalltäterin. *Michaelis* schloß hieraus: "Ein \`echter Fall von Kleptomanie' dürfte also in keinem Fall vorgelegen haben."

- *Albrecht* untersuchte die Rückfallkriminalität von Eigentumsdelikten, führte jedoch keine Unterscheidung zwischen männlichen und weiblichen Rückfalltätern durch.
Er kam zu dem Ergebnis, daß die höchste Wiederverurteilungsquote bei den Eigentumsdelikten zu finden sei.[302] Die verschiedenen Rückfallquoten bei verschiedenen Delikten führte er auf drei Umstände zurück: (1) Die jeweilige Verurteilung führe zu unterschiedlichen Stigmatisierungswirkungen (so trifft den Täter die Verurteilung wegen eines Straßenverkehrsdelikts weniger als eine Verurteilung wegen Diebstahls). (2) Je nach Verurteilung steigt die formelle Kontrolle des Täters durch die Strafverfolgungsbehörden. (3) Den Verurteilun-

---

[299] *Loitz*, S.45
[300] *Wagner*, Ladendiebstahl, S.54
[301] *Michaelis*, S.77 ff.
[302] *Albrecht*, S.77

gen liegen je nach Delikt unterschiedliche Persönlichkeits - und Sozialdaten zugrunde.
In seiner Untersuchung wurden insgesamt 31% der Probanden wiederverurteilt, beim Diebstahl waren es 47%. Diebe wurden am ehesten wegen Diebstahls erneut verurteilt, die meisten Rückfalltäter wiesen Vorstrafen aus dem Bereich der Eigentumsdelinquenz auf.[303] Die höchste Rückfallgefahr besteht beim Diebstahl in den ersten zwei Jahren.[304]

- *Schneider* erklärt, daß Frauen generell weniger rückfällig werden, obwohl sie durch die Verurteilung stärker belastet würden.[305]

- Andere Untersuchungen[306] führen keine geschlechtsspezifische Differenzierung durch. *Junge* stellte jedoch bei rückfälligen Tätern eher psychische Auffälligkeiten fest.[307]

II. Rückfall "psychisch kranker" Diebinnen

Das Phänomen des Rückfalls scheint eng mit dem der "Kleptomanie" bzw. des "pathologischen Stehlens" verbunden zu sein. So findet man unter dem Begriff der Kleptomanie schon per definitionem das Merkmal des wiederholten Stehlens: "Mit Kleptomanie bezeichnet man wiederholtes Stehlen ...".[308] Ebenso behandelten die meisten forensisch - psychiatrischen Untersuchungen Fälle, in denen die Probanden mehrmals - teilweise bis zu 60 Mal - tätig wurden.[309] Auffällig ist des weiteren, daß die Fallbeschreibungen fast ausschließlich Frauen zum Thema hatten.[310] *Geerds* erklärt, daß das Verhalten der psychisch abnormen Täter u.U. dem der Rückfalltäter ähneln kann.[311] *Keupp* spricht von einer kleinen Gruppe hochrückfälliger Täterinnen (davon viele ältere und unverheiratete), deren Rückfall auf eine mißlungene soziale Integration zurückzuführen sei.[312]

---

303 *Albrecht*, siehe Tabelle 5 (S.81) und Tabelle 10 (S.86)
304 *Albrecht*, Schaubild 2 (S.87)
305 *Schneider*, in GS für Kaufmann, S. 267, 270
306 so z.B. *Junge*, S.124 ff.
307 *Junge*, S.32
308 *Müller*, Lexikon der Psychiatrie, S.301
309 *Floru*, MschrKrim 1974, 72, 77 ff.: drei Fallbeurteilungen mit eins bis drei Fälle pro Proband; *de Boor*, zwischen einem und sechs Diebstählen; *Krause*, MschrfKrim 1963, 49, 59 ff. bis zu 18 Diebstahlsfälle; *Dietrich*, MschrKrim 1976, 141, 145 bis zu 60 Fälle pro Proband
310 Eine Ausnahme bildet hier *in der Beeck*, S.80 ff.
311 *Geerds*, in FS für Dreher, S.533, 552
312 *Keupp*, MschrKrim 1982, 218, 228

1. Untersuchungen über begutachtete Ladendiebe

- *Osburg* fand in ihrer Untersuchung heraus, daß der überwiegende Teil der psychiatrisch begutachteten Diebe bereits mit Diebstahl aufgefallen waren.[313] Insbesondere die Typen, die ohnehin eine Überrepräsentation von weiblichen Diebinnen aufwiesen (die neurotische Konflikttäterin, die körperlich kranke und medikamentenabhängige Frau und die hirnorganisch veränderte ältere Frau), zeigten fast ausschließlich eine Vorbelastung mit Ladendiebstählen.

- In der Untersuchung von *Lange*, *Engelmeier* und *Pach*[314] hatten 12 von 43 Probanden (hiervon 72% weiblich) bereits zwei bis zehn Diebstähle begangen, neun Personen sogar 11 - 20.

- *De Boor* beurteilte unter dem Blickwinkel eines möglichen Tiefenmotivs sieben Fälle (von Frauen), um die "rätselhaften Rückfälle in der Bewährungszeit"[315] erklären zu können. Die Frauen ließen sich auch durch wiederholte Geld - oder Freiheitsstrafe nicht vom Rückfall abbringen.[316] Die Täterinnen würden meist noch in der Bewährungszeit eine erhebliche Anzahl von Diebstählen (sieben bis acht Delikte) begehen, nicht selten direkt nach der Verurteilung. Sie litten unter ihrem Verhalten und wendeten selbst hohe Kosten auf, um sich durch Behandlungen davon zu befreien.

2. Wirkung der Strafen auf "psychisch kranke" Diebinnen

Gerade im Hinblick auf die Frauen, die psychische Auffälligkeiten aufweisen, stellt sich die Frage, wie sich die "normale" Strafverfolgung auf die Täterinnen auswirkt.

So bezweifelt *de Boor* die abschreckende Wirkung von Freiheitsstrafen für den Typ Frau, der aus Tiefenmotiven handele. Die Ursache der Diebstähle läge meist in einem nicht verarbeiteten Schuldgefühl, die Lösung könne daher nur in einer vollständigen rationalen Bewältigung und in einer "echten Neu-Orientierung" liegen.[317] Solange der Konflikt unterdrückt werde, bliebe das Motiv wirksam und animiere die Täterin zu Wiederholungsdelikten. Folgen könnten

---

[313] *Osburg*, MschrKrim 1992, 10, 12
[314] *Lange/Engelmeier/Pach*, MschrKrim 1980, 140, 142
[315] *de Boor*, S.62
[316] *de Boor*, S.93; ebenso Nedopil, S.136
[317] *de Boor*, S.94

Zwangssymptome, Psychoneurosen oder psychosomatische Körperstörungen sein. Die Bestrafung verstärke das Schuldgefühl möglicherweise noch.[318]

III. Möglichkeiten der ambulanten Therapie

Vielfach beschäftigt sich die Literatur mit den Möglichkeiten einer Behandlung der Frauen, die auf längere Sicht das Rückfallrisiko vermindert. Zwar besteht im wesentlichen Einigkeit, daß eine psychotherapeutische Einwirkung möglich ist, über die Erfolge ist jedoch nur wenig bekannt.[319] Im Vordergrund steht bei den Überlegungen die ambulante Therapie; am häufigsten wird bislang wohl eine psychoanalytische Behandlung durchgeführt.[320]

- So verweist *de Boor* auf Alternativen zur Freiheitsstrafe: Die Auflage der Schadenswiedergutmachung oder die Weisung, sich einer therapeutischen Behandlung zu unterziehen, seien die wirksameren Methoden. Er schlägt hierfür die Verwarnung mit Strafvorbehalt vor. Das Problem, daß hier die Weisungsmöglichkeiten beschränkt sind, möchte er mit einer Erweiterung des § 59a II StGB um die §§ 56 c, d StGB lösen.

- Ebenso erklärt *Schumann*, daß die bloße Bestrafung nicht in allen Fällen helfe, notwendig sei bei Vorliegen einer kupidogenen Kleptomanie vielmehr "freundschaftliche Hilfe".[321] Den Tätern müßten die unbewußten Motive ins Bewußtsein gerufen werden.[322] Dies könne durch eine psychotherapeutische Behandlung geschehen (bei der am Anfang mit Rückfällen zu rechnen sei), wobei auch die Einbeziehung der Verwandten vorgenommen werden solle. Insbesondere die Erfolgsaussichten der Gruppentherapie seien sehr günstig.[323] Soweit dies nicht möglich sei, müsse es trotz allem zu einer Internierung kommen, die mit dem Angebot der sozialtherapeutischen Anstalt verbunden werden könne.

- Auch *Geerds* spricht sich dafür aus, psychisch abnorme Diebe in Freiheit zu behandeln. Außer einer Geldstrafe oder einer eher angezeigten Sanktion der Kriminalbehandlung in Freiheit sei trotz gegebener Schuldfähigkeit sogar eine Verfahrenseinstellung wegen der Persönlichkeitsfremdheit möglich.[324]

---

[318] *de Boor*, S.95
[319] *Marneros*, in: Therapie psychiatrischer Erkrankungen, S.650
[320] *Marneros*, in: Therapie psychiatrischer Erkrankungen, S.650
[321] *v.Schumann*, S.147
[322] *v.Schumann*, S.151
[323] *v.Schumann*, S.167
[324] *Geerds*, in FS für Dreher, S.552

- In diesem Sinne spricht auch *Schneider* davon, die große Belastung des Strafvollzugs für Frauen zu verhindern und grundsätzlich in Freiheit zu behandeln.[325]

- *Luthe* regt in diesem Zusammenhang an, frühere Verurteilungen nicht mehr strafverschärfend anzurechnen.[326]

- *Rasch* fordert den Aufbau möglichst breit gefächerter ambulanter sozialtherapeutischer Dienste, die in die Bewährungshilfe eingegliedert werden könne, und spricht sich ausdrücklich für eine umfassendere therapeutische Behandlung von Straftätern aus.[327] Ebenso hält *Huber* die Psychotherapie gerade bei Phänomenen wie der Kleptomanie für nützlich.[328]

- Auch *Baer* spricht sich für eine ambulante Therapie in Fällen aus, bei denen es sich um Grenzfälle der Schuldfähigkeit handelt. Die Therapie sei jedoch im Falle einer Neurose schwieriger durchzuführen und müsse daher individueller auf den Betroffenen abgestimmt werden, als dies bei psychotischen Störungen der Fall sei.[329] Bezüglich Weisungen, sich einer Therapie zu unterziehen (hier im Zusammenhang mit den Weisungen des Jugendstrafrechts), sieht er einerseits die Gefahr, daß die therapeutische Wirkung durch den Zwangscharakter gefährdet wird. Andererseits würde in vielen Fällen erst durch die gerichtliche Anordnung die Notwendigkeit einer therapeutischen Behandlung unterstrichen und diese vor von außen oder von dem Betroffenen selbst ausgehenden Störungen geschützt. *Baer* hält es des weiteren für wünschenswert, wenn die diagnostischen Aufgaben (Feststellung der Schuldunfähigkeit) und die therapeutischen Aufgaben von einander getrennt würden.[330]

- Allgemein zur ambulanten Psychotherapie bei Straffälligen äußert sich *Rauchfleisch*:[331] Er sieht die Chancen in der nicht stationären Behandlung, wobei er diese Möglichkeit insbesondere von Therapie während der Haftzeit abgrenzt. Man dürfe jedoch keine übersteigerten Erwartung an die Therapie stellen und müsse größten Wert auf Kontinuität legen. Die günstigen Rückfallquoten würden sich nämlich bei Betroffenen, die die Therapie abbrechen, auf 70% Rückfallquote verschlechtern. Zu beachten seien auch die niedrigeren Kosten der ambulanten Behandlung. Eine vom Gericht angeordnete Behandlung sei durchaus

---

[325] *Schneider*, in GS für Kaufmann, S.267, 286
[326] *Luthe*, S.187
[327] *Rasch*, Forensische Psychiatrie, 1999, S.379 ff.; zu den einzelnen Therapieformen S.382 ff.
[328] *Huber*, in: Göppinger/Witter, Handbuch der forensischen Psychiatrie, Bd.II, S.747, 750
[329] *Baer*, S.151
[330] *Baer*, S.152
[331] *Rauchfleisch*, in: Amsel-Kainarou/Nelles: Forensische Psychiatrie, S.83ff.

sinnvoll, der Patient können nach Ablauf der vorgeschriebenen Therapie diese freiwillig fortführen.[332]

- Zusammenfassend erklären *Fiedler* und *Mundt*,[333] daß die psychoanalytischen Ansätze hinsichtlich der Deutung und der Ätiologie des Phänomens zwar überwiegen, es jedoch an validen Ergebnissen zur (langfristigen) Wirksamkeit einer psychoanalytischen Therapie fehle. Im Gegensatz hierzu finde man Aussagen zur Therapiefähigkeit auf der Seite der Vehaltenstherapeuten, welche mit den Probanden Selbstkontrollmethoden mit dem Ziel der der selbstinduzierten frühzeitigen Unterbrechung kleptomanischer Episoden einübten. (Anhalten des Atems und Verlassen des Kaufhauses, Einübung aversiver Phantasien, striktes Reglementieren des Einkaufsverhaltens etc.).[334] Aus den Untersuchungen gehe hervor, daß kleptomanische Episoden durchaus selbst kontrollierbar seien.

Somit läßt sich festhalten, daß die Idee der ambulanten Therapie von der Literatur durchaus diskutiert und von der Mehrheit positiv bewertet wird.

§ 6 Zusammenfassung und Fragestellung

Das Thema der weiblichen Diebstahlskriminalität zeichnet sich durch eine äußerst kontrovers geführte Diskussion aus. Insbesondere die Fälle der psychisch auffälligen Frauen stellen wegen der Überlappung von juristischen und psychologischen bzw. psychiatrischen Fachbereichen ein Problem dar, welches Auswirkungen sowohl auf die Verurteilung als auch auf die nachfolgende Bewährung der Diebinnen hat. Aus der obigen Darstellung lassen sich zusammenfassend folgende Zentralpunkte hervorheben:

1. Statistisch gesehen spielt der Ladendiebstahl bei Frauen (im Gegensatz zu anderen Delikte) eine überragende Rolle.
2. Die Diskussion des krankhaften Stehlens konzentriert sich recht konvergent auf die Beteiligung weiblicher Delinquentinnen.
3. Die Abgrenzung des „normalen“ vom „pathologischen“ Diebstahls erweist sich als äußerst schwierig. Während in der älteren Literatur das Syndrom des pathologischen Stehlens Anerkennung fand, ist in neueren Publikationen zunehmend Zurückhaltung zugunsten eines mehrdimensionalen Ansatzes zu beobachten.

---

[332] *Rauchfleisch*, in: Amsel-Kainarou/Nelles: Forensische Psychiatrie, S.85ff.
[333] *Fiedler/Mundt*, in: Enzyklopädie der Psychologie, S.411
[334] so *McConaghy & Blaszcynski* und *Kreutzer*, zitiert nach *Fiedler/Mundt*, Enzyklopädie der Psychologie. S.411

4. Die Rückfallgefahr ist bei Diebstählen der hier interessierenden Charakteristik besonders hoch.

Diese Erkenntnisse führen im wesentlichen zu zwei Problemfeldern. Zum einen stellt sich die Frage, wie und mit welchen Mitteln sich die psychisch auffällige Delinquentin von einer Durchschnittstäterin unterscheiden läßt. Zum anderen fragt sich, auf welche Weise man in diesen Fällen eine optimale Rückfallvermeidung erreichen kann.
Auf den ersten Blick haben die Stimmen aus der Literatur die erste Fragestellung bereits in vielfältiger Weise beantwortet, wenn auch Diskussionsbedarf bezüglich der Forderung einer mehrdimensionalen Betrachtung bestehen bleibt. Das eigentliche Problem stellt sich jedoch auch aus einem anderen Blickwinkel: Die Untersuchung des Phänomens der „Kleptomanie" und ihrer Abgrenzung nahmen doch vorwiegend psychologische und psychiatrische Wissenschaftler vor, welche sich in der Praxis vor das Problem der Entscheidung über die Frage der Schuldfähigkeit gestellt sehen. Diesem Procedere geht jedoch ein entscheidender Schritt voraus, da zunächst der Jurist als Richter, Staatsanwalt oder Rechtsanwalt mit dem Fall konfrontiert ist und erst über die Frage einer Begutachtung entscheiden muß. Wie bereits festgestellt, handelt es sich bei dem Befund „Kleptomanie" in der Regel um eine Begleiterscheinung eines Befundes der in den §§ 20, 21 StGB genannten psychischen Störungen. Eine Beurteilung des Vorliegens krankhafter psychischer Defekte ist mithin juristischer Kompetenz entzogen. Neben der Tatsache, daß der Jurist mangels geeigneter Ausbildung nicht die Rolle der hierfür geschulten Fachleute übernehmen soll und darf, spielen zwei weitere Gesichtspunkte in die Fragestellung herein, nämlich der zeitliche und der finanzielle Faktor. Wie sich zeigen wird, kommt es in der Regel erst nach einer Reihe von Diebstählen zu einer Begutachtung, was sicherlich hauptsächlich auf den Umstand zurückzuführen ist, daß der zeitliche Rahmen für die sogenannten Bagatelldelikte bei Gericht notgedrungen sehr eng gesteckt ist und des weiteren eine ausführliche (mittels Sachverständigengutachten durchgeführte) Verhandlung aus Zeit- und Kostengründen die Ausnahme darstellt. Dennoch bleibt das ursprüngliche Dilemma für den Juristen bestehen, da er eine Entscheidung treffen muß und damit das Risiko eingeht, daß die krankhaft handelnde Delinquentin auch noch ein viertes oder fünftes Mal vor Gericht erscheint.
Es wurde oben bereits die Tendenz in der (psychiatrischen) Literatur erläutert, einer übergreifenden Untersuchung der psychopathologischen Entwicklung der Betroffenen den Vorzug gegenüber anderen Lösungsmöglichkeiten zu geben. Dem Juristen ist es wiederum nicht möglich, psychopathologische Befunde zu diagnostizieren. Somit entsteht die Notwendigkeit einer Handhabe, die auch dem Juristen einen Weg eröffnet, zumindest die Frage nach dem Erfordernis, Fachleute einzuschalten, beurteilen zu können.

In der vorliegenden Arbeit wurde hierzu auf die Methode der idealtypisch-vergleichenden Einzelfallanalyse nach *Göppinger*[335] zurückgegriffen, der neben der Untersuchung der Tat die Lebensgeschichte inklusive des vorangegangenen Delinquenzverhaltens sowie der sogenannten Relevanzbezüge, also der Intentionen und der Wertorientierung der Täter einbezieht. Dieser multifaktorielle Ansatz beleuchtet den sozialen und biographischen Hintergrund, ohne eine psychologische bzw. psychiatrische Deutung vorzunehmen. Wie bereits erwähnt, wurde dieses Muster auf acht Diebstahlsdelinquentinnen und auf eine ausgewählte Vergleichsgruppe von Diebstahlsdelinquentinnen angewandt, was Inhalt des Zweiten Teils der Arbeit ist.
Die für den Juristen in gleichem, wenn nicht noch höherem Maße entscheidende Frage nach der Art der Sanktionierung bleibt jedoch weiterhin bestehen. Um auch in diesem Punkt den Besonderheiten der hier interessierenden Fallkonstellationen gerecht zu werden, wurden keine beliebigen „pathologischen" Fälle als Probandengruppe ausgewählt. Vielmehr konnte auf Täterinnen zurückgegriffen werden, welche neben den üblichen Sanktionen eine alternative Vorgehensweise erfahren haben, nämlich die Behandlung mittels einer Gruppentherapie,[336] welche speziell auf die charakteristische Diebstahlsproblematik ausgerichtet ist.[337] Die hier gesammelten Erkenntnisse erlauben auch einen Ausblick auf die Möglichkeiten jenseits von Geld- und Freiheitsstrafen.

Es sei bereits hier darauf hingewiesen, daß aufgrund der kleinen Stichprobe eine empirisch abgesicherte Aussage nicht möglich ist. Dieser Kritik sind die bisherigen psychologischen bzw. psychiatrischen Untersuchungen regelhaft ausgesetzt. So erklären *Fiedler* und *Mundt*, daß mangels systematischer Untersuchungen zur Kleptomanie „die bisherigen, zumeist aus Einzelfällen gewonnenen Überlegungen zur Ätiologie weitgehend spekulativ" blieben und deshalb „nur mit großer Zurückhaltung generalisierbar" seien.[338] Sicher greift die Einschätzung nicht zu kurz, wollte man eine statistische Aussage aus Einzelfällen ableiten. Zu beachten ist jedoch, daß die (Grenz-)Fälle pathologischer Diebstähle nur einen

[335]vgl. hierzu ausführlich unten § 9

[336]zur hier untersuchten Bewährungshilfegruppe vgl. ausführlich unten § 7

[337]zur Notwendigkeit einer speziellen Einwirkung erklärt *Göppinger*, Angewandte Kriminologie, S.157: „Wenn bisher therapeutischen Bemühungen an Straffälligen wenig Erfolg beschieden war, so ist dies nicht zuletzt auch im Zusammenhang damit zu sehen, daß die Therapeuten sich bei der Behandlung wiederholt Straffälliger jener Methoden bedienten, welche die Psychologie bzw. die Psychiatrie an *nicht* (wiederholt) Straffälligen entwickelt und erprobt hat und die folglich die spezifisch kriminologischen Problembereiche und Aspekte weitgehend außer acht lassen. Die Erarbeitung sinnvoller spezifischer Einwirkungs- und Behandlungsmethoden und deren Abgrenzung untereinander - unter der Berücksichtigung der Erkenntnisse der Angewandten Kriminologie - stellt daher einen neuen wichtigen Aufgabenbereich von großer praktischer Bedeutung dar."

[338]*Fiedler/Mundt*, in: Enzyklopädie der Psychologie, S.411

Bruchteil der gesamten Diebstahlskriminalität ausmachen und daher die Anzahl der zur Verfügung stehenden Probanden von vorneherein begrenzt ist; dies insbesondere vor dem Hintergrund, daß die hier in die Beurteilung mit einfließende Tätigkeit der Bewährungshilfegruppe in der Bundesrepublik eher eine Ausnahmeerscheinung bildet. Des weiteren zeichnen sich die bisherigen empirischen Studien sowie die hier vorliegende Untersuchung gerade nicht durch eine quantitative sondern eine qualitative Betrachtungsweise aus. Eine quantitative Untersuchung mit statistisch hinreichend gesicherten Daten müßte möglichst einige hundert, mindestens aber 100 Fälle pathologischer Diebstähle erfasssen. Dies ist bisher aus verständlichen Gründen noch keinem Forscher gelungen und würde auch den Rahmen der vorliegenden Untersuchung sprengen.

Zweiter Teil: Eigene Untersuchung

§ 7 Vorstellung der Selbsthilfegruppe und Methodik

A. Vorstellung der Selbsthilfegruppe

Die im Juli 1995 ins Leben gerufene Selbsthilfegruppe zählt zur Zeit vierzehn Mitglieder im Alter von 21 bis 75 Jahren.[339] Sie wird von zwei Bewährungshelferinnen, u.a. der leitenden Bewährungshelferin in Ingolstadt betreut. Die Idee entstand, nachdem der zuständige Landgerichtsarzt mehrfach vom Gericht in Diebstahlsfällen mit Sachverständigengutachten beauftragt wurde und sich die Frage nach der weiteren Betreuung der betroffenen Frauen stellte. Nachdem sich die ersten zehn Delinquentinnen auf Meldung des Gutachters hin der Gruppe anschlossen, kommen nunmehr auch Anfragen von behandelnden Psychotherapeuten und Rechtsanwälten. Mittlerweile setzt sich die Gruppe aus Frauen zusammen, die sich entweder freiwillig melden, von dem Landgerichtsarzt gemeldet werden oder über ihren Rechtsanwalt von der Gruppe erfuhren. Des weiteren nehmen auch Frauen teil, die eine gerichtliche Weisung erhielten oder durch ihren Bewährungshelfer auf die Gruppe hingewiesen wurden. Die Hälfte der momentan teilnehmenden Frauen wurden vom Landgerichtsarzt gemeldet. Die übrigen sieben Frauen erfuhren über Mundpropaganda, über Rechtsanwälte oder Gerichte von der Gruppe. Alle vierzehn Teilnehmerinnen begannen die Gruppenarbeit freiwillig, d.h. ohne gerichtliche Weisung oder Auflage. Fünf der Frauen erhielten nachträglich in späteren Verfahren eine Weisung oder Auflage, die Gruppe weiterhin zu besuchen.
Die Bewährungshilfegruppe nimmt ausschließlich Frauen auf. Voraussetzung ist nach Äußerungen der Leiterin die Therapiewilligkeit. Delinquentinnen, die den Eindruck hinterließen, sie versprächen sich lediglich einen (hinsichtlich der Strafzumessung relevanten) Vorteil, würden nicht aufgenommen. Die anfangs befürchtete Problematik, einerseits aufgrund gerichtlicher Auflage Frauen aufzunehmen, andererseits bei fehlender Teilnahmewilligkeit die Aufnahme abzulehnen, stellte sich nach Auskunft der Leiterin bis jetzt nicht. Diejenigen Betroffenen, die eine gerichtliche Weisung erhalten hätten, seien vielmehr erleichtert, eine Anlaufstelle zu anzufinden, so daß ein derartiger Interessenkonflikt momentan nicht bestehe. Weitere Gründe für eine Ablehnung sind häufige Alkoholisierung oder Tablettenabusus sowie der Verdacht eines psychotischen Schocks. Bis jetzt hat die Leitung zwei Frauen aufgrund mangelnder Therapiewilligkeit nicht aufgenommen. Keine Voraussetzung ist der Nachweis eines Befundes im Sinne der §§ 20, 21 StGB.

[339]zum Ganzen vergleiche auch den Beitrag der leitenden Bewährungshelferin *Koob-Sodtke*, Bewährungshilfe 2000, Heft 1, S.55 ff.

Bei den Delinquentinnen handelt es sich um Frauen aus allen Schichten, insbesondere aus der Mittelschicht; der überwiegende Teil ist verheiratet oder habe einen Partner. Bei der Hälfte der Frauen wurde eine Depression diagnostiziert, zwei Drittel der Frauen befand sich mindestens einmal in psychotherapeutischer Behandlung wegen ihrer Delinquenz. In sechs Fällen ist es in der Vergangenheit zu Alkohol- und Tablettenmißbrauch gekommen; illegale Drogen hat keine der Betroffenen konsumiert. In drei Fällen wurden die Frauen in ihrer Kindheit von ihrem Vater mißbraucht; in vier Fällen lagen oder liegen erhebliche Eßstörungen vor. Es handele sich, so die Gruppenleiterein, in der Regel um autoritätsabhängige und fürsorgliche Frauen, denen es schwer falle, Nein zu sagen, und die sich durch ein hohes Unrechtsbewußtsein auszeichneten. Gleichzeitig lasse sich eine starke Willenskraft beobachten, da alle Betroffenen in mindestens einer schwierigen Situation besondere Belastbarkeit gezeigt hätten. Dennoch zeichneten sich die Betreffenden überwiegend durch eine passive Persönlichkeitsstruktur aus; sie versuchten, ihre Verletzungen durch autoaggressives Verhalten (Eßstörungen, Suizidgedanken u.ä.) zu kaschieren. Das Stehlen werde meist als lustvoll, jedoch nicht im rein sexuellen Sinne erlebt und sei zudem krisenabhängig.
Den Bedürfnissen der Teilnehmerinnen folgend konzipierten die Bewährungshelferinnen die Gruppe nicht als reine Selbsthilfegruppe, sondern als geleitete Gruppe mit klaren Strukturen und Zielvorgaben. Ziel der Gruppenbetreuung ist primär die dauerhafte Unterbrechung von Diebstahlsmustern.[340] Um dies zu erreichen, müssen die Teilnehmerinnen zunächst die eigene Lebensgeschichte bewußt erleben und eigene Fähigkeiten und Schwächen erkennen lernen, bevor diese Selbsterkenntnis zur Selbstakzeptanz führen kann. Parallel hierzu gewinnt die Auseinandersetzung mit ebenfalls betroffenen Frauen besondere Bedeutung, indem die Teilnehmerinnen zum einen auf die Mithilfe der anderen Gruppenmitglieder zurückgreifen können. Zum anderen müssen sie ihre Geschichte und ihre Delinquenz nach außen tragen und damit die meist langjährige Geheimhaltung durchbrechen. Nach einer Phase des Kennenlernens liegt der Schwerpunkt in der Praxis auf der Analyse der Tatabläufe und Tatumstände sowie der Einübung neuer Verhaltensmuster, wobei die Frauen beispielsweise durch Rollenspiele und das Psychodrama die Deliktsmuster und alternative Lösungen erkennen lernen. Wichtig ist, daß die Lebensgeschichte der Teilnehmerinnen nicht ausgeblendet wird, sondern stets eine entscheidende Rolle spielt. Von Beginn an werden den Frauen Anregungen und Hilfen geboten, um zumindest den aktuellen Zustand zu verbessern; gleichzeitig bespricht man Vermeidungsstrategien. So werden die Betroffenen beispielsweise angehalten, nicht alleine einkaufen zu gehen und weite Mäntel, Taschen etc. zu Hause zu lassen.
Die Zahl der Frauen, die die Gruppe wieder verlassen, ist relativ gering. Zwei Frauen wurden nach Teilnahmebeginn inhaftiert und kehrten danach nicht mehr

[340]zur Konzeption der Gruppenarbeit im einzelnen siehe *Koob-Sodtke*, Bewährungshilfe 2000, Heft 1, S.55, 59 f.

in die Gruppe zurück. Eine Teilnehmerin, welche zu jedem Treffen weite Anfahrtszeiten hatte, fand einen Therapieplatz an ihrem Wohnort; eine Teilnehmerin verstarb. Von den restlichen vierzehn Frauen sind sechs Frauen bereits seit Gründung der Gruppe Mitglied bzw. traten kurze Zeit später der Gruppe bei. Für diesen „Kern" der Gruppe haben das Leitungsteam und die Mitglieder seit ein paar Monaten ein neues Konzept gefunden, welches den veränderten Gegebenheiten innerhalb der Gruppe Rechnung trägt: Auf der einen Seite stieg die Zahl der neu eintretenden Frauen (auch im Vergleich zu denjenigen, die die Gruppe nach kurzer Zeit wieder verließen) immer weiter an. Andererseits konnten sechs Frauen, von denen die meisten bereits sei Gruppengründung teilgenommen hatten, bereits auf Erfolge zurückblicken; seit zwei Jahren waren sie nicht mehr delinquent und verspürten auch keinen Drang mehr zu stehlen. Die ständige Auseinandersetzung mit dem Schicksal der neu hinzugekommenen Frauen stellte eine Belastung dar, die die erfahreneren Frauen nicht mehr tragen wollten. So treffen sich diese Teilnehmerinnen unabhängig von der Bewährungshilfe, zusätzlich kommen alle Frauen alle sechswöchig zusammen, wobei die erfahreneren Teilnehmerinnen die Neuen auch außerhalb dieser Treffen unterstützen.[341]

B. Methodik der Erhebungen

I. Durchführung der Interviews

Im Zeitraum von April bis Dezember 1998 wurden mit acht Mitgliedern der Selbsthilfegruppe Interviews durchgeführt. Die etwa zweistündigen Gespräche fanden jeweils ohne Anwesenheit anderer Personen und (mit einer Ausnahme) bei den Probandinnen zu Hause statt, wodurch zusätzlich die Möglichkeit bestand, einen Eindruck des Umfelds der Probandin (Wohnung, teilweise auch ein kurzes Treffen der Familienmitglieder) zu gewinnen. Um die möglicherweise hemmende Wirkung von Tonbandgeräten zu vermeiden, wurden die Aussagen mitgeschrieben.

Bei den Interviews handelt es sich um strukturierte Interviews, welche sich an den Erhebungsbereichen der Methode der idealtypisch-vergleichenden Einzelfallanalyse nach *Göppinger* orientieren. Die Kriterien der (zunächst aufgespalteten) einzelnen Lebensbereiche und deren Teilaspekte bilden damit den Leitfaden, der den Interviews zu Grunde liegt.[342] Eine gedankliche Strukturierung der Interviews ist von entscheidender Bedeutung, da der Befragende angesichts der Fülle von Informationen und deren Komplexität nur so verhindern kann, daß

[341] siehe auch *Koob-Sodtke*, Bewährungshilfe 2000, Heft 1, S.55, 60 f.
[342] *Göppinger*, Angewandte Kriminologie, S.53

relevante Angaben verloren gehen bzw. gar nicht erst erhoben werden.[343] So ist der Untersucher gehalten, die gewonnenen Angaben ständig zuzuordnen und zu überprüfen.[344] Denn eine systematische Erhebung und damit eine breite, möglichst alle Lebensbereiche umfassende Informationsgrundlage ist Voraussetzung für die Durchführung der Methode der idealtypisch-vergleichenden Einzelfallanalyse.[345] Gleichzeitig muß der Untersucher vermeiden, allzu statisch die einzelnen Lebensbereiche „abzufragen".[346] Daher gestaltet sich das Interview im Idealfall als freies Gespräch, welches sich in die eine oder andere Richtung entwickeln kann. So konnten die Probandinnen nach einer allgemeinen Aufforderung („Erzählen Sie, wie geht es Ihnen zur Zeit?"), über die *ihnen* wichtig erscheinenden Punkte und Probleme zu berichten. Damit wurde eine ungewollte Verschiebung der Schwerpunkte für die jeweilig Betroffene vermieden, wenngleich die zur Analyse notwendigen Informationen den Hintergrund bildeten. Die Fragen wurden, soweit möglich, offen gestellt (z.B.: „Schildern Sie einen typischen Tagesablauf in dieser Zeit!"), d.h. ohne Alternativlösungen, um die Probandin nicht in eine von ihr als nicht relevant empfundene Richtung zu lenken. Durch gelegentliches „Nachhaken" konnte verhindert werden, daß die Probandin von beispielsweise unangenehmen Themen ablenkte oder daß es bei zu allgemeinen Äußerungen blieb. Um dennoch alle relevanten Informationen zu erhalten, wurde zunächst zu Beginn des Interviews ein grobes „Gerüst" der Lebensdaten erstellt; gleichzeitig konnte man die Lücken hinsichtlich der nicht angesprochenen, aber erforderlichen Punkte am Ende des Interviews durch gezieltes Nachfragen auffüllen. Es stellte sich heraus, daß für die meisten Probandinnen ein bis zwei Zentralthemen im Vordergrund standen, welche sie ausführlich darstellten und auf die sie im Laufe des Interviews immer wieder zurückkamen. Auffallend war die offene und „professionelle" Art der Befragten, mit ihrer Geschichte (und deren Deutung) umzugehen, was sicherlich zum Teil auf die Tatsache zurückzuführen ist, daß sich der Großteil der Frauen bereits mehrfach in psychotherapeutischer Behandlung befunden hatte bzw. begutachtet worden war und zudem im Rahmen der Bewährungshilfegruppe die Scheu vor der Darstellung der eigenen Geschichte bereits verloren hatte.

II. Aktenauswertung

Gleichzeitig wurden von sechs Frauen, die ihre Einwilligung hierzu erklärt hatten, die Strafakten eingesehen. Die Aktenauswertung als kriminologische Erhebung erfüllte im wesentlichen zwei Funktionen:

[343] *Göppinger*, Der Täter in seinen sozialen Bezügen, S.14
[344] *Göppinger*, Angewandte Kriminologie, S.48
[345] *Göppinger*, Angewandte Kriminologie, S.40
[346] *Göppinger*, Angewandte Kriminologie, S.47

Zum einen war es hinsichtlich des strafrechtlich relevanten Sachverhalts hilfreich, die Delinquenz betreffendes, objektives Datenmaterial zu erhalten. Gerade bei einer Vielzahl von begangenen Taten fiel es den Probandinnen zum Teil schwer, diese zeitlich genau einzuordnen. Insbesondere der Strafregisterauszug ermöglicht es, ein Gerüst an objektivierbaren Informationen zu erstellen, in das sich die Angaben im Interview einfügen lassen.[347] Gleichzeitig konnte man zumindest bei den Straftaten, die nicht durch die Staatsanwaltschaften erledigt wurden, die Art der Sanktion präzise feststellen. Während die Probandinnen im Interview häufig nur ungenaue Angaben bezüglich der strafrechtlichen Folgen machten („Ich mußte 300 DM zahlen"), gaben die Akten Auskunft über das Vorliegen einer Geldstrafe, einer Auflage o.ä. Die Angaben in den Interviews und die Daten aus den Akten stimmten hierbei im wesentlichen überein; hinsichtlich der Anzahl der Delikte ergaben sich nur geringfügige Unterschiede. Für diesen Bereich hatte die Aktenauswertung demnach eine vorwiegend kontrollierende und ordnende Funktion.
Der zweite Aspekt betrifft die Informationen hinsichtlich der Strafzumessung bzw. der Lebensgeschichte der Delinquentinnen. Hier unterschieden sich die Akten deutlich in ihrem Informationsgehalt und damit auch in ihrer Verwertbarkeit. Die drei der sechs Akten, welche kein psychiatrisches Sachverständigengutachten enthielten, beinhalteten nur wenige Angaben, die über die rein strafrechtlichen Tatsachen hinausgingen.[348] Den größten Aussagegehalt in diesen Akten hatten die Protokolle über die polizeiliche Vernehmung direkt nach der Tat und die Berichte der Jugendgerichtshilfe (lediglich in einer Akte vorhanden). Folglich wurde von den Aktenerhebungen letztendlich nur ein vergleichsweise geringer Anteil verwertet. Die Akten dienten auch hier im wesentlichen der Überprüfung der Interviewangaben, wobei sich von wenigen Ausnahmen abgesehen keine entscheidenden Widersprüche zwischen beiden Quellen ergaben.
Auf der anderen Seite waren in drei der Akten Sachverständigengutachten enthalten, welche sehr ausführlich auch auf die lebensgeschichtlichen Aspekte der Probandinnen eingingen. Neben der Möglichkeit, die im Interview gemachten Angaben zum Sozialbereich zu überprüfen, ergab sich zusätzlich der Vorteil, die genaue psychiatrische Diagnose und deren Begründung aus fachspezifischer Sicht zu erfahren. Andererseits können die Gutachten, die im Gegensatz zu den sonstigen strafrechtlichen Informationen als nicht-standardisierter Bestandteil der Akten aufgefaßt werden, nicht den letztlich entscheidenden Maßstab, son-

[347] *Göppinger*, Angewandte Kriminologie, S.50

[348] *Göppinger* weist in diesem Zusammenhang darauf hin, daß bei der Verwertung derartiger Tatsachen Zurückhaltung geboten sei. Es müßte stets überprüft werden, woher die Informationen stammten und mit welcher Ausführlichkeit sie erhoben worden seien. Auch dürfe der Untersucher bei Widersprüchen nicht prinzipiell dem Akteninhalt den Vorrang geben und die Aussage des Probanden als unglaubwürdig einstufen; *Göppinger*, Angewandte Kriminologie, S.51

dern nur eine hilfreiche Ergänzung bilden, da auch die Gutachten nicht frei von Wertungen und Zuschreibungsprozessen bleiben.[349]
Ähnlich wie bei den strafrechtlich relevanten Angaben bestand eine weitgehende Übereinstimmung zwischen dem im Interview und dem gegenüber dem Gutachter geäußerten Geschehen. Dies ist m.E. nicht zuletzt darauf zurückzuführen, daß die Probandinnen bereits Therapieerfahrung besaßen und ihren lebensgeschichtlichen Hintergrund nicht zum ersten Mal schilderten.
Insgesamt hatte die Aktenauswertung aber in allen Fällen eine vorwiegend ergänzende Funktion. In der Darstellung der Erhebungen bilden die ausführlichen Informationen aus den Interviews den Schwerpunkt. Da die festgestellten Widersprüche relativ geringfügig waren, konnten die meisten Angaben aus den Interviews übernommen werden und mußten nicht im einzelnen auf ihre Glaubwürdigkeit hin überprüft werden. In der Darstellung beträgt somit der Anteil der Akteninformationen in den Fällen ohne Sachverständigengutachten nicht mehr als 10%, in den übrigen drei Fällen nicht mehr als 20-25% .

III. Ergänzungen

Zuletzt wurde einige Monate nach den Interviews und nach Akteneinsicht mit der Bewährungshilfeleiterin Rücksprache genommen, um die neuesten Entwicklungen sowohl hinsichtlich der Delinquenz als auch bezüglich privater Veränderungen ebenfalls berücksichtigen zu können.

§ 8 Vergleichsakten: Material und Methodik

Um die Ergebnisse aus den Interviews nicht nur isoliert betrachten zu können, wurde eine Vergleichsgruppe von vierzig Akten der letzten zehn Jahre aus dem Raum München herangezogen. Die Akten wurden nach folgenden Kriterien ausgewählt:

- weibliches Geschlecht
- mindestens zwei Sanktionen[350] wegen Diebstahls

[349]zur Problematik und den Fehlerquellen von Sachverständigengutachten vgl. *Osburg*, Psychisch kranke Ladendiebe, S.108 ff. m.w.N.

[350]Unter dem Begriff „Sanktion" sind in der Folge zu verstehen:
- Verurteilungen (mit Auflagen und Weisungen)
- Maßnahmen der Besserung und Sicherung
- Freispruch gem. § 20 StGB
- Einstellungen, die nicht aufgrund mangelnder Beweislage ergingen
- Sanktionen nach dem JGG

Die Auswahl der Akten gestaltete sich wie folgt: Da die Staatsanwaltschaften in München nicht über ein System verfügen, welches die Auswahl von Akten nach Deliktsart zuläßt, wurden die Aktenzeichen zunächst über die Polizei in München in Erfahrung gebracht. Die Anfrage beschränkte sich hierbei auf die beiden oben genannten Merkmale, d.h. die Delinquentinnen waren nicht zwingend ausschließlich wegen Diebstahls vorbestraft. Die Polizei verfügte über Aktenzeichen, welche bis einschließlich 1985 zurückreichen. Das Ergebnis dieser Suche waren 86 Aktenzeichen, deren Akten nun in den Staatsanwaltschaften München I und II eingesehen werden konnten. Die Ausfallquote hierbei war relativ hoch, sie betrug 53%. Von den erhaltenen Aktenzeichen waren 15 Akten bereits vernichtet, 14 Akten konnten wegen laufender Verfahren bzw. laufender Strafvollstreckung nicht eingesehen werden. Der Verbleib von weiteren 10 Akten konnte nicht eindeutig geklärt werden, nach Auskunft der Staatsanwaltschaften liefen in einem Teil dieser Fälle möglicherweise ebenfalls neue Strafverfahren. Von den letztendlich eingesehen 47 Akten erfüllten 7 nicht die Voraussetzungen der zweimaligen Sanktionierung wegen Diebstahls, diese Akten wurden damit nicht mehr weiter in die Untersuchung einbezogen.

Das Auswahlkriterium der zweifachen Sanktionierung wegen Diebstahls lag deswegen nahe, da so am ehesten eine typische Stichprobe an Mehrfachtäterinnen zu erwarten war. Hätte man lediglich Frauen berücksichtigt, die wegen mindestens drei Diebstählen sanktioniert worden sind, so hätte sich zum einen die Stichprobe noch weiter verkleinert. Zudem handelt es sich auch bei jetzt vorliegenden Stichprobe meist um Täterinnen, die mehr als zweimal Diebstähle begangen haben. Von den jetzt untersuchten 40 Aktenfällen sind lediglich 14 Delinquentinnen nur zweimal wegen Diebstahls sanktioniert, im Durchschnitt liegen 3,8 Sanktionen wegen Diebstahls vor. In der Hälfte dieser 14 Fälle begingen die Frauen zudem mehrere Diebstahlstaten, welche das Gericht gemeinsam verhandelte, welche aber bei der Auswahl nur als eine Sanktion gezählt wurden. Die Vorstrafenbelastung bzw. die Anzahl der Sanktionen ergaben sich aus den regelmäßig beiliegenden Strafregisterauszügen. Es ist davon auszugehen, daß die Staatsanwaltschaften bei einer Vielzahl der Frauen frühere Diebstahlstaten eingestellt haben.

Nach Einsicht der Akten stellte sich wie erwartet heraus, daß der Umfang an Informationen, welche sich aus den Akten verwerten ließen, je nach Fall erheblich divergierte. So beschränkte sich das Gros der Akten neben dem aktuellen Urteil und einem Auszug aus dem Bundeszentralregister auf ein Minimum an persönlichen Daten wie Alter, Familienstand, Beruf etc. Diese Merkmale (im einzelnen: Alter, Schulabschluß, Ausbildung, Berufstätigkeit, Familienstand, Staatsangehörigkeit, Alkohol- bzw. Drogenkonsum, Anzahl der Sanktionen, Alter bei der ersten Sanktion) sollen im folgenden als *Grunddaten* bezeichnet werden. Andererseits lag einigen Akten wiederum Material zugrunde, welches hin-

sichtlich der Ausführlichkeit mit den in den Interviews gewonnenen Erkenntnissen vergleichbar war. Hierbei handelte es sich in der Regel um begutachtete Delinquentinnen, deren Lebenslauf schon in den umfangreichen Sachverständigengutachten detailliert dargestellt wurde.
Damit entstand die Notwendigkeit, die Akten je nach Umfang und Aussagekraft zu ordnen, wobei hier die drei folgenden Kategorien gewählt wurden:

- Untergruppe I: Ausführliche Akten, die vom Informationsgehalt den Interviews entsprachen und auf deren Grundlage eine ausführliche idealtypisch-vergleichende Einzelfallanalyse möglich war.
- Untergruppe II: Ausführliche Akten, deren Informationen über die Grunddaten hinaus gingen, die jedoch eine komplette idealtypisch-vergleichende Einzelfallanalyse nicht zuließen.
- Untergruppe III: Akten, die lediglich die Grunddaten enthielten und bei denen keine idealtypisch-vergleichende Einzelfallanalyse angestellt werden konnte.

Die Verteilung der Akten auf die Untergruppen ergibt sich wie folgt:

	Untergruppe I	Untergruppe II	Untergruppe III
Anzahl der Akten (n=40)	10	5	25

Diese Einteilung wird insbesondere im Rahmen des Vergleichs (hierzu § 10) eine Rolle spielen.

§ 9 Methode der idealtypisch-vergleichenden Einzelfallanalyse nach *Göppinger*

Im folgenden werden die Vorgehensweise zur Untersuchung und Prognosestellung mittels der Methode der idealtypisch-vergleichenden Einzelfallanalyse nach *Göppinger* sowie - in der gegebenen Kürze - dessen Möglichkeiten und Grenzen dargestellt. Diese Methode beruht auf den Ergebnissen *Göppinger*s, der in seiner Tübinger Jungtäter-Untersuchung[351] 200 männliche Strafgefangene im Alter von 20 bis 30 Jahren mit einer Verurteilung zu einer Freiheitsstrafe von mindestens sechs Monaten auf der einen Seite (Häftlingsstichprobe) und 200 nicht inhaftierte Männer gleichen Alters (Vergleichsgruppe) untersuchte. Die Erhebungen bestanden aus Befragungen der Betroffenen, Drittbefragungen, Ortsuntersuchungen, psychiatrischen Explorationen, psychologischen Tests, medizinischen Untersuchungen sowie umfangreichen Aktenuntersuchungen.[352] Es soll bereits an dieser Stelle auf ein grundlegendes Ergebnis hingewiesen werden.

[351] *Göppinger*, Der Täter in seinen sozialen Bezügen
[352] *Göppinger*, Angewandte Kriminologie, S.16

Im Gegensatz zu anderen Untersuchungen stellte sich zum einen heraus, daß sich die Häftlings- und die Vergleichsgruppe in der körperlichen und psychischen Konstitution nicht wesentlich unterschieden.[353] Zudem spielte die Herkunftsfamilie nicht die Rolle, die ihnen bspw. in Prognosetafeln zugedacht wird. Die Tatsache einer „gestörten" Herkunftsfamilie an sich brachte noch keine relevanten Unterschiede mit sich.[354] Erst die Art und Weise, wie der jeweilige Proband hierauf reagierte, ließ Differenzen zwischen Häftlings- und Vergleichsgruppe erkennen.[355]
Des weiteren sollte man für die hier vorliegende Untersuchung beachten, daß der Schwerpunkt der Anwendung zwar in der Eigentums- und Vermögenskriminalität liegt, dies jedoch vorwiegend bei psychisch unauffälligen (männlichen) Tätern. Dennoch ist die Anwendung der Methode auch in den hier vorliegenden Fällen sinnvoll: Die Probandinnen unterscheiden sich von den „klassischen" Fällen dergestalt, daß sich ihr Verhalten nicht immer in die Kategorien einfügt bzw. die Kriminalität als nicht „erwartbar" (so beim kriminellen Übersprung, siehe unten A. II. 3.1.4.5.) zu qualifizieren ist. An diesem Punkt sollte man der Frage Aufmerksamkeit schenken, ob eine psychische Störung als Erklärung herangezogen und ein Sachverständiger eingeschaltet werden muß. Entscheidend ist also, daß der Untersuchende Hinweise auf eine notwendige gesonderte Behandlung dieser Fälle erhält.[356] Damit wird gleichzeitig deutlich, daß hier die Grenzen der Methode der idealtypisch-vergleichenden Einzelfallanalyse erreicht sind und sich somit der Schwerpunkt der Untersuchung im Vergleich zu den „normalen" Fällen verschiebt.

A. Vorstellung der Methode der idealtypisch-vergleichenden Einzelfallanalyse

Der nun folgende Aufbau[357] wurde in einigen Punkten geändert und ergänzt, um ihn an die besonderen Gegebenheiten der hier vorliegenden Fälle anzupassen. Die Änderungen werden jeweils an dem einschlägigen Aufbaupunkt genannt.

I. Gliederung

1. Übersicht zum Lebenslauf
2. Analyse der Erhebungen
2.1. Analyse des Lebenslängsschnitts

---

[353] *Göppinger*, Angewandte Kriminologie, S.17; vgl. auch *Bock*, in: Die Täter-Individualprognose, S.4
[354] anders *Bauer/Hagenbucher*, Wien Z. Nervenheilkunde 1972, 58, 59
[355] *Göppinger*, Angewandte Kriminologie, S.18; *Schallert*, DVJJ-Journal 1998, 17,19; *Bock*, in: Die Täter-Individualprognose, S.4
[356] *Bock*, in: die Täter-Individualprognose, S.19
[357] vgl. im folgenden *Göppinger*, Angewandte Kriminologie, S.42ff.

2.1.1. Verhalten in den einzelnen Lebensbereichen
2.1.1.1. Erziehung im Kindes- und Jugendalter
2.1.1.2. Aufenthalts- und Wohnbereich
2.1.1.3. Leistungsbereich
2.1.1.4. Freizeitbereich
2.1.1.5. Kontaktbereich
2.1.1.6. Eigene Familie
2.1.1.7. Alkohol- und Drogenkonsum
2.1.1.8. körperliche und psychische Verfassung/Therapie
2.1.2. Delinquenzbereich
2.1.2.1. Frühere Straftaten, Verurteilungen und Strafverbüßungen
2.1.2.2. Letzte Tat(en)
2.1.2.3. Analyse des Delinquenzbereichs
2.2. Analyse des Lebensquerschnitts
2.2.1. K-Kriterien
2.2.2. D-Kriterien
2.3. Relevanzbezüge und Wertorientierung
2.3.1. Relevanzbezüge
2.3.2. Wertorientierung
3. Kriminologische Diagnose
3.1. Die Bezugskriterien der Kriminologischen Trias
3.2. „Besondere Aspekte" im Leben des Täters
4. Folgerungen
4.1. Folgerungen im Blick auf die Prognose
4.2. Folgerungen im Blick auf Einwirkung und Behandlung
5. Ergänzungen

II. Erläuterungen

1. Überblick zum Lebenslauf

2. Analyse der Erhebungen[358]

Grundlage für die umfassende Beurteilung des Täters in seinen sozialen Bezügen bildet die Analyse, welche sich auf die aus Explorationen und aus dem Ak-

[358] Anders als bei *Göppinger* (Angewandte Kriminologie, S.53 ff.) wurde hier ein gestraffter Aufbau gewählt (vgl. auch *Bock*, Gutachten zur Sozialprognose; *Schallert*, DVJJ-Journal 1998, 17, 19). Dabei wurden die Erhebungen nicht gesondert in einem eigenen Kapitel dargestellt. Vielmehr wurden hier, um Wiederholungen zu vermeiden, die Erhebungen der Analyse *jeweils* vorangestellt und somit in das Kapitel „Analyse" eingebaut. Somit finden sich im Kapitel „Analyse" unter den Punkten der einzelnen Verhaltensbereiche in der Regel die Erhebungen im ersten Absatz und die sich direkt anschließende Analyse im zweiten Absatz.

tenstudium (zuzüglich Sachverständigengutachten, Bericht der Jugendgerichtshilfe etc.) gewonnenen Fakten stützt.
In der sich anschließenden kriminologischen Diagnose steht die Frage nach dem Zusammenhang von Lebensentwicklung und allgemeinem Sozialverhalten mit der Delinquenz, insbesondere mit der letzten Tat, im Vordergrund. In der vorliegenden Arbeit bildet jedoch die letzte Tat (wie in der Regel bei der Anwendung der Methode der idealtypisch-vergleichenden Einzelfallanalyse[359]) gerade nicht den zeitlichen Bezugspunkt und damit das Ende des zu analysierenden Geschehens. Weil die hier befragten Probandinnen nicht aus Anlaß einer akuten Verhandlung untersucht wurden und sie teilweise bereits seit Jahren nicht mehr rückfällig geworden sind, sollte man den entscheidenden Bezugspunkt möglichst aktuell (also bis zum Abschluß von Interview und Aktenstudium) bestimmen. Es geht also *auch* um die Frage, wie sich die Probandinnen nach der letzten Tat (beispielsweise unter dem Einfluß der Gruppentherapie) entwickelten.

Im Mittelpunkt der Analyse steht das allgemeine Sozialverhalten in den einzelnen Lebensbereichen, wobei das Leben des Probanden aus drei unterschiedlichen Perspektiven betrachtet wird:

Die Analyse des Lebenslängsschnitts umfaßt das Verhalten des Probanden in den einzelnen Lebensbereichen, seine Lebensentwicklung bis zur letzten Tat (und darüber hinaus) sowie den Delinquenzbereich.[360] Bei der Analyse des Lebensquerschnitts betrachtet man den Zeitraum unmittelbar vor der letzten Straftat anhand von bestimmten Kriterien. Gleichzeitig wird rückläufig die Dauer des Vorliegens dieser Kriterien in der Vergangenheit untersucht. Unter Berücksichtigung dieser Erkenntnisse zuzüglich der Relevanzbezüge (siehe unten 2.3.1.) folgt die Einbeziehung der charakteristischen Interessen und der den Täter bestimmenden Grundintentionen, um so einen gewissen Zugang zu der Wertorientierung des Täters zu finden.[361]

2.1. Analyse des Lebenslängsschnitts

Zunächst wird das allgemeine Sozialverhalten und hiervon getrennt die Delinquenz im Lebenslängsschnitt (also von der Kindheit bis zum aktuellen Bezugspunkt) untersucht, wobei man das allgemeine Sozialverhalten in einzelne Lebensbereiche aufgliedert (siehe 2.1.1.1. ff.).[362]

[359] *Göppinger*, Angewandte Kriminologie, S.76.
[360] *Göppinger*, Angewandte Kriminologie, S.76.
[361] *Göppinger*, Angewandte Kriminologie, S.76.
[362] *Göppinger*, Angewandte Kriminologie, S.77.

Die relevanten Beurteilungskriterien finden sich dabei im idealtypisch „verdichteten" Verhalten in den einzelnen Lebensbereichen, wie *Göppinger* sie aus der Tübinger Jungtäter-Vergleichsuntersuchung herausarbeitete:[363] An einem Extrempol steht das idealtypische Verhalten sozial und strafrechtlich unauffälliger Menschen aus der Durchschnittspopulation, das sogenannte „D-idealtypische Verhalten" („D" steht dabei für Durchschnitt). Auf der anderen Seite findet sich das idealtypische Verhalten wiederholt Straffälliger, nämlich das „K-idealtypische Verhalten" („K" steht für Kriminalität).

Der Proband steht mit seinen eigenen realen Verhaltensweisen in den einzelnen Lebensbereichen jeweils in einem bestimmten Verhältnis zu diesen idealtypischen Ausprägungen, wobei sein Verhalten einmal mehr zu dem einen, einmal mehr zu dem anderen Pol tendiert. Es kann also entsprechend der Eigenart idealtypischer Begriffsbildungen bei der Überprüfung des konkreten Verhaltens des Probanden anhand der idealtypischen Ausprägungen nur um mehr oder weniger starke Annäherungen des realen Geschehens an den Idealtypus bzw. um Tendenzen in die eine oder andere Richtung gehen.[364]
Hierbei ist nicht auf die einzelnen Verhaltensweisen sondern auf das gesamte Verhalten im jeweiligen Lebensbereich abzustellen.
Durch die systematische Überprüfung lassen sich sowohl in den einzelnen Bereichen als auch im gesamten Lebenszuschnitt Entwicklungen und grundsätzliche, in eine bestimmte Richtung weisende Tendenzen feststellen; unter Umständen können auch einzelne Phasen herausgeschält werden, in denen das Verhalten des Probanden hinsichtlich der Intensität und der Tendenz von dem sonst bei ihm beobachteten Verhalten - wenn auch zunächst nur in einem Bereich, bei weiterer Analyse jedoch parallel auch in anderen Bereichen - abweicht. An diesem Punkt lassen sich gegebenenfalls bereits Hinweise für die später vorzuschlagenden Einwirkungsmöglichkeiten finden.[365]

Von Bedeutung ist bei der Analyse die Tatsache, daß in den seltensten Fällen sämtliche Verhaltensweisen des Delinquenten ausschließlich zum K-idealtypischen Pol zeigen. Auch bei wiederholt Straffälligen kann sich mehr als ein Lebensbereich finden, der dem D-idealtypischen Pol zuzuordnen ist - und umgekehrt. In aller Regel stehen diese jeweils „andersartigen" Verhaltensweisen jedoch weitgehend isoliert und kennzeichnen den betreffenden Lebensbereich nicht als ganzen. Gerade jedoch in Fällen, in denen der Verdacht eines pathologischen Hintergrunds besteht, wird sich zeigen, daß derlei - auch in größerem

[363] siehe zur Beschreibung der jeweiligen Verhaltensweisen *Göppinger*, Angewandte Kriminologie, S.79 ff.
[364] *Göppinger*, Angewandte Kriminologie, S.77.
[365] *Göppinger*, Angewandte Kriminologie, S.78.

Umfang und nicht isoliert vorkommende - „Abweichungen“ nichts Ungewöhnliches sind.

Die verschiedenen Verhaltensweisen können zudem unterschiedlich ins Gewicht fallen, so daß viele in eine Richtung weisende Verhaltensweisen durch wenige in die Gegenrichtung tendierende Verhaltensweisen praktisch „neutralisiert“ werden.

Entscheidend ist des weiteren, daß keineswegs stets ein Zusammenhang zwischen der Deliktshäufigkeit und K-idealtypischen Verhaltensweisen besteht. Im umgekehrten Fall kann man gleichzeitig nicht von einer einmaligen oder wiederholten Straffälligkeit auf das Sozialverhalten schließen. Durch die Tatsache, daß bei ähnlicher Delinquenz unterschiedliche Verhaltensweisen in den einzelnen Lebensbereichen zu Tage treten, gewinnt die kriminologische Analyse eine eigenständige Bedeutung.[366]

Im Ergebnis ergibt sich ein differenziertes Längsschnittprofil, welches neben den Annäherungen an einen idealtypischen Pol auch die unterschiedlichen Konturen in den einzelnen Lebensbereichen und ein Gesamtbild des Lebenslängsschnitts liefert.

2.1.1. Verhalten in den einzelnen Lebensbereichen

Die jeweiligen Lebensbereiche teilt man nun in Erziehung im Kindes- und Jugendalter, Aufenthalts- und Wohnbereich, Leistungsbereich, Freizeitbereich, Kontaktbereich und Alkohol- und Drogenkonsum auf. Der Übersichtlichkeit halber wurde der Bereich der eigenen Familie als eigenständiger Punkt behandelt, statt ihn unter den Kontaktbereich zu fassen. Wegen der besonderen Bedeutung der hier untersuchten Probandinnen hinsichtlich psychischer und therapeutischer Aspekte ist des weiteren der zusätzliche Bereich „körperliche und psychische Verfassung/Therapie“ eingefügt, ohne daß hier eine Einordnung zum K- oder D-idealtypischen Pol möglich war, da hierfür eine wissenschaftliche Untersuchung wie die Tübinger Jungtäter-Untersuchung nicht als Grundlage dienen konnte. Innerhalb der einzelnen Bereiche werden zunächst die Erhebungen und nachfolgend die Analyse dargestellt. Die Analyse bezieht sich hierbei grundsätzlich auf die Ergebnisse der Tübinger Jungtäter-Untersuchung, in der für jeden Lebensbereich D- und K-idealtypische, beispielhafte Verhaltensweisen vorgegeben wurden.[367]

[366] *Göppinger*, Angewandte Kriminologie, S.78-

[367] siehe *Göppinger*, Angewandte Kriminologie, S.79 ff. oder auch *Göppinger*, Der Täter in seinen sozialen Bezügen, S.29 ff, S.213 ff.

2.1.2. Delinquenzbereich

Noch zum Lebenslängsschnitt gehörend folgt nun die Analyse des Delinquenzbereiches.[368] Auch hier wird - wie in den anderen Lebensbereichen - die Delinquenz von der Kindheit an (sogenannte „deliktische Handlungen“ im Kindesalter) bis hin zur letzten Straftat und die sich gegebenenfalls anschließende deliktsfreie Zeit bis heute berücksichtigt. Durch die Erhebungsmethode des Interviews konnte man zumindest bei den Interviewpartnerinnen auch die nicht registrierten Straftaten einbeziehen.

Die „deliktischen Handlungen“ im strafunmündigen Alter zeichnen sich durch eine besondere Ubiquität aus, so daß man entschieden muß, ob sie völlig belanglos und weitgehend unbeachtlich sind oder ob sich durch sie bereits eine sich im weiteren Lebensverlauf verfestigende Delinquenz abzeichnet.

Im Rahmen der Analyse der Straftaten im strafmündigen Alter beschränkt man sich nicht nur auf die Einordnung des Delikts als Straftatbestand. Vielmehr orientiert sich der Untersucher primär an den Tatmodalitäten (Zustandekommen der Tat, Tatplanung, Tatbeteiligung, Vorgehensweise, Reaktion nach der Tat).[369] Vor allem, und dieser Gesichtspunkt spielt insbesondere in den hier vorliegenden Fällen eine grundlegende Rolle, achtet man auf die Einbettung der Tat in die allgemeine Lebenssituation. Im Gegensatz zu dem zugrunde gelegten Muster soll dieser Aspekt nochmals in dem Punkt „Besondere Aspekte im Leben des Täters“ aufgegriffen werden (siehe unten 3.2.).

Wenn, wie in der Regel, der Proband wiederholt straffällig wurde, versucht man, beginnend mit den „deliktischen Handlungen“ im Kindesalter über die frühen Straftaten bis hin zur letzten Tat Gemeinsamkeiten bzw. Unterschiede oder auch Entwicklungstendenzen innerhalb des Delinquenzbereiches im Hinblick auf die oben genannten Tatmodalitäten herauszuschälen. So läßt sich eine Aussage darüber treffen, wie sich die letzte Tat in die bisherige Delinquenz einfügt, ob sie also beispielsweise mehr oder weniger beziehungslos und unverbunden neben andersartigen Delikten steht oder aber als nahezu konsequente Weiterentwicklung früherer Straftaten anzusehen ist. Gleichzeitig sollen die straffreien Intervalle ebenfalls in die Bewertung der deliktischen Entwicklung einfließen.[370]

Im Ergebnis ermöglicht diese Vorgehensweise zum einen, die einzelne (im besonderen die letzte) Straftat kriminologisch zu umschreiben. Zum anderen können die Entwicklungen darauf hin beurteilt werden, ob eine kriminelle Verfesti-

---

[368] *Göppinger*, Angewandte Kriminologie, S.92.
[369] siehe im einzelnen *Göppinger*, Angewandte Kriminologie, S.93 ff.
[370] *Göppinger*, Angewandte Kriminologie, S.95.

gung eingetreten ist oder ob sich eher ein Nachlassen der Zielstrebigkeit bei der Begehung von Straftaten abzeichnet.

Trotz dieser differenzierten Erfassung der Straftaten gewinnt eine solche Analyse des Delinquenzbereiches jedoch keine eigenständige Bedeutung, die zu unmittelbaren Schlußfolgerungen im Hinblick auf Diagnose, Prognose und Einwirkungen führen kann. Die Straftaten müssen vielmehr stets im Zusammenhang mit dem Verhalten in den übrigen Lebensbereichen gesehen werden; nur vor diesem Hintergrund ist eine fundierte Aussage über die Bedeutung und den Stellenwert der einzelnen Straftat und der gesamten Delinquenz im Leben des Täters zu erhalten.[371]

Im Aufbau weicht diese Untersuchung insofern sowohl vom Grundmuster *Göppingers* als auch von der unter 2.1.1. gewählten Darstellungsweise ab, als unter den Punkten „2.1.2.1. Frühere Straftaten“ und „2.1.2.2. Letzte Tat(en)“ lediglich die recht umfangreichen Erhebungen aufgeführt wurden und die Analyse aller Straftaten unter „2.1.2.3. Analyse des Delinquenzbereiches“ zu finden ist. Eine derartige Aufteilung dient allein der Übersichtlichkeit, inhaltliche Änderungen ergeben sich hieraus nicht. Insbesondere wurde auch wie im Grundmuster auf das Verhalten vor, während und nach der Tat eingegangen. In den Fällen, in denen ein Sachverständigengutachten vorlag, enthält dieser Abschnitt eine Zusammenfassung der psychiatrischen Diagnose. Weitere Ergebnisse aus den Gutachten finden sich in komprimierter Form zur Ergänzung im Punkt „Besondere Aspekte im Leben des Täters“ (hierzu unten 3.2.).

2.2. Analyse des Lebensquerschnitts

Die Analyse des Lebensquerschnitts[372] betrachtet den Zeitraum vor der letzten Tat, welche bereits im Delinquenzbereich untersucht wurde. Dennoch prüft man den Querschnitt nochmals unter dem Gesichtspunkt bestimmter kriminorelevanten Kriterien gesondert.

Im Mittelpunkt steht bei diesen kriminorelevanten Faktoren der unmittelbare zeitliche Bezug zum Delikt. Der zu untersuchende Zeitraum kann nicht generell, sondern muß von Fall zu Fall bestimmt werden. Dessen Dauer hängt im wesentlichen davon ab, wie lange der Lebenszuschnitt des Probanden, aus dem heraus es zur Straftat kam, bereits angehalten hat, und kann sich zwischen einigen Tagen oder Wochen und mehreren Monaten bewegen. Eine genaue Fixierung kann ausnahmsweise auch entbehrlich sein, etwa dann, wenn sich rückblickend ergibt,

371 *Göppinger*, Angewandte Kriminologie, S.96.
372 *Göppinger*, Angewandte Kriminologie, S.96 ff.

daß der Lebenszuschnitt über einen sehr langen Zeitraum, gegebenenfalls über Monate oder gar Jahre hinweg gleichgeblieben und auch unmittelbar vor der Tat keine Änderung (zumindest im Sinne der kriminorelevanten Faktoren) eingetreten ist. Die Feststellung der Kriterien beschränkt sich jedoch nicht nur auf das Querschnittintervall selbst. Gleichzeitig muß der Untersucher in der Form der Rückblende herausfinden, wie lange das entsprechende Kriterium bereits vorliegt und ob es in der Vergangenheit einmal oder immer wieder vorübergehend auftrat.[373] Gleichzeitig wird bei Veränderungen auch darauf einzugehen sein, ob das ein oder andere Kriterium *nach* der letzten Tat vorzufinden ist.

Die Kriterien stellen keine einzelnen Verhaltensweisen dar, sondern abstrahieren sie, so daß bei dem einzelnen Kriterium verschiedene Verhaltensweisen aus unterschiedlichen Lebensbereichen betrachtet werden müssen.[374] Teilweise handelt es sich auch um generelle Tendenzen in den einzelnen Lebensbereichen, die aus dem alltäglichen Verhalten erschlossen werden können. Entscheidend ist, daß es sich um „relationale" Kriterien handelt, d.h. die Reaktion des Betreffenden und nicht die äußeren Umstände werden in den Vordergrund gestellt. Somit wird ein Kriterium erst durch die Lebensführung des einzelnen ausgefüllt.[375]

Im Querschnitt wird zwischen K-Kriterien, welche in krimineller Hinsicht eher gefährdend sind, und den D-Kriterien, welche man als eher kriminalitätshemmend einstufen kann, unterschieden. Wie bei der Analyse des Lebenslängsschnitts liegen in den wenigsten Fällen durchgängig nur K- oder nur D-Kriterien vor. In der Regel findet man jedoch ein Übergewicht der einen und nur wenige Kriterien der anderen Gruppe vor. Sprechen Anhaltspunkte sowohl für als auch gegen das Vorliegen eines Kriteriums, ist es im Ergebnis zu verneinen.[376]

2.2.1. K-Kriterien

- Vernachlässigung des Arbeits- und Leistungsbereiches sowie familiärer und sonstiger sozialer Pflichten
- Fehlendes Verhältnis zu Geld und Eigentum
- Unstrukturiertes Freizeitverhalten
- Fehlende Lebensplanung
- Inadäquat hohes Anspruchsniveau
- Mangelnde Realitätskontrolle
- Geringe Belastbarkeit

[373] *Göppinger*, Angewandte Kriminologie, S.97.
[374] zur Erläuterung der einzelnen Kriterien siehe *Göppinger*, Angewandte Kriminologie, S.99 ff.
[375] *Schallert*, DVJJ-Journal 1998, 17, 20; *Bock*, in: Die Täter-Individualprognose, S.5
[376] *Göppinger*, Angewandte Kriminologie, S.99.

- Paradoxe Anpassungserwartung
- Forderung nach Ungebundenheit
- Unkontrollierter, übermäßiger Alkoholkonsum

2.2.2. D-Kriterien

- Erfüllung sozialer Pflichten
- Adäquates Anspruchsniveau
- Gebundenheit an eine geordnete Häuslichkeit (und an ein Familienleben)
- Reales Verhältnis zu Geld und Eigentum
- Arbeitseinsatz und Befriedigung bei der Berufstätigkeit
- Produktive Freizeitgestaltung
- Persönliches Engagement für personale und Sachinteressen
- Anpassungsbereitschaft
- Tragende menschliche Bindungen
- Hohe Belastbarkeit bei großer Ausdauer
- Verantwortungsbereitschaft und Eigenverantwortung
- Gute Realitätskontrolle
- Lebensplanung und Zielstrebigkeit

2.3. Relevanzbezüge und Wertorientierung

2.3.1. Relevanzbezüge

Mittels der Relevanzbezüge soll nun versucht werden, die charakteristischen Interessen und bestimmenden Grundintentionen des Probanden zu erfassen, die sein Verhalten und seine Lebensführung in besonderer Weise prägen und gestalten.[377]

Ebenso wie bei der Analyse des Lebenslängs- bzw. Lebensquerschnitts bildet auch hier das allgemeine Sozialverhalten im täglichen Leben die Grundlage. Im Gegensatz zur eher deskriptiven Analyse in den ersten beiden Teilen stehen hier Interessen und Grundintentionen im Vordergrund, die den Probanden im Leben insgesamt oder in einem gewissen Lebensabschnitt am stärksten bestimmen. Ohne die kriminologischen Auswertungen heranzuziehen, versucht der Untersucher also in diesem Abschnitt, über das allgemeine Sozialverhalten den persönlichkeitsspezifischen Bereich des Probanden stärker zu beleuchten, ohne auf psychologische Modelle zurückzugreifen.

---

[377] *Göppinger*, Angewandte Kriminologie, S.110.

Bei den Relevanzbezügen, handelt es sich einerseits um bestimmende Grundintentionen, die tief in der Persönlichkeitsstruktur verwurzelt sind. Zum anderen geht es um diejenigen personellen, sachlichen und örtlichen Bezüge, die für einen bestimmten Menschen in seinem alltäglichen Leben besonders bedeutsam sind, die er am meisten pflegt, die er als letztes vernachlässigt und die er sich unter allen Umständen zu erhalten oder zu verschaffen versucht. Somit bestimmen die Relevanzbezüge - neben psychischen Eigenschaften oder Charakterzügen - die Art der Lebensführung. Gleichzeitig kann auch die Feststellung, daß ein gewisser Bezug für den Probanden gerade nicht wirksam wurde, hilfreich sein.[378]

Im Ergebnis wird man in der Regel mehrere, manchmal jedoch auch nur einen (eventuell begleitet von einem schwächeren) Relevanzbezug finden, der für das alltägliche Leben mehr oder weniger durchgängig bestimmend war.

2.3.2. Wertorientierung

Eine wirklich zuverlässige und fundierte Aussage über den Probanden in seinen sozialen Bezügen könnte man dann treffen, wenn eine Zugangsmöglichkeit zu seinem Wertgefüge bestünde. Dieses Wertgefüge bildet die Grundlage oder zumindest den Hintergrund für die selbstverständlichen täglichen Entscheidungen und Verhaltensweisen, ohne daß es in der Regel als solches bewußt wird. Aus methodischen Gründen ist eine empirisch zuverlässige Erfassung des Wertgefüges eines Menschen jedoch zumindest derzeit nicht möglich.[379]

Insofern ist der Versuch, die Werte des Probanden zu eruieren, welche sein Handeln (unbewußt) mitbestimmen, von vornherein Einschränkungen unterworfen und ist auf die Gewinnung eines Eindrucks begrenzt. Im Mittelpunkt steht die Frage nach den abstrakten Prinzipien und Werten, die in den gewöhnlichen und außergewöhnlichen Lebenssituationen für den Probanden bestimmend sind.

Im Endeffekt wird man häufig nur Tendenzen feststellen können, teilweise bleibt der Hinweis auf Prinzipien auch auf einen Lebensbereich beschränkt. So kann in vielen Fällen nur festgestellt werden, ob überhaupt verbindliche Wertvorstellungen vorhanden sind und - in einem zweiten Schritt - ob der Betroffene hiernach auch handelt.[380]

---

[378] *Göppinger*, Angewandte Kriminologie, S.110.
[379] *Göppinger*, Angewandte Kriminologie, S.114.
[380] *Göppinger*, Angewandte Kriminologie, S.116.

3. Kriminologische Diagnose

Im Rahmen der Diagnose werden die bei der Analyse gewonnenen Erkenntnisse zu einem einheitlichen Bild zusammengeführt und darauf basierend die kriminologische Diagnose erstellt. Somit ist die Diagnose, wiewohl sie nur auf die bisherigen Ergebnisse der Analyse aufbaut, mehr als die Summe derselben:[381]
Einerseits betrachtet man die bislang nur isoliert untersuchten Verhaltensweisen in den einzelnen Lebensbereichen als ein Gesamtes, so daß sich Bedeutung und Gewichtung einzelner Punkte im kompletten Lebensverlauf einschätzen lassen. Des weiteren wird nun auch die Delinquenz in Relation zur bisherigen Lebensentwicklung gesetzt, wobei es um den Vergleich der individuellen Lebensentwicklung des Probanden mit bestimmen (idealtypischen) Bildern geht, die verschiedene Formen des Zusammenhangs zwischen dem allgemeinen Sozialverhalten und der Delinquenz beschreiben.
Andererseits werden die für den Probanden charakteristischen „besonderen Aspekte", die im Rahmen der Analyse bereits erkennbar waren und die von besonderer Bedeutung für die Prognose sind, aus den einzelnen Lebensbereichen herausgelöst und gesondert dargestellt. Im Mittelpunkt stehen dabei die - kriminologisch bedeutsamen - besonderen „Stärken" und „Schwächen", aber auch seine sozialen Verflechtungen und die von außen auf ihn einwirkenden - kriminologisch relevanten - Einflüsse seiner Umwelt. Da bei den hier untersuchten Probandinnen psychische Faktoren vielfach eine bedeutende Rolle spielten, wurden unter dem Punkt „besondere Aspekte" entsprechende Äußerungen aus den Interviews bzw. Sachverständigengutachten ebenfalls dargestellt (dazu ausführlich unten 3.2.).

Der relevante zeitliche Bezugspunkt ist auch hier möglichst aktuell, so daß Veränderungen nach der letzten Tat in die Diagnose und vor allem in die Prognose einfließen können.

Im Ergebnis gewinnt man eine differenzierte kriminologische Diagnose. Sie bildet eine solide Grundlage für die auf den individuellen Probanden abgestellten Schlußfolgerungen im Hinblick auf die Prognose und die möglichen Einwirkungsmöglichkeiten.[382]

Es folgt die Erläuterung der Diagnosebildung, der Bezugskriterien der Kriminologischen Trias sowie der „besonderen Aspekte". In Abweichung zum *Göppinger*schen Grundmuster sind in der Arbeit die drei Punkte der Bezugskriterien - die kriminorelevante Konstellation, die Stellung der Tat im Lebenslängsschnitt und die Relevanzbezüge/Wertorientierung - nicht gesondert unterteilt. Zum bes-

---

[381] *Göppinger*, Angewandte Kriminologie, S.118.
[382] *Göppinger*, Angewandte Kriminologie, S.118.

seren Verständnis werden sie hier jedoch einmal abstrakt und getrennt voneinander dargestellt.

3.1. Die Bezugskriterien der Kriminologischen Trias

Durch die Zuordnung der Bezugskriterien der Kriminologischen Trias[383] entsteht mit dem Zusammenfügen der Stellung der Tat im Lebenslängsschnitt, der kriminorelevanten Konstellation und der Berücksichtigung der Relevanzbezüge bzw. der Wertorientierung ein dreidimensionales Bild, welches die gewissermaßen künstliche Aufspaltung dieser Bereiche während der Analyse wieder aufhebt. Die Kriterien der Kriminologischen Trias ergänzen einander und greifen gleichzeitig so ineinander, daß sich die jeweils unterschiedlichen Ausprägungen der drei Bezugskriterien, insbesondere jedoch jene des Lebenslängs- und -querschnitts zu ganz bestimmten - kriminorelevanten - Bildern im Hinblick auf die Delinquenz in der Lebensentwicklung zusammenfügen. So ergeben sich besondere Kategorien von Lebensentwicklungen, in deren Zusammenhang die Straffälligkeit entweder als Ergebnis einer folgerichtigen, kontinuierlichen Entwicklung darstellt oder auf der anderen Seite einen völligen Bruch mit der sonstigen Lebensführung bedeutet. Zwischen diesen beiden Polen existieren weitere Kategorien, welche sich ebenfalls qualitativ beschreiben lassen. Jede der Kategorien zeichnet sich durch besondere Verhaltensweisen im Lebenslängsschnitt, im Lebensquerschnitt sowie durch bestimmte Ausprägungen der Relevanzbezüge bzw. der Wertorientierung aus.

3.1.1. Stellung der Tat im Lebenslängsschnitt

Die Formen der Stellung der Tat im Lebenslängsschnitt beurteilt man hier nach der Intensität der Ausprägung in die eine (K-idealtypische) oder andere (D-idealtypische) Richtung - und zwar im Gegensatz zur Analyse in einer übergreifenden Art und Weise. So weisen die Verhaltensweisen entweder insgesamt zum einen oder zum anderen Pol oder es existieren unterschiedlich ausgeprägte Tendenzen in beide Richtungen, wobei diese auch auf einen bestimmten Zeitraum oder einen Bereich beschränkt bleiben können.[384] Die Verlaufsformen unterscheiden sich damit durch den Grad der Kontinuität und das Maß der Folgerichtigkeit, mit denen eine solche Lebensentwicklung und das damit verbundene, jeweils spezifische Sozialverhalten zum Delikt führen. Somit bilden sie den ausschlaggebenden Maßstab für die Frage, wie sich die letzte Tat und ebenso die

---

[383] *Göppinger*, Angewandte Kriminologie, S.119.
[384] *Göppinger*, Angewandte Kriminologie, S.119 f.

vorherige Delinquenz in die sonstige Lebensführung einreihen. Zur Einteilung nimmt man folgende Kategorien zu Hilfe:

- die kontinuierliche Hinentwicklung zur Kriminalität mit Beginn in der frühen Jugend
- die Hinentwicklung zur Kriminalität im Heranwachsenden- bzw. Erwachsenenalter
- Kriminalität im Rahmen der Persönlichkeitsreifung
- Kriminalität bei sonstiger sozialer Unauffälligkeit
- krimineller Übersprung

Diese Kategorien stellen gleichzeitig das Gerüst für die Beurteilung aller drei Bezugskriterien der Kriminologischen Trias.

3.1.2. Die kriminorelevante Konstellation

In diesem Punkt betrachtet man noch einmal den Lebensquerschnitt und zwar nun unter dem Gesichtspunkt der Folgerichtigkeit der Delinquenz: Die Analyse des Lebensquerschnitts vermittelt nämlich den aktuellsten Eindruck von Lebensstil und Lebenszuschnitt des Probanden. Ein Höchstmaß an Folgerichtigkeit liegt dann vor, wenn hierbei nicht nur einzelne der K- bzw. D-Kriterien in beliebiger Weise vorkommen, sondern einige ganz bestimmte Kriterien zu einer spezifischen Konstellation zusammentreffen, die grundsätzlich einen weit über die einzelnen Kriterien hinausreichenden Indikator für Kriminalität (oder für deren Ausbleiben) darstellen. Diese (zwei) Kriteriengruppen bilden im folgenden die kriminorelevanten Konstellationen.

Auf der einen Seite besteht die kriminovalente Konstellation, die auf eine starke kriminelle Gefährdung hinweist:[385]

- Vernachlässigung des Arbeits- und Leistungsbereichs sowie familiärer und sonstiger sozialer Pflichten
- fehlendes Verhältnis zu Geld und Eigentum
- unstrukturiertes Freizeitverhalten
- fehlende Lebensplanung

Entscheidend ist das gleichzeitige Zusammentreffen aller vier Kriterien, da nur in dieser Konstellation der innere Zusammenhang im Sinne der oben angesprochenen Folgerichtigkeit unmittelbar einsichtig wird: Fällt die Vernachlässigung des Arbeits- und Leistungsbereiches, welche die finanzielle Situation des Betrof-

[385] *Göppinger*, Angewandte Kriminologie, S.120.

fenen verschärft, zusammen mit einem fehlenden Verhältnis zu Geld und Eigentum, so wirkt sich diese Kombination gravierender aus, als bei einem Probanden, welcher wirtschaftliche Vorausschau und einen sorgfältigen Umgang mit seinem Eigentum an den Tag legt. Erhöhen sich aufgrund eines unstrukturierten Freizeitverhaltens die Möglichkeiten, in der Freizeit viel Geld auszugeben, wirken dann die beiden anderen Kriterien - jedenfalls bei fehlender Lebensplanung - wiederum verstärkend auf die Begehung von (Eigentums- und Vermögens-) Delikten als letztem Ausweg hin, um eine derartige Lebenshaltung, welche ohne den Einsatz illegaler Mittel nur vorübergehend möglich ist, zu finanzieren. So schließen sich die verschiedenen Einzelkriterien zu einer Konstellation zusammen, bei der das Geschehen förmlich zur Straffälligkeit (und hier vor allem zu Eigentums- und Vermögensdelikten) hindrängt, soweit, wie oben gesagt, eine echte Konstellation durch das Zusammentreffen aller vier Kriterien existiert.[386]

Das Gegenstück zur kriminovalenten bildet die kriminoresistente Konstellation, welche eine besondere Resistenz des Probanden gegen Straffälligkeit anzeigt und für die folgende vier Kriterien erfüllt sein müssen:[387]

- Erfüllung der sozialen Pflichten
- adäquates Anspruchsniveau
- Gebundenheit an eine geordnete Häuslichkeit (und an ein Familienleben)
- reales Verhältnis zu Geld und Eigentum

Auch hier ist Voraussetzung für die Aussagekraft das Zusammentreffen aller vier Kriterien.
Aber auch beim Vorliegen einer der beiden Konstellationen kann keine sichere Aussage über den Eintritt oder das Ausbleiben von Delinquenz getroffen werden. So ist es in der Kategorie des kriminellen Übersprungs (dazu unten 3.1.4.5.) gerade typisch, daß im Lebensquerschnitt (und unter Umständen auch in der Vergangenheit) eine kriminoresistente Konstellation vorliegt. Andererseits macht die über einen langen Zeitraum hinweg bestehende kriminovalente Konstellation das Ausbleiben der Delinquenz eher unwahrscheinlich. Somit dürfen beide Konstellationen nicht isoliert als eine Art „Prognosetafel" betrachtet werden, sondern stets vor dem Hintergrund der anderen Bezugskriterien der Kriminologischen Trias, da nur so die spezifische Aussagekraft des Lebenslängsschnitts zum Tragen kommt.

---

[386] *Göppinger*, Angewandte Kriminologie, S.121.
[387] *Göppinger*, Angewandte Kriminologie, S.122.

3.1.3. Relevanzbezüge und Wertorientierung

Zusätzlich zur Diagnose anhand des Lebenslängsschnitts und des Lebensquerschnitts, welche im Mittelpunkt stehen, berücksichtigt man die *Relevanzbezüge.*[388] Diese bilden ja, wie oben dargestellt, in gewisser Weise die Grundlage für die im Lebenslängs- und -querschnitt analysierten Verhaltensweisen, so daß erst in der Zusammenschau deutlich wird, warum beispielsweise Gelegenheiten, das Leben in sozial geordnete Bahnen zu lenken, nicht wahrgenommen werden u.ä. Da die *Wertorientierung* nur auf die Gewinnung eines Eindrucks beschränkt bleiben muß, spielt sie auch bei der Diagnose eine nur untergeordnete Rolle. Eine besondere Bedeutung gewinnt sie vor allem im Rahmen einer differenzierten Therapie bzw. pädagogischen Beeinflussung des Probanden, wobei gegebenenfalls entsprechende psychologische Zusatzuntersuchungen zweckmäßig sind (siehe unten 4.2.).

3.1.4. Die Delinquenz im Leben des „Täters in seinen sozialen Bezügen"

Die oben bereits genannten fünf Kategorien dienen jetzt dazu, die drei Bezugskriterien zu einem Gesamtbild zusammenzufügen.[389] Über diese Typologien sind weitere Formen kriminorelevanter Entwicklungen denkbar; sie sind daher nicht abschließend. Zudem ist es möglich, daß in einem Fall zwei Kategorien in einander übergehen oder nacheinander auftreten. Entscheidend ist, daß die Delinquenz zwar den zeitlichen Bezugspunkt bilden kann, aber nicht muß. Weitere Schlüsse lassen sich aus ihr jedoch zunächst nicht ziehen, da die Diagnose sich ausschließlich auf die Ergebnisse hinsichtlich des Sozialverhaltens stützt, so daß beispielsweise häufige Straffälligkeit an sich nicht auf eine kontinuierliche Hinentwicklung zur Kriminalität hinweist - und umgekehrt.

Methodisch geht man, was nicht zwingend ist, zunächst von der Stellung der Tat im Lebenslängsschnitt aus, womit offensichtlich nicht einschlägige Kategorien von vornherein ausscheiden. Danach wird überprüft, inwieweit der Lebensquerschnitt und die Relevanzbezüge bzw. die Wertorientierung zu den verbleibenden Typologien passen. Oftmals wird man den einzelnen Proband nicht ohne weiteres einer bestimmten Kategorie zuordnen können; in diesen Fällen soll der Untersucher eine „gewaltsame" Einordnung vermeiden und sich auf die Diskussion von Tendenzen beschränken. Bleibt ein Fall völlig offen und kann auch nicht als Zwischenform einer Typologie zugerechnet werden, so ist besonders kritisch zu prüfen, ob möglicherweise eine psychische Abnormität vorliegt und gegebenenfalls ein psychiatrischer Sachverständiger zugezogen werden muß.

---

[388] *Göppinger*, Angewandte Kriminologie, S.123.

[389] *Göppinger*, Angewandte Kriminologie, S.124 f.

Die fünf Kategorien werden im folgenden kurz vorgestellt, um sich bei der späteren Lektüre ein genaues Bild von den jeweiligen Anforderungen machen zu können.

3.1.4.1. Die kontinuierliche Hinentwicklung zur Kriminalität mit Beginn in der frühen Jugend

Als Idealtypus treten im Lebenslängsschnitt in allen Lebensbereichen frühestmögliche und ausgeprägteste K-idealtypische Verhaltensweisen auf.[390] Auffällig sind zunächst die komplementären Entwicklungen im Leistungs- und Freizeitbereich: Schon im Vorschulalter treten Erscheinungen wie Weglaufen von zu Hause und Herumtreiben auf, was sich in der Schulzeit durch Schwänzen fortsetzt und von aggressivem Verhalten in der Schule begleitet wird. Während der Ausbildungs- und Berufszeit versucht der Betroffene, sich sämtlichen Leistungsanforderungen zu entziehen; gleichzeitig dehnt er die Freizeit nicht mehr nur zu Lasten des Schlafes sondern auch auf Kosten des Leistungsbereichs aus. Dabei überwiegen außerhäusige und unstrukturierte Freizeitaktivitäten. Aus diesem Verhalten heraus werden auch die parallelen Auffälligkeiten im Aufenthalts- und Kontaktbereich verständlich. Das Bestreben, sich bereits in der Kindheit der elterlichen Kontrolle zu entziehen, führt zu Heimaufenthalten und zum frühen Verlassen des Elternhauses bis hin zur Wohnsitzlosigkeit. Des weiteren fehlen tragende menschliche Bindungen, statt dessen werden kurzfristige utilitaristische Kontakte gepflegt.
Im Lebensquerschnitt liegen häufig schon über einen längeren Zeitraum vor der letzten Tat hinweg eine deutliche kriminovalente Konstellation sowie weitere K-Kriterien vor. Die innere Dynamik dieser Typologie wird insbesondere durch eine Rückblende deutlich: So kann beispielsweise ein unstrukturiertes Freizeitverhalten, welches der Betreffende nur zu Lasten des Schlafes ausgeweitet, bereits seit längerem bestehen. Ab einem gewissen Zeitpunkt wird jedoch auch der Leistungsbereich tangiert werden, was wiederum zur Folge hat, daß die finanziellen Mittel zur Freizeitgestaltung wegfallen. Dadurch, daß durch die berufliche Untätigkeit ein Mehr an Freizeit entsteht, spitzt sich die Situation dann gefährlich zu. Es liegt nun nahe, sich die fehlenden Mittel durch (Eigentums- und Vermögens-) Delikte zu beschaffen.
Hinsichtlich der Relevanzbezüge zeichnet sich der Delinquent durch das Streben nach Freiheit, Ungebundenheit, Unruhe und „Abenteuer“ aus. Die sofortige Befriedigung spontaner Wünsche ist für ihn ebenso wichtig wie der Reiz, den das großstädtische „Milieu“ sowie fragwürdige Bars, Kneipen etc. auf ihn ausüben. So führt der Betroffene in jeder Hinsicht ein „ungebremstes Leben im Augenblick“.

---

[390] *Göppinger*, Angewandte Kriminologie, S.126 f.

Gleichzeitig fällt es in der Regel schwer, tragfähige und das Handeln bestimmende Werte bei dem Probanden zu erkennen.

Der weitere Verlauf ist in dieser Kategorie ungünstig einzuschätzen.[391] Für die Prognose gilt zusätzlich, daß, je länger die oben beschriebene Entwicklung und die kriminovalente Konstellation bereits vorliegen, die Prognose um so schlechter ausfällt. Typisch ist also, daß die Delinquenz keinen „Zufall" darstellt, sondern mit der sonstigen Lebensführung so verwoben ist, daß eine Änderung derselben notwendige Voraussetzung zur Rückfallvermeidung ist. Hier wiederum besteht jedoch das Problem der in der Regel fehlenden Bereitschaft des Probanden, der diese Lebensführung gerade als wünschenswert ansieht.

3.1.4.2. Die Hinentwicklung zur Kriminalität im Heranwachsenden- bzw. Erwachsenenalter

In dieser Kategorie verhält sich der Proband im Schul- und Ausbildungsalter weitgehend unauffällig.[392] Wenn jedoch das äußere Ordnungsgefüge (elterliche Kontrolle, stabilisierende Umstände im Schulbereich, vorgegebene Freizeitaktivitäten etc.) wegfällt und durch selbst gewählte Aktivitäten ersetzt wird, besteht ein ähnlicher Freiraum wie bei der kontinuierlichen Hinentwicklung zur Kriminalität mit Beginn in der frühen Jugend. Somit ist die Entwicklung in sich ebenso einsichtig wie in der ersten Kategorie mit dem Unterschied, daß sie durch größere Gestaltungsmöglichkeiten des Probanden sozusagen „phasenverschoben" einsetzt.

Im Lebenslängsschnitt treten daher die K-idealtypischen Verhaltensweisen erst in der späten Jugend oder im dritten Lebensjahrzehnt auf. Beginnend mit dem Freizeit- und Kontaktbereich wird später auch der Leistungsbereich tangiert, so daß es ebenfalls zu einem Zusammenbruch der Strukturierung aller Lebensbereiche kommt.
Zu diesem Zeitpunkt besteht auch im Lebensquerschnitt kein Unterschied mehr zur kontinuierlichen Hinentwicklung zur Kriminalität mit Beginn in der frühen Jugend, da sich die Situation in gleicher Weise zugespitzt hat. Auch hier ist daher eine kriminovalente Konstellation zuzüglich einiger anderer K-Kriterien vorzufinden.

Die Relevanzbezüge unterliegen einer ähnlichen Veränderung wie die Verhaltensweisen im Lebenslängsschnitt. So konzentriert sich der Betreffende in seiner Kindheits- und Jugendzeit noch auf geordnete Freizeitaktivitäten, die Ausbil-

---

[391] *Göppinger*, Angewandte Kriminologie, S.128.
[392] *Göppinger*, Angewandte Kriminologie, S.129.

dung, Freundschaften zu Schulkameraden etc., d.h. es bestehen an äußere Ordnungsfaktoren orientierte Interessen. Mit zunehmendem Alter jedoch verlagern sich die Relevanzbezüge dergestalt, daß zunächst das Freizeitverhalten und dann auch die übrigen Bereiche von Grundintentionen geprägt werden, welche auch bei der kontinuierlichen Hinentwicklung in früher Jugend vorliegen.

Hingegen ist eine vergleichbare Entwicklung hinsichtlich der Wertorientierung nur schwer auszumachen. Während der Jugend, in der der Betroffene sozial unauffällig ist, sind echte Wertbindungen häufig nicht genau zu eruieren, was nicht untypisch ist; später stellt man vielfach eine völlige Orientierungslosigkeit fest, die sich durch das Fehlen von tragfähigen Werten und Prinzipien auszeichnet.

Da im relevanten Bezugszeitpunkt keine wesentlichen Unterschiede mehr zu ersten Kategorie bestehen, ist der weitere Verlauf ähnlich einzuschätzen, so daß im Ergebnis die Prognose ungünstig ist.[393]

3.1.4.3. Die Kriminalität im Rahmen der Persönlichkeitsreifung

Während die kontinuierliche Hinentwicklung zur Kriminalität einerseits und der kriminelle Übersprung (siehe unten 3.1.4.5.) auf der anderen Seite zwei Extrempole hinsichtlich der kriminologischen „Erwartbarkeit" der Kriminalität bilden, liegt die Kriminalität im Rahmen der Persönlichkeitsreifung (unter anderen) zwischen diesen beiden idealtypischen Endpunkten eines Kontinuums.[394]

So stellt sich die Entwicklung im Lebenslängsschnitt weder als folgerichtig und kontinuierlich noch als ein plötzlicher, unerwarteter Bruch, sondern vielmehr als vorübergehend dar. Eine genaue zeitliche Abgrenzung läßt sich hierbei nicht treffen, vielmehr bezieht sich diese Entwicklung auf einen Lebensabschnitt, der in der Regel von besonderen Schwierigkeiten gekennzeichnet ist, welche man wiederum relativ eindeutig als „entwicklungsspezifisch" einordnen kann. Gleichzeitig sind die Auffälligkeiten lediglich partieller Natur und beschränken sich im wesentlichen auf den Freizeitbereich. Im Gegensatz dazu kommt der Betreffende den beruflichen Verpflichtungen im großen und ganzen noch nach, auch bleibt der Aufenthaltsbereich stabil. Trotz des auffälligen Freizeitverhalten kommt es nicht zu einer Hinwendung zum „Milieu", allerdings entstehen in Verbindung mit Alkohol und Drogen sowie den entsprechenden Kontakten Situationen, in denen die Begehung von Straftaten nahe liegt.

---

[393] *Göppinger*, Angewandte Kriminologie, S.130 f.
[394] *Göppinger*, Angewandte Kriminologie, S.131.

Im Lebensquerschnitt findet sich demnach weder eine kriminovalente noch eine kriminoresistente Konstellation. Bestehende K-Kriterien liegen wenn erst seit relativ kurzer Zeit vor.

Die Relevanzbezüge sind bei diesem Typus nur schwerlich festzustellen, da häufig eine Diskrepanz zwischen (früher) bedeutsamen Bezügen und Grundhaltungen und den jetzigen Interessen besteht, wobei letztere bisweilen geradezu „aufgesetzt" wirken und die eigentliche Neigung, ein sozial unauffälliges Leben zu führen, lediglich verdrängen.

Der weitere Verlauf ist im allgemeinen günstig.[395] Zum Teil durch die Erfahrung der der Straftat folgenden Sanktionierung, zum Teil durch das Ende der schwierigen Lebensphase knüpft der Betreffende an früher vorhandene Werte und Lebenseinstellungen an, so daß damit auch die Straffälligkeit aufhört. Möglich ist jedoch ein Umschlagen der Kriminalität im Rahmen der Persönlichkeitsreifung in eine Hinentwicklung zur Kriminalität, welches sich in der Regel durch massive Auffälligkeiten im Leistungsbereich ankündigt. Eine derartige - häufig langsam von statten gehende - Entwicklung gilt es rechtzeitig zu erkennen und durch konsequente Interventionen zu verhindern.

3.1.4.4. Die Kriminalität bei sonstiger sozialer Unauffälligkeit

In dieser Kategorie fehlt es an erheblichen sozialen Auffälligkeiten im Lebenslängsschnitt, wie dies für die ersten beiden Kategorien typisch ist.[396] Auch im Lebensquerschnitt liegt keine kriminovalente Konstellation vor, vielmehr erfüllt der Betreffende vielfach einige D-Kriterien bis hin zur kriminoresistenten Konstellation.

Anders als beim kriminellen Übersprung kann man die Kriminalität nicht als völlig unerwarteter „Bruch" im Leben des Täters qualifizieren. Vielmehr geben die Relevanzbezüge und die Wertorientierung Aufschluß über den Stellenwert der Delinquenz, die in gewisser Weise zur Lebensweise (insbesondere zur Berufsausübung) des Betreffenden dazu gehören, in dem er sich vielfach in einem Graubereich der Legalität bewegt. So gehören zu den Relevanzbezügen das Streben nach wirtschaftlichem Erfolg oder nach einem hohen Lebensstandard. Die Wertorientierung ist ähnlich geprägt: bedenkenloses Macht- und Gewinnstreben, maßloses Karrieredenken oder rücksichtsloser Eigennutz können diese Menschen auszeichnen, während auf der anderen Seite beispielsweise Korrektheit im geschäftlichen Umgang mit Dritten, Ehrlichkeit im zwischen-

---

[395] *Göppinger*, Angewandte Kriminologie, S.132 f.
[396] *Göppinger*, Angewandte Kriminologie, S.133.

menschlichen Kontakt mit Geschäftspartnern und Kollegen usw. fehlen. Wenn auch die Delikte bisweilen nicht im Detail geplant sind, so sind sie doch meist unmittelbar intendiert und stehen insofern in einem „zweckrational" einsichtigen Zusammenhang mit der Lebensführung. Eine von diesen Delinquenten u.a. begangene Art der Straftaten ist die weit verbreitete Kleinkriminalität, also auch der Ladendiebstahl, der von den Betreffenden häufig als „Kavaliersdelikt" angesehen wird und dessen Schaden vielfach bagatellisiert wird.

Im weiteren Verlauf bleiben diese Täter nach der Straftat im allgemeinen sozial unauffällig, wenn sie nicht durch einen längeren Haftaufenthalt in eine soziale Außenseiterrolle gedrängt werden. Hinsichtlich der Legalprognose jedoch kann eine einheitliche Einordnung nur schwer stattfinden, da bei diesem Typus die Reaktionen auf die Sanktionierung und die sozialen Auswirkungen und eine gegebenenfalls stattfindende Besinnung auf sozial tragfähige Werte stark einzelfallabhängig sind.[397]

3.1.4.5. Der kriminelle Übersprung

Der kriminelle Übersprung steht am anderen Ende des Kontinuums der kriminologischen „Erwartbarkeit", was heißt, daß das Delikt einen plötzlichen, unvorhersehbaren Einbruch in der sonstigen Lebensführung des Betreffenden darstellt.[398] So bestehen weder äußere Verhaltensweisen noch ein innerer Zusammenhang zur Tat (wie etwa bei der Kriminalität bei sonstiger sozialer Unauffälligkeit). Allerdings ist zu betonen, daß es sich hier um ein spezifisch kriminologisches Begrifflichkeitssystem handelt, eben den Täter in seinen sozialen Bezügen. Man kann im Einzelfall nicht ausschließen, daß es im gesamten Leben des Täters, in seiner Persönlichkeitsstruktur und seiner psychischen Situation sehr wohl Hinweise auf eine mögliche Delinquenz gab, so daß von einer rein „zufällig" entstehenden Straffälligkeit nicht auszugehen ist. Derartige Fälle können unter psycho(patho)logischen Gesichtspunkten verständlich erscheinen; nach dem hier angelegten spezifisch kriminologischen Maßstab bleibt es jedoch dabei, daß die Straffälligkeit nicht zu erwarten war und ist. In diesen Fällen sollte jedoch die Hinzuziehung eines Sachverständigen überdacht werden.

Im Lebenslängsschnitt kann man demnach keine K-idealtypischen Auffälligkeiten vorfinden, und wenn, dann liegen diese bereits sehr lange zurück und stehen nicht mehr in Zusammenhang mit der Delinquenz. Vielfach handelt es sich gerade um Probanden, die sozial völlig integriert sind.

---

[397] *Göppinger*, Angewandte Kriminologie, S.135.
[398] *Göppinger*, Angewandte Kriminologie, S.135.

Diese Tendenz zeigt sich auch im Lebensquerschnitt, der primär D-Kriterien und bisweilen auch eine kriminoresistente Konstellation aufweist.

Auch hinsichtlich der Relevanzbezüge und der Wertorientierung stellt sich der Betreffende als eine sozial gefestigte Person dar, bei der nicht mit (schwereren) Gesetzesverstößen zu rechnen ist.

Der weitere Verlauf und die Prognose innerhalb dieses Typus sind günstig.[399] Trotz des durch die Straftat erlebten Einbruchs in der sonst angepaßten Lebensführung bleibt der Täter ansonsten sozial unauffällig. Selbst bei (längeren) Haftaufenthalten, die ihn aus seinem normalen Alltag herauslösen und die Gefahr der Einnahme einer Außenseiterrolle bergen, gelingt es dem Delinquenten in der Regel, weitgehend resistent gegen negative Einflüsse während der Haftzeit zu bleiben und danach den Einstieg in ein sozial geordnetes Leben wieder zu finden.

3.2. „Besondere Aspekte" im Leben des Täters

Zusätzlich zu den Bezugskriterien der Kriminologischen Trias werden nun Aspekte beleuchtet, die den Betreffenden in seinem sozialen Leben charakterisieren und die gleichermaßen seine „Stärken" und „Schwächen" darstellen.[400] Der Untersucher prüft hierbei, ob es für den Probanden wiederkehrende Phasen oder Situationen gibt, die gekennzeichnet sind durch strafrechtliche oder soziale Auffälligkeiten, die Entstehung und Bewältigung von Konflikten u.ä. Besonders hilfreich sind diese Faktoren für die Frage nach der Einwirkung und Behandlung.
Man kann hier zwischen internen und externen Aspekten entscheiden. Interne Aspekte sind immer wiederkehrende Verhaltensweisen und Reaktionen, welche sich häufig aus der Querschnittanalyse, den Relevanzbezügen und der Wertorientierung, aber auch aus den sonstigen Einstellungen und Haltungen des Probanden ergeben.[401] Die externen Aspekte stellen Faktoren dar, die eher der Umwelt zuzurechnen sind: die Art der Umgebung (bspw. die Einbettung in die Familie), bestimmte Kontakte (wie eine Gruppe Gleichaltriger, welche für den Probanden von überragender Bedeutung ist), eine bestimmte Bezugsperson (bspw. eine Autoritätsperson, die Einfluß auf den Betreffenden hat) oder auch erhebliche Schulden, eine Krankheit oder familiäre Verpflichtungen (Betreuung der jüngeren Geschwister u.a.).[402]

[399] *Göppinger*, Angewandte Kriminologie, S.136.
[400] *Göppinger*, Angewandte Kriminologie, S.137.
[401] *Göppinger*, Angewandte Kriminologie, S.137.
[402] *Göppinger*, Angewandte Kriminologie, S.138.

Aufgrund der Besonderheiten der hier untersuchten Probandengruppe wurde im Rahmen der internen Aspekte unter diesem Gliederungspunkt auf die psychischen Auffälligkeiten der Betreffenden eingegangen. Zwar ist die Frage nach psychischen Störungen keine kriminologische, sie wird daher sowohl im Bereich der Relevanzbezüge als auch in den Bezugskriterien der Kriminologischen Trias bewußt ausgeklammert. Jedoch spielen derlei Befunde gerade unter der hier gestellten Ausgangsfrage eine herausragende Rolle; die Untersuchung des „pathologischen“ Diebstahls unter kriminologischen Aspekten ist daher immer auch an die psychische Verfassung gekoppelt. Hinzu kommt, daß die Ausklammerung der spezifischen Erfordernisse im Falle psychischer Auffälligkeiten den elementaren Bereich der Einwirkung und Behandlung in die falsche Richtung lenken kann, denn gerade in diesen Konstellationen ist der Behandlungsbedarf höher als bei „durchschnittlicher“ Delinquenz. So wird nach der von psychologischen Aspekten freien Diagnose im Rahmen der Bezugskriterien zunächst auf die Äußerungen der Probandin hinsichtlich ihrer psychischen Verfassung einzugehen sein. Diese kann man - ohne Sachverständigengutachten - nur auf ihre Glaubwürdigkeit hin überprüfen (bspw. bei der Angabe, der begleitende Psychiater habe bei ihr eine „Depression“ festgestellt) bzw. ohne weitere Wertungen (bei Aussagen wie: „Ich fühlte mich depressiv.“) dargestellen. Dennoch ist es entscheidend, Auswirkungen und Konsequenzen zumindest dahingehend zu überdenken, daß aufgrund dieser Äußerungen möglicherweise eine von der Norm abweichender Fall vorliegt und gegebenenfalls ein Sachverständigengutachten erforderlich ist. Im Anschluß daran folgt einerseits der Vollständigkeit halber, andererseits zur Überprüfung eine Zusammenfassung der psychiatrischen Sachverständigengutachten, welche i.ü. erst nach Erarbeitung der idealtypisch-vergleichenden Einzelfallanalyse eingesehen wurden, um die kriminologische Bewertung soweit wie möglich und nötig frei von psychologischen und psychiatrischen Diagnosen durchzuführen. Wichtig bleibt, beide Bereiche - den kriminologischen und den psychiatrischen - voneinander zu trennen, da die kriminologische Diagnose dem Gutachten in der Praxis bereits zeitlich vorangeht und eine Möglichkeit für den nicht psychiatrisch ausgebildeten Richter darstellen soll, Hinweise für die Notwendigkeit einer Begutachtung zu erkennen.

Der zweite Bereich, der zusätzlich bzw. verstärkt im Vergleich zum Ausgangsmuster von *Göppinger* aufbereitet ist, umfaßt die Frage nach dem Zusammenhang der „besonderen Aspekte“ mit der Delinquenz. Aufgrund der in neueren (psychologischen) Untersuchungen festgestellten Tendenz, daß die Probandinnen Diebstähle in akuten Lebenskrisen begehen, soll hierauf ein besonderes Augenmerk gerichtet werden. Entscheidend ist, daß man der die Delinquenz begleitenden Lebenssituation, unten (§13 C. 9.1.1.) definiert als „begleitendes Lebensereignis“, keine Ursächlichkeit zuschreiben kann und soll - vielmehr geht es zunächst darum, das auffällige Zusammentreffen von Lebensereignis und Straffälligkeit zu beleuchten, ohne Schlüsse im Sinne einer zwingenden Kausalität zu ziehen.

Die im Ausgangsmuster von *Göppinger*[403] unter diesem Gliederungspunkt behandelten Aspekte der stabilisierenden oder destabilisierenden Wirkung sowie die Frage nach Veränderlichkeit der „besonderen Aspekte" in der Zukunft werden erst im Rahmen der individuellen Basisprognose (siehe 4.1.) dargestellt.

4. Folgerungen

4.1. Folgerungen im Blick auf die Prognose

Durch die ausführliche Diagnose besteht nun die Grundlage für prognostische Folgerungen (insbesondere des Strafjuristen).[404] Im Gegensatz zu rechtlichen Entscheidungen, die sich notwendigerweise durch Bestimmtheit auszeichnen, ist die kriminologische Prognose lediglich eine Wahrscheinlichkeitsaussage. Mit absoluter Sicherheit kann man das Verhalten des einzelnen und seine weitere Entwicklung nicht voraussagen.

Um den Delinquenten in seinen sozialen Bezügen heute zu beurteilen und damit sein weiteres Verhalten kriminologisch einzuschätzen, geht man in drei gedanklich voneinander getrennten, jedoch faktisch ineinandergreifenden Schritten vor:

Zuerst ist eine *grundsätzliche Prognose*[405] abzugeben, welche sich im Prinzip auf die Feststellung „günstig" oder „ungünstig" beschränkt und aus dem typischen weiteren Verlauf der jeweilig in den Bezugskriterien einschlägigen Kategorie ergibt (siehe oben 3.1.4.).

Der zweite Schritt, die *individuelle Basisprognose*,[406] besteht in der genauen Prüfung des Einzelfalles mit seinen spezifischen Ausprägungen. Hier geht es zum einen um die Beleuchtung der Kategorie in den Bezugskriterien, aber auch um die „besonderen Aspekte", die als „Stärken" und „Schwächen" des Probanden selbigen über die Typologie hinaus charakterisieren. In diesem Zusammenhang steht nun auch die oben bereits angesprochene Überlegung im Vordergrund, ob und mit welcher Wahrscheinlichkeit diese Aspekte auch in Zukunft wirksam sein dürften und mit welchen Mitteln sie erfahrungsgemäß veränderbar sind. In gleichem Maße hat die rückblickende Frage nach der Wirkung der „besonderen Aspekte" Bedeutung. Um für die Zukunft eine Aussage treffen zu

[403] *Göppinger*, Angewandte Kriminologie, S.138.
[404] *Göppinger*, Angewandte Kriminologie, S.150.
[405] *Göppinger*, Angewandte Kriminologie, S.150.
[406] *Göppinger*, Angewandte Kriminologie, S.151.

können, muß der Untersucher feststellen, inwieweit sich die einzelnen Faktoren im bisherigen Leben als stabilisierend oder destabilisierend ausgewirkt haben.
Die individuelle Basisprognose ist stets dann von grundlegender Bedeutung, wenn man eine grundsätzliche Prognose nicht abgeben konnte, da die Zuordnung zu einer der Kategorien offen bleiben mußte. Dies ist insbesondere in Fällen mit Verdacht auf einen psychischen Befund relevant, da sich hier die Einordnung häufig als schwierig erweist. Zwar verkehrt die individuelle Basisprognose in der Regel die grundsätzliche Prognose nicht ins Gegenteil; dieser Erfahrungssatz bestätigt sich jedoch in „pathologischen“ Fällen möglicherweise nicht, da sich innerhalb der „besonderen Aspekte“ gravierende Faktoren und Zusammenhänge auftun, welche sozusagen abgekoppelt von der Abgabe der grundsätzlichen Prognose in einem weitaus stärkeren Maße wirksam werden als in Fällen ohne Befund. Spätestens an diesem Punkt verschiebt sich der Schwerpunkt im Gegensatz zu den „klassischen“ Fällen, da eine abschließende Prognose gar nicht mehr oder nur mit großer Zurückhaltung und unter der Bedingung anderer (fachspezifischer) Beurteilungen möglich ist. In den vorliegende Fällen gestalten sich Aussagen hierüber leichter, da bei vielen Probandinnen bereits ein Sachverständigengutachten vorlag. Ansonsten sollen die in diesem Komplex (ebenso wie im Punkt „Einwirkung und Behandlung“) angestellten Überlegungen lediglich Hinweise vorbehaltlich einer psychiatrischen oder psychologischen Diagnose darstellen.
Grundsätzlich müssen in einem dritten Schritt auch die Auswirkungen der Prognose selbst berücksichtigt werden. Diese *Interventionsprognose*,[407] die die Rückwirkung der aufgrund der Prognose ergangenen staatlichen Reaktionen mit einbezieht, kann wiederum die ursprüngliche Prognose modifizieren. So wird die Prognose verbessert, wenn sich im Rahmen der Interventionsprognose die Möglichkeit einer gezielten Einwirkung ergibt. Von derartigen zielgerichteten Einwirkungen zu unterscheiden sind die mehr oder weniger unbeabsichtigten Auswirkungen, die allein schon die Tatsache der polizeilichen Vernehmung, der Hauptverhandlung und der Verurteilung mit sich bringt. Selbst ohne angeordnete Maßnahmen können diese Einfluß auf den (unter Umständen noch nicht gerichtserfahrenen) Probanden nehmen, ganz abgesehen von den sonstigen Auswirkungen, die die Begehung einer Straftat hat, wie z.B. die Reaktion seines sozialen Umfeldes o.ä. Da in den vorliegenden Fällen eine akute Intervention nicht erforderlich ist - schließlich lagen die Taten in der Regel mindestens ein Jahr zurück -, stellt sich die Frage nicht aus der Sicht des Strafjuristen, der eine bestimmte Sanktion zu verhängen hatte. Hierdurch ändert sich zwar nichts an der Grundprämisse, nämlich der Legalprognose, jedoch verschiebt sich sozusagen der zeitliche Bezugspunkt für die Interventionsprognose in die Vergangenheit, indem primär auf die Rückfallvermeidung durch frühere Sanktionen geachtet wird, was dann wiederum Schlüsse für die Zukunft erlaubt.

[407] *Göppinger*, Angewandte Kriminologie, S.152.

4.2. Folgerungen im Blick auf Einwirkung und Behandlung

Über die Prognose hinausgehend kann die kriminologische Diagnose auch konkrete Hinweise für eine spezifiziert kriminologisch indizierte Einwirkung auf den Delinquenten liefern.[408] Sofern es Anhaltspunkte dafür gibt, daß eine gezielte Einwirkung notwendig und sinnvoll ist, sollte man versuchen, die Verhaltensweisen und Umstände, welche in der Vergangenheit als destabilisierend und kriminalitätsfördernd wirksam waren, zu ändern und abzubauen. Dies geschieht unter anderem auch durch die Berücksichtigung der in den „besonderen Aspekten herausgeschälten „Stärken" des Probanden, die positiv genutzt werden können. Den Bezugspunkt bildet hierbei der aktuelle Lebenszuschnitt des Betreffenden. Grundsätzlich fällt es leichter, die „externen" Aspekte zu nutzen als die mit der Persönlichkeit eng verwobenen „internen" Aspekte. Übergreifend sollte man auch die Vergangenheit des Probanden daraufhin untersuchen, ob sich zu einem bestimmten Zeitpunkt wesentliche Veränderungen in *einem* bestimmten Lebensbereich ergeben haben und ob diese ausgelöst oder selbst als Auslöser für sonstige Veränderungen in anderen Bereichen wurden. Hierdurch können sich aufschlußreiche Erkenntnisse bezüglich der möglichen Einwirkung ergeben.
Die Strafrechtspraxis bietet in diesem Zusammenhang eine breite Palette von Sanktionen und differenzierten Reaktionsmöglichkeiten, welche die Praxis aus den unterschiedlichsten Gründen nicht stets voll ausgeschöpft.[409] Im Mittelpunkt stehen dabei Maßnahmen, welche sich auf das Leben in Freiheit beziehen. Grund hierfür ist die Tatsache, daß die kriminologisch sinnvolle Einwirkung sich aus dem alltäglichen Verhalten, nämlich des Täters in seinen Bezügen ableitet. Im Vordergrund der hier vorliegenden Untersuchung steht neben den Einwirkungen hinsichtlich der „externen Aspekte" (soweit notwendig) die Behandlung mittels einer Therapie. Die Probandinnen sollen daher schwerpunktmäßig unter dem Gesichtspunkt der Auswirkungen der Gruppentherapie sowie anderer therapeutischer Möglichkeiten untersucht werden. Letztlich bleibt die Beurteilung der Frage nach einer (psychiatrischen) Behandlung, insbesondere einer Einzeltherapie den Fachleuten auf diesem Gebiet vorbehalten.[410] Durch die genaue Beobachtung der Verhaltensänderungen, der Rückfälle und der allgemeinen Stabilität in den einzelnen Lebensbereichen, aber auch der eigenen Einschätzung durch die Probandin vor und nach Beginn der Gruppentherapie lassen sich jedoch (Wahrscheinlichkeits-) Aussagen über die Notwendigkeit der Fortführung bzw. der Lockerung der gruppentherapeutischen Behandlung treffen, wiewohl auch diese Entscheidung im Endeffekt den Gruppentherapeuten überlassen bleiben muß. Die angestellten Überlegungen können auch hier lediglich Möglichkeiten aufzeigen.

[408] *Göppinger*, Angewandte Kriminologie, S.153.
[409] *Göppinger*, Angewandte Kriminologie, S.154 f.
[410] *Bock*, in: Die Täter-Individualprognose, S.19

5. Ergänzungen

Um die Darstellung auf einem möglichst aktuellen Stand abzuschließen, wurden in diesem letzten Punkt die neuesten Entwicklungen ebenfalls mit einbezogen. Einige Monate nach den Interviews bzw. nach der Akteneinsicht wurde hierzu die leitende Bewährungshelferin zu jeder Probandin befragt, wobei sich die Informationen nicht nur auf die Entwicklung der Delinquenz (mögliche Rückfälle, Ausgang laufender Verfahren u.ä.) bezog, sondern - wie für die Methode der idealtypisch-vergleichenden Einzelfallanalyse kennzeichnend - auch auf die in der Zwischenzeit eingetretenen Veränderungen (oder deren Ausbleiben) im sozialen Leben der Probandinnen.

B. Möglichkeiten und Grenzen der Methode der idealtypisch-vergleichenden Einzelfallanalyse

Das Problem prognostischer Entscheidungen hat bereits eine enorme Fülle an Streitigkeiten, Diskussionen und Ansätzen in Theorie und Praxis hervorgebracht, deren Darstellung Thema einer eigenen Arbeit hätte werden können. Auch die Methode der idealtypisch-vergleichenden Einzelfallanalyse wird von Kritik nicht verschont. Daher sei hier nur in aller Kürze ein Überblick über die Haupteinwände, deren Bewertung sowie die Chancen und Grenzen der hier gewählten Methode aufgezeigt, nicht zuletzt zu dem Zweck, das in der Arbeit gewonnene Ergebnis an den Ansprüchen der Methode der idealtypisch-vergleichenden Einzelfallanalyse messen zu können.

Die Schwierigkeiten auf diesem Feld gestalten sich vielfältig. Auf der Praxisseite werden berechtigte Bedenken gegen die (rückblickende) Festschreibung von Delinquenten anhand strafrechtlicher Vorbelastungen erhoben, gleichzeitig besteht das Problem der Verständigung zwischen den verschiedenen Verfahrensbeteiligten aus den unterschiedlichen Wissenschaften, um nur zwei Punkte herauszugreifen. Gleichzeitig zieht man wissenschaftstheoretische Einwände (zu dem Beispiel der *Neopositivisten* siehe *Bock*[411]) sowie Schlußfolgerungen aus der Sanktionsforschung heran, um die Prognose als unwissenschaftlich bzw. überflüssig zu qualifizieren.[412]

Bei aller Kritik steht m.E. jedoch eine Grundüberlegung fest. Der Jurist, auf dessen Blickwinkel in der vorliegenden Untersuchung primär abgestellt wird, kann und darf sich aus der Natur seiner Aufgabe heraus einer Entscheidung nicht entziehen. Die Tatsache, daß Juristen, Soziologen, Psychiater und Psychologen sich

---

[411] *Bock*, in: Die Täter-Individualprognose, S.2
[412] *Bock*, in: Die Täter-Individualprognose, S.2

vor unterschiedlichen Hintergründen zumindest bei einer Schnittmenge der (Strafrechts-)Fälle treffen, macht die Aufgabe schwieriger, hebt sie aber nicht auf.
Die im Verlauf der Untersuchung bisweilen auftauchende Prämisse, eine Prognose sei per se und schlechthin unmöglich, mag abstrakt gesehen einiges für sich haben. In der Konsequenz hieße das jedoch, daß Eintritt und Ausbleiben eines Rückfalls - ex ante betrachtet - stets als gleich wahrscheinlich zu qualifizieren wären. Weiterführend müßte dann der Richter entweder zugunsten des Delinquenten immer davon ausgehen, der Täter werde nicht mehr rückfällig, denn eine ungünstige Prognose darf er mangels Vorhersehbarkeit nicht mehr abgeben. Streng genommen müßte er daher sämtliche Fälle gleich behandelt. Oder aber er besinnt sich auf den Vergeltungs- und Sicherungsgedanken, wobei die gravierenden Folgen einer solchen Vorgehensweise hier nicht diskutiert werden können. In diesem Zusammenhang sei nur am Rande auf die oben bereits angesprochene Sanktionsforschung hingewiesen, welche eng mit dem Thema der Prognose verknüpft ist. *Bock* hält hierzu fest, daß „für eine wachsende Zahl von Juristen und Kriminalpolitikern, die den Strafzweck der positiven Spezialprävention insgesamt verabschieden, jede Form der kriminologischen Individualprognose ... überflüssig geworden“ sei. Diese Konsequenz ziehe man aus den Ergebnissen der Sanktionsforschung, wonach Sanktionen im allgemeinen tendenziell austauschbar und erfolglos seien.[413] Zur Kritik äußert *Bock*, daß zum einen die entsprechenden Untersuchungen nicht deutlich gemacht hätten, ob die eigentliche Wirkung der Sanktion oder nur die Eignung der Untersuchenden bzw. der Probanden (für die ausgewählte Sanktion) gemessen wurden. Zum anderen sei es bereits von Grundsatz her falsch, eine *generelle* Wirksamkeit von Sanktionen festschreiben zu wollen, komme es doch entscheidend auf das Herausfiltern der passenden Einwirkung *im Einzelfall* an.[414]

Ganz abgesehen von der Tatsache, daß das Strafrecht schon nicht „prognosefrei“ konzipiert ist, da es die „Erwartbarkeit“ per Gesetz als Kriterium in den Prognoseparagraphen voraussetzt, wünschen derartige Konsequenzen wohl auch die meisten Kritiker nicht. Somit läßt sich zumindest festhalten, daß über das Ziel - eine vernünftige, täterbezogene und spezialpräventive Entscheidung - im wesentlichen Einigkeit besteht. Trefflich streiten läßt sich selbstverständlich über den Weg, wobei hier nur einige Aspekte der Möglichkeiten und Grenzen der Prognose mittels der idealtypisch-vergleichenden Einzelfallanalyse aufgezeigt werden sollen.

Zunächst einmal ist festzuhalten, daß es sich bei der Methode der idealtypisch-vergleichenden Einzelfallanalyse letztendlich um ein Instrument der Praxis han-

[413] *Bock*, in: Die Täter-Individualprognose, S.2
[414] *Bock*, in: Die Täter-Individualprognose, S.17

delt, welches sich den Gegebenheiten des Einzelfalles anpassen und daher auch den entsprechenden Spielraum bieten muß. Dies muß man beachten, nähert man sich dem Ansatz von der wissenschaftstheoretischen Seite her.[415]

Aus anderer Richtung wird der Vergleich als nicht praxistauglich, da zu zeitaufwendig kritisiert. Dieser Einwand ist insofern nicht von der Hand zu weisen, als die intuitive und statistische Prognose zunächst einmal weniger aufwendig sind. Auch darf man, wie bereits erwähnt, der Zeitdruck, unter dem Verfahren heutzutage stehen, nicht unterschätzen. Somit mag sich der Vergleich für manche Fälle als tatsächlich nicht durchführbar erweisen. Gerade in Konstellationen jedoch, in denen die zuständigen Instanzen ohnehin einen erheblichen Mehraufwand im Vergleich zum Durchschnittsverfahren betreiben (so bspw. im Jugendstrafrecht), greifen diese Bedenken nicht, insbesondere wenn der Richter o.a. den Vergleich „formlos" durchgeführen kann, er also kein schriftliches Gutachten vorlegen muß und es sich um einen geübten Bearbeiter handelt.[416] Aber auch außerhalb des Jugendstrafrechts und zwar ebenfalls für die Fälle der sog. Bagatellkriminalität ist - gerade bei bereits mehrfach Auffälligen - zu berücksichtigen, daß man möglicherweise durch eine frühestmöglich angestellte, umfassende Prognose und eine entsprechende Einwirkung spätere Rückfälle von vornherein vermeiden könnte, was im Ergebnis wesentlich weniger Zeitaufwand und Kosten verursacht. Entscheidend wird jedoch sein, daß der Untersuchende nicht Gefahr läuft, die Einzelfallanalyse als kurze „Checkliste" mißzuverstehen und damit eine scheinbare Sicherheit zu erzeugen.[417]

Wie bereits erläutert, sind die kriminorelevanten Kriterien „relational", bedürfen also der Ausfüllung durch die Lebensverhältnisse des Delinquenten. Es geht daher immer um die Bedeutung des Merkmals im Einzelfall, wie es sich aus der Gesamtschau heraus darstellt. Hieraus folgt allerdings auch, daß die Kriterien nicht streng zu operationalisieren sind, was einige als unwissenschaftlich beurteilen.[418] Ohne die „Relationalität" kann man aber eine einzelfallbezogene Wertung gar nicht vornehmen. Zudem ermöglicht diese Vorgehensweise, vom Lebenshintergrund stark unterschiedliche Probanden zu vergleichen, da die Kriterien auf den Delinquenten zugeschnitten werden können.[419] Hiermit kann man auch gleichzeitig der Einwand entkräften, die Kriterien seien veraltet. Die Tatsache, daß sich der gesellschaftliche Hintergrund der sechziger Jahre bis heute verändert hat, können die „relationalen" Kriterien besonders gut auffangen, weil sie einen derartigen Spielraum bereits enthalten.[420]

Durch die Methode der idealtypisch-vergleichenden Einzelfallanalyse erscheint es zudem möglich, ein Instrumentarium zu schaffen, welches die Verständi-

---

[415] zur Kritik siehe *Bock*: Die Täter-Individualprognose, S.2

[416] *Schallert*, DVJJ-Journal 1998, 17, 22f.; *Bock*, in: Die Täter-Individualprognose, S.23f.

[417] *Bock*, in: Die Täter-Individualprognose. S.24

[418] *Schneider*, Kriminologie, S.403 f.

[419] *Bock*, in: Die Täter-Individualprognose, S.14

[420] *Bock*, in: Die Täter-Individualprognose, S.15

gungsschwierigkeiten der Verfahrensbeteiligten minimiert, da alle Fachrichtungen sie übergreifend anwenden können.[421]
Des weiteren sollte man die Vorteile gegenüber der statistischen Prognose[422] beachten. Während diese sich auf die Generalisierung konzentriert, liegt der Schwerpunkt der idealtypisch-vergleichenden Einzelfallanalyse auf der Individualisierung. So kann der Untersucher feststellen, ob sich der Proband (auch in Zukunft) eher wie die statistische Vergleichsgruppe oder möglicherweise gerade anders verhalten wird.[423] Zudem werden die aktuellen Veränderungen mit einbezogen, was die statistische Prognose nicht leistet.[424]
Es ist im Rahmen dieser Diskussion besonderes Gewicht auf die Tatsache zu legen, daß die Methode der idealtypisch-vergleichenden Einzelfallanalyse kein „abgeschlossenes, selbstgenügsames 'Konzept'"[425] darstellt, sondern vielmehr auf andere Bezugswissenschaften angewiesen ist. So sollten auf der einen Seite kriminologische Erfahrungswerte einbezogen werden,[426] auf der anderen Seite müssen fachfremde Bereiche und hier insbesondere die Psychologie und Psychiatrie bewußt außer Betracht bleiben. Die klinische Prognose bleibt in vollem Umfang neben einer idealtypisch-vergleichenden Einzelfallanalyse bestehen,[427] deren Grenzen gerade in pathologischen Fällen besonders deutlich werden (zu diesem Problem siehe oben 3.2.).

Aus der hier im Ansatz zu erkennenden Diskussion wird bereits ersichtlich, daß ein kritikloser Umgang mit verschiedenen Prognosemethoden nicht sachdienlich ist. Ein „Allheilmittel" gegen prognostische Unsicherheiten gibt es nicht. Gleichzeitig sind außer der intuitiven und der statistischen Prognose neben der Methode der idealtypisch-vergleichenden Einzelfallanalyse die Auswahlmöglichkeiten an anderen Methoden für Juristen begrenzt.
Wendet man die idealtypische Vergleichsmethode konsequent an und beachtet man die Einschränkungen, denen sie unterworfen ist, so erscheint die Vorgehensweise auch im Vergleich zu anderen in Betracht kommenden Ansätzen durchaus geeignet, eine Grundlage für prognostische Entscheidungen zu bilden. Es wird sich zeigen, inwieweit die Anwendung in den hier untersuchten Fällen die oben aufgezeigte Fragestellung zu beantworten vermag.

---

[421] *Schallert*, DVJJ-Journal 1998, 17,23; *Bock*, in: Die Täter-Individualprognose, S.20
[422] zur Kritik an der statistischen Prognose siehe *Bock*, in: Die Täter-Individualprognose, S.18
[423] *Bock*, in: Die Täter-Individualprognose, S.16
[424] *Schallert*, DVJJ-Journal 1998, 17,23
[425] *Bock*, in: Die Täter-Individualprognose, S.16
[426] siehe hierzu ausführlich *Bock*, in: Die Täter-Individualprognose, S.11ff.
[427] *Bock*, in: Die Täter-Individualprognose, S.18

§ 10 Vorgehensweise bei der Vergleichsuntersuchung

Die unter § 9 vorgestellte Methode der idealtypisch-vergleichenden Einzelfallanalyse nach *Göppinger* diente mit den entsprechenden Modifikationen als Grundmuster für die folgende Untersuchung. Das *Göppinger*sche Muster bietet gerade in Konstellation wie der hier vorliegenden den Vorteil, daß man bei einer kleinen Stichprobe mit hohem Informationsgehalt eine detaillierte und damit tiefgreifendere Analyse vornehmen kann, als dies bei einer (rein) statistischen Erhebung möglich ist. Gleichzeitig schied eine bloß empirische Untersuchung aufgrund der kleinen Probandenzahlen aus.

Der folgende Abschnitt des § 11 untersucht daher die Ergebnisse aus den Interviews der Probandinnen 1 bis 8 mittels der Methode der idealtypisch-vergleichenden Einzelfallanalyse.
Bei den Vergleichsakten stellte sich nun die Frage nach der Vorgehensweise, sozusagen nach einer „Vergleichsmethodik“. Zum einen galt es, das vorhandene Material wegen der relativ geringen Anzahl der Akten in seiner Gesamtheit möglichst detailliert darzustellen und zu verwerten. Des weiteren mußte berücksichtigt werden, daß die Akten einen unterschiedlich hohen Informationsgehalt aufwiesen (daher die Einteilung in die Untergruppen I bis III, siehe oben § 8). Um dieser Tatsache gerecht zu werden, wurden die Interviews mit den Aktenfällen auf *verschiedenen Ebenen* verglichen.

Auf der *ersten Ebene* stehen die einzelnen Interviews denjenigen Akten gegenüber, welche die gleichen Vergleichsmerkmale aufwiesen. Die Auswahl erfolgte aufgrund folgender Vergleichsmerkmale:

- Alter
- Anzahl der Sanktionen
- Alter beim ersten Delikt

Bisweilen zieht man als typisches Vergleichsmerkmal auch die Schichtzugehörigkeit heran. Dieser aussagekräftige Faktor ermöglicht es in vielen Fällen, tatsächlich vergleichbare, da unter ähnlichen Umständen lebende bzw. den gleichen Hintergrund aufweisende Parallelgruppen zu bilden. In der vorliegenden Untersuchung erscheint diese Klassifizierung jedoch problematisch, da die Schichtzugehörigkeit - z.B. nach dem sogenannten *Scheuch*-Index[428] - Merkmale wie berufliche Qualifikation, Einkommen und Schulbildung umfaßt. Diese Faktoren führen jedoch gleichzeitig zu den kriminorelevanten Aussagen (des Leistungsbereiches) in der *Göppinger*schen Methode der idealtypisch-

[428] *Scheuch/Daheim*, in: Soziale Schichtung und soziale Mobilität, S.102

vergleichenden Einzelfallanalyse, die ja gerade das Ergebnis der Untersuchung bilden. Durch den Vergleich der Interviews und der Aktenfälle sollen genau diese Unterschiede (beispielsweise Schulabbruch, kein eigenes Einkommen im Aktenfall - gegenteilige Tendenz bei der interviewten Probandin) herausgearbeitet werden und eine Einschätzung hinsichtlich der Diagnose und der Prognose ermöglichen. Durch die Auswahl nach gleicher Schichtzugehörigkeit liefe man aber Gefahr, den Blick auf den eigentlichen Vergleich, insbesondere auf Differenzen (hier im Leistungsbereich) zu verstellen und damit das Ergebnis unter kriminorelevanten Gesichtspunkten zu verzerren. Daher sind die hier angewandten Vergleichsmerkmale hinsichtlich der Kriminorelevanz neutral.
Auf diese Vergleichsmerkmale hin wurden sämtliche Akten (also Untergruppe I bis III) untersucht. Die Darstellung der gefundenen Akten erfolgt für jede Probandin direkt im Anschluß an die idealtypisch-vergleichende Einzelfallanalyse des betreffenden Interviews und zwar nach Ausführlichkeit geordnet, also von Untergruppe I bis Untergruppe III absteigend. Das heißt gleichzeitig, daß einige Vergleichsakten mittels einer idealtypisch-vergleichenden Einzelfallanalyse untersucht werden konnten, bei anderen blieb es bei einer tabellarische Darstellung der Grunddaten. Dann folgt das nächste Interview und die passende(n) Akte(n) usw. Die Vergleichsakten sind mit der jeweiligen arabischen Ziffer der Interviewpartnerin zuzüglich eines Kleinbuchstabens gekennzeichnet. Diejenigen Interviews, denen keine Akte zugeordnet werden konnte, finden sich am Ende des § 11. Auf diese Weise konnte man das Verhalten der Delinquentinnen, welche vom Alter und der Delinquenz her den interviewten Frauen nahekamen, auf Unterschiede und Gemeinsamkeiten hin überprüfen, wodurch die spezifischen Eigenarten in der Lebensführung deutlich wurden. Des weiteren ermöglicht die erste Ebene eine *direkte*, weil auch räumlich nahe Gegenüberstellung der einzelnen Lebensgeschichten, so daß bereits während der Lektüre Details auffallen und verglichen werden können. Die auf der ersten Ebene verglichenen Akten heißen im folgenden *zugeordnete Akten*. Das zusammenfassende Ergebnis aus dem Vergleich der zugeordneten Akten wird unten unter § 13 B. im Zusammenhang mit den Resultaten aus den folgenden Ebenen diskutiert. Die restlichen, *nicht zuzuordnenden Akten* werden unter § 12 dargestellt, wobei auch hier wieder die Untergruppe I (idealtypisch-vergleichende Einzelfallanalyse) den Anfang bildet. Bis zu diesem Punkt beinhaltet die Untersuchung damit bereits sämtliche Aktenfälle je nach Informationsgehalt - teilweise schon im direkten Vergleich mit den Interviews, teilweise (noch) isoliert.

Auf der *zweiten Ebene* des Vergleichs wurden die Interviews allen Akten gegenüber gestellt (siehe § 13 A.). Hierfür konnte man lediglich die Schnittmenge der zur Verfügung stehenden Daten verwerten, also das Minimum derjenigen Informationen, die in allen Akten vorhanden waren, so daß der Vergleich auf der zweiten Ebene sich auf die Grunddaten beschränkte.

Im Rahmen des Vergleichs wurde im Anschluß unter § 13 C. die *dritte Ebene* untersucht, nämlich der Vergleich der Interviews mit allen *ausführlichen Akten* der Untergruppen I und II. Grund für diese weitergehende Betrachtungsweise ist die Tatsache, daß die detaillierten Informationen, welche in den ausführlichen Akten zu finden waren, einen umfassenden Blick auf die Lebensentwicklung der Probandinnen zuließen und nicht auf die weniger aussagekräftigen „Eckpfeiler“ begrenzt waren, womit der Vorteil zur zweiten Ebene bereits einsichtig wird. Einen zusätzlichen Gewinn zum Vergleich auf der ersten Ebene stellt diese Vorgehensweise dann dar, wenn man bei Berücksichtigung aller ausführlicher Akten zu anderen und neuen Ergebnissen kommen kann als bei der Darstellung nach Vergleichsmerkmalen. Hier wird sich zeigen, daß die Aufnahme aller ausführlicher Akten eine tendenzielle Aussage hinsichtlich der einzelnen Gruppen (Probandinnen mit psychopathologischem Befund, Drogenabhängige etc.) ermöglicht, welche die Analyse auf der ersten Ebene teilweise bestätigt und darüber hinaus erweitert (hierzu ausführlich § 13 C. III.).
Letztlich wurden die Aktenfälle demnach unter verschiedenen Gesichtspunkten zusammengefaßt und mehrfach unter jeweils einem anderen Blickwinkel untersucht. So finden sich beispielsweise auf der dritten Ebene nunmehr folgerichtig auch Vergleichsfälle aus den *zugeordneten Akten* der ersten Ebene, nur beschränkt sich die Betrachtung jetzt nicht auf den spezifischen Vergleich mit *einer* Probandin, sondern auf den Gesamtzusammenhang aller ausführlichen Akten und der Interviews.

§ 11 Interviews und zugeordnete Vergleichsakten

A. Probandin 1

I. Methode der idealtypisch-vergleichenden Einzelfallanalyse

1. Übersicht zum Lebenslauf

Juli 1977	geboren
1983 bis 1987	Besuch der Grundschule; seit der 1.Klasse sexuellem Mißbrauch durch den Vater ausgesetzt; Regelmäßige Diebstähle von der 1. bis zur 7. Klasse
1987 bis 1989	Besuch der Hauptschule; Außenseiterrolle in der Schule; regelmäßige Diebstähle
Seit 1989	Besuch der Realschule; regelmäßige Diebstähle
1990/1991	neunmonatiger Heimaufenthalt aufgrund eines entdeckten Diebstahls; danach Rückkehr in die elterliche Wohnung
1990 bis 1993	ab dem Heimaufenthalt kein sexueller Mißbrauch mehr; praktisch diebstahlsfreie Zeit
Sommer 1993	erfolgreiches Ablegen der Mittleren Reife
Herbst 1993	Beginn einer Ausbildung bei der Post; häufiges „Blaumachen“; Umzug mit der Schwester in eine Wohnung; nach kurzer Zeit Rückkehr in die elterliche Wohnung; Freizeit wird mit der neuen „Clique“ verbracht; wechselnde Partner; Regelmäßige, fast tägliche Diebstähle
Oktober 1993	Diebstahl entdeckt, Einstellung nach Ermahnung
Dezember 1993	18 Diebstähle entdeckt; Verurteilung zu einem Jahr Jugendstrafe auf Bewährung; Kündigung der Ausbildungsstelle wegen der Diebstähle

Anfang bis September 1994	arbeitslos; Besuch eines Berufsbildungskurses
Anfang bis Mai 1994	erste feste Beziehung
Juni bis Juli 1994	neue Bekanntschaft; Freispruch wegen Diebstahls
Juli/August 1994	Bekanntschaft mit zukünftigem Ehemann; nach vier Wochen Zusammenziehen in gemeinsame Wohnung
seit September 1994	Lehre als Industriemechanikerin
April 1995	Hochzeit; Untreue des Ehemannes nach vier Wochen; Alkohol- und Spielsucht des Ehemanns
Juli 1995	erneuter Diebstahl; drei Wochen Dauerarrest
Anfang 1997	Abschluß der Lehre; Übernahme in den Betrieb als Fließbandarbeiterin
Juli bis September 1997	diverse Diebstähle am Arbeitsplatz; daraufhin Kündigung der Arbeitsstelle; 8 Monate Jugendstrafe auf Bewährung; offizielle Trennung von Ehemann
Oktober bis Dezember 1997	arbeitslos, Aushilfstätigkeit in einer Drogerie
Seit Januar 1998	Arbeitsstelle in neuem Betrieb als Fließbandarbeiterin
Seit März 1998	Besuch der Selbsthilfegruppe; neuer Freund; Freizeit wird meist mit dem Freund verbracht
Anzahl der registrierten Eintragungen wegen Diebstahls[429]	mindestens 5

[429]einschließlich der Eintragungen im Erziehungsregister

2. Analyse der Erhebungen[430]

2.1. Analyse des Lebenslängsschnitts

2.1.1. Verhalten in den einzelnen Lebensbereichen

2.1.1.1. Erziehung im Kindes- und Jugendalter

E. sei im April 1977 geboren. Ihr Vater, jetzt 47 Jahre alt, sei Elektriker; ihre jetzt 41jährige Mutter sei Hausfrau. Früher sei die Mutter als Hausmeisterin tätig gewesen. Aus der Ehe stamme auch die zwei Jahre jüngere Schwester. Die Eltern seien immer schon verschuldet gewesen, momentan mit 50.000 DM. Die Familie sei über zwanzigmal umgezogen.

Die Mutter sei diejenige im Haus gewesen, „die die Hosen anhatte", sie habe auch das Geld verwaltet. Ihr Vater sei eher ein gemütlicher Typ. Ihre Eltern würden nur noch aus Gewohnheit und wegen der Schulden zusammenleben.
Ihre Mutter habe - wie E. erst sehr spät erfahren habe - immer schon Diebstähle begangen und sei deswegen auch sanktioniert worden. Häufig habe sie die Kinder mit in den Laden genommen und mit geklauten Gegenständen - versteckt in einem Korb - vor die Ladentür geschickt. Sie habe den beiden Töchtern erklärt, „daß ja niemand geschädigt werde." Bestätigt wurde diese Angabe durch das Ergebnis der letzten Berufungsverhandlung im Mai 1998.
Ihre Mutter sei sehr streng gewesen, sie habe E. stark kontrolliert. So habe E. mit 17 Jahren um 9.00 Uhr zu Bett gehen müssen; ihre Mutter habe ihre Schränke durchsucht und ihr Tagebuch aufgebrochen. Taschengeld habe es nicht gegeben. Die Mutter habe der Polizei auch immer bestätigt, daß ihre Tochter klaue. Während des Krankenhausaufenthaltes der Mutter habe sie den Haushalt geführt, danach hätte man das so beibehalten, da die Mutter „zu faul" gewesen wäre. Ihre erste Ausbildung habe sie begonnen, weil die Mutter dies so gewollt habe.
Der Vater habe beide Töchter spätestens seit der ersten Klasse sexuell mißbraucht. (Dies wurde erstmalig während der letzten Berufungshandlung im Mai 1998 den Gerichten bekannt.) Ob bereits früher ein Mißbrauch stattgefunden habe, wisse sie nicht, sie habe überhaupt nur sehr wenig Kindheitserinnerungen. Ihre Mutter habe E. und ihren Vater damals im Badezimmer gesehen und habe sie als „Ehebrecherin" und „Schlampe" beschimpft. Teilweise sei sie täglich mißbraucht worden, dann wieder eine Woche nicht. Zum Geschlechtsverkehr sei es nicht gekommen. Verstärkt habe sich der Vater an ihr während der Grundschul- und Realschulzeit an ihr vergangen, an die Hauptschulzeit kön-

[430] Die Angaben beruhen auf Gesprächen mit der Probandin am 9.6.1998; es lagen die Ermittlungsakten von 1993 bis 1997 vor.

ne sie sich nicht mehr erinnern, sie sei „wie blockiert". Sie gehe davon aus, daß ihre Mutter davon gewußt habe, schließlich habe sie teilweise im Zimmer nebenan geschlafen. Der Mißbrauch habe bis zu ihrem Heimaufenthalt, also bis zu ihrem dreizehnten Lebensjahr angedauert; als sie danach wieder zu Hause eingezogen sei, habe ihr Vater es noch einmal versucht. Außer einer Freundin habe keiner außer der Familie von dem Missbrauch gewußt. Erst in der Selbsthilfegruppe habe sie davon erzählt.
Für die Mutter habe der kleinste Anlaß ausgereicht, sie regelmäßig zu schlagen. Gleichzeitig habe sie ihren Vater aufgehetzt, bis dieser so gereizt gewesen sei, daß auch er zugeschlagen hätte. Die Schläge hätten von Ohrfeigen bis zu Auseinandersetzungen gereicht, im Verlauf derer der Vater sie „fast totgeschlagen" hätte.

Die Schwester sei zur Zeit Auszubildende und habe einen kleinen Sohn, der bei ihrer Mutter wohne. Der Vater des Kindes sei offiziell unbekannt, in Betracht komme jedoch der Ehemann der E., der sie mit der Schwester betrogen habe.
Die Schwester sei von der Mutter stets bevorzugt worden. So hätten beide Töchter Diebstähle begangen, für diejenigen der Schwester sei jedoch E. verantwortlich gemacht worden. Im Gegensatz zu E. sei der Schwester mehr erlaubt worden, sie hätte bspw. Geburtstagsfeiern geben dürfen. Für ihre Schwester sei sie eine Ersatzmutter gewesen. Die Jüngere habe E. dafür „gehaßt", daß sie sie in Bezug auf den Mißbrauch alleine gelassen habe.

Im Jugendgerichtshilfebericht von Mai 1994 hieß es, daß die Eltern mit den Problemen, die E. in den letzten Jahren bereitet hätte, seit langem überfordert gewesen seien. Insgesamt ließen die Eltern in ihrer Erziehungshaltung Inkonsequenz und Hilflosigkeit erkennen. Die wirtschaftliche Situation der Familie sei angespannt. Die Beziehung zu ihren Eltern sei recht ambivalent.
In dem letzten Urteil von Mai 1998 wurde festgestellt, daß die Eltern ihren Kindern keine vernünftige Erziehung hätten zuteil lassen werden können oder wollen.

Nach den Aussagen der E. im Interview fügte sie sich teilweise der elterlichen Erziehung und übernahm vorübergehend Pflichten im Haushalt. Die Begehung der Diebstähle stellten insofern keinen massiven Widerstand gegen den elterlichen Gehorsam dar, als sie mit Kenntnis der Eltern geschahen und die Mutter E. hierfür zwar bestrafte, die Schwester jedoch nicht, so daß die Diebstähle faktisch akzeptiert wurden. Hierfür sprechen im übrigen die kriminellen Verhaltensweisen der Eltern selbst (Diebstahl, Betrug). Andererseits ist in den Akten von massiven Erziehungsproblemen die Rede, die neben den Diebstählen zu einem Heimaufenthalt führten. Somit erscheint eine Einordnung zum D-idealtypischen Pol bis zum Ende der Schulzeit nicht möglich. Aus der Beschreibung der E. ergeben sich, berücksichtigt man mögliche subjektive Übertreibungen, genügend

Hinweise, die gegen die Annahme eines typisch K-idealtypischen Verhaltens sprechen.
Während des Heimaufenthaltes waren die Eltern von der Kontrolle weitgehend ausgeschlossen; sie fügte sich jedoch den Eltern, als diese sie zum Abbruch des Aufenthaltes bewegen. In der Folge akzeptierte E. weitgehend die elterliche Aufsicht und widersetzte sich auch dann nicht, als die Mutter sie zu einer von E. nicht gewünschten Lehre drängte.
Zur Zeit ihrer ersten Ausbildung versuchte E., sich der elterlichen Kontrolle aktiv zu entziehen. Sie wohnte mit ihrer Schwester zusammen und vermied den Kontakt mit dem Elternhaus. Die Mutter versuchte, den alten Zustand aufrechtzuerhalten (durch Telefonanrufe etc.), auf die E. jedoch nicht einging. Hierbei sollte man nicht außer acht lassen, daß die Umstände im Elternhaus derartig ungünstig waren, daß ein Wegzug von zu Hause eine aus Sicht der E. verständliche Reaktion war. Bei der Einordnung als K- oder D-idealtypisch finden jedoch primär das Verhalten, wie es sich nach außen hin darstellt, und nicht die Beweggründe und die dahinterstehenden äußeren Umstände Berücksichtigung. Nichtsdestotrotz liegt aufgrund der außergewöhnlichen Situation, in der E. sich zu Hause befand, keine klare K-idealtypische Ausprägung vor; andererseits kann man auch nicht von einer D-idealtypischen Tendenz sprechen, da die Verhaltensweisen in dieser Phase tatsächlich den K-idealtypischen Kriterien entsprechen.
Diese Phase endete jedoch, als E. wieder nach Hause zog. Die elterliche Kontrolle fand weiterhin statt (die Schlafenszeit wurde bspw. von der Mutter bestimmt) und E. widersetzte sich dem nicht, so daß die Verhaltensweisen eher in Richtung D-idealtypischer Pol zeigen.

2.1.1.2. Aufenthalts- und Wohnbereich

Insgesamt sei E. bereits 24 mal umgezogen, davon 20 mal mit ihren Eltern. Laut des Jugendhilfeberichts von Mai 1994, der vierzehn Umzüge bestätigte, seien berufliche Gründe des Vaters ausschlaggebend gewesen. Dahingegen hieß es im Urteil von Mai 1998, die Umzüge seien jeweils auf Schwierigkeiten mit anderen Hausbewohnern und Vermietern zurückzuführen.
In der 8. Klasse besuchte E. nach ihren Angaben ein dreiviertel Jahr ein Heim, nachdem sie bei einem Diebstahl entdeckt worden und ein paar mal bei einem Jugendpsychologen gewesen sei. Eigentlich habe sie dort bleiben wollen, ihre Eltern hätten jedoch auf ihre Rückkehr nach Hause gedrängt, da sie die Heimkosten nicht tragen hätten wollen (so auch die Ausführungen des Gerichts in seinem Urteil im Mai 1998). Der Bericht der Jugendgerichtshilfe führt hierzu aus, daß E. wegen massiver Erziehungsprobleme in das Heim geschickt und dieses auf eigenes Drängen hin wieder verlassen hätte.

Als sie 1993 ihre erste Lehrstelle nach der Schule begonnen hätte, sei sie mit ihrer Schwester in eine eigene Wohnung gezogen, für die sie auch für die Miete in Höhe von 280 DM aufkommen habe müssen. In dieser Zeit sei es „bergab mit ihr gegangen“, daher habe sie eingesehen, daß es besser sei, wieder nach Hause zu ziehen. Laut Akten wurde die Wohnung von den Eltern angemietet und durch die Mutter nach der Kündigung der Lehrstelle wegen der Diebstähle (s.u. 2.1.1.3.) aufgegeben, da die finanziellen Mittel nicht ausgereicht hätten.
Aus dem Jugendgerichtshilfebericht (Mai 1994) ergab sich, daß zu diesem Zeitpunkt die Familie in der Hausmeisterwohnung gewohnt hat. Mangels Wohnraum und finanzieller Möglichkeiten der Eltern sei E. in einem Abstellkellerraum untergebracht worden. Die Entwicklung der E. sei offenbar im wesentlichen durch die Tatsache geprägt worden, daß die Eltern mit ihr ständig umzogen. Der Auslöser für den Auszug der beiden Schwestern seien damals auch Streitigkeiten mit den Eltern gewesen.

E. gab an, sie habe im August 1994 nach vierwöchiger Bekanntschaft mit ihrem zukünftigen Ehemann eine Wohnung gemietet, aus der sie nach der Trennung von ihm im September 1997 wieder ausgezogen sei. Momentan wohne sie vorübergehend mit ihrem neuen Freund zusammen, der sich gerade eine eigene Wohnung suche. Die kleine, aber gemütliche Dachwohnung macht einen ordentlichen Eindruck. Laut Akten zahlt E. eine monatliche Miete von ca. 750 DM.

Im Bereich des Wohnverhaltens gibt es durchaus K-idealtypische Tendenzen, die sich in den häufigen Umzügen und dem Heimaufenthalt aufgrund von Verhaltensauffälligkeiten manifestieren. Hier zeigt sich bereits eine Loslösung vom Elternhaus, da sie offenbar auf Drängen der Eltern wieder nach Hause zurückzog. Eine soziale Einbindung bestand in der ersten Schulzeit offensichtlich nicht. E. verließ recht früh, nämlich mit 16 Jahren, erstmalig das elterliche Haus und kehrte - wie sich aus den Akten ergibt - gerade nicht freiwillig wieder zurück. Im Sommer 1994, in dem sie nach vierwöchiger Bekanntschaft mit ihrem zukünftigen Ehemann zusammenzog, lag eine Einbindung durch Bekannte oder Beruf nicht vor. Auch die momentanen Wohnverhältnisse beschreibt E. als vorübergehend.
Andererseits ist zu beachten, daß die häufigen Umzüge bis zum Ende der Schulzeit in die Verantwortung der Eltern fielen. Bezüglich des Auszugs 1993 muß des weiteren berücksichtigt werden, daß die Wohnverhältnisse in der elterlichen Wohnung derartig beengt waren, daß für E. nur ein Abstellraum verblieb. Dennoch schien das elterliche Zuhause nicht nur als Schlafstelle gedient zu haben, E. war in gewisser Weise auch im Elternhaus integriert. Zur Zeit ist E. zudem durch ihren Freund, durch Bekannte und durch ihre Arbeitsstelle weitgehend eingebunden. Sie wolle in ein oder zwei Jahren mit ihrem Freund am liebsten in ein kleines Haus ziehen.

Insgesamt ist hier eher eine K-idealtypische Tendenz anzunehmen, ohne daß das Verhalten der E. dem K-idealtypischen Zuschnitt durchweg entspricht.

2.1.1.3. Leistungsbereich

Nach der Grundschule habe E. zwei Jahre die Hauptschule besucht und habe dann auf die Realschule wechseln dürfen, an der sie 1993 die Mittlere Reife abgelegt habe. Sie sei nicht sitzen geblieben und habe auch sonst kein Schuljahr verloren. Wegen der häufigen Umzüge habe sie insgesamt zehn Schulen besucht.

Grundsätzlich sei sie gerne zur Schule gegangen („Das könnte ich heute auch noch machen."). In der 8.Klasse jedoch sei sie in der neuen Schule eine Außenseiterin gewesen („Ob ich hinten oder vorne gesessen habe, jedenfalls saß ich da alleine."). Ohnehin sei es immer schwer gewesen, neue Freunde zu finden, da sie aufgrund der häufigen Umzüge jedesmal von vorne habe beginnen müssen. In der 9. und 10.Klasse habe sie wie alle anderen auch „blaugemacht". Sie sei aber immer eine gute Schülerin gewesen und habe Realschule mit der Note „gut" abgeschlossen. Im Jugendgerichtshilfebericht hieß es, es sei bei den ständigen Schulwechseln und der wenig kontinuierlichen und sehr instabilen Erziehungssituation beachtlich, daß E. die Mittlere Reife mit einem Notendurchschnitt von 2,6 abgeschlossen habe. E. sei durch ihren Klassenlehrer gewissenhafte Pflichterfüllung und lobenswertes Verhalten bescheinigt worden.

Zunächst habe sie 1993 eine Lehre bei der Post angefangen, wozu ihre Mutter sie gedrängt habe, sie selbst habe hierauf überhaupt keine Lust gehabt. Die Hälfte der Zeit habe sie „blaugemacht", was jedoch nicht weiter aufgefallen sei, da man die Arbeit auch am Wochenende habe nachholen können. Nebenher habe sie noch in einem Modegeschäft für 580 DM monatlich „gejobbt". Nach drei Monaten habe sie die Lehre abgebrochen. Laut Akteninhalt kündigte E. selbst nach Bekanntwerden ihrer Diebstähle; danach war sie arbeitslos und besuchte bis September 1994 einen Berufsbildungskurs. Durch Gelegenheitsarbeiten verdiente sie ca. 500 DM im Monat.

E. erklärte, sie habe (laut Akten im September 1994) eine Lehre als Industriemechanikerin begonnen, die sie Anfang 1997 erfolgreich abgeschlossen habe. Diese Tätigkeit habe ihr viel Spaß gemacht. Während ihrer Ausbildung habe sie 600 DM Lehrgeld erhalten zuzüglich 1.200 DM, welche sie beim Bedienen in einer Kneipe nebenher verdient habe. Das Geld sei dennoch knapp gewesen, da sie zeitweise 800 DM Miete aufbringen habe müssen.
Nach Abschluß der Lehre habe der Ausbildungsbetrieb sie übernommen, jedoch nur als Bandarbeiterin. Als sie innerhalb des Betriebs mehrere Diebstähle be-

gangen hätte, habe sie auf Drängen der Betriebsleitung im Oktober 1997 gekündigt. Zu diesem Zeitpunkt verdiente sie ca. 1.900 DM monatlich netto. Für eine Übergangszeit habe sie als Kassiererin in einer Drogerie „gejobbt", bis sie im Januar 1998 eine neue Stelle ebenfalls als Bandarbeiterin in einem Industriekonzern angetreten habe, wo sie seitdem angestellt sei. (In der Strafakte war zusätzlich festgehalten, daß E. die Probezeit erfolgreich absolvierte und mit einer festen Anstellung zu rechnen sei.)
Die Arbeit mache ihr keinen Spaß, sie sei sehr langweilig und habe nichts mit ihrer Ausbildung zu tun. Sie wolle dort kündigen und die Technikerschule besuchen. E. wolle zunächst einmal ihren Führerschein bestehen, Stunden nehme sie bereits. Wichtig sei ihr auch, daß sie ihre finanzielle Situation „in den Griff bekomme"; sie bemühe sich auch mit ihrem Rechtsanwalt zusammen, die Schadenswiedergutmachung voranzutreiben. Sie habe momentan mit ihrem Ehemann zusammen 40.000 DM Schulden (so auch die Angaben in den Akten), die ihr Mann verschuldet habe.

Bezüglich der *schulischen Leistungen* stechen die Diebstähle und das „Schuleschwänzen" als K-idealtypische Verhaltensweisen hervor. Andererseits ist der gute Schulabschluß trotz der widrigen Umstände sowie die positive Beurteilung des Verhaltens zu beachten. E. schien zumindest in den letzten Schuljahren eher eine wenig beachtete Außenseiterin einzunehmen als eine aufsässige Schülerin zu sein.
Während ihrer ersten *Ausbildung* bei der Post 1993 veränderte sich das Verhalten in Richtung des K-idealtypischen Pols. E. mußte die Lehre, an welcher sie kein Interesse zeigte, nach drei Monaten aufgrund ihrer Delinquenz wieder abbrechen. Während der Ausbildungszeit machte sie die Hälfte der Arbeitszeit „blau", was nur deswegen nicht zu Schwierigkeiten mit den Vorgesetzten führte, weil diese Tatsache aufgrund der mangelnden Kontrolle durch den Arbeitgeber nicht auffiel. Der Lehrabbruch wurde durch eine neunmonatige Zeit der Arbeitslosigkeit abgelöst, während derer E. lediglich Gelegenheitstätigkeiten nachging. Die K-idealtypische Ausprägung wird abgefedert durch die nachfolgend offensichtlich erfolgreich abgeschlossene Lehre, die ihr Interesse fand und ohne Unregelmäßigkeiten absolviert wurde.
Das während der zweiten Ausbildung gezeigte Interesse ließ jedoch bei der folgenden *Berufstätigkeit* stark nach. K-idealtypisch ist die aufgrund von Diebstählen am Arbeitsplatz erzwungene Kündigung im Oktober 1997 zu bewerten. Es folgt erneut eine, wenn auch kürzere Phase der Arbeitslosigkeit und Gelegenheitstätigkeiten. Auch an ihrem neuen Arbeitsplatz zeigt E. kein Interesse, da sie ihrer Ansicht nach entgegen ihren Neigungen und Fähigkeiten tätig ist. Positiv und damit der K-idealtypischen Tendenz gegenläufig ist die Tatsache, daß E. die von ihr als unangenehm und langweilig empfundene Arbeit pflichtgemäß erledigt, so daß die Probezeit erfolgreich überstanden wurde.

Hinsichtlich ihres Umgangs mit Geld ist festzuhalten, daß E. Tendenzen zeigt, „von der Hand in den Mund" zu leben. Gewisse Posten wurden offensichtlich bereits in der Schulzeit und während ihrer ersten Ausbildung durch Diebstähle gedeckt. Während ihrer Ehe oblag ihr die Verwaltung des Geldes, welches primär sie verdiente. E. wußte jedoch nicht zu verhindern, daß ihr Ehemann hohe Schulden verursachte. Es fehlen Vorsorgemaßnahmen bspw. durch Sparmaßnahmen, welche sicherlich in den letzten zwei Jahren ihrer Berufstätigkeit denkbar gewesen wären. In letzter Zeit zeigt E. zusehends das Bemühen um Übersicht in finanzieller Hinsicht, wenngleich der Umgang mit Geld eher labil und undurchsichtig bleibt. So erscheint beispielsweise der Besuch der Technikerschule allein aufgrund der fehlenden Finanzierung nicht realistisch.
Insgesamt muß zumindest von dem Ende der Schulzeit an im Leistungsbereich eine K-idealtypische Ausprägung angenommen werden, wenngleich es immer wieder vereinzelte Anzeichen einer Umkehr gab.

2.1.1.4. Freizeitbereich

Während E. noch zu Hause gewohnt habe, habe sie sich in ihrer Freizeit um den Haushalt und die kleinere Schwester gekümmert. Bis zur 9.Klasse habe sie nach der Schule nachmittags und abends vorwiegend ferngesehen, da sie wenig Kontakt zu ihren Mitschülern gehabt habe und ihre Mutter sie immer sehr früh ins Bett geschickt habe. In dieser Zeit beging E. bereits regelmäßig Diebstähle in ihrer Freizeit.

Erste Unternehmungen hätten in der 9. und 10. Klasse stattgefunden (Tanzlokale, Dartspielen), sie hätte auch erfolgreich an Turnieren im Dartspielen teilgenommen. Laut ihren Angaben im Interview habe sie während ihrer Ausbildung nebenher gejobbt, um mehr Geld zur Verfügung zu haben. Als sie die Ausbildung bei der Post begonnen habe, sei sie in eine „Clique" hineingeraten, mit der sie den größten Teil ihrer Zeit verbracht habe. Teilweise zusammen mit den anderen aus dieser Gruppe, der auch ihre Schwester angehört habe, teilweise alleine sei sie auf „Einkaufstouren" gegangen und habe Diebstähle begangen. Zu dieser Zeit - häufig während der Arbeitszeit - sei sie immer spät aufgestanden, in die Stadt gefahren und sei „herumgebummelt", bevor sie dann in Läden ging, um zu klauen.
Nach ihrer Hochzeit habe sie die Zeit wieder alleine zu Hause mit Fernsehschauen verbracht und den Haushalt übernommen. Mit ihrem jetzigen Freund gehe sie häufig in eine Kneipe nebenan zum Dartspielen, es sei denn, sie habe Frühschicht. Ansonsten würden beide gerne Fahrradtouren unternehmen oder spazieren gehen.

Bis zum Schulabschluß weist das Verhalten der E. die Freizeit betreffend eher zum D-idealtypischen Pol, wenn auch nicht in klassischer Weise, da bis zur siebten Klasse eine aktive Freizeitgestaltung praktisch nicht stattfand. Es liegen weder Freizeitaktivitäten mit nicht vorhersehbaren Abläufen vor, noch zeigte E. Engagement bezüglich langfristig angelegter Freizeittätigkeiten. K-idealtypischer Natur ist jedoch die Tendenz, nach der Schule in Lebensmittelläden Diebstähle zu begehen.
Erst in der 9. und 10. Klasse fanden Treffen mit Gleichaltrigen statt, die teilweise in ihrem Ablauf nicht vollständig übersehbar waren bzw. nicht systematisch betrieben wurden; andererseits zeigte E. beim Dartspielen offenbar auch Interesse an leistungsorientierter Freizeitgestaltung. Gleichzeitig weitete sich jedoch der Freizeitbereich insofern auf den Leistungsbereich aus, als E. in dieser Zeit häufiger schwänzte. Allerdings handelte es sich hierbei um vorübergehende Ausprägungen, zumal die Treffen wohl nicht in typischen „Milieugaststätten" stattfanden.
Eindeutig K-idealtypische Verhaltensweisen weist E. zu Beginn ihrer Ausbildung bei der Post auf. Hier kam es zu einem Übergreifen des Freizeit- auf den Leistungsbereich, indem E. sehr viel „blaumachte", lange ausschlief und die übrige Zeit mit ihrer „Clique" in der Stadt verbrachte und Straftaten beging. Hierbei handelte es sich um primär außerhäusige Aktivitäten mit völlig offenen Abläufen, die nicht geplant waren und die mit straffälligen (hier drogenkonsumierenden) Personen durchgeführt wurden.
Das Freizeitverhalten während ihrer Ehe, in der sie die meiste Zeit innerhäusig mit dem Haushalt und Fernsehen verbrachte, entspricht im wesentlichen demjenigen ihrer Schulzeit; allerdings fielen die regelmäßigen Diebstahlstaten weg.
Nach der Trennung von ihrem Ehemann und der Bekanntschaft mit ihrem neuen Freund zeigen sich einige, wenn auch noch keine stabilen D-idealtypischen Tendenzen. Eine Ausweitung des Freizeit- auf den Leistungsbereich findet nicht statt, E. verbringt ihre freie Zeit hauptsächlich mit übersehbaren, bestimmte Grenzen nicht überschreitenden Aktivitäten (Fahrradfahren, Spazierengehen, Besuche bei ihrem kleinen Neffen), wobei sich außerhäusige Treffen auf den sozialen Nahraum beschränken, wie das abendliche Dartspielen in einer benachbarten Kneipe.

2.1.1.5. Kontaktbereich

Zu ihrem Vater habe sie noch Kontakt, der Mißbrauch sei jedoch kein Thema mehr. Mit ihrer Mutter treffe sie sich nur, weil ihr Neffe dort wohnen würde. Man spreche nur über das Kind, über Geld und darüber, wie „falsch" ihre Schwester sei. Mit ihrer Schwester wolle E. nichts mehr zu tun haben, da ihre Schwester mit ihrem Ehemann fremdgegangen sei. Im letzten Urteil von Mai

1998 wurde festgehalten, daß E. immer noch emotional an ihre Eltern gebunden sei. Gleiches bestätigte auch die Leiterin der Selbsthilfegruppe.

Bis zur 9. Klasse hätte sie keine Freunde gehabt, sondern sei immer die Außenseiterin gewesen. Ab dann habe sie Anschluß an vier oder fünf Mitschülerin bekommen, mit denen sie sich abends manchmal getroffen habe. Einen Freund habe sie zur der Zeit nicht gehabt. Im Jugendgerichtshilfebericht wurde festgestellt, daß E. offensichtlich enorme Probleme im Kontaktbereich habe, da sie ihren geschaffenen Freundeskreis stets nach kurzer Zeit wieder hätte aufgeben müssen.

Während ihrer Ausbildung bei der Post habe sie eine Gruppe von Türken kennengelernt, der sie sich zusammen mit ihrer Schwester angeschlossen hätte. Diese „Clique" - hauptsächlich Jungen - habe Drogen genommen, sie selbst jedoch nicht. Man habe viel Zeit zusammen verbracht, indem man auf „Einkaufstouren" gegangen sei und Diebstähle begangen habe, anstatt zu arbeiten. Zu dieser Zeit habe sie zum ersten Mal für sechs Wochen einen Freund gehabt. Wie sich aus den Akten ergab, kannte E. weder Name noch Adresse dieses bei einem Diebstahl auffällig gewordenen Jungen.

Nach Abbruch der Lehre habe sie ihren zweiten Freund kennengelernt, der bei der Bundeswehr gearbeitet hätte und mit dem sie eine sechsmonatige Beziehung geführt habe. Er habe sich von ihr getrennt habe mit der Begründung, „er käme mit ihrer Mutter nicht zurecht."

Während ihrer Ehe hätten praktisch keine Kontakte nach außen bestanden. Ihr jetziger Freund, mit dem sie seit März 1998 zusammen sei, sei bereits 40 Jahre alt, gelernter Möbelschreiner und zur Zeit arbeitslos. Er verbringe viel Zeit mit ihr, sie selbst sei gerade dabei, sich einen neuen Bekanntenkreis aufzubauen. Er wisse über ihre Straftaten und über die Therapie Bescheid, von dem Mißbrauch habe sie ihm jedoch nichts erzählt. Wie die Leiterin der Bewährungshilfegruppe erklärte, handelt es sich hierbei wiederum um eine bereits strafrechtlich auffällige Person.

Die ersten intimen Erfahrungen habe sie mit 16 Jahren nach Abschluß der Schule mit einem Jungen gemacht, mit dem sie vorher sechs Wochen zusammengewesen sei und der sie nach der ersten gemeinsamen Nacht verlassen habe. Während ihrer Ausbildungszeit bei der Post habe sie häufige sexuelle Kontakte mit wechselnden Partnern gehabt, bis sie gemerkt habe, „daß das nichts war." Sie habe sich einen neuen, festen Freund gesucht, bis dieser die Beziehung beendet habe und sie ihren Ehemann kennengelernt habe. Die Intimitäten mit ihrem Mann seien sehr enttäuschend gewesen („Der war eh immer betrunken, und nach fünf Minuten war die Sache vorbei und ich habe ferngeschaut."), ganz im Gegensatz zu ihrem jetzigen Freund. Durch den sexuellen Mißbrauch durch ihren Vater sei sie sehr gehemmt und ein „Spätzünder" gewesen. Auch heute falle es ihr noch schwer, sich zu entspannen.

Bezüglich der *schicksalhaft vorgegebenen Kontakte* war E. bis zum Abschluß der Schulzeit - mit Ausnahme des Heimaufenthaltes - in das Elternhaus integriert und fügte sich den Gegebenheiten. Auf der einen Seite kehrte sie nach dem Heimaufenthalt nur unwillig und nach ihrem ersten Auszug nur aufgrund der auftretenden Schwierigkeiten wieder nach Hause zurück, wobei sie sich bemühte, der Kontrolle der Mutter zu entgehen. Hier sollte man aber die oben bereits angesprochenen ungünstigen Umstände nicht außer acht lassen. D-idealtypische wirkt sich aus, daß der Kontakt zu ihren Eltern zu keinem Zeitpunkt abgebrochen wurde. Während sie ihrem Vater trotz der Geschehnisse immer noch nahe zu stehen scheint, wird die Mutter von ihr wesentlich kritischer beurteilt. Trotz der ablehnenden Haltung ihr gegenüber besteht auch heute noch ein ständiger Kontakt.
Hinsichtlich der *selbstgewählten Kontakte* fällt zunächst auf, daß solche bis zu ihrem Heimaufenthalt praktisch nicht bestehen. Erst durch die - allerdings kurzfristige - Integration im Heim und durch die Bekanntschaften in den letzten beiden Schuljahren fanden Kontakte außerhalb der Familie statt. Ob es sich bei den Mitschülerinnen um tragfähige Bindungen handelte, kann nicht beurteilt werden; jedenfalls liegt keine K-idealtypische Hinwendung zu rein utilitaristischen oder „Milieu"-Kontakten vor.
Solche treten jedoch in der Zeit ihrer ersten Ausbildung auf. Das Einfügen in eine lockere „Clique", deren Mitglieder sowohl Drogen- als auch Eigentumsdelikte begehen, weist deutlich zum K-idealtypischen Pol. Hierbei handelte es sich insbesondere um eine Konstellation, die kurzfristig den Bedürfnissen der E. (statt der langweiligen Arbeit den Tag mit „Herumbummeln" verbringen) entsprach, ohne daß eine Vertrauensbasis oder gar eine länger andauernde Freundschaft entstehen konnten. Gleiches gilt für diese Zeit im Bereich der *sexuellen Kontakte*. Es kam zu sexuellen Kontakten mit häufig wechselnden, beliebig austauschbaren Partnern, bis E. bewußt diese Phase nach einigen Monaten abschloß und sie in dem folgenden Jahr zumindest nach außen hin zwei tragfähigeren Beziehungen ohne Untreue ihrerseits führte. Auffällig im Sinne K-idealtypischen Verhaltens bleibt jedoch die Tatsache, daß es sich bei sämtlichen Bekanntschaften um sozial auffällige und teilweise kriminelle oder einem kriminellen Umfeld nahestehende Personen handelte. Ebenfalls fehlt es während ihrer Ehe an tragfähigen Freundschaften oder einem Bekanntenkreis. In dieser Hinsicht läßt sich seit der Trennung von ihrem Mann eine positive Veränderung erkennen, wiewohl die Beziehung aufgrund des großen Altersunterschieds, der Arbeitslosigkeit und der kriminellen Vorgeschichte des Freundes nicht als eine Umkehr in die D-idealtypische Richtung beurteilt werden kann.
Im Ergebnis neigt das Verhalten somit spätestens seit dem Ende der Schulzeit im Kontaktbereich zum K-idealtypischen Pol, wobei diese Entwicklung innerhalb des letzten Jahres etwas abgeschwächt wird, ohne eindeutig in die Gegenrichtung zu tendieren.

2.1.1.6. Eigene Familie

E. habe ihren Ehemann im Juli 1994 in ihrer Stammkneipe kennengelernt, im August 1994 seien sie zusammengezogen und im April 1995 habe die Hochzeit stattgefunden. Im September 1997 hätten sie sich offiziell getrennt, die Scheidung erwarte E. im Spätsommer 1998.

Ihr Ehemann sei gelernter Installateur. Er habe in drei Jahren sechs Arbeitsstellen aufgrund eigenen Verschuldens verloren habe. Er sei spiel- und alkoholsüchtig gewesen, was sie aber erst nach der Hochzeit festgestellt habe. Er habe jeden Tag sieben bis acht Liter Bier und Schnaps konsumiert. Obwohl sie die Ehe finanziert habe, habe er das Geld für seine Spielsucht ausgegeben, so daß sie nun 40.000 DM Schulden habe.

Beide hätten während ihrer Ehe so gut wie nichts gemeinsam unternommen, ihr Mann sei nur selten zu Hause gewesen. Sie hätten auch keine gemeinsamen Bekannten gehabt. Sie selbst hätte in dieser Zeit zu nichts Lust gehabt und habe die meiste Zeit zu Hause gesessen. Im letzten halben Jahr habe sie sich geweigert, den Haushalt zu führen, für den sie sonst zuständig gewesen sei, weil es ihr „zu bunt wurde". Geschlagen habe ihr Mann sie nicht, sie hätten sich aber sehr häufig gestritten und manchmal habe sie dann auch Angst vor ihm bekommen. Bereits vier Wochen nach der Hochzeit habe er sie bereits betrogen, u.a. auch mit ihrer eigenen Schwester.

Sie habe ihren Mann geheiratet, um „jemanden ganz für sich alleine zu haben", obwohl sie sich hätte denken können, daß er ein „Blender" ist. Schon kurz nach der Hochzeit hätten sie sich nicht mehr verstanden und sie habe eine immer größer werdende Abneigung und Gereiztheit gespürt, obwohl sie auf der anderen Seite auch hoffte, daß er bei ihr bleiben würde. Nach Abschluß ihrer Lehre sei es erneut zu einem heftigen Streit gekommen, wonach sie sich im September 1997 endgültig getrennt hätten. Sie sei dann aus der Wohnung ausgezogen; die Einrichtung habe sie fast komplett ihrem Mann überlassen. Seit der Trennung habe sie nichts mehr von ihm gehört und sie rechne mit der Scheidung im Spätsommer.

In den letzten Urteilen 1998 hieß es, E. hätte sich aufgrund der schwierigen Entwicklungsverhältnisse - offenbar unüberlegt - in eine Ehe geflüchtet. Während das Verhältnis vor der Ehe problemlos gewesen sei, hätte es sich nach der Heirat rapide verschlechtert. Der Ehemann habe sich als brutal und anderen Frauen zugewandt erwiesen. Grund für die Trennung seien der zunehmende Alkoholkonsum des Mannes und seine Unlust, sich eine neue Arbeitsstelle zu suchen, gewesen.

Die eigene familiäre Situation durch ihre Eheschließung im April 1995 ist deutlich dem K-idealtypischen Pol zuzuordnen. Zwar zeigte E. die Bereitschaft, eine Ehe einzugehen, jedoch erfolgte dies im Alter von 18 Jahren, nachdem sie ihren Ehemann neun Monate zuvor kennengelernt hatte und dieser ihr bereits zwei Monate später einen Heiratsantrag machte. In diesem Zusammenhang ist von Bedeutung, daß E. seit jeher unter dem Alleinsein litt und die vorherige, aus ihrer Sicht vielversprechende Beziehung von ihrem damaligen Partner aufgelöst wurde. Bei ihrem Ehemann handelt es sich um eine sozial auffällige Person, der durch sein Leistungsverhalten, nämlich häufigen Arbeitsplatzwechsel und Arbeitslosigkeit, keine Absicherung mit in die Ehe einbrachte. E. selbst hatte ebenfalls noch keine abgeschlossene Lehre, mußte dennoch für das finanzielle Auskommen beider Eheleute sorgen. Gemeinsamkeiten bestanden zwischen beiden Partnern kaum, jeder ging seinen eigenen Weg; ebensowenig wurde ein neuer (gemeinsamer) Bekanntenkreis geschaffen. Zu beachten ist hierbei, daß E. sich - wie zuvor - um den Haushalt kümmerte und ihre Zeit weitestgehend zu Hause verbrachte, während sich die negativen Verhaltensweisen ihres Ehemannes nach der Hochzeit noch verstärkten, indem er Schulden machte, Alkoholmißbrauch betrieb und außereheliche Sexualkontakte hatte. Bereits wenige Wochen nach der Eheschließung kam es zu heftigen und regelmäßigen Auseinandersetzungen, bis E. sich nach zweieinhalb Jahren zur Trennung entschloß.

2.1.1.7. Alkohol- und Drogenkonsum

E. erklärte, sie trinke nicht viel, höchstens einmal ein Glas Wein, mehr vertrage sie ohnehin nicht. Im Alter von 13 bis 16 Jahren habe sie 10 Zigaretten täglich geraucht, habe dann aber aufgehört, weil es ihr zu teuer geworden sei. Andere Drogen nehme und habe sie nicht genommen, auch keine Tabletten.

2.1.1.8. Körperliche und psychische Verfassung/Therapie

Körperliche Beschwerden habe sie nie gehabt.
In der 8. Klasse, habe sie unter starken Eßanfällen gelitten, welche in weniger ausgeprägter Form schon vorher bestanden hätten. Sie habe in drei Monaten 50 kg zugenommen. Solche Anfälle kämen auch heute auch dann noch vor, wenn sie alleine zu Hause sei, allerdings seltener und weniger intensiv. E. ist heute noch übergewichtig. Sie wirkt etwas ungepflegt und erweckt den Eindruck, sich wenig um ihr Äußeres zu kümmern. Im Gespräch erscheint sie sehr freundlich und offen.

Während ihrer Lehre bei der Post beschreibt sie sich als depressiv. Sie habe drei nicht ernst gemeinte Selbstmordversuche unternommen, indem sie harmlose

Tabletten aus der Hausapotheke geschluckt habe. Hiervon habe jedoch keiner etwas mitbekommen. Momentan sei sie zufrieden, fühle sich allerdings alleine immer noch sehr unwohl.
Mit Psychologen sei zu zum ersten Mal konfrontiert worden, als die in der 7. Klasse bei einem Diebstahl erwischt worden sei und man sie zu einem Jugendpsychologen geschickt habe. An der Behandlung hätten auch ihre Eltern teilnehmen sollen, nach vier Sitzungen habe man das Vorhaben jedoch abgebrochen, da die Eltern sich dagegen gesperrt hätten. Sie sei dann neun Monate in einem Heim untergebracht gewesen, was ihr sehr gut gefallen habe, weil man dort „wie eine große Familie" zusammengelebt habe. Danach habe zunächst keine psychologische Betreuung mehr stattgefunden.

Aus Anlaß ihrer letzten Diebstahlsverhandlung im März 1998 habe ihr Anwalt sie auf die Bewährungshilfegruppe hingewiesen, die sie seitdem vierzehntäglich besuche. Diese Gruppe bringe ihr sehr viel, sie werde dort nicht verurteilt . Obwohl man auch kritisiert werde, herrsche eine freundliche Stimmung. Nachdem sie jahrelang mit niemandem über ihre Probleme, insbesondere den Mißbrauch geredet hätte, seien die Gespräche eine große Erleichterung. Gleichzeitig wolle sie aber auch - wie vom Gericht angeordnet - eine ambulante Einzeltherapie beginnen. Sie wisse, daß sie zusätzlich eine Einzeltherapie benötige und wolle diese, so schnell es ginge, beginnen, um „endlich Verantwortung zu übernehmen und nicht alles auf die Eltern abzuschieben." Mittlerweile würde sie die Therapien auch besuchen, wenn das Gericht dies nicht angeordnet hätte.

Im Jugendgerichtshilfebericht und in den folgenden Urteilen heißt es, E. sei freundlich und aufgeschlossen und vordergründig auch einsichtig, dürfte jedoch noch recht labil und beeinflußbar sein.

2.1.2. Delinquenzbereich

2.1.2.1. Frühere Straftaten, Verurteilungen und Strafverbüßungen

Zu ihrer Delinquenz machte E. folgende *Angaben*:
Den ersten Diebstahl, an den sich E. erinnern könne, habe sie in der ersten Klasse begangen. Damals habe sie in einem Lebensmittelladen die Taschen voller Süßigkeiten gehabt, es wäre „ein Wunder" gewesen, wenn sie nicht entdeckt worden wäre.

Von der ersten bis zur siebten Klasse habe sie regelmäßig gestohlen, ohne auffällig zu werden. Die Diebstähle hätten während sog. „Einkaufstouren" stattgefunden, teilweise täglich. Einen besonderen Anlaß habe es nicht gegeben, sie sei das Stehlen von ihrer Mutter gewohnt gewesen. Meist sei sie durch die Stadt gebummelt und dann - ohne Vorsatz - in einen Laden gegangen. Im Geschäft sei ihr dann die Idee gekommen („Hoppla, das nehme ich mit."), und sie habe die Sache, meistens Süßigkeiten, eingesteckt. Die Diebstähle seien also nicht geplant gewesen, sondern eher zur Gewohnheit geworden. Allerdings hätten die Einkaufstouren in den Zeiten, in denen der Mißbrauch durch den Vater besonders intensiv gewesen sei, zugenommen, also in der Grundschule und in der 7. Klasse. Auch habe sie nach jedem Umzug anfangs etwas weniger gestohlen, da sie immer die Hoffnung gehabt habe, neue Freunde zu finden. Nachdem sich dieser Wunsch regelmäßig nicht erfüllt habe, hätte sie wieder mehr Diebstähle begangen. Je häufiger sie umgezogen sei, desto resignierter sei sie von Anfang an gewesen und desto mehr Taten habe sie gleich zu Beginn verübt. Sie erklärt, sie habe Diebstähle begangen, um Freunde zu gewinnen; habe das nicht funktioniert, habe sie als Ausgleich und zur Ablenkung weiter gestohlen. Sie sei vor den Taten weniger gereizt oder wütend, sondern eher selbstmitleidig gewesen. Häufig habe sie das Gefühl gehabt, keine Freunde zu haben, und ihre Mutter habe diesen Eindruck noch verstärkt, indem sie ihr immer wieder versichert habe, daß „E. ohnehin niemand braucht."

Im Laden habe sie sich gar nicht mehr nach einer Verkäuferin oder einem Detektiv umgesehen („Das wäre schon zu auffällig."). Während der Tat sei sie nicht nervös, die Anspannung habe erst eingesetzt, wenn sie den Laden verlassen hätte. Dann hätte sie so gezittert, daß sie sich habe setzen müssen, um nicht in Ohnmacht zu fallen. Wenn die Nervosität nachgelassen habe, hätte sie in der Hälfte der Fälle ein Glücksgefühl verspürt, sonst hätte sie jedoch ein schlechtes Gewissen gehabt. Allerdings sei dies nie so stark gewesen, daß sie die Sachen zurückgebracht habe oder sich gestellt habe. Sie habe das Gefühl gehabt, „daß ja keiner richtig geschädigt wird."

Zum zweiten Mal sei sie 1990 in der 7. Klasse entdeckt worden, als sie die Geldbörse ihrer Lehrerin mit 400 DM wegnahm. Dies sei ihr erster größerer Diebstahl gewesen. Von dem Geld habe sie Weihnachtsgeschenke gekauft (z.B. Gesellschaftsspiele, obwohl bei ihnen zu Hause nie gespielt worden sei). Nachdem die Tat entdeckt worden sei, sei sie mit ihren Eltern zu dem Jugendpsychologen geschickt worden und habe in der 8. Klasse neun Monate in dem Heim verbracht.

Während ihres Heimaufenthaltes habe sie lediglich ein oder zwei mal „mutprobenmäßig" gestohlen. Auch während der sich daran anschließenden Zeit in der neuen Schule seien keine Diebstähle vorgekommen, an deren Stelle seien massive Eßanfälle getreten. In der 9. und 10. Klasse habe sie von ihrer Mutter manchmal Geld genommen.

Während ihrer dreimonatigen Ausbildung bei der Post hätten die Diebstähle wieder begonnen. Sie habe teilweise alleine, teilweise mit ihrer Schwester und häufig mit der neuen „Clique“ gestohlen. Sie habe in dieser Zeit viel „blaugemacht“, lange ausgeschlafen, bis ihre Mutter sie per Telefon geweckt und sie regelmäßig ausgeschimpft habe. Sie sei dann schon schlecht gelaunt in die Stadt gefahren und sei in der Stadt herumgebummelt, bis sie in die Läden gegangen sei. Meistens hätte sie sich vorher über irgend etwas schrecklich geärgert („Den Bus verpaßt und dann hat der Freund gerade Schluß gemacht oder so ähnlich.“). Sie habe in dieser Zeit finanzielle Schwierigkeiten gehabt, da sie nicht mehr zu Hause gewohnt habe und ihre Mutter sie nicht unterstützt habe. Insgesamt sei es ihr sehr schlecht gegangen: Die Arbeit habe keinen Spaß gemacht, sie habe - trotz der „Clique“- viel alleine zu Hause gesessen und sei richtig depressiv gewesen. In dieser Zeit habe sie das Leben nehmen wollen.
Sie habe in dieser Zeit fast täglich und alles mögliche gestohlen: Lebensmittel, Kleidung, Schmuck und Fahrräder. Teilweise habe sie die Sachen selbst verbraucht und getragen, den Rest habe sie verschenkt oder weggeschmissen. Mit vielen Dingen habe sie nichts anfangen können, da die Kleider zum Teil nicht ihrer Kleidergröße entsprochen hätten oder ihr gar nicht gefallen hätten, wie z.B. Goldschmuck. Ein schlechtes Gewissen habe sie nicht gehabt. Ihre Eltern hätten von den Diebstählen gewußt, ebenso ihre Schwester, die selbst auch gestohlen hätte. Sie sei in dieser Zeit zweimal entdeckt worden. Das erste Mal habe sie eine Verwarnung durch den Staatsanwalt erhalten, sie habe jedoch weiter gestohlen. Beim nächsten Mal sei sie zur einer Bewährungsstrafe von zehn oder zwölf Monaten wegen 18 nachweisbarer Diebstähle verurteilt worden.
An sonstigen Straftaten gab E. an, einmal wegen Fahren ohne Führerscheins ein Bußgeld gezahlt zu haben.

Aus den *Akten* ergab sich folgendes Bild, welches sich hinsichtlich der Tatsachen im wesentlichen mit den Aussagen der E. deckt:
Das erste Verfahren wegen Diebstahls (Kugelschreiber und Zigaretten) wurde im Oktober 1993 gegen E. und ihre Schwester wurde nach einer Ermahnung gem. § 45 Abs. II JGG eingestellt.

Im Zeitraum von Mai/Juni bis Dezember 1993 wurden E. 18 Diebstähle (Fahrräder und Textilien im Wert von insgesamt ca. 7.000 DM) nachgewiesen. Bei der letzten Tat im Dezember wurde E. überführt, als sie ein gestohlenes Fahrrad abholen wollte. Sie hatte gleichzeitig Tüten mit gestohlenen Kleidungsstücken mit. Die Ladendiebstähle leugnete E. zunächst, in folgenden Vernehmungen legte E. ein umfassendes Geständnis ab. Hinsichtlich der Fahrräder erklärte sie, daß sie sich sehr gut auskenne und den Wert der Räder in etwa habe abschätzen können (teilweise bis 3.000 DM).

Zu einem ebenfalls angeklagten Betrug erklärte E., daß ein Eigentümer sie mit seinem Fahrrad entdeckt habe, woraufhin sie ihm erzählte, sie habe das Rad auf dem Flohmarkt für 200 DM gekauft. Der Eigentümer habe im Beisein der (mitangeklagten) Eltern der E. 100 DM gegeben, da „sie ja auch geschädigt sei." Ihre Eltern hätten gewußt, daß das Fahrrad von E. gestohlen worden sei.
Laut Jugendgerichtshilfebericht sei E. positiv zu beeinflussen und sei wohl gewillt, in Zukunft mit der Bewährungshilfe zusammenzuarbeiten. Die Diebstähle dürften eine Ersatzbefriedigung für die fehlende häusliche Zuwendung und die mangelnde Stabilität aufgrund der ständig erzwungenen Ortswechsel sein. E. wurde zu einer Jugendstrafe auf zwei Jahre Bewährung mit der Weisung sechzig Stunden gemeinnütziger Arbeit verurteilt.

Das nächste Ermittlungsverfahren wurde im Juli 1994 eingeleitet, als E. mit einem gestohlenen Fahrrad im Beisein ihres damaligen Freundes entdeckt wurde. Sie wurde mangels Tatnachweises freigesprochen.

Im Juli 1995 entwendete E. eine Sonnenbrille im Wert von 20 DM. Sie gestand den Diebstahl erst in der Hauptverhandlung. In das Urteil wurden die Ergebnisse des Jugendgerichtshilfeberichts einbezogen, welche denjenigen des Berichts von April 1994 entsprachen. Das letzte Urteil von Mai 1994 wurde aus erzieherischen Gründen nicht einbezogen (§ 31 Abs. 3 JGG). Es wurden drei Wochen Dauerarrest angeordnet.
E. sagte im Interview, in der Zwischenzeit keine Diebstähle begangen zu haben. Nach ihrer Hochzeit habe sie im Sommer 1995 erneut eine Sonnenbrille geklaut. Sie habe zwei bis drei Tage vorher erfahren, daß ihr Ehemann sie betrüge. Sie habe - anders als bei den anderen Taten - danach und bei der Entdeckung kein Glücksgefühl empfunden („Ich fühlte mich so leer.") Zum ersten Mal habe sie ein wirklich schlechtes Gewissen gehabt.

2.1.2.2. Letzte Taten

Letztmalig wurde E. im Zeitraum von Juli bis September 1997 wegen Diebstählen an ihrem damaligen Arbeitsplatz (ihrem ehemaligen Ausbildungsbetrieb) auffällig, an dem sie aus teilweise unverschlossenen Spinds Bargeld, Bankkarten, Wertmarken und eine Jacke von Arbeitskollegen entwendete. Die Jacke trug sie - „dummerweise", wie sie erklärte - am Arbeitsplatz, worauf man auf die Diebstähle aufmerksam wurde. E. gab im Interview zusätzlich an, sie habe in dieser Zeit finanzielle Schwierigkeiten gehabt, da ihr die Mietrückstände etc. „über den Kopf gewachsen" seien. Einen Zusammenhang mit der im September 1997 erfolgten Trennung von ihrem Ehemann sehe sie nicht. Sie habe in dem Betrieb kündigen müssen.

Erstinstanzlich wurde E. im März zu einer Jugendstrafe von acht Monaten ohne Bewährung verurteilt. Eine Aussetzung zur Bewährung wurde wegen der ungünstigen Sozialprognose verneint. Im Mai 1998 wurde die Strafe in der Berufungsverhandlung zur Bewährung ausgesetzt; gleichzeitig erging die Weisung, die Gruppentherapie fortzusetzen und sich einer ambulanten psychotherapeutischen Behandlung zu unterziehen, sowie die Auflage der Schadenswiedergutmachung. Um die Schadenswiedergutmachung bemühe sie sich im Moment, ebenso gehe sie regelmäßig in die Gruppentherapie und wolle auch die Einzeltherapie so schnell als möglich beginnen. Im Urteil hieß es, hinsichtlich der Diebstähle sei zu berücksichtigen, daß es sich nicht um eine psychische Zwangshandlung handele, sondern, wie von E. zugegeben, um Diebstähle, die den täglichen Lebensunterhalt in der angespannten finanziellen Situation der E. sichern sollten. Die Strafe könne zur Bewährung ausgesetzt werden, da E. den - u.a. aus der notwendigen Teilnahme an der Selbsthilfegruppe erkennbaren - Willen zeige, ihr Leben nunmehr selbst in die Hand zu nehmen.

2.1.2.3. Analyse des Delinquenzbereichs

Bei der Beurteilung der *„deliktischen Handlungen“ im Kindesalter* gewinnt die Tatsache bedeutendes Gewicht, daß E. *durchgängig* von der ersten bis zur siebten Klasse Diebstähle begangen hat. Zwar handelte es sich bei den Handlungen „nur“ um die einfache Wegnahme von geringwertigen Sachen (Süßigkeiten), die im Kindesalter auch völlig belanglos sein kann. Die Regelmäßigkeit und Häufigkeit der Taten läßt jedoch einen anderen Schluß zu: Das Verhalten der E. zeigt bereits im Kindesalter eine zunehmende Verfestigung krimineller Verhaltensweisen.

Die Mutter der E. fungierte bereits als Vorbild für ihre Töchter, die ihre Verhaltensweisen, wie für Kinder naheliegend, übernahmen. Eine konkrete Planung (Vorbereitungsmaßnahmen, alternative Vorgehensweisen o.ä.) fand nicht statt, ebenso wurden die Vor- und Nachteile von z.B. gemeinschaftlichem Handeln nicht gegeneinander abgewogen. Allerdings war die Tatbegehung selbst wohlüberlegt (so die Erkenntnis, daß zu auffälliges „Sich Umschauen“ zur Entdeckung führen kann). Gegen eine einfältige Begehungsweise spricht auch die Tatsache, daß E. in sieben Jahren lediglich zweimal entdeckt wurde. Angesichts der Häufigkeit der „Diebstähle“ kann auch nicht davon ausgegangen werden, daß E. in die Tat „hineinstolpert“, wenngleich die günstigen und verführerischen Gelegenheiten in einem Warenhaus mitursächlich gewesen sein werden. Auch fehlen Merkmale wie das kopflose Flüchten von Tatort oder das nutzlose Liegenlassen oder Horten der Beute.

Eine Steigerung zeigt sich in dem in der siebten Klasse begangenen ersten größeren „Diebstahl“ von 400 DM, von dem E. Weihnachtsgeschenke erwarb.
Die Taten waren eingebettet in eine Lebenssituation, in der E. sich als „selbstmitleidig“ beschreibt. Mangelnde Anerkennung durch Gleichaltrige und die belastende Situation im Elternhaus ließen sie zur „Ablenkung“ und zum „Ausgleich“ deliktische Handlungen begehen.

Eine gewisse Entspannung läßt sich in den folgenden Jahren der Schulzeit feststellen: Während der Heimunterbringung und der letzten beiden Schuljahre fanden Diebstähle nur sehr selten und teilweise im sozialen Nahraum statt. In diesem Kontext ist jedoch zu bedenken, daß allein die Tatsache der geringeren Häufigkeit die Zielstrebigkeit nicht ausschließt, da es praktisch keine diebstahlsfreien Phasen gab.

Während sich in den folgenden Jahren der Schulzeit eine gewisse Entspannung feststellen läßt, trat eine erneute Verfestigung verbunden mit erhöhter Zielstrebigkeit nach der Beendigung der Schule auf, als E. ganz massiv Eigentumsdelikte beging. Hier mag teilweise die wechselseitige Stimulanz innerhalb der Gruppe eine Rolle gespielt haben. Andererseits fanden die Diebstähle fast täglich statt; ein Bewußtsein, daß bei einem Stadtbesuch auch Delikte begangen werden würden, mußte bei E. bestanden haben. Zumindest bei einigen Taten kam es zum Tatentschluß aufgrund nüchternen Abwägens (so z.B. durch die Werteinschätzung der Fahrräder), ebenso kann von einer Tatplanung unter Abschätzen des Risikos ausgegangen werden. Auch scheute E. nicht, durch Ausreden die Tat zu verdecken (so bei dem Betrug) oder zu leugnen. Die Angabe, Sachen gestohlen zu haben, die sie nicht habe brauchen können, erscheint dahingegen eher unglaubwürdig. Vielmehr ist es bei der Menge der entwendeten Waren nicht unwahrscheinlich, daß das eine oder andere Objekt zufällig für E. keinen Nutzen hatte.
Die Taten wurden in einer Lebenssituation begangen, in der bei E. eine Mischung aus Langeweile und Unzufriedenheit vorherrschte; alltägliche Ärgernisse oder zwischenmenschliche Konfliktsituationen verstärkten diese Stimmung noch, so daß der Weg in die Stadt und die damit verbundenen „Einkaufstouren“ das naheliegendste erschien.

Das vorletzte Delikt, der Diebstahl der Sonnenbrille 1995, reiht sich nicht ohne weiteres in die bisherigen Taten ein. Es ging eine eineinhalbjährige Diebstahlspause voran, eine Tatplanung ist nicht ersichtlich, auch nicht das Bewußtsein, daß es möglicherweise zu einem Diebstahl kommen werde. Die Tat wurde weit weniger überlegt durchgeführt (so kam es direkt zu einer Entdeckung) als die vorherigen. Auch die Reaktion der E. (ein Gefühl der Leere und des nachher einsetzenden schlechten Gewissens) unterscheidet sich von anderen Diebstählen, die häufig von Glücksgefühlen begleitet waren. Der Diebstahl geschah zwei oder drei Tage, nachdem sie erfahren hatte, daß ihr Ehemann außereheliche Beziehungen hatte.

Die letzten Delikte innerhalb des Betriebs fanden ebenfalls nach einer eineinhalbjährigen deliktsfreien Zeit statt. Sie weisen - im Gegensatz zu dem oben beschriebenen Diebstahl - eine größere Zielstrebigkeit dahingehend auf, daß E. erstmalig Bargeld entwendete, um ihre finanzielle Situation aufzubessern. Hinsichtlich des Tatverhaltens ist zwar die „günstige Gelegenheit" durch die offenstehenden Schränke und die Naivität, die gestohlene Arbeitsjacke im Betrieb zu tragen, zu beachten, andererseits sucht E. nun nicht mehr die Anonymität, sondern stiehlt am Arbeitsplatz. Hier weist die mehrmalige Begehung innerhalb kurzer Zeit auf eine erneute „Diebstahlsphase" hin. Wäre es nicht zu einer Entdeckung und Sanktionierung gekommen, erschiene eine weitere Verfestigung wahrscheinlich.

2.2. Analyse des Lebensquerschnitts

(Als Querschnittintervall wird im folgenden der Zeitraum unmittelbar vor den letzten Straftaten von Juli bis September 1997 zugrunde gelegt.)

2.2.1. K-Kriterien

Eine eindeutige *Vernachlässigung des Arbeits- und Leistungsbereichs* kann im Querschnittintervall nicht festgestellt werden. E. ging einer geregelten Arbeit nach. Von den Diebstahlstaten vorgelagerten Pflichtverletzungen wie „Blaumachen" oder „Krankfeiern" ist nichts bekannt, zu beachten ist hierbei jedoch die kurze Dauer der Berufstätigkeit. Rückblickend kann dieses Kriterium recht eindeutig während ihrer ersten Ausbildung bei der Post festgestellt werden, ansonsten fehlt es. Die *Vernachlässigung sozialer und familiärer Pflichten* besteht insoweit, als sich E. im letzten halben Jahr vor der Trennung, also etwa ab März 1997 weigerte, den Haushalt zu führen. Im Rückblick, insbesondere im Querschnittintervall der vorletzten Tat (dem Diebstahl der Sonnenbrille) finden sich keine eindeutigen Hinweise auf eine derartige Vernachlässigung. Insgesamt ist daher das Vorliegen des Kriteriums- trotz einiger Punkte, die für eine Annahme sprechen - insgesamt abzulehnen.
Zutreffender, wenn auch hier nicht eindeutig zuzuordnen, ist das K-Kriterium des *fehlenden Verhältnisses zu Geld und Eigentum.* Zwar kann nicht die Rede davon sein, daß E. ihr „Geld verschwendete" und für den eigenen Bedarf (z.B. für außerhäusige Aktivitäten, Alkoholkonsum, Taxifahrten o.ä.) ausgab. Allerdings befand sie sich in einer äußert prekären finanziellen Situation. Eine Vorsorge oder Planung in finanzieller Hinsicht (bspw. durch Sparbücher oder das

Auflösen des gemeinsamen Kontos) fand nicht statt. Ein sorgloser Umgang mit ihrem Eigentum kann insoweit bestätigt werden, als E. sich um den Haushalt nicht mehr kümmerte. Im Rückblick ist ein ähnliches Verhalten zumindest nach Beendigung der Schule zu beobachten.
Von einem *unstrukturierten Freizeitverhalten* kann bei E., die ihre Freizeit hauptsächlich innerhäusig (mit Fernsehen) verbrachte, nicht gesprochen werden. Dieses Kriterium kann rückblickend recht eindeutig und praktisch ausschließlich in den drei Monaten nach ihrem Schulabschluß bejaht werden, als E. während ihrer Arbeitszeit den Tag mit „Herumschlendern" und „Einkaufstouren" verbrachte.

Eine *fehlende Lebensplanung* kann in einigen Punkten insofern bestätigt werden, als E. sowohl in beruflicher als auch in privater Hinsicht trotz ihrer Unzufriedenheit keine Initiative zeigte, etwas zu ändern. Die unvorbereitete Eheschließung ohne ausreichende Absicherung spricht ebenfalls für das Vorliegen des Kriteriums. Insgesamt macht E. den Eindruck, keine realistischen, d.h. in ihrer Situation durchsetzbaren Vorstellungen zu haben. Für Wünsche wie beispielsweise der Besuch der Technikerschule oder ein eigenes Heim fehlt es an einer langfristig angelegten Planung. E. lebt vielmehr „im Augenblick", wenngleich sich die Situation *nach* den letzten Taten durchaus geändert hat.
Ein *inadäquates Anspruchsniveau* läßt sich nicht eindeutig bejahen. Es gibt keine Hinweise auf ein besonderes Bestreben nach materiellen Annehmlichkeiten oder nach einem hohen Lebensstandard, die weit außerhalb der bestehenden Verhältnisse stehen, da für E. im Querschnittsintervall im Vordergrund stand, das Geld für das Allernotwendigste aufzubringen. Rückblickend kommt ein inadäquates Anspruchsniveau unter dem Gesichtspunkt der Art der Diebstähle in Betracht (Fahren von teuren Fahrrädern).
Mangelnde Realitätskontrolle ist der E. insofern zuzuschreiben, als sie Wünsche und Vorstellungen hat, die sich nicht oder nur schwer realisieren lassen (wie beispielsweise die Technikerschule). In persönlicher Hinsicht legte E. ihre Ehe betreffend die Einstellung an den Tag, „es werde schon gutgehen, er werde sich schon ändern." Ein ähnliches Verhalten, wenn auch weniger eindeutig kann auch in ihrer jetzigen Beziehung festgestellt werden, indem E. offenkundige Schwierigkeiten (wie beispielsweise den Altersunterschied und die bestehende Arbeitslosigkeit ihres Freundes) nicht erkennt oder diese beiseite schiebt.
Die *Forderung nach Ungebundenheit* kann hier verneint werden, da E. eher zum gegenteiligen Verhalten tendiert. Im Rückblick war die Eheschließung Ausdruck des Wunsches nach Gebundenheit, ebenfalls die vorangehende Beziehung zu ihrem ersten festen Freund. Einzig während der Ausbildung bei der Post mag dieses Kriterium, allerdings nur für drei Monate, in Betracht kommen (Auszug von zu Hause, häufig wechselnde Partner).
Ein unkontrollierter, übermäßiger Alkoholkonsum liegt nicht vor.

2.2.2. D-Kriterien

Von den D-Kriterien ist zum fraglichen Zeitpunkt keines eindeutig zu bejahen.

Während für E. früher beispielsweise die Erledigung des Haushalts „selbstverständlich war“, erfüllte sie diese Tätigkeit im letzten Jahr aus den oben genannten Gründen nicht mehr.
Auch eine *Gebundenheit an eine geordnete Häuslichkeit* ist nicht gegeben. Zwar verbrachte E. viel Zeit in der gemeinsamen Wohnung, von einem „Zusammensein“ mit ihrem Ehemann kann jedoch gesprochen werden, da dieser sich meist außerhäusig aufhielt.
Ebensowenig liegt das Kriterium *Arbeitseinsatz und Befriedigung bei der Berufstätigkeit* vor. E. sah ihre Tätigkeit nicht als ein Mittel zur Selbstverwirklichung, vielmehr fehlte ihr das Interesse an der von ihr als langweilig beschriebenen Tätigkeit.
Auch eine *produktive Freizeitgestaltung* muß verneint werden, es handelte sich eher um ein passives Verstreichenlassen der Freizeit statt um eine langfristig angelegte oder gar leistungsorientierte Freizeitgestaltung.
Die *tragenden menschlichen Bindungen* bestanden im Querschnittintervall nicht mehr, vielmehr stand eine Trennung kurz bevor. Dieses Kriterium mag jedoch zu Beginn der Eheschließung in Bezug auf ihren Ehemann, der eine Vertrauensstellung innehatte und für den sich E. verantwortlich fühlte, zu bejahen sein. In diesem Zusammenhang kann der Vertrauensverlust durch die eheliche Untreue im Querschnittintervall wenige Tage vor dem vorletzten Diebstahl eine Rolle spielen. Rückblickend können tragende Bindungen im familiären Bereich (durch den Vater) und in der der Ehe vorangehenden Beziehung mit Einschränkungen bejaht werden.
Eine *hohe Belastbarkeit* im Sinne der aktiven Bewältigung und Verarbeitung von Benachteiligungen und Schicksalsschlägen kann weder zum Zeitpunkt vor den letzten Taten noch in der Rückblende eindeutig bejaht werden. Eher kann von einer „Flucht in die Ehe“ gesprochen werden.

2.3. Relevanzbezüge und Wertorientierung

2.3.1. Relevanzbezüge

In den letzten Jahren (und bereits während der Schulzeit) lassen sich für E. in persönlicher Hinsicht Relevanzbezüge herausschälen, die insbesondere mit Anerkennung und der Bindung an einen anderen Menschen in Zusammenhang stehen. Bereits in der Schulzeit ist ihr eigentlich der Kontakt zu Mitschülern ein Anliegen, ohne daß sie ihn verwirklichen kann, während auf der anderen Seite - auch heute noch - das Alleinsein zu Unzufriedenheit und damit nicht selten zu deliktischen Handlungen oder Eßstörungen führt. Die aus ihrer Sicht zukunftsorientierte Beziehung zu ihrem ersten Freund und die nachfolgend geschlossene Ehe, „um jemanden für sich alleine zu haben", weisen ebenfalls in diese Richtung. Das Bestreben nach Anerkennung wird insbesondere in der Phase nach Abschluß der Schule deutlich, in der das Zusammengehörigkeitsgefühl innerhalb der „Clique" zumindest kurzfristig das Bedürfnis nach Kontakten befriedigte.

2.3.2. Wertorientierung

Hinsichtlich ihrer Wertorientierung kann insofern von einem „äußerlichen" Wertgefüge gesprochen werden, als sie den Aufbau einer tragfähigen Beziehung als wünschenswert und die Berufstätigkeit zumindest als notwendig betrachtet, wenn auch reelles Verhalten und die Umstände hiervon abweichen. Es besteht die Wunschvorstellung, ein geordnetes, „normales" Leben zu führen (so erklärt E. auf die Frage nach drei Wünschen: „Haus, Hof und Kind, ganz klassisch."), wobei hier das Elternhaus (insbesondere ihre Mutter) keine größere Rolle mehr spielen soll. Neben der mangelnden Durchformung des Handelns anhand dieser Vorsätze, welche hierdurch nur wenig gefestigt und eher als Wunschdenken erscheinen, ist bei E. offensichtlich ein geringes Unrechtsbewußtsein vorhanden, so daß die Delinquenz fast als etwas das Alltagsleben mal mehr oder weniger Begleitendes erscheint. Zumindest wurde E. offenbar durch das Elternhaus in dieser Hinsicht keine Prinzipienfestigkeit vermittelt.

3. Kriminologische Diagnose

3.1. Die Bezugskriterien der Kriminologischen Trias

Die Kategorien der *Kriminalität bei sonstiger sozialer Unauffälligkeit* sowie der *kriminelle Übersprung* scheiden bereits bei der Längsschnittbetrachtung aus. In mehreren Lebensbereichen zeigt E. eindeutig K-idealtypische Verhaltenssequenzen, die gerade eine soziale Auffälligkeit bestätigen, so daß eine Differenz oder gar ein „Bruch" zur sonstigen Lebensführung nicht gegeben sind.
Eine Entwicklung im Sinne einer *Kriminalität im Rahmen der Persönlichkeitsreifung* ist bei E. nicht ersichtlich. Zwar läßt sich während ihrer Ausbildung bei der Post 1993 eine besonders intensive und möglicherweise auch „entwicklungsspezifische" K-idealtypische Verdichtung feststellen, die auch den Freizeitbereich umfaßt. Die Auffälligkeiten erstrecken sich jedoch zum einen auch auf andere Bereiche wie den Leistungs-, Aufenthalts- und Kontaktbereich. Zum anderen liegen sie vor und nach diesem Zeitraum schon oder immer noch vor, wenn auch in weniger ausgeprägter Form.

Somit bleiben die kontinuierliche Hinentwicklung zur Kriminalität mit Beginn in der frühen Jugend und die Hinentwicklung zur Kriminalität im Heranwachsenden- bzw. Erwachsenenalter. Für die erste Kategorie sprechen frühe K-idealtypische Ausprägungen im Aufenthaltsbereich, das Schuleschwänzen sowie die Intensität der „deliktischen Handlungen". Allerdings sind bis zum Ende der Schulzeit diese Tendenzen nicht durchgängig idealtypisch ausgeprägt, da E. im Bereich der Erziehung und der schulischen Leistungen durchaus D-idealtypische Ansätze zeigt. Eindeutig K-idealtypische Züge im Leistungs-, Freizeit-, Kontakt-, und wiederum im Aufenthaltsbereich finden sich im Sommer/Herbst 1993, als E. nach Abschluß der Schule eine Lehre beginnt und von zu Hause auszieht. Während die - wenn auch inkonsequente - Erziehung durch die Eltern und der schulische Rahmen dazu führten, daß es gerade im Leistungsbereich nicht zu einer völligen Vernachlässigung kam, wird beim Wegfall dieser Umstände eine deutliche, nun „phasenverschobene" K-idealtypische Auffälligkeit sichtbar. Zwar setzt sich die weitere Entwicklung nicht ungebremst fort (so wird ein Jahr später eine letztendlich erfolgreiche Lehre begonnen), andererseits treten an die Stelle der verbesserten Umstände neue Belastungen (so die K-idealtypisch geprägte Ehe, der schwindende Überblick über die finanzielle Situation). Im Lebensquerschnitt liegen zumindest zwei der für eine kriminovalente Konstellation entscheidenden K-Kriterien sowie keines der D-Kriterien vor, obwohl es nicht zu einem völligen Zusammenbruch des Leistungsbereiches kommt.
Im Ergebnis wird man sich wegen der K-idealtypischen Anzeichen in der frühen Jugend und insbesondere wegen der seit früher Kindheit bestehenden Delinquenz, die sich typischerweise bei einer späteren Hinentwicklung nicht findet, zu einer Einordnung zwischen diesen beiden Kategorien entscheiden. Nochmals sei betont, daß in der Zeit vor dem Querschnitt und noch stärker seit Anfang 1998 durchaus positive Veränderungen eingetreten sind, die im Rahmen der Prognose besondere Bedeutung finden müssen.

3.2. „Besondere Aspekte" im Leben des Täters

Als *externer* Aspekt fällt in der Lebensgeschichte der E. der häufige Wechsel des Wohnorts auf mit der Konsequenz, daß E. keine Möglichkeit erhält, sich dauerhaft in die Umgebung zu integrieren, tragfähige Freundschaften zu bilden u.ä. In diesem Zusammenhang zeigt E. als *interne* Aspekte wiederkehrende Verhaltensweisen, die insbesondere die Delinquenz als Reaktion auf Ablehnung von außen kennzeichnen. So beschreibt sie die fehlende Anerkennung in der Schule als Auslöser für den Bedarf nach Ablenkung. Beachtet werden sollte in diesem Zusammenhang auch, daß sich die Reaktion nicht unbedingt in deliktischem Handeln sondern auch in Eßstörungen oder in die „Flucht nach vorne" durch eine Eheschließung manifestiert. Gleiches gilt für die Ablehnung durch den Ehemann (hier die Untreue), welche bei E. zumindest bezüglich des vorletz-

ten Diebstahls in Zusammenhang mit einer für sie typischen „ablenkenden" Verhaltensweise, hier dem Diebstahl steht. Diese Verhaltensformen sollen nicht im Sinne einer Ursächlichkeit für die Delinquenz beschrieben werden, es soll lediglich auf das besondere Gewicht dieses Reaktionsmusters im Gesamtzusammenhang hingewiesen werden.
Des weiteren zeichnet sich E. durch eine „innere" Unbeständigkeit aus, die langfristige Planungen und Vorsorgemaßnahmen zur Erreichung realistischer Ziele verhindern. Die enttäuschten Zukunftsvorstellungen führen zu Instabilität und Beeinflußbarkeit (bspw. durch kriminelle Bekannte, früher sicherlich auch durch die Eltern). Der destabilisierende Einfluß wiederum verstärkt die Gefahr der Delinquenz, wie im Herbst 1993 zu erkennen. Als weiterer Faktor ist die finanziell instabile Situation zu berücksichtigen, die für die letzten Diebstähle von erhöhter Bedeutung war.
Die Würdigung des Aspektes des sexuellen Mißbrauchs kann nur unter Zuhilfenahme eines psychologischen Modells durchgeführt werden.

4. Folgerungen

4.1. Folgerungen im Blick auf die Prognose

Sowohl bei der kontinuierlichen Hinentwicklung zur Kriminalität mit Beginn in der frühen Jugend als auch bei der Hinentwicklung zur Kriminalität im Heranwachsenden- bzw. Erwachsenenalter ist die *grundsätzliche* Prognose ungünstig.
Im Rahmen der *individuellen Basisprognose* ist zunächst auf die Besonderheit des Falles hinzuweisen, daß sich die Entwicklung nicht ungebremst fortsetzte und sich seit der letzten Tat einige Ansätze zur Verbesserung ergeben haben. Die sich in der Vergangenheit stabilisierend auswirkende Bindung an eine Vertrauensperson oder ein Ordnungsgefüge (so beispielsweise im Heim, die zweite Lehre) kann momentan nicht uneingeschränkt bejaht werden. Die jetzige Arbeit stellt E. nicht zufrieden, Veränderungen in beruflicher Hinsicht erscheinen eher unwahrscheinlich. Die Beziehung zu ihrem Freund hat im Moment sicherlich stabilisierende und kriminalitätshemmende Wirkung, wenngleich Zweifel an einer dauerhaften und unkomplizierten Zukunft in dieser Hinsicht bestehen. Positiv wirken sich die Anzeichen einer Ausweitung der wohl sozial unauffälligen Kontakte über die Beziehung hinaus aus. Den kriminalitätsfördernden Aspekt einer finanziell angespannten Lage versucht E. mit Hilfe ihres Rechtsanwalts zu minimieren. Gleichzeitig legt sie eine Einstellung an den Tag, „alles in den Griff zu bekommen" und Verantwortung zu übernehmen. Diese Ansätze reichen jedoch nicht für eine uneingeschränkt positive Prognose aus. Dies zum einen, weil die stabilisierenden Aspekte erst in jüngster Zeit (etwa seit März 1998) eingetreten sind; zum anderen sind sie durch große Unsicherheiten geprägt, so daß noch nicht von einer tatsächlichen soliden Basis gesprochen werden kann.

Bei der *Interventionsprognose* ist zu beobachten, daß im Rückblick die Einwirkung durch staatliche Sanktionen bei E. nicht völlig ohne Wirkung geblieben ist. Nach ihrem Heimaufenthalt brach die Phase der massiven Diebstahlsdelinquenz zunächst einmal ab. Auch die Bewährungsstrafe im Alter von 17 Jahren führte nicht zu einer Weiterführung der Delinquenz; sondern es folgte eine eineinhalbjährige diebstahlsfreie Zeit; gleiches gilt für den Dauerarrest. Jedoch wurde eine endgültige Rückfallvermeidung nicht erreicht.
In Bezug auf die Prognose hinsichtlich der letzten Verurteilung wirkte sich positiv auf die Aussetzung zur Bewährung aus, daß E. in der Lage ist, ihrer Arbeit nach wie vor nachzugehen. Auch das langsam entstehende soziale Netz wird dadurch nicht zerrissen. Die gleiche positive Wirkung ist von der Fortführung der Gruppentherapie und einer geplanten Einzeltherapie zu erwarten. Einerseits wird durch die Gruppentherapie in gewisser Weise Rechenschaft von E. erwartet, die ein langsames und unbeobachtetes „Abgleiten“ verhindern kann. Dies ist insofern von Bedeutung, als E. die Kontrollfunktion der Mutter nicht mehr akzeptiert. Zum anderen besteht hier die Chance einer Aufarbeitung und damit einer aktiven Bewältigung der vergangenen Ereignisse (so auch des Mißbrauchs durch den Vater, der hier erstmalig zur Sprache kam). Hinsichtlich der Einzeltherapie bleibt abzuwarten, ob E., die bis jetzt keine Anstrengungen in diese Richtung unternommen hat, ausreichende Therapiewilligkeit beweisen wird.

4.2. Folgerungen im Blick auf Einwirkung und Behandlung

Eine Einwirkung auf E. erscheint in mehrerlei Hinsicht notwendig: Zum einen sollte die psychische Stabilität durch Aufarbeitung des Vergangenen und durch Schaffung einer soliden Grundlage im Kontakt- und Freizeitbereich erreicht werden. Da dies vom Elternhaus aufgrund des angespannten Verhältnisses zur Mutter und der noch fehlenden Auseinandersetzung mit dem Vater nicht geleistet werden kann, ist auswärtige Hilfe, wie sie hier in den Anfängen einer therapeutischen Behandlung zu sehen ist, für eine günstige Prognose erforderlich. Aufgrund der spezifischen Umstände erscheint neben der Gruppentherapie eine ambulante Einzeltherapie dringend geboten. Einzelheiten werden hier von Fachleuten zu entscheiden sein. Des weiteren ist die Unterstützung bei der Suche nach einer Lösung für die finanziellen Probleme notwendig, wie sie ebenfalls bereits durch das Einreichen der Scheidung, die Abzahlung dringender Ratenzahlungen und die betriebene Schadenswiedergutmachung begonnen wurde. Hierzu ist die Unterstützung durch einen Bewährungshelfer und einen Rechtsanwalt nötig, welche möglichst lange aufrechterhalten bleiben sollte.

II. Ergänzungen

Im Rahmen eines Gesprächs mit der Leiterin der Selbsthilfegruppe im Dezember 1998 ergab sich, daß E. bis dahin nicht rückfällig wurde. Ihr Vater, der mittlerweile an einer Krebserkrankung leidet, wurde nach ihrer Aussage vor Gericht wegen sexuellen Mißbrauchs angeklagt. E. erklärte hierzu, sie würde gerne „reinen Tisch machen", wage es selbst jedoch nicht, vor Gericht gegen ihren Vater auszusagen.
In einem weiteren Gespräch mit der Leiterin im April 1999 wurde ebenfalls kein Rückfall gemeldet. E. hatte zunächst eine Einzeltherapie ohne Medikation begonnen, gleichzeitig war sie - auf Drängen der Leiterin - in eine weitere Gruppentherapie für mißbrauchte Frauen eingetreten. Aufgrund der Ereignisse um den Prozeß gegen ihren Vater litt E. erneut unter depressiven Verstimmungen und Eßstörungen; sie nahm innerhalb von vier Wochen fünf bis zehn Kilo zu. Ebenfalls auf Anraten innerhalb der Gruppentherapie wurde eine neue Therapie begonnen, diesmal verbunden mit einer Medikation. Hiernach trat eine deutliche Besserung ein. Parallel trat sie in eine therapeutische Bauchtanzgruppe ein. In familiärer Hinsicht versucht E., sich von der immer noch andauernden „Umklammerung" durch ihre Mutter zu lösen, indem sie den Kontakt meidet. Ebenfalls angeregt durch die Gruppentherapie stellte sie mit Erfolg ihrem Partner die Bedingung, eine Arbeitsstelle anzunehmen. Ihr Ziel sei es, so E., soweit „mit sich ins Reine zu kommen", daß sie gegen ihren Vater aussagen könne. Ihr Zustand wurde insgesamt von der Leiterin als stabil und motiviert eingeschätzt.
Positiv läßt sich im Hinblick auf die Prognose der Beginn einer Einzeltherapie einordnen. Trotz anfänglichen Zögerns scheint E. eine verstärkte Motivation und Selbstbewußtsein (auch in der Beziehung zu ihrem Freund) an den Tag zu legen, was die Prognose insgesamt verbessert.

B. Vergleichsakten zu Probandin 1

In den Vergleichsakten finden sich sieben Fälle, die die relevanten Vergleichsmerkmale aufweisen:

Alter:	zwischen 19 und 23 Jahren
Sanktionen:	zwischen 4 und 8
1.Delikt:	im Alter zwischen 15 und 17 Jahren

Fünf Akten können aufgrund des umfangreichen Materials ausführlich dargestellt werden; die übrigen erlauben nur eine Einordnung anhand der Grunddaten.

I. Vergleichsakte 1a

1. Akteninhalt[431] und Übersicht zum Lebenslauf

1.1. Feststellungen aus Urteilen, Vernehmungen u.ä.

1.1.1. Feststellungen zur Straffälligkeit

Die im November 1966 geborene U. fiel strafrechtlich auf wie folgt:

Datum der Sanktion/ der Tat	angewandte Normen; Tatobjekt	Sanktionen; Sonstiges
Juni 1983	§ 242 StGB	§ 45 JGG; Ermahnung
Oktober 1983/ März 1983	achtfacher § 242 StGB; zweifacher § 263 StGB	achtmonatige Jugendstrafe auf drei Jahre Bewährung; Auflage, weiterhin im Wohnheim zu wohnen
März 1984	vierfacher § 242 StGB (Kleidung im Wert von 500 DM); § 263 StGB	einjährige Jugendstrafe zur Bewährung
Juli 1985	vierfacher § 242 StGB (Schmuck, Geld)	ein Jahr und sechs Monate Jugendstrafe, § 57 JGG; Auflage einer sechsmonatigen Therapie auf einem Schiff; Annahme verminderter Schuldfähigkeit

Im Rahmen der letzten Verurteilung wurde zur Strafzumessung festgestellt, daß die gesamte Entwicklung der U. durch eine anhaltende Beziehungsstörung geprägt sei. Es bestünde die große Gefahr einer fortschreitenden Verwahrlosung vor allem im Bereich der Sexualität, gleichzeitig sei Wiederholungsgefahr bezüglich neuer Diebstahlstaten gegeben. Eine Unterbringung in einem offenen Wohnheim scheide aus. Der Strafzweck sei durch die vorherige Untersuchungshaft bereits erfüllt.

[431] Die eingesehenen Akten befinden sich auf dem Stand von 1985, auf den bei der Beurteilung abgestellt wird.

1.1.2. Feststellungen zum Lebenslauf

U. wurde im November 1966 als ältestes von fünf Kindern geboren. Sie hat einen drei Jahre jüngeren Bruder sowie eine vier, sieben und fünfzehn Jahre jüngere Schwester. Die drei jüngeren Schwestern lebten zum Zeitpunkt der letzten Tat 1985 bei der Mutter.
Bereits während die Mutter mit U. schwanger war, kam es zu Auseinandersetzungen zwischen den Eltern. U. war offensichtlich ein unerwünschtes Kind. Die Mutter machte ihr später Vorwürfe dergestalt, daß U. ihr die Jugend genommen hätte. Die Eltern heirateten erst 1968, also zwei Jahre nach der Geburt der U. Vor und während der Schwangerschaft hatte ihre Mutter angeblich ein Verhältnis mit einem Freund des Vaters. In dieser Zeit übte der Vater keinen Beruf aus, er war vormals als Pfleger tätig. Die Mutter arbeitete als Krankenschwester und nahm U. mit auf die Station. U. war als Kleinkind schwierig, eigensinnig und besonders unruhig. Sie wohnte zwei Jahre bei ihren Großeltern, an die sie gute Erinnerungen hat, da diese sehr liebevoll gewesen seien. Nach der Geburt ihres Bruders 1969 kam sie zurück zu ihren Eltern. Die finanziellen Verhältnisse der Eltern waren recht knapp, der Vater arbeitete mittlerweile bei der Müllabfuhr. Die Atmosphäre zu Hause war gespannt, häufig wurden die Kinder von der Mutter geschlagen. Wenn der kleine Bruder unruhig wurde, schnallte die Mutter ihn am Bett fest. Der Vater hielt es - wie viele Male zuvor - in dem Beruf nicht aus und gab ihn nach kurzer Zeit wieder auf. 1970 wurde die zweite Tochter geboren.
1972 zog die gesamte Familie nach Australien, wo die erste Zeit recht harmonisch verlief. Nach einem schwerem Autounfall des Vaters fing dieser an zu trinken, und die Familie kam erneut in finanzielle Schwierigkeiten. U. wurde 1973 in Australien eingeschult, sie hatte jedoch Probleme, mit den Mitschülern zurechtzukommen, gleichzeitig fielen die schulischen Leistungen ab. Die Spannungen zwischen den Eltern verstärkten sich und es kam schließlich auch zu Handgreiflichkeiten, bis der Vater auszog. Ihre Mutter begann ein Verhältnis mit ihrem Schwager, wodurch U. erfuhr, als sie beide im Schlafzimmer beobachtete. Als sie die Mutter darauf ansprach, schlug diese sie und beschimpfte sie als Lügnerin. Während der Trennung der Eltern hatte U. keinen Kontakt zu ihrem Vater. Ihre Mutter, die tagsüber arbeitete, verteilte die Kinder unterdessen auf Pflegestellen.
In dieser Zeit sei es zum ersten Mal zusammen mit ihren Geschwistern zu Diebstählen gekommen. Als Motiv gab U. an, sie seien hungrig gewesen. Nach der Entdeckung seien sie von der Mutter verprügelt worden. Seit dieser Zeit, erklärt U., habe sie das Stehlen nicht mehr lassen können. Sie habe bei Mitschülern, Freunden und Nachbarn geklaut. In ihrem Zeugnis findet sich die Bemerkung, daß U. „no respect of property" an den Tag lege. U. bekam kein eigenes Taschengeld und durfte keine Kinder mit nach Hause bringen. In der Zeit der Trennung nahmen die Diebstähle immer weiter zu, bald stahl U. auch Geld und

Schmuck, wofür sie regelmäßig zu Hause geschlagen wurde. In der Schule wurde ihr Verhalten gleichzeitig aggressiver. Sie zog sich in die Wohnung zurück, weinte viel und war unansprechbar.
1977 zog die Familie nach Deutschland zurück, nachdem sich die Eltern ausgesöhnt hatten. Durch den Wechsel verlor U. ein Schuljahr. Ihr Vater trank erneut, die Mutter hatte Beziehungen zu anderen Männern. U. hielt wie in der Vergangenheit zu ihrem Vater. 1980 kam es wieder zu einem Umzug, da der Vater die Arbeitsstelle wechselte, auch ihre Mutter begann wieder zu arbeiten. 1981 wurde die jüngste Tochter geboren, weswegen die Mutter zu Hause bleiben mußte, was sie unzufrieden machte. Die Spannungen innerhalb der Familie nahmen wieder zu. U. fing an, von zu Hause wegzulaufen. 1980 hatte sie ihren ersten festen Freund, der von der Mutter nicht akzeptiert wurde. 1981 unternahm U. einen Suizidversuch mit 50 Schlaftabletten. Als Grund gab sie an, sie habe sich durch die Einschränkungen ihrer Mutter schikaniert gefühlt.
1982 schloß sie die Volksschule nach der achten Klasse ab und begann eine Lehre als Hotelfachfrau bei ihrem Onkel; durch die Verwandtschaft zu ihrem Chef fühlte sie sich am Arbeitsplatz ausgeschlossen. Sie erklärt, daß sie in dieser Zeit zum ersten Mal festgestellt habe, nicht alleine sein zu können und daß dies zu Panikgefühlen bei ihr führe. Sie habe sich dann mit „miesen Typen" angefreundet und sei von zu Hause ausgezogen. Sie kann ihren Angaben zufolge nicht „Nein" sagen und würde alles tun, damit ihr jemand etwas Liebevolles sage, und sie etwas habe, was sie, anders als zu Hause, nicht teilen müsse. Nach zwei Monaten kam sie zurück zu ihren Eltern, da sie mit der Freiheit nicht umgehen konnte. Nach einem Berufsgrundschuljahr verließ sie die elterliche Wohnung erneut und kam in Hotels und bei Freunden unter, bis die Polizei sie zurückbrachte. Während ihrer Ausbildung im Hotel hatte sie angefangen, Beruhigungstabletten und Herz-Kreislaufmedikamente einzunehmen. Gleichzeitig habe sie stark geraucht und viel Alkohol konsumiert, fühlte sich aber nicht abhängig. Auf Veranlassung des Jugendamtes wohnte sie drei Monate in einer Wohngemeinschaft, in der sie sich mit der Betreuerin nicht verstand, so daß sie dann in ein Jugendheim wechselte. Nach einem halben Jahr lief sie aus dem Heim fort und verbrachte in der Folge drei Monate in Untersuchungshaft. Der im Oktober 1983 angeordneten Auflage, in einem Wohnheim zu bewohnen, kam U. nicht nach, sondern verließ dieses kurze Zeit später wieder und kam im Februar 1984 wiederum in Untersuchungshaft. Nach einer Verurteilung im März 1984 wohnte sie dann erneut in einem Jugendheim. 1984 wurde sie schwanger, es kam aber zu einem Abgang. Ihre Eltern hatten sich bereits im September 1983 getrennt, die Mutter beantragte die Scheidung. Vater und Bruder wohnten in der Folge in einer Notunterkunft. U. blieb nach dem Urteil vom März 1984 in einer Jugendwohngemeinschaft wohnen und begann eine Konditorei-Fachverkäuferlehre, welche sie nach zwei Wochen abbrach, da sie das regelmäßige Arbeiten nicht aushielt. Sie zog zu ihrem Vater und später in ein therapeutisches Wohnheim. Die dann angefangene Lehrstelle als Friseuse verlor sie im Dezember 1984 nach

ein paar Wochen, was sich laut Akteninhalt nicht als ihr Verschulden darstellte. Danach verschlechterte sich die Situation der U., es kam zu neuen Diebstählen; in Heimen wohnte sie von nun an nicht mehr.

1.2. Feststellungen aus Sachverständigengutachten

Das im Rahmen der letzten Verurteilung (Juli 1985) Sachverständigengutachten wurde im Mai 1985 erstellt.

1.2.1. Angaben der Probandin

U. erklärte, sie stehle, um über Niederlagen hinwegzukommen. Ihr sei zwar bewußt, etwas Verbotenes zu tun, dies sei ihr im Moment des Diebstahls jedoch egal. Sie habe das Gefühl, durch den Diebstahl jemanden bestrafen zu wollen. Momentan habe sie den Willen zu einer Therapie, um ein „ausgefülltes Leben" zu führen, wisse jedoch nicht, ob sie hierzu die Kraft finde. Sie denke immer an ihren Vater, der ihre Anstrengungen aber nicht zu würdigen wisse. Wenn es ihr schlecht gehe, verspüre sie einen entsetzlichen Haß auf ihre Mutter. In solchen Momenten sehe sie dann nicht mehr ein, warum sie ihr Geld legal verdienen solle.
Zu ihrer Herkunftsfamilie gibt U. an, ihr Vater sei eines von fünf, teilweise behinderten Geschwister gewesen. Ihr Großvater väterlicherseits sei ein Sadist und Blutschänder gewesen, der mit einer seiner Töchter eine sexuelle Beziehung gehabt und seine Kinder mißhandelt habe. Ihre Großmutter sei Zigeunerin gewesen. Ihr Vater sei in schlimmen Verhältnissen groß geworden.
Ihre Mutter charakterisierte U. als hübsch, arrogant, egoistisch und streng. Ihr Vater sei hingegen lustig und hilfsbereit gewesen, er habe sich nie gegen die Mutter wehren können. Über sich selbst sagt sie, daß sie sehr gerne lese und schlecht alleine sein könne. Mit 15 Jahren habe sie ihre erste sexuelle Beziehung mit einem zwei Jahre älteren Jungen gehabt, der sehr eifersüchtig gewesen sei und sie auch mißhandelt habe, bis sie sich nach vier Jahren von ihm getrennt habe.

1.2.2. Angaben des Vaters

Die Aussagen des Vaters decken sich mit denjenigen der Probandin. Zusätzlich erklärt der Vater, daß U. immer versucht habe, die Eltern gegeneinander auszuspielen. U. leide zudem unter Inzestphantasien. Die Erziehung durch die Mutter sei tatsächlich sehr inkonsequent gewesen. In Australien seien die Diebstähle der U. sehr schlimm geworden, wogegen die Eltern jedoch nichts unternehmen hätten können, da U. immer weggelaufen wäre.

1.2.3. Diagnose

U. wird als sehr vertrauensvoll und distanzlos beschrieben, wobei ihr Verhalten schnell in Aggression umschlagen könne. Sie habe eine fordernde, schlechte Selbsteinschätzung und ließe sich von Wunschdenken leiten.
Die Probandin sei in ihrer psychischen Entwicklung deutlich retardiert. In der Familie nehme sie eine Außenseiterrolle ein, es fehle an einer stabilen Über-Ich-Entwicklung, da ihre Eltern ihr keine Normen vermittelt hätten. Sie zeige neurotisch-depressive Symptome mit schweren Minderwertigkeitsgefühlen. Es bestehe die krankhafte Neigung, sich für erlittene Frustrationen mit gestohlenen Objekten zu entschädigen. Im Ergebnis liege daher eine krankhafte seelische Störung in Folge schwerer seelischer Reifeverzögerung vor. Die Folge sei eine Charakterneurose einer haltschwachen und unreifen Persönlichkeit. Des weiteren bestehe der Verdacht auf eine organische Hirnfunktionsstörung mit spezifischen Teilleistungsschwächen.

1.3. Übersicht zum Lebenslauf

November 1966	Geburt
1967 bis 1969	Aufenthalt bei den Großeltern
1968	Heirat der Eltern
1969	Geburt des Bruders
1970	Geburt der ersten Schwester
1972	Umzug nach Australien
1973	Einschulung; Geburt der zweiten Schwester
1974	Auszug des Vaters; Beginn der Delinquenz
1977	Versöhnung der Eltern; Rückkehr nach Deutschland

1980	Umzug; erste sexuelle Beziehung
1981	Geburt der dritten Schwester; Suizidversuch
1982	Abschluß der Volksschule; Beginn der Hotelfachlehre; Drogenkonsum; Auszug von zu Hause, nach zwei Monaten Rückkehr
seit 1983	wechselnde Aufenthalte in Jugendheimen und -wohngemeinschaften
Juni 1983	erste Sanktionierung wegen Diebstahls
August 1983	dreimonatige Untersuchungshaft
September 1983	Trennung der Eltern
Oktober 1983	erste Verurteilung wegen Diebstahls
Februar 1984	Untersuchungshaft
März 1984	zweite Verurteilung wegen Diebstahls
ab März 1984	Schwangerschaft mit Abgang; Beginn zweier Ausbildungen, Abbruch nach ein paar Wochen; keine Heimunterkunft mehr
Juli 1985	dritte Verurteilung wegen Diebstahls

2. Analyse der Erhebungen

2.1. Analyse des Lebenslängsschnitts

2.1.1. Verhalten in den einzelnen Lebensbereichen

2.1.1.1. Erziehung im Kindes- und Jugendalter

Im vorliegenden Bereich fällt auf, daß U. sich der elterlichen Kontrolle, so weit es ging, zu entziehen suchte. Sie fühlte sich durch die Strenge der Mutter unterdrückt, so daß es sogar zu einem Suizidversuch kam. Laut Aussage des Vaters wurde die inkonsequente Erziehung durch die Mutter von U. dahingehend ausgenutzt, daß sie die Eltern versuchte, gegeneinander auszuspielen, wobei sie tendenziell zu ihrem Vater hielt. Die Eltern kamen mit dem Benehmen der Tochter, insbesondere ihrem schulischen Verhalten und der Delinquenz, nicht zurecht. Daß U. freiwillig Pflichten im Haushalt o.ä. übernahm, ist nicht ersichtlich. Daher ist im Ergebnis eine eindeutige Zuordnung zum K-idealtypischen Pol vorzunehmen. Auffällig sind die äußerst ungünstigen Umstände, unter denen U. aufwuchs. Die schlechte Ehe der Eltern, die Gewaltanwendungen und die strenge, abweisende Haltung der Mutter dienen jedoch nur als mögliche Erklärung für das Verhalten, sie vermögen nicht die K-idealtypische Prägung zugunsten der U. umzukehren oder zu relativieren.

2.1.1.2. Aufenthalts- und Wohnbereich

U. wechselte von ihrer Geburt an häufig ihren Aufenthaltsort, wobei dies teilweise mit den Eltern zusammen geschah. Noch im Kleinkindalter wurde sie bei den Großeltern untergebracht. Die Familie zog mehrmals um, davon eine längere Zeit ins Ausland. Während der Berufstätigkeit der Mutter verbrachte U. die Tage auf einer Pflegestelle. Später folgten mehrere Heimaufenthalte wegen ihres schwierigen Verhaltens, wobei sie diese stets nach ein paar Monaten verließ oder ausriß, so daß sie teilweise von der Polizei aufgelesen werden mußte. Streckenweise übernachtete sie bei Bekannten oder in Hotels und zeigte kein Interesse an einem eigenen Wohnbereich. Die Orte, an denen sie sich aufhielt, erscheinen beliebig, eine soziale Einbindung ist nicht erkennbar. Somit zeigt auch das Verhalten im Aufenthalts- und Wohnbereich in die K-idealtypische Richtung.

2.1.1.3. Leistungsbereich

Bereits bezüglich der *schulischen Leistungen* besteht eine Neigung zum K-idealtypischen Pol. U. zeigte schlechte Leistungen, sie fiel durch aggressives Verhalten gegenüber ihren Mitschülern auf und beging in zunehmendem Maße Diebstähle auch an Mitschülern. Nach Abschluß der Volksschule zeigte sie an einer weiterführenden Schulausbildung kein Interesse.
Nicht anders stellt sich das Verhalten im Bereich der *beruflichen Ausbildung* dar. U. besitzt keinen Lehrabschluß, obwohl sie innerhalb von zwei Jahren drei Lehren begann. Die beiden letzten Ausbildungen brach sie bereits nach wenigen Wochen ab. Als Gründe hierfür gab U. bei dem ersten Ausbildungsverhältnis Schwierigkeiten mit den Kollegen oder Vorgesetzten an; die zweite Lehre beendete sie aus Unlust am regelmäßigem Arbeiten. In der Zwischenzeit übte U. keine überbrückenden Tätigkeiten aus.
Einer *Berufstätigkeit* ging U. laut Akten nicht nach. Wenn dies der Fall gewesen sein sollte, so wird es sich nur um kurzfristige Gelegenheitsarbeiten hat handeln können. Es fehlt des weiteren an einer irgendwie gearteten Vorsorge oder der Vorstellung, daß eine solche nötig sein könne. Vielmehr beschreibt U., daß sie manchmal nicht einsehe, warum sie ihr Geld legal verdienen solle. U. lebte in dieser Hinsicht „von der Hand in den Mund".
Der gesamte Leistungsbereich weist daher zum K-idealtypischen Pol.

2.1.1.4. Freizeitbereich

Eine Einschränkung der Freizeit zugunsten von selbstgewählten Verpflichtungen bereits in der Kindheit kann bei U. nicht beobachtet werden. Vielmehr legte U. während ihrer Schulzeit in Australien ein passives und zurückgezogenes Verhalten an den Tag. Ganz deutlich läßt sich ab 1981 die Tendenz erkennen, daß U., statt sich in der elterlichen Wohnung zu „vergraben", außerhäusige und unstrukturierte Freizeitaktivitäten bevorzugte. Das planlose Verbringen von Zeit unter anderem mit sozial auffälligen Personen zieht sich von diesem Zeitpunkt an wie ein roter Faden durch das Leben der U. So kam es während der ersten Lehre erstmalig zu einem erhöhten Konsum von Alkohol und Tabletten. Jegliches Engagement für langfristig angelegte oder gar leistungsorientierte Aktivitäten fehlt bei U. Das Freizeitverhalten entspricht insgesamt der K-idealtypischen Ausprägung.

2.1.1.5. Kontaktbereich

U. ordnete sich nicht freiwillig in die familiäre Ordnung ein, geschweige denn, daß es ihr ein besonderes Bedürfnis gewesen sei. Vielmehr produzierte sie Konfliktsituationen, in dem sie eine ablehnende Haltung gegenüber der Mutter und eine positive Einstellung gegenüber dem Vater an den Tag legte, dem sie mangelnde Durchsetzungskraft vorwarf. Zumindest der Mutter steht U. extrem kritisch gegenüber und löste sich von ihrem Einfluß so früh wie möglich, indem sie von zu Hause fortlief. Den Kontakt zur Mutter hielt sie offensichtlich nicht aufrecht, zu dem Vater kehrte sie nur in einer Notsituation zurück. Das bezüglich der *schicksalhaften Kontakte* K-idealtypische Verhalten soll auch in diesem Bereich nicht ausblenden, daß das Verhältnis zur Mutter aufgrund der Kindheitserfahrungen verständlich erscheint, ohne daß sich an der Einschätzung selbst etwas ändert.

Auch die *selbstgewählten Kontakte* weisen auf ein K-idealtypisches Verhalten hin. Freundschaften in der Schule bestanden augenscheinlich nicht, später suchte sich U. sozial auffällige Bekannte, bei denen sie unterkommen konnte. Auf das Bestehen von tragenden Bindungen weist nichts hin. U. litt im Gegenteil unter dem Fehlen derartiger Vertrauensverhältnisse und suchte unkritisch Anschluß zu letztendlich auswechselbaren Personen.

Im Rahmen der *sexuellen Kontakte* machte U. recht früh erste Erfahrungen mit sozial nicht integrierten und zudem gewaltbereiten Jugendlichen. Es kam zu verschiedenen sexuellen Beziehungen, wobei auch hier eine echte tragende Bindung nicht erkennbar ist.
Das Kontaktverhalten weist daher ebenfalls zum K-idealtypischen Pol.

2.1.2. Delinquenzbereich

2.1.2.1. Frühere Straftaten, Verurteilungen und Straftaten

Die *„deliktischen Handlungen" im Kindesalter* lassen bei U. bereits die Gefahr einer kriminellen Verfestigung erkennen. Zwar handelte es sich im wesentlichen um die einfache Wegnahme von Dingen, die teilweise gemeinschaftlich begangen wurde. Andererseits ist jedoch eine Steigerung hinsichtlich des Wertes der Tatobjekte zu beobachten, die auf eine Intensivierung der Kriminalität hinweist. Zudem fällt ins Gewicht, daß die „Delikte" über einen langen Zeitraum begangen wurden und eine Sanktionierung durch Eltern und Schule keine hemmende Wirkung entfaltete.

Den folgenden *Straftaten* lag offensichtlich eine Tatplanung zugrunde, die ein bloßes Wahrnehmen einer „günstigen“ Gelegenheit unwahrscheinlich macht. Die Vielseitigkeit der Diebstahlsdelikte, die an Privatpersonen sowie in Kaufhäusern o.ä. begangen wurden, findet sich gleichzeitig bei den Betrugsdelikten wieder. Eine raffinierte Vorgehensweise läßt sich beispielsweise in der Bestellung von Waren unter Angabe einer falschen Bankverbindung erkennen. Gleichzeitig war die Beute für U. von konkretem Wert, es wurden keine nutzlosen Dinge gestohlen, sondern Geld, Schmuck und Kleidung. Auch das Leugnen der Tat in der Verhandlung spricht gegen ein unüberlegtes oder im nachhinein für die Täterin unverständliches Handeln. Diese Hinweise auf eine vermehrte Zielstrebigkeit müssen gleichzeitig vor dem Hintergrund einer grundlegenden und anhaltenden Konfliktsituation betrachtet werden, in der U. die Objekte - laut Sachverständigengutachten - als Entschädigung für erlittene Frustrationen ansieht (siehe unten 3.2.).

2.1.2.2. Letzte Tat(en)

Die letzten Taten, für die U. im Juli 1985 verurteilt wurde, lassen keine Besonderheiten in der Tatausführung erkennen, sondern reihen sich in die vorhergehende Delinquenz ein. Der Unterschied besteht lediglich auf der Sanktionsseite, da es zu einer Begutachtung und der anschließenden Annahme verminderter Schuldfähigkeit kam.

2.2. Analyse des Lebensquerschnitts

(Als Grundlage des Querschnittintervalls wird der Zeitraum der letzten Taten Anfang 1985 herangezogen.)

2.2.1. K-Kriterien

U. fehlte durchgehend die Bereitschaft, ein längerfristiges Ausbildungsverhältnis aufrechtzuerhalten. Zwar wurde die letzte Lehre als Friseuse nicht nur aufgrund von Eigenverschulden abgebrochen, es besteht jedoch im Querschnittintervall wie auch im Rückblick kein Interesse, überhaupt zu arbeiten. Daher muß vorliegend das Kriterium der *Vernachlässigung des Arbeits- und Leistungsbereiches* bejaht werden.

Ebenso ist bei U. die Tendenz zu beobachten, „von der Hand in den Mund“ zu leben. Es fehlte nicht nur an Vorsorgemaßnahmen, sondern U. war nicht in der Lage, durch eine entsprechende Ausbildung ihr Einkommen zu sichern. Auch hatte sie offensichtlich kein Interesse an der Bildung von Eigentum (bspw. die

Einrichtung einer eigenen Wohnung). Äußerungen dergestalt, daß sie es nicht als erstrebenswert ansah, ihr Geld auf legale Weise zu verdienen, unterstützen diesen Eindruck. Das *fehlende Verhältnis zu Geld und Eigentum* lag auch in der Vergangenheit vor.

In gleichem Maß kann auch ein *unstrukturiertes Freizeitverhalten* angenommen werden. U. wohnte nicht mehr in einem Heim, in der eine gewisse Kontrolle zu vermuten gewesen wäre. Eine Ausbildung absolvierte sie nicht, so daß der Tagesablauf ungeregelt war. Es ist daher davon auszugehen, daß sich das Freizeitverhalten der U. nicht von dem rückblickend in solchen Phasen festzustellenden Verhalten unterschied.

Betrachtet man die bisherige Lebensführung der U., so fehlt es an einer längerfristigen Planung in allen Bereichen. Vorkehrungen, die über einige Wochen hinausgehen, finden in beruflicher Hinsicht nicht statt. Vielmehr herrscht der Eindruck vor, U. „lebe im Augenblick", ohne daß es greifbare Perspektiven gibt. Somit ist das Kriterium der *fehlenden Lebensplanung* zu bejahen.

Ebenso können eine *mangelnde Realitätskontrolle* und *geringe Belastbarkeit* festgestellt werden. U. läßt sich weitgehend von Wunschdenken leiten, gleichzeitig reagiert sie auf Kritik empfindlich. Sie zeigte auch in der Vergangenheit die Tendenz, nach Auseinandersetzungen von zu Hause fortzulaufen und die Lehrstelle bei kleineren Problemen zu kündigen. U. war bis jetzt außerstande, den an sie gestellten Leistungsanforderungen zu entsprechen („Ich hielt das regelmäßige Arbeiten nicht aus.").

Gleichzeitig neigt U. dazu, die Umstände, Kollegen und Eltern verantwortlich zu machen, so daß auch eine *paradoxe Anpassungserwartung* in Betracht kommt.
In ihrem Bestreben, sich Verpflichtungen zu entziehen, ist die *Forderung nach Ungebundenheit* zu erkennen, welche sich ganz besonders in der Unbeständigkeit ihres Aufenthaltsortes (häufiger Wechsel, „Unterschlupfmöglichkeiten") zeigt.
Ein *unkontrollierter, übermäßiger Alkoholkonsum* ist im Querschnittintervall nicht festzustellen, dieser hat möglicherweise 1982 bestanden.

2.2.2. D-Kriterien

Die für eine kriminoresistente Konstellation entscheidenden Merkmale der Erfüllung sozialer Pflichten, des adäquaten Anspruchsniveaus, der Gebundenheit an eine geordnete Häuslichkeit und des realen Verhältnisses zu Geld und Eigentum finden sich bei U. nicht, gleiches gilt für die Kriterien der guten Realitätskontrolle und der Lebensplanung und Zielstrebigkeit (siehe 2.2.1.).

Des weiteren müssen Kriterien wie Arbeitseinsatz und Befriedigung bei der Berufstätigkeit, produktive Freizeitgestaltung und persönliches Engagement für personale und Sachinteressen verneint werden, wobei dies auch rückblickend zutrifft, da U. keinen oder nur wenig Einsatz für leistungsbezogene Aktivitäten zeigte, geschweige denn Zufriedenheit hieraus schöpfte.
Auch fehlt es U. an einer Vertrauensperson, die eine *tragende menschliche Bindung* darstellen könnte.
U. zeigte weder im Leistungsbereich noch bei der Verarbeitung des eigenen Schicksals aktive Ansätze, die über einen längeren Zeitraum durchgehalten wurden, so daß nicht von einer *hohen Belastbarkeit bei großer Ausdauer* gesprochen werden kann.

2.3. Relevanzbezüge und Wertorientierung

2.3.1. Relevanzbezüge

Auffällig ist bei U. die Unbeständigkeit sowohl bezüglich des Aufenthaltsortes als auch in der beruflichen Tätigkeit. Allerdings scheint hier weniger der Reiz des Neuen oder die Abenteuerlust an erster Stelle zu stehen, vielmehr stellt sich der ständige Wechsel als Flucht dar, um die auftauchenden Probleme zu umgehen, ohne daß die jeweils neue Umgebung tatsächlich den Wünschen und Vorstellungen entspricht. U. mußte dabei regelmäßig feststellen, daß der oberflächliche Ausweg zu keiner Lösung führte, woraufhin sie erneut wegzulaufen versuchte. Der fehlende Halt ist - aufgrund größerer persönlicher Gestaltungsmöglichkeiten - besonders auffällig nach Abschluß der Schule.

2.3.2. Wertorientierung

Es fällt im vorliegenden Fall schwer, eine echte Wertorientierung bei U. „herauszufiltern". Vielmehr scheint sie sich nicht von Prinzipien oder Werten leiten zu lassen, die ihr - wie im Sachverständigengutachten angesprochen - von den Eltern auch nicht vermittelt wurden. Es werden von U. solche Wertvorstellungen auch nicht „vorgespiegelt", sie erklärte beispielsweise, daß sie manchmal nicht wüßte, warum sie ihr Geld unbedingt legal verdienen müsse, und daß sie das regelmäßige Arbeiten nicht ertrage. Eine Durchformung des Handelns ist als Folge ebenfalls nicht festzustellen, vielmehr macht U. den Eindruck einer unsteten Persönlichkeit.

3. Kriminologische Diagnose

3.1. Die Bezugskriterien der Kriminologischen Trias

Nach den obigen Feststellungen kann die Delinquenz der U. recht eindeutig der Kategorie der *kontinuierlichen Hinentwicklung zur Kriminalität mit Beginn in der frühen Jugend* zugeordnet werden. Im Lebenslängsschnitt weist U. in allen Bereich eine frühestmögliche K-idealtypische Ausprägung auf. Das aggressive Verhalten in der Schule, das Weglaufen von zu Hause und das Verweigern von leistungsbezogenen Anforderungen begründen eine starke Auffälligkeit im Leistungs- und Freizeitbereich. Diese führen dann zur Erklärung der sozialen Abweichungen im Aufenthalts- und Kontaktbereich, hier insbesondere der Heimaufenthalte. Im Lebensquerschnitt liegt eine kriminovalente Konstellation verbunden mit zahlreichen anderen K-Kriterien vor. Eine Wertorientierung ist nur schwerlich festzustellen; gleichzeitig ist im Delinquenzbereich eine Fortführung der „deliktischen Handlungen" als Straftaten im jugendlichen Alter zu beobachten. Gleichzeitig ist jedoch hinsichtlich der Relevanzbezüge die Besonderheit nicht außer acht zu lassen, daß die Abwechslung als Folge von Langeweile oder ein „ungebremstes Leben im Augenblick" hier nicht ohne weiteres vorliegen.

3.2. „Besondere Aspekte" im Leben des Täters

Als ein immer wiederkehrendes Verhaltensmuster ist bei U. das Bestreben zu erkennen, in Konfliktsituationen aufgrund mangelndem Durchhaltevermögen den Weg des geringsten Widerstandes zu gehen.
Zur Ergänzung ist im Rahmen dieses internen Aspektes ist besonderes Augenmerk auf die Diagnose des Sachverständigen zu richten, die neben einer deutlichen Reifeverzögerung neurotisch-depressive Elemente festhält. Dieser Aspekt ist im Zusammenhang mit der Delinquenz und der krankhaften Neigung, die Diebstähle als Ersatzhandlungen zu begehen, entscheidend, da im vorliegenden Fall eine Abweichung zu der typischen Konstellation der frühen, kontinuierlichen Hinentwicklung zur Kriminalität (besonders unter dem Gesichtspunkt der Relevanzbezüge) erkennbar ist, die zumindest bei der letzten Tat zu einer verminderten Schuldfähigkeit geführt hat und daher auch Einfluß auf die Prognose haben muß.

4. Folgerungen

4.1. Folgerungen im Blick auf die Prognose

Die *grundsätzliche Prognose* ist im vorliegenden Fall ungünstig, da eine Verflechtung der sozial auffälligen Verhaltensweisen über alle Lebensbereiche hinweg mit der Delinquenz angenommen wird. Erst durch die Änderung dieser Lebensumstände kann es zu einer Rückfallvermeidung kommen. Eine Rückentwicklung ist in diesen Fällen allerdings in fortgeschrittenem Alter bisweilen gegeben.[432]

Bezüglich der *individuellen Basisprognose* kommt bei U. erschwerend die vorhandene Unstetigkeit hinzu.

Bezieht man die Diagnose des Sachverständigen ein, so muß berücksichtigt werden, daß U. unter einer Charakterneurose leidet und die Diebstähle offensichtlich einen weiteren Zweck neben der unmittelbaren Bereicherung erfüllen sollen. Die sich in der verminderten Schuldfähigkeit offenbarende psychische Labilität führt zu der Annahme, daß die Änderung der äußeren Umstände per se, die wahrscheinlich auch in Zukunft wirksam bleiben werden, nicht ausreichen wird, um ein dauerhaftes Legalverhalten zu gewährleisten. Insgesamt bleibt es daher bei einer ungünstigen Prognose.

In diesem Zusammenhang ist auf die *Interventionsprognose* einzugehen. Eine Sanktionierung mittels Bewährungsstrafen hatte im vorliegenden Fall nicht den gewünschten Effekt. Dies ist auch in Zukunft nicht zu erwarten, obwohl U. gleichzeitig das Unrecht auch weiterhin mittels „klassischer" Sanktionen vor Augen gehalten werden muß, da es bei ihr an einem Werte- und Normenverständnis mangelt. Ein Haftaufenthalt würde sich allerdings wahrscheinlich ungünstig auswirken.

4.2. Folgerungen im Blick auf Einwirkung und Behandlung

Die sechsmonatige Therapie, die U. zwingt, sich bei auftretenden Schwierigkeiten mit diesen auseinanderzusetzen statt sich diesen zu entziehen, scheint eine gute Möglichkeit eines Neubeginns darzustellen. Hiernach ist jedoch auch zu überlegen, ob nicht eine weiterführende, ambulante Therapie oder ein entsprechendes Training erforderlich ist, die speziell auf die in der Diagnose festgestellten Probleme abgestimmt sein sollten. Als problematisch kann sich hierbei erweisen, daß U. zwar Therapiewilligkeit äußert, jedoch schon vorher Zweifel anmeldet, ob sie diese durchhalten werde. Aufgrund der hier offensichtlich relevanten psychischen Faktoren ist eine Entscheidung hierüber von psychologischer bzw. psychiatrischer Seite unentbehrlich.

---

[432] *Göppinger*, Angewandte Kriminologie, S. 129

Nach der Therapie sollte im Rahmen der Bewährungshilfe darauf geachtet werden, daß U. dazu angehalten wird, die äußeren Rahmenbedingungen zu ändern. Eine berufliche Orientierung sowie die Schaffung von Stabilität im Aufenthaltsbereich (Wohnheimaufenthalt, spätere Unterstützung bei der Suche nach einer eigenen Unterkunft) sollten hierbei im Vordergrund stehen.

5. Vergleich

Bei einem Vergleich des Lebenslängsschnitts, im Rahmen dessen auch auf sonstige Gegebenheiten eingegangen werden soll, lassen sich gemeinsame K-idealtypische Ausprägungen in mindestens vier Bereichen (Aufenthalts-, Leistungs-, Freizeit- und Kontaktbereich) feststellen. Im Lebensquerschnitt liegt im Vergleichsfall eine kriminovalente Konstellation vor, bei der interviewten Probandin E. nur zwei hierfür wesentliche Kriterien.

Abgesehen von den die K-idealtypische Ausrichtung kennzeichnenden Merkmale, die nicht noch einmal aufgezählt werden sollen, fallen des weiteren folgende Übereinstimmungen auf:
So fanden beide Betroffene ins Elternhaus zurück, als die durch die recht frühe Loslösung von Zuhause gefundene Freiheit zu erheblichen Problemen führte. Im Leistungsbereich bestand (bei der interviewten Probandin zumindest bis zum 14. Lebensjahr) ein nur schlechter Kontakt zu Mitschülern. Bis zum 15. Lebensjahr wird die Freizeitgestaltung als eher passiv und zurückgezogen beschrieben. Hinsichtlich der selbstgewählten Kontakte suchten beide Anschluß an sozial auffällige, kriminelle Bekannte, wobei es in diesem Kontext auch zu den ersten sexuellen Erfahrungen kam. Im Delinquenzbereich begingen beide regelmäßig „deliktische Handlungen" im Kindesalter.

Andererseits bestehen deutliche Unterschiede:
Zwar stammen beide aus sehr schwierigen familiären Verhältnissen, welche sich in gewissen Punkten wiederum ähneln: Eine belastete Mutter-Tochter-Beziehung stand einem (vermeintlich) besseren Verhältnis zum Vater gegenüber. Die Mutter wird als streng, gewaltbereit und - im Vergleich zu den Geschwistern - als ungerecht beschrieben. Die Erziehung wird als inkonsequent und benachteiligend erlebt (kein Taschengeld; Verbot, andere Kinder nach Hause zu bringen; in Situationen, welche die Mütter kompromittieren können, werden die Töchter als „Lügnerinnen" beschimpft). Insgesamt sehen sich die Betroffenen eher als Außenseiter in der Familie. Gleichzeitig ist E. wesentlich stärker im Elternhaus integriert und ist und war emotional an ihre Eltern gebunden. Das Erziehungsverhalten weist demnach auch zwischenzeitlich D-idealtypische Züge auf.

Der zweite gravierende Unterschied besteht in der jeweiligen Ausprägung *innerhalb* eines K-idealtypisch orientierten Bereichs. In allen Kategorien weist der Vergleichsfall eine frühere, intensivere (so im Leistungsbereich) und vor allen Dingen durchgängigere (so im Freizeit- und Kontaktbereich) K-idealtypische Neigung auf als die interviewte Probandin.
Des weiteren ist die - bei E. fehlende - Begutachtung und psychiatrische Diagnose zu beachten, welche sich ganz entscheidend in der Prognose niedergeschlagen hat.

Insgesamt fällt daher die Diagnose nicht identisch aus. Hinsichtlich der Prognose ist bei E. des weiteren zu beachten, daß seit spätestens seit Beginn der Gruppentherapie einige stabilisierende Faktoren hinzugetreten sind, die im Vergleichsfall fehlen.

II. Vergleichsakte 1b

1. Akteninhalt[433] und Übersicht zum Lebenslauf

1.1. Feststellungen zur Straffälligkeit

Die im Januar 1973 geborene D. trat strafrechtlich in Erscheinung wie folgt:

Datum der Sanktion/ der Tat	angewandte Normen; Tatobjekt	Sanktionen; Sonstiges
November 1988	§§ 242, 25 II StGB	§ 45 JGG
Juli 1989	§ 242 StGB	§ 47 JGG, richterliche Weisung
September 1989	§ 242 StGB	Verwarnung
März 1990/ April, Oktober 1989	§§ 242, 263a StGB (Diebstahl einer EC-Karte); § 303 StGB (Aufbrechen eines Aktenschranks)	sechsmonatige Jugendstrafe auf zwei Jahre Bewährung

[433]Die Akten befinden sich auf dem Stand von 1993.

November 1990	§ 242 StGB (Kleidung im Wert von 900 DM für den Eigenbedarf)	nach sechswöchiger U-Haft: neun Monate Jugendstrafe zur Bewährung
Mai 1991/ Februar 1991	§ 242 StGB (Kleidung im Wert von ca. 1.600 DM für den Eigenbedarf)	einjährige Jugendstrafe zur Bewährung; im März 1992 Widerruf der Bewährung; Haftaufenthalt bis Januar 1993
Januar 1993/ Februar bis März 1992	§ 242 StGB (Herrenkleidung, Schmuck, Kosmetika im Wert von ca. 2.200 DM teilweise zur Drogenfinanzierung)	zehn Monate Jugendstrafe auf zwei Jahre Bewährung

1.2. Feststellungen zum Lebenslauf

D. wurde im Januar 1973 geboren. Sie wuchs die ersten zehn Jahre bei ihren Großeltern auf, nach deren Tod sie bei ihrem Onkel und der Tante wohnte. Laut Jugendgerichtshilfebericht habe der Verlust der Großeltern zu einem für D. einschneidenden Wechsel der Erziehungssituation geführt. Ende 1986 zog sie zu ihrer Mutter, da sie die Tante schlecht behandelt und auch geschlagen hatte. Im Juni 1986 war Erziehungsbeistandschaft angeordnet worden. Mit ihrer Mutter, die teilweise in Pensionen lebte, bekam D. ebenfalls Schwierigkeiten. Seit 1987 wohnten beide zusammen mit dem Freund der Mutter in einer Zwei-Zimmer-Sozialwohnung. D. hielt sich nicht an die Vereinbarungen mit der Mutter hinsichtlich der Schule, Ausgehzeiten und des Freundeskreises. D. wohnte zwischenzeitlich in Mädchenwohnheimen.

Nach ihrer ersten Verurteilung lebte sie ab August 1988 in einer Wohngruppe in einem heilpädagogischen Zentrum. Wegen auftretender Schwierigkeiten verließ sie dieses jedoch drei Monate später und zog wieder zu Hause ein. Nach erneuten Streitigkeiten kam sie im März 1989 bei Freunden unter; nach einem Diebstahl im April wurde sie von der Polizei zurück zu ihrer Mutter gebracht. Von Mai bis Oktober 1989 wohnte sie dann in einem heilpädagogischen Mädchenwohnheim. Im Sommer machte sie den Hauptschulabschluß und begann im September des gleichen Jahres eine Lehre zur Einzelhandelskauffrau, die sie jedoch nach wenigen Wochen aufgrund von Streitigkeiten mit einer Mitarbeiterin wieder abbrach. Einen Monat später fing sie eine Ausbildung zur Friseurin an. In der Zeit von Juli bis Oktober wurde sie dreimal bei Diebstählen entdeckt. Sie zog in diesem Monat erneut zu ihrer Mutter und - nach einem weiteren Streit - später zu Freunden. Seit November 1989 führt sie eine Beziehung. Die neue Lehre brach sie sieben Monate später, also im April 1990, wiederum ab, da ihr die Lehrstelle nicht zugesagt habe. Danach arbeitete D. bis April 1991 nur noch gelegentlich, so z.B. drei Wochen in einer Bäckerei, in der sie aufhörte, da der Bäcker stets mit seiner Frau gestritten habe.

Im Oktober 1990 kam sie wegen eines Diebstahls für sechs Wochen in Untersuchungshaft und zog danach wieder in die Wohnung der Mutter, da sie keine andere Unterkunft fand. Nach einem erneuten Aufenthalt in der Untersuchungshaft im Januar 1991 lebte sie bis April 1991 bei ihrem Freund, teilweise auch auf der Straße. Im April fand sie eine Arbeitsstelle, die sie jedoch sofort wieder kündigte, um im Mai eine Stelle als Arbeiterin anzutreten, bei der sie 1.900 DM brutto verdiente und die ihr nach ihren Angaben gefiel.

Seit diesem Zeitpunkt lebte sie mit der Mutter und ihrem Freund, zu dem sie offenbar eine stabile Beziehung hatte, zusammen in einer Wohnung. D. gab an, seit April 1991 Drogen genommen zu haben. Wegen mehrerer Diebstähle im Februar und März 1992 wurde sie im Rahmen des Widerrufs der Bewährung von März 1992 bis Januar 1993 in Haft genommen. Bei ihrer Inhaftierung erklärte D., ein Gramm Heroin pro Tag zu konsumieren. In der Haft stabilisierte sich der Kontakt zu ihrer Mutter, die sie an Weihnachten besuchen konnte. Dort habe sie sich vernachlässigt gefühlt und kehrte nicht freiwillig in die Vollzugsanstalt zurück, sondern traf sich mit alten Freunden. Die Jugendstrafe wurde bis Januar 1993 vollstreckt, nachdem D. dort ihre Zwischenprüfung als Friseurin abgelegt hatte. Zu den letzten Diebstählen im Jahr zuvor erklärte sie, sie habe ihre Sucht finanzieren müssen und habe daher Diebstahlsaufträge angenommen, die pro Ware mit einem Gramm Heroin bezahlt worden seien. Den Modeschmuck und die Kosmetikartikel habe sie jedoch für den Eigenbedarf gestohlen. Sie sei bereit, nach der Verurteilung in eine Anti-Drogen-Wohngemeinschaft einzuziehen und ihre Lehre abzuschließen.

1.3. Übersicht zum Lebenslauf

Januar 1973	geboren
1973 bis 1983	bei den Großeltern aufgewachsen
1983 bis Ende 1986	bei Verwandten aufgewachsen
Juni 1986	Anordnung der Erziehungsbeistandschaft

Ende 1986	Umzug zur Mutter; teilweise Aufenthalte im Mädchenwohnheim
Juli 1988	erste Verurteilung wegen Diebstahls
August bis November 1988	Aufenthalt in heilpädagogischem Zentrum; Rückkehr zur Mutter
März 1989	zweiwöchiger Aufenthalt bei Freunden, Rückkehr zur Mutter
Mai bis Oktober 1989	Aufenthalt in einer Mädchenwohngruppe, Rückkehr zur Mutter, teilweise Unterkunft bei Freunden
September 1989	nach Hauptschulabschluß Beginn einer Lehre; nach wenigen Wochen Lehrabbruch
Oktober 1989	Beginn einer Lehre als Friseurin
seit November 1989	Beziehung zu ihrem Freund
April 1990	Abbruch der Lehre;
Oktober bis November 1990	Untersuchungshaft, danach Rückkehr in die Wohnung der Mutter
Januar 1991	erneute Untersuchungshaft
Februar bis April 1991	Unterkunft bei ihrem Freund, teilweise Wohnsitzlosigkeit
seit April/Mai 1991	Beginn einer Tätigkeit als Arbeiterin; gemeinsame Wohnung mit ihrer Mutter und Freund; erster Drogenkonsum
März bis Januar 1992	Haftaufenthalt; Zwischenprüfung als Friseurin
Januar 1992	letzte Verurteilung

2. Analyse der Erhebungen

2.1. Analyse des Lebenslängsschnitts

2.1.1. Verhalten in den einzelnen Lebensbereichen

2.1.1.1. Erziehung im Kindes- und Jugendalter

Den Akten zufolge ist zumindest ab dem 14.Lebensjahr davon auszugehen, daß D. sich der Erziehungsperson, hier der Tante, auch aktiv widersetzte. In der Folge setzten sich die Schwierigkeiten mit der nächsten Bezugsperson, der Mutter, fort. D. fügte sich auch nicht in andere Ordnungsgefüge, wie bspw. die Wohnheime, ein, vielmehr kam es wiederum zu Unstimmigkeiten. Somit ist im Ergebnis in diesem Bereich eher von einer K-idealtypischen Ausrichtung auszugehen.

2.1.1.2. Aufenthalts- und Wohnbereich

In dieser Hinsicht läßt sich ein eindeutig K-idealtypischer Zuschnitt bejahen. Bis zu ihrem 13. Lebensjahr wechselte D. zweimal den Aufenthaltsort und damit gleichzeitig die Erziehungsperson, bis sie zu ihrer Mutter zog, die ebenfalls keinen beständigen Wohnort aufweisen konnte. Die folgenden Jahre sind von Unstetigkeit geprägt, da D. alle paar Monate den Wohnort wechselte und zwischen Heimen und der elterlichen Wohnung hin und her pendelte. Seit 1989 kamen zwischenzeitliche Unterkünfte bei Freunden hinzu, ab Oktober 1990 befand sich D. immer wieder in Untersuchungshaft und war teilweise wohnsitzlos. Einzig von April 1991 bis März 1992 blieb sie über einen gewissen Zeitraum in einer Wohnung mit ihrem Freund und ihrer Mutter.

2.1.1.3. Leistungsbereich

Was die *schulischen Leistungen* angeht, fehlen genauere Hinweise. Festzuhalten bleibt, daß D., ohne ein Schuljahr zu verlieren, über einen Hauptschulabschluß verfügt. Eine D-idealtypische Verhaltensweise erscheint jedoch angesichts der Erziehungsschwierigkeiten unwahrscheinlich.

Eine deutliche Neigung zum K-idealtypischen Pol läßt sich hinsichtlich der *Ausbildung* und der *Berufstätigkeit* erkennen. D. begann zwar nach der Schule eine Lehre, welche sie aber nach kürzester Zeit aus Gründen abbrach, die sie nicht bei sich suchte, sondern die sie auf Streitigkeiten mit Kollegen zurückführte. Die zweite Lehre wurde ebenfalls nicht zu Ende geführt, sondern abgebrochen, da die Stelle ihr „nicht zusagte.“ In der Folge nahm D. Gelegenheitsarbeiten an, in denen sie teilweise wiederum nur wochenweise beschäftigt war und aus Unzufriedenheit wieder kündigte. Lediglich seit Mai 1991 blieb sie einige Monate in Folge an einem Arbeitsplatz, den sie jedoch aufgrund der Verhaftung erneut aufgeben mußte. Den einzig positiven Aspekt stellt die während der Haft wieder aufgenommene Lehre dar.

2.1.1.4. Freizeitbereich

Über die Freizeitgestaltung gibt es so gut wie keine Angaben. Es ist jedoch spätestens seit 1991 davon auszugehen, daß D. im Rahmen ihrer Drogenkontakte und der unsteten Wohnsituation - streckenweise auf der Straße - unstrukturierte, offene und im wesentlichen außerhäusig verbrachte Freizeitaktivitäten in „milieunahem“ Umfeld bevorzugte, so daß eine K-idealtypische Tendenz anzunehmen ist.

2.1.1.5. Kontaktbereich

Hinsichtlich der *schicksalhaften Kontakte* läßt sich festhalten, daß D. sich nur schwer in die Familienordnung, hier den Haushalt der Mutter, einfügte und diese verließ, wann immer es ihr möglich war. Sie fand allenfalls in Notsituationen (so nach einem Haftaufenthalt) zur Mutter zurück. Das schwierige Verhältnis zu ihr schien sich lediglich im Jahr 1991 etwas zu beruhigen.

Bezüglich der *selbstgewählten Kontakte* gilt ähnliches wie für den Freizeitbereich, da D. im Drogen-„Milieu“ verkehrte und dementsprechende utilitaristisch geprägte Kontakte aufgewiesen haben muß. Zwar besaß D. Bekannte, bei denen sie unterkommen konnte; inwieweit hier tragenden Freundschaften bestanden, ist nicht ersichtlich. Eine nicht auswechselbare und tragfähige Bindung liegt offenbar in der Beziehung zu ihrem Freund. Über sonstige sexuelle Kontakte ist nichts bekannt.

Insgesamt läßt sich der Kontaktbereich ebenfalls eher dem K-idealtypischen Pol zurechnen.

2.1.2. Delinquenzbereich

Über *„deliktische Handlungen“ im Kindesalter* ist nichts bekannt, es erscheint jedoch gut möglich, daß D. bereits vor ihrem ersten Ermittlungsverfahren im Alter von 15 Jahren deliktische Handlungen begangen hat.

Hinsichtlich der *Straftaten* fehlten detaillierte Angaben zur Tatausführung. Es ist allerdings, abgesehen von der letzten Tat, davon auszugehen, daß D. aufgrund eines klar gefaßten Tatentschlusses handelte. Der Diebstahl der EC-Karte und der nachfolgende Betrug durch das Abheben von Geld weisen daraufhin, daß es sich nicht nur um eine „verführerische" Gelegenheit handelte und D. in die Tat „hineinstolperte". Auch scheute D. bei der gleichzeitig angeklagten Sachbeschädigung nicht vor Gewaltanwendung gegen Sachen zurück und war bereit, sich den Inhalt des Aktenschranks auch entgegen einiger Hindernisse zu eigen zu machen. Die Tatbeute wurde für den Eigenbedarf benutzt und nicht etwa weggeworfen oder sinnlos gehortet.
Die letzten Taten unterscheiden sich insofern, als D. zum Tatzeitpunkt unter Drogeneinfluß gestanden haben könnte. Erstmalig wurden die Tatobjekte gezielt „verkauft", um die Drogen zu finanzieren.
Insgesamt läßt sich eine erhöhte Zielstrebigkeit und eine Verfestigung der Delinquenz vom einfachen Diebstahl über eine zunehmend schwerwiegendere Ausführung bis hin zum geschäftsmäßigen Auftragsdiebstahl feststellen.

2.2. Analyse des Lebensquerschnitts

(Als Querschnittintervall wird im folgenden der Zeitraum kurz vor den letzten Taten im Februar und März 1992 zugrunde gelegt.)

2.2.1. K-Kriterien

Das Kriterium der *Vernachlässigung des Arbeits- und Leistungsbereichs* ist im Querschnittintervall nicht eindeutig gegeben, da D. seit einigen Monaten zumindest einer geregelten Tätigkeit nachging und ein eigenes Einkommen hatte, obwohl sehr fraglich ist, ob D. in dieser Zeit ihre Arbeit wegen des Drogenkonsums überhaupt noch erfüllen konnte. Im Rückblick liegt dieses Merkmal jedoch zumindest seit April 1990 vor, als D. ihre zweite Lehrstelle aufgab und in der Folge nur häufig wechselnden Gelegenheitstätigkeiten nachging, ohne sich um eine feste Anstellung oder einen Ausbildungsplatz zu kümmern.
Bejaht werden kann das Kriterium des *fehlenden Verhältnisses zu Geld und Eigentum.* D. hatte im Querschnittintervall einen erhöhten Finanzbedarf aufgrund ihres Drogenkonsums, den sie durch ihr Einkommen nicht decken konnte. Eine irgendwie geartete Vorsorge ließ D. nicht erkennen, vielmehr schien sie das Geld, welches sie - auch durch Diebstähle - erlangte, sofort wieder auszugeben. Auch in der Vergangenheit zeigte D. die Tendenz, „von der Hand in den Mund" zu leben und sich über eine längerfristige Absicherung (bspw. durch den Abschluß einer Ausbildung) keine Gedanken zu machen.

Ein *unstrukturiertes Freizeitverhalten* ist insofern naheliegend, als D. Kontakte zu Drogenhändlern pflegte, womit Aufenthalte im „Milieu“ fast zwingend verbunden sind. Inwieweit jedoch D. tatsächlich im Sinne dieses Kriteriums Aktivitäten wie zielloses Umherfahren oder Herumtreiben auf der Suche nach Abenteuer verwirklichte und ob es zu einer Ausweitung auf den Leistungsbereich kam, ist für das Querschnittintervall nicht sicher festzustellen, scheint jedoch wahrscheinlich.
D. zeichnet sich auch durch eine *fehlende Lebensplanung* aus, welche sich insbesondere im Leistungsbereich erkennen läßt. D. gab ihre Lehrstellen aus Unmut wieder auf und wechselte in der Folge immer wieder den Arbeitsplatz, wobei es ihr auf die Art der Arbeit im Prinzip nicht ankam. Eine im Ansatz solide Planung wurde erst in der Haft begonnen, als sie die Lehre wieder aufnahm und diese auch in Freiheit beenden möchte. Vorher plante D. praktisch nicht in die Zukunft und „ließ sich treiben“.

Des weiteren lassen sich bei D. eine *geringe Belastbarkeit* und auch eine *paradoxe Anpassungserwartung* erkennen. Sie zeigt die Tendenz, bei Schwierigkeiten in ihrem Umfeld, die regelmäßig auftreten, davonzulaufen, und scheint außerstande, bei längerfristigen Belastungen - wie etwa einer Ausbildung - auszuharren. Gleichzeitig neigt D. dazu, anderen Personen oder Umständen die Schuld zuzuweisen (Streit mit oder zwischen Kollegen; die Lehrstelle, die ihr nicht „zusagte“ und die sie später doch wieder aufnahm).
In der Vergangenheit lassen sich auch Anzeichen für eine *Forderung nach Ungebundenheit* finden, die im Aufenthalts- und Leistungsbereich (frühe Loslösung vom „Zuhause“, häufig wechselnde Unterkünfte, keine Einbindung in ein festes Arbeitsverhältnis) zum Ausdruck kommen.
Ein *unkontrollierter und übermäßiger Drogenkonsum*, der durchaus auf andere Bereiche (finanzielle Situation, Kontaktbereich) ausstrahlt, ist im Laufe des Jahres 1991 und zumindest im Querschnittintervall festzustellen.

2.2.2. D-Kriterien

Die *Erfüllung sozialer Pflichten* läßt sich im Querschnittintervall nicht eindeutig bejahen. So wohnte D. bei ihrer Mutter, es ist jedoch nach der Vorgeschichte und aufgrund des Drogenkonsums nicht davon auszugehen, daß das Verhalten durch besondere Rücksichtnahme oder Verantwortlichkeit beispielsweise gegenüber ihrer Mutter gekennzeichnet war. In der Vergangenheit ist dieses Kriterium ebenfalls nicht gegeben.
Auch ein *adäquates Anspruchsniveau* läßt sich nicht ohne Zweifel feststellen, da D. insofern über ihre (materiellen) Ansprüche lebte, als sie den Finanzbedarf für die Beschaffung von Drogen mit ihrem Gehalt nicht aufbringen konnte und daher auf Diebstähle auswich.

Die *Gebundenheit an eine geordnete Häuslichkeit* liegt am ehesten im Querschnittintervall vor, wenn auch hier Angaben darüber fehlen, daß es D. geradezu ein Bedürfnis war, sich in der Wohnung von Mutter und Freund aufzuhalten. Dies erscheint insbesondere deshalb zweifelhaft, als das Merkmal in der Vergangenheit durchgängig nicht gegeben war.
Die sonstigen D-Kriterien liegen nicht vor, allenfalls kann von einer *tragenden menschlichen Bindung* zu ihrem Freund ausgegangen werden.

2.3. Relevanzbezüge und Wertorientierung

Als entscheidender *Bezug* läßt sich bei D. eine Unbeständigkeit erkennen, die sich entscheidend auf die Lebensführung auswirkt. Dies zum einen hinsichtlich des Aufenthaltsbereiches, den D. bereits in der Schulzeit alle paar Monate wechselte, regelmäßig begleitet von Schwierigkeiten und Streitereien. Die gleiche Entwicklung zeigt sich im Leistungsbereich, in dem D. ständige Abwechslung suchte und mangelndes Durchhaltevermögen an den Tag legte. Die Tatsache, daß sich D. beim Auftreten von schwierigen Situation entzieht, statt eine Veränderung anzustreben, mag sich auch in dem seit 1991 bestehenden Drogenkonsum widerspiegeln.
Ob eine *Wertorientierung* bei D. überhaupt vorhanden ist, läßt sich anhand der wenigen Informationen nicht beurteilen.

3. Kriminologische Diagnose

3.1. Die Bezugskriterien der Kriminologischen Trias

Hier kommt die Einordnung als eine *kontinuierliche Hinentwicklung zur Kriminalität mit Beginn in der frühen Jugend* in Betracht. D. zeigt im Lebenslängsschnitt in einigen Bereichen (so im Erziehungs- und Aufenthaltsbereich) bereits in der frühen Jugend K-idealtypische Ausprägungen; spätestens nach Beendigung der Schule (und wahrscheinlich bereits einige Jahre vorher) weitet sich diese Tendenz auch auf den Leistungsbereich und später auf den Freizeit- und Kontaktbereich aus. Die Erziehungsschwierigkeiten in der Kindheit, mehrfache Aufenthalte in Wohnheimen, nachfolgende teilweise Wohnsitzlosigkeit und das Vernachlässigen der Ausbildung bestärken diese Einschätzung. Ebenso ist das Verhalten gegenüber der Mutter, zu der D. nur unfreiwillig zurückfindet, zu werten. Im Querschnittintervall finden sich mindestens drei der entscheidenden K-Kriterien, daneben liegen noch einige andere Merkmale vor; D-Kriterien sind praktisch nicht vorhanden. Die K-Kriterien sind im übrigen bereits seit längerer Zeit relevant. Es kann die typische Entwicklung beobachtet werden, daß der häufige Wechsel der Arbeitsstelle verbunden mit teilweiser Untätigkeit zu mehr

Freizeit führen, die ab 1991 mit der Beschäftigung mit Drogen ausgefüllt wird, was wiederum eine - mit erhöhter Zielstrebigkeit begangene - Delinquenz nach sich zieht. Dadurch kam es dann zu einem Rückschlag in beruflicher Hinsicht, da D. aufgrund des Haftaufenthaltes ihre bisherige Arbeit aufgeben mußte.

3.2. „Besondere Aspekte" im Leben des Täters

Als *interner* Aspekt ist bei D. die geringe Belastbarkeit und das mangelnde Durchhaltevermögen zu beachten, welche immer wieder zu Schwierigkeiten führten und den unsteten Lebenswandel weiter förderten. Hier ist auffällig, daß diese Verhaltensweisen sich bereits in der Kindheit widerspiegeln, in der D. aus unbekannten Gründen nicht bei ihren Eltern aufwuchs, sondern „herumgereicht" wurde. Über den Vater finden sich keine Informationen, die Mutter führte offenbar ebenfalls ein eher unbeständiges Leben (Unterkunft in Pensionen). Die insbesondere nach dem Tod der Großeltern fehlende Einbettung in eine stabile Familienstruktur setzt sich in dem Verhalten der D. in späteren Jahren fort. Daneben sind der Drogenkonsum und die Kontakte zum „Milieu", letzterer als *externer* Aspekt, von Bedeutung.

4. Folgerungen

Die *grundsätzliche* Prognose ist bei der kontinuierlichen Hinentwicklung ungünstig. Im Rahmen der *individuellen Basisprognose* sind die Auffälligkeiten der „besonderen Aspekte" nicht geeignet, hieran etwas zum Positiven zu ändern. Die internen Aspekte haben sich in der Vergangenheit als destabilisierend erwiesen, gleiches gilt für den Drogenkonsum und dessen Folgen, die hier unmittelbar zur Beschaffungskriminalität führten. Dies konnte auch nicht durch die Beziehung zu ihrem Freund aufgefangen werden, wenngleich sich dieses Verhältnis eher positiv ausgewirkt haben mag, wie sich an der oben geschilderten Entwicklung im Jahr 1991 zeigt. Entscheidend scheint für D. eine bisher noch nicht erlebte Stabilität auch hinsichtlich des Aufenthaltsortes (so z.B. die Unterbringung in der genannten Anti-Drogen-Wohngemeinschaft) zu sein. Die Schaffung einer derartigen Basis muß verbunden werden mit einer Bekämpfung des Drogenkonsums, um weitere Beschaffungskriminalität zu verhindern. Dies ist die Voraussetzung für den zweiten entscheidenden Schritt der beruflichen Absicherung, hier der Beendigung der Lehre. Positiv ist die in der Haft abgelegte Zwischenprüfung zu bewerten, wiewohl mit einem erneuten Abbruch zu rechnen ist, werden die oben genannten Voraussetzungen nicht geschaffen. Hier wird der intensive Kontakt zu einem Bewährungshelfer, der das Drogenverhalten kontrollieren können muß, von entscheidender Bedeutung sein.

5. Vergleich

Im Vergleich zum Ausgangsfall sind auch hier einige gemeinsame Entwicklungen im Lebenslängsschnitt, und zwar im Aufenthalts-, im Leistungs- sowie im Kontaktbereich (selbstgewählte Kontakte), in denen jeweils K-idealtypische Neigungen vorliegen, zu beobachten. Im Lebensquerschnitt verwirklicht der Vergleichsfall mindestens ein entscheidendes K-Kriterium (unstrukturiertes Freizeitverhalten) mehr.

Ähnlich wie in der Vergleichsakte 1a sind jedoch einschneidende Unterschiede gegeben, die sich auf die Diagnose (nämlich eine kontinuierliche Hinentwicklung bereits in der frühen Jugend) und auf die Prognose niederschlagen. So fielen beide Betroffenen zwar in ihrer Jugend wegen Erziehungsschwierigkeiten und damit durch Heimaufenthalte bzw. eine angeordnete Erziehungsbeistandschaft auf; beide wurden von der jeweiligen Bezugsperson (Mutter bzw. Tante) geschlagen. Gleichzeitig läßt die interviewte Probandin E. eine stärkere und insbesondere bis heute andauernde Bindung an die Eltern erkennen, so daß - auch im Bereich der schicksalhaften Kontakte - durchaus D-idealtypische Tendenzen ersichtlich sind. Zu beachten ist in diesem Zusammenhang, daß im Gegensatz zu E. die im Parallelfall untersuchte D. erst mit ihrem dreizehnten Lebensjahr zu ihrer Mutter zog. Im Aufenthalts- und Wohnbereich wird im Aktenfall ebenfalls eine sehr viel stärkere K-idealtypische Neigung (mehrfache Heimaufenthalte, teilweise Wohnsitzlosigkeit, Untersuchungshaft) deutlich; gleiches gilt für den Leistungsbereich, in dem U. keine abgeschlossene Lehre vorweisen kann.

Entscheidend fällt der im Parallelfall vorliegende Drogenkonsum (spätestens im Alter von 18 Jahren) ins Gewicht. Zu diesem Zeitpunkt war die K-idealtypische Konstellation stark zugespitzt. Eine vergleichbare Situation kann bei E. mit 16 Jahren während ihrer ersten Ausbildung (so u.a. auch Kontakte zu Drogenkonsumenten) festgestellt werden, wenngleich die Intensität der Verhaltensweisen selbst zu dieser Zeit geringer einzuschätzen ist. Es bleibt festzuhalten, daß E. gerade keine (oder wenn, nur vorübergehend „weiche") Drogen konsumierte und es damit auch nicht zu typischen Auswirkungen auf den Freizeit- und Kontakt- und den Delinquenzbereich wie bei U. kam.

Letztlich fehlt es wie bei der Vergleichsakte 1a im Bezugsfall an einer gegen Ende eintretenden Stabilisierung (Arbeitsstelle, Therapie, im übrigen eher rückläufige Delinquenz), so daß die Prognose ungünstiger ausfällt.

III. Vergleichsakte 1c

1. Akteninhalt[434] und Übersicht zum Lebenslauf

1.1. Feststellungen zur Straffälligkeit

Die im Oktober 1974 geborene C. fiel strafrechtlich auf wie folgt:

Datum der Sanktion/ der Tat	angewandte Normen; Tatobjekt	Sanktionen; Sonstiges
April 1992	§ 242 StGB (Familiendiebstahl); §§ 255, 249 StGB	nach dreimonatiger Untersuchungshaft: § 27 JGG; Weisung (Ungehorsamsarrest wegen Nichtbefolgung)
Juli 1993	Verstoß gegen BtMG	nach dreiwöchiger Untersuchungshaft: Verwarnung
November 1994/ Juni 1993 bis September 1994	zweifacher § 242 StGB (Alkohol, Bargeld), §§ 259, 263 StGB	einwöchiger Jugendarrest; Weisung einer einjährigen Betreuung der Lebensweise
September 1995/ April 1995	versuchter § 242 StGB (Schmuck)	sechsmonatige Jugendstrafe zur Bewährung; Annahme verminderter Schuldfähigkeit

Bei der letzten Tat handelte es sich um einen versuchten Einbruchsdiebstahl, indem C. nachts mit einem Stein die Scheibe eines Schmuckgeschäftes einschlug, woraufhin sie verhaftet wurde. Es entstand ein Sachschaden von 1600 DM. Das Gericht ging von einer verminderten Schuldfähigkeit aus, da C. zur Tatzeit unter erheblichem Drogeneinfluß stand. Nach ihren Angaben hatte sie 2 Gramm Heroin, 80 ml Kodein sowie 14 Tabletten Rohypnol eingenommen. Die Aussetzung zur Bewährung wurde widerrufen, da C. die bedingende Auflage einer zweiwöchigen Entzugsbehandlung bereits nach kürzester Zeit wieder abgebrochen hatte und erneut drogenabhängig wurde.

[434] Maßgeblicher Zeitpunkt für die Beurteilung ist der Stand der Akten von 1995.

1.2. Feststellungen zum Lebenslauf

C. wurde im Oktober 1974 als nichteheliche Tochter geboren, ihren leiblichen Vater hat sie nicht kennengelernt. In ihrer Kindheit hatte sie häufig wechselnde Bezugspersonen. Zunächst lebte sie bei ihrer Mutter und dem Stiefvater, den die Mutter 1979 heiratete. Aus der Ehe ging noch eine Tochter hervor. Das Verhältnis zu ihrem Stiefvater beschrieb C. als gespannt, er habe sie häufig geschlagen. Seit ihrer Geburt hatte C. starke gesundheitliche Probleme (allergische und asthmatische Beschwerden, Neurodermitis), weswegen es von 1983 bis 1986 zu einigen mehrwöchigen Kuraufenthalte kam. Als Hobbys gab C. an, sie hätte früher gerne Tischtennis und Federball gespielt und sei gerne Rollschuh gelaufen. Drei Jahre sei sie in einem Judoverein aktiv gewesen.

Ab 1985 nahmen die schulischen und familiären Probleme zu. C. schwänzte regelmäßig die Schule und machte den Hauptschulabschluß nicht. Sie riß häufig von zu Hause aus und wurde teilweise in Heimen untergebracht. 1987 kam sie erstmalig in Kontakt mit Drogen. 1988 wurde C. auf ihren Wunsch in einer therapeutischen Wohngruppe untergebracht, aus der sie nach einigen Monaten entlassen wurde, da ihre Integration nicht möglich war, so daß sie zurück in ihr Elternhaus zog. Eine 1989 begonnene Ausbildung als Hotelfachfrau brach C. nach ihren Angaben aus gesundheitlichen Gründen ab. Danach war sie als Aushilfskellnerin tätig. In dieser Zeit verschlechterte sich das Verhältnis zu ihren Eltern zunehmend, gleichzeitig stieg der Drogenkonsum an. Seit 1990 konsumierte C. Haschisch, ab 1992 begann sie Heroin erst zu rauchen, dann zu spritzen. Hinzu kamen Kokain und Ecstasy, die in unterschiedlichen Mengen eingenommen wurden. Zwischendurch kam es immer wieder zu Versuchen eines Selbstentzugs, welche jedoch fehlschlugen.

Nach ihrer ersten Verurteilung 1992 wohnte sie ein Jahr bei einer Pflegefamilie, die sie jedoch nach einem Streit wieder verließ. Nach der zweiten Verurteilung im Juli 1993 kam sie bei Bekannten unter, bis sie von Februar bis Mai 1994 nach Gran Canaria ging. Dort, gibt sie an, sei sie vergewaltigt und später ausgewiesen worden. C. zog zurück zu ihren Eltern, der Drogenkonsum stieg erneut an. Nach der Verurteilung im November 1994 hatte C. zunächst vor, an einem Polamidon-Programm teilzunehmen, was ihr jedoch nicht gelang. Spätestens seit Januar 1995 lag eine starke Drogenabhängigkeit vor. Gleichzeitig hatte C. keinen festen Wohnsitz mehr, übernachtete bei verschiedenen Bekannten und lebte von Sozialhilfe. Erst nach der Verhaftung im April 1995 habe sie sich erneut Gedanken über einen Entzug gemacht.

C. wird als eine eigenwillige, trotzige und selbstbewußte Persönlichkeit beschrieben, die trotz ihrer Willensstärke über kein Durchhaltevermögen verfüge.

1.3. Übersicht zum Lebenslauf

Oktober 1974	Geburt
1979	Heirat von Mutter und Stiefvater
seit 1980	Besuch der Grund- und Hauptschule
1983 bis 1986	Kuraufenthalte
seit 1985	Verschlechterung der familiären und schulischen Situation; Schuleschwänzen; Heimaufenthalte
1987	erster Kontakt mit Drogen
1988	mehrmonatiger Aufenthalt in therapeutischer Wohngruppe, Entlassung wegen fehlgeschlagener Integration
1989	Verlassen der Hauptschule ohne Abschluß; Beginn einer Ausbildung und Abbruch, Tätigkeit als Aushilfskellnerin
seit 1990	Konsum von Haschisch
November 1991 bis Januar 1992	Untersuchungshaft
seit 1992	Konsum von Heroin, Kokain, Ecstasy
April 1992	erste Verurteilung wegen Raubes und Diebstahls
1992 bis 1993	Aufnahme bei einer Pflegefamilie
Juli 1993	zweite Verurteilung wegen Verstoßes gegen das BtMG
Herbst 1993 bis Januar 1994	Unterkunft bei Bekannten

Februar bis Mai 1994	Aufenthalt auf Gran Canaria, Ausweisung
Mai bis November 1994	Unterkunft im Elternhaus; Zunahme des Drogenkonsums
November 1994	Verurteilung wegen Diebstahls u.a.
seit Januar 1995	kein fester Wohnsitz, Sozialhilfe; starke Drogenabhängigkeit
April 1995	Verhaftung wegen Einbruchdiebstahls
September 1995	letzte Verurteilung zu einer Jugendstrafe auf Bewährung; Widerruf der Bewährung wegen fehlgeschlagenen Entzugs; erneute Drogenabhängigkeit

2. Analyse der Erhebungen

2.1. Analyse des Lebenslängsschnitts

2.1.1. Verhalten in den einzelnen Lebensbereichen

2.1.1.1. Erziehung im Kindes- und Jugendalter

C. entzog sich schon recht früh der elterlichen Kontrolle, indem sie versuchte, aus dem Familienleben auszubrechen. Gleichzeitig konnte sie sich jedoch nicht in andere geordnete Strukturen (Wohnheime, Pflegefamilie) einleben, sondern mußte diese mangels Integrationsfähigkeit wieder verlassen. Die Tatsache, daß sie häufig wechselnden Bezugspersonen, u.a. dem gewalttätigen Stiefvater, ausgesetzt war, kann nur als Erklärung herangezogen werden, ändert jedoch an dem K-idealtypischen Verhalten insgesamt nichts.

2.1.1.2. Aufenthalts- und Wohnbereich

C. pendelte zwischen Eltern, Heimen und Pflegefamilien hin und her und riß wiederholt aus den Heimen aus. Wegen immer wieder aufkommender Konflikte in Wohnstätten außerhalb ihres Elternhauses wurde sie mehrmals gegen ihren Willen zurück zu ihren Eltern geschickt. Auch nach Eintritt der Volljährigkeit bleibt das Wohnverhalten der C. unbeständig. Teilweise wohnte sie bei Bekannten (auch im Ausland), teilweise kam es zur Wohnsitzlosigkeit. Ein Interesse an einem eigenen Wohnbereich oder an einer Einbindung in ein soziales und berufliches Umfeld ließ C. vermissen. Das Verhalten ist daher dem K-idealtypischen Pol zuzurechnen.

2.1.1.3. Leistungsbereich

Hinsichtlich der *schulischen Leistungen* besteht ebenfalls eine K-idealtypische Tendenz, da C. bereits seit der fünften Klasse die Schule häufig schwänzte und weitere schulische Probleme entstanden. Einen Schulabschluß kann C. nicht aufweisen. Diese Entwicklung läßt sich auch im Bereich der *Ausbildung* und der *Berufstätigkeit* beobachten. Die angefangene Lehre wurde abgebrochen, wobei hier angeblich gesundheitliche Gründe eine Rolle gespielt haben. Jedenfalls bemühte sich C. danach nicht um eine neue Anstellung, sondern nahm mit Aushilfstätigkeiten vorlieb. In den letzten Jahren ging C. überhaupt keiner geregelten Arbeit nach, lebte von Sozialhilfe und zeigte auch kein Interesse an einer Verbesserung ihrer Situation. Sie lebte praktisch „von der Hand in den Mund", wobei selbst minimale Vorsorgemaßnahmen fehlten.

2.1.1.4. Freizeitbereich

Eventuell lag bis zum Alter von etwa zehn Jahren eine D-idealtypische Neigung (Hobbys, sportliche Aktivitäten) vor. Spätestens seit 1987 trägt das Verhalten der C. jedoch K-idealtypische Züge, die sich in Ausschweifungen (Drogenkonsum) und inhaltlich offenen, nicht formal organisierten Freizeitaktivitäten manifestieren. Mangels Berufstätigkeit drehte sich der Alltag der C. offenbar hauptsächlich um die Beschaffung und den Konsum von Drogen.

2.1.1.5. Kontaktbereich

Bezüglich der *schicksalhaften Kontakte* stand C. zumindest ihrem Stiefvater ablehnend gegenüber. Es kam immer häufiger zu Konflikten, wobei diese nicht nur die leiblichen Eltern sondern auch die Pflegefamilie umfaßten. C. kehrte nur in Notsituationen zurück nach Hause.
Über die *selbstgewählten Kontakte* ist wenig bekannt. Es ist jedoch davon auszugehen, daß C. aufgrund ihrer Drogenabhängigkeit zahlreiche Kontakte in dem entsprechenden „Milieu" unterhielt, die keine persönlichen Bindungen darstellten, sondern utilitaristischer Natur waren. Im Ergebnis muß auch hier ein K-idealtypischer Zuschnitt bejaht werden.

2.1.2. Delinquenzbereich

Zumindest die letzte Tat wurde unter erhöhtem Drogeneinfluß begangen, so daß die Zielstrebigkeit bereits im Sinne der Steuerungsfähigkeit nur vermindert vorlag. Andererseits ist bei den Taten insgesamt zu beobachten, daß es sich wohl vielfach um (direkte und indirekte) Beschaffungskriminalität handelte, welcher auch eine vorherige Planung zugrunde lag. Auffällig ist die differenzierte Vorgehensweise zur Beschaffung, die sich hier in der Vielfältigkeit der Straffälligkeit zeigt. Der Ankauf von Drogen oder die Hehlerei lassen im einzelnen als auch in der Gesamtheit eher eine höhere Zielstrebigkeit entdecken. Zumindest bei der ersten Tat kam es zudem zur Gewaltanwendung; die letzte Tat stellte auch nicht nur einen gewöhnlichen Diebstahl dar, sondern wurde unter Überwindung von größeren Hindernissen (hier Schmuck hinter einer Glasscheibe) begangen, wobei eine sorgfältige Tatplanung nicht stattfand. Von einer planmäßigen Beuteverwertung ist auszugehen. Insgesamt läßt sich bei der Betrachtung aller Taten eine Zielstrebigkeit bejahen.

2.2. Analyse des Lebensquerschnitts

(Als Querschnittintervall wird der Zeitraum unmittelbar vor der letzten Tat im April 1995 zugrunde gelegt.)

2.2.1. K-Kriterien

Nicht nur im Querschnitt, sondern bereits im Rückblick läßt sich über einen längeren Zeitraum die *Vernachlässigung des Arbeits- und Leistungsbereichs sowie familiärer und sonstiger sozialer Pflichten* feststellen, indem C. keiner geregelten Arbeit nachging und zugleich kein Interesse an einer solchen an den Tag legte.

Auch kann von einem *fehlenden Verhältnis zu Geld und Eigentum* gesprochen werden, da C. ihr Geld primär für die Drogensucht ausgab, keinerlei Überblick oder Vorsorge erkennen ließ und insofern „über ihre Verhältnisse lebte."

Ebenso ist - auch rückblickend - von einem *unstrukturierten Freizeitverhalten* auszugehen. Einen geregelten Tagesablauf wies C. nicht vor, was sich bereits in den Umständen der letzten Tat zeigt, bei der C. nachts durch die Straßen lief und schließlich in einen Schmuckladen einbrach.

Gleiches zeigt sich in Bezug auf das Merkmal der *fehlenden Lebensplanung*, welche unter anderem bereits in der fehlenden Schul- und Berufsausbildung ihren Ausdruck findet. Diese Entwicklung mündet in einer Perspektivenlosigkeit und in einem „Leben im Augenblick".

Des weiteren ist deutlich eine *geringe Belastbarkeit* festzustellen, die insbesondere in dem stetigen Flüchten vor unangenehmen Situationen (Ausreißen, Flucht

in die Droge, mangelndes Durchhaltevermögen in praktisch allen Lebenslagen) zum Vorschein kommt.
Zwar ist über den Alkoholkonsum der C. wenig bekannt, allerdings ist im Querschnittintervall ein *unkontrollierter und übermäßiger Drogenkonsum* gegeben, der zur Verfestigung von sozialen Auffälligkeiten führte und damit im Sinne dieses K-Kriteriums wirkte.

2.2.2. D-Kriterien

Im Querschnittintervall liegt keines der D-Kriterien vor; es sei hier auf die Begründung der entsprechenden, gegenläufigen K-Kriterien verwiesen. Im übrigen lassen sich Merkmale wie die *Gebundenheit an eine geordnete Häuslichkeit* sowie das Bestehen von *tragenden menschlichen Bindungen* ebenfalls bereits über einen längeren Zeitraum hinweg verneinen.

2.3. Relevanzbezüge und Wertorientierung

2.3.1. Relevanzbezüge

Als ein entscheidender Relevanzbezug im Sinne eines Umstandes, der als letztes vernachlässigt wird und der von bestimmender Bedeutung für den Alltag des Betroffenen ist, läßt sich hier die Drogensucht der C. qualifizieren, wobei dieser Bezug per se von dem Süchtigen nur schwerlich hintan gestellt werden kann. Des weiteren ist bei C. durchgängig das Bedürfnis ausgeprägt, die Aufenthaltsorte zu wechseln; sie wurde immer wieder von einem unbeständiges „Milieu" angezogen. So kehrte sie beispielsweise nach Haftaufenthalten in kürzester Zeit zurück in die Drogenszene. Insgesamt läßt sich das Verhalten als ein Bezug, der auf Unstetigkeit und „Flucht" gerichtet ist, beschreiben.

2.3.2. Wertorientierung

Ein bindendes Wertesystem läßt sich bei C. nur schwer erkennen, wobei zumindest, unterstelle man eines, keine Durchformung des Handelns hiernach erfolgte. Vielmehr stellt sich das Leben als ein „Sich Treibenlassen" dar, wenn dies auch in letzter Zeit durch die Drogensucht in gewisser Weise „erzwungen" wurde.

3. Kriminologische Diagnose

3.1. Die Bezugskriterien der Kriminologischen Trias

Im Lebenslängsschnitt ist bei C. eine frühe, bereits in der Kindheit erkennbare Ausprägung zu K-idealtypischem Verhalten in fast allen Bereichen (Leistung, Kontakte, Aufenthalt, Freizeit) festzustellen, die sich über die Jahre hinweg verfestigt und verschlechtert. Im Querschnittintervall liegt gleichzeitig eine kriminovalente Konstellation vor, die im übrigen bereits seit längerer Zeit besteht. Die Entwicklung hin zu kriminovalentem Verhalten verdichtete sich mit den Jahren, bis die Delikte „notwendig" zur Finanzierung der Drogensucht wurden, u.a. aufgrund der Sucht keiner Berufstätigkeit nachgegangen wurde etc. Im Rahmen der Relevanzbezüge wirkt bei C. ein „Sog" weg von einer geordneten und angepaßten Umgebung hin zum Drogen-„Milieu", wobei das Handeln primär zur spontanen Befriedigung von Bedürfnissen dient. Bei der Betrachtung des Delinquenzbereiches fällt das relativ breit gefächerte Spektrum an Straftaten auf. Insgesamt entspricht die Delinquenz der C. hier recht eindeutig der *kontinuierlichen Hinentwicklung zur Kriminalität mit Beginn in der frühen Jugend.*

3.2. „Besondere Aspekte" im Leben des Täters

Als „besonderer Aspekt" sei hier nur noch einmal auf das mangelnde Durchhaltevermögen und die Tendenz, bei Schwierigkeiten, wegzulaufen, hingewiesen, welche sich von Kindheit an wie ein roter Faden durch das Leben der C. zieht und sich letztendlich auch in der Drogenabhängigkeit manifestiert.

4. Folgerungen

4.1. Folgerungen im Blick auf die Prognose

Die *grundsätzliche Prognose* ist in der vorliegenden Kategorie ungünstig. Bei der weitergehenden *individuellen Basisprognose* fallen die „besonderen Aspekte" der C. nochmals negativ ins Gewicht, da die Drogenabhängigkeit und die mangelnde Konstanz und Konsequenz ohne weitreichende Einwirkung auch in Zukunft als wirksam anzusehen sind. Bezüglich der *Interventionsprognose* ist festzuhalten, daß C. sich bis jetzt allen staatlichen Sanktionen (bis hin zur Verhängung von Ungehorsamsarrest) widersetzte.

4.2. Folgerungen im Blick auf Einwirkung und Behandlung

Absolut erforderlich erscheint hier eine Entziehungskur, da - wie oben dargelegt - die Drogensucht mittlerweile ganz entscheidenden Einfluß auf die Lebensführung und damit mittelbar und unmittelbar auf die Delinquenz hat. Unter der Bedingung des Erfolges derselben kann erst im zweiten Schritt im Rahmen der Bewährungshilfe auf die äußerlichen Faktoren wie berufliche Orientierung und fester Wohnsitz eingegangen werden. Angesichts der häufigen Rückfälle und der gescheiterten, teilweise selbst durchgeführten Entzugsversuche scheint hier ein kurzfristiger Entzug nicht erfolgversprechend. Doch selbst bei einer lang andauernden Behandlung, die ja die aktive Unterstützung der Probandin zur wichtigsten Voraussetzung hat, erscheint eine günstige Prognose nur schwer vertretbar, da im Zusammenhang mit der letzten Verurteilung die Entziehungskur in kürzester Zeit von C. wieder abgebrochen wurde und es damit zu einem Widerruf der Bewährung kam.

5. Vergleich

Gemeinsamkeiten zwischen Ausgangs- und Bezugsfall lassen sich im Lebenslängsschnitt im Aufenthaltsbereich (in der Jugend häufige Umzüge, mindestens ein Heimaufenthalt), im Leistungsbereich (mindestens ein Lehrabbruch) und im Freizeitbereich (früher das Betreiben von Hobbys, welche in der Folge zugunsten einer unstrukturierten Freizeitgestaltung aufgegeben wurden) im Sinne K-idealtypischer Neigungen entdecken. Schon im Querschnitt weist die Vergleichsdelinquentin C. im Gegensatz zu E. eine kriminovalente Konstellation auf.

Der unterschiedliche Verlauf zeigt sich jedoch bereits zeitlich vor dem im Parallelfall einschneidenden Problem der Drogenabhängigkeit. So läßt C. wiederum deutlich ausgeprägtere Verhaltensweisen in Richtung des K-idealtypischen Pols erkennen. Häufiges Ausreißen von zu Hause und mehrfache Heimaufenthalte, welche wegen auftretender Schwierigkeiten immer wieder abgebrochen werden mußten, finden sich bei der interviewten Probandin nicht. Im schulischen Bereich kam es im Vergleichsfall bereits im Alter von ca. 11 Jahren zu Auffälligkeiten wie Schuleschwänzen, es besteht weder ein Schul- noch ein Lehrabschluß oder eine geregelte Berufstätigkeit.

Im Alter von 16 Jahren divergieren beide Entwicklungen noch stärker, da zwar in beiden Fällen eine Zuspitzung K-idealtypischer Verhaltensweisen festzustellen ist, im Vergleichsfall jedoch der Beginn einer „Drogenkarriere“ konstatiert werden muß, welche sich in der Folge auf praktisch alle Lebensbereiche negativ auswirkt und im Delinquenzbereich letztendlich zur Annahme verminderter

Schuldfähigkeit führte. So ist bei C. eine sich konstant verschlechternde Entwicklung zu beobachten, während bei E. eine derartige Verfestigung fehlt. Auch im Delinquenzbereich existieren Unterschiede hinsichtlich der Art der Delikte, da es im Parallelfall zur mehrfachen Anwendung von Gewalt gegen Personen und Sachen kam.

Neben der im Vergleichsfall diagnostizierten frühen Hinentwicklung zur Kriminalität treten also die Drogenabhängigkeit und das Fehlen stabilisierender Faktoren hinzu, so daß die Prognose ungünstiger ausfällt und die entsprechenden Einwirkungsmöglichkeiten sich auf die Behebung der Sucht konzentrieren.

IV. Vergleichsakte 1d

1. Akteninhalt[435]

1.1. Feststellungen zur Straffälligkeit

Die im Dezember 1971 geborene B. trat strafrechtlich in Erscheinung wie folgt:

Datum der Sanktion/ der Tat	angewandte Normen; Tatobjekt	Sanktionen; Sonstiges
Juli 1987	§ 242 StGB	§ 47 JGG, richterliche Weisung
Oktober 1988	zweifacher § 242 StGB, einmal in Mittäterschaft	Richterliche Weisung
März 1991/ September 1990	§§ 263, 242 StGB	Richterliche Weisung
März 1991/ Juni 1990	§ 242 StGB	§ 47 JGG, richterliche Weisung
Januar 1994/ Oktober 1992	siebenfacher § 242, einmal § 265a StGB	Richterliche Weisung; wegen Zuwiderhandlung eine Woche Jugendarrest

[435] Die Akten befinden sich auf dem Stand von 1995.

März 1994/ November 1993	dreifacher § 242, einmal § 267 StGB	acht Monate Freiheitsstrafe auf zwei Jahre Bewährung
November 1994	Verstoß gegen BtMG	Schuldspruch gem. § 27 JGG
April 1995/ Herbst 1993 bis Mai 1994	zwanzigfacher § 242 StGB, teilweise in Mittäterschaft (Kleidung, Bargeld, Scheckkarten) achtfacher § 263 StGB (Verpfändung von fremden, teilweise in Mittäterschaft gestohlenen Heimwerkermaschinen) siebenfacher § 263a StGB	Zweijährige Freiheitsstrafe ohne Bewährung unter Einbeziehung des letzten Urteils; verminderte Schuldfähigkeit wegen Betäubungsmittelabhängigkeit

Nach der letzten Verhandlung wurde ein Termin zur Entgiftung im Mai 1995 festgelegt. Die in Mittäterschaft begangenen Delikte wurden mit Freunden zusammen verübt. Bei den Diebstählen wurden beispielsweise Textilien in der Umkleidekabine eingesteckt; teilweise wurde von Privatpersonen gestohlen (Geldbörse aus einem Kinderwagen, eine Jacke aus einem Auto).

1.2. Feststellungen zum Lebenslauf

Die im Dezember 1971 geborene B. hat zwei Schwestern, von denen eine noch bei ihrem Vater wohnt. Die Eltern sind geschieden. B. schloß 1987 die Hauptschule ab; eine Berufsausbildung hat sie nicht. Nach dem letzten Informationsstand war sie arbeitslos und lebte von 530 DM Sozialhilfe. B. war nicht verheiratet und wohnte zuletzt kostenlos bei ihrem Vater. 1988 kam B. in ein Heim, da sie beim Konsum von Haschisch entdeckt wurde. Danach folgte die Einnahme von Tabletten, seit 1991 konsumierte sie mit ihrem Freund zusammen Heroin. Seit 1992 spritzte sie täglich ca. zwei bis drei Gramm Heroin, zusätzlich nahm sie Rohypnol ein. Alkoholmißbrauch lag nicht vor.

2. Methode der ideal-typisch vergleichenden Einzelfallanalyse

Die sehr wenigen Informationen lassen eine idealtypisch-vergleichende Einzelfallanalyse nicht zu. Es kann lediglich versucht werden, die vorhandenen Angaben soweit als möglich einzuordnen, um danach einen Vergleich mit dem Ausgangsfall anstellen zu können.

2.1. Analyse des Lebenslängsschnitts

Während über das Verhalten im Erziehungsbereich nichts bekannt ist, gibt es Hinweise auf K-idealtypische Tendenzen im *Aufenthaltsbereich* (Heimaufenthalt; keine eigene Wohnung, sondern Rückkehr zum Vater) und im *Leistungsbereich* (keine abgeschlossene Lehre, Sozialhilfe). Im *Freizeitbereich* ist davon auszugehen, daß spätestens nach Abschluß der Schule im Rahmen der Drogenproblematik das Freizeitverhalten unstrukturierter wurde und auf den Leistungsbereich übergriff. Auch im *Kontaktbereich* hinsichtlich der selbstgewählten Kontakte bestand der Bekannten- und Freundeskreis aus sozial auffälligen, hier kriminellen Personen, so auch ihr drogenabhängiger Freund.

Der *Delinquenzbereich* weist im Grunde eine erhöhte Zielstrebigkeit dahingehend auf, daß die Taten nicht „zufällig" begangen wurden, sondern offensichtlich (zumindest mag dies für die letzten Taten gelten) als Beschaffungskriminalität einzuordnen sind. Es handelte sich insbesondere nicht nur um einfache Wegnahmetatbestände, sondern die Delinquenz ist breit gefächert - vom Handel und Erwerb von Betäubungsmitteln über Diebstähle bis hin zum Betrug. Hierfür spricht auch, daß die komplizierteren Delikte (Diebstahl und Verwertung der Heimwerkermaschinen) nicht alleine begangen wurden. Problematisch bezüglich der Einordnung als erhöht zielstrebig erweist sich jedoch die jedenfalls hinsichtlich der letzten Taten gegebene verminderte Schuldfähigkeit aufgrund des Drogeneinflusses. Die Intensität der Delinquenz, die ihren Höhepunkt in den Jahren 1993/94 erfährt, spricht für eine deutliche Verfestigung.

2.2. Analyse des Lebensquerschnitts

Im Lebensquerschnitt, hier der Zeitraum von Herbst 1993 bis zum Frühjahr 1994, besteht eine kriminovalente Konstellation. Schon seit Schulabschluß kann mangels einer Ausbildung oder einer geregelten Tätigkeit von einer *Vernachlässigung des Arbeits- und Leistungsbereiches* ausgegangen werden, gleiches gilt für das - hier vermutete - *unstrukturierte Freizeitverhalten*. B. hat aufgrund ihrer Drogenabhängigkeit einen hohen Finanzbedarf, verfügt demgegenüber jedoch nur über Sozialhilfe, von sonstigen Absicherungen ganz zu schweigen. Somit kann auch ein *fehlendes Verhältnis zu Geld und Eigentum* als wahrscheinlich angesehen werden. Insgesamt läßt B. keinerlei Ziele oder gar eine vorausschauende Planung (berufliche Perspektive, eigene Wohnung etc.) erkennen, so daß auch das Kriterium der *fehlenden Lebensplanung* einschlägig ist. Des weiteren ist zumindest seit ca. 1990 ein *unkontrollierter und übermäßiger Drogenkonsum* zu bejahen. Das Vorliegen weiterer K-Kriterien ist wahrscheinlich, läßt sich aufgrund der wenigen persönlichen Informationen jedoch nicht nachweisen. Dies gilt im übrigen auch für den Bereich der *Relevanzbezüge und Wertorientierung.*

D-Kriterien sind im übrigen nicht ersichtlich.

2.3. Kriminologische Diagnose

Aufgrund der sich über alle Bereich hinweg erstreckenden K-idealtypischen Ausprägung spätestens im Alter von 16 Jahren und einer kriminovalenten Konstellation kommt hier die Kategorie der *kontinuierlichen Hinentwicklung zur Kriminalität im Heranwachsendenalter* in Betracht. Möglicherweise handelt es sich sogar um eine *kontinuierliche Hinentwicklung mit Beginn in der frühen Jugend,* wobei die hierfür typischen sehr früh auftretenden K-idealtypischen Tendenzen mangels genauerer Angaben über Kindheit und Schulalter nicht nachgezeichnet werden können.

Als *„besonderer Aspekt" im Leben des Täters* fällt die hier stark ausgeprägte Drogenabhängigkeit besonders ins Gewicht, welche Hintergrundwirkungen auf andere Lebensbereiche hatte und im Mittelpunkt des Alltags stand.

2.4. Folgerungen

Die ungünstige *grundsätzliche Prognose* wird durch die starke Drogenabhängigkeit weiter verschlechtert, da hier Delinquenz und Sucht im Zusammenhang betrachtet werden müssen. Hinsichtlich der Einwirkung muß daher diesem zentralen Problem gesonderte Aufmerksamkeit geschenkt werden, da ohne entsprechende Maßnahmen (Entgiftung, Therapie) die Chancen der dauerhaften Rückfallvermeidung (nach der Haft) gering bleiben.

3. Vergleich

Wie in den vorherigen Vergleichsfällen sind die K-idealtypischen Tendenzen auch im Bezugsfall 1d wesentlich stärker ausgeprägt als im Ausgangsfall. Hierbei kann eine parallele Entwicklung bis zum Abschluß der Schule nicht ausgeschlossen werden. Ab diesem Zeitpunkt jedoch zeigt der Vergleichsfall durchgängig intensivere Verhaltensweisen in Richtung K-idealtypischer Pol, wobei hier der zweite relevante Faktor der Drogenabhängigkeit eine entscheidende Rolle spielt, der im Ausgangsfall gerade nicht vorliegt und daher die Fokussierung auf die Droge verbunden mit den negativen Folgeerscheinungen fehlt. Somit lassen sich innerhalb der Kategorie der kontinuierlichen Hinentwicklung zur Kriminalität (sei es in früher Jugend, sei es als Heranwachsende) kaum mehr Gemeinsamkeiten erkennen.

V. Vergleichsakte 1e

1. Akteninhalt[436]

1.1. Feststellungen zur Straffälligkeit

Die im Juni 1970 geborene H. trat strafrechtlich in Erscheinung wie folgt:

Datum der Sanktion/ der Tat	angewandte Normen; Tatobjekt	Sanktionen; Sonstiges
Mai 1990/ September 1989	zweifacher § 242 StGB, Beihilfe zu §§ 249, 223a StGB, vierfacher § 263 StGB	einjährige Jugendstrafe auf drei Jahre Bewährung
November 1990/ Mai 1990	§§ 242, 25 II StGB, §§ 246, 267, 323a StGB	ein Jahr und zehn Monate Jugendstrafe auf drei Jahre Bewährung, Weisung einer stationären Sozialtherapie, Sperre der Fahrerlaubnis; Annahme verminderter Schuldfähigkeit (BAK-Wert: 2,1 bis 5,5 Promille)
März 1993/ Oktober 1991	Fahren ohne Fahrerlaubnis	Geldstrafe (30 Tagessätze à 30 DM)
Dezember 1992/ September 1991	§ 242 StGB (70 DM aus Geldbörse)	Geldstrafe (70 Tagessätze à 30 DM) unter Einbeziehung des vorherigen Urteils

436 Die Akten befinden sich auf dem Stand von 1993.

1.2. Feststellungen zum Lebenslauf

Die im Juni 1970 geborene H. war das jüngste von vier Geschwistern. Ihr Vater verstarb 1977. Bei einem Verkehrsunfall im Alter von acht Jahren wurde ihre linke Gesichtshälfte stark entstellt, was laut des letzten Urteils ihre Entwicklung wesentlich beeinflußte. Sie verließ die Hauptschule ohne Abschluß, wonach es zu immer stärkeren Erziehungsschwierigkeiten kam. Mit achtzehn Jahren lernte sie ihren Ehemann kennen, der negativen Einfluß auf sie hatte. Von nun an sei es „bergab" mit ihr gegangen, sie betrieb Alkoholmißbrauch und begann, delinquent zu werden. Sie arbeitete kaum und hielt es an jeder Arbeitsstelle nur wenige Tage aus. 1992 kam der gemeinsame Sohn zur Welt. Die Scheidung war im Januar 1993 geplant; ihr Ehemann befand sich zuletzt in Haft. H. ist erheblich alkoholgefährdet und verfügt über keine Kontrolle hinsichtlich ihrer Finanzen. Sie und ihr Sohn leben von 640 DM Sozialhilfe und wohnen in einer Ein-Zimmer-Wohnung. H. verfügt über keinerlei Vermögen oder Ersparnisse. Sie gab bei ihrer Vernehmung an, Sozialhilfe zu empfangen, da sie ihren Mutterpflichten nachkommen müsse.

2. Methode der idealtypisch-vergleichenden Einzelfallanalyse

Eine idealtypisch-vergleichende Einzelfallanalyse ist aufgrund der wenigen Informationen nicht möglich. Allerdings können im Lebenslängsschnitt einige Feststellungen hinsichtlich des Erziehungs- und des Leistungsbereichs sowie im Bereich der eigenen Familie getroffen werden. Hier lassen sich deutlich K-idealtypische Tendenzen erkennen. So sprechen die Erziehungsschwierigkeiten, aber insbesondere das Verhalten im Leistungsbereich (kein Schulabschluß, keine Ausbildung, keine geregelte Tätigkeit, fehlende Kontrolle über Geld, keine Absicherung und Vorsorge) für eine K-idealtypische Ausprägung. Diese kann auch im Bereich der eigenen Familie (frühe Ehe mit einer straffälligen Person ohne materielle Absicherung; Scheidung nach wenigen Jahren; schlechte Versorgung des Kindes) bejaht werden. Insgesamt zeichnen sich die K-idealtypischen Ansätze auch recht früh ab. Im Lebenslängsschnitt erscheint eine kriminovalente Konstellation oder zumindest drei der K-Kriterien (Vernachlässigung des Arbeitsbereichs, fehlendes Verhältnis zu Geld und Eigentum sowie die fehlende Lebensplanung) wahrscheinlich; zusätzlich besteht offenbar ein übermäßiger, unkontrollierter Alkoholkonsum. Im Delinquenzbereich ist die Bandbreite der Delikte und die Intensivierung der Delinquenz ab dem Alter von 19 Jahren zu beachten Vorbehaltlich ausführlicher Angaben kommt daher eine *kontinuierliche Hinentwicklung zur Kriminalität mit Beginn in der frühen Jugend* oder spätestens *im Heranwachsendenalter* in Betracht, für welche eine grundsätzliche ungünstige Prognose besteht.

3. Vergleich

Zwar zeigen beide Fälle eine K-idealtypische Ausprägung im Leistungsbereich; im Vergleichsfall ist diese jedoch erheblich stärker entwickelt (keinen Schulabschluß, keine Ausbildung, Arbeitslosigkeit). Im Bereich der eigenen Familie lassen sich ebenfalls K-idealtypische Gemeinsamkeiten finden (frühe Eheschließung, Scheidung). Letztendlich existieren aber mehr Unterschiede als Übereinstimmungen, insbesondere da auch hier der Alkoholmißbrauch bei der interviewten Probandin fehlt und damit die Folgewirkungen der Sucht nicht vorliegen.

VI. Restliche Vergleichsakten

Die beiden übrigen Vergleichsakten können mangels ausreichender Informationen nur tabellarisch dargestellt werden:

Vergleichsakte 1f

Alter	Skt.[437]	1.Skt[438]	Ausbildung; Beruf; Familienstand; Sonstiges
22 J.	7	15J.	nicht bekannt
Delin- quenz	fünf Sanktionen wegen Diebstahls (viermalige Sanktionierung nach Jugendstrafrecht, eine Geldstrafe) eine Verurteilung wegen Nötigung und Körperverletzung eine Verurteilung wegen Verstoßes gegen das StVG		

Vergleichsakte 1g

Alter	Skt.	1.Skt.	Ausbildung; Beruf; Familienstand; Sonstiges
19 J.	4	17 J.	weder Schulabschluß noch Ausbildung noch Berufstätigkeit; ledig; Ausländerin
Delin- quenz	zweimal Diebstahl; ein Verstoß gegen BtMG; einmal Hausfriedensbruch (jeweils Sanktionierung nach Jugendstrafrecht)		

[437] Anzahl der Sanktionen
[438] Alter beim ersten Delikt

C. Interview Probandin 2

I. Methode der idealtypisch-vergleichenden Einzelfallanalyse

1. Übersicht zum Lebenslauf

Oktober 1967	geboren
1973 bis 1976	Besuch der Grundschule
1976 bis 1982	Besuch der Sonderschule
1978 bis 1982	sexueller Mißbrauch durch den Vater
Sommer 1982	Beginn einer Metzgerlehre; nach drei Monaten Abbruch der Ausbildung; Auszug aus dem Elternhaus
Ende 1982	drei Monate arbeitslos; Bekanntschaft mit ihrem ersten Ehemann
1982 bis 1983	Aushilfsarbeit in einer Metallverarbeitungsfabrik
1983	Tod der Mutter
1983 bis 1984	Berufsgrundschuljahr
1984	Arbeit in Autofabrik
1986	erste Heirat
Mai 1987	Geburt des Sohnes
1989	Scheidung
1991	zweite Heirat
1992	Scheidung
November 1992	dritte Heirat
Januar 1993	Geburt der ersten Tochter; Aufgabe der Berufstätigkeit, seitdem arbeitslos

Juni bis Dezember 1993	Nebentätigkeit in einem Lebensmittelgeschäft; Verurteilung wegen Betrugs hinsichtlich des Arbeitslosengeldes
Juni 1994	Geburt der zweiten Tochter
seit 1994	depressive Angstzustände; erster Diebstahl ohne Anzeige
ab Herbst 1994	Tätigkeit als Putzhilfe
September 1994	zwei Diebstähle; seitdem regelmäßig Diebstähle alle zwei Wochen
Februar und März 1995	zwei Diebstähle entdeckt
Juni und Juli 1995	nächster Diebstahl entdeckt; Kündigung wegen des Diebstahls
April 1996	nächster Diebstahl entdeckt
Juli 1997	Nervenzusammenbruch; einwöchiger Aufenthalt in der Psychiatrie; Trennung von ihrem Ehemann
Oktober 1997	letzter Diebstahl; Besuch der Selbsthilfegruppe
Februar 1998	Scheidung
Oktober 1998	Sachverständigenbegutachtung wegen letzen Diebstahls
Anzahl der registrierten Eintragungen wegen Diebstahls[439]	6

[439]einschließlich der Eintragungen im Erziehungsregister

2. Analyse der Erhebungen[440]

2.1. Analyse des Lebenslängsschnitts

2.1.1. Verhalten in den einzelnen Lebensbereichen

2.1.1.1. Erziehung im Kindes- und Jugendalter

B. sei als jüngste Tochter im Oktober 1967 geboren worden. Ihr Vater sei gelernter Bäcker gewesen, er habe jedoch diesen Beruf nie ausgeübt, sondern habe als Fahrer (Ausleeren von Containern o.ä.) gearbeitet. Ihre Mutter sei Hausfrau gewesen. Sie habe eine sieben Jahre ältere Schwester und einen drei Jahre älteren Bruder.

Ihre Kindheit beschreibt B. als schwierig. Ihr Vater sei sehr streng gewesen, er habe die Kinder geschlagen. Seit ihrem elften Lebensjahr habe er sich auch an ihr vergangen, zum Geschlechtsverkehr sei es nicht gekommen. Der Mißbrauch habe circa zweimal die Woche stattgefunden und habe bis zu ihrem fünfzehnten Lebensjahr angehalten. Zu diesem Zeitpunkt habe ihr Vater sie „aus dem Haus geworfen", da sie eine begonnene Metzgerlehre abgebrochen habe. Bei ihrer Schwester habe sie ebenfalls einen Mißbrauch vermutet; sie habe „mal etwas gehört", könne dazu aber nichts Definitives sagen.

Ihre Mutter habe hiervon nichts mitbekommen, sie sei Alkoholikerin gewesen. Die Mutter hätte versucht, ihren Kindern Liebe zu geben, wenn sie das auch wegen ihrer Alkoholkrankheit nicht ausreichend gekonnt habe. Ihre Mutter sei vor fünfzehn Jahren an einer Leberzirrhose gestorben. Sie und ihre Geschwister hätten nicht übermäßig viel im Haushalt helfen müssen.

Darüber, daß B. sich aktiv der elterlichen Kontrolle entzieht, ist nichts bekannt, vielmehr akzeptiert sie offensichtlich die strenge Erziehung durch den Vater, ungehorsames Verhalten liegt bis zum 15. Lebensjahr nicht vor. Vielmehr gehorcht B. trotz der Schläge und des Mißbrauchs ihrem Vater, bis der sie des Hauses verweist. Insgesamt ist das Verhalten der B. damit dem D-idealtypischen Pol zuzurechnen.

[440] Die Erhebungen beruhen auf einem Gespräch mit der Probandin vom 21.10.1998; im übrigen lagen die Ermittlungsakten von 1993 bis 1997 vor.

2.1.1.2. Aufenthalts- und Wohnbereich

Mit 15 Jahren sei sie nach dem Streit mit ihrem Vater bezüglich ihrer Lehrstelle ausgezogen, da ihr Vater sie nicht mehr zu Hause habe sehen wollen. Danach ist B. offensichtlich jeweils mit ihren Ehemännern zusammengezogen (mit 19 Jahren erfolgte die erste Eheschließung). Sie gibt an, häufig den Wohnort gewechselt zu haben. Gerade im letzten Jahr ihrer letzten Ehe (1996/97) sei sie allein dreimal umgezogen, was viel zu viel gewesen sei. Nach einer gewalttätigen Auseinandersetzung mit ihrem letzten Ehemann habe sie trotz anfänglicher Zweifel in ein Frauenhaus ziehen wollen, von dort habe man sie sofort für eine Woche in eine Psychiatrie verlegt. Hiernach und nach der Trennung von ihrem Ehemann sei sie wieder zurück in die eheliche Wohnung gekommen, die ihr Mann zwischenzeitlich geräumt habe. Dort habe sie sich jedoch nicht mehr wohl gefühlt und sei daher umgezogen. Jetzt sei sie sehr glücklich mit ihrer eigenen Wohnung.

Hierbei handelt es sich um eine für vier Personen recht kleine Wohnung etwas außerhalb der Stadt. Die Einrichtung ist preiswert und wirkt etwas „zusammengewürfelt", die Wohnung ist jedoch gemütlich und ordentlich. B. besitzt zwei Katzen. Die vierstöckigen Wohnblockhäuser befinden sich zwar nicht in besonders guter, jedoch auch nicht in einer verwahrlosten Wohnlage.

B. lebte in ihrer Kindheit im Elternhaus; wenn sie sich auch nicht wohl gefühlt hat, so liegen keine Heimaufenthalte oder Ausreißversuche vor, so daß bis dahin von einer D-idealtypischen Tendenz gesprochen werden kann. Sie verließ das elterliche Heim, als ihr Vater sie „rausschmeißt", d.h. der Auszug war nicht direkt von ihr verschuldet; andererseits nahm sie in Kauf, nicht mehr zu Hause zu leben, um nicht die Lehre fortführen und ihrem Vater in dieser Hinsicht zu gehorchen zu müssen. B. wechselte häufig ihre Aufenthaltsorte, insbesondere während ihrer letzten Ehe ist es unwahrscheinlich, daß es sich hierbei um geordnete und geplante Umzüge handelte (näheres siehe 2.1.1.6.). Während ihrer drei Ehen war sie nach ihren Angaben nicht durch Bekannte oder Freunde eingebunden, seit 1993 fehlte auch die Anbindung durch eine Berufstätigkeit.

Nach der Trennung von ihrem letzten Ehemann trat ein Wandel dergestalt ein, daß sie sich eine Wohnung nach ihren eigenen Wünschen (im Rahmen des finanziell möglichen) suchte und diese als echtes Zuhause, insbesondere auch für ihre Kinder ansieht. Zudem besteht nunmehr eine Einbindung durch freundschaftliche Kontakte zu Schwägerinnen und Schwägern (hierzu 2.1.1.5.).

Bis zu ihrem letzten Umzug ist das Verhalten im Bereich Aufenthalt und Wohnen eher dem K-idealtypischen Pol zuzuordnen, wenn auch nicht in ausgeprägter Form, da Merkmale wie eine zeitweise Wohnsitzlosigkeit oder die Suche nach Anonymität fehlen; gleichzeitig haben ihr Vater und ihre Ehemänner wohl einen großen Teil zu dem oben beschriebenen Verhalten beigetragen. In letzter Zeit ist eine Annäherung an den D-idealtypischen Pol zu erkennen.

2.1.1.3. Leistungsbereich

B. besuchte von 1973 bis 1976 die Grundschule und wurde in der dritten Klasse auf die Sonderschule überwiesen. Aus den Schreiben der B. an Gericht und Staatsanwaltschaft wird deutlich, daß sie nur über schlechte Rechtschreibkenntnisse verfügt.

Nach der Schule habe sie 1982 auf Drängen ihres Vaters eine Metzgerlehre begonnen. Sie habe sich da ständig übergeben müssen, bis ihr Chef selbst zu ihrem Vater gegangen sei und die Beendigung des Lehrverhältnisses vorgeschlagen habe.

Sie sei dann drei bis vier Monate arbeitslos gewesen und habe in der Folge ein Jahr aushilfsweise in einer Metallverarbeitungsfabrik gearbeitet. Von 1983 bis 1984 habe sie ein Berufsgrundschuljahr über das Arbeitsamt eingelegt. Von 1984 bis 1992 sei sie in einer Autofabrik am Band tätig gewesen. Nach Geburt ihres zweiten Kindes habe sie die in der Firma angebotenen Abfindungsregeln in Anspruch genommen und sei seitdem arbeitslos. Wenn die Kinder aus dem Gröbsten heraus seien, werde sie sich vielleicht wieder eine halbtägige Arbeit suchen. Laut Akten ging B. von März bis Dezember 1993 unter Umgehung der Anzeigepflicht einer Nebentätigkeit in einem Lebensmittelgeschäft nach. Von 1994 bis Juli 1995 war sie den Akten zufolge als Putzhilfe tätig.

In ihren ersten beiden Ehen habe sie das Geld verwaltet, nur in ihrer letzten Ehe sei dies nicht der Fall gewesen. Ihr Mann habe damals 2.000 DM monatlich verdient, wovon 1.000 DM für Miete aufgewendet worden seien. Das restliche Geld habe er für sich ausgegeben. Er habe ihr 50 DM zum Einkaufen gegeben; für sie und die Kinder sei nichts mehr übrig geblieben. Sie habe sich immer gefragt, wie andere Frauen mit so wenig Geld auskommen würden. Vorsorgemaßnahmen wie Sparbücher o.ä. seien gar nicht möglich gewesen.

Heute würde sie Arbeitslosengeld erhalten, ihr letzter Mann zahle noch keinen Unterhalt, sie bekomme jedoch Unterhaltsvorschuß und Kindergeld. Sie komme finanziell jetzt immer gut hin und teile sich das Geld ein. Sie würden jetzt einfach billiger und gesünder, d.h. weniger Fleisch essen. Laut Akteninhalt verdiente der Mann ca. 2.500 DM netto monatlich, wovon 1.200 DM für die Miete anfielen. Sie selbst erhält ca. 800 DM Arbeitslosengeld im Monat. Aus einem Schreiben der Schuldnerberatung vom März 1995 ging hervor, daß die Familie seit längerer Zeit in großen finanziellen Schwierigkeiten steckte. Das Familieneinkommen bewege sich auf dem Niveau von Sozialhilfesätzen. Die Gesamtschulden beliefen sich auf 45.000 DM. Zwischenzeitlich sei das Girokonto gesperrt worden.

Über das Verhalten im Bereich der *schulischen Leistungen* ist nichts bekannt. Fest steht jedoch, daß B. keinen Hauptschulabschluß gemacht hat und auch keine Interesse an Fort- oder Weiterbildungsmaßnahmen zeigte, so daß hier eher von einer K-idealtypischen Tendenz auszugehen ist.

Bezüglich der *Berufsausbildung* ist auffällig, daß B. kein konkretes Berufsziel vor Augen hatte, sondern sie sich nach ihrem Vater richtete und eine vollkommen ungeeignete Lehre begann. Ein Lehrabschluß liegt nicht vor, hierbei ist jedoch zu berücksichtigen, daß ihr Vater sie zu der Metzgerlehre drängte. Des weiteren handelt es sich um eine Lehre, deren Ausübung nicht nur eine Frage der Disziplin sondern auch der persönlichen Eignung ist.
Nach dem Abbruch arbeitete B. dann jedoch nur aushilfsweise in einer Fabrik, ohne sich zuvor eine neue Lehrstelle zu suchen. Nach dem Berufsgrundschuljahr fanden ebenfalls keine weiteren Versuche statt, einen Beruf zu erlernen.

Im Rahmen der *Berufstätigkeit* weist B. kein geplantes Berufsleben im Sinne eines beabsichtigen langsamen, aber fundierten Aufstieg in der Firma auf. Andererseits zeigt sie mit über acht Jahren in demselben Unternehmen eine gewisse Beständigkeit, wobei wiederum die Stabilität des Arbeitsplatzes und das Betriebsklima eine eher untergeordnete Rolle spielen. Die Art der Arbeit scheint nicht von Bedeutung gewesen zu sein, so daß auch von einer Befriedigung durch Arbeit nicht die Rede sein kann. Über das Verhalten im Betrieb ist nichts bekannt, jedoch erscheinen Vorkommnisse wie häufiges „Blaumachen" unwahrscheinlich, andererseits fand auch keine Identifikation mit dem Unternehmen statt.
Die jahrelange Arbeitslosigkeit hat B. in gewisser Weise gewählt (Abfindungsregel, Versorgung der Kinder). Interesse an beruflicher Weiterbildung oder an einer baldigen Aufnahme der Berufstätigkeit zeigt B. nicht. Vielmehr übt B. ausschließlich wenig qualifizierte Tätigkeiten aus, wobei es einmal zu einer Verletzung der Meldepflicht gegenüber dem Arbeitsamt kam und sie die letzte Stellung wegen eines Diebstahls verlor.

Im Ergebnis zeigt B. im Leistungsbereich eher K-idealtypische Züge.

2.1.1.4. Freizeitbereich

Über die Freizeitgestaltung in der Kindheit und während ihrer ersten beiden Ehen fehlen aussagekräftige Angaben. In ihrer letzten Ehe beschreibt B. ihren Tagesablauf folgendermaßen: Sie sei um fünf Uhr aufgestanden, um das Frühstück für ihren Mann zu richten, der dann zur Arbeit gefahren sei. Dann habe sie die Kinder in den Kindergarten bzw. in die Schule gebracht, sich für die eigene Arbeit fertiggemacht und von 10 bis 20 Uhr selbst gearbeitet. Abends habe sie den Haushalt erledigt und sich neben ihren Mann setzen müssen, bis er ihr erlaubt habe, ins Bett zu gehen. Sie sei immer sehr übermüdet gewesen. Unternehmungen mit Bekannten habe es nie gegeben, sie habe sich gar nicht mit anderen treffen dürfen.

Heute habe sie immer noch einen sehr geregelten Tagesablauf. Sie stehe um 6.30 Uhr auf, ihr Sohn gehe um 7 Uhr in die Schule, die beiden Töchter bringe sie um 8 Uhr in den Kindergarten. Dann erledige sie den Haushalt, bis die Kinder wieder zurückkämen. Nachmittags treffe sie sich zum Beispiel mit ihrer Schwägerin in der Stadt zum Kaffeetrinken. Sie würden gemeinsam viel mit ihren Kindern unternehmen (Waldspaziergänge, Schlittschuhfahren, Baden). Dies seien alles Dinge, die früher unmöglich gewesen seien; vor allem könne sie jetzt auch mal etwas für sich selbst tun, ohne kontrolliert zu werden. Ihr Hobby seien eindeutig ihre Kinder.

Während ihrer dritten Ehe liegt eine aktive Freizeitgestaltung im Grunde nicht vor. Es kommt nicht zu einer Ausweitung des Freizeit- auf den Leistungsbereich; zwar litt B. unter zu wenig Schlaf, dies jedoch nicht aufgrund selbstgewählter Freizeitaktivitäten, sondern wegen der steten Überbelastung, die ihr Ehemann wesentlich förderte. Einerseits übte B. keine langfristig angelegten, formal organisierten Beschäftigungen aus, die der Erholung und Entspannung hätten dienen können; andererseits ist nicht bekannt, daß B. regelmäßig Aktivitäten mit offenen Abläufen, Alkohol o.ä. nachgegangen. Die neben der Berufstätigkeit freie Zeit wurde im wesentlichen innerhäusig verbracht, wobei das Zusammensein mit der Familie zwar den größten Raum einnahm, die Zeit mit dem Ehepartner jedoch nur widerwillig verbracht wurde. Damit ist eine Einordnung hier weder eindeutig zur D- noch zur K-idealtypischen Seite möglich. In gewisser Weise mag diese Einschätzung auch für die ersten beiden Ehen gelten, wenn auch der von den Ehepartnern ausgeübte Druck wesentlich geringer zu sein schien (siehe 2.1.1.6.).

Heute wird die Freizeit im wesentlichen mit den Kindern und Freunden verbracht; der Tagesablauf ist geregelt, die Freizeit dient der eigenen Entspannung und Erholung gleichsam wie der Beschäftigung mit den Kindern. Insgesamt weist daher der Freizeitbereich mittlerweile eine D-idealtypische Tendenz auf.

2.1.1.5. Kontaktbereich

B. gibt an, zu ihrem Vater keinen Kontakt mehr zu haben, dies sei auf ihre schwere Kindheit zurückzuführen. Sie wisse nicht einmal, ob er noch lebe. Auch mit ihrer Schwester habe sie nichts mehr zu tun, daran sei sie jedoch selbst schuld. Ihre Schwester habe ihren dritten Ehemann nicht leiden können und habe sie vor ihm gewarnt. B. habe aber nicht auf ihre Schwester hören wollen. Mit ihrem Bruder telefoniere sie einmal pro Woche. Sie würden sich leider selten sehen, da ihr Bruder 30 km entfernt wohne und viel zu tun habe. Wie sich aus den Akten ergab, ist der Bruder vorbestraft und hatte bereits eine Haftstrafe zu verbüßen. Er wohnte nach seinem Haftaufenthalt in der Wohnung der Eheleute. 1993 fuhr er mit B. durch die Straßen und verübte - ohne ihr Wissen - mehrere Einbruchsdiebstähle (siehe unten 2.1.2.1.).

Bezüglich der *schicksalhaft vorgegebenen Kontakte*, die später zu selbst gewählten Kontakten werden, ist festzuhalten, daß B. sich früher zwar für eine gewisse Zeit in das Familienleben eingeordnet hat, dann jedoch aufgrund von Streitigkeiten ausgezogen ist. Das Zusammensein mit ihrer Familie, hier insbesondere ihrem Vater, war ihr gerade kein Bedürfnis. Sie steht ihrer Familie (zumindest Vater und Schwester) eher ablehnend gegenüber, wenn sie auch bezüglich der Schwester die Schuld bei sich sucht. Andererseits unternimmt sie keine Versuche, den verlorenen Kontakt zu ihr wieder herzustellen. Kontakt hält sie einzig zu dem sozial auffälligen Bruder. Die frühzeitige Loslösung vom Elternhaus und die Schwierigkeiten mit den Familienmitgliedern lassen hier tendenziell eine Ausrichtung zum K-idealtypischen Pol vermuten.

Sie habe früher in der Schule Freundinnen gehabt, die sie im Laufe ihrer Ehen alle aufgeben mußte. Eine Einordnung ist mangels genauerer Angaben nicht möglich. Während ihrer drei Ehen habe sie keine Bekannte oder Freunde gehabt. Ihr letzter Ehemann habe ihr ohnehin untersagt, sich mit anderen Leuten zu treffen. Heute habe sie hauptsächlich Kontakt zu den Schwestern und dem Bruder ihres letzten Mannes, die mit ihm selbst nichts mehr zu tun haben wollten. Sie würden fast täglich telefonieren und die Nachmittage zusammen verbringen (Stadtbummel, Kaffetrinken usw.). Auf sie könne sie sich verlassen, und bei Problemen könne sie jederzeit anrufen. Mit ihren beiden ersten Ehemännern habe sie keinen Kontakt mehr, lediglich ihr letzter Mann übe sein zweiwöchiges Besuchsrecht noch aus.

Im Rahmen der *selbstgewählten Kontakte* zur Zeit ihrer Ehen ist eine Einordnung zu einem der beiden Pole nur schwer möglich. Einerseits verfügte B. offensichtlich über keinen Freundes- oder Bekanntenkreis, es fehlte an tragenden Bindungen. Andererseits war B. auch nicht auf der Suche nach kurzfristigen, oberflächlichen Kontakten aus Eigennutz oder zur Bekämpfung der Langeweile.

Daher liegt aufgrund der fehlenden Kontakte weder eine D- noch eine K-idealtypische Konstellation vor. In letzter Zeit, sprich nach der Trennung von ihrem letzten Ehemann, kann B. auf einige wenige Freunde, nämlich die Familie ihres ehemaligen Mannes zurückgreifen (zu dieser Problematik auch unten 4.1.). Es besteht offensichtlich eine Vertrauensbasis, die Personen sind auch nicht beliebig auswechselbar. Die Freundschaften werden durch gemeinsame Unternehmungen und Interessen (hier u.a. die Kinder) aufrechterhalten. So kann im letzten Jahr von einer Tendenz zum D-idealtypischen Pol gesprochen werden.

Im Zusammenhang mit den sexuellen Erfahrungen gibt es keine Hinweise auf Partner außerhalb ihrer drei Ehen. Über ihren letzten Ehemann berichtet B., sie habe abends erst mit ihm zusammen zu Bett gehen dürfen, dann habe er mit ihr schlafen wollen, worauf sie keine Lust gehabt habe, da sie viel zu müde gewesen sei. Er habe ihr vorgeworfen, die „Schlafkrankheit" zu haben.
Das Verhalten der B. hinsichtlich der *sexuellen Kontakte* nähert sich dem D-idealtypischen Pol insofern, als B. sich auf einige wenige Geschlechtsverkehrpartner (ihre Ehemänner) beschränkt und die Personen nicht beliebig auswechselbar sind. Es ist jedoch an dieser Stelle auf den früher erlebten Mißbrauch hinzuweisen, der im Rahmen des Verhaltens im Kontaktbereich nicht gewürdigt werden kann.

Insgesamt trägt das Verhalten der B. K-idealtypische Züge, wobei in letzter Zeit eine Tendenz in die Gegenrichtung zu beobachten ist.

2.1.1.6. Eigene Familie

B. habe mit 19 Jahren (1986) zum ersten Mal geheiratet, nachdem sie von ihrem damaligen Freund schwanger gewesen sei. Ihren Ehemann, einen Gas- und Wasserinstallateur, habe sie bereits mit 15 Jahren in einer Diskothek kennengelernt. Er habe auch nach der Hochzeit ein Junggesellenleben geführt und sie auch geschlagen. Ihr Sohn sei im Mai 1987 zur Welt gekommen, 1989 sei die Scheidung erfolgt.

B. schließt hier in jugendlichem Alter, zwar nach längerer Bekanntschaft, jedoch ohne besondere materielle Vorbereitungen eine Ehe aufgrund einer bestehenden Schwangerschaft. Bei ihrem Ehemann handelt es sich um eine gewalttätige Person, gemeinsame Interessen oder ein gemeinsamer Bekanntenkreis bestehen nicht. Somit ist hier ein K-idealtypischer Zuschnitt gegeben.

Zwei Jahre später habe sie ihren zweiten Ehemann geheiratet, die Ehe habe jedoch nur ein Jahr gedauert. Grund für die Trennung sei das starke Asthma ihres

Mannes gewesen, welches immer wieder zu Konflikten geführt hätte. Geschlagen habe er sie nicht; gemeinsame Bekannte hätten sie nicht gehabt.

Mangels genauerer Angaben ist hier zumindest darauf abzustellen, daß die Ehe nur sehr kurz hielt und ein gemeinsames Leben offensichtlich ebensowenig wie in der ersten Ehe stattfand. Geprägt war auch diese Beziehung von Konflikten, so daß hier zumindest keine D-idealtypische, wenn nicht sogar eine K-idealtypische Konstellation vorliegt.

Noch in dem Jahr der Scheidung (1992) habe sie ebenfalls in einer Diskothek ihren dritten Ehemann kennengelernt. Sie sei sehr bald schwanger geworden, worauf ihr Ehemann ihr drohte: „Wenn wir nicht heiraten, dann ist das nicht mein Kind." Sie habe von Anfang an Zweifel gehabt, habe dennoch geheiratet, und im Januar 1993 sei ihre erste Tochter geboren worden. Ein Jahr später, im Juni 1994, sei ihre zweite Tochter zur Welt gekommen. Ihr Ehemann habe alle drei Monate woanders gearbeitet, dann sei er teilweise selbst gegangen oder man habe ihm gekündigt. Im Gegensatz zu ihren ersten beiden Ehen habe er das Geld „verwaltet", indem er alles für sich ausgegeben habe. Er habe das Geld richtig „herausgehauen" und zwar vorzugsweise für Autos, seiner „großen Liebe", die er alle zwei Wochen wieder mit Verlusten verkauft habe. Außerdem habe er pro Tag ein Kilo Fleisch oder teure Wurst gegessen. Sie habe oft nicht gewußt, wie sie trockenes Brot kaufen solle, da das Geld für sein Fleisch verbraucht worden sei. Wenn sie mit dem Geld nicht hingekommen sei, habe er sie geschlagen.

Gemeinsame Freunde oder Bekannte habe es außer seiner Familie nicht gegeben. Sie habe keinen Fuß vor die Tür ohne seine Erlaubnis setzen dürfen, für sich selbst habe sie nie etwas getan. Seine eigenen Töchter habe er nicht geschlagen, zu ihnen sei er „nur" sehr aggressiv gewesen; ihr Sohn habe jedoch Schläge bekommen. Ohnehin sei ihr Sohn von ihrem letzten Mann „ununterbrochen tyrannisiert" worden. Er habe auf die Schwestern aufpassen müssen und diese bedienen müssen; er habe gekocht, während ihr Mann auf der Couch gesessen habe. Ihr Sohn habe schließlich psychische Probleme bekommen, habe keine Freunde gehabt, nie gespielt und ständig als „Hilfeschrei" etwas kaputt gemacht. In der Schule sei er sehr schlecht geworden und habe auf die Sonderschule gehen müssen. Alle ihre Kinder hätten in dieser Zeit Schlafstörungen und Alpträume gehabt. Sie habe das alles zu spät bemerkt, obwohl ihr Bruder und noch früher ihre Schwester sie vor ihrem Mann gewarnt hätten. Sie habe sich jedoch gedacht, daß es an ihr liegen müsse, wenn drei Ehen scheiterten. Wenn sie ihren Mann früher verlassen hätte, würde sie jetzt vielleicht nicht da sein, wo sie sei.

1997 habe er sie wieder einmal derartig geschlagen, daß sie blutüberströmt zu ihrer Schwägerin gelaufen sei, nachdem er sie unter Morddrohungen („Ich stech´ euch alle ab!") aus der Wohnung geworfen habe. Ihre Schwägerin habe sie trotz B.´s Vorbehalte in ein Frauenhaus gebracht, von wo aus man sie sofort in eine psychiatrische Klinik eingewiesen habe (siehe 2.1.1.8.). Ihr Ehemann habe nicht gewußt, wo sie sei. Sie habe dennoch große Angst gehabt, daß er sie finde. Nach einer Woche sei sie in die eheliche Wohnung zurückgezogen, ihr Mann hätte inzwischen auf Druck ihres Rechtsanwalts die Wohnung geräumt. Dort habe sie sich jedoch unwohl gefühlt und sei - unter tatkräftiger Mithilfe ihres Sohnes - alleine in eine andere Wohnung gezogen. Laut Akten machte sich der Ehemann im April 1998 wegen Mißbrauch von Scheck- und Kreditkarten strafbar.

Nach der Trennung sei es „bergauf" gegangen. Im Mittelpunkt stünden nun ihre Kinder und insbesondere ihr Sohn, der sie jetzt brauche. Sie habe schreckliche Schuldgefühle ihm gegenüber. Sie sei sehr stolz auf ihre Kinder und glücklich, daß diese nun so zufrieden seien. Ihr Ehemann wolle jetzt wieder zu ihr zurück und rufe sie häufig an. Sie würde - schon alleine wegen der Kinder - niemals zu ihm zurück gehen.

Der Bereich der eigenen Familie ist auch in Bezug auf die dritte Ehe dem K-idealtypischen Pol zuzuordnen. B. heiratete - trotz zweier gescheiterter Ehen - nach kurzer Zeit erneut, wenn auch unter dem Druck einer Schwangerschaft. Sie brachte bereits ihren Sohn in die Ehe mit ein. Bei ihrem Ehepartner handelte es sich um eine sozial auffällige, gewalttätige Person. Vorbereitungen in irgendeiner Hinsicht wurden nicht getroffen. Es bestanden offensichtlich auch keine gemeinsamen Interessen, ebensowenig wurde der Versuch unternommen, ein echtes gemeinsames Leben zu führen, indem beispielsweise ein gemeinsamer Bekanntenkreis aufgebaut wurde. Nach heftigen, gewalttätigen Auseinandersetzungen kam es schließlich zur Scheidung. Selbstverständlich ist zu beachten, daß hier das Verhalten des Ehemannes, der B. unterdrückte, ganz wesentlich auf die Gestaltung der Ehe einwirkte. Seine Verhaltensweisen entsprechen im übrigen ganz eindeutig dem K-idealtypischen Zuschnitt, während B. bezüglich ihrer eigenen Bedürfnisse zugunsten der Ehe und der Versorgung der Kinder sehr wohl zurücksteckt, wenn auch erzwungenermaßen. Andererseits zeigte B. nicht ausreichend Kraft, um sich ihrem Ehemann zu widersetzen bzw. um ihn rechtzeitig zu verlassen.

2.1.1.7. Alkohol- und Drogenkonsum

Alkohol trinke sie im Prinzip gar nicht, höchstens einmal auf einem Fest. So habe sie sich letztes Sylvester „richtig einen Rausch angetrunken", um die letzten drei Jahre „herunterzuspülen". Sie rauche seit 15 Jahren eine Packung Zigaretten täglich. An Tabletten habe sie 1997 zeitweise Morphium und Schlaftabletten verschrieben bekommen. Nach einem Monat habe sie jedoch mit der Einnahme von Morphium selbständig aufgehört, da sie Angst vor einer Abhängigkeit gehabt hätte. Momentan nehme sie nur noch Beruhigungstropfen.

2.1.1.8. Körperliche und psychische Verfassung/Therapie

Von körperlichen Beschwerden ist nichts bekannt.
B. macht einen legeren, aber nicht ungepflegten Eindruck (preiswerte Kleidung wie Jeans und T-Shirt, rotgefärbte Haare, normalgewichtig). Sie schien recht schüchtern und zunächst etwas mißtrauisch.

Erstmals in therapeutischer Behandlung sei sie im Sommer 1997 gewesen, nachdem sie vor ihrem Mann in das Frauenhaus geflüchtet sei. Sie sei umgehend in ein psychiatrisches Krankenhaus überwiesen worden, als sie einen Nervenzusammenbruch erlitten habe. Besondere Zukunftsvorstellungen habe sie sich gar nicht machen können, sie sich nur gedacht: „Ich gehe unter, so oder so, Trennung oder nicht." Im Rahmen der Therapiegespräche habe die zuständige Psychologin sie aber immer wieder zur Trennung ermuntert. Seit Oktober 1997 besuche sie die Selbsthilfegruppe, vorher hätte ihr Ehemann sie ohnehin nicht dort hingelassen. Die Gruppentherapie wolle sie auch ohne richterliche Auflage weiter besuchen. Die Gespräche würden weniger in Bezug auf die Diebstähle helfen, als das Reden an sich (z.B. über ihre Kinder) schon sehr viel bringe.

Im September 1998 sei sie drei Wochen in Kur „wegen der Nerven" gewesen, die ihr sehr gut getan habe. Man habe dort im Rahmen von Therapiegesprächen festgestellt, daß sie seit drei oder vier Jahren an depressiven Angstzuständen leide. Zum gleichen Ergebnis sei der Gutachter gekommen, der sie im Oktober 1998 im Rahmen ihrer letzten Gerichtsverhandlung untersucht habe. (Das vom Gericht angeforderte Gutachten lag den Akten zum Zeitpunkt der Einsicht noch nicht vor.) Solche Angstgefühle seien bei ihr vor ihrer letzten Ehe nicht aufgetreten, Angst habe sie bis dahin nur vor ihrem Vater gehabt. Sie leide weiterhin seit dieser Zeit an Schlafstörungen, so daß sie im Sommer 1997 Morphium und Schlaftabletten eingenommen habe. Diese seien jedoch jetzt nicht mehr so gravierend; nur bei dem Gedanken an ihre letzte Gerichtsverhandlung (siehe 2.1.2.2.) könne sie schlecht schlafen und nehme Beruhigungstropfen. Sie werde nun auch eine Einzeltherapie neben der Gruppentherapie beginnen, worum sich die Gruppenleiterin kümmern würde.

2.1.2. Delinquenzbereich

2.1.2.1. Frühere Straftaten, Verurteilungen und Strafverbüßungen

Laut ihren Angaben habe sie ihren ersten Diebstahl 1994 begangen. Die Frage, ob sie bereits vorher Straftaten begangen habe, verneinte sie zögernd. Aus den Akten ergibt sich, daß bereits im September ein Ermittlungsverfahren wegen Beihilfe zum Einbruchsdiebstahl eingeleitet wurde, mangels Nachweisbarkeit jedoch hinsichtlich ihrer Person wieder eingestellt wurde. In der Vernehmung gab B. an, am Tattag seien sie und ihr Bruder, der nach seiner Haftentlassung bei ihnen gewohnt habe, nach einem Streit mit ihrem Mann mit dem Auto losgefahren. Es sei in einem Nachbarort ausgestiegen und nach etwa dreißig Minuten mit einer Dose Geld zurückgekommen. Sie habe geahnt, daß er irgendwo eingebrochen sei, was er jedoch verneint habe. Auf dem Weg habe sich das gleiche in einem anderen Ort ereignet. Sie habe sich überlegt, ohne ihren Bruder nach Hause zu fahren, sei dann aber doch geblieben und eingeschlafen, bis die Polizei sie festgenommen hätte. Die Angaben wurden von ihrem Bruder bestätigt.

Ein weiteres Verfahren, über das B. im Interview keine Angaben machte, lief Anfang 1994. B. wurde vorgeworfen, von März bis Dezember 1993 eine Nebentätigkeit ausgeübt zu haben und diese trotz Erhaltes von Arbeitslosengeld nicht angezeigt zu haben. B. erklärte in der Vernehmung, sie sei davon ausgegangen, neben dem Arbeitslosengeld 520 DM dazu verdienen zu dürfen. Sie sehe ihre Schuld ein, wenn sie auch irrtümlich gehandelt habe. Es erging ein Strafbefehl in Höhe von 25 Tagessätzen à 40 DM.

B. erklärte, ihren ersten Diebstahl 1994 begangen zu haben. Sie sei wieder einmal mit dem Geld nicht ausgekommen und habe nicht die von ihrem Ehemann gewünschten Waren einkaufen können. Ihr Haushaltsgeld sei ja immer zu knapp bemessen gewesen, und sie habe wieder Schläge erwartet. Um sich und die Kinder zu schützen, habe sie in der Schule ihres Sohnes einen Geldbeutel entwendet. Sie sei entdeckt worden, eine Anzeige habe es nicht gegeben, sie habe lediglich eine „Geldbuße“ zahlen müssen.

Im September 1994 entwendete B. Bargeld aus Geldbörsen von Mitarbeitern der Reinigungsfirma. Die Diebstähle wurden erst später entdeckt und zusammen mit den Taten vom Juni 1995 (siehe unten) abgeurteilt.
Etwa seit diesem Zeitpunkt habe sie, wie B. angibt, weiter gestohlen, in der Regel alle zwei Wochen. Meistens habe sie Geldbeutel (bspw. in Supermärkten) entwendet, manchmal habe sie auch Fleisch weggenommen.

Laut Akten wurden hiernach zwei Diebstähle im Februar und März 1995 aufgedeckt, die B. ebenfalls an ihrer Arbeitsstelle als Putzhilfe beging. B. sagte aus:

„In dem Putzraum sah ich eine Handtasche. Als ich alleine war, entschloß ich mich, in der Tasche nach Geld zu suchen. Ich fand eine Geldbörse mit mehreren Geldscheinen. Ich nahm einen 10-DM-Schein in der Hoffnung, daß es nicht auffällt. Bereits vor etwa drei Wochen habe ich Geld aus einer Tasche genommen. Grund für die Diebstähle ist die derzeitige schlechte finanzielle Lage meiner Familie. Ich habe drei Kinder zu versorgen. Das Geld meines Mannes reicht hierfür nicht aus. Erst jetzt wird mir bewußt, daß ich mit diesem Diebstählen alles nur noch schlimmer gemacht habe. Es tut mir sehr leid." Es erging eine Geldstrafe in Höhe von 40 Tagessätzen à 10 DM.

Im Juni 1995 kam es erneut zur Entdeckung zweier Diebstähle am Arbeitsplatz. B. sagte aus, sie habe wiederum Geld aus einer Börse entwendet und diese dann mit den amtlichen Papieren darin weggeworfen. Des weiteren stahl sie einen Datenbankrechner, den sie irrtümlich für einen Taschenrechner gehalten und ebenfalls weggeworfen habe. B. wurde für die Taten im September 1994 und im Juni 1995 zu einer Gesamtstrafe von 80 Tagessätzen in Höhe von 10 DM verurteilt. Nach Bekanntwerden der Delikte wurde ihr fristlos gekündigt.

Der nächste Diebstahl wurde im April 1996 (Bargeld einer Kundin im Supermarkt, Fleischwaren) aufgedeckt. Bei der Vernehmung äußerte B., daß sie die unbeaufsichtigte Geldbörse eingesteckt habe und danach in einem anderen Supermarkt die Fleischwaren in ihre Jacke gesteckt habe, da sie die Waren nicht habe bezahlen wollen. Als eine Verkäuferin auf sie zukam, sei sie losgelaufen, jedoch vor dem Laden gefaßt worden. B. wurde zu einer sechsmonatigen Freiheitsstrafe auf drei Jahre Bewährung verurteilt; B. gehe noch heute regelmäßig zur Bewährungshelferin. In dem Urteil hieß es, die Angeklagte zeige sich schwer erschüttert und trage schwer an der Schuld ihres Tuns. Das Gericht erkenne an, daß die Angeklagte glaube, in einer wirtschaftlich ausweglosen Situation zu sein. Wie die Angeklagte geschildert habe, habe sie sich nunmehr bemüht, auch mit ihrem Mann die beiderseitige wirtschaftliche Lage zu klären.

Im April 1998 wurden B. und ihr Ehemann wegen Betruges angeklagt, da sie angeblich eine Wohnung angemietet hätten, ohne willens und fähig zu sein, diese zu bezahlen. Ein Urteil gegen den Ehemann lag den Akten bei; laut Angabe der B. habe der Richter ihr glücklicherweise die Wahrheit geglaubt, nämlich daß ihren Mann das alleinige Verschulden treffe.

B. gibt zu den Diebstählen allgemein an:
Aus Gewohnheit habe sie nicht gestohlen, denn das Geld sei immer knapp und die Diebstähle daher immer „notwendig" gewesen. Sie sei - nicht nur am Tag des Diebstahls - sehr nervös gewesen, habe nicht einschlafen können, weil sie sich solche Sorgen um das Geld gemacht habe. Außerdem habe sie eine innere Wut verspürt. Sie habe dann während des Einkaufens nicht ans Stehlen gedacht,

aber wenn sie dann eine Geldbörse dort liegen sah, habe sie sie mitgenommen. Sie sei dabei immer sehr nervös gewesen und habe sich umgesehen, ob sie jemand beobachte. Nachdem sie die Börse eingesteckt habe, hätte sie ihre Einkäufe erledigt. Wie habe sie mit 100 DM monatlich auskommen sollen, wenn alleine das Fleisch für ihren Mann 10 DM pro Tag gekostet hätte? Sie selbst habe sich vor Fleisch schon geekelt und habe sich zu Hause nicht mehr getraut, etwas zu essen. Wenn sie dann abends an die Schläge von ihrem Mann gedacht hätte, hätte sie das Geld einfach eingesteckt. Eigentlich habe sie den Diebstählen widerstehen können, wenn sie nicht solche Angst vor den Folgen abends gehabt hätte. Außerdem habe sie ihren Kindern eine heile Weilt vorspielen wollen und deswegen trotzdem geklaut. Beim Verlassen des Ladens sei sie erleichtert gewesen, andererseits habe sie auch das schlechte Gewissen geplagt. Sie habe ja vorher nie gewußt, wieviel in dem jeweiligen Portemonnaie an Geld gewesen sei. Die Eigentümer habe sie eigentlich nicht schädigen wollen, daher habe sie sich häufig überlegt, mit der Girokarte Kontoauszüge zu holen, um nach Schulden o.ä. zu sehen. Das habe sie sich dann doch nicht getraut.

2.1.2.2. Letzte Tat

Die letzte Tat beging B. im Oktober 1997, also kurz nach der Trennung von ihrem Ehemann. Sie sei wegen der Scheidungsangelegenheit bei einem Rechtsanwalt gewesen und habe einen Geldbeutel (laut Akten mit dem Inhalt von 140 DM Bargeld und eine EC-Karte) aus einer Jackentasche genommen. Als sie die Kanzlei verlassen hätte, habe sie das Geld schon zurückgeben wollen, habe sich jedoch nicht getraut, noch einmal zurückzugehen. Zu Hause habe sie das Portemonnaie auf die Seite gelegt und sich nicht daran erinnern wollen. Am nächsten Tag habe die Polizei vor der Tür gestanden und sie habe die Börse übergeben. Zu diesem Zeitpunkt sei sie „krankgeschrieben“ gewesen, da sie nervlich wegen der wenige Tage vorher endgültig vollzogenen Trennung sehr schwach gewesen sei. B. hätte unter schweren Schlafstörungen gelitten und seit zwei Monaten Schlaftabletten, seit einem Monat Morphium dagegen eingenommen. Sie habe sich selbst gewundert, warum sie gestohlen habe; schließlich habe sie das Geld ja gar nicht mehr benötigt. Fast sei es ihr wie eine Gewohnheit vorgekommen. Wegen dieses Diebstahls sei noch eine Gerichtsverhandlung Anfang nächsten Jahres offen, weswegen vor einer Woche das Gutachten erstellt worden sei, das ihr verminderte Schuldunfähigkeit wegen Depressionen bescheinigt hätte. Der Gutachter habe eine günstige Prognose abgegeben und sei sehr nett gewesen, aber ihr gehe diese Verhandlung nicht aus dem Kopf. Sie sehe es als ihre letzte Chance, mit allem abzuschließen und habe große Angst vor einer Haftstrafe, schon wegen der Kinder. Das Gutachten und das Urteil lagen den Akten zum Zeitpunkt der Einsicht noch nicht bei, es fand sich lediglich der Beschluß einer Begutachtung auch unter dem Gesichtspunkt der Kriterien des § 63 StGB.

Seit diesem Diebstahl sei sie nicht mehr rückfällig geworden. Manchmal sehe sie in einem Laden eine Geldbörse und denke sich, daß sie diese vor einem Jahr noch mitgenommen hätte.

2.1.2.3. Analyse des Delinquenzbereichs

Die Untersuchung im Hinblick auf eine möglicherweise gesteigerte Zielstrebigkeit ergibt im vorliegenden Fall folgendes:
Die Diebstahlstaten wurden alle in einer Konfliktsituation verübt, in der B. sich Gewaltanwendungen ausgesetzt sah, wenn sie nicht die Einkäufe zur Zufriedenheit ihres Mannes erledigte. Die sich im Laufe der Zeit entwickelnden depressiven Angstzustände und die damit verbundene Nervosität führten des weiteren zu besonderen Stimmungslagen, die auf eine geringe Zielstrebigkeit hinweisen. Eine „Planung" fand nur insofern statt, als der Anlaß, das Tatobjekt und die generelle Vorgehensweise der B. eigentlich klar waren; auch kann man bei der Regelmäßigkeit der Delikte nicht davon ausgehen, daß B. selbst von ihren Taten überrascht wurde. Andererseits kann ebensowenig von einer sorgfältigen Planung oder Vorbereitung gesprochen werden, eher wurden „verführerische Gelegenheiten" wahrgenommen. Die Taten wurden nicht mit allen Mitteln begangen, bei Schwierigkeiten nahm B. Abstand von der Tat (was bei dem Delikt des Ladendiebstahls allerdings nichts Ungewöhnliches ist, da die Gelegenheiten vielfältig sind). Eine völlig naive Vorgehensweise ist nicht gegeben. Gleichzeitig wurde die Beute nicht, wie für minder zielstrebige Delinquenz typisch, sinnlos gehortet oder weggeschmissen, sondern planmäßig verwendet.

Die Diebstahlstaten zeichnen sich durch eine ähnliche bis gleichartige Begehungsweise sowie denselben Anlaß aus. Die Delinquenz war eingebettet in eine Lebenssituation, in der sich B. in einer von ihrem Ehemann verursachten Zwangslage befand, aus der sie sich aus eigener Kraft nicht befreien konnte und ihres Erachtens nur der Weg über die Diebstähle blieb. Innerhalb der zwei Jahre kann insofern von einer Verfestigung gesprochen werden, als die Taten sehr regelmäßig begangen wurden und - wie oben dargelegt - eine gewisse, wenn auch nicht ausgeprägte Zielstrebigkeit zu bejahen ist.

Die letzte Tat reiht sich nicht ohne weiteres in die vorhergehenden ein, da alleine die äußerliche Situation eine andere ist. Die Trennung von ihrem Ehemann war gerade vollzogen, der akute Anlaß zu stehlen bestand für B. nicht mehr. Die Tatsache, daß der wohl entscheidende Auslöser der Delinquenz wegfiel, muß jedoch im Lichte der sonstigen Umstände betrachtet werden. B. hatte gerade einen Zusammenbruch erlitten und war aus der Psychiatrie entlassen worden. Die Angst vor dem Ehemann sowie die depressiven Verstimmungen verbunden mit einem völligen Umbruch der alltäglichen wie der grundsätzlichen Lebensumstände lassen immer noch eine außergewöhnliche Stimmungslage vermuten. Von der äußerlichen Begehungsweise her sind keine wesentlichen Unterschiede erkennbar, was darauf schließen läßt, daß in gewissem Umfang auch der Gewohnheitsaspekt eine Rolle gespielt haben mag. Die Tatsache, daß es danach nicht mehr zu Diebstählen kam, zeigt, daß zwar bis 1997 eine Verfestigung eingetreten ist, diese sich jedoch seit dem letzten Diebstahl zurückentwickelte, so daß es sich um eine relativ klar abgrenzbare Phase handelte.

2.2. Analyse des Lebensquerschnitts

(Als Querschnittintervall wird im folgenden der Zeitraum nach der Trennung von ihrem Ehemann, also die Tage oder Wochen vor dem 21.10.1997 herangezogen.)

2.2.1. K-Kriterien

Eine *Vernachlässigung beruflicher Pflichten* ist mangels Berufstätigkeit zu dieser Zeit nicht gegeben. Läge eine solche vor, so wäre es in diesem Zeitraum ohnehin zu einer Krankschreibung wegen der oben dargelegten psychischen Situation der B. gekommen. In der Vergangenheit ging B. zwar bis zur Geburt ihres zweiten Kindes einer geregelten Arbeit nach, sie unternahm bis dato jedoch keine Anstrengungen mehr, sich um eine neue Arbeit zu bemühen. Soweit es ihr möglich war, kam sie ihren *familiären Pflichten* nach; so verließ sie die psychiatrische Klinik möglichst früh, um wieder bei ihren Kindern zu sein. Eine Erfüllung der familiären Pflichten ist auch im Rückblick gegeben.
In Betracht kommt jedoch das *fehlende Verhältnis zu Geld und Eigentum*. Zumindest im Rückblick zeigte B. zumindest während ihrer dritten Ehe mangelnden Überblick über die finanzielle Situation. Es bestanden enorme Schulden und die Familie befand sich am Rande des Sozialhilfeniveaus. Ansparungen oder Vorsorgemaßnahmen fanden nicht statt, vielmehr fehlte es ständig an Geld, um das Notwendigste sicherzustellen. Hier ist jedoch gleichzeitig zu beachten, daß Verhaltensweisen wie unangemessene Ausgaben für eigene Zwecke eher bei ihrem Ehemann zu beobachten sind. Im Querschnittintervall änderte sich die Situation dahingehend, daß die finanzielle Abhängigkeit von ihrem Ehemann zunächst aufgehoben war. In dieser Zeit kann das K-Kriterium („Leben von der Hand in den Mund", Geldverschwendung für eigenes Amüsement o.ä.) nicht bejaht werden.
Die hierfür typischen Merkmale waren eher durch die von B. angegebenen Verhaltensweisen des Ehemanns erfüllt, der B. nicht nur in dieser Hinsicht „in der Hand" hatte. Somit ist hier eher das K-Kriterium der *mangelnden Realitätskontrolle* zu bejahen, welches sich ebenfalls in der Eheführung als solche bei B.

zeigt: Leiden, ohne sich hiervon befreien zu können; sie realisiert Situation ihres Sohnes nicht, hört nicht auf Ratschläge ihrer Geschwister, hält Dinge für selbstverständlich, die es nicht sind (Schläge, knappes Haushaltsgeld, Schlafmangel etc.)
Ein *unstrukturiertes Freizeitverhalten* liegt im Querschnittintervall nicht vor, da B. mit der Versorgung ihrer Kinder und der Organisation der Trennung beschäftigt war. Auch in der Vergangenheit findet das Kriterium keine Bestätigung.
Möglicherweise könnte hier eine *fehlende Lebensplanung* zu diskutieren sein. B. hatte nie besondere berufliche Pläne; ihre Hochzeiten fanden unvorbereitet und zweimal wegen einer ungewollten Schwangerschaft statt; besondere Vorsorgemaßnahmen bei der Existenz von drei Kindern hat B. nicht getroffen. Andererseits wurden nicht alle diese Merkmale aus Eigennutz oder Sorglosigkeit erfüllt, sondern größtenteils unter Druck, aus Angst oder Hilflosigkeit.
B. zeichnet sich nicht durch eine *geringe Belastbarkeit* aus, da sie im Querschnittintervall ihren Problemen nicht aus dem Weg geht, sondern eine neues Leben organisiert, wozu die Scheidung ebenso wie eine neue Wohnung und eine Therapie gehören.
Das Vorliegen eines inadäquaten Anspruchsniveaus kann jederzeit verneint werden; ebenso die Forderung nach Ungebundenheit und der übermäßige Alkoholkonsum.

2.2.2. D-Kriterien

Das Kriterium der *Erfüllung der sozialen Pflichten* kann vorliegend als gegeben angesehen werden, da B. sich offensichtlich trotz der schwierigen Umstände um die Versorgung ihrer Kinder ebenso wie die Abwicklung der Trennung von ihrem Ehemann kümmerte. Im Rückblick ist sogar zu einer übermäßige Anpassung in Bezug auf die von ihr vermeintlich zu erfüllenden Pflichten gekommen.
Ebenso verwirklicht B. im Querschnittintervall sowie in der Vergangenheit das Merkmal eines *adäquaten Anspruchsniveaus*. Sie stellt keine hohen oder unangemessenen materiellen Forderungen, sondern zeichnet sich vielmehr in dieser Hinsicht durch eine gewisse Bescheidenheit aus. Während ihrer dritten Ehe wollte sie die materiellen Ansprüche und Ausgaben senken, was ihr Ehemann jedoch zu verhindern wußte.
Eine *Gebundenheit an eine geordnete Häuslichkeit und ein Familienleben* kann gleichfalls beobachtet werden. B. suchte eigenständig eine neue Bleibe, die als Zuhause für sie und ihre Kinder von zentraler Bedeutung ist. In der Vergangenheit stellt sich insofern ein anderes Bild dar, als B. notgedrungen mit ihrem letzten Mann zusammenlebte, ohne daß hierfür ein echtes Bedürfnis bestand. Die Verhältnisse können des weiteren auch nicht als geordnet, sondern vielmehr als von Angst und Gewalttätigkeit geprägt beschrieben werden.

Ob B. ein *reales Verhältnis zu Geld und Eigentum* im Querschnittintervall aufweisen kann, erscheint angesichts der vorher bestehenden Situation zweifelhaft und muß wegen fehlender Angaben über die Zeit der Trennung verneint werden. Jedenfalls besteht in der Vergangenheit das D-Kriterium nicht, da B. es nicht gelang, Vorsorgemaßnahmen o.ä. zu schaffen (s.o. 2.2.1.).
Die Merkmale des Arbeitseinsatzes und Befriedigung bei der Berufstätigkeit sowie eine produktive Freizeitgestaltung und ein persönliches Engagement für personale und Sachinteressen sind nicht gegeben.
Auch das Kriterium der *Anpassungsbereitschaft* liegt nicht eindeutig vor, da B. in der Vergangenheit keine Anpassungsfähigkeit aufgrund einer bewußten Prinzipienfestigkeit bewies, sondern ihr Verhalten sich vielmehr durch leichte Beeinflußbarkeit und Widerstandslosigkeit auszeichnete. Erst bei nicht mehr zu überwindenden Schwierigkeiten (hier der Nervenzusammenbruch im Querschnittintervall) führt mit Unterstützung Dritter (Klinik, Verwandtschaft) zu einer Änderung der Umstände.
Wiewohl im Rückblick zu verneinen, so läßt sich das von Vertrauen und Zuverlässigkeit geprägte Verhältnis zur Familie ihres Ehemannes im Querschnittintervall durchaus als *tragende Bindung* bezeichnen. Gleichzeitig besteht die intensive Bindung zu ihren Kindern.
In Bezug auf die Aufarbeitung des eigenen Lebensschicksals *(hohe Belastbarkeit bei großer Ausdauer)* läßt sich im Querschnittintervall erstmals eine Tendenz dahingehend beobachten, daß B. „ihr Leben in die Hand nimmt", wiewohl eine Aufarbeitung der gescheiterten Ehen und des Mißbrauchs noch nicht begonnen haben. In der Vergangenheit kann das Kriterium nicht angenommen werden.
Die *Verantwortungsbereitschaft* - hier gegenüber ihren Kindern - ist im Querschnittintervall wie auch rückblickend zu bejahen; das Merkmal der *Eigenverantwortung* läßt sich erstmals im Ansatz nach der Trennung, also im Querschnittintervall feststellen.
Eine *gute Realitätskontrolle* ist vorliegend nicht anzunehmen, gleiches gilt für die Einschätzung der Vergangenheit (siehe 2.2.1.).
Im Querschnittintervall lassen sich Tendenzen einer solideren *Lebensplanung*, wenn auch noch keine *Zielstrebigkeit* erkennen, indem die Lebensumstände durch B. selbst geändert werden; andererseits handelt es sich hier zum einen lediglich um kurz- und mittelfristige Planungen, zum anderen ist in der Vergangenheit einer derartige Lebensplanung als D-Kriterium nicht festzustellen, so daß es insgesamt verneint werden muß.

2.3. Relevanzbezüge und Wertorientierung

2.3.1. Relevanzbezüge

B. gibt auf die Frage nach ihren drei größten Wünschen an, für sie stünden nun ihre Kinder im Mittelpunkt. Ihre Kinder beruhigten sie und machten sie glücklich. Arbeiten wolle sie erst wieder, wenn die Kinder aus dem Gröbsten heraus seien, dann werde sie sich eine Tätigkeit halbtags suchen. Das Schlimmste, was ihr jetzt noch bevorstehe, sei die letzte Gerichtsverhandlung - ihre „letzte Chance“. Sie wolle die Gruppentherapie in jedem Falle weiter besuchen, außerdem werde sie noch eine Einzeltherapie beginnen.

Kennzeichnend für die Zeit ihrer Ehen war bei B. die Konzentration auf ihre Kinder, den Haushalt, zu Beginn auch auf den Beruf und zwar nach den Vorstellungen des jeweiligen Ehemannes (dies gilt zumindest für die erste und dritte Ehe). B. paßte sich der Rolle der gehorsamen Ehefrau an, die auch Gewalttätigkeiten hinnimmt aus Angst vor Schlimmerem. Sie erledigte Haushalt, Kinder und Beruf, um den Anforderungen ihres Mannes gerecht zu werden; gleichzeitig unterließ sie alles (eigene Freizeit, Bekannte etc.), was ihn hätte verärgern können. Vorliegend ist ihr Verhalten durch Anpassung und Abhängigkeit verbunden mit der Unfähigkeit, sich zur Wehr zu setzen, gekennzeichnet. In diesem Punkt sei bereits auf die ähnlich gelagerte Mißbrauchsproblematik hinzuweisen.
Momentan liegt ihr Interesse bei ihren Kindern, die ihren Alltag bestimmen. Somit ist dieser Relevanzbezug als einem Aspekt, den B. als letztes vernachlässigen würde, von zentraler Bedeutung und wirkte im übrigen auch schon im Rückblick, wurde jedoch durch die Kontrolle des Ehemannes (bspw. durch das Verbot von Zärtlichkeiten ihrem Sohn gegenüber) zur Seite gedrängt; berufliche Perspektiven oder Ziele stehen im Hintergrund.

2.3.2. Wertorientierung

Grundsätzlich zeigt B. das Bedürfnis nach geordneten Verhältnissen mit dem Ziel, die Möglichkeit und den Raum für die Erziehung ihrer Kinder zu schaffen. Dieses Prinzip wird momentan auch von B. in die Realität umgesetzt, während die Verwirklichung dieses Relevanzbezuges zur Zeit ihrer letzten Ehe nicht stattfinden konnte. Es ist jedoch gleichzeitig zu beachten, daß B. offensichtlich von Haus aus keine stabile Wertorientierung mitgegeben wurde. Dies läßt sich unter anderem an einem wenig ausgeprägten Unrechtsbewußtsein hinsichtlich der Betrugstat bzw. der ermittelten Sachverhalte (B. begleitet ihren Bruder weiter, obwohl sie „etwas ahnte“, s.o. 2.1.2.) festmachen. Eine Veränderung der Wertorientierung hat sich ab dem Querschnittintervall insofern ergeben, als B. zumindest in der jetzigen Situation das Institut der Ehe als für sie nicht mehr wünschenswert ansieht, welches in der Vergangenheit eine Selbstverständlichkeit darstellte.

3. Kriminologische Diagnose

3.1. Die Bezugskriterien der Kriminologischen Trias

Die hinsichtlich der „Erwartbarkeit" am Ende des Kontinuums stehende Kategorie des *kriminellen Übersprungs* ist bei B. nicht einschlägig. Im Längsschnitt finden sich in diesem Fall eindeutig K-idealtypische Tendenzen (im Aufenthalts-, Leistungs-, Kontakt- und Familienbereich). Im Querschnitt besteht gerade keine kriminoresistente Konstellation, vielmehr sind auch einige K-Kriterien zu bejahen.
Ebenso scheidet die *Kriminalität bei sonstiger sozialer Unauffälligkeit* aus, da auch hierfür Voraussetzung ist, daß K-idealtypische Verhaltensweisen fehlen. Vielmehr zeigen sich soziale Auffälligkeiten, die sich in vielen Bereichen bis 1997 entwickeln.
Auf der anderen Seite der „Erwartbarkeit" findet sich die Kategorie der *kontinuierlichen Hinentwicklung zur Kriminalität mit Beginn in der frühen Jugend.* Zwar legte B. K-idealtypische Verhaltensweisen an den Tag, diese jedoch nicht zum frühestmöglichen Zeitpunkt. So fehlen typische Auffälligkeiten wie Heimaufenthalte, Herumtreiben, aggressives Verhalten in der Schule, späteres Ausweiten des Freizeit- auf den Leistungsbereich, Wohnsitzlosigkeit oder utilitaristische Kontakte. Im Querschnitt besteht zudem keine kriminovalente Konstellation, wenn auch einige K-Kriterien zu bejahen sind. Gerade die letzte Tat stellt sich zudem nicht an einem Endpunkt eines Zusammenbruchs ein, sondern vielmehr in einer Phase des Umbruchs und des Neubeginns. Im Rahmen der Relevanzbezüge läßt B. auch keine kennzeichnenden Merkmale wie die Forderung nach Ungebundenheit oder Freiheit und Abenteuerlust erkennen. Bei der Betrachtung der Delinquenz fällt zudem auf, daß B. erstmals im Alter von 26 Jahren strafrechtlich in Erscheinung tritt.
Möglicherweise handelt es sich um die *Hinentwicklung zur Kriminalität im Heranwachsenden- bzw. Erwachsenenalter*. Im Lebenslängsschnitt kommt es spätestens im späten Jugendalter im Leistungs- und Aufenthaltsbereich sowie im Kontaktbereich zu K-idealtypischen Tendenzen, später auch im Bereich der eigenen Familie. Eine völlige Vernachlässigung beispielsweise sozialer Pflichten (Versorgung der Kinder) findet jedoch zu keinem Zeitpunkt statt. Gerade im Zeitpunkt der letzten Tat läßt sich eine Umkehrung der Tendenzen hin zum D-idealtypischen Pol erkennen. Eine kriminovalente Konstellation ist ebenfalls nicht gegeben. Hinsichtlich der Relevanzbezüge spielt auch der für diese Kategorie typische Freizeitbereich keine besondere Rolle, die Auffälligkeiten sind primär in anderen Bereichen zu finden. Eine echte „Verschiebung" der kriminel-

len Entwicklung durch das Wegfallen der (elterlichen) Ordnung und zunehmender Freiheit scheint hier nicht vorzuliegen. Zum einen stellte die Herkunftsfamilie gerade kein stabiles Ordnungsgefüge dar, sondern es herrschten vielmehr Verhältnisse, die geeignet erschienen, die nachträgliche Entwicklung zu fördern. Zum anderen war die Delinquenz nicht in eine von Freiheit geprägte und von Kontrollinstanzen losgelöste Lebenssituation eingebettet, sondern Schwierigkeiten bereitete B. in der letzten Ehe gerade der *mangelnde* Freiraum.
Es bleibt die Prüfung einer *Kriminalität im Rahmen der Persönlichkeitsreifung*, für welche das vorübergehende Auftreten der Delinquenz typisch ist. Dieses Merkmal ist vorliegend auch gegeben, da B. relativ klar abgrenzbar über drei Jahre hinweg und damit in gewisser Weise vorübergehend straffällig wurde. Allerdings wird mit dieser Kategorie eine entwicklungsspezifische Kriminalität beschrieben, die sich bei Jugendlichen bspw. in einem K-idealtypischen Freizeitverhalten und in der zeitweisen Identifikation mit Kontaktpersonen, die ein derartiges Verhalten fördern, zeigen. Die Beeinflußbarkeit und die zwischenzeitliche Überzeugung von „Werten", die auch „phasenverschoben" bis Mitte des dritten Lebensjahrzehnts vorkommen können, sind damit ebenso wie die Delinquenz vorübergehender Natur. Bei B. hingegen begann die verfestigte Delinquenz erst im Alter von 27 Jahren, typische Auffälligkeiten im Freizeitbereich fehlen, während einschneidender bspw. der Bereich der eigenen Familie betroffen ist. B. handelte hier zwar vorübergehend, jedoch nicht aufgrund einer freiwilligen, lediglich reifungsbedingten Identifikation, sondern unter dem Druck und der Fixierung auf die Wünsche ihres Ehemannes. Gleichzeitig fehlt es an einer gefestigten Wertorientierung von Haus aus, die die Problematik als vorübergehend und als alleine durch äußere Umstände beeinflußt aussehen lassen könnte.
Letztendlich können lediglich die beiden ersten Kategorien ausgeschlossen werden, ansonsten kann eine eindeutige Zuordnung nicht vorgenommen werden, was eine Prognose nicht unmöglich macht, jedoch die verstärkte Einbeziehung der „besonderen Aspekte" im Leben der B. erfordert.

3.2. „Besondere Aspekte" im Leben des Täters

Auffälligkeiten ergeben sich sowohl als interne als auch externe Aspekte im Kontaktbereich der B. Der Einfluß von sozial auffälligen Personen wirkte sich mehrfach negativ auf das Verhalten der B. aus, indem sie sich deren Forderungen anpaßte und sich unterdrücken ließ. Trotz oder wegen der ebenfalls häufiger erlebten Gewaltanwendung harrte B. bis zu einem gewissen Zeitpunkt in ihrer Situation aus und fand keinen Weg aus der Abhängigkeit. Dieses Verhaltensmuster zeigt sich im Verhältnis zu ihrem Vater, ihrem Bruder wie auch zu ihrem ersten und in extremer Ausprägung zu ihrem dritten Ehemann. Derartige Situationen führten nicht nur zu einer sozialen Desintegration, sondern dazu, daß B.

einen sozial nicht adäquaten Ausweg - die Diebstahlstaten - suchte. Der finanzielle Druck verbunden mit Gewalttätigkeiten auch gegenüber ihren Kindern war, wie B. glaubwürdig äußerte, der Auslöser für die Delinquenz. Hierbei gilt es zu beachten, daß B. nach ihren Angaben in dieser Zeit unter depressiven Angstzuständen litt und noch leidet. Die Tatsache, daß vorher und nachher zumindest keine intensive Straffälligkeit gegeben war, lassen die Taten als abhängig von einer äußeren Zwangslage, wenn auch nicht im strafrechtlichen Sinne, erscheinen. Dieser Eindruck wird durch die Beobachtung verstärkt, daß die Taten (auch der Probandin selbst) nicht völlig „unerklärlich" oder „sinnlos" erscheinen, und die Möglichkeit des Widerstehens nicht verneint wird.
Der sexuelle Mißbrauch kann hier ohne Rückgriff auf ein psychologisches Modell nicht gewertet werden.
Auf der anderen Seite der entscheidenden Aspekte steht die Sorge und das Interesse an ihren Kindern, welches momentan die zentrale Rolle im Leben der B. spielen.

4. Folgerungen

4.1. Folgerungen im Blick auf die Prognose

Da eine Einordnung in die Kategorien unter 3.1. offen bleiben mußte, kann eine *grundsätzliche Prognose* nicht vorgenommen werden und es ist direkt auf die *individuelle Basisprognose* einzugehen. In diesem Zusammenhang ist nochmals auf die Tatsache hinzuweisen, daß die Diebstähle sich einzig in der Phase ereigneten, in der B. unter einem enormen Druck und unter Angstzuständen litt. Seit der Beendigung der Beziehung und des Wegfalls der für B. belastenden Umstände ist es lediglich einmal in unmittelbarem zeitlichen Zusammenhang hierzu zu einem Diebstahl gekommen; seitdem ist die Probandin nicht mehr rückfällig geworden. Inwieweit dieser negative Einflußfaktor in Zukunft noch einmal wirksam werden wird, ist schwer vorherzusehen. Die momentane Situation als Alleinstehende mag für einen gewissen Zeitraum als die beste Lösung angesehen werden; auf Dauer erscheint eine erneute Bindung der B. an einen Lebenspartner wahrscheinlich. Ungünstig wirkt sich diese Wahrscheinlichkeit jedoch nur aus, wenn ein derartiger Aspekt zu einer vergleichbaren Situation führt. B. macht jedoch den Eindruck, aus den Dingen gelernt zu haben, so daß hier eine absehbare „Wiederholungsgefahr" nicht gegeben ist.
Als stabilisierend wirken sich momentan die Beziehungen zu ihren Kindern aus, die Lebensinhalt und Quelle der Motivation für B. darstellen. Zu beachten ist jedoch, daß sich dieser Mittelpunkt mit zunehmenden Alter der Kinder verschieben wird und durch andere Inhalte ersetzt werden muß. Daher können sich langfristig die fehlende Berufstätigkeit und insbesondere die ungünstigen Aussichten der B. auf dem Arbeitsmarkt sowie die geringe Motivation als sehr un-

günstig erweisen. Positiv ist die aktive Unterstützung durch die Familie ihres ehemaligen Ehemannes, wobei auch hier mittelfristig eine Umkehrung in der Hinsicht denkbar ist, daß sich die Familie mit dem Ehemann auf Kosten der B. wieder konsolidiert. Dennoch ist für die akute Situation eine stabilisierende Wirkung nicht zu unterschätzen. Gleichzeitig ist die Einsicht, daß die Trennung von ihrem Ehemann die beste Lösung darstellte, von Bedeutung.
Als belastender Umstand sei hier auf die psychischen Faktoren (offensichtlich depressive Angstzustände) hingewiesen, welche jedoch kriminologisch nicht bewertet werden können. Des weiteren ist zu beachten, daß die finanzielle Lage der B. nicht ausreichend gesichert ist.
Trotz einiger, nicht außer acht zu lassenden ungünstigen Aspekte sollte daneben berücksichtigt werden, daß sich die äußeren und inneren Lebensumstände seit dem letzten Delikt stark verändert haben. B. läßt ein wachsendes Selbstbewußtsein erkennen und genießt die neue Selbständigkeit. Das Gefühl, eine „letzte Chance“ zu bekommen, ruft gleichzeitig ein Bewußtsein hervor, welches sich ebenfalls günstig auf die Rückfallvermeidung auswirkt. Im Ergebnis kann damit eine günstige individuelle Prognose abgegeben werden.

Bezüglich der *Interventionsprognose* ist festzuhalten, daß Geld- oder Bewährungsstrafen, solange die sonstige Lebenssituation unverändert blieb, keinen Einfluß auf die Delinquenz nehmen konnten. Gerade an der Reaktion auf die noch ausstehende Verhandlung zeigt sich jedoch, daß die Probandin nicht unbeeindruckt bleibt, sondern im Gegenteil eine abschreckende Wirkung von ihnen ausgeht. Eine Freiheitsstrafe ohne Bewährung wäre jedoch aus folgenden Gründen ungeeignet: Die Hauptstütze, ihre Kinder, würden von ihr getrennt. Ihr soziales Umfeld momentan ist unauffällig und B. ist tendenziell integriert. Während eines Haftaufenthaltes würde sich B. erneut in einem sozial auffälligen Umfeld bewegen, in dem sie wiederum der Gefahr einer Abhängigkeit oder Unterdrückung ausgesetzt wäre. Im übrigen sind die hier erforderlichen Therapiemöglichkeiten (siehe 4.2.) nicht ausreichend gegeben.

4.2. Folgerungen im Blick auf Einwirkung und Behandlung

Die von B. seit einem Jahr besuchte Gruppentherapie hat stabilisierende und kontrollierende Wirkung, die auch in Zukunft dringend erforderlich ist. Hierbei geht es nicht nur um die Aufarbeitung, sondern primär um Unterstützung und Motivation auch im alltäglichen Bereich. Lerneffekte aus der Vergangenheit sowie ihr Selbstbewußtsein können in diesem Rahmen gestärkt werden, was eine erneute Beeinflussung durch sozial auffällige Kontaktpersonen verhindern könnte. Gleichzeitig ist die Anregung notwendig, sich langfristig eine Basis zu schaffen, die auch in Zeiten, in denen die Kinderbetreuung in den Hintergrund treten wird, eine Auffangfunktion bieten kann. Hierzu gehören Überlegungen

bezüglich einer möglichen Berufstätigkeit, der Aufbau von weiteren Kontakten und - in der Hauptsache - die Regelung der finanziellen Angelegenheiten. Dieser letzte Aspekt ist insofern von Bedeutung für das Legalverhalten, als B. Situationen unbedingt vermeiden muß, in denen sie finanziell unter Druck steht und beispielsweise für ihre Kinder mangels ausreichender Vorsorge Mittel zur Verfügung stellen muß und dies nicht kann.
Neben diesen Punkten erscheint eine, schon von der Probandin akzeptierte Einzeltherapie erforderlich, wiewohl die Entscheidung hierüber den Fachleuten überlassen werden muß.

II. Ergänzungen

In einem Gespräch mit der Leiterin im April 1999 stellte sich heraus, daß das Gutachten hinsichtlich des letzten Urteils zum Ergebnis voller Schuldunfähigkeit kam und diese auch bei den Diebstählen vorher vorgelegen haben könnte. Die Delinquenz sei situativ bedingt gewesen, B. mache nun einen wesentlich gefestigteren Eindruck. Daneben hat B. eine Therapie zusammen mit ihren Kindern begonnen. Gleichzeitig hat sie eine regelmäßige Arbeit aufgenommen. Zu einem Rückfall ist es nicht mehr gekommen.
Der Beginn der Therapie sowie die geregelte Berufstätigkeit tragen zur Verbesserung der Prognose bei, da diese Gesichtspunkte im Rahmen der individuellen Basisprognose zu Zweifeln an einer positiven Einschätzung führten (siehe 4.1.).

D. Vergleichsakten zu Probandin 2

In der Vergleichsgruppe weisen sechs Aktenfälle die relevanten Vergleichsmerkmale auf:

Alter:	zwischen 29 und 32 Jahre
Sanktionen:	zwischen 3 und 7
1.Delikt:	im Alter zwischen 24 und 28 Jahren

Lediglich zwei Akten erlaubten aufgrund der vorhandenen Materials eine ausführlichere Darstellung.

I. Vergleichsakte 2a

1. Akteninhalt[441] und Übersicht zum Lebenslauf

1.1. Feststellungen aus Urteilen

Die im Januar 1958 geborene S. trat strafrechtlich folgendermaßen in Erscheinung:

Datum der Sanktion/ der Tat	angewandte Normen; Tatobjekt	Sanktionen; Sonstiges
August 1982	§ 242 StGB	Geldstrafe (90 Tagessätze à 20 DM)
April 1986	§ 242 StGB	Geldstrafe (20 Tagessätze à 10 DM)
Juli 1986	§ 153 StGB	dreimonatige Freiheitsstrafe auf drei Jahre Bewährung
Oktober 1986	§ 242 StGB	viermonatige Freiheitsstrafe auf drei Jahre Bewährung
November 1988/ Januar und Juli 1988	zweifacher § 242 StGB (verschiedene Waren im Wert von 600 DM)	siebenmonatige Freiheitsstrafe auf drei Jahre Bewährung; Auflage einer stationären Therapie

Im Rahmen der letzten Verhandlung wurde S. durch einen Sachverständigen begutachtet, wonach es trotz der Annahme einer abnorm hysterischen Persönlichkeit und gleichzeitigem Alkohol- und Tablettenabusus nicht zur Anwendung der §§ 20, 21 StGB kam.

441 Die letzte eingesehene Akte stammte von 1988; auf diesen Zeitpunkt wird bei der Beurteilung abgestellt.

1.2. Feststellungen aus dem Sachverständigengutachten

Das Gutachten wurde in Zusammenhang mit der letzten Verhandlung im Oktober 1988 erstellt.

1.2.1. Vorgeschichte, Anamnese

S. wurde im Januar 1958 als eines von vier Kindern einer Sinti-Familie geboren. Sie wuchs bei ihren Eltern auf, die größtenteils in Wohnwagen wohnten. Ihr Vater verstarb, als S. neun Jahre alt war, an Folgen langjähriger KZ-Haft. S. beschreibt das Verhältnis zu ihrer Mutter als gut, sie sei jedoch von jeher ein „Vaterkind" gewesen. Bereits als Kind litt sie unter Angstzuständen. Die Erziehung beurteilt sie als er streng, wie es für Sinti-Familien, die ihren Kindern wenig Freiheit gewähren würden, üblich sei.

Zur Schule ging S. insgesamt nur drei Jahre und dies auch nur in unregelmäßigen Abständen, weswegen sie Analphabetin blieb. Als Grund gibt sie an, die Geschwister aufgezogen zu haben, da ihre Mutter krank gewesen sei. Eine Berufsausbildung besitzt sie nicht, im Gegensatz zu ihrem Bruder, der eine Schulausbildung hätte und nun Antiquitätenhändler sei. 1974, mit 16 Jahren, heiratete sie ebenfalls einen Sinti, wobei die Ehe nach deutschem Recht nicht rechtsgültig war. 1976 kam der gemeinsame Sohn auf die Welt. Als ihr Mann 1979 zu einer vierjährige Haftstrafe verurteilt wurde, erlitt sie einen Nervenzusammenbruch und kam in psychiatrische Behandlung. Zu diesem Zeitpunkt begann sie, Valium einzunehmen. Nach einer einmaligen Nichteinnahme trat ein cerebraler Krampfanfall auf. S. erklärte, sie habe hierdurch erst realisiert, daß sie bereits abhängig gewesen sei. Ihr Mann habe ihr geraten, lieber Alkohol zu trinken. So sei sie nach und nach zur Alkoholikerin geworden. Tabletten nahm sie weiterhin. Unter Alkohol- und Tabletteneinfluß reagierte S. aggressiv, wobei sie einmal ihre Schwägerin verletzte und mehrfach Suizidversuche unternahm. 1984 verließ sie ihren Mann, der, wie S. erklärte, eine Deutsche heiratete.

Im Juni 1984 wurde S. erstmalig stationär psychiatrisch behandelt. Zwischen November 1984 und März 1988 folgten neun weitere stationäre Aufenthalte, nach denen S. immer wieder rückfällig wurde. Sie konsumierte in den letzten Jahren vorwiegend Bier, Schnaps und das Medikament Lexotanil. Nach einer Entlassung im Juni 1987 wohnte S. bis Weihnachten teilweise bei ihrer Mutter zusammen mit den zwei Schwestern, dem Bruder und dessen Kindern, teilweise in ihrer eigenen Wohnung. Sie versorgte sowohl ihre eigenen als auch die Kinder des Bruders. S. erklärte, sie sei von ihrer Familie wie eine Gefangene gehalten worden. Der Besuch einer ambulanten Selbsthilfegruppe sei von der Familie unterbunden worden. Nach Weihnachten lebte sie wieder ausschließlich in ihrer eigenen Wohnung. Ihr Alkohol- und Valiumkonsum stieg an, da sie sich, wie sie erklärte, einsam fühlte. Die Familienbande der Sintis seien sehr eng, so daß man ohne die Familie praktisch nicht leben könne.

S. wurde kurze Zeit darauf die Wohnung gekündigt, woraufhin die Probandin ohne festen Wohnsitz war. Im Februar 1988 unternahm S. einen Suizidversuch. Sie hatte in der Woche davor vermehrt Alkohol und Tabletten (eine halbe Flasche Whisky pro Tag sowie eine wechselnde Menge Lexotanil und Valium) zu sich genommen. Als Grund gab sie die wachsende Verzweiflung über ihre soziale Situation (Kündigung der Wohnung), ihre Hilflosigkeit (als Analphabetin) und die schwere Herzerkrankung der Mutter an. Sie begab sich bis März 1988 sechs Wochen in Therapie, in der sie als bequem und weinerlich beschrieben wird. Hiernach blieb sie einige Tage abstinent. Es tauchten dann jedoch Schwierigkeiten mit der Familie auf, da S. sich in einen deutschen Mann verliebte. Die Familie hätte ihr deswegen ihr Kind weggenommen.

Ihr Bruder äußerte über sie, sie fordere ständig Unterstützung, das sei schon immer so gewesen. Der Tablettenkonsum stieg in dieser Zeit auf bis zu 18 Tabletten Lexotanil an. Bezüglich der letzten Tat im Juli 1988 gab S. an, sie hätte vorher 18 Tabletten Lexotanil eingenommen. Wie sich aus den Akten ergibt, unternahm S. Vorsichtsmaßnahmen während der Tatausführung und verhielt sich sehr laut und aggressiv nach ihrer Entdeckung. S. erklärte, sie wolle nun eine Langzeittherapie beginnen. Die Probandin zeige wenig Kritikfähigkeit und Krankheitsgefühl.

1.2.2. Diagnose

Bei S. handele es sich um eine abnorme, hysterische und haltlose Persönlichkeit, wobei die Haltlosigkeit die Unfähigkeit einschließe, Fernziele zu verwirklichen. Gleichzeitig liege eine Alkohol- und Medikamentenabhängigkeit vor. Es bestünden jedoch erhebliche Zweifel an der Menge an Tabletten, die sie angeblich eingenommen hätte; gleichzeitig spreche die Verschleierung bei der Tatausführung gegen eine verminderte oder nicht vorhandene Schuldfähigkeit.

1.3. Übersicht zum Lebenslauf

Januar 1958	Geburt
ca. zwischen 1965 und 1979	drei Jahre unregelmäßiger Schulbesuch ohne Abschluß

1967	Tod des Vaters
1974	rechtsungültige Ehe
1976	Geburt des Sohnes
1979	Verurteilung ihres Mannes; Nervenzusammenbruch; erstmalig psychiatrische Behandlung; Beginn von Tabletten- später auch Alkoholabhängigkeit
1982	erste Verurteilung wegen Diebstahls
1984	Auflösung der Ehe
Juni 1984	erstmalig stationäre Behandlung
zwischen November 1984 bis März 1988	neunmal stationäre Aufenthalte zum Zwecke psychiatrischer Behandlung
April 1986	zweite Verurteilung wegen Diebstahls
Juli 1986	Verurteilung wegen Falschaussage
Oktober 1986	vierte Verurteilung (Diebstahl)
Juni bis Dezember 1987	nach Entlassung aus psychiatrischer Behandlung teilweise bei Familie gewohnt; Kinderversorgung
Januar 1988	Diebstahl; vermehrter Alkohol- und Tablettenkonsum; Kündigung der Wohnung
Februar 1988	Suizidversuch
Februar bis März 1988	sechswöchige Therapie
Juli 1988	letzter Diebstahl
November 1988	letzte Verurteilung

2. Analyse der Erhebungen

2.1. Analyse des Lebenslängsschnitts

2.1.1. Verhalten in den einzelnen Lebensbereichen

2.1.1.1. Erziehung im Kindes- und Jugendalter

Das Verhalten im Kindesalter und in der frühen Jugend weist bei S. eher zum D-idealtypischen Pol. Die als streng empfundene Erziehung wurde von S. offensichtlich akzeptiert, so übernimmt sie beispielsweise die Beaufsichtigung der Geschwister. Auch wenn S. den Vater als wichtige Bezugsperson früh verloren hat, so beschreibt sie das Verhältnis zu ihrer Mutter ebenfalls als gut.

2.1.1.2. Aufenthalts- und Wohnbereich

Zwar wuchs S. bei ihren Eltern auf, jedoch lebte die Familie primär in Wohnwagen und wechselte häufig den Aufenthaltsort. Diese Gewohnheit hat S. wohl auch nach ihrer Eheschließung nicht aufgegeben. S. verbrachte später einen Großteil in stationärer Behandlung, was zwangsweise zu einer Unbeständigkeit im Wohnverhalten führte. Zwischenzeitlich (1987) wechselte sie zwischen einer eigenen Wohnung und der der Familie hin und her; nachdem ihr die Wohnung gekündigt wurde, war sie sogar ohne festen Wohnsitz. Von einer Einbindung sozialer Art ist außer den familiären Kontakte nichts bekannt.

Insgesamt liegt hier eine sich mit zunehmendem Alter verstärkende K-idealtypische Tendenz vor, wobei in der Kindheit und der frühen Jugend beachtet werden muß, daß die häufigen Wechsel der Aufenthaltsorte nicht von S. zu verantworten waren und beispielsweise Heimaufenthalte nicht stattfanden.

2.1.1.3. Leistungsbereich

S. besuchte die Schule nur unregelmäßig und für eine weit unter der gesetzlichen Schulpflicht liegende Dauer. Sie hat keinen Schulabschluß und ist Analphabetin. Ausbildung und Berufstätigkeit fehlen ganz.

Ebenso wie im Aufenthaltsbereich ist hier festzustellen, daß S. die mangelnde Schulbildung nicht zu vertreten hat, da sie als Kind nicht in der Lage gewesen sein wird, sich gegen die Tradition und die familiären Anordnungen durchzusetzen. Offensichtlich wurde von den Eltern, bzw. der Mutter eine schulische Ausbildung für Mädchen nicht für erforderlich gehalten. Ohne Schulabschluß war es für S. demnach nur schwer möglich, eine Ausbildung zu beginnen. Andererseits ist jedoch zu beobachten, daß S. hieraus keine Konsequenzen zog und, als sie die Selbständigkeit hierzu gehabt hätte, sich um die Sicherung ihres Einkommens, die Beseitigung ihres Analphabetentums o.ä. kümmerte. Sie lebt offensichtlich von dem Geld ihrer Familie; die finanzielle Situation ist höchstwahrscheinlich denkbar knapp (so ist als Grund der Kündigung Zahlungsverzug anzunehmen). Ein irgendwie geartetes Engagement oder Interesse jeglicher im Leistungsbereich angesiedelten Aktivitäten läßt S. vermissen. So muß spätestens im Alter von etwa zwanzig Jahren eine Neigung zum K-idealtypischen Pol angenommen werden.

2.1.1.4. Freizeitbereich

Zur Freizeitgestaltung sind nur wenige Angaben vorhanden. Aufgrund der strengen Erziehung mag eine Einschränkung der Freizeit früher zugunsten einer häuslichen Mitarbeit stattgefunden haben; gleiches gilt für den Zeitraum 1989. Zumindest seit 1979 fehlt es jedoch in jedem Fall an durchgängigem D-idealtypischem Verhalten; vielmehr ist schon aufgrund des übermäßigen Alkoholkonsums eher von einem unstrukturierten und planlosen Freizeitverhalten auszugehen.

2.1.1.5. Kontaktbereich

Bei der Bewertung der *schicksalhaften Kontakte* ist zum einen festzuhalten, daß S. sich in die strenge familiäre Ordnung einfügte und das Bedürfnis nach einer engen Anbindung verspürte. Andererseits ist ihr fehlendes objektives Verhältnis zu ihrer Familie und deren Traditionen zu beachten, welches sich einerseits in einer verteidigenden Haltung ausdrückt („Sinti-Familien halten immer zusammen"; „Ohne die Familie geht es nicht"); andererseits beschrieb S. sich als eine „Gefangene", der das Kind von der Familie weggenommen wurde.

Bei den *selbstgewählten Kontakten* fällt auf, daß S. den Kontakt zur Herkunftsfamilie gerade nach ihrer Trennung von ihrem Mann suchte und die Familie als Anlaufstelle angesehen wurde, die sie unterstützte, gleichzeitig aber auch einschränkte. Von tatsächlich selbst gesuchten Kontakten in Form eines Bekanntenoder Freundeskreises ist nichts bekannt.

Im Rahmen der *sexuellen Kontakte* ist ein häufiger Wechsel von Partnern nicht ersichtlich. Die frühe (wahrscheinlich erste) sexuelle Beziehung mit 16 Jahren bestand im Rahmen einer traditionsgemäß früh geschlossenen Ehe.

Aufgrund der Ambivalenz der familiären Kontakte und des fehlenden sonstigen Bekanntenkreises ist das Verhalten der S. insgesamt eher dem K-idealtypischen Pol zuzurechnen.

2.1.1.6. Eigene Familie

S. schloß bereits im jugendlichen Alter eine nach hiesigem Recht ungültige Ehe, ohne einen Schulabschluß oder sonstige Absicherungen aufweisen zu können. Eine materielle oder persönliche Vorbereitung auf die Ehe fand nicht statt. Bei ihrem Partner handelte es sich um eine sozial auffällige, nämlich schwer kriminelle Person. Ob Voraussetzungen wie Zuneigung oder gemeinsame Interessen gegeben waren, ist nicht ersichtlich, zumindest letzteres erscheint eher unwahrscheinlich. Im Ergebnis ist hier von einer K-idealtypischen Ausprägung auszugehen.

2.1.2. Delinquenzbereich

Im Rahmen des Tatentschlusses ist bei S. in vielen Fällen ein erheblicher Alkohol- und Tabletteneinfluß zu vermuten. Da es an einer Tatbeschreibung der anderen Diebstähle fehlt, muß hier auf die letzte Tat zurückgegriffen werden, dessen Begehung sich jedoch wahrscheinlich nicht sonderlich von den vorangegangenen Delikten unterschied. Bei der Tatausführung bemühte sich S., diese zu verschleiern, so daß nicht von einer „naiven" Vorgehensweise im Sinne eines „Hineinstolperns" ausgegangen werden kann, sondern eine differenziertere Vorgehensweise vorlag. Bei der Entdeckung der Tat zeigte S. keine Reue, sondern verhielt sich im Gegenteil laut und aggressiv. Als Entschuldigung wurde von S. eine der Menge nach zweifelhafte Einnahme von Tabletten vorgebracht. Die Tatobjekte wurden offensichtlich nutzbringend verwendet. Gleichzeitig ist die Verurteilung wegen einer Falschaussage, die auf mangelndes Unrechtsbewußtsein auch außerhalb der Eigentumsdelinquenz schließen läßt, zu beachten. Insgesamt läßt sich daher eine zielstrebiges Verhalten bei verfestigter Delinquenz bejahen.

2.2. Analyse des Lebensquerschnitts

(Als Querschnittintervall wird im folgenden der Zeitraum unmittelbar vor der letzten Tat im Juli 1988 zugrunde gelegt.)

2.1.1. K-Kriterien

Im Querschnittintervall kann recht eindeutig von einer *Vernachlässigung des Arbeits- und Leistungsbereichs* gesprochen werden, da S. wie auch in der Vergangenheit keinerlei Tätigkeiten nachging oder Interesse an dem Aufbau einer beruflichen Zukunft zeigte. *Familiäre Pflichten* wurden in der Jugend sowie zwischenzeitlich für die Herkunftsfamilie erfüllt. Im Querschnittintervall ist dies jedoch nicht erkennbar.

Gleichzeitig ist bei S. ein *fehlendes Verhältnis zu Geld und Eigentum* sowohl im Querschnitt als auch rückblickend erkennbar. Eigenes Geld verdiente S. zu keinem Zeitpunkt, auch besaß sie offensichtlich kein nennenswertes Eigentum. Entscheidend fällt ins Gewicht, daß die Frage nach einer Absicherung keine Rolle zu spielen schien und sich S. offensichtlich auch im Hinblick auf die Versorgung ihres Kindes erneut auf die Familie verließ.

Ob ein *unstrukturiertes Freizeitverhalten* im Sinne eines K-Kriteriums vorlag, ist schwer zu beurteilen. Zumindest im Querschnittintervall ist aufgrund des Alkoholkonsums, der Wohnsitzlosigkeit und der mangelnden beruflichen Tätigkeit ein ungeplanter und zielloser Tagesablauf vorstellbar.

Eindeutig muß das Merkmal der *fehlenden Lebensplanung* bejaht werden, da Vorstellungen und dementsprechende Umsetzungen in beruflicher und finanzieller Hinsicht nicht vorhanden sind. Bezeichnend ist hierfür die Heirat in jungen Jahren ohne materielle Absicherung, die länger andauernde Wohnsitzlosigkeit u.a., so daß insgesamt der Eindruck entsteht, S. „lebe in den Tag hinein".

Des weiteren liegen die K-Kriterien der *geringen Belastbarkeit* sowie einer *paradoxen Anpassungserwartung* vor. S. zeigte im Rückblick wenig Kritikfähigkeit, was ihre eigene Person angeht (so wird sie in der Therapie als bequem und weinerlich beschrieben). Gleichzeitig neigt sie dazu, den Umständen und anderen Personen die Verantwortung für ihre Situation zu übertragen (die Familie, Alkohol und Tabletten, die Kündigung ihrer Wohnung, die Krankheit der Mutter). Auch im Querschnittintervall erklärt sie beispielsweise, daß sie zu einer Langzeittherapie bereit wäre, während ihre Familie eine ambulante Gruppentherapie verhindert hätte.

Für eine *Forderung nach Ungebundenheit* sprechen zwar zunächst die Unbeständigkeit im Aufenthalts- und Kontaktbereich. Andererseits ist im Querschnittintervall immer noch die Suche nach Unterstützung und Einbindung in die Familie erkennbar, so daß eine Ungebundenheit oder Unabhängigkeit im Sinne von Abenteuerlust oder Erlebnishunger nicht angenommen werden kann.

Ein *übermäßiger und unkontrollierter Alkoholkonsum* existiert eindeutig sowohl in der Querschnittbetrachtung als auch im Rückblick seit ca. 1980.

2.2.2. D-Kriterien

Die *Erfüllung sozialer Pflichten* kann im Querschnittintervall nicht bejaht werden. S. ist nicht in der Lage, für ihr Einkommen und höchstwahrscheinlich auch für ihr Kind zu sorgen. Rückblickend ist dieses Kriterium zeitweise bezüglich der Sorge für die Familie vorhanden.
Ein *adäquates Anspruchsniveau* dergestalt, daß S. mit ihrer materiellen Situation zufrieden ist, oder die Ursachen realistisch dahingehend einzuschätzen weiß, daß sie eine Verbesserung nicht erwarten kann, ist nicht gegeben.
Gleichfalls fehlt es seit Anfang 1988, als S. ihre Wohnung verlor, an einer *Gebundenheit an eine geordnete Häuslichkeit und an ein Familienleben.* Im Rückblick ist dieses Merkmal zeitweise gegeben, wenn auch S. das Zusammenleben mit ihrer Familie als von dieser erzwungen ansah.
S. weist keinerlei Vorsorgemaßnahmen in finanzieller Hinsicht auf, so daß ein *reales Verhältnis zu Geld und Eigentum* nicht besteht (vgl. 2.2.1.).
Kriterien wie *Arbeitseinsatz und Befriedigung bei der Berufstätigkeit* oder eine *produktive Freizeitgestaltung* sind durchgängig abzulehnen.
Tragende menschliche Bindungen sind bei S. im familiären Bereich (Beziehung zu Mutter und Geschwistern) festzustellen, wobei sich das Verhältnis seit 1988 offenbar verschlechtert hat oder zumindest ambivalent ist. Die Beziehung zu ihrem Sohn bleibt hingegen weitestgehend im Dunkeln.
Eine aktive Verarbeitung des eigenen Schicksals sowie die Erfüllung von leistungsbezogenen Anforderungen können bei S. weder im Querschnitt noch im Rückblick beobachtet werden; vielmehr zeichnet sich das Verhalten der S. durch Passivität aus, so daß eine *hohe Belastbarkeit bei großer Ausdauer* durch das Bestreben nach sozial unauffälligen Ausweichmöglichkeiten kein hier einschlägiges Kriterium darstellt.
Ebenso mangelt es S. an *Verantwortungsbereitschaft und Eigenverantwortung*, was sich beispielsweise in der fehlenden Voraussicht für das eigene Kind sowie in dem ruinösen Umgang mit der eigenen Gesundheit zeigt.

2.3. Relevanzbezüge und Wertorientierung

2.3.1. Relevanzbezüge

Als wichtiger Bezug von Kindheit an erweist sich für S. die Bindung an ihre Familie, die sie einerseits sucht und andererseits als einschränkend empfindet. Die Inanspruchnahme der Solidarität zeigt eine bestehende Abhängigkeit und Beeinflußbarkeit, wodurch bei S. mangelnde Selbständigkeit und Eigeninitiative zu Tage treten. Des weiteren findet sich als zentraler Bezug, der als letztes vernachlässigt wird und starke Auswirkungen auf andere Lebensbereich hat, die Alkohol- und Tablettenabhängigkeit seit spätestens 1980.

2.3.2. Wertorientierung

Ein traditionsgeprägtes Wertesystem hat S. von Kindesbeinen an durch ihre Familie vermittelt bekommen. Hierzu gehören die Solidarität und die Abschottung auf der einen Seite (Versorgung der Familienmitglieder, Ablehnung von Beziehungen zu Einheimischen), andererseits die Vernachlässigung von Schule und Beruf. Diese Prinzipien haben S. geprägt und sie hat sie in ihrem Leben auch umgesetzt, wenngleich sie ihnen teilweise ablehnend gegenüber steht.

3. Kriminologische Diagnose

3.1. Die Bezugskriterien der Kriminologischen Trias

In Betracht kommt vorliegend eine Delinquenz als *kontinuierliche Hinentwicklung zu Kriminalität mit Beginn der frühen Jugend.* Im Längsschnitt liegen recht eindeutige K-idealtypische Verhaltensweisen vor, wobei einige bereits in der Kindheit und frühen Jugend zu finden sind. Im Lebensquerschnitt sind zumindest drei kriminovalente Kriterien vorhanden. Allerdings ist zu beachten, daß die früh auftauchenden Tendenzen zum K-idealtypischen Pol gerade im Leistungs- und Aufenthaltsbereich gewissen Einschränkungen dahingehend unterliegen, daß S. auf viele Faktoren im Kindesalter keinen Einfluß hatte und beispielsweise der Wohnortwechsel sowie die mangelnde Schulbildung im ersten Lebensjahrzehnt auf die Eltern zurückzuführen sind. Dies ändert zwar nichts am Gesamtbild der K-idealtypischen Neigung durch das spätere Verhalten der S. selbst, jedoch führt diese Erkenntnis dazu, daß eine Längsschnittbetrachtung von der typischerweise in dieser Kategorie vorliegenden abweicht. So besteht zusätzlich im Bereich der Erziehung eher eine D-idealtypische Ausprägung, gleichzeitig ist das Verhalten im Kontaktbereich bezüglich der Familie ebenfalls teilweise dem D-idealtypischen Pol zuzurechnen. Ein weiterer Unterschied findet sich im Rahmen der Relevanzbezüge und der Wertorientierung. Ein Drang nach Abenteuer, Unruhe oder Ungebundenheit im Sinne eines „ungebremsten Lebens im Augenblick" ist bei S. nicht ausgeprägt.
Im Vergleich dazu soll die *Hinentwicklung zur Kriminalität im Heranwachsenden- bzw. Erwachsenenalter* betrachtet werden. Unter dem Blickwinkel des Lebenslängsschnitts besteht zwar keine soziale Unauffälligkeit im Schul- und Ausbildungsalter, da - wie oben dargelegt - bereits K-idealtypische Neigungen zu erkennen sind. Allerdings sind diese lediglich in der Gesamtschau der Lebensführung bei S. wirksam, und zwar unter der (eingetretenen) Bedingung, daß S. die ungünstigen Ansätze durch eigenes, selbstverantwortliches Verhalten fortführt und verstärkt. Diese Entwicklung ist bei ihr im Alter von ca. zwanzig Jahren zu beobachten. Ab diesem Zeitpunkt finden sich in fast allen Bereichen K-idealtypische Tendenzen. Die durch die Familie vorgegebene Lebensführung

wird nicht durch eine eigene, positive ersetzt, sondern es kommt zu einem „Abgleiten“ und zu einer zunehmenden Orientierungslosigkeit, wobei die Verantwortung immer noch dem alten Ordnungsgefüge zugeschrieben wird. Typisch für diese Kategorie ist auch das Delinquenzverhalten, welche hier als quasi „verschobene“ Kriminalität erst im dritten Lebensjahrzehnt einsetzt.
Im Ergebnis läßt sich die Kriminalität als zwischen diesen beiden Kategorien liegend einordnen.

3.2. „Besondere Aspekte“ im Leben des Täters

Als interner Aspekt fällt hier ab 1980 die Alkohol- und Medikamentenabhängigkeit der S. ins Gewicht, die entscheidend auf die weitere Lebensweise Einfluß hat. In ihrer Biographie ist auffällig, daß es vor dem Bestehen der Sucht nicht oder zumindest nicht in dem Maße zur Straffälligkeit kam. Gleichzeitig ist S. nicht in der Lage, weitergehende Planungen und Ziele zu verwirklichen. Hiermit eng verknüpft erweist sich der Aspekt der paradoxen Anpassungserwartung. So reagiert S. regelmäßig mit der Ablehnung eigener Verantwortung. In diesem Kontext sei auch auf die Diagnose des Sachverständigengutachtens verwiesen („haltlose Persönlichkeit“).
Wirksame externe Aspekte sind in der Abhängigkeit zu ihrer Herkunftsfamilie zu sehen, welche sich durch den Lebenslängsschnitt hindurch zieht. Des weiteren ist die bisherige Lebensweise von ungeordneten Verhältnissen (mangelnde Ausbildung und Berufstätigkeit, Analphabetentum; Wohnsitzlosigkeit) geprägt.

4. Folgerungen

4.1. Folgerungen im Blick auf die Prognose

Die *grundsätzliche Prognose* ist sowohl bei einer kontinuierlichen Hinentwicklung zur Kriminalität mit Beginn in der frühen Jugend, als auch bei einer Hinentwicklung zur Kriminalität im Heranwachsenden- bzw. Erwachsenenalter ungünstig.
Im Rahmen der *individuellen Basisprognose* ist festzuhalten, daß die externen „besonderen Aspekte“ wahrscheinlich auch in Zukunft wirksam sein werden. Dies liegt zum einen an den denkbar schlechten Berufsaussichten, welche zu finanziellen Engpässen führen und damit wiederum zu Schwierigkeiten bei der Wohnungssuche usw. Dieser Kreislauf gilt gleichermaßen für die bestehende Sucht, welche zu bekämpfen in der Vergangenheit mehrmals erfolglos versucht wurde. Die internen Aspekte wie die mangelnde Bereitschaft, Ziele in Eigenverantwortung zu verwirklichen, kommen erschwerend hinzu. Im Ergebnis bleibt es damit bei einer ungünstigen Prognose.

In der Vergangenheit hat sich S. Geld- oder Bewährungsstrafen nicht als Warnung dienen lassen. Ein Haftaufenthalt würde wahrscheinlich ebenfalls nicht zu einer Rückfallvermeidung führen, da die Alkoholabhängigkeit hiermit nicht zu bekämpfen ist und ein weiteres Absinken zu befürchten ist.

4.2. Folgerungen im Blick auf Einwirkung und Behandlung

Im vorliegenden Fall ist eine stationäre Behandlung zur Heilung der Sucht dringend geboten (so auch das letzte Urteil). Eine Langzeittherapie erscheint unter dem Gesichtspunkt der bisher gescheiterten Versuche erforderlich, wobei die Abstinenz grundlegende Voraussetzung für eine Verbesserung der sonstigen Lebensumstände und damit für ein zukünftiges Legalverhalten ist. Inwieweit die Aussage, sich einer Langzeittherapie unterziehen zu wollen, realistisch ist, d.h. inwieweit echte Therapiewilligkeit besteht, ist allerdings fraglich. In der Folge könnte im Rahmen der Bewährungshilfe neben dem Bemühen um eine Unterkunft versucht werden, das Problem des Analphabetentums im Hinblick auf eine mögliche berufliche Perspektive anzugehen, wiewohl dies eine schwierige Aufgabe darstellen wird.

5. Vergleich

Im Lebenslängsschnitt ergeben sich Gemeinsamkeiten im Erziehungsbereich (hier besteht eine D-idealtypische Ausprägung) sowie im Leistungsbereich und im Bereich der eigenen Familie (K-idealtypische Tendenzen). Im Querschnittintervall sind im Vergleichsfall drei für eine kriminovalente Konstellation typischen Merkmale verwirklicht, bei der interviewten Probandin B. fehlt es zusätzlich an einer Vernachlässigung des Arbeits- und Leistungsbereichs.
Im Erziehungsbereich erlebten beide Betroffene eine strenge Erziehung, der sie sich nicht massiv widersetzten. Gleichfalls kam es nicht zu Heimaufenthalten o.ä., sondern die Kindheit wurde bei den Eltern verbracht, wobei im Parallelfall die ständigen Aufenthaltswechsel (durch das Leben im Wohnwagen) zu beachten sind. In der Folge zeigt der Vergleichsfall jedoch im Aufenthaltsbereich eine sehr viel stärkere K-idealtypische Ausprägung (bis zur zwischenzeitlichen Wohnsitzlosigkeit), während bei B. in den letzten Monaten sogar von einer Stabilisierung durch eine eigene Wohnung gesprochen werden kann. Im Leistungsbereich, in dem Gemeinsamkeiten wie die fehlende Ausbildung, längere Arbeitslosigkeit und knappe finanzielle Verhältnisse vorliegen, läßt sich diese Tendenz ebenfalls feststellen, da im Bezugsfall noch nicht einmal ein Schulabschluß gegeben ist, die Betroffene Analphabetin ist und offenbar zu keinem Zeitpunkt gearbeitet hat. Der Bereich der schicksalhaften Kontakte unterscheidet sich insofern, als B. recht eindeutig eine K-idealtypische Neigung durch die ab-

lehnende Haltung gegenüber ihrer Herkunftsfamilie zeigt, während im Vergleichsfall ein ambivalentes Verhältnis besteht, wobei hier die kulturellen Unterschiede in beiden Fällen zum Tragen kommen. Im Bereich der eigenen Familie fällt auf, daß beide Ehemänner strafrechtlich auffällig wurden.
Eine entscheidende Abweichung ist hinsichtlich des Drogen- und Alkoholkonsums gegeben, der im Parallelfall ab dem Alter von 21 Jahren eine Rolle spielt und Auswirkungen auf die Weiterentwicklung hat (so beginnen die Delinquenz und die häufigen Klinikaufenthalte erst, nachdem eine Alkoholabhängigkeit eingetreten war).
In der Prognose fallen daher bei B. die Aspekte der fehlenden Drogenabhängigkeit und der Stabilisierung im letzten halben Jahr (Scheidung, eigene Wohnung, Besuch der Gruppentherapie), die im Vergleichsfall nicht gegeben sind, dahingehend ins Gewicht, daß die Prognose unter gewissen Vorbedingungen günstig ausfällt.

II. Vergleichsakte 2b

1. Akteninhalt[442] und Übersicht zum Lebenslauf

1.1. Feststellungen aus Urteilen, Vernehmungen u.ä.

1.1.1. Feststellungen zur Straffälligkeit

Die im April 1958 geborene K. trat laut Akten strafrechtlich in Erscheinung wie folgt:

Datum der Sanktion/ der Tat	angewandte Normen; Tatobjekt	Sanktionen; Sonstiges
November 1986	Verstoß gegen BtMG	Geldstrafe (40 Tagessätze à 60 DM)
März 1989	Verstoß gegen BtMG	sechs Monate Freiheitsstrafe zur Bewährung; Verbot der Beschäftigung, Beaufsichtigung, Anweisung und Ausbildung Jugendlicher
April 1989	§§ 242, 248a StGB	Geldstrafe (10 Tagessätze à 15 DM)
Mai 1989	§ 246 StGB	Geldstrafe (30 Tagessätze à 30 DM)

[442]Die Akten befanden sich auf dem Stand von 1990.

Juli 1989/ April 1989	§ 242 StGB	Geldstrafe (15 Tagessätze à 20 DM)
Februar 1990/ Dezember 1989	§ 242 StGB	Geldstrafe (90 Tagessätze à 10 DM)
Juni 1990/ Dezember 1989 und Februar 1990	§ 242 StGB (Kleidung und Champagner)	Annahme verminderter Schuldfähigkeit; Einstellung wegen anderer anhängiger Verfahren gem. § 154 II StPO

K. war bei der letzten Tat geständig und erklärte, sie habe aus einer Notlage heraus gestohlen und unter Tabletteneinfluß gestanden. Ein Gutachten ergab eine verminderte Schuldunfähigkeit wegen des Einflusses von Barbituraten, Codein und Kokain.

1.1.2. Feststellungen zum Lebenslauf

Die im April 1958 geborene K. wuchs bei ihren Eltern auf; ihr Vater war Ofenbauer, die Mutter arbeitete als Angestellte. K. hat keine Geschwister. Ein Jahr hat die Familie in der Schweiz gelebt, da dort die Großeltern und andere Verwandte zu Hause waren und die Mutter dort ein Hotel besaß. Die Mutter nahm sich zu einem nicht bekannten Zeitpunkt in den achtziger Jahren das Leben. K. besuchte nach der Grundschule das Gymnasium, insgesamt wechselte sie zweimal die Schule. Die zehnte Klasse mußte sie wegen Drogenkonsums wiederholen. 1979 bestand sie das Abitur. Sie hatte vor, Tiermedizin zu studieren, statt dessen studierte sie drei Semester Germanistik. Eine nachfolgend begonnene Lehre als Hotelkauffrau brach K. ab, da sie sich ihren Angaben zufolge ausgebeutet fühlte. Danach übte sie verschiedene Tätigkeiten aus, u.a. war sie 1989 in Spanien als Reiseleiterin und Prostituierte beschäftigt. Sie arbeitete zuletzt 1990 als Verkäuferin, gab dies jedoch wieder auf und war zwischenzeitlich ohne Einkommen, wobei ihr Vater sie finanziell unterstützte. 1991 half sie ihrem Freund, den sie im Dezember 1989 kennengelernt hatte, in dessen Geschäft aus. Ihr zum Tatzeitpunkt 36jähriger Freund hat nach Angaben der K. früher auch Drogen genommen. Sie selbst habe „wie alle anderen" in der 9. und 10. Klasse mit der Einnahme von Haschisch und LSD begonnen. 1986 wurde sie hierbei zum erstenmal entdeckt. Seit ca. 1983 konsumierte sie Kokain, Heroin und Tabletten (Valium, Rohypnol).

Der Freund der K. machte in einer Vernehmung vom Mai 1991 folgende Angaben:
K. sei seit zehn Jahren drogenabhängig, ihr monatlicher Finanzbedarf liege bei etwa 15.000 DM. Ihr Vater wolle nicht glauben, daß K. tatsächlich als Prostituierte gearbeitet habe. Er weigere sich, die Gerichtskosten zu übernehmen. Andererseits stelle er aber regelmäßig Geldbeträge für andere Zwecke zur Verfügung und löse sein Eigentum, welches K. in Leihhäusern versetzt habe, wieder aus. Der Bekanntenkreis der K. sei ausschließlich in der Drogenszene zu finden. K. habe eine andere Frau, eine reiche Erbin, bei der sie wohne, heroinabhängig gemacht. Gleichzeitig habe sie ihren Vater überzeugt, sie sei nicht mehr abhängig, obwohl sie ihre Therapie abgebrochen habe. K. habe ihrem Vater weiterhin einreden können, der Suizid der Mutter habe einen Sinn gehabt, da durch das Erbe das Leben der K. finanziert werden könne. Alle, die K. kennen würden, wie Bekannte, Therapeuten und Juristen hätten ihm gegenüber geäußert, daß K. maximal noch zwei Jahre zu leben habe. K. habe zuletzt für 20.000 DM eine Scheinehe mit einem Türken eingehen wollen, wovon sie wiederum ihren Vater habe überzeugen können. Er selbst habe alles unternommen, um dies zu verhindern, indem er zur Polizei gegangen sei und mit dem Vater gesprochen habe. K. habe sich 1991 dennoch in die Türkei abgesetzt, woher sie kurze Zeit später hochgradig abhängig (3-4 Gramm Heroin täglich) und von Suizidgedanken verfolgt zurückgekehrt sei. Vater und Tochter wollten sich nun ins Ausland absetzen.

1.2. Feststellung aus Sachverständigengutachten[443]

K. gibt an, immer ein gutes Verhältnis zu ihren Eltern gehabt zu haben, da sie sich stets auf sie habe verlassen können. Jetzt habe sie sich von ihrem Vater abgesetzt, denn er sei der wohl richtigen Ansicht, daß sie auf eigenen Füßen stehen müsse. Sie habe Tiere immer sehr gerne gemocht, weswegen sie auch Tiermedizin habe studieren wollen. Früher sei ihr Hund ihr „ein und alles“ gewesen, den sie aus Gefühlsverrohung unter Drogen im Oktober 1989 bei Freunden gelassen habe. Die Lehre als Hotelfachfrau habe ihr überhaupt nicht gefallen, da sie dort ausgebeutet worden sei. Zudem habe sie seit 1982 unter Hormonstörungen mit Wasseransammlungen gelitten und sei unter Drogeneinfluß immer sehr labil gewesen. Die Diebstähle habe sie zur Finanzierung ihrer Sucht begangen. Unter Drogen habe sie sich wie fremdgesteuert und völlig gefühlskalt gefühlt. Seit ca. 1983 habe sie jeden Tag Heroin und ab und an Kokain konsumiert; Alkohol trinke sie nur selten. Von Mai bis Juli 1990 habe sie einen Entzug durchgeführt. Eine weitere Entgiftung im Krankenhaus habe im Januar 1991 stattgefunden. Sie

[443]Das Gutachten wurde im Februar 1991 im Rahmen der letzten Verhandlung über die Diebstähle im Dezember 1989 und Februar 1990 erstellt.

gebe sich heute noch hin und wieder ihrem Drogenverlangen hin und würde gerne eine Therapie beginnen.
K. befand sich laut Gutachten in einem unauffälligen, gepflegten Allgemein- und Ernährungszustand; körperliche Auffälligkeiten lägen nicht vor. Ihre Stimmung sei gedrückt, jedoch bestünde keine akute Suicidalität. K. sei voller Selbstvorwürfe und Schuldgefühlen ihren Eltern gegenüber und stelle sich selbst als verwöhnt dar. Sie zeige sich problemeinsichtig und war angeblich nach der Entgiftung um eine Langzeittherapie bemüht. Die Intelligenz liege im Normbereich.

Bei K. lag bezüglich der letzten beiden Diebstähle, die sich als Beschaffungskriminalität darstellten, eine verminderte Schuldunfähigkeit aufgrund langjähriger Polytoxikomanie vor.

1.3. Übersicht zum Lebenslauf

April 1958	Geburt
seit 1968	Besuch des Gymnasiums
seit 1974	erster Drogenkonsum (Haschisch, LSD); Wiederholung der 10.Klasse
1979	Abitur
1980	Beginn eines Germanistikstudiums
1982	Beginn einer Lehre als Hotelfachfrau
seit 1983	Heroin-, Kokain- und Tablettenkonsum
November 1986	erste Verurteilung
März 1989 bis Februar 1990	acht Entdeckungen wegen Diebstahls
bis Dezember 1989	Tätigkeit als Reiseleiterin und Prostituierte in Spanien
seit Dezember 1989	Beziehung zu neuem Freund
Mai bis Juli 1990	Entzugsbehandlung

1990	Arbeit als Verkäuferin; danach zeitweise ohne eigenes Einkommen; Aufenthalt bei einer wohlhabenden Bekannten
Januar 1991	stationäre Entgiftung
Februar 1991	Erstellung des Sachverständigengutachtens
März bis April 1991	Aufenthalt in der Türkei

2. Analyse der Erhebungen

2.1. Analyse des Lebenslängsschnitts

2.1.1. Verhalten in den einzelnen Lebensbereichen

2.1.1.1. Erziehung im Kindes- und Jugendalter

Darüber, daß K. sich in besonderer Weise der elterlichen Kontrolle entzogen hat, ist nichts bekannt. Andererseits gibt es auch keine Hinweise auf D-idealtypische Verhaltensweisen (wie z.B. die Übernahme von Pflichten; kein Ausnutzen inkonsequenter Erziehung o.ä.), so daß die Zuordnung in diesem Bereich offen bleiben muß.

2.1.1.2. Aufenthalts- und Wohnbereich

Zumindest bis zum Abschluß der Schule und wohl in den folgenden Jahren neigte das Verhalten eher zum D-idealtypischen Pol. K. war offensichtlich in das Elternhaus integriert, es kam nicht zu Heimaufenthalten oder sonstigen „Ausreißern". Seit spätestens 1988 jedoch ist eine gegenläufige Entwicklung hin zum K-idealtypischen Pol zu beobachten. Die Aufenthaltsorte wechselten häufiger, wobei streckenweise Zeit im Ausland (Spanien, Türkei) verbracht wurde, ohne daß jeweils eine besondere soziale Einbindung wie Freunde, Beruf u.a. festzustellen war, vielmehr hielt K. sich primär in „Milieu"-Kreisen auf.

2.1.1.3. Leistungsbereich

Hinsichtlich der *schulischen Leistungen* ist zumindest bis zur 10. Klasse eine D-idealtypische Tendenz ersichtlich, wonach erste Anzeichen einer K-idealtypischen Entwicklung (Wiederholen der Klasse wegen Drogenkonsums) auftraten. Dennoch blieb die Lage insofern stabil, als K. ihr Abitur ablegte und damit einen guten Schulabschluß aufweisen konnte. Im Rahmen der *Ausbildung* verfestigten sich die angesprochenen Hinweise weiter in Richtung des K-idealtypischen Pols, indem K. zwar Interesse an einer Ausbildung (hier Studium) an den Tag legte, jedoch nach mehreren Wechseln keine der angefangenen Ausbildungen abschloß. Entscheidend fällt hier ins Gewicht, daß die Lehre aus dem Gefühl heraus, „ausgebeutet" worden zu sein, abgebrochen wurde, also K. die Schuld nicht bei sich selbst suchte. Danach unternahm K. keinen neuen Versuch einer Ausbildung. Die *Berufstätigkeit* reiht sich in die begonnene Entwicklung ein, da K. ungeordnete Tätigkeiten (zwischenzeitlich sogar als Prostituierte) primär zum schnellen Gelderwerb und ohne Absicherung bevorzugte, ohne daß zwischen diesen ein nahtloser Übergang bestand. Zeitweise war sie völlig ohne Einkommen; irgendwie geartete Vorsorgemaßnahmen fehlten, statt dessen wurde das Geld für Drogen ausgegeben. Wie auch im Aufenthaltsbereich ist ein eindeutiger K-idealtypischer Zuschnitt ab einem gewissen Zeitpunkt (hier ca. 1983) festzustellen.

2.1.1.4. Freizeitbereich

Über die Freizeitgestaltung in der Kindheit und der frühen Jugend ist nichts bekannt. Im Rahmen des zunehmenden Drogenkonsums ist jedoch davon auszugehen, daß K. in fortschreitendem Maße offene Abläufe verbunden mit Kontakten zum „Milieu" bevorzugte und es immer häufiger zu Ausschweifungen kam. Auf formal organisierte Freizeitaktivitäten weist nichts hin; vielmehr wurde die Freizeit offensichtlich primär außerhäusig und unstrukturiert verbracht, wobei auch hier eine Verfestigung seit spätestens 1988 zu beobachten ist. Im Ergebnis muß daher das Freizeitverhalten als K-idealtypisch eingeschätzt werden.

2.1.1.5. Kontaktbereich

Bei Betrachtung der *schicksalhaften Kontakte* (hier zu den Eltern und später zu ihrem Vater) fällt auf, daß K. sich offensichtlich in ihrer Jugend in das Familienleben einordnete. Sie beschreibt das Verhältnis zu ihren Eltern als gut und dieselben als verläßlich. Mit zunehmendem Alter jedoch veränderte sich das Verhalten hin zu einer eher einseitig utilitaristischen Beziehung, in der K. ihren Vater insbesondere in finanzieller Hinsicht ausnutzte und vor Täuschungen und Übervorteilungen nicht zurückschreckte (Finanzierung durch den Vater; Einstellung zum Erbe der Mutter; Täuschung über Drogenabstinenz).
Die *selbstgewählten Kontakte* finden sich seit ca. 1983 ausschließlich in der Drogenszene, wobei es sich hier um zweckorientierte und auswechselbare Be-

ziehungen handelte, die der Befriedigung von unmittelbaren Bedürfnissen (hier des Drogenkonsums) dienten. Als Beispiel kann hier die wohlhabende Bekannte, bei der K. Unterkunft fand und zu der ebenfalls aus utilitaristischen Motiven Kontakt gehalten wurde, herangezogen werden. Echte Freundschaften bestanden nicht; eine tragenden Bindung kann zwischenzeitlich in der Beziehung zu ihrem Freund gesehen werden, obwohl dieser gleichermaßen nur wenig Einfluß auf K. ausüben konnte und sie sich seinen Versuchen, ihr zu helfen, widersetzte.
Über *sexuelle Kontakte* fehlen genauere Angaben; die Arbeit als Prostituierte läßt jedoch eher auf eine K-idealtypische Tendenz schließen, die auch im sonstigen Kontaktbereich vorherrscht.

2.1.2. Delinquenzbereich

Die Einordnung der Delinquenz erscheint hier problematisch, da keine detaillierten Angaben über die Tatbegehung zur Verfügung stehen. Zumindest die letzte Tat wurde unter nicht unerheblichem Drogeneinfluß begangen, welcher zu einer verminderten Steuerungsfähigkeit führte und damit auf eine geringe Zielstrebigkeit hinweist. Inwieweit dies für die vorherigen Taten gilt, ist nicht festzustellen. Für eine Zielstrebigkeit spricht die planmäßige Beuteverwertung im Rahmen der direkten und indirekten Beschaffungskriminalität sowie eine gewisse Vielfältigkeit (Unterschlagung, Diebstähle). Wegen des Einflusses der Drogen ist jedoch eine verstärkte Zielstrebigkeit zumindest für die letzte Tat abzulehnen. Auffällig ist die Zunahme der Delikte 1989, welche mit einer Zuspitzung der Drogenproblematik und damit einer Verschlechterung der sonstigen sozialen Umstände einhergeht.

2.2. Analyse des Lebensquerschnitts

Als Querschnittintervall werden die Monate vor den letzten beiden Taten im Dezember 1989 und Februar 1990 zugrunde gelegt; gleichzeitig soll die nachfolgende Zeit bis zur Beurteilung im Februar 1991 beleuchtet werden.

2.2.1. K-Kriterien

Im Querschnittintervall läßt sich recht eindeutig eine *Vernachlässigung des Arbeits- und Leistungsbereiches sowie familiärer und sonstiger sozialer Pflichten* feststellen. K. ging zu diesem Zeitpunkt bereits seit längerem keiner geregelten Arbeit nach, sondern finanzierte die Drogen u.a. mit Prostitution. Rückblickend ist eine derartig ausgeprägte Nachlässigkeit spätestens seit Mitte der achtziger Jahre zu beobachten. Auch nach der letzten Tat änderte sich hieran nichts; viel-

mehr hatte K. gar kein eigenes Einkommen mehr und ließ sich von ihrem Vater finanzieren.
Auch ein *fehlendes Verhältnis zu Geld und Eigentum* kann über einen längeren Zeitraum hinweg bejaht werden. Der enorme Finanzbedarf wurde durch Gelegenheitsarbeiten, Straftaten und Prostitution gedeckt, ohne daß eine minimale Vorsorge oder Planung stattfand. Auch nach der letzten Tat ist dieses Merkmal erkennbar, indem K. weiterhin Geld ihrer Eltern ausgibt, deren Eigentum in Leihhäusern versetzt u.ä.
In gleichem Maße muß von einem *unstrukturierten Freizeitverhalten* ausgegangen werden, welches sich ebenfalls bereits in der Rückblende erkennen läßt. Die Aufenthalte im Drogen- und Zuhälter-„Milieu" verbunden mit Ausschweifungen durch Drogenkonsum zusammen mit anderen Straffälligen sind Hinweise auf dieses K-Kriterium.
Für die Entscheidung, ob eine *fehlende Lebensplanung* zu bejahen ist, muß das Verhalten auch rückblickend beurteilt werden. Hier fällt auf, daß bis zum Abschluß der Schule in beruflicher Hinsicht ein gewisses Konzept zumindest insofern bestanden hat, als K. offenbar von der Notwendigkeit einer Ausbildung ausging. Dieses wurde jedoch nach mehreren Wechseln aufgegeben. Seitdem fehlen Vorstellungen über die berufliche Zukunft. K. erweckt den Eindruck, „in den Tag hineinzuleben", und konzentriert sich auf die Befriedigung unmittelbarer Bedürfnisse.
Des weiteren kommt auch das Kriterium des *inadäquaten Anspruchsniveaus* in Betracht. So stellt K. ohne weiteres den Anspruch an ihren Vater, für sie zu sorgen, obwohl ihr Finanzbedarf jeglichen Rahmen sprengt und außer Verhältnis zu ihren Möglichkeiten steht. Sie zeigt praktisch keine Bemühungen, durch eine geregelte Arbeit ein Einkommen zu sichern. Rückblickend wird diese Einstellung auch während ihrer Lehre deutlich, in der sie sich „ausgebeutet" fühlte.
Ebenso läßt sich hier eine *geringe Belastbarkeit* erkennen, die sich in der „Flucht" ins Ausland, um dort schnell an Geld zu kommen, zeigt. Rückblickend fällt es K. schwer, konkreten Leistungsanforderungen über einen längeren Zeitraum zu entsprechen. Auch nach der letzten Tat scheut K. die Auseinandersetzung (bspw. mit ihrem Freund) und zieht es vor, nach der Entgiftung im Januar 1991 erneut in die Türkei zu reisen.
Im Rahmen der *Forderung nach Ungebundenheit* fällt das unbeständige und oberflächliche Verhalten im Kontakt- und Freizeitbereich auf. Der Freund wird offensichtlich übergangen, statt dessen wechselt K. wiederum den Aufenthaltsort. Die ungebundene Lebensweise läßt sich auch im Rückblick im häufigen Wechsel der Wohnungen („Unterschlupfmöglichkeiten" bei Bekannten, Ausland) erkennen.
Nach ihren Angaben trinkt K. wenig Alkohol; dafür besteht seit spätestens 1983 ein *unkontrollierter und übermäßiger Drogenkonsum*, der sich auf alle Lebensbereiche im Sinne einer sozial auffälligen Entwicklung auswirkt.

2.2.2. D-Kriterien

Im Querschnittintervall liegt keines der D-Kriterien vor. Rückblickend können in der Schulzeit eine *Gebundenheit an eine geordnete Häuslichkeit, tragende menschliche Bindungen* und möglicherweise bis zum 15. Lebensjahr die *Erfüllung sozialer Pflichten* angenommen werden.

2.3. Relevanzbezüge und Wertorientierung

Als ein im Alltag im Vordergrund stehender Bezug ist seit ca. 1983 der Konsum von Drogen anzusehen. Gleichzeitig zeigt K. zumindest nach Abschluß der Schule den Hang zur Unbeständigkeit. Sie ist immer wieder auf der Suche nach neuen Reizen (Ausland, wechselnde Tätigkeiten, keine feste Einbindung in einen Freundeskreis), wobei die Befriedigung der Drogensucht im Mittelpunkt steht.
Die Suche nach einer stabilen *Wertorientierung* erweist sich als schwierig, da K. weder eine Durchformung ihres Handelns anhand von Werten erkennen läßt, noch es Hinweise darauf gibt, daß solche Werte überhaupt bestehen. Vielmehr legt K. eine gewisse Skrupellosigkeit selbst Eltern und guten Bekannten gegenüber an den Tag. Erstmalige Anzeichen einer Besinnung auf Wertmaßstäbe lassen sich in ihren Äußerungen über bestehende Schuldgefühle ihren Eltern gegenüber erkennen, wobei hier die Frage nach der Ernsthaftigkeit und insbesondere der Umsetzung gestellt werden muß.

3. Kriminologische Diagnose

3.1. Die Bezugskriterien der Kriminologischen Trias

Zunächst ist das Vorliegen einer *kontinuierlichen Hinentwicklung zur Kriminalität mit Beginn in der frühen Jugend* zu prüfen, welche sich im Längsschnitt durch eine frühestmögliche Ausprägung K-idealtypischer Verhaltensweisen auszeichnet. Eine derartige Konstellation ist bei K. insofern nicht zu beobachten, als sich erste Anzeichen einer K-idealtypischen Entwicklung nicht vor der 10.Klasse bemerkbar machen (keine Heimaufenthalte, Abschluß des Gymnasiums) und erst Anfang des dritten Lebensjahrzehnts eine eindeutige Ausprägung bejaht werden kann.
Daher liegt hier die Annahme einer *Hinentwicklung zur Kriminalität im Heranwachsenden- bzw. Erwachsenenalter* näher. Bei K. besteht eine weitgehende Unauffälligkeit im Schulalter, da hier offensichtlich noch eine Einbettung in die Familie und eine vorgegebene „Marschroute“ (Schulabschluß) garantiert war, wiewohl bereits der einsetzende Drogenkonsum und das Wiederholen einer

Klasse den ersten Schritt in eine K-idealtypische Richtung darstellten. Erst mit dem Entstehen größerer Freiräume (bspw. der Möglichkeit, die Ausbildung selbständig zu wählen und wieder zu beenden) kommt es zu K-idealtypischen Verhaltensweisen, die sich ca. 1983 in fast allen Bereichen wiederfinden und sich im Laufe der Jahre weiter intensivieren, so daß es zur völligen Vernachlässigung des Leistungsbereichs, zu Kontakten im Drogen-„Milieu" u.ä. kommt. Hier ist auch im Rahmen der Drogenproblematik der Übergang von „weichen" Drogen im Schulalter bis hin zu „harten" Drogen ca. zehn Jahre später und der nachfolgenden Polytoxikomanie als parallele Entwicklung zu beachten. Im Lebensquerschnitt findet sich eine bereits seit mindestens zwei Jahren stabile kriminovalente Konstellation. Betrachtet man die Relevanzbezüge, so läßt K. im Schulalter noch eine gewisse Planung erkennen (Schulabschluß; der Wunsch, Tiermedizin zu studieren). Im Laufe der Zeit ändert sich der Lebenszuschnitt jedoch in der Weise, daß Bezüge ähnlich denjenigen, die bei einer kontinuierlichen Hinentwicklung mit Beginn in der frühen Jugend („Milieu"-Kontakte, Unbeständigkeit, „ungebremstes Leben im Augenblick") vorkommen, in den Vordergrund treten.

3.2 „Besondere Aspekte" im Leben des Täters

Zunächst ist hier auf die Drogensucht hinzuweisen, die ihren Anfang in der 10. Klasse nahm und sich dann „klassisch" weiter bis zur Polytoxikomanie entwickelte. Dieser Aspekt ist insofern von entscheidender Bedeutung, als er sich nicht nur auf die einzelnen Lebensbereiche der K., sondern auch auf die Delinquenz auswirkte. Dies zum einen unter dem Gesichtspunkt, daß die Straffälligkeit erst zur Zeit der Drogenabhängigkeit auftrat. Zum anderen handelte es sich teilweise um Beschaffungskriminalität und die Delikte wurden mit lediglich verminderter Steuerungsfähigkeit begangen. Als eine weitere wiederkehrende Verhaltensweise im Sinne eines internen „besonderen Aspektes" mag hier die Unbeständigkeit und das mangelnde Durchhaltevermögen angesehen werden. Gleichzeitig läßt K. eine stark ausgeprägte Selbstbezogenheit erkennen, die sich in dem Ausnutzen anderer zur Befriedigung eigener Bedürfnisse widerspiegelt.

4. Folgerungen

Die *grundsätzliche Prognose* ist im Rahmen der Hinentwicklung zur Kriminalität im Heranwachsenden- bzw. Erwachsenenalter ungünstig. Im zweiten Schritt, der *individuellen Basisprognose*, ist hier insbesondere auf die Drogensucht abzustellen. Dieser Faktor wird, wie sich aufgrund der beiden vorangegangenen vergeblichen Entgiftungen vermuten läßt, wahrscheinlich auch in Zukunft - vorbehaltlich einer nachdrücklichen Einwirkung auf K. - weiterhin wirksam blei-

ben. Aufgrund des Einflusses auf die Delinquenz ist ihm daher im Rahmen der Einwirkung besonderes Gewicht zuzumessen. Ebenfalls scheint die Rolle des Vaters, der die Sucht der Tochter offensichtlich finanziert, einen Aspekt darzustellen, von dem ebenfalls in Zukunft keine Änderungen zu erwarten sind. Die Prognose bleibt daher ungünstig.
Im Rahmen der Einwirkung sollte insbesondere unter dem Blickwinkel der verminderten Schuldfähigkeit der Schwerpunkt auf der Bekämpfung der Abhängigkeit liegen, so daß die Rückfallgefahr verringert werden kann. Eine Entgiftung und eine längerfristige Therapie erscheinen unabdingbar, wobei sich selbstverständlich die Frage nach der Therapiewilligkeit der K. stellt. Es erscheint ratsam, den Vater in einen derartigen Prozeß mit einzubeziehen, um ein erneutes, durch ihn finanziertes Abgleiten zu verhindern.

5. Vergleich

Im Erziehungsbereich und dem Bereich der schicksalhaften Kontakte gibt es bis auf den äußeren, nicht idealtypisch wirkenden Umstand des frühen Todes der Mutter keine eindeutigen Übereinstimmungen. Die bei B. im Ansatz vorhandene K-idealtypische Tendenz im Aufenthaltsbereich ist im Parallelfall sehr viel stärker ausgebildet. In beiden Fällen liegen einige Gemeinsamkeiten im Leistungsbereich vor (keine Ausbildung nach Lehrabbruch, zeitweise kein Einkommen), dennoch ist bereits die unterschiedliche Schulbildung (im Vergleichsfall legte die Delinquentin das Abitur ab) zu beachten. Insgesamt besteht keine Vergleichbarkeit, da insbesondere die Drogenabhängigkeit und ihre Hintergrundwirkungen im Ausgangsfall fehlen.

III. Restliche Vergleichsakten

Die übrigen vier vergleichbaren Fälle beinhalten keinerlei detaillierte Informationen, so daß lediglich ein tabellarischer Überblick gegeben werden soll:

Vergleichsakte 2c

Alter	Skt.[444]	1.Skt.[445]	Ausbildung; Beruf; Familienstand; Sonstiges
30 J.	4	25 J.	Altenpflegerin; mit 30 Jahren Kellnerin; Einkommen: 1.400 DM netto; ledig
Delin-quenz	vier Verurteilungen wegen Diebstahls (dreimal Geldstrafe, einmal neunmonatige Freiheitsstrafe mit Bewährung)		

Vergleichsakte 2d

Alter	Skt.	1.Skt.	Ausbildung, Beruf; Familienstand; Sonstiges
30 J.	3	24 J.	Hauptschule; Haushaltsgehilfin; Hausfrau Einkommen: Zuwendungen des Lebensgefährten; geschieden, ein Kind
Delin-quenz	eine Verurteilung wegen falscher Verdächtigung; zwei Verurteilungen wegen Diebstahls; (jeweils Geldstrafen)		

Vergleichsakte 2e

Alter	Skt.	1.Skt.	Ausbildung; Beruf; Familienstand; Sonstiges
29 J.	3	27 J.	Telefonvermittlerin; ledig
Delin-quenz	zweifache Verurteilung wegen Betrugs und Diebstahls (Geldstrafen) letzte Verurteilung wegen Diebstahls und Betrugs zugunsten eines Heiratsschwindlers (einjährige Freiheitsstrafe mit Bewährung)		

444 Anzahl der Sanktionen

445 Alter beim ersten Delikt

Vergleichsakte 2f

Alter	Skt.	1.Skt.	Ausbildung; Beruf; Familienstand; Sonstiges
32 J.	3	28 J.	Hauptschule; Bürokauffrau; seit dem Alter von 20 J. arbeitslos Einkommen: 520 DM monatlich, Schulden; getrennt lebend, drei Kinder; drogenabhängig (Rückfall nach Entgiftung im Alter von 31 J.)
Delin-quenz	eine Verurteilung wegen Verstoßes gegen das BtMG (Geldstrafe); eine Verurteilung wegen § 315c StGB (Geldstrafe); eine Verurteilung wegen zweifachen Diebstahls (achtmonatige Freiheitsstrafe mit Bewährung)		

E. Interview Probandin 3

I. Methode der idealtypisch-vergleichenden Einzelfallanalyse

1. Übersicht zum Lebenslauf

Dezember 1938	geboren
1944 bis 1952	Besuch der Volksschule
1952 bis 1955	kaufmännische Lehre
1955 bis 1967	Tätigkeit als Verkäuferin
1961	Tod des Vaters
1966	Heirat
1967	Geburt der ersten Tochter; seitdem keine Berufstätigkeit mehr
1969	Hausbau; Einzug der Mutter
1971	Geburt eines Kindes, welches einen Tag später verstirbt; erste depressive Verstimmung; psychiatrische Behandlung

1974	Geburt der zweiten Tochter
1987	Krebserkrankung
1990	Diagnose einer Syphilis bei der Mutter; Unterbringung der Mutter im Altenheim; regelmäßige Besuche; zweite depressive Verstimmung
Januar 1991	erster Diebstahl; Therapie
Sommer 1991 bis Ende 1991	Besserung des psychischen Zustands
April 1992	zweiter Diebstahl; psychiatrische Behandlung
Juli 1992	Tod der Mutter
Ende 1994	selbständiges Absetzen der Antidepressiva; Verschlechterung des psychischen Zustands
Februar 1995	dritter Diebstahl
seit Juli 1995	Besuch der Selbsthilfegruppe
Anzahl der registrierten Eintragungen wegen Diebstahls[446]	3

[446] einschließlich der Eintragungen im Erziehungsregister

2. Analyse der Erhebungen[447]

2.1. Analyse des Lebenslängsschnittes

2.1.1. Verhalten in den einzelnen Lebensbereichen

2.1.1.1. Erziehung im Kindes- und Jugendalter

H. sei im Dezember 1938 als Tochter eines Schlossers und einer Arbeiterin geboren worden. Ihre Mutter sei bei ihrer Geburt erst zwanzig Jahre alt gewesen. Sie habe noch einen drei Jahre jüngeren Bruder. Ihre Eltern seien mittlerweile beide verstorben.
Bis zu ihrem 16. Lebensjahr sei sie ein sehr braves Kind gewesen. Das Verhältnis zu ihrer Mutter sei jedoch nie gut gewesen, da ihre Mutter ihr stets zu verstehen gegeben habe, daß sie ein ungeplantes und unerwünschtes Kind gewesen sei und daß sie eine Belastung für die Mutter in Kriegszeiten dargestellt habe. Ihr Bruder sei demgegenüber immer bevorzugt worden. Um dennoch Liebe und Anerkennung zu erhalten, habe sie jederzeit „funktionieren" wollen und sei gehorsam gewesen. Gleiches gelte für ihren Vater, der ebenfalls den Bruder vorgezogen habe. Als unerwünschtes und rothaariges Kind habe sie sich „wie Abfall" gefühlt.
Ihre Mutter sei für den Haushalt zuständig gewesen, obwohl sie teilweise auch gearbeitet habe. Beide Eltern hätten häufig gestritten, hätten jedoch versucht, die Streitereien vor den Kindern zu verheimlichen.
Mit ca. 16 Jahren sei sie dann „bockig und rebellisch" geworden und habe sie den Eltern widersetzt, woraufhin der Vater angefangen habe, sie zu schlagen. Sie habe von zu Hause fortziehen wollen, hätte jedoch zu wenig Geld gehabt - sie habe regelmäßig Geld zu Hause abgeben müssen - und sei letztendlich auch „zu feige" gewesen. Ihr Vater habe sie ab diesem Zeitpunkt ignoriert.

H. hat damit bis zum Alter von 16 Jahren die elterlichen Kontrolle akzeptiert und offensichtlich die seitens der Eltern auferlegten Pflichten erfüllt, um die Eltern nicht zu verärgern. Somit läßt sich hier eine D-idealtypische Tendenz erkennen.
Dies ändert sich jedoch, als H. realisiert, daß die angestrebte Anerkennung der Eltern ausbleibt und sie den Gehorsam gegenüber ihren Eltern in gewissen Maßen ablegt. Zur genauen Ausformung dieses Widerstandes fehlen detaillierte Angaben, jedoch kann hier von einer Umkehr in Richtung K-idealtypische Ausprägung ausgegangen werden.

[447] Die Angaben beruhen auf einem Gespräch mit der Probandin am 29.4.1998; im übrigen lagen die Ermittlungsakten von 1991 bis 1995 vor.

2.1.1.2. Aufenthaltsbereich

H. habe bis zu ihrer Heirat bei ihren Eltern gelebt. Mit 17 Jahren habe sie aus den oben beschriebenen Gründen ausziehen wollen, habe dies jedoch im Endeffekt nicht getan. Seit ihrer Hochzeit habe sie mit ihrem Ehemann zusammengelebt. Sie hätten 1969 ein Haus gebaut, in dem sie bis heute wohnten. Nachdem ihr Vater 1961 mit 46 Jahren verstorben sei, hätten sie ihre Mutter 1969 bei sich zu Hause aufgenommen, bis diese 1990 in einem Pflegeheim untergebracht worden sei.

Die Tatsache, daß H. durchgehend zu Hause wohnte, weist auf ein D-idealtypisches Verhalten hin. Zwar wollte sie den elterlichen Hausstand frühzeitig verlassen, hat dies jedoch letztendlich aus Vernunftgründen (keine finanzielle Absicherung) und aus verbliebenem Gehorsam („Ich war zu feige.") nicht realisiert. In der Folge wechselte H. erst aus triftigem Grund, nämlich im Zuge ihrer Heirat den Wohnort, um dort auf Dauer zu bleiben. Sie ist durch Nachbarschaftsbekanntschaften und eine Vereinsmitgliedschaft sowie durch familiäre Beziehungen (siehe unten 2.1.1.5.) sozial in die örtliche Umgebung eingebunden.
Der Wohnbereich an sich, hier das Haus, spielt eine zentrale Rolle im Leben der H., so beschäftigt sie sich nach ihren Angaben viel mit dem Garten. Es handelt sich hierbei um ein Haus am Stadtrand in einer ruhigen Wohngegend. Garten und Haus sind - wenn auch nicht übertrieben - gepflegt und aufgeräumt. Die Einrichtung ist eher gemütlich als teuer. Es entsteht der Eindruck, daß auf den Wohnbereich viel Zeit verwandt wird und er tatsächlich als Zuhause dient.
Somit ist der Komplex des Aufenthaltsbereiches dem D-idealtypischen Pol zuzurechnen.

2.1.1.3. Leistungsbereich

H. habe die Volksschule besucht und danach von 1952 bis 1955 eine kaufmännische Lehre absolviert. Bis zur Geburt ihrer ersten Tochter 1967 sei sie als Verkäuferin beschäftigt gewesen. Danach habe sie die Berufstätigkeit aufgegeben und habe sich um den Haushalt und die Kinder gekümmert, welches sehr viel Zeit in Anspruch genommen habe. Der Haushalt habe sie immer sehr eingenommen, so seien Putzen und Saubermachen stets in ihre Verantwortung gefallen („Alles, was Dreck war, war meins."). Heute habe sich dies allerdings geändert, da ihr Ehemann jetzt sehr viel für sie erledige. 1969 habe sie sich zudem um die Organisation des Hausbaus gekümmert, da ihr Mann beruflich im Ausland tätig gewesen sei.

Mangels genauer Angaben kann hier nicht festgestellt werden, inwieweit das Leistungsverhalten während der Schul-, Ausbildungs- und Berufstätigkeit dem einen oder anderen Pol zugehört. Allerdings läßt sich aus der späteren Übernahme der familiären und organisatorischen Pflichten und der daraus erwachsenden Verantwortung schließen, daß eher eine D-idealtypische Tendenz anzunehmen ist.

Auch ihr Umgang mit Geld zeigt D-idealtypische Züge. Sie habe immer gut mit Geld umgehen können und sei der „Finanzminister" der Familie gewesen. Unter Geldnot habe sie nie gelitten. Aus den Akten ergibt sich, daß das Ehepaar über ca. 4.000 DM netto monatlich verfügt und schuldenfrei ist. Insgesamt läßt H. eine gewisse Planung in finanzieller Hinsicht (wie z.B. der Hausbau) erkennen, die zumindest dazu führte, daß nie ernst zunehmende Engpässe entstanden und daß heute von einer guten Absicherung gesprochen werden kann. Während ihrer Tätigkeit als Verkäuferin, erklärt H., habe sie im übrigen nie daran gedacht, Beträge aus der Kasse zu entwenden.

Insgesamt kann hier von einer Neigung im Leistungsbereich zum D-idealtypischen Pol gesprochen werden, obwohl eine „klassische" Einordnung mangels Berufstätigkeit in den letzten dreißig Jahren nicht stattfinden kann.

2.1.1.4. Freizeitbereich

Zur Freizeitgestaltung der H. in ihrer Jugend liegen keine Angaben vor.

Nach ihrer Hochzeit hätte die Organisation des Familienlebens den Tag ausgefüllt. Insbesondere in der Zeit, in der ihre Mutter in einem Altenpflegeheim untergebracht gewesen sei, habe sie dort häufig Besuche (ca. dreimal die Woche) abgestattet, welche sie viel Zeit gekostet hätten. In dieser Phase habe sie ohnehin kaum Zeit für sich gehabt, da sie ständiger Ansprechpartner für alle Familienmitglieder gewesen sei. H. hat damit ihre Freizeit zugunsten familiärer Verpflichtungen eingeschränkt, womit sich das Verhalten im Freizeitbereich dem D-idealtypischen Pol annähert.
Heute sei ihr in ihrer Freizeit das Zusammensein mit ihrer Familie, insbesondere mit ihren beiden Enkeln sehr wichtig. Sie verbringe den Tag mit ihrem Ehemann, beide würden viel im Garten arbeiten, sie beschäftige sich zudem mit Handarbeit. Außerdem gehe sie regelmäßig Turnen, daneben bestehen die zweiwöchigen Treffen in der Selbsthilfegruppe.

Hierbei handelt es sich um überschaubare, innerhäusige Freizeitabläufe, die im wesentlichen der Erholung und Entspannung dienen. Die außerhäusigen Aktivitäten spielen sich im sozialen Nahraum ab, so daß hier im Ergebnis das Freizeitverhalten der H. zum D-idealtypischen Pol neigt. Dies gilt im übrigen nicht uneingeschränkt für jenen Zeitraum, in dem H. unter depressiven Stimmungen gelitten und den Tag nur passiv im Bett verbracht habe (siehe 2.1.1.8.), vielmehr kann diese Phase weder als zum einen noch zum anderen Pol tendierend eingeordnet werden.

2.1.1.5. Kontaktbereich

Bezüglich der *schicksalhaft vorgegebenen Kontakte* ist festzuhalten, daß H. ihrer Elternfamilie zumindest seit ihrem 16. Lebensjahr ablehnend gegenüber stand. Ihr Vater habe sie nach den Streitigkeiten nicht mehr beachtet, der Kontakt zu Mutter litt unter dem Gefühl der Benachteiligung und des Widerstands gegen die elterliche Kontrolle. Das Verhalten der H. trägt daher in gewisser Weise K-idealtypische Züge.

Andererseits ist zu beachten, daß H. nach ihren Angaben zu ihrer Mutter bis zu deren Tod immer regelmäßig Kontakt gehalten hat. Zuerst habe sie die Mutter in den ehelichen Haushalt aufgenommen und sich um sie gekümmert. 1988 brachen aber bei ihr die Spätfolgen einer Syphilis aus, welche zum körperlichen geistigen Verfall führten, so daß die Mutter im Altenpflegeheim untergebracht werden mußte. Sie habe ihr Versprechen ihrem Vater gegenüber eingelöst und die Mutter regelmäßig im Pflegeheim besucht. Diese Besuch hätten sie immer sehr mitgenommen, die Zustände im Heim seien unhaltbar gewesen. Die Gesundheit ihrer Mutter habe sich immer weiter verschlechtert, sie habe gegen Ende nur noch wie eine Puppe herumgesessen. Der Kontakt sei deswegen so belastend gewesen, da sich H. aufgrund des geringen Altersunterschiedes von zwanzig Jahren bereits in dem gleichen erbärmlichen Zustand wie ihre Mutter gesehen habe. Nach dem Tod ihrer Mutter im Juli 1992 habe sich die familiäre Situation etwas entspannt.
Auffällig ist hierbei, daß H. - trotz des gespannten Verhältnisses zu ihrer Mutter - den Kontakt nicht abbrechen läßt und die Verantwortung aus Pflichtgefühl weiterhin trägt, obwohl es für H. mit starken Belastungen verbunden ist. Diese Bindung an die Mutter entspricht somit dem D-idealtypischen Zuschnitt.

Zu ihrem Bruder habe sie seit dem Tod ihrer Mutter 1991 keinen Kontakt mehr. Grund seien Geldstreitigkeiten, bei denen ihr Bruder ihr vorgeworfen habe, von der Mutter finanziell bevorzugt worden zu sein. Trotz vorheriger Versöhnungsversuche habe ihr Bruder den Kontakt abgebrochen.
Trotz fehlenden Kontakts zu ihrem Bruder kann hier nicht von einer entscheidenden K-idealtypischen Ausprägung die Rede sein, da dem Bruder offensichtlich ein Mitverschulden anzulasten ist und eine bewußte, auf Nachlässigkeit o-

der Desinteresse zurückzuführende Loslösung von der Familie seitens der H. nicht vorliegt.

Bezüglich der *selbstgewählten Kontakte* bestünden neben den recht engen Kontakten zu den Mitgliedern der Selbsthilfegruppe gute nachbarschaftliche Beziehungen. H. scheint eher wenige, tragenden Beziehungen (zu einem Freundeskreis fehlen genauere Angaben) und soziale Bekanntschaften zu pflegen, zumindest liegen nicht ausschließlich oberflächliche Kontakte vor.

Insgesamt kann heute im Kontaktbereich eine D-idealtypische Ausprägung angenommen werden, während in der Vergangenheit zumindest bezüglich des Vaters auch K-idealtypische Tendenzen erkennbar sind.

2.1.1.6. Eigene Familie

H. gibt an, seit 1966 verheiratet zu sein und zwei Töchter im Alter von 31 und 24 Jahren zu haben. Ihr Ehemann sei bis zu seiner Pensionierung mit 57 Jahren Pipelinetechniker gewesen und habe sich im Zuge seiner Arbeit teilweise im Ausland aufgehalten. Ihr Ehemann ist eine sozial unauffällige Person etwa gleichen Alters wie H. Beide Eheleute würden viel Zeit miteinander verbringen, so auch die Urlaube. Von ihrem Mann habe sie bezüglich der Diebstähle, die sie ihm nie verheimlicht habe, keine Vorwürfe gehört. Er sei es gewesen, der sie nach ihrem zweiten Diebstahl 1992 bei einer Psychiaterin angemeldet habe und sie derartig unterstützt habe, daß die Psychiaterin von einer stationären Behandlung habe absehen können. Heute gehe er häufig mit ihr einkaufen und sei dabei wie ihr „Satellit", der auf sie aufpassen würde. Einen größeren Streit hätten sie beide Weihnachten 1996 gehabt, als sie die Antidepressiva abgesetzt und sich in der Folge in einer sehr schwierigen Phase befunden habe. Nach erneuter Einnahme der Psychopharmaka habe sich diese Krise jedoch gelegt.

Das Verhältnis zu ihrem Ehemann trägt nach diesen Angaben eher D-idealtypische Züge. H. heiratet erst nach Abschluß ihrer Lehre einen sozial nicht auffälligen Mann, mit dem sie heute noch eine offensichtlich enge Beziehung führt. Nach der Heirat wurden gemeinsame Zukunftspläne wie die Kinder und der Bau eines Hauses realisiert, wobei H. ihre eigenen Interessen durchaus zugunsten der Familienorganisation zurücksteckte. Sie war augenscheinlich die Zentralfigur und der Ansprechpartner für sämtliche Familienmitglieder. Gleichzeitig bestand und besteht eine tragende Vertrauensbasis zwischen den Eheleuten, welche sich u.a. in dem Umgang des Ehemannes mit der Delinquenz seiner Frau zeigt. Tätliche Auseinandersetzungen gab es nicht, vielmehr erscheint eine recht harmonische Verbindung zu bestehen. Dieser Eindruck wurde durch den vertrauten Umgang beider Eheleute, welches kurz vor dem Gespräch beobachtet werden konnte, unterstützt.

Ihre erste Tochter sei 1967, die jüngere 1974 geboren worden. Zwischen beiden Schwangerschaften habe sie noch eine Tochter zur Welt gebracht, welche jedoch einen Tag nach der Geburt verstorben sei, weil sie selbst zu spät einen Spezialisten herangezogen hätte; eine Tatsache, die sie sich nie verzeihen könne. (Laut Gutachten litt H. während der Schwangerschaft an einer Nierenbeckenentzündung, welche zu einer Schwangerschaftstoxikose führte.) Hiernach sei sie sechs Monate lang sehr depressiv gewesen und habe sich auch in psychiatrische Behandlung begeben. Eigentlich habe sie danach keine Kinder mehr haben wollen und habe 1974 zunächst an einen Schwangerschaftsabbruch gedacht. Nach der Geburt der Tochter habe sie sich sehr erschöpft gefühlt, hätte diese Phase jedoch ohne eine Therapie überstanden.
Sie sei für beide Töchter die Bezugsperson gewesen. Während die ältere Tochter ein eher ruhiger Typ wie ihr Ehemann sei, sei das jüngere Kind genauso „flippig" wie sie selbst. Ihre jüngere Tochter habe ihr immer näher gestanden, obwohl diese ihr gerade in der Zeit, in der sie selbst unter Depressionen wegen ihrer Mutter gelitten habe (1991/92), auch mehr Schwierigkeiten bereitet habe, da sie sehr faul gewesen sei. H. sei für die Familie „der Blitzableiter und der Trottel für's Grobe" gewesen. Heute habe sie zu beiden Töchtern, insbesondere zu der jüngeren und zu den beiden Enkeln engen Kontakt, obwohl sie sich längst nicht mehr so in deren Leben und Probleme einmische wie früher.
Auch in diesem Bereich der eigenen Familie weist das Verhalten der H. in die D-idealtypische Richtung. Sie war, mit Ausnahme der depressiven Phasen, stets für ihre Kinder da und stellte eine jederzeit erreichbare Bezugsperson dar, die im Zweifel die Probleme ihrer Kinder lösen sollte. Auf inkonsequentes oder gar verantwortungsloses Verhalten gegenüber ihrer älteren Tochter, zu der die Verbindung wohl weniger eng ist als zu dem zweiten Kind, weist nichts hin.

2.1.1.7. Alkohol- und Drogenkonsum

Während ihrer depressiven Phasen habe sie häufig Alkohol (Bier und Kognak) getrunken, in den schlimmsten Zeiten bis zu sechs Kognak am Tag (nachmittags). Zudem habe sie etwa eine halbe Packung Zigaretten geraucht, heute nur noch eine bis drei Zigaretten täglich. Alkohol trinke sie jetzt nur wenig.

2.1.1.8. Körperliche und psychische Verfassung /Therapie

2.1.1.8.1. Feststellungen aufgrund des Interviews

H. sei 1987 an Krebs erkrankt, dieser habe jedoch ausgeheilt werden können. Sonstige körperlichen Beschwerden lägen außer einer teilweise auftretenden, mit heilpflanzlichen Mitteln bekämpfbaren Schlaflosigkeit nicht vor. Sie sei nicht mit der Syphilis der Mutter infiziert.

Nach der Geburt des Kindes, welches einen Tag später verstarb, sei sie zum ersten Mal depressiv geworden. Sie sei dann in psychiatrische Behandlung gegangen, aber es habe ein halbes Jahr gedauert, bis es ihr wieder besser ging. Auch nach der Geburt ihrer jüngsten Tochter habe sie sich schlecht gefühlt, jedoch nicht so gravierend wie 1971.
Eine erneute depressive Phase habe sie 1990 erlebt, als sie von der Syphiliserkrankung ihrer Mutter erfahren habe. Sie habe sich für ein halbes Jahr in therapeutische Behandlung begeben, die medikamentös unterstützt worden sei, jedoch wenig geholfen habe. Lediglich im Sommer 1991 sei es ihr etwas besser gegangen.
Nach ihrem zweiten Diebstahl 1992 habe ihr Mann sie bei einer Psychiaterin angemeldet, die ihr ebenfalls Psychopharmaka verschrieben habe. Da die starken Antidepressiva lediglich ein „ferngesteuertes“ Leben ermöglicht hätten, habe sie Ende 1992 die Tabletten eigenständig abgesetzt, woraufhin sie erneut depressiv geworden sei. Zu dieser Zeit habe sie bis mittags oder abends im Bett gelegen, alles sei „grau in grau“ gewesen. Sie habe sich sehr schlecht und dreckig wegen der begangenen Diebstähle gefühlt („Dieb bleibt Dieb.“). Es habe sie jegliche Motivation verlassen und sie habe ihr Lebensende bereits akzeptiert gehabt. Auf Aufforderung der Psychiaterin hin habe sie mit der Einnahme der Tabletten 1994 wieder begonnen. Im Juli 1995 sei sie der Selbsthilfegruppe beigetreten, nachdem sie zu dem ersten Treffen aus lauter Angst nicht hingegangen sei. Seit dem zweiten Treffen jedoch habe sie bereits eine Besserung verspürt, die Normalität der Frauen und die Anonymität hätten sie beruhigt. Im Sommer 1996 habe sie die Tabletten noch einmal abgesetzt, was jedoch zu Schwierigkeiten und Streitigkeiten mit ihrem Ehemann geführt habe, so daß sie wieder mit der Einnahme begonnen hätte. Die Dosis sei bis zum Sommer 1997 langsam verringert worden, seitdem nehme sie keine Antidepressiva mehr. Eine Einzeltherapie besuche sie ebenfalls nicht mehr. Ihren Zustand schätze sie seit dem Frühjahr 1997 als sehr gut ein.

2.1.1.8.2. Feststellungen aufgrund der Sachverständigengutachten[448]

In *medizinischer* Hinsicht wurde die Entzündung des Nierenbeckens 1971, eine Radikaloperation wegen Gebärmutterkrebses 1987 und eine seit 1987 anhaltende Erhöhung des Blutdrucks festgestellt.

Das erste Gutachten kommt in seiner *Beurteilung* des Zustands bis Juli 1992 zum Ergebnis eines typischen Symptomenkomplexes einer endogenen Depression mit affektiven Störungen und Vitalstörungen, andererseits zeigten sich auch reaktive Komponenten bezüglich schwerer Erkrankungen in der Familie, die jedoch lediglich als Auslöser der jeweiligen Phasen gedeutet werden könnten. Mit größter Wahrscheinlichkeit handele es sich um die schwere, protrahierte dritte Phase einer endogenen Depression.
Im Gegensatz hierzu stellt das zweite Gutachten die Diagnose eines Verdachts auf ein psychovegetatives Erschöpfungssyndrom und einer protrahierten Konfliktreaktion. Die depressive Symptomatik ließen sich nicht als Phasen einer endogenen Psychose werten, sondern seien als reaktive Depression bei einer entsprechenden Grundpersönlichkeit anzusehen. Es liege eine psychische Labilität im Rahmen des festzustellenden psychovegetativen Erschöpfungssyndroms mit einer starken depressiven Komponente vor.

2.1.2. Delinquenzbereich

2.1.2.1. Frühere Straftaten, Verurteilungen und Strafverbüßungen

Von „*deliktischen Handlungen im Kindesalter*" ist nichts bekannt.

Den ersten Diebstahl beging H. im Januar 1991. Insgesamt sei es ihr bereits seit Kenntnis der Krankheit der Mutter 1990 sehr schlecht gegangen und sie habe sich depressiv gefühlt. Sie erklärte, an dem entsprechenden Tag hätte sie vorher ihre Mutter im Pflegeheim besucht. An diesen Tagen sei sie immer besonders gereizt und nervös gewesen. Zusätzlich hätte sie die Unsicherheit darüber, ob sie selbst ebenfalls mit Syphilis infiziert sei, belastet. In einem Laden habe dann ein Jogginganzug auf dem Boden gelegen und dieser sei „irgendwie meins" gewesen. Sie habe den Anzug eingesteckt und sei direkt in das nächste Geschäft gelaufen und habe Kosmetika gestohlen. Als man sie entdeckt habe, sei sie „fix und fertig" gewesen und habe eingenäßt.
H. erhielt einen Strafbefehl in Höhe von 450 DM.

---

[448] Die beiden psychiatrischen Gutachten wurden im - Zusammenhang mit dem Diebstahl im April 1992 - im Juli 1992 und im Februar 1993 erstellt.

Der zweite Diebstahl (zwei Badeanzüge im Wert von ca. 350 DM) wurde von H. im April 1992 verübt. Bei der Vernehmung erklärte H.: „Ich bin zur Zeit in einem seelischen Tief und kann mir eigentlich nicht erklären, warum ich die Sachen stehlen wollte. Ich hätte es finanziell eigentlich nicht nötig."
Im Interview gab H. an, dieser Diebstahl sei in einer ähnlichen Konstellation begangen worden wie der erste. Wieder sei sie in der freien Zeit vor oder nach dem Heimbesuch durch die Stadt geschlendert. Eigentlich habe sie einen Badeanzug aussuchen wollen, um ihn dann zusammen mit ihrem Mann später zu kaufen. In der Umkleidekabine habe sie dann gleich zwei Badeanzüge eingesteckt und sei wiederum entdeckt worden, mit den gleichen „Schockreaktionen" wie beim ersten Mal. Auf Anraten des Polizisten habe sie über ihren Rechtsanwalts ein Gutachten erstellen lassen, dieses dann aber wieder zurückgezogen, da sie für die Tat bestraft werden wollte, schließlich habe sie den Diebstahl ja begangen. Der Diebstahl habe sie so belastet, daß sie daran gedacht hätte, sich das Leben zu nehmen. Sie sei bereits einige Zeit vor der Tat sehr gestreßt gewesen und habe das Gefühl gehabt, keine Zeit für sich zu haben. Hinzu seien die Schwierigkeiten mit ihrer jüngeren Tochter gekommen, die seit geraumer Zeit sehr anstrengend gewesen sei.
Die Delikte hätten sich nicht angekündigt, sie habe bei den Taten nicht richtig nachgedacht und sei vor allen Dingen, wie H. mehrmals betont, „nicht sie selbst gewesen." Sie habe auch immer ausreichend Geld mit sich geführt. Auch sei sie keine habgierige Person, während ihrer Arbeit als Kassiererin habe sie nie daran gedacht, Geld aus der Kasse zu entwenden.

Es wurden zwei Sachverständigengutachten angefertigt (siehe oben 2.1.8.8.2.), welche auf beide Delikte Bezug nehmen.
Das erste Gutachten, welches zu dem Ergebnis einer endogenen Depression kommt, ging vor dem Hintergrund schwerer Depressivität und überflutender Angst von einer dranghaften Impulshandlung mit aufgehobener Steuerungsfähigkeit aus. Das von H. während der Begutachtung beschriebene „Aufwachen und Erschrecken" beim Angesprochenwerden nach der Tat zeuge vom Vorliegen einer kurzzeitigen tiefgreifenden Bewußtseinsstörung, so daß die Kriterien des § 20 StGB einschlägig seien.[449]
Das zweite Gutachten klassifiziert die dortige Diagnose der psychischen Labilität mit starker depressiver Komponente im Rahmen des psychovegetativen Erschöpfungszustands als „schwere andere seelische Abartigkeit" mit Krankheitswert. Wie oben bereits erwähnt, wurde die Annahme einer endogenen Depressi-

[449]Des weiteren wurde festgehalten, daß das Verhalten sich motivisch nicht aufhellen ließe; mit Sicherheit scheide ein Diebstahl zum Ziel der persönlichen Bereicherung aus. Ein Symbolcharakter der Diebstahlshandlungen konnte nicht festgestellt werden. Die Handlungen imponierten mit Sicherheit als ausgesprochen persönlichkeitsfremd; die Probandin stünde ihrem Verhalten völlig ratlos gegenüber.

on verneint. Eine tiefgreifende Bewußtseinsstörung wurde ebenfalls als nicht einschlägig beurteilt. Aufgrund des psychopathologischen Befindens wurde von einer erheblich eingeschränkten Steuerungsfähigkeit gem. § 21 StGB ausgegangen.[450]

2.1.2.2 Letzte Tat

Den letzten Diebstahl habe sie im Februar 1994 begangen, als sie zwei Packungen Zigaretten mitgenommen hätte. Auch hier habe sie ursprünglich etwas anderes einkaufen wollen. Beim Bezahlen sei sie sehr nervös gewesen und sie habe schreckliche Angst gehabt, entdeckt zu werden. Die Tatsache, daß sie die Zigaretten unrechtmäßig weggenommen habe, sei ihr eher egal gewesen. Sie habe erneut 1200 DM (laut Akte per Strafbefehl) zahlen müssen. Ihre Stimmung sei in dieser Phase auf dem Tiefpunkt angelangt, sie habe sich depressiv gefühlt, vielleicht weil sie zuvor ohne ärztliche Aufsicht die Antidepressiva abgesetzt habe.

Nach dem letzten Diebstahl sei sie nur noch in Begleitung (häufig mit ihrem Ehemann) und ohne Taschen einkaufen gegangen, heute etwa ein bis zweimal die Woche.

2.1.2.3. Analyse des Delinquenzverhaltens

Sowohl den früheren Taten als auch dem letzten Delikt ist gemeinsam, daß die Taten ohne erhöhte Zielstrebigkeit ausgeführt wurden.
Zum einen befand sich H. jedesmal in einer außergewöhnlichen Stimmungslage, so standen die ersten beiden Diebstähle im direkten zeitlichen Zusammenhang mit den Besuchen bei ihrer Mutter, die Nervosität und Gereiztheit bei H. hervorriefen. Der dritte Diebstahl wurde während einer depressiven Verstimmung, begleitet von Suizidgedanken, begangen, nachdem H. die Einnahme der Antidepressiva beendet hatte.
Eine Planung der Taten fand nicht statt, die Objekte wurden in allen drei Fällen spontan weggenommen. Ebenfalls gegen eine erhöhte Zielstrebigkeit spricht das weitgehend unüberlegte Vorgehen, welches in allen drei Fällen zur sofortigen Entdeckung führte. H. gibt bei allen Delikten an, während der Tat „nicht sie selbst gewesen zu sein“, eine Angabe, die - bei aller Vorsicht - auf eine geringere Zielstrebigkeit schließen läßt. Auch entfernte sich H. nicht planmäßig und

[450] Die Taten trügen in keiner Weise Merkmale pathologischer Diebstähle im Sinne kleptomanen Verhaltens, da die entscheidenden psychischen Empfindungen im Zeitraum vor, während und nach der Tat nicht vorlägen.

wohlüberlegt, vielmehr war sie fassungslos bei ihrer Entdeckung und legte sofort ein Geständnis ab.

Die letzte Tat reiht sich bezüglich der (fehlenden) Planung, Ausführung, Reaktion auf die Tat in die vorherige Delinquenz insofern ein, als auch hier nur geringe Zielstrebigkeit zu bejahen ist. Die Abstände zwischen den Delikten und die jeweilige Einbettung in besondere Lebenssituationen führen zu dem Schluß, daß hier nicht von einer kriminellen Verfestigung ausgegangen werden muß. In diesem Zusammenhang ist darauf hinzuweisen, daß erstmals eine Depression 1987 festgestellt wurde, die zwar behandelt wurde, nach Angaben der H. jedoch ohne großen Erfolg. Es ist somit davon auszugehen, daß die depressiven Verstimmungen, die erst nach dem zweiten Diebstahl erneut behandelt wurden, auch während der ersten beiden Diebstähle anhielten und somit für die Bejahung einer außergewöhnlichen Lebenssituation eine Rolle spielen dürften.

2.2. Analyse des Lebensquerschnitts

(Den Ausgangspunkt für die Querschnittanalyse bildet der Zeitraum des letzten halben Jahres vor der letzten Straftat im Februar 1994.)

2.2.1. K-Kriterien

Das Kriterium der *Vernachlässigung des Arbeits- und Leistungsbereiches sowie familiärer und sonstiger sozialer Pflichten* mag auf den ersten Blick im Zeitraum 1993 bis Februar 1994 vorgelegen haben, da H. zu dieser Zeit den Tag im wesentlichen im Bett verbringt und sich nicht um den Haushalt kümmert. Jedoch waren diese Versäumnisse krankheitsbedingt, da H. nach Absetzen der Psychopharmaka wieder unter depressiven Verstimmungen litt, so daß das K-Kriterium nicht bejaht werden kann. Rückblickend betrachtet lag das Kriterium ebensowenig vor, denn H. zeigte ihrer Familie gegenüber durchgängig Verantwortungsbewußtsein und erfüllte die ihr im Haushalt obliegenden Pflichten.
Ein *fehlendes Verhältnis zu Geld und Eigentum* kann bei H. nicht festgestellt werden. Unangemessene Ausgaben oder sorgloser Umgang mit Geld waren für H. nicht typisch, auch im Querschnittintervall gibt es hierfür keine Hinweise.
Das Kriterium des *unstrukturierten Freizeitverhaltens*, welches sich durch plan- und ziellose Aktivitäten unter Ausweitung des Freizeitverhaltens zumindest zu Lasten des Schlafes auszeichnet, kann gleichermaßen verneint werden. Während den depressiven Verstimmungen kam es vielmehr zu überhaupt keiner Freizeitgestaltung, indem H. sich passiv und apathisch verhielt. In der Vergangenheit wird dieses Merkmal ebenfalls nicht bestätigt.

Eine *fehlende Lebensplanung* könnte aufgrund der Antriebsschwäche und der Stimmungslabilität der H. im Querschnittintervall in Betracht gezogen werden, da konkrete Planungen nicht einmal für den nächsten Tag erfolgten. Allerdings reicht der hier von der psychischen Labilität geprägte Zeitabschnitt nicht für eine Beurteilung aus. Insgesamt betrachtet weist H. nämlich gerade nicht die Besonderheit auf, keinerlei Vorkehrungen zu treffen oder ohne Vorausschau „in den Tag hinein zu leben", so daß die kurzfristigen depressiven Phasen letzten Endes nicht zu einer Bejahung des Kriteriums führen können.
Hinweise auf ein *inadäquat hohes Anspruchsniveau* heute oder in der Vergangenheit fehlen; H. scheint eher ein angemessenes, wenn nicht sogar ein bescheidenes Verhältnis zu materiellen Ansprüchen zu haben.
Auch eine *mangelnde Realitätskontrolle* in dem Sinn, daß H. nach für sie objektiv nicht erreichbaren Zielen strebt, ohne hierfür Einsatz zeigen zu wollen, kann nicht angenommen werden. Vielmehr fehlt es in dieser Phase an Vorstellungen über Ziele oder Wünsche, während in der Vergangenheit eine Realitätskontrolle zu bejahen ist.
Ebenso liegen weder das Kriterium der *paradoxen Anpassungserwartung* noch der *Forderung nach Ungebundenheit* vor.
Man kann hier allenfalls zur Annahme eines *unkontrollierten und übermäßigen Alkoholkonsums* kommen, beachtet man den im Querschnittintervall teilweise vorliegenden Alkoholgenuß, der sich von dem sonstigen Trinkverhalten der H. deutlich unterscheidet. Dabei ist der Alkoholkonsum in diesem Fall weder für die Tat an sich noch für mit ihm verbundenen Ausschweifungen ausschlaggebend. Vielmehr stellt sich hier die Frage nach einer Verstärkung des labilen Zustands durch den regelmäßigen und verstärkten Genuß von Alkohol. Insofern kommt hier dem Kriterium eine eher mittelbare, wenn auch nicht zentrale Bedeutung zu und muß im Ergebnis abgelehnt werden.

2.2.2. D-Kriterien

Die *Erfüllung sozialer Pflichten* als D-Kriterium kann im Querschnittintervall nicht angenommen werden, da H. sich gerade in dieser Phase ihren Pflichten, die sie für sich ansonsten akzeptierte und erfüllte, entzieht. In der Vergangenheit wird dieses Merkmal jedoch zu bejahen sein.
Ein *adäquates Anspruchsniveau* kann bestätigt werden, da H. ihre Situation bezüglich der (materiellen) Ansprüche und Möglichkeiten seit jeher realistisch einschätzt und keine übertriebenen Erwartungen hat.
Bei H. besteht - trotz ihrer besonderen Verfassung - eine *Gebundenheit an eine geordnete Häuslichkeit und an ein Familienleben*, obwohl die Depression wahrscheinlich ein nicht zu unterschätzendes Konfliktpotential geborgen hat. Die dauernde Eingliederung der H. in den Wohnbereich und in ihre Familie führt jedoch dazu, daß diese auch in schwierigen Phasen nicht aufgegeben wird.

Ebenfalls wird der H. ein *reales Verhältnis zu Geld und Eigentum* zu bescheinigen sein. Unübersichtliche oder unvernünftige Ausgaben wurden von H., der im übrigen die finanzielle Organisation oblag, nicht getätigt; Geldnot hat nach ihren Angaben zu keinem Zeitpunkt bestanden.
Nicht zutreffend ist das Kriterium *Arbeitseinsatz und Befriedigung bei der Arbeit*, da zum einen keine Berufstätigkeit besteht und die an deren Stelle tretende Hausarbeit von H. im Querschnittintervall so gut wie nicht ausgeübt wurde.
Ebensowenig kann von einer *produktiven Freizeitgestaltung* gesprochen werden, da das Verhalten der H. zu dem fraglichen Zeitpunkt von Passivität und fehlender Motivation geprägt war, die eine produktive oder gar leistungsorientierte Freizeitplanung verhinderte. Im Rückblick läßt sich das Kriterium insofern annehmen, als H. Aktivitäten wie in Maßen betriebener Sport sowie Nachbarschaftshilfe ausübte.
Als *tragende menschliche Beziehung* ist kurz vor der letzten Straftat wie auch in der Rückschau zumindest das Verhältnis zu ihrem Ehepartner zu qualifizieren.
Von einer *hohen Belastbarkeit bei großer Ausdauer* kann im Querschnittintervall nicht ausgegangen werden, da unter dem Gesichtspunkt der Verarbeitung des eigenen Schicksals oder von Schicksalsschlägen, wie hier bspw. die Krebserkrankung oder der frühe Tod des Kindes, keine aktive Aufarbeitung stattgefunden hat. Vielmehr zeigt das erneute Auftreten von psychischen Krankheitssymptomen beim Absetzen der Antidepressiva, daß noch keine Bewältigung eingetreten und die Belastbarkeit der H. noch an einer unteren Grenze anzusiedeln war.
Die *Verantwortungsbereitschaft*, hier in Form der Führung des Haushalts und der Versorgung der Kinder, ist in der Rückblende zu bejahen, wenn auch nicht akut im Querschnittintervall. Die *Eigenverantwortung* scheint lange Zeit in den Hintergrund gerückt zu sein und entwickelte sich offensichtlich erst in den letzten zwei Jahren, als H. sich nicht mehr fortwährend um die Probleme anderer kümmerte, sondern ihre eigenen Interessen stärker in den Vordergrund stellte.

2.3 Relevanzbezüge und Wertorientierung

2.3.1. Relevanzbezüge

Besonders bedeutsam und die allgemeine Lebensführung der H. beeinflussend war stets die familiäre Bindung, die für sie den Lebensmittelpunkt darstellte und dies heute noch tut. Dies manifestiert sich bereits im Alltag, der im wesentlichen mit dem Ehemann und der jüngeren Tochter verbracht wird. Des weiteren weist H. auf die Bedeutung des Kontakts zu ihren beiden Enkelkindern hin.
Es hat in diesem Zusammenhang allerdings eine Veränderung dahin gehend stattgefunden, daß H. sich nach ihren Angaben nicht mehr wie früher für andere aufopfern und stets zur Problembewältigung zur Verfügung stehen möchte. Dies

zeigt sich zum einen in ihrem gewandelten Umgang mit ihren Töchtern, in deren Angelegenheiten sie sich heute nicht mehr einmische und häufig erkläre, „sie wolle damit nichts zu tun haben." Gleiches gilt im übrigen auch für ihr Verhalten in der Selbsthilfegruppe. H. stellt eine Zentralfigur dar, die als eine der Älteren eine Art Mutterrolle eingenommen hatte, indem sie die anderen Mitglieder ermuntert, unterstützt (z.B. durch Begleitung zu Gerichtsverhandlungen), gleichzeitig jedoch kritisiert. Aus Anlaß des Hinzukommens neuer jüngerer Frauen regte sie eine Aufteilung der Gruppe an, da sie nicht noch einmal alles Leiden der noch nicht therapierten Delinquentinnen miterleben und Abstand gewinnen wolle.

2.3.2. Wertorientierung

Als Wertgefüge ist bei H. sicherlich der Wunsch nach einem geordneten, sozial unauffälligen Leben, welches für sie verbunden mit Fürsorge und Verantwortung ist, vorhanden, was sie - abgesehen von ihrer Delinquenz - auch umgesetzt hat. Ein randständiges und orientierungsloses Dasein wirkt auf sie abschreckend, wofür ihre Anwort auf die Frage nach drei beliebigen Wünschen steht: erstens die Diebstähle ungeschehen machen, zweitens ein langes Leben für ihren Ehemann und drittens Gesundheit.

3. Kriminologische Diagnose

3.1. Die Bezugskriterien der Kriminologischen Trias

Eine *kontinuierliche Hinentwicklung zur Kriminalität mit Beginn in der frühen Jugend* sowie eine *Hinentwicklung zur Kriminalität im Heranwachsenden- bzw. Erwachsenenalter* scheiden bereits wegen des Fehlens von K-idealtypischen Verhaltensweisen in der Jugend bis ins dritte Lebensjahrzehnt und der späten Delinquenz aus.

Gleichzeitig ist auch die *Kriminalität im Rahmen der Persönlichkeitsreifung* auszuschließen. Zwar kann die Delinquenz als vorübergehend bezeichnet werden, die Persönlichkeitsreifung war zu diesem Zeitpunkt allerdings bereits lange abgeschlossen, so daß keine entwicklungsspezifische Kriminalität gegeben ist.

Das allgemeine Sozialverhalten der H. entspricht insofern der Kategorie der *Kriminalität bei sonstiger sozialer Unauffälligkeit,* als im Lebenslängsschnitt sich keine erheblichen sozialen Auffälligkeiten feststellen lassen und im Lebensquerschnitt eindeutig keine kriminovalente Konstellation vorliegt. Allerdings erfüllt H. keines der typischen Merkmale im Rahmen der Relevanzbezüge und der Wertorientierung dergestalt, daß es beispielsweise für den Täter üblich ist, sich in einem „Graubereich" der Legalität zu bewegen, ohne daß hierbei ein

Unrechtsbewußtsein besteht. H. beweist im Gegenteil ausgeprägte Schuldgefühle und verurteilt sich für die Vorkommnisse.
Es bleibt daher die Annahme eines *kriminellen Übersprungs* zu prüfen. H. weist im Lebenslängsschnitt in ihrer Jugend zumindest äußerlich eine soziale Unauffälligkeit, später auch eine völlige soziale Integration auf, ohne daß K-idealtypische Verhaltensweisen existieren. Gleichzeitig sind im Lebenslängsschnitt zumindest drei der für eine kriminoresistente Konstellation erforderlichen Faktoren vorhanden (adäquates Anspruchsniveau, Gebundenheit an eine geordnete Häuslichkeit und ein reales Verhältnis zu Geld und Eigentum). Auch unter dem Gesichtspunkt der Lebensorientierung läßt H. eine gewisse Prinzipienfestigkeit begleitet von einem sozial integrierten Lebenswandel erkennen, so daß im Ergebnis aus kriminologischer Sicht die Strafbarkeit nicht „erwartbar" ist und einen Bruch in der sonstigen Lebensführung der H. darstellt.

3.2. „Besondere Aspekte" im Leben des Täters

Einen „besonderer Aspekt", der sich zumindest als externer Bezug bis 1992 durch das Leben der H. zieht, stellt die Beziehung zu ihrer Mutter dar. Vor dem Hintergrund einer schwierigen Kindheit, in der auch das Verhältnis zum Vater als gleichgültig beschrieben wird, zeichnet sich das Mutter-Tochter-Verhältnis ebenfalls als wenig liebevoll und geprägt durch Ablehnung auf der einen Seite und durch das Gefühl des Ungeliebtseins auf der anderen Seite aus. Dennoch schien der Einfluß der Mutter auf H. so stark zu sein, daß sie sich aus Gehorsam oder Pflichtgefühl weiterhin um die pflegebedürftige Frau kümmerte - über ein Engagement des Bruders ist demgegenüber nichts bekannt. Diese Situation führte zu einer enormen Belastung und damit zu einer Instabilität, die H. als von Nervosität und Gereiztheit begleitet beschreibt. Hinzu kam das Gefühl, in nicht allzuferner Zukunft ein ähnliches Schicksal erleiden zu können.
Gleichfalls auffallend ist aufopfernde und pflichtbewußte Art (so z.B. die Sorge um die schwierige, jüngere Tochter und um die Mutter), die als Verhaltensweise im Rahmen der Beurteilung der ersten beiden Diebstähle von Bedeutung sein kann.
Parallel hierzu ist die von H. als „depressive Verstimmung" beschriebene psychische Befindlichkeit zu beleuchten. Erstmals trat diese nach dem Tod des Kindes 1971 und in abgeschwächter Form nach der Geburt der jüngsten Tochter. Erneut kam es nach der Diagnose der Syphilis bei der Mutter zu einer derartigen Symptomatik. Hier kann zum ersten Mal der Zusammenhang mit der Delinquenz hergestellt werden. Die beiden ersten Diebstähle wurden begleitet von einer schwierigen Lebenssituation, die oben als erster Aspekt beschrieben wurde, und einer hieraus entstehenden Verstimmung, die H. als depressiv kennzeichnet. Gleiches gilt für die letzte Tat, in der H. sich ebenfalls als depressiv beschreibt, nachdem sie eigenständig die Medikation beendet hatte.

Insgesamt fallen zwei Umstände besonders ins Auge. Zum einen ist die Delinquenz regelmäßig von Lebenskrisen begleitet, die sich als belastende Ereignisse darstellen und/oder verbunden sind mit dem Gefühl der Deprimiertheit. Zum anderen ist festzuhalten, daß die Delinquenz erst sehr spät (mit über 50 Jahren) im Zusammenhang mit den besonderen Aspekten auftritt.

Unter *psychiatrischen* Gesichtspunkten stellt sich laut der Begutachtungen die Lage bis 1993 wie folgt dar, wobei beide Sachverständige zu unterschiedlichen Ergebnissen kommen:
Das erste Gutachten von Juli 1992 stellt fest, daß H. erstmals nach dem Tod des Kindes 1971 unter einer schwere depressiven Symptomatik gelitten habe, die einerseits als erste Manifestation einer endogenen Psychose gesehen werden könne, andererseits möglicherweise durch den sofortigen Tod des Kindes ausgelöst worden sei. Zu einer erneuten Depression sei es bei Kenntnis der Syphiliserkrankung der Mutter in den Jahren 1991/92 gekommen, wobei die depressive Phase bis zum Zeitpunkt der Untersuchung anhielte. Wie bereits oben dargelegt, wurde im Ergebnis eine endogene Depression mit affektiven Störungen und Vitalstörungen festgestellt, andererseits wurden reaktive Komponenten (wie Erkrankung der Mutter) aufgezeigt, die jedoch lediglich als Auslöser der depressiven Phasen gedeutet werden könnten. Gleichzeitig wurde im Rahmen der Delinquenz eine kurzfristige tiefgreifende Bewußtseinsstörung diagnostiziert.
Im zweiten Gutachten wird zunächst auf die Tatsache hingewiesen, daß H. erst mit 53 Jahren urplötzlich einen Diebstahl beging. Die Biographie der H. sei von ungünstigen Bedingungen geprägt gewesen (keine emotionale Geborgenheit, mangelnde Akzeptanz durch die Elternfamilie). H. wird als aufopferungswillig, pflichtbewußt, korrekt und sensitiv beschrieben. Sie zeichne sich durch den Hang, sich unterzuordnen und eigene Bedürfnisse hintan zu stellen, sowie durch ein geringes Selbstbewußtsein aus. Überdenkenswert sei angesichts der Kindheitserfahrungen und der späteren Belastungssituationen die Theorie von der „gelernten Hilflosigkeit". Die im Laufe der Jahre auftauchenden Belastungsmomente (Tod des Kindes, Schwangerschaft, Erkrankung der Mutter) seien nun auf eine „labile Ausgangspersönlichkeit" getroffen. Die Tatsache, daß zwischenzeitlich 16 Jahre lang keine psychischen Auffälligkeiten auftraten, sprächen gegen eine endogene Depression. Somit sei auch die erste depressive Symptomatik 1971 nicht als erste Phase einer endogenen Depression, sondern als reaktive Depression bei entsprechender Grundpersönlichkeit einzuordnen. Aufgrund dieser Persönlichkeitsstruktur seien die Belastungssituationen nicht mit neuen Problemstrategien bewältigt worden, sondern hätten als „zermürbende Dauerspannung" zu weiteren vegetativen Symptomen geführt. Der Befund einer dissozialen Persönlichkeit oder eine hirnorganischer Befund lägen nicht vor.
Im Ergebnis bestehe der Verdacht auf ein psychovegetatives Erschöpfungssyndrom und eine protrahierte (verzögerte) Konfliktreaktion. Eine tiefgreifende Bewußtseinsstörung, die außerordentlich selten vorkomme und an einer Reihe

formaler Kriterien festzumachen sei, komme lediglich aufgrund der Aussage des „Aufwachens und Erschreckens“ nach dem Diebstahl nicht in Betracht.

4. Folgerungen

4.1. Folgerungen im Blick auf die Prognose

Grundsätzlich kann bei Vorliegen eines kriminellen Übersprungs von einer günstigen Prognose ausgegangen werden, wobei hier jedoch die Besonderheiten im Rahmen der individuellen Basisprognose noch unberücksichtigt sind.
Die hier relevanten *individuellen* Aspekte für eine prognostische Aussage fallen wie folgt ins Gewicht:
Als destabilisierend hat sich, wie oben dargelegt, die Belastung durch die kranke Mutter ausgewirkt. Dieser Aspekt ist als äußerliche Tatsache durch den Tod der Mutter 1992 weggefallen, wonach H. die Situation als entspannter beschreibt. Freilich kann - ohne eine aktuelle psychologische Beurteilung - nur schwer festgestellt werden, inwieweit die hierdurch entstandenen psychischen Belastungen, wenn auch in wesentlich abgeschwächter Form weiterwirken.
Der „besondere Aspekt“ der Verantwortlichkeit für die eigene Familie hat sich hingegen eindeutig zurückentwickelt; dies zum einen aufgrund des Alters der Kinder und der größeren Selbständigkeit, zum anderen aufgrund der Tatsache, daß H. sich vergegenwärtigt, daß eine Abgrenzung ihrer Person zu den Problemen anderer (sei es aus der Familie, sei es aus der Selbsthilfegruppe) notwendig ist.
Entscheidend fällt des weiteren ins Gewicht, daß die äußeren Umstände (die Beziehung zu ihrem Ehemann und ihren Töchtern) stabil sind.
Seit Sommer 1997 ist H. nicht mehr auf die Einnahme von Antidepressiva angewiesen, sie beschreibt ihren Zustand seitdem als sehr zufriedenstellend. Die von ihr als Depression empfundene Befindlichkeit hat sich offenbar zurückentwickelt, gleichzeitig wirken sich die äußeren Umstände momentan als stabilisierende Faktoren aus, die das Auftreten einer neuen Lebenskrise und damit einer Verschlechterung des psychischen Zustandes verhindern mögen.
Insgesamt läßt sich daher die grundsätzlich günstige Prognose beibehalten.

Obwohl die letzte Tat vier Jahre zurückliegt, ist auch hier auf die Wirkungen der *Intervention* zu achten. Die Geldstrafen an sich hatten offensichtlich keinen Einfluß auf die Rückfälle, und zwar weder im positiven noch im negativen Sinne. Die Tatreue der H., die eigene Verurteilung und die Scham (so ihr „Sühnegedanke“, der sie davon abhielt, durch ein psychiatrisches Gutachten möglicherweise eine Strafmilderung zu erreichen) stellen hier die weitaus stärkeren Kräfte dar. Der gleichzeitig vorliegende psychologische Befund hat hier zu einer - wenn auch nicht staatlich angeordneten - therapeutischen Behandlung (sowohl

Einzel- als auch Gruppentherapie) geführt, wobei die Einzeltherapie seit Sommer 1997 beendet ist.

4.2. Folgerungen im Blick auf Einwirkung und Behandlung

Da die letzte Straftat bereits durch eine Geldstrafe sanktioniert wurde, fehlt es bei den Folgerungen im Hinblick auf die zukünftigen Einwirkungen an einem unmittelbaren Zusammenhang mit einem Delikt, dennoch stellt sich weiterhin die Frage der möglichen und immer noch zu vermeidenden Rückfälligkeit. Die externen Aspekte, wie zum Beispiel im Familienbereich, müssen nicht gesondert gefördert oder abgebaut werden, da hier von einer stabilisierenden Wirkung ausgegangen werden kann.
Hinsichtlich der therapeutischen Betreuung ist folgendes festzuhalten. Seit dem Beginn der Gruppentherapie im Juli 1995, die H. regelmäßig besuchte, ist sie nicht mehr rückfällig geworden. Sie zeigt sich als sehr engagiertes Gruppenmitglied und ist stolz - wie sie sagt -, „es geschafft zu haben." Die Therapie stellte sich insgesamt als geeignete Lösung zur Rückfallvermeidung heraus, insbesondere aufgrund der Tatsache, daß hier trotz sonstiger sozialer Unauffälligkeit der Leidensdruck für den Beginn einer Therapie ausreichend hoch war. Angesichts des momentan stabilen Zustandes über ein Jahr hinweg erscheint auch, wie von ihr gewünscht, eine Reduzierung der Treffen (statt zweiwöchig, vierwöchig) unproblematisch. Eine völlige Aufgabe der Gruppentherapie scheint - vorbehaltlich einer fachspezifischen Entscheidung - unter Berücksichtigung der Tatsache, daß es bei einer erneuten Belastungssituation zu einer Instabilität kommen könnte, nicht ratsam. In dieser Hinsicht kann die Selbsthilfegruppe eine Kontrollfunktion ausüben, so daß gegebenenfalls eine Wiederaufnahme der psychiatrischen Behandlung - notfalls mit medikamentöser Unterstützung - angeregt werden kann und somit ein Rückfall auch in strafrechtlicher Hinsicht vermieden wird.

II. Ergänzungen

Wie sich im April 1999 herausstellte, ist H. nicht mehr rückfällig geworden. Trotz einer schwierigen privaten Situation (die Enkelkinder wohnen momentan bei H., da die Scheidung der älteren Tochter abgewickelt wird) habe sie keinen depressiven Verstimmungen mehr bemerkt und auch keine Medikamente mehr eingenommen. Sie fühle sich stark genug, um auch ohne eine weitere Betreuung auszukommen. H. hat innerhalb der Gruppe nun die Aufgabe übernommen, anderen Frauen Hilfestellungen zu geben (gemeinsames Einkaufen, Begleitung zu Gerichtsterminen etc.).

F. Vergleichsakten zu Probandin 3

Aus der Vergleichsgruppe fanden sich lediglich zwei Akten, welche die entscheidenden Vergleichsmerkmale enthielten:

Alter:	zwischen 58 und 60 Jahre
Sanktionen:	zwischen 3 und 5
1.Delikt:	im Alter zwischen 50 und 57 Jahren

I. Vergleichsakte 3a

1. Akteninhalt[451]

1.1. Feststellungen zur Straffälligkeit

Die im Oktober 1933 geborene I. fiel strafrechtlich wie folgt auf:

Datum der Sanktion/ der Tat	angewandte Normen; Tatobjekt	Sanktionen, Sonstiges
Februar 1984	Fahren ohne Versicherungsschutz	Geldstrafe (15 Tagessätze à 15 DM)
August 1984/ Oktober 1983	§ 263 StGB	Geldstrafe (30 Tagessätze à 20 DM)
März 1987	§ 242 StGB	Geldstrafe (40 Tagessätze à 20 DM)
Mai 1988	Fahren ohne Versicherungsschutz	Geldstrafe (40 Tagessätze à 50 DM)
Oktober 1991	§ 242 StGB (Kleidung im Wert von ca. 100 DM)	Geldstrafe (90 Tagessätze à 10 DM)

Im Rahmen einer polizeilichen Vernehmung erklärte I., sie habe zum Tatzeitpunkt unter Medikamenteneinfluß gestanden, da sie wegen ihrer Schmerzen zwei Tomapyrin genommen habe. An Schmerzmittel sei sie gewöhnt. Sie könne

[451] Die Akten befanden sich auf dem Stand von 1991.

sich den Diebstahl nicht erklären. Sie wisse nicht mehr, warum sie dies getan habe.

1.2. Feststellungen zum Lebenslauf

I. wurde im Oktober 1933 geboren. Sie ging zur Volksschule und absolvierte eine Lehre als kaufmännische Angestellte. In diesem Beruf arbeitete sie bis 1988, wonach sie krankheitsbedingt ihre Stelle aufgab und seitdem arbeitslos ist. Sie verfügt im Monat über 820 DM Arbeitslosenhilfe und hat weder Schulden noch Vermögen. I. ist geschieden und hat drei Kinder, von denen ein Sohn schwerbehindert ist. 1980 unterzog sie sich einer Krebsoperation, deren Folgen sie heute noch in Form von Schmerzen spüre. Sie gab ihren Schwerbehindertenausweis zurück, um, wie sie aussagte, eine Arbeitsstelle zu bekommen.

2. Methode der idealtypisch-vergleichenden Einzelfallanalyse

Aufgrund der wenigen Angaben ist eine idealtypisch-vergleichende Einzelfallanalyse nicht durchführbar. Es läßt sich lediglich festhalten, daß I. im Leistungsbereich eher dem D-idealtypischen Pol zuzurechnen ist. Ausbildung und Berufstätigkeit wurden bis zur krankheitsbedingten Aufgabe bewältigt; danach zeigte I. Bemühungen um eine neue Stelle. Die danach eintretende finanziell knappe Situation wurde nicht durch Schulden verschlechtert.

3. Vergleich

Ein umfassender Vergleich zwischen der interviewten Probandin H. und dem Parallelfall kann nicht angestellt werden, da hierzu die erforderlichen Informationen fehlen. Gemeinsamkeiten bestehen in dem D-idealtypischen Leistungsbereich. Des weiteren gründeten beide Betroffene eine Familie, wenngleich diese bei H. im D-idealtypischen Bereich anzusiedeln ist, was im Vergleichsfall angesichts der Scheidung weniger wahrscheinlich ist. Beide erkrankten im Alter von 47 bzw. 51 Jahren an Krebs. Hinsichtlich der Delinquenz ist zunächst der späte Beginn zu beachten; des weiteren decken sich die Äußerungen hinsichtlich der Unerklärbarkeit der Diebstähle. Inwieweit im Bezugsfall diese Äußerungen lediglich Schutzbehauptungen sind (so auch der angebliche Einfluß der Schmerzmittel, der insbesondere bei einer an Medikamente gewöhnten Person wohl nicht besteht), kann nicht festgestellt werden. Jedenfalls zeigt der Vergleichsfall eine größere Bandbreite an Delikten und eine schwierigere finanzielle Situation zum Zeitpunkt des letzten Delikts.

II. Vergleichsakte 3b

Hier ist wiederum nur eine kurze Übersicht über den Fall möglich:

Alter	Skt.[452]	1.Skt.[453]	Ausbildung; Beruf; Familienstand; Sonstiges
58 J.	3	57 J.	Hauptschulabschluß; Schneiderin; Arbeit als Raumpflegerin; dann arbeitslos; Einkommen: 900 DM Sozialhilfe; ledig
Delinquenz	drei Verurteilungen wegen Diebstahls (jeweils Geldstrafe); Angabe zum letzten Diebstahl (Lebensmittel und Zeitschriften): „Ich habe aus einer Notlage heraus gestohlen.“		

G. Probandin 4

I. Methode der idealtypisch-vergleichenden Einzelfallanalyse

1. Übersicht zum Lebenslauf

Juni 1952	geboren
1959 bis 1969	Grund- und Realschule
1969 bis 1972	Feinmechanikerlehre
1972 bis 1976	Arbeit als Feinmechanikerin
Januar 1975	Tod des Vaters
1976	Geburt ihrer Tochter
1977	gewaltsamer Tod ihres Bruders; Heirat

452 Anzahl der Sanktionen

453 Alter beim ersten Delikt

ab 1978	Umzug; Wochenendehe; Übernahme der Pflegschaft für 10jährige Pflegetochter; vierwöchige Umschulung
1981	Beginn eines Verhältnisses zwischen Ehemann und Pflegetochter; 1.Diebstahl einen Tag nach Entdeckung des Verhältnisses; Geburt ihres Sohnes
1981 bis 1986	regelmäßige Diebstähle
1982	Umzug
1984	Beginn der Alkohol- und Tablettensucht
1985	Arbeit im eigenen Imbiß
Sommer 1987	Entziehungskur als Auflage im Rahmen einer Diebstahlsverhandlung
August bis Dezember 1987	Haftaufenthalt als Freigängerin wegen Diebstahlsdelikts
seit Anfang 1988	erneuter Alkohol- und Tablettenmißbrauch; Besuch einer Selbsthilfegruppe für Diebstahlsdelinquentinnen
1992	Beendigung der Selbsthilfegruppebesuche
1993	Pflegetochter verläßt den Haushalt; Ehemann trifft sich heimlich mit ihr
Oktober 1993	Geburt des gemeinsamen Kindes von Ehemann und Pflegetochter
1994	M. erfährt von dem Fortbestehen des Verhältnisses; Zusammenbruch; sechswöchiger Aufenthalt in psychiatrischem Krankenhaus
1995	Aufgabe der Arbeit im Imbiß

April 1996	auf Anraten einer Freundin Auszug aus der ehelichen Wohnung
Juli 1996	Scheidung
seit November 1996	neuer Lebensgefährte
seit 1997	Kinderbetreuung
Januar 1997	Ehemann belästigt M. vor ihrer Wohnung; eine Woche später Begehung eines Diebstahls
Mitte 1997	weiterer Diebstahl
Herbst 1997	letzter Diebstahl
seit Oktober 1997	Besuch der Selbsthilfegruppe
Anzahl der registrierten Eintragungen wegen Diebstahls[454]	mindestens 10

2. Analyse der Erhebungen[455]

2.1. Analyse des Lebenslängsschnitts

2.1.1. Verhalten in den einzelnen Lebensbereichen

2.1.1.1. Erziehung im Kindes- und Jugendalter

M. gibt an, im Juni 1952 als jüngstes Kind ihrer Eltern (Beruf des Vaters unbekannt, ihre Mutter sei Industriehandelskauffrau gewesen) geboren zu sein. Sie habe einen fünf Jahre älteren Bruder. Ihr Vater sei schwerer Asthmatiker gewesen, daher sei er bereits 1968 in Rente gegangen und die Mutter habe fortan die Familie ernährt. Sie seien nicht sonderlich streng erzogen worden, solange die Schule und die Lehre absolviert worden seien. Im Vergleich sei ihre Mutter die strengere der beiden Elternteile gewesen, ihr Vater sei ein „weicher und sympa-

[454] einschließlich der Eintragungen im Erziehungsregister

[455] Die Erhebungen beruhen auf einem Gespräch mit der Probandin am 21.10.1998; des weiteren lagen die Ermittlungsakten von 1997 vor.

thischer" Mann gewesen. Sie habe ihren Eltern im wesentlichen gehorcht. Ihr Vater sei 1975 an einer Lungenembolie gestorben; zwei Jahre später am gleichen Tag habe ihre Schwägerin ihren Bruder aus Eifersucht erstochen. Sie habe zu ihrem Bruder ein sehr enges Verhältnis gehabt und sei immer sehr stolz auf ihn gewesen.

Das Verhalten der M. weist im vorliegenden Bereich eindeutig zum D-idealtypischen Pol. Sie hatte ein gutes, stabiles Verhältnis zu ihren Eltern, insbesondere zum Vater. Die elterliche Kontrolle wird akzeptiert, sie nutzt die fehlende Strenge des Vaters nicht aus, um auszubrechen, sondern erfüllt die elterlichen Erwartungen.

2.1.1.2. Aufenthalts- und Wohnbereich

Sie sei in einer Großstadt aufgewachsen, in der sie bis zur Geburt ihrer Tochter 1976 mit ihren Eltern gewohnt habe. 1978, ein Jahr nach der Hochzeit, sei sie mit ihrer Familie in ein Haus in eine kleinere norddeutsche Stadt in ländlichem Gebiet gezogen. Da ihr die Großstadt und ihre Umgebung sehr gefehlt hätten, seien sie 1982 auf ihren Wunsch hin zurückgezogen. Im Rahmen der Trennung von ihrem Ehemann habe eine Freundin sie 1984 nach einem längeren Besuch überredet, für sie eine Wohnung (in 700 km Entfernung zum ehelichen Haus) zu suchen. In dieser Zeit sei sie alkoholabhängig gewesen, so daß ihre Freundin eine Gegend ausgesucht habe, in der sie nicht ohne weiteres an Alkohol gekommen sei. Seitdem lebe sie dort. Ihre Wohnung, in der noch ihr Sohn wohnt, liegt am Stadtrand in einer sehr ruhigen, grünen Gegend umgeben von Einfamilienhäusern. Die Wohnung selbst ist recht klein, aufgeräumt und gemütlich eingerichtet. Die Einrichtung ist farbenfroh und verspielt, es finden sich viele Erinnerungs- und Schmuckstücke sowie Photos ihres Vaters.

In ihrer Kindheit und Jugend ist das Verhalten der M. zum D-idealtypischen Pol ausgerichtet. Sie wuchs ohne Unterbrechungen bei ihren Eltern auf, sah diese Wohnstätte als zu Hause und verließ die Eltern erst mit der Gründung einer eigenen Familie. Auch während ihrer Ehe wechselte sie selten ihren Aufenthaltsort, wobei es sie zurück in ihre Heimatstadt und die vertraute Umgebung zog. Sie ist während ihrer Ehe sozial durch gemeinsame Bekannte (siehe unten 2.1.1.5.) und später auch durch ihre Berufstätigkeit eingebunden. Nachdem die Ehe für sie unerträglich wurde, ließ sie sich überzeugen, fortzuziehen. Sie akzeptierte die für sie ausgesuchte Wohnung, die eine bessere Kontrolle durch die Freundin zuließ, statt in eine anonymer Gegend zu ziehen. Momentan zeigt M. bezüglich ihres Aufenthaltsbereiches Interesse an ihrem Zuhause, gleichzeitig ist sie durch einige Freunde und ihre Arbeit örtlich eingebunden. Insgesamt läßt sich daher ein D-idealtypischer Zuschnitt erkennen.

2.1.1.3. Leistungsbereich

M. habe von 1959 bis 1963 die Grundschule besucht, 1969 habe sie die Realschule abgeschlossen. Sie sei eine fleißige und strebsame Schülerin gewesen. Danach habe sie bis 1972 eine Lehre als Feinmechanikerin abgelegt und in diesem Bereich bis zur Geburt ihrer Tochter 1976 gearbeitet. Sie habe sich 1978 noch einmal vier Wochen im Elektronikbereich umschulen lassen, das habe jedoch ihre Berufsaussichten nichts verbessert, so daß sie sich dann arbeitslos gemeldet habe. In der Folge habe sie sich um ihre Kinder und eine Pflegetochter sowie den Haushalt gekümmert. 1985 habe ihr Ehemann für sie einen Imbißstand erworben, den sie selbständig führte und der sehr viel Arbeit bereitet habe. Das sei quasi ihr Hobby gewesen. 1994 sei sie bereits seit zehn Jahren alkohol- und tablettenabhängig gewesen und habe nur noch sehr schlecht arbeiten können. Daher habe sie eine Aushilfe eingestellt und seit 1995 überhaupt nicht mehr gearbeitet. Seit Januar 1997 betreue sie tagsüber zwei Kinder im Alter von vier und fünf Jahren. Sie habe die Kinder sehr gerne, wiewohl die Mutter, die wenig Zeit für die Kinder habe, sie zu häufig bei ihr abgebe. Das sei momentan ein großes Problem, welches sie lösen müsse.
Sie lebe von diesem Einkommen und von Sozialhilfe (laut Akten 680 DM monatlich). Des weiteren erhalte sie noch Kindergeld, und ihr Sohn gebe ihr etwas von seinem Lehrlingsgeld. Trennungsunterhalt bekomme sie noch nicht, wahrscheinlich müsse ihr Mann alles nachzahlen. Sie habe bezüglich ihrer Situation bereits eine Auseinandersetzung mit einem Mitglied der Selbsthilfegruppe gehabt. Diese Frau arbeite am Fließband und müsse die Schimmelreste aus Verpackungen entfernen. Sie habe ihr angeboten, einen derartigen Job anzunehmen, damit sie nicht mehr von Sozialhilfe leben müsse. Da habe M. ihr gesagt, sie solle erst mal das gleiche wie sie selbst durchmachen, dann würde sie auch von Sozialhilfe leben.

Im *Schul- und Ausbildungsbereich* gibt es auf ein K-idealtypisches Verhalten keine Hinweise, es besteht eher eine Tendenz zum D-idealtypischen Pol.
M. war zunächst nach Abschluß der Lehre berufstätig und gab ihre Arbeit wegen eines triftigen Grundes, der Geburt der Tochter, auf. Ein besonderes Interesse an einer Fortbildung, die einen späteren Einstieg ermöglicht hätte, zeigte M. jedoch nicht; sie meldete sich arbeitslos. Erst als ihr Ehemann eine Möglichkeit durch den Erwerb des Imbisses schuf, trat sie erneut in das Berufsleben ein. Zu beachten ist jedoch ihre Tätigkeit als Mutter, Pflegemutter und Hausfrau sowie die Tatsache, daß aus finanzieller Sicht eine Berufstätigkeit ihrerseits nicht erforderlich ist. Die selbständige Arbeit, die sie durchaus als eine befriedigende Aufgabe ansah, mußte sie jedoch nach schlechten Leistungen und Schwierigkeiten wegen ihrer Sucht abbrechen. Ihr jetziges Arbeitsverhältnis stellt sie insgesamt zufrieden, und sie zeigt Verantwortungsgefühl. Allerdings erklärt sie gleichzeitig, daß sie nicht bereit ist, jede Arbeit anzunehmen und vorübergehen-

de Einschränkungen zu akzeptieren, um von der Sozialhilfe unabhängig zu werden. Von Vorsorgemaßnahmen (Sparverträge o.ä.) ist nichts bekannt, die finanziellen Mittel reichen hierfür offensichtlich nicht aus. Die Tätigkeit der Kinderbetreuung ist des weiteren sozialversicherungsrechtlich nicht abgesichert. Somit kann eine D-idealtypische Konstellation nicht angenommen werden, wobei eine K-idealtypische Ausprägung näher liegt, jedoch ebenfalls nicht durchgängig vorhanden ist.

2.1.1.4. Freizeitbereich

Über das Freizeitverhalten vor ihrer Ehe ist nichts bekannt. Mit ihrem Ehemann habe sie insbesondere an den Wochenenden viel mit gemeinsamen Bekannten unternommen (Schwimmen, Kegeln), die Urlaube habe sie ebenfalls mit ihm verbracht. Die Tätigkeit im Imbiß sei über längere Zeit ihr größtes Hobby gewesen, bis der Alkohol und die Tabletten dazu geführt hätten, daß die „wie in Trance" gelebt habe. In dieser Zeit sei sie teilweise um 9 Uhr aufgestanden, sei nüchtern zu einem Kiosk gegangen, habe dort Bier getrunken und sei dann bis zu Öffnung des Imbisses um 11 Uhr umhergeschlendert.
Nachdem sie nicht mehr abhängig gewesen sei, habe sie sich zunächst intensiv um ihren Sohn gekümmert. Jetzt seien ihr größtes Hobby die von ihr zu betreuenden Kinder, obwohl sie wisse, daß sie „auch mal abschalten müsse." Sie stehe um 7 Uhr auf, nach dem Frühstück um 8.30 Uhr kämen die Kinder um. Mit ihnen spiele sie dann und sei viel an der frischen Luft. Um 17.30 Uhr würden sie abgeholt, dann sei auch ihr Sohn wieder zu Hause. Am Wochenende treffe sie sich mit ihrem Bekannten oder mit einer Freundin. Ein weiteres Hobby von ihr seien Handarbeiten.

Bis zur Aufgabe des Imbisses zeigte M. kein Interesse an offenen, nicht überschaubaren Freizeitabläufen, diese waren vielmehr in das Eheleben eingebettet, wurden aber überwiegend außerhäusig verbracht. Nachdem die Abhängigkeit übermächtig wird, bestand praktisch keine Freizeitgestaltung mehr, da sie aufgrund des Alkoholmißbrauchs hierzu gar nicht mehr in der Lage war. Hier zeigt sich eine Tendenz weg vom D-idealtypischen Pol, da aufgrund des Alkoholkonsums die Freizeit planlos verbracht wird und ein besonderes Engagement bezüglich langfristig angelegter oder gar leistungsorientierter Freizeit nicht besteht oder bestanden hat. Nach dem Ende der Abhängigkeit geht die Entwicklung wieder Richtung D-idealtypischer Pol, indem M. ihre Freizeit inner- und außerhäusig plant und keine Ausschweifungen provozierenden Aktivitäten unternimmt.

2.1.1.5. Kontaktbereich

Sie habe immer ein sehr enges Verhältnis zu ihrem Vater gehabt, der jedoch 1975 bereits verstorben sei. In der Zeit ihrer Abhängigkeit habe sie sich gegen die Unterstützung durch ihre Mutter gewehrt. Irgendwann habe ihre Mutter ihre Eheprobleme (siehe 2.1.1.6.) nicht mehr geglaubt, da sie sie wegen des Alkohol- und Tablettenkonsums nicht mehr für glaubwürdig gehalten habe. Danach hätten beide ein halbes Jahr lang Streit gehabt. Nach der Versöhnung habe ihre Mutter dafür gesorgt, daß sie im Rahmen der Scheidung ihren Schmuck, Möbel etc. wieder bekam. Heute telefoniere sie zwei- bis dreimal die Woche mit ihr, und man feiere zusammen Weihnachten.

Die Beziehung zu ihren Eltern als *schicksalhafte* und später selbstgewählte Kontakte weisen zum D-idealtypischen Pol. M. fügte sich in die Familie gerne und selbstverständlich ein und hielt später durchgängig engen Kontakt zu ihrer Mutter, wenn es auch zu vorübergehenden Streitigkeiten kam.

Während ihrer Ehe hätten sie und ihr Mann zahlreiche Bekannte gehabt, meistens Geschäftsleute ihres Mannes. Die Ehepaare hätten sich zu gemeinsamen Aktivitäten getroffen (Kegeln etc.) und hätten das Wochenende gemeinsam verbracht. Die Ehefrauen seien teilweise sehr nett gewesen. Auch habe sie einige Freundinnen gehabt. Sie sei nie der Typ gewesen, der still in der Ecke sitze, sondern sei immer auf Leute zugegangen. Das sei auch heute noch so. Ihre beste Freundin habe sie damals überredet, von ihrem Mann wegzuziehen und habe ihr eine Wohnung gesucht. Aufgrund ihrer Sucht habe diese sich bei ihr zu Hause „eingenistet", sich um ihren Sohn gekümmert und Alkohol und Tabletten aus der Wohnung geschafft. Der Kontakt bestehe heute noch wie damals. Kontaktfreudig wie sie sei, habe sie einen netten Bekanntenkreis.

Im Rahmen der *selbst gewählten Kontakte* hatte M. neben dem Partner noch mindestens eine Person, zu der eine tragfähige Bindung bestand. Außerhalb des Bekanntenkreises unterscheidet sie gerade seit ihrer Scheidung zwischen oberflächlichen Kontakten und echten Vertrauenspersonen, wobei für sie Zuverlässigkeit ein wichtiges Kriterium ist. Eine utilitaristische Ausrichtung bei der Wahl der Bekanntschaften ist nicht erkennbar. Insgesamt ist daher ein D-idealtypischer Zuschnitt zu bejahen.

Bezüglich der *sexuellen Kontakte* gibt M. an, daß sie ab einem gewissen Zeitpunkt nicht mehr mit ihrem Ehemann geschlafen habe (siehe 2.1.1.6.). Er habe sie dann dazu gezwungen und sie praktisch vergewaltigt. Seitdem verspüre sie fast einen Ekel vor Männern, sexuelle Betätigungen kämen für sie nicht mehr in Frage. Auch bei ihrem Bekannten, den sie seit November 1996 kenne, sei sie sehr zurückhaltend. Ihr Bekannter habe auch Schlimmes erlebt, er sei von seiner

Frau verlassen worden und wegen einer Tablettensucht in der Psychiatrie gewesen. Er habe es aber alleine geschafft, von den Tabletten wegzukommen, was sie sehr bewundere. Vor zwei Monaten habe sie ihm von ihren Diebstählen erzählt, man „vertraue so etwas nicht jedem an". Mit ihm jedoch könne sie sehr gut reden, da er sehr viel Verständnis für ihre Probleme habe.
M. beschränkte sich auf wenige Geschlechtsverkehrpartner, wobei diesen langfristig angelegte Bindungen zugrunde liegen. Die Schwierigkeiten, die sie in diesem Bereich schildert, führen nicht zu einer K-idealtypischen Konstellation.

2.1.1.6. Eigene Familie

1975 sei sie von ihrem Mann schwanger geworden, nach der Geburt der Tochter hätten beide 1977 geheiratet. Nach ihrem Umzug weg aus der Großstadt habe sie praktisch eine Wochenendehe geführt, da ihr Mann als Polier bei der Bahn auf Montage gewesen sei. Gleich zu Beginn der Ehe sei eine Freundin der Tochter, die zehn Jahre älter als diese gewesen sei, oft bei ihnen zu Hause gewesen, da ihre Mutter Alkoholikerin gewesen sei. Sie habe dann 1978 die Pflegschaft übernommen. 1981 sei ihr Sohn geboren worden. Zu diesem Zeitpunkt - die Pflegetochter sei 13 Jahre alt gewesen - habe ihr Ehemann mit dieser ein Verhältnis angefangen. Eines Abends habe sie beide fast überrascht und ihren Mann zur Rede gestellt, der alles verneinte. Seit dem habe sie das Thema fallengelassen, es aber im Hinterkopf behalten. Einen Tag später habe sie ihren ersten Diebstahl begangen (siehe 2.1.2.1.). Die Pflegetochter sei gegen ihren Willen bei ihnen wohnen geblieben. Nach außen hin seien sie für alle Bekannte ein ideales Paar gewesen, sie hätte niemandem von ihren Problemen erzählt. In dieser Zeit habe sie auch aufgehört, mit ihrem Mann Geschlechtsverkehr zu haben. Seit 1984 sei sie alkohol- und tablettensüchtig gewesen (siehe unten 2.1.1.7.), habe in eine Entziehungsanstalt und in Haft gehen müssen. Ihr Mann habe das alles beobachtet, es sei ihm aber egal gewesen. 1993 sei die Pflegetochter ausgezogen, ihr Mann sei viel unterwegs gewesen. Zu diesem Zeitpunkt hätte sie „die Anzüge schon nicht mehr durchsucht." Sie habe das Verhältnis zwischen den beiden nicht wahrhaben wollen.
1994 habe sie dann einen Zusammenbruch erlitten und sei in die Psychiatrie eingewiesen worden, nachdem ein Freund ihres Mannes sie über das Fortbestehen des Verhältnisses informiert hatte. Ihr Mann habe ihr alles gebeichtet und ihr versprochen bei ihr zu bleiben. Im Dezember 1994 habe sie mit ihrem Mann eine Spanienreise unternommen, auf der er sich mit der Pflegetochter und dem im Oktober 1993 geborenen, gemeinsamen Kind der beiden getroffen habe. Danach sei ihre Sucht so stark geworden, daß sie nicht mehr habe arbeiten können. Ihre Tochter habe zu der Zeit bei der Großmutter gewohnt, da diese näher an der Schule gelebt habe. Ihre Mutter und ihre Tochter hätten ihr irgendwann nicht mehr geglaubt.

Im April 1996 hätten sie und ihr Sohn ihre Freundin in Süddeutschland besucht. Von diesem Besuch sei sie nicht mehr nach Hause zurückgekehrt und habe sich im Juli 1996 scheiden lassen. Danach habe sich auch das Verhältnis zu ihrer Tochter normalisiert.
Im Januar 1997 habe ihr ehemaliger Mann vor ihrer Tür gestanden und ihr vorgeschlagen, sich alles noch einmal zu überlegen. Als sie ihn nicht in die Wohnung gelassen habe, habe er ihr gedroht, sie totzuschlagen. Bis zu diesem Zeitpunkt hätte sie ihren Mann immer noch geliebt.

Über die Dauer der Bindung vor der Heirat ist nichts bekannt, möglicherweise gab die Geburt der Tochter den Anstoß hierzu. Andererseits kann bei M. davon gesprochen werden, daß sie durchaus bereit war, eine feste Bindung mit einem damals unauffälligen Partner einzugehen. Das Interesse an ihrem Ehemann blieb bis zum Ende der Ehe bestehen. Kinder von anderen Lebensgefährten wurden nicht mit in die Ehe eingebracht. Auch bestand eine materielle Absicherung. Beide verbrachten, verursacht durch den Ehemann, relativ wenig Zeit miteinander, schafften aber andererseits einen gemeinsamen Bekanntenkreis. Nach außen hin das ideale Paar wurden die eklatanten Probleme, insbesondere das Verhältnis mit der minderjährigen Pflegetochter, nicht an die Öffentlichkeit getragen. M. schränkte gleichzeitig ihr Leben für die Familie ein und übernahm sogar noch die Verantwortung für ein fremdes Kind. Trotz einiger von außen betrachtet D-idealtypischer Züge bestanden in der Ehe gravierende Meinungsverschiedenheiten und ein auffälliges Ungleichgewicht zwischen beiden Partnern, wobei in sexueller Hinsicht gewalttätiges Verhalten des Ehemannes vorlag. Andererseits ist zu beachten, daß K-idealtypische Verhaltensweisen primär von dem Ehemann ausgingen, so daß diese Konstellation ebenfalls nicht bejaht werden kann.

2.1.1.7. Alkohol- und Drogenkonsum

Seit 1984 sei sie alkohol- und tablettenabhängig gewesen. Das primär konsumierte Valium habe sie von Ärzten und Bekannten erhalten („Da hat man immer etwas bekommen."). Im Rahmen einer Verurteilung wegen eines Diebstahls 1986 habe sie im folgenden Sommer drei Wochen in einer Entziehungsanstalt verbracht, was eine „grauenhafte" Erfahrung gewesen sei. Nach einem sich anschließenden Haftaufenthalt sei aber schnell alles wieder beim alten gewesen. Normalerweise sei sie um 7 Uhr aufgestanden und habe auf der Toilette eine halbe Flasche Bier und nach dem Duschen die restliche Flasche leer getrunken. Teilweise sei sie auch nüchtern aus dem Haus und habe am Kiosk Bier getrunken, bevor sie dann zum Imbiß gegangen sei. In dieser Zeit habe sie wie in Trance gelebt und habe ihre Arbeit nicht mehr ausführen können, da es für sie nur noch Alkohol und Tabletten gegeben habe. In ihren schlimmsten Zeiten habe sie bis abends zehn Tabletten und eine Flasche Wein oder fünf bis sechs Bier konsumiert. (Unabhängig von der Glaubwürdigkeit dieser in Relation gesehen geringen Mengen bleibt das Ergebnis der Aussage, nämlich ein Alkoholmißbrauch, gleich.) 1994 habe sie dann einen Zusammenbruch erlitten und sei in eine Psychiatrie eingewiesen worden (siehe unten 2.1.1.8.). Dort habe man sie jedoch mit Psychopharmaka behandelt, so daß auch damit die Tablettensucht nicht gestoppt worden sei. Erst nachdem sie sich von ihrem Mann getrennt habe und ihre Freundin sich um sie gekümmert habe, sei sie von ihrer Sucht weggekommen. Seit 1996 sei sie „trocken" und nehme keine Tabletten mehr. Man könne sich aber nie sicher sein, da zwei Jahre für einen Alkoholiker sehr wenig seien. Heute mache es ihr nichts aus, daß sich Alkohol in der Wohnung befinde; an Tabletten nehme sie nur noch völlig ungefährliche . Früher habe sie drei Schachteln Zigaretten pro Tag geraucht, jetzt seien es zehn Zigaretten täglich, da sie sich vom Rauchen noch nicht habe lösen können.

2.1.1.8. Körperliche und psychische Verfassung/Therapie

M. ist eine zierliche und gepflegte Frau, die offensichtlich viel wert auf ihr Äußeres legt (Schminke, getönte Brille, gefärbte Haare). Sie wirkt attraktiv und selbstbewußt und ist redselig. Sie spricht den Akzent ihrer Heimatstadt mit grammatikalischen Fehlern, macht gleichzeitig einen intelligenten und geistreichen, teilweise auch etwas eingebildeten Eindruck.
Abgesehen von der Sucht sind keine gravierenden Krankheiten bekannt. Sie habe Wirbelsäulenprobleme und nehme Tabletten für den Hormonhaushalt.

Zu den Beeinträchtigungen durch ihre Sucht siehe oben 2.1.1.7. Nach dem Aufenthalt in der Entziehungsanstalt 1987 und einem Haftaufenthalt habe sie als gerichtliche Auflage von 1988 bis 1993 eine Selbsthilfegruppe wegen ihrer Diebstähle in ihrer Heimatstadt besucht. Unter der Leitung von Schultherapeuten habe man sehr viel mehr Rollenspiele geübt, was ihrer Ansicht nach eine sehr gute Möglichkeit gewesen sei. Ein Rollenspiel sei jedoch schwieriger, da die ganze Gruppe mit mehr Intelligenz an die Therapie herangehen müsse. In der jetzigen Gruppe seien einfach viele „Arbeitstiere". In der Gruppe heute sei die Altersstruktur für sie nicht so günstig, da es viele ältere Frauen gäbe. Sie würde sich mit ihren Problemen lieber an Frauen ihres Alters wenden.
1994 habe sie ihren schlimmsten Zusammenbruch erlebt, nachdem sie die Bestätigung erhalten habe, daß ihr Mann immer noch ein Verhältnis mit der Pflegetochter habe. Sie habe mit Geschirr um sich geworfen und sich dann - wie häufig - in eine Ecke gelegt, wo ihre Tochter sie gefunden habe. Die Feuerwehr habe sie dann in die Psychiatrie gefahren, in der sie sechs Wochen verbracht habe. Sie habe dort trotz ihrer Tablettensucht Psychopharmaka verabreicht bekommen. Man habe ihr zu autogenem Training geraten, doch das habe sie damals

unmöglich durchführen können. An ihrem Zustand hätte sich damals nichts geändert.
Seit Oktober 1997 gehöre sie der Selbsthilfegruppe an. Eine Einzeltherapie wolle sie nicht beginnen, da das für sie eine zu große Konfrontation darstelle. Man komme von den Gedanken nicht mehr los; nach solchen Therapiesitzungen habe sie die ganze Nacht nicht schlafen können.

2.1.2. Delinquenzbereich

2.1.2.1. Frühere Straftaten, Verurteilungen und Strafverbüßungen

Den ersten Diebstahl 1981 habe sie begangen. Nachdem sie zum ersten Mal den Verdacht geschöpft habe, daß ihr Ehemann ein sexuelles Verhältnis mit ihrer Pflegetochter habe, sei sie einen Tag später in ein Kaufhaus gegangen. Dort habe sie angefangen zu zittern und eine Porzellanfigur in die Tasche gesteckt. Ihr habe das „Herz bis zum Halse" geschlagen. Nach dem Verlassen des Kaufhauses habe sie innerlich gejubelt. Sie sei nach Hause gegangen und habe die Figur ins Regal gestellt. Direkt am nächsten Tag habe sie erneut in einem Kaufhaus eine Puppe unter ihrem Mantel versteckt, dann sei sie ruhiger geworden. Es habe sie nicht mehr gestört, was zu Hause passiert sei. Zu diesem Zeitpunkt sei sie bereits hochschwanger mit ihrem Sohn gewesen.
In der Folge habe sie immer gestohlen, wenn sie Ärger zu Hause gehabt habe. Im Krankenhaus habe sie sich gefragt, was sie da eigentlich tue. Von 1981 bis 1988 habe sie dann regelmäßig zwei- bis dreimal in der Woche ihre Tasche genommen, sei in die Stadt gefahren und habe Diebstähle begangen. Dies sei praktisch ihr Erfolgserlebnis gewesen. Häufig sei sie auch zwischen 9 und 11 Uhr vor Öffnung des Imbisses in dem Bewußtsein zu stehlen durch die Stadt geschlendert. Teilweise habe sie Sachen mitgenommen, die sie überhaupt nicht habe brauchen können (bspw. Hundefutter für den zwei Jahre vorher verstorbenen Hund); teilweise habe sie aber auch Dinge gestohlen, die ihr besonders gut gefallen hätten, sowie Porzellan o.ä. Sie habe immer Herzklopfen verspürt, besonders wenn sie auf der Rolltreppe gestanden hätte und die Sachen auf elektronische Sicherungen hin untersucht habe. Wenn eine solche nicht zu finden gewesen sei, habe sie das Produkt zurück in die Tasche gelegt. Der spannendste Moment sei das Verlassen des Kaufhauses durch die Elektrosperre gewesen, da habe sie manchmal vorher vor Aufregung die Toilette aufsuchen müssen. Wenn sie abends nicht habe schlafen können, habe sie sich immer gefragt, warum sie stehle. Sie sei in regelmäßigen Abständen entdeckt worden (nach ihren Angaben zwischen sechs und zwölfmal; die Akten sprechen nur von einer „Vielzahl" von Vorahndungen, wobei ein Auszug aus dem Bundeszentralregister nicht beilag). Sie habe verschiedene Geld- und Bewährungsstrafen erhalten. 1986 sei sie erstmals von einem Gutachter untersucht worden. Der Gutachter habe zwar einiges

Positives feststellen können, letztendlich sei sie aber von Alkohol und Tabletten bereits stark beeinflußt gewesen. Der Richter habe ihr erklärt, daß er diesmal wegen der vielen Vorstrafen keine Bewährungsstrafe verhängen könne. Daher habe sie eine Freiheitsstrafe ohne Bewährung erhalten verbunden mit der Auflage eines dreiwöchigen Aufenthalts in einer Entziehungsanstalt. Richter und Rechtsanwalt hätten ihr geraten, die Strafe anzunehmen, was sie dann auch getan habe. Nach dem Entzug sei sie von August bis kurz vor Weihnachten 1987 in Haft gewesen. Nach drei Wochen offenen Vollzugs habe sie als Freigängerin ihrer Arbeit im Imbiß nachgehen können. Im Rahmen einer Weihnachtsamnestie sei sie am 14.12.1987 wieder entlassen worden.
Von diesem Zeitpunkt an habe sie bis 1997 keinen einzigen Diebstahl begangen. Sie habe beim Einkaufen auch nicht daran gedacht. Möglicherweise habe dies jedoch auch an dem Alkohol und den Tabletten gelegen, die sie vielleicht statt der Begehung von Diebstählen konsumiert habe.
Nachdem im Januar 1997 ihr ehemaliger Mann wieder vor ihrer Tür gestanden habe, sei es eine Woche später zu dem ersten Diebstahl nach neun Jahren gekommen. Sie sei mit ihrer Freundin in der Stadt gewesen und sei in eine Drogerie gegangen, während die Freundin draußen gewartet habe. Sie habe dann zwei Flaschen Parfum eingesteckt, ohne sich umzusehen. Im Gegensatz zu den vorherigen Diebstählen, bei denen sie das Bewußtsein gehabt habe: „Heute gehe ich klauen", habe es diesmal keine Ankündigung gegeben. Als Grund für den Diebstahl gibt M. „Frust" an. Sie sei aus dem Laden herausgekommen und habe ihrer Freundin erklärt, sie habe „etwas Schlimmes gemacht." Diese habe sie überredet, das Parfum zurückzubringen, aber am Eingang seien ihr bereits die Ladendetektive entgegengekommen. Sie habe sehr große Angst gehabt, geweint und sich geschämt. Der Polizist habe ihr erklärt, sie sei sehr unvorsichtig gewesen. Sie sei „fix und fertig" gewesen und habe unter anderem Angst davor gehabt, daß ihr Sohn etwas von der Sache mitbekomme. Die Geldstrafe habe dann 600 DM betragen.
Bis zum Sommer habe sie noch einen Diebstahl in einem Lebensmittelladen begangen und sei wieder entdeckt worden. Laut Akten entwendete sie im April 1997 Lebensmittel im Wert von ca. 70 DM, die sie versuchte in ihrer Strumpfhose zu verbergen. Sie wurde zu einer Geldstrafe von 150 Tagessätzen à 20 DM verurteilt, wobei die laut Gericht angemessene Freiheitsstrafe von fünf Monaten gem. § 47 StGB in eine Geldstrafe umgewandelt wurde. Die Angeklagte habe die Tat aus einer psychisch problematischen Situation heraus begangen. Ihr sei nahegelegt worden, sich insoweit wieder in Behandlung zu begeben. Der Richter teilte ihr die Möglichkeit der Behandlung in der Selbsthilfegruppe mit. Die Angeklagte mache den Eindruck, daß diese Behandlung sie in Zukunft tatsächlich von weiteren Straftaten abhalten werde. Ihr sei deutlich vor Augen geführt worden, daß dies die allerletzte Chance sei. Bei einem Rückfall erwarte sie eine Freiheitsstrafe von mindestens einem Jahr.

2.1.2.2. Letzte Tat

Nach den Angaben der M. habe sie ihren letzten Diebstahl im Herbst 1997 verübt. (Diese Tat war (noch) nicht in den Akten zu finden. Dennoch ist - wegen der sonstigen Übereinstimmung hinsichtlich des vorletzten Diebstahls - davon auszugehen, daß die Angaben der M. insofern zutreffen.) Ihr Bekannter und sie seien in die Stadt gefahren, da er ihr Stoff für neue Gardinen habe schenken wollen. Sie hätten ausgemacht, sich im obersten Stock des Kaufhauses zu treffen. Sie habe keinen Ärger gehabt an diesem Tag, sondern sich im Gegenteil auf den Stoff gefreut. Sie sei nicht auf die Idee gekommen, daß sie einen Diebstahl begehen könne. Dann sei sie in die Spielzeugabteilung gegangen. Ihr sei heiß und kalt geworden, übel sei ihr auch gewesen. Sie habe sich sehr unsicher gefühlt und sich häufig umgesehen, dann habe sie ein Stofftier und eine Puppe, die ihre Tochter sammle, eingesteckt. Sie habe im Gegensatz zu sonst nicht auf elektronische Sperren geachtet und sei entdeckt worden. Der Richter habe ihr gesagt, ihre Diebstähle seien nicht normal, und habe sie nach ihren Vorstellungen für die Zukunft gefragt. Sie habe ihm geantwortet, daß sie geheilt werden wolle, woraufhin eine Geldstrafe verhängt worden sei. Eine Begutachtung habe nicht stattgefunden. Gleichzeitig habe sie die Auflage erhalten, sich einer Bewährungshelferin zu unterstellen und die Selbsthilfegruppe zu besuchen. Die Bewährungshelferin sei sehr „ausgeflippt. Mit ihr rede sie nur über alltägliche Dinge, wie die Kinder o.ä. Seit Oktober 1997 sei sie Mitglied der Selbsthilfegruppe. Mit ihrer Freundin gehe sie einmal die Woche einkaufen.

2.1.2.3. Analyse des Delinquenzverhaltens

Die ersten beiden Diebstähle 1981 weisen keine erhöhte Zielstrebigkeit auf. Hier bestand für M. eine extreme Belastungssituation, nachdem sie das Verhältnis ihres Ehemannes aufgedeckt hatte. Zudem ist das Vorliegen einer Schwangerschaft zu beachten. Auch liegt keine Tatplanung vor.
Diese für M. nicht vorhergesehenen Taten werden jedoch abgelöst durch die regelmäßige und intensive Begehung von Diebstählen in den folgenden Jahren. M. beschreibt die Situationen, in denen es zur Delinquenz kommt, zwar als konfliktreich, da die Schwierigkeiten zu Hause dazu führten, daß sie in die Stadt fuhr und die Taten beging. Hinzu kam ab 1984 der Alkoholmißbrauch. Für diese Straftaten läßt sich allerdings eine Tatplanung bejahen, indem M. in dem Bewußtsein einkaufen ging, daß es zu Diebstählen kommen würde. Sie legte kein völlig unvorsichtiges Verhalten an den Tag, überprüfte die Ware auf Sicherungssperren hin und flüchtete nicht unüberlegt vom Tatort. Die Tatobjekte an sich geben nur wenig Aufschluß, da teilweise Unbrauchbares, teilweise Sachen gestohlen wurden, die ihr gut gefielen. Das gewohnheitsmäßige und bewußte Begehen der Diebstähle weist auf eine zunehmende Verfestigung verbunden mit

zielstrebigen Verhalten hin, wenn auch der steigende Einfluß von Alkohol und Tabletten bei der späteren Bewertung nicht außer acht gelassen werden darf.
Anders verhält es sich mit den beiden begangenen Taten 1997. Hier fällt zunächst die fast zehn Jahre anhaltende Diebstahlspause ins Auge. Eine Ankündigung oder eine Tatplanung sowie besondere Vorsichtsmaßnahmen fanden nicht statt. M. befand sich in einer Streßsituation durch das erneute Auftauchen ihres Ehemannes. Im Ergebnis ähnelt dieses Delikt dem ersten Diebstahl 1981. Es kam jedoch in diesem Fall nicht zu einer gewohnheitsmäßigen Verfestigung.
Die letzte Tat ist ebenfalls nicht mit denen der ersten Diebstahlsphase zu vergleichen. Im Gegensatz zu den beiden vorangehenden fehlt es zudem an einem auslösenden Moment wie einer besonderen Krisensituation. Die Kriterien einer erhöhten Zielstrebigkeit sind nicht vorhanden. Es fällt außerdem auf, daß M. dieses Mal offensichtlich keine Vorsichtsmaßnahmen ergriff.

Die Straftaten ab 1997 knüpfen nicht an die früheren, zielstrebigen Taten an, sondern ähneln eher den ersten Delikten, ohne daß es zu einer Intensivierung kommt. Auffällig ist die letzte Tat, die mit den vorangegangenen wenig Gemeinsamkeiten aufweist und sich nicht in einen vergleichbaren Zusammenhang stellen läßt. Tendenziell ist unter der Beachtung einer bis jetzt einjährigen Diebstahlspause von einer rückläufigen Entwicklung ohne erneute Verfestigung auszugehen.

2.2. Analyse des Lebensquerschnitts

(Als Querschnittintervall werden die Wochen vor dem letzten Diebstahl im Herbst 1997 zugrunde gelegt.)

2.2.1. K-Kriterien

Das Kriterium der *Vernachlässigung des Arbeits- und Leistungsbereichs sowie familiärer und sonstiger sozialer Pflichten* liegt im Querschnittintervall nicht vor. M. lebt zwar von Sozialhilfe, geht jedoch immerhin einer ganztägigen Tätigkeit als Kinderbetreuerin nach, welche nicht als bloße Gelegenheitsarbeit angesehen werden kann. Eine Vernachlässigung des zu diesem Zeitpunkt bereits in der Ausbildung stehenden Sohnes ist ebenfalls nicht gegeben. Rückblickend kann das Kriterium in der Phase um 1995 bejaht werden, als M. aufgrund ihrer Abhängigkeit ihre Arbeit aufgibt.
Auch ein *fehlendes Verhältnis zu Geld oder Eigentum* in dem Sinne, daß M. unkontrolliert Geld ausgibt oder eine besondere Nachlässigkeit in Bezug auf ihr Eigentum an den Tag legt, ist nicht ersichtlich. So lassen Wohnung und Kleidung beispielsweise auf das Gegenteil schließen.

Gleichermaßen fehlt es an einem *unstrukturierten Freizeitverhalten*. M. unternimmt keine Freizeitaktivitäten mit offenen Abläufen, bei denen es zu einem Übergreifen auf den Leistungsbereich kommt, sondern hat im Querschnittintervall vielmehr einen recht geregelten Tagesablauf.
In Betracht kommt jedoch das Merkmal der *fehlenden Lebensplanung*. Eine langfristige Planung läßt M. insofern vermissen, als die momentane Tätigkeit der Kinderbetreuung nicht auf Dauer ausgeübt werden kann und sich keine Hinweise auf eine berufliche Perspektive ergeben. M. zeigt im Gegenteil mangelnde Bereitschaft über Alternativen nachzudenken. Die gleiche Tendenz ist im Bereich der therapeutischen Aufarbeitung ihrer Vergangenheit zu erkennen. Im Rückblick ist dieses Kriterium nicht vorhanden, da offensichtlich die Ehe als Basis für die Zukunft angesehen wurde, die dann wegfiel, so daß die Lebensplanung ab 1996 neu beurteilt werden muß.
Ein Mißverhältnis zwischen den materiellen Möglichkeiten und Wünschen als ein *inadäquates Anspruchsniveau* läßt sich bei M. insofern feststellen, als sie im Rahmen der Gruppentherapie ihre schlechte finanzielle Situation bedauerte, gleichzeitig aber keine Anstrengungen zur Verbesserung unternimmt. Rückblickend ist dieses Kriterium nicht erkennbar, da die finanziellen Möglichkeiten während ihrer Ehe bedeutend besser waren, was wiederum als Erklärung für das Vorliegen des Kriteriums im Querschnittintervalls dienen mag. So äußerte M., daß sie früher ein Haus hatte und sich andere vielleicht nicht vorstellen könnten, daß sie ein anderes Leben gewöhnt sei.
Mangelnde Realitätskontrolle ist bei M. im Querschnittintervall - im Gegensatz zu den Jahren in ihrer Ehe - nicht anzunehmen. Vielmehr sieht sie in etwa ihre Alkoholkrankheit und die Rückfallgefahr sowie die Beziehung zu ihrem jetzigen Partner nicht in einem verklärten Licht.
Im vorliegenden Fall erscheint jedoch das Kriterium der *geringen Belastbarkeit* durchaus naheliegend. M. erweckte den Eindruck, für Kritik an ihrem Handeln nicht zugänglich zu sein, gleichzeitig fehlt die Bereitschaft, sich noch vorhandenen, nicht aufgearbeiteten Problemen zu stellen. Andererseits ist zu beachten, daß sie mit Hilfe einer Freundin seit zwei Jahren ihre Sucht erfolgreich bekämpft, was wiederum gegen eine geringe Belastbarkeit spricht.
Im Querschnittintervall fehlend, aber in der Vergangenheit auffällig ist das Kriterium des *unkontrollierten und übermäßigen Alkoholkonsums*, der sich bei M. sowohl auf den Leistungs- als auch auf den sozialen Bereich stark ausgewirkt hatte.

2.2.2. D-Kriterien

Die *Erfüllung sozialer Pflichten* läßt sich im Querschnittintervall im wesentlichen bejahen.

Hingegen ist sich das Merkmal des *adäquaten Anspruchsniveaus* dergestalt, daß M. geringere Ansprüche als momentan möglich stellt, nicht festzustellen. Bescheidenheit und das Bedürfnis nach einer soliden und vor allem dauerhaften, finanziellen Basis sind nicht stark ausgeprägt. Im Vergleich zu ihrer früheren Situation zeigt sich M. unzufrieden.
Die *Gebundenheit an eine geordnete Häuslichkeit* wiederum liegt bei M. vor, da ihr Wohnbereich und das Zusammenleben mit ihrem Sohn für M. von großer Bedeutung sind. Trotz der massiven Schwierigkeiten ist diese Bindung auch in der Vergangenheit zu bejahen.
Ein *reales Verhältnis zu Geld und Eigentum* kann bei M. nicht uneingeschränkt angenommen werden. Zwar geht sie pfleglich mit ihren Sachwerten um, andererseits fehlt es aber an einer typischen Vorsorge in finanzieller Hinsicht (Bemühen um Unterhaltszahlungen, Sparpläne).
Von einer *produktiven Freizeitgestaltung* oder einem *persönlichen Engagement für personale und Sachinteressen* ist bei M. nicht auszugehen.
Das D-Kriterium der *tragenden, menschlichen Bindungen* besteht in der Beziehung zu ihrem Partner, ihrem Sohn und zumindest einer engen Freundin, die als Vertrauenspersonen gelten.
Eine aktive Bewältigung des eigenen Schicksals durch zunächst sozial unauffällige Ausweichmöglichkeit und spätere therapeutische Anstrengungen weist M. nicht auf, so daß das Merkmal der *hohen Belastbarkeit bei großer Ausdauer* ausscheidet, ohne daß gleichzeitig das konträre K-Kriterium bejaht werden kann.
Ebensowenig zeigt M. eine besondere *Lebensplanung und Zielstrebigkeit* in der Hinsicht, daß im Querschnittintervall oder in der Vergangenheit eine Entgleisung ausgeschlossen erscheint (vgl. hierzu das entsprechende K-Kriterium).

2.3. Relevanzbezüge und Wertorientierung

2.3.1. Relevanzbezüge

Der in der Vergangenheit auffälligste Bezug war die bei M. über mindestens zwölf Jahre bestehende Abhängigkeit von Alkohol, Tabletten und Zigaretten. Der Mißbrauch wirkte sich als bestimmender Faktor auf die anderen Lebensbereiche der M. aus und stellte den, wie für die Sucht typisch, als letzten zu vernachlässigenden Bezug dar, auf den der Alltag abgestimmt wurde. Bedeutsam ist hier auch die nicht ungewöhnliche Sucht nach mehreren Drogen (Polytoxikomanie).
Vor und nach der Abhängigkeit zeigte M. ausgesprochenes Engagement bei der Fürsorge für ihre und fremde Kinder. Die Tatsache, daß sie eine Pflegetochter aufnahm und auch jetzt die Kinder als ihr größtes Hobby ansieht, bestärken diesen Eindruck.

Die in der Ehe zu vermutende Anlehnungsbedürftigkeit und Bindung an einen Partner entwickelte sich im Rahmen der Trennung stark zurück. Während für M. die Ehe trotz Verletzungen und Demütigungen nicht zur Disposition stand und sie über 15 Jahre hinweg an ihr festhielt, obwohl sie das Verhältnis ihres Ehemannes zur eigenen Pflegetochter kannte oder hätte kennen müssen, erscheint ihr nun eine derartige Beziehung nicht mehr wünschenswert. Dieser Bezug, der im Rahmen der Familie früher wesentlich war, hat damit im Zuge der negativen Erfahrungen an Bedeutung verloren.

2.3.2. Wertorientierung

Die bei M. festzustellende Wertorientierung ist in gewisser Weise zwiespältig. Zum einen erwartet sie ein bürgerliches Leben, an das sie gewisse Ansprüche stellt, wie sich aus den teilweise geringschätzigen Bemerkungen beispielsweise über andere Gruppenmitglieder schließen läßt. Diese Vorstellungen wurden bei ihr jedoch größtenteils nicht umgesetzt. Ihre wenn auch ohne ihr „Verschulden" gescheiterte Ehe, die Sucht und der Erhalt von Sozialhilfe passen nicht zu den oben erwähnten Äußerungen. Gleichzeitig ist auf bestimmten Ebenen ein ausgeprägtes Verantwortungsgefühl, so z.B. für die von ihr beaufsichtigten Kinder, festzustellen, welches verbunden ist mit einer gewissen Selbstverständlichkeit („Das macht man einfach." - „So etwas sind für mich keine echten Probleme."). Daß für M. keine verbindlichen Maßstäbe gelten, ist also nicht der Fall.

3. Kriminologische Diagnose

3.1. Die Bezugskriterien der Kriminologischen Trias

Eine *kontinuierliche Hinentwicklung zur Kriminalität mit Beginn in der frühen Jugend* scheidet wegen des späten Eintritts K-idealtypischer Verhaltensweisen aus.
Ebensowenig kommt im vorliegenden Fall die *Hinentwicklung zur Kriminalität im Heranwachsenden- bzw. Erwachsenenalter* in Betracht; bei Delinquenzbeginn ist keine Änderung des Ordnungsgefüges vorgeschaltet, so daß eine verspätete deliktische Reaktion aufgrund zunehmender Freiheit und Selbständigkeit nicht vorliegt.
Die *Kriminalität im Rahmen der Persönlichkeitsreifung* als eine entwicklungsspezifische und vorübergehende kann gleichermaßen verneint werden. Es fehlen Auffälligkeiten im Freizeitbereich verbunden mit sozial auffälligen Bekannten o.ä. Gleichzeitig ist eine Abgrenzung im Sinne eines Entwicklungsstadiums aufgrund der Dauer der ersten Diebstahlsphase nicht möglich.

Fraglich ist das Vorliegen von *Kriminalität bei sonstiger sozialer Unauffälligkeit*. Zwar finden sich im Längsschnitt überwiegend D-idealtypische Verhaltensweisen. Auf der anderen Seite können diese für den Bereich der eigenen Familie und später für den Leistungsbereich gerade nicht bejaht werden; gleichzeitig wurde Alkoholmißbrauch festgestellt. Soziale Unauffälligkeit ist damit im Sinne dieses Kriteriums nicht gegeben. Auch im Lebensquerschnitt bestehen letztendlich recht wenige D-Kriterien und einige K-Kriterien, wenn auch keine kriminovalente Konstellation anzunehmen ist. Des weiteren fügt sich das Wertgefüge der M. nicht uneingeschränkt in die vorliegende Kategorie ein. Zwar kann im Rahmen der Verfestigung der ersten Diebstahlsphase als Motivation für die Taten auch Eigennutz aufgrund mangelnden Unrechtsbewußtseins eine Rolle spielen. Trotz der Aussagen der M., die teilweise geradezu den klassischen Merkmalen des „pathologischen Stehlens" entsprechen, mögen die Vorteile der Delikte auch zum Teil unmittelbar intendiert gewesen sein. Andererseits spielt sich die Delinquenz zumindest zu Beginn (1981) und ab 1997 nicht mehr in einem Graubereich ab, da eine Erwartbarkeit auf Grundlage von fehlenden Wertmaßstäben bei M. nicht zu finden ist. Somit ist eine Einordnung in dieses Kategorie abzulehnen.
Es bleibt die Frage nach dem *kriminellen Übersprung*, welche eine völlige Unerwartbarkeit ohne äußeren oder inneren, wenn auch nicht ohne psychologischen Zusammenhang voraussetzt. Eine derartige Loslösung der Delinquenz von den Lebensumständen der M. kann hier jedoch nicht ohne weiteres angenommen werden. Es bestehen gerade Auffälligkeiten im Bereich der eigenen Familie, später bzgl. des Alkohol- und Tablettenkonsums und im Leistungsbereich. Eine völlige soziale Integration im Lebenslängsschnitts besteht nur bis zu einem gewissen Zeitpunkt nach außen hin. Im Querschnitt weist M. zudem keine kriminoresistente Konstellation auf.

Im Ergebnis muß daher auf eine eindeutige Zurechnung zu einer der Kategorien verzichtet werden. Festzustellen bleibt, daß hinsichtlich der Erwartbarkeit die Kriminalität der M. sich zwischen den Kategorien der *Kriminalität bei sonstiger sozialer Unauffälligkeit* und dem *kriminellen Übersprung* befindet, wobei nochmals betont wird, daß eine soziale Unauffälligkeit nicht gegeben ist, gleichzeitig die Auffälligkeiten jedoch nicht eindeutig genug sind, um von einer (kriminologisch) erklärbaren Hinentwicklung im Sinne einer der anderen Kategorien zu sprechen. Problematisch erweist sich im vorliegenden Fall, daß Indizien, die für eine derartige Entwicklung sprechen könnten, erst nach hinten verschoben auftreten (bspw. der Alkoholmißbrauch, die fehlende Berufstätigkeit)und beim erneuten Beginn der Delinquenz bereits wieder weggefallen sind. Somit ist hier eine Aufschlüsselung der „Besonderen Aspekte" von eigener Bedeutung.

3.2. „Besondere Aspekte" im Leben des Täters

Als erster „besonderer Aspekt" ist im vorliegenden Fall die Beziehung der M. zu ihrem Ehemann respektive die Ehe als solche anzusehen. Der Ehebruch, der zudem in der unheilvollen Konstellation eines Verhältnisses mit der von M. aufgezogenen Pflegetochter bestand, hatte langfristige Auswirkungen auf das soziale und deliktische Verhalten der M. An die Entdeckung knüpfte unmittelbar, nämlich einen Tag später, die Delinquenz an, indem M. ihren ersten Diebstahl beging. (Gleichzeitig ist auf die bestehende Schwangerschaft hinzuweisen.) An das Ereignis und die sich daraus ergebenden Konsequenzen schloß sich also zunächst eine Phase zunehmend verfestigter Delinquenz an. Die Taten wurden laut M. dann begangen, wenn der Eheallltag allzu problematisch wurde. Das Erleben der Diebstähle als Erfolgserlebnis legt den Schluß auf eine Kompensationswirkung der Delinquenz als Ausgleich für die Zurückweisung durch den Ehemann nahe, wiewohl hier eine psychologische Beurteilung gefragt ist.
Der Umstand der früh gescheiterten, aber von M. aufrechterhaltenen Ehe zieht jedoch eine weiteren Konsequenz nach sich. Offensichtlich bewirken die Diebstähle nach einer Zeit nicht mehr den erwünschten Ausgleich; drei Jahre nach dem ersten Delikt ist M. bereits alkohol- und tablettensüchtig. Es ist - wie stets - darauf hinzuweisen, daß dem oben als ersten Aspekt bezeichnetem Umstand keine Ursächlichkeit im Sinne einer zwingenden Kausalität zugeschrieben werden soll. Die Gründe für die Diebstähle sowie die Sucht mögen mannigfaltiger Natur sein. Es besteht jedoch ein zeitlicher Zusammenhang dergestalt, der eine auslösende Wirkung des einen durch das andere Ereignis möglich erscheinen läßt; genau diese Möglichkeit der Verknüpfung soll aufgezeigt werden.
Zu beobachten ist weiterhin, daß die Delinquenz - nach einer gravierenden Sanktionierung - gewissermaßen und über einen längeren Zeitraum hinweg von der Abhängigkeit abgelöst wird, die unbehandelt bis zum völligen Zusammenbruch und einem Aufenthalt in der Psychiatrie führte. Die Süchtigkeit setzt verspätet und damit verschoben ein und stellt einen zu dem ersten Aspekt gewissermaßen parallel laufenden zweiten Aspekt dar. Zu einer vorläufig erfolgreichen Beseitigung der Sucht kommt es im übrigen nicht nach dem Zusammenbruch 1994, sondern erst im Rahmen der Beendigung des bis mindestens1996 wirksamen ersten Aspektes, nämlich nach der Trennung von ihrem Ehemann.
Nach einer Phase, in der M. ihren Zustand als relativ stabil bezeichnet, tritt dieser erste Aspekt durch das Erscheinen des Ehemannes erneut in das Leben der M. Nach einer zehnjährigen Diebstahlspause folgt nach diesem Ereignis eine Woche später eine Straftat, die wie bereits die erste Tat 1981 für M. unerwartet und ungeplant von statten geht.
Während bis zu diesem Zeitpunkt ein äußerliches begleitendes Ereignis für das delinquente Verhalten beobachtet werden kann, fehlt dieses jedoch bei der letzten Tat. Es scheint, als sei die über zehn Jahre hinweg bestehende Hemmschwelle durch die erneute Straffälligkeit zumindest stark herabgesetzt. Dennoch ver-

sagt in diesem Fall die kriminologische Deutung insofern, als aus den Umständen ohne eine psychologische Beurteilung keine Erklärung geliefert werden kann. Das letzte Delikt scheint tatsächlich über M. „hereingebrochen" zu sein, eine abschließende Klärung ist daher in diesem Rahmen nicht möglich. Es bleibt aber festzustellen, daß hier bei M. tiefer liegende Aspekte wirksam sein können, die quasi zu einem im Querschnitt betrachteten Übersprung führen; eine Tatsache, die bei der Prognose Bedeutung gewinnen wird.
Daneben sind zwei Punkte anzusprechen, die sich nicht wie die beiden genannten Aspekte zumindest vordergründig in einen zeitlichen oder sonstigen Zusammenhang mit den Diebstahlstaten bringen lassen. Dies ist zum einen die auf sexueller Ebene von M. erlebte Erfahrung, von ihrem Mann zum Geschlechtsverkehr gezwungen oder zumindest gedrängt worden zu sein, was zu einer nachhaltigen Änderung des Verhältnisses zur Sexualität führte.
Ein weiterer Problempunkt stellt der von M. nur kurz und als unverarbeitet beschriebene, gewaltsame Tod ihres Bruders dar.

4. Folgerungen

4.1. Folgerungen im Blick auf die Prognose

Mangels einer *grundsätzlichen Prognose* liegt der Schwerpunkt im folgenden auf der *individuellen Basisprognose*.
Die Ehe ist zumindest nach außen hin beendet, M. hat einen neuen Partner und erklärt, den Ehemann nicht mehr zu lieben. Durch die Trennung äußerlich nicht mehr wirksam, möglicherweise aber noch als interner Aspekt vorhanden kann dieser Bezug jedoch auch in Zukunft weiterhin destabilisierend wirken.
Bezüglich ihrer Abhängigkeit ist M. nun seit zwei Jahren nicht mehr süchtig, welches sich stabilisierend auf die gesamte Lebensführung ausgewirkt hat. Allerdings ist auch hier zu beachten, daß, wie M. selbst erklärt, die zweijährige Abstinenz keine Garantie bietet, da gerade bei Alkoholsucht eine hohe Rückfallgefahr besteht.
Die momentan bestehende, wenn auch distanziertere Partnerschaft hat demgegenüber wiederum positive Auswirkungen. Die knappe finanzielle Situation der M. ist demgegenüber als auf Dauer negativ wirkend zu beurteilen. Ein weiterer entscheidender Aspekt, der negativ ins Gewicht fällt, ist die Tatsache, daß M. hinsichtlich einer umfassenden Einzeltherapie keine Therapiewilligkeit zeigt.
Andererseits muß selbstverständlich berücksichtigt werden, daß M. seit einem Jahr keinen Diebstahl mehr begangen hat und die Umstände seit zwei Jahren wesentlich günstiger sind als zuvor. Ohne eine entsprechende Einwirkung (siehe unten 4.2.) bleibt es insgesamt jedoch bei einer ungünstigen Prognose.

Im Rahmen der *Interventionsprognose* ist festzustellen, daß die zur Bekämpfung der Sucht angeordnete Entziehungskur praktisch keinen Effekt hatte. Allerdings hat der 1987 stattgefundene offene Vollzug und die fünf Jahre in einer auf Diebstahlsdelinquentinnen spezialisierte Selbsthilfegruppe offensichtlich dazu geführt, daß eine zehnjährige rückfallfreie Phase möglich wurde. Die ansonsten verhängten Geld- und Bewährungsstrafen hatten keine vergleichbare Wirkung. Auch während der momentan vollzogenen Auflage des Besuchs der neuen Selbsthilfegruppe ist es noch nicht zu einem Rückfall gekommen.

4.2. Folgerungen im Blick auf Einwirkung und Behandlung

In der Vergangenheit hat sich die Auflage der gezielt auf die Delinquenz abgestimmten Gruppentherapie bereits zweimal als stabilisierend ausgewirkt. Deren Fortführung ist dringend geboten. Die Gruppentherapie kann u.a. auch als Forum dienen, die bis jetzt fehlenden beruflichen Aussichten auf lange Sicht zu diskutieren, weil die dauerhafte Abhängigkeit von Sozialhilfe neben vielen anderen, innerhalb der Legalprognose nicht zu bewertenden Punkten auch deswegen nicht wünschenswert erscheint, da bei einem möglichen Wegfall einer geregelten Tätigkeit die Gefahr eines Rückfalls erhöht werden kann.
Gleichzeitig erscheint eine Entscheidung von psychologischer bzw. psychiatrischer Seite über eine begleitende Einzeltherapie förderlich. Gerade die letzte Tat zeigt eine gewisse Unabhängigkeit der Delinquenz von äußeren Umständen, so daß eine endgültige Stabilisierung durch eine auf die oben genannten Problempunkte konzentrierte, therapeutische Behandlung notwendig sein könnte. Zwar hat in der Vergangenheit ein Aufenthalt in einem psychiatrischen Krankenhaus nicht zu dem gewünschten Ergebnis geführt. Möglicherweise spricht dies für eine ambulante Therapie ohne medikamentöse Behandlung, alleine schon aus der Tatsache heraus, daß sich die Lebensumstände nicht mit der damaligen Situation vergleichen lassen.
Zu beachten ist, daß die formelle Sanktionierung vor Gericht bei M. im Gegensatz zu anderen Probandinnen nicht als überflüssig oder gar schädlich zu qualifizieren ist, da M. kein übersteigertes Unrechtsbewußtsein aufweist (sich als Verbrecherin o.ä. fühlen), welches die Belastung durch die Delinquenz erhöhen könnte und sich in diesen besonderen Fällen negativ auf die Prognose auswirken kann.

II. Ergänzungen

Bis April 1999 ist es nicht zu einem Rückfall gekommen. M. erklärte jedoch in der Gruppentherapie, daß sie sich weiterhin für rückfallgefährdet - auch hinsichtlich des Alkohols und der Tabletten - halte. Privat mache sie einen recht stabilen Eindruck. Eine depressive Verstimmung, die sie wegen eines Streits mit einem alten Freund und dessen Krebstod erlitten hatte, habe sich nun wieder etwas gelegt. M. befindet sich seit diesem Vorfall in psychotherapeutischer Behandlung. Die Therapie wirkt sich positiv auf die - u.a. aus diesem Grunde - nur eingeschränkt günstige Prognose aus.

H. Vergleichsakte zu Probandin 4

Aus der Vergleichsgruppe erfüllte ein Aktenfall folgende Vergleichsmerkmale:

Alter:	zwischen 41 und 46 Jahren
Sanktionen:	zwischen 9 und 13
1.Delikt:	im Alter zwischen 21 und 29 Jahren

I. Vergleichsakte 4a

1. Akteninhalt[456]

1.1. Feststellungen zur Straffälligkeit

Die im Januar 1951 geborene G. trat strafrechtlich in Erscheinung wie folgt:

Datum der Sanktion/ der Tat	angewandte Normen; Tatobjekt	Sanktionen; Sonstiges
Juli 1972	§ 242 StGB	Geldstrafe (620 DM)
Oktober 1973 und Juli 1974	Verstöße gegen BtMG	Geldstrafen (900 DM und 1.000 DM)
August 1977	versuchter § 263 StGB	Geldstrafe (15 Tagessätze à 20 DM)
August 1978	§ 242 StGB	Geldstrafe (20 Tagessätze à 5 DM)
Februar 1980	Verstoß gegen BtMG	dreimonatige Freiheitsstrafe auf drei Jahre Bewährung

[456] Die Akten befinden sich auf dem Stand von 1992.

Oktober 1981	§ 265a StGB	Geldstrafe (15 Tagessätze à 30 DM)
Oktober 1982	§§ 242, 267 StGB, Verstoß gegen BtMG	neunmonatige Freiheitsstrafe auf vier Jahre Bewährung
Dezember 1982	§ 242 StGB	Geldstrafe (30 Tagessätze à 25 DM)
Mai 1983/ März 1982	§§ 267, 263 StGB	zwölfmonatige Freiheitsstrafe auf vier Jahre Bewährung
August 1989	§ 263 StGB	fünfmonatige Freiheitsstrafe im Gnadenweg zur Bewährung ausgesetzt
Juli 1992/ Juni 1991	§ 242 StGB (Kosmetika im Wert von 15 DM)	fünfmonatige Freiheitsstrafe zur Bewährung; Annahme verminderter Schuldfähigkeit wegen Rauschmittelsucht und teilweise vorliegender Depression

Zu ihrer letzten Tat erklärte G., der Diebstahl sei eine Dummheit gewesen, da sie genügend Geld mit gehabt habe. Sie leide unter einer schweren Depression und habe zum ersten Mal aufgrund dieser depressiven Verstimmung einen Diebstahl begangen.
Zu ihren Gunsten wurde im Urteil trotz der offenen Bewährung die bereits begonnene Therapie berücksichtigt.

1.2. Feststellungen zum Lebenslauf

G. wurde im Januar 1951 als einziges Kind ihrer noch lebenden Eltern geboren. Sie legte die Mittlere Reife ab, besuchte erst eine Handelsschule und zwei Jahre ein pädagogisches Fachinstitut und absolvierte dann eine Ausbildung zur graphischen Zeichnerin. Sie erklärte, bis zu ihrem dreißigsten Lebensjahr seelisch und materiell von ihren Eltern abhängig gewesen zu sein. Ihre schwere Depression habe unter anderem in der Ablehnung durch ihre Eltern ihre Ursache, da diese sie nicht mehr unterstützen wollten. Zwischenzeitlich habe sie auch bei einer Gastfamilie gewohnt, die sie jedoch „herausgeworfen" hätte. Ihr Vater sei nun schwer krank, und sie könne von dieser Seite keine Hilfe mehr erwarten. Sie sei „völlig am Ende". Während ihrer Depression sei sie in sich gekehrt und nehme nichts mehr wahr.

Inwieweit G. in ihrem Beruf gearbeitet hat, läßt sich nicht feststellen. 1991 war sie als Krankenpflegehilfe und danach in einer Schreibkanzlei tätig. Seit Juli 1992 ist sie arbeitslos und lebt von 500 DM Sozialhilfe im Monat. Sie ist verheiratet, lebt aber in Trennung und mit einem neuen Lebensgefährten zusammen. G. ist seit ca. 1972 Jahren rauschmittelsüchtig. 1977 wurde eine neunmonatige Therapie und in der Folge eine Selbstentzug durchgeführt, jedoch ohne Erfolg. 1992 nahm G. verschriebene Codeinpräparate ein. Sie leide unter Angstzuständen und Depressionen, wenn sie keine Drogen einnehme. Es fand in diesem Zusammenhang eine ambulante psychotherapeutische Behandlung statt.

2. Methode der idealtypisch-vergleichenden Einzelfallanalyse

Im Lebenslängsschnitt fallen im *Erziehungsbereich* keine K-idealtypischen Tendenzen auf, vielmehr weist die Aussage, „seelisch und materiell abhängig" von den Eltern gewesen zu sein, auf eine erhöhte Einbindung in das Elternhaus hin. Zum *Aufenthalts- und Wohnbereich* fehlt es an aussagekräftigen Angaben, die zwischenzeitlich bei einer „Gastfamilie" verbrachte Zeit kann nicht eindeutig als K-idealtypisches Verhalten gewertet werden. Im *Leistungsbereich* zeigt sich zumindest bis zu Beginn des dritten Lebensjahrzehnts eine eher D-idealtypische Tendenz (abgeschlossene Realschule, abgeschlossene Lehre, wenn auch nach einigen Wechseln). Zumindest seit 1991 liegen jedoch K-idealtypische Neigungen vor, indem G. häufiger die Arbeitsstelle, die jeweils nicht ihrer Ausbildung entsprach, wechselte und seit 1992 arbeitslos ist. Bezüglich des *Kontakt- und Freizeitbereichs* sind aufgrund der wenigen Informationen keine Wertungen möglich. Der Bereich der *eigenen Familie* kann möglicherweise ebenfalls dem K-idealtypischen, zumindest aber nicht dem D-idealtypischen Pol zugerechnet werden, wie sich aus der anstehenden Scheidung schließen läßt. Hinsichtlich des *Delinquenzbereichs* läßt sich angesichts der sehr verschiedenen Delikte (neben Diebstählen und Verstößen gegen das BtMG werden auch Betrugsdelikte und Urkundenfälschungen begangen) und angesichts der wahrscheinlich nutzbringenden Verwertung der Tatobjekte eine erhöhte Zielstrebigkeit vermuten, wiewohl Angaben zur Tatbegehung fehlen und ein Einfluß von Rauschmitteln auch bei den länger zurückliegenden Delikten möglich erscheint. Die letzte Tat unterscheidet sich insofern, als neben der Rauschmittelsucht eine teilweise vorliegende Depression zur verminderten Schuldfähigkeit führte. Auffällig ist des weiteren, daß die erste strafrechtliche Auffälligkeit mit dem Beginn der Drogensucht (1972) zusammenfällt.
Im Lebensquerschnitt (Zeitraum vor der letzten Tat im Juni 1991) kann von einer *Vernachlässigung des Arbeits- und Leistungsbereichs* insofern noch nicht gesprochen werden, als G. noch einer Tätigkeit nachging und die Arbeitslosigkeit erst ein Jahr später folgte. Gleichermaßen fehlen Hinweise auf ein *unstrukturiertes Freizeitverhalten*, wenngleich ein solches auch nicht ausgeschlossen

werden kann. Möglich und wahrscheinlich erscheint auch im Rückblick ein *fehlendes Verhältnis zu Geld und Eigentum*, wie sich bereits in der von G. beschriebenen finanziellen Abhängigkeit von ihren Eltern zeigt. Gleichzeitig ist davon auszugehen, daß G. einen mit ihrer beruflichen Tätigkeit nicht zu erwirtschaftenden Bedarf zur Finanzierung der Drogen hatte. Ebenfalls kann von einer *fehlenden Lebensplanung* ausgegangen werden, die sich bereits in der häufigen Aufgabe der Arbeitsstellen ohne Aussicht auf eine Verbesserung sowie in der lang anhaltenden Abhängigkeit von ihrem Elternhaus manifestiert. Des weiteren kommen als K-Kriterien eine *geringe Belastbarkeit* und ein *unkontrollierter, übermäßiger Drogenkonsum* in Betracht. D-Kriterien lassen sich nicht bejahen.
Hinsichtlich der *Diagnose* ist zunächst festzuhalten, daß diese aufgrund der wenigen Angaben nicht mit der nötigen Eindeutigkeit gestellt werden kann. In Betracht kommt jedoch wegen der sich im dritten Lebensjahrzehnt abzeichnenden K-idealtypischen Ausprägungen lediglich die *Hinentwicklung zur Kriminalität im Heranwachsenden- bzw. Erwachsenenalter*. Aber auch hier muß eine Einschränkung dahingehend vorgenommen werden, daß offensichtlich eine Einbindung (hier in die Herkunftsfamilie) zum Beginn der K-idealtypischen Phase gerade nicht wegfiel, sondern in erheblichem Umfang weiter bestehen blieb. Es bleibt der Blick auf die *„besonderen Aspekte"*, welche hier vornehmlich in der Rauschmittelabhängigkeit und der geringen Selbständigkeit und Belastbarkeit zu sehen sind. Die parallele Entwicklung von Drogenabhängigkeit und Delinquenz hat daher auch Auswirkungen auf die Prognose, welche grundsätzlich ungünstig ist und durch die besonderen Aspekte weiter verschlechtert wird. Gleichzeitig fällt die negative Entwicklung im Leistungsbereich (Abstieg in die Sozialhilfe) nach der letzten Tat ins Gewicht. Den Schwerpunkt wird die Bekämpfung der Abhängigkeit bilden, was mit der ambulanten Therapie bereits begonnen wurde. Daneben kann im Rahmen der Bewährungshilfe die berufliche Situation in Angriff genommen werden, da G. offenbar einer Unterstützung von außen, die jetzt von den Eltern nicht mehr gewährleistet wird, bedarf, um in Zukunft „auf eigenen Füßen" zu stehen.

II. Vergleich

Gemeinsamkeiten zwischen Ausgangs- und Bezugsfall ergeben sich im Lebenslängsschnitt im Erziehungs- und Leistungsbereich. Im Querschnitt läßt sich bei beiden Probandinnen eine fehlende Lebensplanung erkennen.
Das Verhalten in der Kindheit betreffend läßt sich in beiden Fällen eine Einordnung in die Herkunftsfamilie beobachten, wobei diese im Bezugsfall offensichtlich über die Jugend hinaus beibehalten wurde. Auch im Leistungsbereich sind ähnliche Tendenzen erkennbar, da das Verhalten zunächst dem D-idealtypischen Pol zugeordnet werden konnte, sich dann aber im Alter von spätestens vierzig Jahren in Richtung des K-idealtypischen Pols entwickelte und in Arbeitslosig-

keit und Sozialhilfe endete. Eine weitere Gemeinsamkeit ist die Abhängigkeit, welche jedoch bei der interviewten Probandin M. zehn Jahre später, nämlich im Alter von 32 Jahren auftrat und die sich auf legale Drogen beschränkte. In diesem Zusammenhang ist auch die Delinquenz zu vergleichen. Während sich im Bezugsfall Sucht und Delinquenz parallel entwickeln, löst bei M. die Delinquenz die Abhängigkeit ab und umgekehrt. Auch liegen bei M. ausschließlich Diebstahlstaten vor. Neben diesen Differenzen ist insgesamt festzuhalten, daß das Verhalten der M. wesentlich D-idealtypischere Tendenzen aufweist als dies in der Vergleichsakte der Fall ist, was letztendlich zu einer anderen und günstigeren Diagnose führt. Entscheidend für die Prognose wirken sich die unterschiedlichen Umstände hinsichtlich der Abhängigkeit aus, da M. im Gegensatz zur Betroffenen im Bezugsfall bereits seit einiger Zeit nicht mehr süchtig ist. Gleichzeitig finden sich bei M. stabilisierende Faktoren (eigene Wohnung, Selbständigkeit, Gruppentherapie), die im Vergleichsfall fehlen.

J. Probandin 5

I. Methode der idealtypisch-vergleichenden Einzelfallanalyse

1. Übersicht zum Lebenslauf

Juni 1947	geboren
1954 bis 1963	Besuch der Grund- und Hauptschule
1963 bis 1966	Ausbildung zur Krankenschwester
seit 1966	Tätigkeit als Krankenschwester
1969	Heirat
1970	Geburt der ersten Tochter; kurz darauf erste Diebstähle
1973	Umzug
1978	Geburt ihres Sohnes; während der Schwangerschaft weitere Diebstähle; Gutachten und Freispruch gem. § 20 StGB
1979	Geburt der zweiten Tochter

1983	Scheidung; weitere unentdeckte Diebstähle in der Scheidungsphase
1983 bis 1987	Nachtdienst als Krankenschwester
Juli 1984	Diebstahl
1984 bis Herbst 1987	Beziehung zu alkoholkrankem Partner
1986/87	Auszug der ältesten Tochter zu geschiedenem Mann
Juli 1987	Kündigung der Arbeitsstelle
August und November 1987	zwei weitere Diebstähle; Beginn einer psychotherapeutischen Behandlung; neue Beziehung zu einem verheirateten Mann
seit Ende 1987	neue Arbeitsstelle
April 1988	weiterer Diebstahl
September 1989	Kenntnis der Mukoviszidoseerkrankung der Tochter
Oktober 1989	nächster Diebstahl; seitdem regelmäßige Delinquenz
von Mitte 1990 bis November 1992	diebstahlsfreie Zeit
Herbst 1992	Abbruch der Therapie
November 1992	nächster Diebstahl
Anfang 1994	Absetzen der Antidepressiva
Juli 1994	nächster Diebstahl
Juni 1995	weiterer Diebstahl
seit Juli 1995	Besuch der Selbsthilfegruppe

Sommer 1996	Trennung von damaligen Partner; letzter Diebstahlsversuch
seit November 1997	neue Beziehung
Anzahl der registrierten Eintragungen wegen Diebstahls[457]	7

2. Analyse der Erhebungen[458]

2.1. Analyse des Lebenslängsschnitts

2.1.1. Verhalten in den einzelnen Lebensbereichen

2.1.1.1. Erziehung im Kindes- und Jugendalter

A. sei im Juni 1947 als erste Tochter der damals 23jährigen Mutter und des acht Jahre älteren Vaters zur Welt gekommen. Ihr Vater sei Landwirt gewesen, die Mutter habe sich um den Haushalt gekümmert. Sie habe noch acht Geschwister (drei Brüder und fünf Schwestern). Sie sei als älteste von neun Kindern schon sehr früh in die Verantwortung gezogen worden. Da ihre Mutter aufgrund der vielen Schwangerschaften häufig im Krankenhaus gewesen sei, habe sie in dieser Zeit die Familie versorgen müssen. So habe sie für zehn Personen gekocht, was als Kind sehr schwierig gewesen sei. Wegen der Versorgung des großen Haushalts habe sie auch teilweise die Schule nicht besuchen können.

Die Angaben im Bereich der Erziehung sind spärlich, dennoch lassen sie darauf schließen, daß A. die Kontrolle durch die Eltern akzeptierte und sich ihnen nicht widersetzte. Auffällig ist, daß A. Aufgaben übernahm, die weit über die in der Regel an Gleichaltrige gestellten Anforderungen hinausgehen.
In jedem Fall ist das Verhalten im Kindes- und Jugendalter innerhalb des familiären Verbundes eindeutig dem D-idealtypischen Pol zuzuordnen.

2.1.1.2. Aufenthaltsbereich

A. ist offensichtlich zumindest bis zu Beginn ihrer Ausbildung 1966 bei ihren Eltern auf dem Land aufgewachsen. Möglicherweise wohnte sie während ihrer

457 einschließlich der Eintragungen im Erziehungsregister

458 Die Angaben beruhen auf einem Gespräch mit der Probandin am 29.4.1998; im übrigen lagen die Ermittlungsakten von 1987 bis 1994 vor.

Krankenschwesterausbildung in einem Schwesternwohnheim. 1969 sei sie mit ihrem Ehemann zusammengezogen, 1973 sei der Umzug mit ihrem Mann und der ersten Tochter in eine andere Stadt erfolgt, nachdem sie bei einem Diebstahl entdeckt worden sei. Im Zuge der 1983 anstehenden Scheidung und dadurch entstandener Auseinandersetzungen mit ihrem Ehemann sei sie in ein Schwesternwohnheim gezogen. Nachdem ihr Ehemann sie dort von ihren Kindern ferngehalten habe und ihr Rechtsanwalt ihr dringend geraten habe, im Rahmen des Sorgerechtstreites wieder zurückzukehren, sei sie sofort wieder in die eheliche Wohnung gezogen. Sie habe seitdem mit ihren Kindern zusammengelebt, wobei ihre älteste Tochter ca. 1986 zu ihrem geschiedenen Ehemann gezogen sei. Von häufigen Umzügen in der Folge ist nichts bekannt. Seit kurzem wohne sie mit ihrem neuen Freund und den beiden jüngsten Kindern zusammen. Momentan sei sie zusammen mit ihrem Freund hauptsächlich mit der Renovierung seines Hauses beschäftigt, in das sie dann einziehen wollten. Über die Art der jetzigen Wohnung ist nichts bekannt.

Insgesamt läßt sich auch hier eine D-idealtypische Tendenz feststellen. A. verließ das Elternhaus erst aus berufs- oder familienbedingten Gründen und wechselte nur selten den Wohnort. Der Auszug während der Scheidungsphase entspricht zwar nicht einem geplanten und geordneten Wechsel des Wohnbereichs; allerdings erschien dieser notwendig und zeigt die Bereitschaft der A., kurzfristig unannehmlichere Wohnverhältnisse hinzunehmen. Zudem handelte es sich lediglich um einen kurzen Aufenthalt, wonach sie direkt wieder nach Hause zurückzog. A. ist heute durch die Beziehung zu ihrem Freund und vor allem zu ihren Kindern sowie durch ihre Berufstätigkeit in die Umgebung eingebunden. Die Renovierung des Hauses zeigt das Interesse an einem den eigenen Wünschen entsprechenden Wohnbereich, der unter dem Gesichtspunkt, mit dem Lebenspartner zusammen wohnen bleiben zu wollen, ausgesucht wurde.

2.1.1.3. Leistungsbereich

A. habe bis 1966 die Hauptschule besucht und den entsprechenden Abschluß gemacht. Von der Art ihrer schulischen Leistungen ist nichts bekannt außer der Tatsache, daß sie wegen der Mithilfe im Haushalt teilweise die Schule nicht besucht hat.

Danach habe sie von 1966 bis 1969 eine Ausbildung zur Krankenschwester absolviert. Seither sei sie als Krankenschwester tätig. Nach der Geburt ihrer ersten Tochter habe sie nach acht Wochen wieder begonnen zu arbeiten. In dieser Zeit sei das Geld sehr knapp gewesen, die Verwaltung der Finanzen habe bei ihrem Ehemann gelegen. Die einzige Zeit, in der sie nicht berufstätig gewesen sei, sei während der Abwicklung der Scheidung gewesen. Ihr Rechtsanwalt habe ihr hierzu geraten. Nach der Scheidung 1983 habe sie vier Jahre jeweils zwölf

Stunden lang im Nachtdienst gearbeitet, da sie so tagsüber ihre Kinder habe betreuen können und sie außerdem weiterhin berufstätig habe sein wollen. Seitdem arbeite sie für den ambulanten Dienst der Caritas. Der Beruf sei sehr stressig, er mache ihr aber Spaß und sie habe schon immer gerne gearbeitet. Ihr Chef habe Kenntnis von den Diebstählen; die Kollegen seien zwar sehr nett, private Kontakte hätte sie zu ihnen aber nicht.
Aus den Akten (seit 1987) ergibt sich, daß A. im Monat um die 2.000 DM einschließlich des Unterhaltes von ihrem geschiedenen Mann zur Verfügung hatte. Teilweise bestanden Schulden aufgrund von Krediten für eine Eigentumswohnung und später eine Doppelhaushälfte, die monatlich abgetragen wurden.

Mangels genauerer Angaben während der *Schul- und Ausbildungszeit* kann eine Zuordnung zu einem idealtypischen Pol nicht ohne weiteres vorgenommen werden; es fehlen aber zumindest Hinweise auf K-idealtypisches Verhalten.
Die *Berufstätigkeit* betreffend ist festzustellen, daß für A. bei ihrer Berufstätigkeit nicht die Verdienstmöglichkeiten im Vordergrund stehen, sondern offensichtlich die Tätigkeit selbst. Sie weist nur langjährige Arbeitsverhältnisse auf. Entscheidend ist insbesondere die Tatsache, daß A. in einem sozialen Beruf arbeitet, der nicht nur eine relativ geringe Bezahlung aufweist, sondern auch teilweise mit erheblichen psychischen Belastungen verbunden ist. Dennoch hat A. nie aufgehört, berufstätig zu sein, und sogar größere Schwierigkeiten (wie den Nachtdienst) auf sich genommen, um Beruf und Familie verbinden zu können und um so die Familie als alleinerziehende Mutter ernähren zu können. Trotz des Stresses ist A. sehr leistungsbereit und empfindet ihre Tätigkeit als zufriedenstellend.
Ob A. hinsichtlich ihrer finanziellen Verhältnisse eine solide Planung und Vorsorge aufweisen kann, kann mangels hinreichender Angaben nicht beurteilt werden. In der Folge ist von sehr knappen finanziellen Verhältnissen (bereits aufgrund der Abzahlungsverpflichtungen) auszugehen, es weist jedoch nichts auf typisch K-idealtypisches Verhalten hin (wie z.B. „Geld verschleudern“, „von der Hand in den Mund leben“); dies insbesondere unter dem Gesichtspunkt, daß sie drei Kinder alleine in sozial geordneten Verhältnissen groß gezogen hat.
Im Ergebnis zeigen die Verhaltensweisen der A. in diesem Bereich zum D-idealtypischen Pol.

2.1.1.4. Freizeitbereich

Im Kindes- und Jugendalter habe A. die Freizeit im wesentlichen mit der Versorgung der Familie (Haushalt und Betreuung der Geschwister) verbracht. Nach ihrer Heirat sei sie neben ihrem Beruf auch für den Haushalt zuständig gewesen; später kam „selbstverständlich“ die Betreuung der eigenen Kinder hinzu. Zudem habe sie zwischenzeitlich ihre an Krebs erkrankte Schwiegermutter gepflegt und

zusätzlich auf deren spät zur Welt gekommenes Kind aufgepaßt. Nach der Scheidung habe die Pflege ihres an Mukoviszidose erkrankten jüngsten Kindes sehr viel Zeit in Anspruch genommen.
Momentan sei sie neben der Haushaltsführung und der mit ihrer jüngsten Tochter verbrachten Zeit hauptsächlich mit der Renovierung des Hauses ihres Freundes beschäftigt.

In ihrer Kindheit wie auch im Erwachsenenalter schränkte A. ihre - offensichtlich ohnehin bereits knappe - Freizeit stark zugunsten der Versorgung anderer Menschen (Geschwister, eigene und fremde Kinder, Schwiegermutter etc.) ein; die Haushaltsführung übernahm sie ebenfalls als Pflicht außerhalb der Berufstätigkeit. Wenn es zu einer Ausweitung des Freizeit- auf den Leistungsbereich gekommen sein sollte, dann aus Fürsorge um die sie umgebenden Personen (so beispielsweise in der akuten Krankheitsphase ihrer jüngsten Tochter). Freizeittätigkeiten zur Entspannung oder Erholung hat A. in dieser Zeit offenbar nicht betrieben.
Momentan handelt es sich bei ihren Freizeittätigkeiten (wie den Renovierungsarbeiten) um eher leistungs- oder zumindest zweckorientierte und vorhersehbare Abläufe. Auffällig ist insgesamt, daß A. ihre Freizeit zugunsten anderer Personen (Kinder, Freund) einschränkt; an einer für sie selbst erholsame Freizeitgestaltung ohne einen greifbaren Nutzen oder Sinn scheint ihr wenig zu liegen.
Das Freizeitverhalten der A. ist, vorbehaltlich anderer Informationen über die Zeit nach ihrer Scheidung, durchgängig dem D-idealtypischen Pol zuzurechnen.

2.1.1.5. Kontaktbereich

Bezüglich der *schicksalhaft vorgegebenen Kontakte* zu ihrer Herkunftsfamilie, die mittlerweile auch als selbstgewählte Kontakte betrachtet werden können, gibt A. an, daß Verhältnis zu ihren Geschwistern sei gut, das zu ihren Eltern „ganz gut". Mangels weiterer Angaben sind diese Aussagen nicht zu qualifizieren. Fest steht jedoch, daß A. sich früher entsprechend einer D-idealtypischen Verhaltensweise in das Familienleben eingeordnet hat, wobei dies für sie eine Selbstverständlichkeit darstellte.

Eine eindeutige Zuordnung der *selbstgewählten Kontakte* der A. erscheint schwierig.
Während ihrer Ehe ist lediglich die Bekanntschaft zu einem befreundeten Ehepaar bekannt, welches sich im Zusammenhang mit der Scheidung auf die Seite des Ehemannes stellte und A. „hinterging" (s.u. 2.1.1.6.). Offensichtlich bestand hier vormals ein Vertrauensverhältnis, welches jedoch im nachhinein zerstört wurde. Von Bekannten oder Freunden in der Folgezeit ist nichts bekannt. Neben einer Freundin aus der Selbsthilfegruppe habe sie noch zwei Freundinnen, die

von den Diebstählen wüßten. Eine davon akzeptiere ihren jetzigen Freund aber nicht. Sie habe ohnehin wenig Zeit mit ihren Freundinnen etwas zu unternehmen. Private Kontakte zu Kollegen pflege sie nicht.

Über ihre selbstgewählten und *sexuellen Kontakte* in der Zeit nach der Scheidung 1983 erklärt A. folgendes: 1984 habe sie auf einem Single-Treff einen neuen Mann kennengelernt, mit dem sie drei Jahre lang eine Beziehung geführt habe. Er sei sehr unternehmungslustig gewesen, habe jedoch Alkoholmißbrauch betrieben und sie auch bedroht. 1987 habe sie sich nur ihrer Kinder zuliebe von ihm getrennt, danach hätten sich ihre in dieser Phase bereits bestehenden depressiven Verstimmungen verschlimmert. In der Folge habe sie verschiedene Beziehungen zu anderen Männern gehabt, die jedoch nicht länger als ein oder zwei Jahre gehalten hätten. 1994 habe sie sich erneut auf eine Beziehung eingelassen. Der neue Freund, ein Junggeselle, sei ein notorischer Lügner gewesen. Trotz allem habe dieser Mann eine große Anziehungskraft auf sie ausgeübt. Als sich herausgestellt habe, daß er ihr jahrlang untreu war, habe sie ihn verlassen.
Gegen einen K-idealtypischen Zuschnitt spricht hier die Tatsache, daß A. offensichtlich an beiden Persönlichkeiten großes Interesse hatte und zumindest versuchte, eine Vertrauensbasis aufzubauen. So wußten beispielsweise beide Freunde von ihrer Delinquenz. Es handelt sich somit gerade nicht um utilitaristische Kontakte, deren Personen beliebig auswechselbar waren. Trotz der Schwächen des anderen hielt sie die Beziehung so lange wie möglich aufrecht. Andererseits wurden die Freunde nicht unter dem Gesichtspunkt von gemeinsamen Interessen und einer zuverlässigen Basis ausgewählt, vielmehr spielte die Anziehungskraft des jeweiligen Mannes eine wesentliche Rolle.
Seit Oktober 1997 führe sie eine Beziehung zu einem Chemiker, mit dem sie seit kurzem zusammenwohne. Er sei selbst zweimal verheiratet gewesen, seine zweite Scheidung stehe kurz bevor. Er sei von seiner Frau ausgenutzt worden, obwohl sie eigentlich keinen Mann haben wolle, „der sich ausnutzen läßt." Im Gegensatz zu ihren vorhergehenden Beziehungen sei er sehr viel ausgeglichener. Sie habe ihm noch nichts von den Diebstählen und der Therapie erzählt, weil sie schon herausgehört habe, daß er dafür kein Verständnis habe. Jedenfalls sei es noch zu früh, ihn darüber aufzuklären.
Auch hier scheidet eine rein zweckgerichtete Beziehung im Sinne einer K-idealtypischen Ausprägung aus. Inwieweit es sich jedoch tatsächlich um eine tragende Beziehung handelt, kann zum momentanen Zeitpunkt nicht beurteilt werden.

Insgesamt läßt sich dieser Bereich weder dem K-idealtypischen noch eindeutig dem D-idealtypischen Pol zuordnen, obwohl das Verhalten der A. letzterem in jedem Falle näher kommt. Als auffällig und die Einordnung erschwerend erweist sich die Tatsache, daß A. jedenfalls danach strebt, eine tragende und auf Dauer angelegte Vertrauensbeziehung zu einem Mann als ihrem Lebenspartner aufzubauen. Daneben erscheinen andere Kontakte zweitrangig zu sein. Regelmäßig (so im übrigen auch bei dem früher befreundeten Ehepaar) wurde das in die Person gesetzte Vertrauen von der anderen Seite enttäuscht, was nichts daran änderte, daß A. sich erneut in eine Beziehung „stürzte". Ein Verhalten im K-idealtypischen Sinne, daß die Geschlechtsverkehrpartner um der Sexualität willen häufig gewechselt werden, ist nicht ersichtlich.

2.1.1.6. Eigene Familie

1969 sei sie von ihrem damaligen Freund, der noch studiert habe, schwanger geworden. Sie habe kein Kind geplant, ihr Schwiegervater habe dann entschieden, daß beide heiraten sollten. 1970 sei ihre erste Tochter zur Welt gekommen. Während ihrer Ehe habe sie bereits als Krankenschwester gearbeitet und sich um den Haushalt gekümmert. Ihr Mann habe studiert und das von ihr verdiente Geld ausgegeben, welches er verwaltet habe. Er habe sich um nichts gekümmert, während sie - wie bei ihren Eltern - jederzeit für alles verantwortlich gewesen sei, u.a. auch für die Pflege der kranken Schwiegermutter und deren Kind. Dies alles habe sie „immer wahnsinnig aufgeregt". Ihr Ehemann sei - im Gegensatz zu ihr - sehr selbstbewußt und dominant gewesen. 1978 sei sie erneut mit ihrem Sohn schwanger gewesen; auch dieses Kind habe sie eigentlich nicht haben wollen, da sie Angst vor der noch größeren Verantwortung gehabt habe. Sie habe es dennoch bekommen. Ihr Sohn sei früher sehr viel krank und damit ihr Sorgenkind gewesen. Zu diesem Zeitpunkt habe sie sich sterilisieren lassen wollen, ihr Ehemann sei jedoch dagegen gewesen. 1979 sei das dritte Kind, wieder eine Tochter, geboren worden; hiernach habe sie die geplante Sterilisation durchführen lassen.

1983 hätten sie sich scheiden lassen, weil sie und ihr Mann einfach nicht zusammengepaßt hätten. Der Scheidung seien schreckliche Szenen vorausgegangen. Zunächst habe ihr Ehemann ein Verhältnis mit der damaligen Haushälterin begonnen. Er habe ihre Delinquenz als Druckmittel eingesetzt und ihr immer erklärt, daß sie die Kinder nicht bekomme, da sie „krank" sei. Beide seien dann zu einer Eheberatung bei einem befreundeten Ehepaar (siehe oben 2.1.1.5.) gegangen, welche „ihre Ehe kaputt gemacht hätten." Ihr Mann habe während eines Streits zu Hause heimlich ein Tonband mitlaufen lassen und habe es dann in der Therapiesitzung vorgespielt. Sie habe keine andere Möglichkeit gesehen, als in ein Schwesternwohnheim zu ziehen. Zunächst habe ihr der Rechtsanwalt ihres Ehegatten sogar das Besuchsrecht für ihre Kinder untersagt, glücklicherweise habe sie letztendlich das alleinige Sorgerecht erhalten. In materieller Hinsicht sei die Scheidung sehr ungerecht verlaufen, da sie nicht genug auf ihrem Recht bestanden habe, das sei ihr aber „egal gewesen." In der Folge habe sie den Nachtdienst übernommen, um wenigstens tagsüber für die Kinder da zu sein. Ihr

Ehemann habe die älteste Tochter gegen sie „aufgehetzt“, sie sei dann für ein Jahr zu ihrem Vater gezogen, was für sie sehr schlimm gewesen sei.

Insgesamt entspricht der Bereich der Ehe nicht dem D-idealtypischen Zuschnitt. Zwar hatte E. bei der Heirat bereits eine abgeschlossene Berufsausbildung. Die Hochzeit war jedoch - wie die Schwangerschaft - ungeplant und erzwungen, zudem war A. noch relativ jung und ihr Ehemann hatte noch keine Ausbildung. Intensive Vorbereitungen auf die Ehe waren nicht möglich. Auch scheinen kaum gemeinsame Interessen bestanden haben; ihr Mann ging im wesentlichen seinen eigenen Angelegenheiten nach. Die Scheidung verlief unter erheblichen Auseinandersetzungen, die offensichtlich bereits die Ehe begleiteten, und einem „klassischen“ Streit um die Kinder, in den auch Dritte hineingezogen wurden.
Eine durchweg ausgeprägte Tendenz zum K-idealtypischen Pol kann allerdings nicht bejaht werden, da nach den Schilderungen der A. ihr Ehemann für einen Großteil der Schwierigkeiten verantwortlich zu sein schien, während A. ihr Leben durchaus um der Ehe und der Kinder willen änderte, für den Lebensunterhalt sorgte und sie sich vielmehr von ihrem Ehemann ausnutzen ließ, als es selbst an Verantwortung fehlen zu lassen.

Während sie sich früher am meisten um ihren Sohn habe kümmern müssen, da dieser häufig krank gewesen sei, sei ab ca. 1987 ihre jüngste Tochter - bis heute - ihr Sorgenkind gewesen. 1989 sei bei ihr eine erbliche Stoffwechselkrankheit (Mukoviszidose) festgestellt worden sei. Besonders in der Zeit vor der Diagnose habe sie selbst unter Schlaflosigkeit und Streßsyndromen gelitten verbunden mit dem Gefühl, „es habe alles keinen Sinn mehr.“ Die ständige Sorge und Pflege der Tochter seien eine enorme Belastung gewesen. Sie habe sich damals bereits Hilfe bei einer psychologischen Beratung gesucht.
Ihre älteste Tochter, die nach einer Zeit der Arbeitslosigkeit nun in der Erwachsenenbildung tätig sei, habe viel Verständnis für sie, stehe aber nach wie vor ihrem Vater näher, vielleicht weil sie nach der Scheidung bei ihm gewohnt habe. Nach der Scheidung habe sie ihr von den Diebstählen erzählt. Ihr Sohn beende gerade seinen Zivildienst und werde dann anfangen, Informatik zu studieren. Sorge bereite ihr wiederum ihre jüngste Tochter, die sehr stur sei und schon die Mittlere Reife und eine Lehre abgebrochen habe.

Das Verhalten ihren Kindern gegenüber neigt zum D-idealtypischen Pol. Trotz ungewollter Schwangerschaften übernahm sie - im Gegensatz zu ihrem Ehemann - die Versorgung und Erziehung der Kinder unter teilweise ungünstigen Umständen (Krankheit der Kinder, alleinerziehende Mutter, Nachdienst als Krankenschwester). Deren Probleme standen und stehen für A. im Vordergrund und sie zeigt eine fast aufopfernde Fürsorge ihnen gegenüber. Den einzigen Kompromiß, den A. nicht zu schließen bereit war (wohl nicht nur aus finanziellen Gründen), war die Aufgabe der Berufstätigkeit.

2.1.1.7. Alkohol- und Drogenkonsum

Nach A.´s Angaben habe sie nie besonders viel Alkohol getrunken. Früher habe sie geraucht, besonders während der Beziehung dem alkoholabhängigen Freund; das Rauchen habe sie aber, schon alleine wegen anderer gesundheitlicher Beschwerden (siehe 2.1.1.8.) eingestellt.
Sie nehme allerdings Schmerztabletten, vielleicht auch in zu großen Mengen; möglicherweise sei sie schmerzmittelabhängig. Sie habe sogar einmal im Herbst 1997 Morphium im Krankenhaus „abgezweigt." Die Reaktion auf das Mittel sei so stark gewesen, daß ihr Freund sich ernsthafte Sorgen gemacht habe, so daß sie ihm die Wahrheit habe erzählen müssen.
Bis 1994 habe sie Antidepressiva eingenommen.

2.1.1.8. Körperliche und psychische Verfassung/Therapie

2.1.1.8.1. Feststellungen aufgrund des Interviews

Bezüglich ihrer *körperlichen Beschwerden* gibt A. an, unter chronischer Bronchitis und Asthma zu leiden. Des weiteren habe sie schon immer Migräneanfälle gehabe, teilweise zwei bis dreimal pro Woche, dann wiederum nur alle drei Wochen. A. ist eine auffallend attraktive und hübsche Frau, eher unter- als übergewichtig. Sie ist sehr gepflegt und gut, wenn auch nicht auffällig gekleidet. A. machte sowohl bei dem Gespräch als auch innerhalb der Selbsthilfegruppe einen eher schüchternen Eindruck, sie redet mit leiser Stimme, wurde jedoch nach einiger Zeit sehr vertrauensselig.

Als sie sich von ihrem alkoholabhängigen Freund getrennt habe, habe sie unter depressiven Stimmungen gelitten. Gleiches gelte für die Phase, in der ihre jüngste Tochter krank wurde, wobei sie hier auch Selbstmordgedanken gehabt habe. Seit 1994 hätten die Depressionen im Prinzip aufgehört, im Herbst und Winter 1997 seien jedoch erneut eine leichtere depressive Verstimmung und Schlaflosigkeit aufgetreten.

Kontakte zu einem Psychiater habe sie zum ersten Mal 1977 gehabt, als einer ihrer Diebstähle entdeckt worden und das Sachverständigengutachten erstellt worden sei. Als es ihrer Tochter 1989 so schlecht gegangen sei, sei sie ebenfalls zu einer psychologischen Beratung gegangen. Sie habe sich sehr gestreßt und unter Druck gefühlt und habe das Gefühl gehabt, das „alles sinnlos sei." Sie habe auch Antidepressiva eingenommen, die ihr geholfen hätten, die sie jedoch zu früh wieder abgesetzt habe.
Ende 1993 sei sie im Rahmen einer Gerichtsverhandlung wegen eines Diebstahls in Behandlung bei einem Psychiater gekommen. Im Juli 1995 (einen Mo-

nat nach ihrem letzten Diebstahl) sei sie dann der Selbsthilfegruppe beigetreten, die sie bis heute besuche. Momentan denke sie nicht über Diebstähle nach.

2.1.1.8.2. Feststellungen aufgrund der Sachverständigengutachten[459]

In medizinischer Hinsicht wurde eine chronische Bronchitis festgestellt. A. gab des weiteren an, seit ihrem elften Lebensjahr an einer Migräne mit einer Attackendauer von etwa 10 bis 12 Stunden zu leiden.

Was die therapeutische Behandlung angeht, ließ sich den Begutachtungen entnehmen, daß sich A. seit November 1987 bis zum Herbst 1992 praktisch durchgängig in Behandlung bei verschiedenen Psychologen und Psychotherapeuten befand.

In den Sachverständigengutachten kam man durchgängig zu folgender Diagnose:
Es bestünden keine Hinweise auf eine hirnorganische Störung oder eine Minderbegabung. A. leide auch an keiner endogenen Psychose, also nicht an einer Depression im klinisch-psychiatrischen Sinne, d.h. an einer sogenannten endogenen Depression. Ihre depressiven Symptome seien nicht Zeichen einer solchen endogenen Depression, sondern einer schweren neurotischen Persönlichkeitsstruktur (Charakterneurose) mit vorwiegend depressiven Reaktionsmustern.

2.1.2. Delinquenzbereich

2.1.2.1. Frühere Straftaten, Verurteilungen und Strafverbüßungen

Von *„deliktischen Handlungen" im Kindesalter* ist nichts bekannt.

A. beging ihren Angaben zufolge den ersten Diebstahl 1970 kurz nach der Geburt ihrer ersten Tochter. Sie habe Frischkäse gestohlen, den ihr Ehemann so gerne mochte; überhaupt habe sie immer nur für ihn Diebstähle begangen, wie sie auch sonst stets diejenige gewesen sei, die gegeben hätte.
Ein paar Wochen später habe sie erneut gestohlen, wieder ein paar Wochen danach nochmals. Hierbei sei sie durch die Verkäuferin entdeckt worden und habe eine „Geldstrafe" erhalten. Der Zwang, Diebstähle zu begehen, sei von da an immer größer geworden.

---

[459] Die Sachverständigengutachten wurden - im Rahmen der Diebstahlsverfahren - im September 1989, im Februar 1990 sowie im Januar 1994 erstellt.

Innerhalb von drei Jahren (bis 1973) sei sie noch zweimal entdeckt worden und habe wiederum eine „Geldstrafe“ erhalten, welche jedoch im nachhinein aufgrund eines Gutachtens aufgehoben worden sei. Zu dieser Zeit sei sie mit ihrer Familie umgezogen.
Der nächste Diebstahl habe während der Schwangerschaft mit ihrem Sohn 1977 stattgefunden. In diesem Zusammenhang habe sie einen Rechtsanwalt und einen Psychiater aufgesucht, der ein Gutachten erstellt habe, aufgrund dessen sie wegen voller Schuldunfähigkeit für den aktuellen Diebstahl freigesprochen worden sei und die beiden vorhergehenden Urteile aufgehoben worden seien (durch die Akten bestätigt).
Während der Scheidungsphase habe sie erneut gestohlen, die Taten seien jedoch nicht entdeckt worden.
Typischerweise habe sich ein Diebstahl folgendermaßen abgespielt:
Schon tagelang vor der Tat habe sie sich hängenlassen und habe eine große Gleichgültigkeit auf der einen Seite und einen enormen Druck andererseits verspürt. Sie habe die Diebstähle zwar nicht geplant, hätte aber wissen müssen, daß sie geschehen. Ohne nachzudenken sei sie dann in einen Laden gegangen. Die Frage, ob Widerstand gegen den Drang zu stehlen möglich gewesen sei, verneinte A. In den jeweiligen Geschäften hätte sie sich in einem Erregungszustand befunden und sei, insbesondere an der Kasse, sehr nervös gewesen. Nach dem Verlassen des Ladens hätte sie sich erleichtert und euphorisch gefühlt, andererseits aber auch beschämt.

Aus den *Akten* und den *Angaben* der A. ergibt sich hinsichtlich der weiteren Delinquenz folgendes Bild:

Im Juli 1984 beging A. einen Diebstahl, der mit einer Geldstrafe geahndet wurde.

Zum nächsten Delikt (Diebstahl von Lebensmitteln im Wert von ca. 25 DM) kam es im August 1987. A. gab im Rahmen einer Vernehmung an: „Ich gebe die Tat zu. Ich weiß selbst nicht, warum ich das getan habe. Ich bin zur Zeit nervlich sehr belastet, u.a. weil mir die Arbeitsstelle gekündigt wurde.“ Es wurde per Strafbefehl eine Geldstrafe von 20 Tagessätzen in Höhe von 30 DM angeordnet.

Im November 1987 wurde A. wegen der Entwendung von zwei Musikkassetten vernommen, wobei sie erklärte, sie sei krankhaft veranlagt: „Warum ich die Musikkassetten entwendete, kann ich nicht angeben, ich habe überhaupt keine Verwendung dafür. Den Diebstahl beging ich, ebenso wie die früheren Diebstähle, unter Zwang. Wegen dieser krankhaften Kleptomanie war ich bereits in therapeutischer Behandlung ... Eine therapeutische Behandlung zur Bekämpfung meiner Kleptomanie kann ich mir zur Zeit nicht leisten. Die Stunde kostet ca. 50

DM. Insgesamt sind mind. 200 Stunden erforderlich, um die Therapie als erfolgreich zu betrachten."
Eine weitere Tat folgte im April 1988 (Lebensmittel im Wert von 10 DM).
Das im September 1989 erstellte Gutachten für beide Delikte kam zu dem Ergebnis, daß aufgrund der Persönlichkeitsstörung, die einer „schweren anderen seelischen Abartigkeit" im Sinne der §§ 20, 21 StGB entspricht, nicht auszuschließen sei, daß die Handlungsfähigkeit zum Tatzeitpunkt erheblich vermindert war.[460] A. wurde zu einer Geldstrafe von 50 Tagessätzen à 40 DM verurteilt.
A. erklärt im Interview zu diesen Taten, daß die Diebstähle massiver geworden seien, als es zur Trennung von ihrem damaligen Freund gekommen sei und sie unter starken Depressionen gelitten habe. In dieser Zeit habe sie teilweise alle zwei bis drei Wochen, teilweise auch zweimal wöchentlich gestohlen, wobei nicht alle dieser Taten entdeckt worden seien.

Die nächste entdeckte Tat beging A. im Oktober 1989, als sie Lebensmittel im Wert von 10 DM stahl. Bei der Vernehmung machte sie folgende Angaben: „Ich hatte zunächst die Absicht, die Sachen an der Kasse zu bezahlen. Geld hatte ich genug dabei. Anschließend ging ich an der Kasse vorbei, ohne zu bezahlen; die Sachen hatte ich im Einkaufskorb, ich hatte sie nicht eingesteckt. Ich konnte ohne Beanstandung das Geschäft verlassen. Ich hatte einfach den Drang, irgend etwas einzustecken. Der Zwang ließ nicht nach und ich mußte in ein anderes Geschäft gehen und wieder etwas einstecken. Ich versteckte die Ware unter meinem Mantel. Meine Geldbörse hatte ich im Auto liegen lassen. Ich bin mit der Absicht schon ins Geschäft gegangen, irgend etwas einzustecken. Mich hat es einfach in das Geschäft reingetrieben. Ich hatte mich zwar willentlich dagegen gesträubt, nichts mitzunehmen, aber ich konnte dem Drang nicht widerstehen, einfach irgend einen Gegenstand einzustecken. In dem Geschäft wurde ich dann auch erwischt. Zur Zeit bin ich in Behandlung. Ich bin nervlich am Ende. Hinzu kommt, daß meine zweite Tochter unheilbar an Mukoviszidose erkrankt ist. Nach meiner letzten Anzeige im April 1988 ist es bis jetzt eigentlich gut gegangen. Ich habe in der ganzen Zeit nichts gestohlen. Erst in den letzten Tagen folgte wieder ein Schub und ich mußte gegen meinen Willen irgend etwas einstecken. Ich bin in dieser Richtung krankhaft veranlagt. Ich könnte mir die Sachen kaufen. Wie ich von der Krankheit loskommen kann, weiß ich auch nicht."
Das Gutachten schloß sich hinsichtlich des Befundes dem Vorgutachten an, es wurde jedoch festgestellt, daß ganz eindeutig die Voraussetzungen des § 21

[460] Es wurde folgendes ausgeführt: „Auf die A. zur Last gelegten Delikte hat sich diese neurotische Störung vorwiegend im Sinne der Motivbildung ausgewirkt. Man kann begründet annehmen, daß nicht eine direkte Bereicherungsabsicht, allenfalls ein unbewußtes Motiv des Haben-wollens, vorwiegend aber ein unbewußtes Bedürfnis nach Selbstbestrafung im Hintergrund der Delikte steht. Unrechtsbewußtsein ist bei A. vorhanden."

StGB nicht vorliegen.[461] Es folgte eine Verurteilung wegen dieses und eines weiteren Diebstahls im Februar 1990 zu einer Geldstrafe von 40 Tagessätzen in Höhe von 40 DM.

Danach verübte A. ihren Angaben zufolge bis zum November 1992 keine Delikte. In diesem Monat jedoch entwendete sie zwei Päckchen Glühlampen. In den Befragungen im Rahmen der Begutachtung erklärte A., in den Wochen und Monaten vor der Tat sei es ihr ausgezeichnet gegangen. Dann hätten sie jedoch an diesem Tag zwei Sorgen geplagt. Zum einen habe sie erfahren, daß ihr geschiedener Mann sie bei anderen Leuten als nymphoman und kleptoman beschimpfe. Zweitens habe ihre Tochter ihr eröffnet, sie werde einen Tunesier heiraten, der wegen diverser Vorstrafen sonst ausgewiesen werde. Sie habe die ganze Nacht überlegt, wie sie die Hochzeit verhindern könne, und sei am nächsten Morgen völlig gerädert gewesen.
Das erstellte Gutachten schloß sich ebenfalls der Beurteilung als Persönlichkeitsstörung an und nahm das Vorliegen einer verminderten Steuerungsfähigkeit im Sinne von § 21 StGB an. A. wurde zu einer Geldstrafe von 40 Tagessätzen à 30 DM verurteilt.
Ein weiterer Strafbefehl erging wegen eines Diebstahls im Juli 1994.

2.1.2.2. Letzte Tat

Die letzte vollendete und entdeckte Tat (hierzu liegt in den Akten nichts vor) habe A. im Juni 1995 begangen. Nach der Trennung von ihrem Freund habe sie 1996 noch einmal in einem Laden eine Sache weggenommen, diese jedoch wieder zurückgelegt. Sie habe in diesem Moment an das gedacht, was sie in der Selbsthilfegruppe gelernt habe, und habe nicht alles wieder auf`s Spiel setzen wollen.

2.1.2.3. Analyse des Delinquenzbereichs

Bei der Frage nach der Zielstrebigkeit der oben beschriebenen Taten ist zunächst besonders auffällig, daß sämtliche Delikte aus einer außergewöhnlichen Stimmungslage oder aus einer Konfliktlage heraus begangen wurden (Schwangerschaft bzw. Geburt; Scheidung; Erkrankung des Kindes; Trennung von Partner; teilweise verbunden mit depressiven Verstimmungen). Hieraus läßt sich bereits

[461] Der Gutachter erklärte, daß A. wohl eine gewisse Zwangshaltung in Bezug auf die Ladendiebstähle hatte, daß sie aber dennoch eigentlich durchaus zielbewußt bei den Verfehlungen vorginge. Bei A. sei es dringend notwendig, daß sie weiterhin in Psychotherapie verbleibe. Die Prognose für die Zukunft wurde nach wie vor für sehr zweifelhaft gehalten.

auf geringe Zielstrebigkeit schließen, da ein nüchterner Tatentschluß nicht vorliegt.
Eine direkte Planung der Taten war ebenfalls nicht gegeben, obwohl andererseits auch festgestellt werden muß, daß A. mit der Begehung eines Diebstahls aufgrund der von ihr gemachten Erfahrungen hat rechnen müssen. Die Aussage, sie habe nicht über das Klauen nachgedacht, will hier wohl so verstanden werden, daß zwar der mögliche Diebstahl im Bewußtsein vorhanden war, ihm jedoch nicht widerstanden werden konnte und insofern kein tatsächliches Nichtwissen um die Möglichkeit vorlag, sondern eher ein Verdrängen dieses Bewußtseins bis zum Tatbeginn stattgefunden hat. Dies ändert jedoch nichts am Ergebnis der mangelnden Planung im Sinne einer zielstrebigen Delinquenz, da eine Abwägung von Vor- und Nachteilen nicht vorgenommen wurde.
Ebensowenig kann eine differenzierte Tatausführung oder ein planmäßiges Entfernen vom Tatort bejaht werden. Wenn auch hier keine Hinweise dahingehend bestehen, daß A. besonders einfältig oder auffällig vorgegangen ist, so deutet die Gefühlslage vor und nach der Tat (Erregung bzw. Euphorie) eher auf fehlende Kontrolle hin als auf eine besonders ausgeklügelte Begehung. Insgesamt kann daher nicht von einer Zielstrebigkeit ausgegangen werden.

Die Taten bis zur Gerichtsverhandlung 1994 zeichnen sich durch Gemeinsamkeiten in der Tatausführung einerseits, insbesondere jedoch durch gemeinsame, die Tat begleitende Lebensumstände aus. Zwar unterscheiden sich die Krisen inhaltlich, sie führten jedoch in jedem Falle zu einer Belastung der A. Bezüglich der Frage nach Entwicklungstendenzen ist zum einen festzuhalten, daß die Taten verstärkt in schwierigen Lebensphasen auftraten, andererseits aber auch nicht durch echte diebstahlsfreie Phasen (von der Zeit von 1978 bis 1983 einmal abgesehen) abgelöst wurden. Es ist bis 1994 durchaus ein Ansteigen und Abebben der Delinquenz zu beobachten, jedoch muß gleichzeitig eine Steigerung der Diebstahlsintensität ab 1988 festgestellt werden. Entscheidend ist hierbei, daß zwar die Häufigkeit der Diebstähle zunahm, in der Zielstrebigkeit unterschieden sich die Taten nicht.
Die letzte Tat 1995 läßt sich hier nicht ohne weiteres einordnen, da bereits mangels Angaben eine krisenhafte Situation nicht bejaht werden kann, dies jedoch auch nicht ausgeschlossen werden kann.
Der letzte Versuch fügt sich ebensowenig in die vorhergehenden Taten ein. Zwar ähnelt die Lebenssituation der Scheidungs- oder Trennungsphase 1983 und 1992, allerdings hat A. freiwillig das Diebstahlsobjekt zurückgelegt.
Bis 1994 kann im Ergebnis von einer Verfestigung der Diebstahlsdelinquenz ausgegangen werden, ohne den Taten eine „klassische“ Zielstrebigkeit zuzuweisen. Die letzten beiden Auffälligkeiten lassen eher einen Rückgang dieser Entwicklung vermuten, bestätigt durch die rückfallfreie Zeit von 1996 bis zum heutigen Tag.

2.2. Analyse des Lebensquerschnitts

(Das Querschnittintervall umfaßt im folgenden den Zeitraum von Juni 1995, also den Zeitpunkt unmittelbar vor der letzten entdeckten Tat, und gleichzeitig den Zeitabschnitt Mitte 1996, in dem der letzte Diebstahlsversuch begangen wurde. Beide Zeiträume werden, soweit sich keine Unterschiede ergeben, zusammen behandelt.)

2.2.1. K-Kriterien

Eine *Vernachlässigung des Arbeits- und Leistungsbereiches* kann im Querschnittintervall nicht festgestellt werden. A. ging ihrem Beruf auch nach 25 Jahren weiterhin nach, ohne daß es zu Auffälligkeiten oder Einbrüchen im Leistungsbereich kam. Rückblickend kann sogar eine Übererfüllung der beruflichen Pflichten bejaht werden. Gleiches gilt auch für die *Vernachlässigung familiärer und sonstiger Pflichten.*
Auch das K-Kriterium des *fehlenden Verhältnisses zu Geld und Eigentum* ist nicht gegeben. Auf besonders sorglosen Umgang in finanziellen Dingen oder auf finanzielle, von A. verschuldete Engpässe weist nichts hin.
Gleichermaßen ist ein *unstrukturiertes Freizeitverhalten* (auch und insbesondere im Rückblick) zu verneinen, da A. von jeher ihre ohnehin knappe Freizeit zugunsten ihrer Kinder einschränkte, die auch während des Querschnittintervalls teilweise bei ihr wohnten.
Eine *fehlende Lebensplanung* kann möglicherweise unter Einbeziehung der gesamten Lebensführung der A. in Betracht kommen. Die Hochzeit sowie drei Schwangerschaften waren ungeplant, die Bindung an einen Lebenspartner erscheint A. zwar wünschenswert, es kommt jedoch immer wieder zu einem Bruch in dieser Lebensführung, letztmalig am Ende des Querschnittintervalls, als sich A. von ihrem zweiten Freund trennte. A. scheint in dieser Hinsicht, anders als in beruflicher Hinsicht eher anfällig für Stimmungen und Wünsche, denen sie sich hingibt. Letzten Endes kann jedoch ein ausgeprägtes „in den Tag hineinleben" nicht angenommen werden, so daß das K-Kriterium ebenfalls nicht ohne Zweifel zu bejahen ist.
A. weist keine übermäßig hohen Ansprüche auf, sondern legt im Gegenteil eine gewisse Bescheidenheit an den Tag, was ein *inadäquat hohes Anspruchsniveau* ausscheiden läßt.
Vorliegend findet das K-Kriterium der *mangelnden Realitätskontrolle* in dem Verhalten der A. seine Bestätigung. Zwar läßt sich dies nicht für den Leistungsbereich sagen, indes weist A. im zwischenmenschlichen Bereich teilweise unreflektiertes Wunschdenken auf. Im Querschnittintervall, in dessen Verlauf eine erneute Beziehung scheiterte, zeigt sich, daß A. auf eine beständige Bindung hoffte und sich letztendlich in dem Partner getäuscht sah, der sie drei Jahre lang

betrogen hatte. Ähnlichkeit besteht hierin zu ihrer Ehe, in die sie gedrängt wurde, ohne sich die Konsequenzen bewußt zu machen. Ein entsprechendes Verhalten ist ebenfalls bei ihrem ersten, alkoholabhängigen Freund zu beobachten, bei dem sie trotz der oben erwähnten Schwierigkeiten bleiben wollte.
Geringe Belastbarkeit ist bei A. nicht festzustellen; sowohl im beruflichen als auch im privaten Bereich zeichnet sich A. vielmehr dadurch aus, auch in schwierigen Situationen häufig mehr als notwendig Durchhaltevermögen zu beweisen.
Eine *paradoxe Anpassungserwartung* ist weder im Querschnittintervall noch in der Rückblende gegeben.
Ebensowenig fällt A. durch die *Forderung nach Ungebundenheit* auf. Sie verspürte während ihrer letzten Beziehung, wie auch bei den vorhergehenden gerade im Gegenteil den Wunsch, sich festzulegen. Auch beruflich ist eine derartige Tendenz nirgends ersichtlich.
Ein *unkontrollierter Alkoholkonsum* besteht nicht.

2.2.2. D-Kriterien

Die *Erfüllung sozialer Pflichten* sowie ein *adäquates Anspruchsniveau* lassen sich auch rückblickend bejahen.
Durch ihre Kinder war A. im Querschnittintervall auch an eine *geordnete Häuslichkeit und an ein Familienleben gebunden.* Wenn auch ihr Freund als „Junggeselle und notorischer Lügner" hierzu auf Dauer nicht in der Lage war, ändert dies nichts an dem Bedürfnis der A. nach einem derartigen „Eingebettetsein."
Das *reale Verhältnis zu Geld und Eigentum* kann mangels detaillierter Angaben nicht ohne weiteres angenommen werden; allerdings fehlen Hinweise über unübersehbare Ausgaben oder sorglosen Umgang mit Geld in der Zeit des Querschnittintervalls. Während ihrer Ehe und auch im Zuge ihrer Scheidung schienen A. finanzielle Dinge eher gleichgültig zu sein; es ist jedoch davon auszugehen, daß sie zumindest immer einen Mindestbedarf an finanziellen Mitteln erwirtschaftet hat, um die Versorgung ihrer Kinder zu gewährleisten.
Arbeitseinsatz und Befriedigung bei der Berufstätigkeit können trotz der damit verbundenen Belastungen uneingeschränkt bejaht werden.
Nicht ohne weiteres mag man hier zur Annahme des D-Kriteriums *Anpassungsbereitschaft* kommen. Zwar hat sich A. ihrem damaligen Lebenspartner und ihren Kindern in hohem Maße angepaßt, bezüglich der Beziehung zu dem „eine große Anziehungskraft ausstrahlenden" Freund mag hier jedoch auch eine gewisse Widerstandslosigkeit vorliegen, die trotz erkannter Schwächen erst im Extremfall (hier die Erkenntnis der Untreue) zu Konsequenzen führte. In der Vergangenheit lassen sich ähnlich Schlüsse aus dem Verhältnis zu ihrem „dominanten" Ehemann ziehen.
Tragende menschliche Beziehungen bestanden zumindest und durchgehend zu ihren Kindern.

Die D-Kriterien der *hohen Belastbarkeit bei großer Ausdauer* und der *Verantwortungsbereitschaft und Eigenverantwortung* sind nur teilweise existent. In beruflicher Hinsicht und die Kinder betreffend beispielsweise läßt sich durchaus im Querschnittintervall ein Verantwortungsbewußtsein erkennen, während die Verantwortlichkeit gegenüber der eigenen Person und die aktive Verarbeitung vergangener Erlebnisse zu diesem Zeitpunkt nicht im Vordergrund stehen. Dies gilt gleichermaßen für die Vergangenheit, wobei hinzu kommt, daß bei A. im Rahmen ihrer ungewollten Schwangerschaften die - durchaus verständliche - Angst vor neuerlicher und größerer Verantwortung hinzukam, sich A. jedoch dann den Gegebenheiten anpaßte.
Das Kriterium der *Lebensplanung und Zielstrebigkeit* ist insofern nicht anzunehmen, als das Privatleben der A. nicht durchgängig gradlinig verläuft und Entgleisungen unvorstellbar erscheinen lassen. Die zum Teil wenig ausgeprägte Realitätskontrolle läßt langfristige Ziele, die durchaus bestehen, wieder in die Ferne rücken, was nicht heißen soll, daß *keine* Lebensplanung besteht oder die Probandin völlig ziellos vorgeht.

2.3. Relevanzbezüge und Wertorientierung

2.3.1. Relevanzbezüge

Zunächst ist zur heutigen Lebensorientierung und der Zukunftsplanung festzustellen, daß A. in beruflicher Hinsicht keine Änderungen anstrebt und weiterhin berufstätig bleiben möchte. Ihr Hauptproblem stelle momentan die fehlende berufliche Perspektive und die Krankheit ihrer jüngsten Tochter dar. Des weiteren wolle sie die Renovierung des Hauses ihres Freundes voranbringen, um dort einziehen zu können.
Sowohl momentan als auch in der Vergangenheit stehen ihre Kinder, insbesondere das jüngste im Mittelpunkt ihres Interesses und haben besonderen Einfluß auf ihre Lebensgestaltung. Hierbei handelt es sich um den persönlichen Bezug, den A. wohl als letztes vernachlässigen würde und der trotz der zunehmenden Unabhängigkeit der Kinder bestehen bleibt.
Zu berücksichtigen ist zudem ihre Berufstätigkeit, die sie nur „im Notfall" für kurze Zeit (nach der Geburt, im Streit um das Sorgerecht) unterbrochen hat.
Noch einschneidender erweist sich neben den Kindern die Beziehung zu ihrem jeweiligen Lebensgefährten. Hier zeichnete und zeichnet sich A. durch extreme Anpassungsbereitschaft, die in der Regel ausgenutzt wurde, aus.
In allen Bezügen läßt sich ein Grundbedürfnis der A. herausschälen, welches in ihrem Wunsch, gebraucht zu werden und sich aufzuopfern, zum Ausdruck kommt. Dies läßt sich augenscheinlich bereits an ihrer Berufswahl erkennen, gleichermaßen scheint dieser Wesenszug in der übermäßigen Fürsorge für das jeweilige „Sorgenkind" durch. Gleichzeitig und ersterem nicht widersprechend

besteht das Bestreben nach einem dominanten Partner. So erklärte ein Mitglied der Selbsthilfegruppe, A. „suche immer nach Liebe, aber finde immer nur schwierige Männer."

2.3.2. Wertorientierung

Bezüglich der Wertorientierung kann im wesentlichen auf die oben genannten Relevanzbezüge verwiesen werden. Eine Besonderheit mag darin liegen, daß A. auf den ersten Blick die Grundwerte eines geordneten, bürgerlichen Lebens bejaht und diese insbesondere für ihre Kinder versucht, umzusetzen. Im Gegensatz zu vielen Fällen, in denen eine derartige Haltung zwar behauptet, aber nicht verwirklicht wird, könnte hier auch eine gegenteilige Tendenz vorliegen. Die ungewollten Schwangerschaften und die nicht von ihr forcierte Heirat einerseits, ihr Beharren auf Berufstätigkeit und die Anziehungskraft, die nicht völlig angepaßte und teilweise sozial auffällige Partner auf sie ausstrahlen, zeigen, daß A., wäre sie widerstandsfähiger gewesen, möglicherweise eine andere Lebensform gewählt hätte. Es sei jedoch darauf hingewiesen, daß es sich hier lediglich um Anzeichen handelt, die sich am Lebenslauf der A. nicht weiter verifizieren lassen.

3. Kriminologische Diagnose

3.1. Die Bezugskriterien der Kriminologischen Trias

Die Einordnung in die Kategorie der *kontinuierlichen Hinentwicklung zu Kriminalität mit Beginn der frühen Jugend* scheitert bereits an K-idealtypischen Verhaltensweisen der A. im Kindes- und Jugendalter.
Auch eine *Hinentwicklung zur Kriminalität im Heranwachsenden- bzw. Erwachsenenalter* kommt im vorliegenden Fall nicht in Betracht. Zwar wird A. bei gleichzeitiger Unauffälligkeit in ihrer Jugend erst recht spät zum ersten Mal delinquent, die Taten sind jedoch nicht verbunden mit einer Ausweitung K-idealtypischen Verhaltens im Freizeit- oder Leistungsbereich im Rahmen der Loslösung von zu Hause.
Gleichermaßen muß die *Kriminalität im Rahmen der Persönlichkeitsreifung* verneint werden. Es finden sich bei A. keine K-idealtypischen Ausprägungen im Freizeitbereich. Angesichts der Häufigkeit der Delinquenz kann auch nicht mehr von einem rein vorübergehendem Auftreten gesprochen werden, geschweige denn von einer „entwicklungsspezifischen" Delinquenz.
Im Rahmen der *Kriminalität bei sonstiger sozialer Unauffälligkeit* bestehen zwar (außer im Kontaktbereich) D-idealtypische Tendenzen im Lebenslängsschnitt; die Querschnittbetrachtung weist ebenfalls im wesentlichen D-Kriterien

auf. Allerdings fehlt es an einer der Kategorie eigenen Entsprechung der Relevanzbezüge und der Wertorientierung wie Gewinnstreben ohne Unrechtsbewusstsein o.ä.
Somit kann lediglich auf die Kategorie des *kriminellen Übersprungs* zurückgegriffen werden. Im Lebenslängsschnitt gibt es keine Anzeichen auf „klassische" Merkmale K-idealtypischer Verhaltensweisen, eigens im Bereich „Kontakte" und „Eigene Familie" kann eine eindeutige Zuordnung zum D-idealtypischen Pol nicht vorgenommen werden. Im Lebensquerschnitt sind zumindest die Kriterien der Erfüllung der sozialen Pflichten, des adäquaten Anspruchsniveaus sowie der Gebundenheit an eine geordnete Häuslichkeit vorhanden. Bei der Betrachtung der Relevanzbezüge und der Wertorientierung ist A. als im wesentlichen sozial integriert einzustufen, von ihr sind unter diesem Gesichtspunkt keine (und erst recht keine schwerwiegenden) Gesetzesverstöße zu erwarten. Das Augenmerk ist daher auf die „besonderen Aspekte" zu richten.

3.2. „Besondere Aspekte" im Leben des Täters

Die *„besonderen Aspekte"* betreffend sind hier bei A., wie bereits unter dem Punkt „Relevanzbezüge" dargelegt, Verhaltensweisen zu beobachten, die das starke Bedürfnis verkörpern, für andere zu sorgen und Verantwortung zu tragen, wobei A. sich grundsätzlich wenig Zeit für die eigene Person nimmt. Dies zeigt sich neben der beruflichen Laufbahn auch im Verhältnis zu ihren Kindern. Entsprechende Anzeichen lassen sich bereits in der Kindheit der A. finden, während derer sie zur - nicht altersgerechten - Verantwortung gezogen wurde.
Gleichzeitig erscheint A. der Aufbau einer tragenden Bindung zu einem Lebenspartner, der gleichzeitig eine „starke Schulter" bietet und dennoch unabhängig und faszinierend auf sie wirken muß. Enttäuschungen hinderten A. nicht daran, sich erneut zu binden. So plant sie nach sechsmonatiger Bekanntschaft mit ihrem neuen Partner den Umzug in sein Haus, andererseits vertraut sie ihm nicht ausreichend, um von ihrer Delinquenz zu erzählen. Diese bereits im Querschnittintervall festgestellte mangelnde Realitätskontrolle verbunden mit Liebesbedürftigkeit zeigt sich ebenfalls in der Rückblende und bildet ein von A. immer wieder durchlebtes Reaktionsmuster.
Die „besonderen Aspekte" sollten gerade beim kriminellen Übersprung in Verbindung mit der Delinquenz gebracht werden. Auffällig ist, daß im Rahmen einer „Störung" der für A. wichtigen Bezüge es mit einer gewissen Regelmäßigkeit zu einer verstärkten Begehung von Diebstählen kommt. Bezüglich der Sorge um ihre Kinder ist hier auf die Diebstahlstaten in der Phase der Mukoviszidoseerkrankung der jüngsten Tochter hinzuweisen. Parallel hierzu erhöht sich die Häufigkeit der Diebstähle in Trennungsphasen, so in der Scheidungsphase und nach der Trennung von den darauffolgenden beiden Partnern. Entsprechendes gilt für die die Schwangerschaft bzw. die Geburt begleitenden Diebstähle. Hier

kommt unter Umständen auch der Tatsache Bedeutung zu, daß es sich um ungewollte Schwangerschaften handelte. Gleiches gilt für den Umstand, daß sie acht Wochen nach der Geburt wieder in den Beruf zurückkehrte. Zu beachten ist selbstverständlich die Berufstätigkeit Sicherung des finanziellen Einkommens; andererseits erscheint A. der Beruf ebenso für ihr eigenes Wohlbefinden existentiell, die ausschließliche Beschäftigung als Mutter und Hausfrau stellte für sie offensichtlich keine Alternative dar.
Ein weiterer interner Aspekt ist die psychische Verfassung der A. unter dem Gesichtspunkt der von ihr als depressive Erkrankung beschriebene Befindlichkeit. Die spätestens sei 1992 bestehenden depressiven Verstimmungen sind von nicht unwesentlicher Bedeutung einerseits für die Lebensführung der A., andererseits auch für die Begehung von Straftaten. So fiel die intensivste Diebstahlsphase in eine Zeit, in der sich A. nach der Trennung von ihrem damaligen Partner als depressiv beschrieb.
Des weiteren nimmt A. aufgrund von körperlichen Beschwerden Schmerzmittel ein. Zwar ist hier kein direkter Zusammenhang mit eventuellen Diebstahlstaten in der Vergangenheit zu sehen. Im Rahmen der Diagnose und der Prognose sollte ein derartiges Verhalten jedoch nicht außer acht gelassen werden, namentlich weil eine Änderung des Medikamentenkonsums offensichtlich nicht in Aussicht steht.
Da die „besonderen Aspekte" im vorliegenden Fall vielfach psychologische Gebiete berühren, sind die Ausführungen hierzu lediglich als dem Nichtpsychologen auffallende Faktoren zu verstehen.

Zur Verdeutlichung unter dem psychiatrischen Blickwinkel sollen hier die Ergebnisse der *Sachverständigengutachten* kurz zusammengefaßt werden:

Wie oben bereits dargelegt, wurde eine schwere neurotische Persönlichkeitsstruktur im Sinne einer Charakterneurose mit depressiven Reaktionszügen diagnostiziert. Die Persönlichkeit stelle sich als depressiv mit der Tendenz zur Aufopferung und mit Tendenzen zu selbstschädigendem Verhalten dar. Die depressive Charakterstruktur zeige sich in der Lebensgestaltung (am auffälligsten in der Beziehung zu dem alkoholkranken Partner, den sie trotz Gewalttätigkeiten nur der Kinder wegen verlassen habe). Die als krankheitswertig anzusehende neurotische Charakterstruktur sei durch Früherlebnisse von Selbstunwertgefühlen, der frühen Übernahme von Verantwortung für andere und einer harten Erziehung geprägt, so daß diese Tendenzen bis in die Kindheit zurückreichten. Ihre gesamte Biographie zeige eine Anhäufung bzw. Aneinanderreihung von Konfliktsituationen, beginnend im frühen Jugendalter mit einem harten, uneinfühlsamen Elternhaus, einer - im Interview nicht erwähnte - Vergewaltigung während der Ausbildung, einer desolaten Ehe mit Erniedrigung und Züchtigung seitens des Gatten, Problemen bei der Unvereinbarkeit der Kindererziehung und ihrem Beruf, weiteren Verhältnissen zu Männern, welche teilweise noch erniedrigender als der Eheverlauf waren. Aus diesem schädigenden Entwicklungsweg resultiere eine Persönlichkeitsverformung.

Hinsichtlich der *Delinquenz* machte A. - deren Aussagen i.ü. im Gutachten durchgängig als glaubwürdig eingestuft wurden - Angaben dahingehend, daß sie beim Betreten des Geschäfts eine seltsame Mischung zwischen Angst vor einem Geschäft und einer Steigerung der inneren Erregtheit verspüre. Diese Gestimmtheit ließe sich vielleicht vergleichen mit der Erregtheit eines Spielers. Die Erregung steigere sich bis zu dem Moment, wenn sie die Ware an sich nehme. Nach dem Diebstahl verspüre sie kurze Zeit ein Gefühl der Zufriedenheit und der Entspannung, wie eine Art Glücksgefühl. Dieses werde dann aber recht schnell von dem Gefühl der Beschämung abgelöst. Am schlimmsten sei es dann in den kommenden Tagen und Wochen, dann werde sie richtig depressiv.
Im Rahmen der Beurteilung wurde zwischen der psychischen Störung mit depressiven Verstimmungen, Selbstentwertungstendenzen, Autoaggressionen sowie einer dynamischen Entleerung und der jeweiligen Straftat eine enge Beziehung festgestellt.
In parallel zu den Gutachten erstellten weiteren psychologischen Einschätzungen von Seiten der behandelnden Therapeuten wurde festgehalten, daß die jeweilige Belastung (hier zum einen die Erkrankung der Tochter sowie die Ereignisse - Beschimpfung durch den geschiedenen Ehemann, geplante Hochzeit der ältesten Tochter - 1992) und jeweils vorliegender ausgeprägter körperlicher Beschwerden eindeutig in Zusammenhang mit den Delikten gebracht werden könne. Die Taten hätten appellativen Charakter und fokussierten das noch nicht verarbeitete Lebensereignis.

4. Folgerungen

4.1. Folgerungen im Blick auf die Prognose

Die *grundsätzliche* Prognose ist bei Vorliegen eines kriminellen Übersprungs günstig.
Bezüglich der *individuellen* Prognose sind im hier relevanten Fall die „besonderen Aspekte" zu berücksichtigen, denen eine nicht unerheblich Bedeutung zukommt.
Als stabilisierend erweist sich, wie bereits oben dargelegt, die momentane Beziehung zu dem Lebenspartner der A. Eine stabile Beziehung ist für A. ein wesentlicher Bestandteil einer sonst ausgeglichenen Lebensführung; es ist in diesem Zusammenhang jedoch auf die bereits angesprochenen Unsicherheiten (noch keine vollständige Vertrauensbasis, Kürze der Bekanntschaft) hinzuweisen. Die in der Vergangenheit von einer Trennung begleiteten Diebstahlsphasen sind unter diesem Blickwinkel auch in der Zukunft denkbar.

Als belastend wirkt sich die Sorge um die jüngste Tochter aus. Ihr „Sorgenkind" führte bereits einmal zu einer psychischen Streßsituation verbunden mit Schlaflosigkeit und Druckgefühlen, wobei es in dieser Phase gehäuft zu Straftaten kam.
Wichtig erscheint im Rahmen der individuellen Prognose die psychische Verfassung im Hinblick auf einen erneuten Ausbruch von depressiven Reaktionen. Momentan scheint in dieser Hinsicht eine Beruhigung eingetreten zu sein, im Zusammenhang mit einer Krise kann aber nicht ohne weiteres davon ausgegangen werden, daß nicht erneute depressive Verstimmungen auftreten, die möglicherweise mit einem Rückfall zusammenfallen. Hier erscheint eine fachspezifische Beurteilung erforderlich.
Andererseits darf nicht aus den Augen gelassen werden, daß A. seit nunmehr fast drei Jahren nicht mehr rückfällig geworden ist. Besonders bemerkenswert erscheint in diesem Zusammenhang, daß es ihr 1996 erstmals gelang, eine bereits weggenommen Sache wieder zurückzulegen. Ebenso ist die Aussage der A. zu werten, daß sie im Moment nicht an die Begehung von Diebstählen denkt, wiewohl bei derlei Angaben Vorsicht geboten ist. Die die günstige Prognose einschränkenden, hier angeführten Aspekte sollen - vorbehaltlich der Einwirkungsprognose - nichts an der grundsätzlich positiven Tendenz ändern.
Bezüglich der *Interventionsprognose* ist für die Vergangenheit festzustellen, daß staatliche Maßnahmen im Sinne von Geldauflagen o.ä. keine dauerhafte Rückfallvermeidung gewährleisten konnten. (So äußerte A. während einer Begutachtung, daß die bisherigen Urteile zugegebenermaßen keine Warnung gewesen seien.) Die nach der Gerichtsverhandlung 1994 begonnene Einzeltherapie führte insofern zu einer Verbesserung, als es nicht mehr zu regelmäßigen Diebstählen kam, dennoch ist ein Rückfall im Juni 1995 zu verzeichnen. Seit dem Besuch der Gruppentherapie wurden keine Diebstahl mehr begangen; selbst in der für A. „typischen" Konfliktsituation, die Trennung von ihrem damaligen Partner, legte A. das Objekt in dem Bewußtsein des bisher Erreichten wieder zurück.

4.2. Folgerungen im Blick auf Einwirkung und Behandlung

Die externen Bezüge, die für A. eine große Rolle spielen, sind durch therapeutische oder sonstige Ansätze prinzipiell nicht abänderbar. Es kann jedoch gelingen, durch eine therapeutische Aufarbeitung der vergangenen Krisen auch eine in Zukunft anstehende schwierige Situation, ähnlich wie bereits 1996, zu lösen, ohne rückfällig zu werden. Hierbei spielt die Gruppentherapie eine wesentliche Rolle, die zum einen eine derartige Aufarbeitung - im vorliegenden Fall im besonderen bezüglich der erlebten Zwang- und Dranghaftigkeit - zu gewährleisten kann. Zum anderen übt die Selbsthilfegruppe gleichzeitig eine Kontrollfunktion aus, die gerade bei auftretenden Problemen (mögliche Trennung, Schwierigkeiten mit der Tochter, erneute depressive Verstimmungen) eingreifen kann.

Eine günstige Prognose kann daher bei A. nur unter der Bedingung der Fortsetzung der Gruppentherapie abgegeben werden. Solange keine gravierende Verschlechterung der momentanen Lage bei A. eintritt, scheint - vorbehaltlich einer fachpsychologischen Beurteilung - der weitere Besuch der Therapie zwar erforderlich, aber auch ausreichend.

II. Ergänzungen

Bei A. ist bis April 1999 kein Rückfall zu verzeichnen. Es wäre - laut Aussage der Leiterin - zu einigen „Aufs und Abs“ gekommen, was ihre Kinder, den Freund und den Hausbau anginge, ohne daß eine gravierende Verschlechterung eingetreten sei. Wie sich erst jetzt in der Gruppentherapie herausgestellt habe, sei A. ebenfalls von ihrem Vater in ihrer Kindheit mißbraucht und von ihrem Ehemann geschlagen worden.

K. Vergleichsakte zu Probandin 5

In der Vergleichsgruppe erfüllte eine Akte die entscheidenden Vergleichsmerkmale:

Alter:	zwischen 51 und 52 Jahre
Sanktionen:	zwischen 9 und 11
1.Delikt:	zwischen 23 und 34 Jahre

I. Vergleichsakte 5a

1. Akteninhalt[462]

1.1. Feststellungen zur Delinquenz

Die im April 1936 geborene E. fiel strafrechtlich folgendermaßen auf:

Datum der Sanktion/ der Tat	angewandte Normen; Tatobjekt	Sanktionen; Sonstiges
Dezember 1970	§ 242 StGB	Geldstrafe (210 DM)

[462]Die Akten sind auf dem Stand von 1988.

Februar 1971	§ 242 StGB (fortgesetzt)	Geldstrafe (300 DM)
April 1975	§ 242 StGB	Geldstrafe (50 Tagessätze à 20 DM)
September 1975	§ 242 StGB	einmonatige Freiheitsstrafe auf ein Jahr Bewährung
Januar 1977/ Juli 1976	§ 242 StGB	dreimonatige Freiheitsstrafe auf vier Jahre Bewährung
Februar 1981	vierfacher § 242 StGB; teilweise in Mittäterschaft	fünfmonatige Freiheitsstrafe auf drei Jahre Bewährung
November 1985	gefährliche Körperverletzung	Geldstrafe (50 Tagessätze à 30 DM)
Juni 1987	§ 242 StGB	Geldstrafe (60 Tagessätze à 20 DM)
Juli 1988/ Februar 1988	§ 242 StGB (Lebensmittel im Wert von 20 DM)	Strafbefehl (30 Tagessätze à 20 DM); Annahme verminderter Schuldfähigkeit

Zu ihrer letzten Tat erklärte E., sie wisse auch nicht, warum sie schon wieder gestohlen habe. In dem im Mai 1988 erstellten Kurzgutachten hieß es, die Diebstähle seien für E. unerklärlich. Es läge eine starke depressive Verstimmung vor dem Hintergrund eines chronischen, sehr belastenden Partnerkonflikts vor. Die diagnostische Abklärung der Depression werde in einer Klinik durchgeführt, danach sei eine psychotherapeutische Behandlung geplant. Der Tat läge eine psychopathologische Ursache zugrunde.

1.2. Feststellungen zum Lebenslauf

E. wurde im April 1936 als Älteste von drei Kindern geboren. Ihre Mutter ist bereits verstorben, ihr Vater lebt noch. Sie erklärt, sie sei streng erzogen worden und habe sich viel um ihre beiden Geschwister kümmern müssen. Nach Abschluß der Volksschule machte E. eine Lehre als Schneiderin. In diesem Beruf arbeitete sie bis zur Geburt ihres ersten Kindes 1963. 1965 kam ihr zweites und 1972 ihr drittes Kind zur Welt. Seit ca. 1967 war sie wieder berufstätig (jedoch nicht mehr als Schneiderin), jetzt arbeitet sie als Hausmeisterin. Ihr zwei

Jahre jüngere Mann ist Hausverwalter. Sie erklärt, ihre Ehe sei in den ersten Jahren gut gewesen, dann aber sei es zunehmend zu Schwierigkeiten gekommen, die bis heute anhielten. Seit einigen Jahren ginge es ihr zunehmend schlechter.

2. Methode der idealtypisch-vergleichenden Einzelfallanalyse

Eine idealtypisch-vergleichende Einzelfallanalyse ist aufgrund der wenigen Informationen nur im Ansatz möglich.

Im Lebenslängsschnitt ist im *Erziehungsbereich* eine eher D-idealtypische Neigung anzunehmen, da E. sich offensichtlich der strengen Erziehung nicht widersetzte, sondern die ihr aufgetragenen Pflichten (Betreuung der Geschwister) übernahm.
Im *Leistungsbereich* läßt sich ebenfalls eine D-idealtypische Tendenz beobachten. E. schloß die Schule und eine Lehre ab und gab ihre Arbeit nur vorübergehend aufgrund der Kinder auf. Sie fand jedoch schnell wieder zurück in den Beruf und nahm auch eine Arbeitsstelle in Kauf, die nicht ihrer Ausbildung entsprach.
Über den *Aufenthalts- und Freizeitbereich* ist nichts bekannt, wenngleich letzterer wohl dem D-idealtypischen Pol zugeordnet werden kann, da E. sich offensichtlich primär mit der Versorgung der Familie beschäftigte und damit unstrukturierte Freizeitaktivitäten oder gar Ausschweifungen unwahrscheinlich sind. Dieses Verhalten mag sich mit der zunehmenden Depression verändert haben, jedoch nicht im K-idealtypischen Sinne.
Über die *Eheschließung* liegen keine Informationen vor, es handelt sich jedoch um eine von Schwierigkeiten gekennzeichnete Partnerschaft. Inwieweit E. K-idealtypisches Verhalten an den Tag legt, kann nicht beurteilt werden. Jedenfalls erscheint dies laut ihren Beschreibungen weniger wahrscheinlich, da sie sich auf das Ehe- bzw. Familienleben einstellte und eigene Bedürfnisse zurückstellte.

Im *Delinquenzbereich* ist zumindest bezüglich der letzten Tat die Zielstrebigkeit bereits wegen der verminderten Schuldfähigkeit verringert. Über die Tatausführung auch bei den vorhergehenden Diebstählen ist nichts bekannt. Somit kann lediglich aufgrund der Regelmäßigkeit der Delikte eine Verfestigung seit Beginn der Delinquenz 1970 festgestellt werden, wobei hier auch die - mangels genauerer Angaben leider nicht einzuordnende - gefährliche Körperverletzung auffällt. Bezüglich des Beginns der Delinquenz sind die ersten Taten in eine Lebenssituation eingebettet, in der E. sich als gestreßt und ihre Ehe als sich verschlechternd beschreibt.

Der Lebensquerschnitt und hier insbesondere die Frage nach einer *kriminovalenten* Konstellation kann nicht ausreichend beurteilt werden, da beispielsweise Informationen über die finanzielle Lage fehlen. Angesichts der Tatsache, daß E. berufstätig war, und angesichts der in der Gesamtschau im Lebenslängsschnitt festgestellten Verhaltensweisen erscheint zumindest das Vorliegen einer kriminovalenten Konstellation unwahrscheinlich. Gleichzeitig kann jedoch auch keine *kriminoresistente* Konstellation bejaht werden, da die Auswirkungen des Ehekonflikts (für das Merkmal der Gebundenheit an ein Familienleben) und der Depression nicht sicher eingeschätzt werden können und zudem mangels Angaben auch eine Aussage bezüglich eines realen Verhältnisses zu Geld und Eigentum nicht möglich ist.

Hinsichtlich der Diagnose kommt hier - mit der gebotenen Vorsicht - die Kategorie des *kriminellen Übersprungs* in Betracht, da durchgängig D-idealtypische Verhaltensweisen vorherrschen und auch keine Anzeichen für Auffälligkeiten hinsichtlich der Relevanzbezüge und der Wertorientierung (beispielsweise ausgeprägtes Gewinnstreben, Rücksichtslosigkeit o.ä.) vorhanden sind. Als *„besonderer Aspekt"* läßt sich hier die Beziehung zu ihrem Ehemann einschätzen, die zumindest auf den ersten Blick für die depressiven Verstimmungen mitverantwortlich war.

Im Rahmen der *Prognose*, die grundsätzlich günstig ist, muß die Erkrankung als für die Diebstähle mitbestimmend beurteilt und daher hinsichtlich der Einwirkung berücksichtigt werden, so daß eine therapeutische Behandlung - wie geplant - notwendig erscheint. Gleichzeitig ist bezüglich der Interventionsprognose in früheren Fällen festzuhalten, daß die Anordnung einer Bewährungsstrafe nicht ohne Einfluß blieb, da in den Bewährungszeiten keine Rückfälle zu verzeichnen sind.

II. Vergleich

Beide Fälle weisen Gemeinsamkeiten im Erziehungs- Leistungs- und Familienbereich auf. So wurden beide Betroffene streng erzogen und waren als Älteste teilweise für die Versorgung der jüngeren Geschwister zuständig. Beide gründeten eine Familie mit drei Kindern, für deren Erziehung sie ebenfalls zuständig waren, und waren zumindest zeitweise der Doppelbelastung durch Familie und Beruf ausgesetzt. Die Ehe stellte sich als schwierig dar, wobei es im Ausgangsfall zu einer Scheidung kam. Hinsichtlich der Delinquenz fällt des weiteren auf, daß die Lebensumstände zum Zeitpunkt des ersten Delikts als belastend empfunden wurden, wenngleich ein Zusammenhang zwischen Belastungssituationen und Diebstählen im Vergleichsfall aufgrund der wenigen Informationen nicht hergestellt werden kann. Beide Betroffene sind psychisch krank (depressive bzw. neurotische Befunde).

So liegt im Ergebnis auch jeweils eine Einordnung als krimineller Übersprung zumindest nahe. Hinsichtlich der Prognose ist die im Ausgangsfall günstige Stabilisierung nicht zuletzt durch die Gruppentherapie und die relativ lange rückfallfreie Zeit zu beachten. Diese Entwicklung kann wegen fehlender Informationen über den weiteren Verlauf im Parallelfall nicht festgestellt werden.

L. Probandin 6

I. Methode der idealtypisch-vergleichenden Einzelfallanalyse

1. Übersicht zum Lebenslauf

März 1943	geboren
ca. 1950 bis 1954	Besuch der Grundschule
1953	erster Diebstahl in der Schule
1954 bis 1960	Besuch und Abschluß der Realschule
ab 1960	Arbeit als Sekretärin
August 1965	Hochzeit
ca. 1970	Aufnahme eines Kredits für den Hausbau; Diebstahl am Arbeitsplatz; Kündigung; Antritt einer neuen Stelle
1973	Kündigung der Arbeitsstelle wegen Ortswechsels der Firma
Ende 1973 bis Anfang 1975	keine Berufstätigkeit
1975	neue Stelle in Versandunternehmen
von 1974 bis ca. 1984	regelmäßig Diebstähle
1981	Tod des Vaters
ca. 1984	Diebstahl entdeckt; Geldauflage; danach zehn Jahre diebstahlsfreie Zeit

1992	Kündigung der Arbeitsstelle wegen Überbelastung
Ende 1992	neue Stelle
Anfang 1995	Auftreten einer Depression
von 1995 bis Frühjahr 1996	psychotherapeutische Behandlung; sechswöchiger Aufenthalt in psychosomatischer Klinik; regelmäßige Diebstähle
Mitte 1995	Kündigung der Stelle wegen Konkurs
1995 bis 1996	keine Berufstätigkeit
1996	Antritt der jetzigen Arbeitsstelle
Frühjahr 1996	Diebstahl entdeckt; Geldauflage
Mitte 1996	Besuch der Selbsthilfegruppe
Jahreswechsel 1996/97	erneuter Diebstahl entdeckt; Geldauflage
1997	familiäre Krise; Depression
seit August 1997	medikamentöse Behandlung der Depression; Diebstahlsversuch
Anzahl der registrierten Eintragungen wegen Diebstahls[463]	3

[463]mangels Akteneinsicht konnte die Anzahl der Eintragungen lediglich auf Grundlage der Angaben der Probandin geschätzt werden.

2. Analyse der Erhebungen[464]

2.1. Analyse des Lebenslängsschnitts

2.1.1. Verhalten in den einzelnen Lebensbereichen

2.1.1.1. Erziehung im Kindes- und Jugendalter

L. sei im März 1944 geboren. Ihr Vater, 1981 verstorben, sei Schneidermeister gewesen, ihre Mutter (jetzt 78 Jahre alt) Hausfrau. Aus der Ehe stamme auch der vier Jahre jüngere Bruder. Die Familie sei gesellschaftlich anerkannt gewesen und habe einen guten Leumund gehabt.
L. sei bei ihren Eltern aufgewachsen. Die leitende Figur sei ihr Vater gewesen, der die wichtigen Entscheidungen getroffen habe. Sie sei sehr streng erzogen worden. L. habe ihren Eltern gehorcht, sie sei kein „Problemkind“ gewesen.
Der Vater habe aus eigener Kraft ein sehr gut laufendes Schneiderunternehmen aufgebaut. Sie beschreibt ihn als sehr arbeitsam und ehrgeizig, was der Grund für seinen späteren Erfolg gewesen sei. Ihre Eltern hätten häufig gesellschaftliche Feste gegeben.
Auf der anderen Seite sei ihr Vater extrem geizig gewesen; er habe die Finanzen verwaltet. Sie sei jedoch - im Gegensatz zu ihrer Therapeutin - der Überzeugung, daß er nie gestohlen habe; vielmehr sei ihr Vater ein grundehrlicher Mann gewesen. Geld habe immer im Mittelpunkt gestanden; wenn es Streit gegeben habe, dann hierüber. Trotz der überdurchschnittlich guten finanziellen Lage der Familie habe ihr Vater ihrer Mutter und den Kindern das Gefühl vermittelt, „es werde knapp“ und man müsse sparen. Die Mutter habe lediglich ein kleines Haushaltsgeld erhalten, welches für Anschaffungen (bspw. Schuhe für die Kinder) nicht oder nur schwerlich ausgereicht habe.

Zu ihrem Bruder hatte L. offensichtlich ein gutes Verhältnis. Dieser ist im gehobenen öffentlichen Dienst beschäftigt, ist verheiratet und hat zwei Töchter (zum jetzigen Verhältnis siehe unten 2.1.1.5.)

Das Verhalten der L. in puncto Erziehung weist zum D-idealtypischen Pol hin. Sie akzeptierte die elterliche Rolle und die recht strenge Erziehung („Ich war kein Problemkind“) und übernahm offensichtlich altersgemäße Pflichten. Auf eine inkonsequente Erziehung weist nichts hin; ob L. ihren Eltern gegenüber grundsätzlich eine offene Einstellung zeigte, kann nicht beurteilt werden.

[464]Die Angaben beruhen auf einem Gespräch mit der Probandin am 28.4.1998; die Ermittlungsakten lagen nicht vor.

2.1.1.2. Aufenthalts- und Wohnbereich

Bis zu ihrer Hochzeit 1965 habe sie bei ihren Eltern gewohnt. Mit ihrem Ehemann habe sie zunächst eine kleine Mietwohnung (Miete DM 200) bezogen; bald darauf hätten beide einen Kredit in Höhe von 50.000 DM aufgenommen, um den Hausbau zu finanzieren, welcher in kurzer Zeit fertig gestellt wurde. Seit dieser Zeit wohnt L. mit ihrem Mann in einem großen Haus am Stadtrand. Das Gebäude ist sowohl innen als auch außen in einem auffällig guten und gepflegten Zustand, die Einrichtung ist teuer. Es ist extrem sauber und penibel aufgeräumt, die Räume wirken fast etwas unbewohnt und steril. Der große Garten ist ebenfalls sehr gepflegt und mit teuren Blumenrabatten und großen Rasenflächen ausgestaltet.
Als ihre Firma 1973 umzogen sei, habe sie das Angebot, mitzugehen, abgelehnt.

Auch hier ergibt die Analyse einen eindeutig D-idealtypischen Zuschnitt. L. war offensichtlich mit ihrem Bruder zusammen in das Elternhaus integriert und fühlte sich dort zu Hause. Sie hat das Elternhaus erst mit der Heirat verlassen, als sie sich eine eigene Existenz aufbaute. Der Wechsel in das eigene Haus war wohlgeplant und es wurden vorübergehend Einschränkungen akzeptiert, um zügig mit dem Bau des Hauses voranzukommen, welches den eigenen Vorstellungen entspricht. L. war und ist sozial in ihre Umgebung eingebunden (Bekanntenkreis, bis 1997 die Familie des Bruders). Eine Weiterbeschäftigung in ihrem Betrieb lehnte sie wegen eines damit verbundenen Ortswechsels ab. L. zeigt großes, fast übermäßiges Interesse an ihrem Wohnbereich und betreibt erheblichen Zeitaufwand, diesen in Ordnung zu halten.

2.1.1.3. Leistungsbereich

L. habe einen Realschulabschluß, sie habe die Schule einmal 1953 wechseln müssen, da sie von einer Mitschülerin das Portemonnaie gestohlen hätte und der Direktor sie der Schule verwiesen habe. Sie war offensichtlich kein auffällige Schülerin und erbracht eher gute als schwache Leistungen. Der Direktor sei sehr erstaunt gewesen, als sich herausgestellt habe, daß sie das Geld genommen hätte („Gerade von dir hätte ich das nicht erwartet.")

Das Leistungsverhalten der L. während der *Schulzeit* ist insgesamt dem D-idealtypischen Pol zuzurechnen. Sie war offenbar eine ordentliche Schülerin, die die Realschule ohne Probleme abschloß und die bei den Lehrkräften einen guten Eindruck machte (so z.B. bei ihrem Direktor). Die Tatsache, daß L. wegen eines Diebstahls die Schule wechseln mußte, beeinflußt die Entscheidung über das sonstige Schulverhalten nicht.

L. habe keine Berufsausbildung, sondern habe direkt angefangen zu arbeiten, da dies damals so üblich gewesen sei. Sie sei zunächst als Sekretärin tätig gewesen, um 1970 herum sei ihr die Stelle gekündigt worden, da sie von Kollegen Geld gestohlen hätte. Ihr damaliger Chef habe ihr eine neue Arbeitsstelle als Vorzimmersekretärin vermittelt, in der sie sich bis zur Bereichsleitersekretärin hochgearbeitet hätte. 1973 habe die Firma die Stadt gewechselt, sie habe jedoch nicht mit umziehen wollen und daher gekündigt. In der Folge habe sie ein Jahr nicht gearbeitet. Nach diesem Jahr habe sie sich erneut eine halbtägige Tätigkeit in einem Fracht- und Transportunternehmen gesucht, weil ihr „die Decke auf den Kopf gefallen sei". Ihre Aufgabe sei die Koordination der Versandteile gewesen, welches eine große Verantwortung mit sich gebracht habe. Hier sei sie bis 1992 beschäftigt gewesen, habe jedoch dann wegen des zu großen Stresses gekündigt. Sie sei für drei Jahre in ein anderes Unternehmen gewechselt, wo ihr jedoch 1995/96 gekündigt worden sei, nachdem sie das Angebot, für sehr viel weniger Geld ganztägig zu arbeiten, abgelehnt habe. Diese Arbeit habe ihr am besten gefallen, das Klima zu den Kollegen, zu denen sie auch heute noch Kontakt habe, sei hervorragend gewesen. Es habe sich erneut ein Jahr ohne Erwerbstätigkeit angeschlossen, bis sie sich bei ihrem jetzigen Arbeitgeber bewarb. Überhaupt habe sie die meisten ihrer Arbeitsstellen selbständig gesucht, indem sie einfach vorbeigegangen sei und nach Arbeit gefragt habe. Sie arbeite zwei Tage die Woche vier Stunden am Tag. Ihre momentane Stelle gefalle ihr nicht sonderlich, die Mitarbeiterfluktuation sei groß und das Betriebsklima schlecht; engen Kontakt zu Kollegen habe sie nicht.

Ihre finanzielle Situation sei sehr gut, das Ehepaar sei extrem gut abgesichert. Sie würden zwei Häuser besitzen, eine Ferienwohnung, mehrere Baugrundstücke, Sparguthaben und hätten immer große Mengen an Bargeld im Haus (ca. 25.000 DM). Teilweise sei das Vermögen von ihrem Vater vererbt, teilweise von ihrem Ehemann, der momentan 6.000 DM netto verdienen würde, erarbeitet worden. Die Schulden für das Haus damals seien schnell getilgt worden, es seien weitere Anschaffung (Auto, Grundstück etc.) getätigt worden.

Sie könne sehr gut mit Geld umgehen, das Vermögen sei sicher angelegt. Geld sei der Mittelpunkt ihres Lebens, sie sei immer schon der sparsam gewesen und lebe in ständiger Angst, sie würde verarmen. Das Verhalten ihres Vaters in der Hinsicht habe sie „500prozentig" übernommen. Für sich selbst gebe sich nichts aus und gönne sich nichts. Würde sie bspw. teure Pralinen geschenkt bekommen, so verschenke sie sie weiter mit dem Gefühl, daß sie „zu gut für sie seien". Sie leide unter einem Sparzwang, der bereits vor ihrer Hochzeit bestanden habe. Als sie die Schulden für das Haus aufgenommen hätten, habe sie sich nicht vorstellen können, daß diese jemals zurückgezahlt werden würden und sie sich z.B. ein Auto leisten könnten. Momentan sei sie sehr beunruhigt über die Tatsache, daß ihr Mann plane, mit 58 Jahren in den Ruhestand zu gehen, und daß damit Geldeinbußen von 1.000 DM monatlich auf sie zukommen würden.

Die *Berufstätigkeit* betreffend weist das Verhalten der L. zum D-idealtypischen Pol. Sie bevorzugte bei ihren ersten beiden Arbeitsstellen, als die finanzielle Lage noch nicht völlig abgesichert war, einen langsamen aber stetigen Aufstieg (von der Vorzimmer- bis zur Bereichsleitersekretärin). Die Sicherheit des Arbeitsplatzes und das Betriebsklima sind für L. nicht unbedeutend, so erfüllte sie die Arbeit von 1992 bis 1995 u.a. wegen der guten Arbeitsatmosphäre, während sie bei ihrer jetzigen Firma die Mängel diesbezüglich realisiert. L. weist ausschließlich langjährige Arbeitsverhältnisse auf. Zwar wechselte sie häufiger den Arbeitsplatz (insgesamt viermal) und es folgte nicht immer ein nahtloser Wechsel (so arbeitete sie 1974 und 1996 jeweils ein Jahr nicht), jedoch wurde ein Arbeitsplatz - mit Ausnahme der Kündigung wegen Diebstahls - nur nach reiflicher Überlegung und aus triftigem Grund verlassen (Ortswechsel der Firma, Kündigung wegen bevorstehenden Konkurses der Firma). Zudem fällt ins Gewicht, daß die finanzielle Situation ihr es sehr bald erlaubt hätte, überhaupt nicht mehr zu arbeiten, was auch den eher rückläufige Entwicklung bezüglich der Qualifikation der Tätigkeiten erklären mag. Dennoch suchte sie sich selbständig neue Arbeit, um Beschäftigung zu haben.
Die Bemühungen um finanzielle Vorsorge und Absicherung weisen extrem zum D-idealtypischen Pol; es bestehen Sparverträge, Lebensversicherungen, Bargeld und Immobilien. Die damaligen Schulden wurden schnell getilgt. In diesem Punkt zeigt L. durchgehend eine übergroße Vorsicht verbunden mit einem „zwanghaft" sparsamen Verhalten.
Der Leistungsbereich insgesamt ist daher zum D-idealtypischen Pol ausgerichtet.

2.1.1.4. Freizeitbereich

In ihrer Freizeit kümmere sich L. um den Haushalt und den Garten, wobei sie nach einer gerade erfolgten Knieoperation etwas kürzer treten müsse. Sie unternehme viel mit ihrem Mann (Fahrradfahren), beide würden häufig mit Bekannten und Freunden essen gehen und gäben Einladungen. Außerdem verbringe sie viel Zeit mit ihrer Mutter und besuche die Therapie.

L. bevorzugt eindeutig Freizeitaktivitäten mit überschaubaren Abläufen, wobei hier die innerhäusigen Gestaltungsmöglichkeiten einen großen Raum einnehmen. Der eigene Wohnbereich sowie das Zusammensein mit der Familie hat große Bedeutung, während auf plan- und ziellose Aktivitäten verzichtet wird. Eine Ausweitung des Freizeit- auf den Leistungsbereich findet nicht statt. In der Vergangenheit leistete L. zudem Überstunden. Das Freizeitverhalten ist demnach D-idealtypischer Ausprägung.

2.1.1.5. Kontaktbereich

Zu ihrer Mutter habe sie immer noch regen Kontakt. Mit ihrem Bruder und dessen Familie habe ebenfalls ein enger Kontakt bestanden (Familienfeste, Treffen etc.), insbesondere zu den beiden Nichten (21 und 23 Jahre), die für sie „Ersatzkinder" gewesen seien. Für beide habe sie auch Diebstähle (Schokolade o.ä.) begangen. Die Verwandtschaft sei auch über die aufgedeckten Diebstähle informiert gewesen, nur der Mutter hätten sie nach den ersten Diebstählen nicht mehr Bescheid gesagt, um sie nicht unglücklich zu machen.
Nach einem Streit 1997, im Zuge dessen sie ihrem Bruder vorgeworfen habe, „er schmeiße das Geld zum Fenster heraus", sei der Kontakt trotz vielfacher Entschuldigungen ihrerseits abgebrochen worden; ihr sei der Umgang mit den Nichten verboten worden. Der Streit habe sich „so hochgeschaukelt, ein Wort habe das andere gegeben". In dieser Phase sei sie erneut depressiv geworden (s.u. 2.1.1.8.).

Als wirkliche Freunde bezeichnete L. ein Ehepaar, das als einziges aus dem Bekanntenkreis Kenntnis von der Delinquenz und der Therapie habe. Ansonsten bestünden Kontakte, die sie mit ihrem Ehemann zusammen pflege und die meist aus höhergestellten Kreisen (Rechtsanwälte, Oberstudienräte) stammen würden. Auch mit ehemaligen Kollegen treffe sie sich regelmäßig, zudem bestehe der Kontakt zu den Frauen aus der Selbsthilfegruppe. Hierzu erklärt sie jedoch, sie empfinde die Gruppe als „sozialen Abstieg"; sie könne mit den Betroffenen gar nicht offen über ihre gesellschaftliche und finanzielle Situation sprechen („Ich möchte wirklich nicht angeben, aber das kann ich in der Gruppe gar nicht alles sagen.")

Im Rahmen der *schicksalhaft vorgegebenen Kontakte* ordnete L. sich in ihrer Kindheit und Jugend ohne Widerstand in die Familie ein. Sie nimmt insbesondere den Vater in Schutz, auch wenn sie sich bewußt ist, daß ihre Identifikation mit dessen Verhaltensweisen ihr Schwierigkeiten bereitet. Bis heute hält sie Kontakt zu ihrer Mutter. Die Streitigkeiten mit ihrem Bruder und dessen Familie haben zwar 1997 zum Abbruch des Kontaktes geführt, jedoch bemühte sie sich über die Gebühr um Versöhnung, deren Scheitern offensichtlich nicht ihr zum Vorwurf gemacht werden kann. Somit liegt hier ein D-idealtypischer Zuschnitt vor.

Die *selbstgewählten Kontakte* bestehen aus einem recht zahlreichen Bekanntenkreis sowie aus wenigen engen Freunden (befreundetes Ehepaar), wobei letztere über höchstpersönliche Dinge informiert sind. Hierbei handelt es sich augenscheinlich um tragende und nicht ohne weiteres auswechselbare Beziehungen. Es besteht keinerlei Bestreben, „Milieu-Kontakte" zu knüpfen, vielmehr fühlt sich L. beim Zusammensein mit anderen Delinquentinnen (Gruppentherapie) nicht ganz wohl. Auch hier weist das Kontaktverhalten in die D-idealtypische Richtung.

Zu den sexuellen Kontakten machte L. keine Angaben, auf häufig wechselnde Partner in der Vergangenheit gibt es jedoch keine Hinweise.

Im Ergebnis liegt im Kontaktbereich durchgängig eine D-idealtypische Struktur vor.

2.1.1.6. Eigene Familie

L. habe 1965 mit 22 Jahren geheiratet, ihr Mann ist wahrscheinlich etwa in ihrem Alter. Kinder habe sie leider nicht.
Sie wie auch ihr Ehemann hätten sich Kinder sehnlichst gewünscht, sie habe aus diesem Grund ein Jahr mit dem Arbeiten aufgehört. Sie habe aber kein Kind adoptieren wollen.
Ihr Mann sei Abteilungsleiter mit einem Nettoverdienst von ca. 6.000 DM und wolle mit 58 Jahren in den Ruhestand gehen. Sie kümmere sich um den Haushalt und verwalte auch das Geld, ihr Mann nehme nur 400 DM monatlich für sich; dennoch würden alle finanziellen Angelegenheiten zwischen beiden abgesprochen.
Sie habe ihrem Mann immer „alles abnehmen wollen“, da dieser soviel gearbeitet habe. Sie habe großes Vertrauen zu ihm, er sei ein regelrechter „Glücksgriff“. Wenn sie sich wegen des Geldes Sorgen mache, beruhige er sie - er selbst sei sehr großzügig und habe immer den größeren Weitblick. Er stütze sie in jeder Hinsicht. Von den entdeckten Diebstählen habe ihr Mann Kenntnis. Für ihn - wie auch für ihren Bruder - „sei eine Welt zusammengebrochen“, trotzdem habe er immer zu ihr gehalten und sie zur nachhaltig zur Therapie angehalten. Bezüglich der nicht entdeckten Taten habe sie zwar ein schlechtes Gewissen gehabt, habe ihm jedoch davon nichts erzählt. Er habe immer die große Sorge, daß ihre Delinquenz an die Öffentlichkeit komme; mit welcher Art von Frauen sie sich in der Selbsthilfegruppe treffe, wisse er nicht genau, das könne sie ihm auch gar nicht sagen.

Auch was die eigene Familie, hier die Ehe, angeht, zeigt das Verhalten der L. zum D-idealtypischen Pol. Mit 22 Jahren war sie bereit, eine feste Beziehung einzugehen; sowohl sie als auch ihr Ehemann waren zu dieser Zeit bereits berufstätig. Ihr Ehemann ist etwa gleich alt, sozial unauffällig und beruflich erfolgreich. Eine gemeinsame Basis scheint von Beginn an bestanden zu haben, die Ehe besteht seit 33 Jahren. Nach der Hochzeit wurde das Leben stark auf die Ehe ausgerichtet (gemeinsamer Hausbau, gemeinsames Fortkommen), ein Großteil der Freizeit wurde und wird mit dem Ehepartner verbracht, beide haben sich einen gemeinsamen neuen Bekanntenkreis aufgebaut. Gravierende Meinungsverschiedenheiten oder Probleme werden, soweit sie bestehen, nicht nach außen getragen (so die große Besorgnis des Ehemannes, die Diebstähle könnten bekannt werden). Die Ehe stellt für L. eine große Stütze dar.

2.1.1.7. Alkohol- und Drogenkonsum

Auf einen übermäßigen Alkoholkonsum gibt es keine Hinweise.
Sie habe früher stark geraucht (drei Schachteln pro Tag). Während einer Grippe habe sie erneut geraucht, stark gehustet, bis sie „ein Ekel vor ihr selbst" überkommen sei. Dann habe sie die Zigarettenpackung aufgeraucht und den Entschluß gefaßt aufzuhören. Seitdem sei sie Nichtraucherin, worauf sie und ihr Mann sehr stolz seien („Du bist doch willensstark, dann kannst Du doch auch mit dem Stehlen aufhören.")

Seit August 1997 nehme sie Psychopharmaka ein, davor habe sie ebenfalls über eineinhalb Jahre Antidepressiva genommen, deren Dosis sie teilweise selbst dosiert, d.h. verringert habe. Die Tabletten würde ihr helfen, sie wolle sie jedoch schnellstmöglich absetzen, da sie eine Abhängigkeit befürchte, zudem bestünden Nebenwirkungen wie Gewichtszunahme. L. führt sehr genau Buch über die konsumierten Tabletten.

2.1.1.8. Körperliche und psychische Verfassung/Therapie

Sie leide seit dreißig Jahren unter Migräne, deren Anfälle alle paar Monate auftreten würden. Die Anfälle seien teilweise so stark, daß ihr Mann sie in die Klinik fahren müsse, wo ihr Spritzen verabreicht würden, da Tabletten nicht mehr helfen würden.

Sie habe zweimal unter Depressionen gelitten bzw. leide noch darunter.
Die erste sei 1995/96 aufgetreten, sie hätte in dieser Zeit teilweise nicht gearbeitet. Sie habe sich nur in verdunkelten Räumen aufhalten können, es seien Schweißausbrüche, Schlaf- und Appetitlosigkeit sowie Suizidgedanken aufgetreten. Zunächst habe sie ihren Hausarzt konsultiert, bis sie sich einer Psychiaterin anvertraut habe, bei der sie bis heute in Behandlung sei. Diese habe sie für sechs Wochen in eine psychosomatische Klinik geschickt, in der sie sich aber nicht verstanden gefühlt habe. Ihre Psychiaterin habe dann keine Zeit mehr gehabt und ihr einen Kollegen empfohlen, der jedoch 200 DM die Stunde kosten sollte. Da sie angesichts dieser Tatsache wiederum die Angst befallen habe, dies könne ihre finanziellen Möglichkeiten überschreiten (ihr Mann habe sie vom Gegenteil zu überzeugen versucht) und sie würde wieder Diebstähle verüben, sei

sie zu einer städtischen Psychologin überwiesen worden. Diese habe über einige Monate hinweg eine Einzeltherapie ohne Tabletten durchgeführt. Durch sie sei auch der Kontakt zu der Selbsthilfegruppe hergestellt worden, der L. seit Mitte 1996 angehöre.

Die zweite Depression sei 1997 nach dem Streit mit ihrem Bruder aufgetreten. Sie habe erneut Suizidgedanken entwickelt und habe ihre Mutter mit in den Tod nehmen wollen („Ich wollte uns in der Badewanne mit einem Fön töten und habe immer überlegt, wie ich meine Mutter in die Badewanne bekommen könnte. Dann habe ich auch an Schlaftabletten gedacht.“). Sie befinde sich u.a. deswegen in psychotherapeutischer Behandlung und nehme Psychopharmaka ein; gleichzeitig besuche sie die Gruppentherapie.

Sie selbst erklärt, sie leide unter einem Sparzwang, des weiteren habe sie die Neigung, Sachen zu Horten (z.B. große Mengen an Geschirrspülmittel, übervolle Gefriertruhe). Auffallend ist in diesem Zusammenhang ihre extreme Ordnungsliebe.

Momentan gehe es ihr ganz gut, dieser Zustand sei seit vier oder fünf Wochen stabil. Die Krise mit ihrer Verwandtschaft sei jedoch noch nicht überstanden; auf Anraten der Therapeuten werde sie versuchen, sich mit der Situation abzufinden. Beunruhigend sei jedoch hauptsächlich die Vorstellung, nach dem Ruhestand ihres Mannes in einen finanziellen Engpaß zu kommen. Der Gedanke an Diebstähle sei immer noch vorhanden.

2.1.2. Delinquenzbereich

2.1.2.1. Frühere Straftaten, Verurteilungen und Strafverbüßungen

Den ersten Diebstahl habe sie mit zehn oder elf Jahren begangen, als sie im Klassensaal die Geldbörse einer Mitschülerin eingesteckt habe. Eine besondere Ankündigung habe es nicht gegeben, es sei einfach so passiert. Nachdem die Börse bei ihr gefunden worden sei, sei sie von der Schule gewiesen worden. Von dem Geld (25 DM) habe sie teilweise Süßigkeiten, von dem Rest ein Geschenk für ihre Mutter gekauft.

In der Zeit, als sie das Darlehen aufgenommen hätten (zwischen 1966 und 1970), hätte sie regelmäßig kleinere Geldbeträge (1 DM) für Zigaretten aus den Börsen von Kollegen entwendet. Nach Aufdeckung der Diebstähle sei der Betriebsrat eingeschaltet worden und man habe ihr gekündigt. Zu einer Anzeige sei es nicht gekommen.

Die nächste Diebstahlsphase sei aufgetreten, nachdem sie ein Jahr versucht hatte, schwanger zu werden, und einen sehr stressigen Job angetreten habe. Zu dieser Zeit habe sie regelmäßig Lebensmittel von geringem Wert (ca. 5 DM) gestohlen, obwohl sie größere Geldbeträge, 500 bis 1.000 DM, bei sich trug.

Die Lebensmittel habe sie für den eigenen Bedarf oder als Geschenke (insbesondere für die Verwandten ihres Ehemannes im Osten und für ihre Nichten) verwendet. Sie sei ca. 1984 entdeckt worden und habe eine Geldauflage bekommen. Sie habe sich geschworen, nie wieder delinquent zu werden.

Nach einer zehnjährigen Diebstahlspause habe sie 1995 wieder begonnen, regelmäßig zu stehlen; nun häufig Kleinigkeiten aus Drogeriemärkten. Zu dieser Zeit sei sie depressiv gewesen, dies hätte jedoch nichts mit den Diebstählen zu tun. Vielmehr hätte sie zum Zeitpunkt ihrer Entdeckung keine Arbeit gehabt und habe sich unterbeschäftigt gefühlt. Als Sanktion sei wiederum eine Geldauflage angeordnet worden. Trotz ihres Vorsatzes, die Taten zu unterlassen, habe sie regelmäßig dreimal die Woche weiter gestohlen, wobei es sich ausschließlich um Kleinigkeiten gehandelt habe.

Für alle Ladendiebstähle gilt ihre Aussage, daß es eine besondere Ankündigung nie gegeben habe, sondern es sei „passiert, als ich im Laden stand." Die Diebstähle hätten an ganz normalen Tagen stattgefunden, die sich im Tagesablauf nicht von anderen unterschieden hätten. Die Taten seien nicht geplant gewesen, sondern eher hingenommen worden, wenn ihr der Gedanke schlagartig im Laden gekommen sei. Sie habe sich im Geschäft umgesehen, ob sie beobachtet würde (dann habe sie die Sachen zurückgelegt), und habe dann das Objekt in die Tasche oder Geldbörse gesteckt, sei zur Kasse gegangen und habe nur den Rest bezahlt. Während des Diebstahls selbst habe sie die Situation unter Kontrolle gehabt. Sie habe ein beklemmendes Gefühl („wie einen Panzer um die Brust") sowie eine enorme Anspannung verspürt, wenn sie an der Kasse gestanden habe und die anderen Waren auf dem Band gelegen hätte. Danach sei immer ein Hochgefühl eingetreten; einerseits die Freude und das Erfolgserlebnis, Geld gespart zu haben, andererseits jedoch auch das schlechte Gewissen.
Sie fühle sich als Außenseiterin und führe ein Doppelleben. Wenn sie von Sexualverbrechern höre, für die lebenslange Haft gefordert würden, denke sie: „Ja, genauso bist Du auch." Sie habe - im Gegensatz zu finanziell schlechter situierten Frauen - keine Entschuldigung für ihre Taten, was die Situation verschlimmere. Sie habe auch nie wahllos Dinge gestohlen („wie echte Kleptomaninnen"), sondern meist brauchbare Lebensmittel. Sie sei sich bewußt, daß sie unter einem Spar- und Hortzwang leide („Das begreift kein Mensch, ich auch nicht."), was sie von ihrem Vater habe. Insbesondere verstehe sie nicht, warum sie spare; Kinder seien nicht vorhanden und ihre Erben seien „es nicht wert."

2.1.2.2. Letzte Tat(en)

Drei Monate nach Antritt ihrer neuen Arbeitsstelle sei sie wiederum in einem Drogeriemarkt gefaßt worden. Zu dieser Zeit habe sie sich bereits in der Gruppentherapie befunden. Eigentlich hätte sie eine Bewährungsstrafe bekommen sollen, ihr Bruder habe jedoch mit dem Staatsanwalt gesprochen und ihn darauf hingewiesen, daß „hier etwas nicht stimmen würde", so daß erneut eine Geldauflage angeordnet worden sei.

Ihren letzten Diebstahlsversuch habe sie Mitte 1997 begangen, als sie das Objekt bereits eingesteckt hatte, dann jedoch zurückgelegt habe mit dem Gedanken, jetzt „nicht alles kaputt zu machen." Seitdem habe sie keinen Diebstahl mehr begangen, der „Zwang" sei jedoch noch vorhanden.

2.1.2.3. Analyse des Delinquenzbereichs

Bei der hier beschriebenen *„deliktischen Handlung" im Kindesalter* ist keine Gefahr krimineller Verfestigung zu erkennen, da es sich um eine einmalige Verfehlung handelte, die aus einer günstigen Gelegenheit heraus begangen wurde. Ob diese Tat wirklich als „belanglos" im weiteren Sinne eingestuft werden kann, wird später zu klären sein.

Bezüglich der sonstigen *Straftaten* weisen folgende Gesichtspunkte auf eine geringe Zielstrebigkeit hin:
Der Tatentschluß wurde häufig in einer besonderen Stimmungslage oder einer Konfliktsituation gefaßt. Der zweite Diebstahl am Arbeitsplatz wurde unter dem Druck der bestehenden Schulden und in der Angst begangen, sich finanziell übernommen zu haben. Die dritte Diebstahlsphase (bis ca. 1984) lag in einer beruflich belastenden Zeit, nachdem eine Schwangerschaft nicht wie gewünscht eintrat. In der vierten Diebstahlsphase (1995/96) litt L. unter einer Depression, ebenso während ihres letzten Diebstahlsversuchs 1997. Die vorletzte Tat geschah drei Monate nach Antritt einer neuen Arbeitsstelle.
Eine Planung im eigentlichen Sinne fand nicht statt. Zwar kann nicht von einem völlig unüberlegtem Vorgehen während der Tatausführung gesprochen werden (Umsehen nach einem Detektiv), jedoch bestand auch kein festgelegter Tatplan; vielmehr erscheint die Tat „zwanghaft", ohne eine Zielstrebigkeit im eigentlichen Sinne aufzuweisen. Die Angaben zur Verwendung des Diebstahlsobjekts sind ambivalent. Einerseits betont L., keine nutzlosen Gegenstände zu stehlen, und verwendete diese auch teilweise für den gewöhnlichen Gebrauch. Auf der anderen Seite erklärt sie ihr Bestreben, die Dinge zu verschenken (z.B. an ihre Nichten) und weist die Neigung auf, Gegenstände zu horten. Hier wird insofern von einer Zielstrebigkeit auszugehen sein, als L. die Diebstähle begeht, um zu

sparen, wobei über die Gründe der Sparsamkeit damit noch nichts ausgesagt ist und daneben die ausgezeichnete finanzielle Situation berücksichtigt werden muß.

Die einzelnen Taten, die sich mit Ausnahme des letzten Diebstahlsversuchs in Ausführung und Reaktion der L. sehr ähneln, weisen insgesamt keine „klassische" Zielstrebigkeit auf. Auffällig sind die langen Diebstahlspausen, die - trotz gegenteiliger Vorsätze - immer wieder von intensiven delinquenten Phasen, eingebettet in angespannte Lebenssituationen, abgelöst werden. Ein Nachlassen der Delinquenz über die Jahre hinweg ist nicht festzustellen; allenfalls der letzte Versuch, bei dem das Diebstahlsobjekt erstmalig mit dem Gedanken, „nicht alles kaputt zu machen", zurückgelegt wurde, stellt diesbezüglich eine Abweichung dar.

2.2. Analyse des Lebensquerschnitts

(Als Querschnittintervall wird im folgenden der Zeitraum seit Antritt der neuen Arbeitsstelle Ende 1996 bis zu der letzten vollendeten Tat drei Monate später zugrunde gelegt.)

2.2.1. K-Kriterien

In dem relevanten Zeitraum sowie in der Rückschau weist L. keines der K-Kriterien auf.

Es kann weder eine *Vernachlässigung des Arbeits- und Leistungsbereichs*, noch eine *Vernachlässigung familiärer Pflichten* festgestellt werden. Zwar ist L. zeitweise keiner beruflichen Tätigkeit nachgegangen, dies geschah jedoch nur kurzfristig, ohne daß L. auf die Einkünfte angewiesen war. Eine Vernachlässigung im familiären Bereich mag höchstens in der Zeit einer akuten Depression stattgefunden haben.
Auch ein *fehlendes Verhältnis zu Geld* zumindest im Sinne eines K-Kriteriums ist abzulehnen. L. lebte zu keinem Zeitpunkt „von der Hand in den Mund"; vielmehr wurde in der Gegenrichtung extreme Vorsorge betrieben begleitet von der Angst, die finanziellen Mittel könnten nicht ausreichen.
Von einem *unstrukturierten Freizeitverhalten* kann ebensowenig die Rede sein, da L. keine plan- oder ziellosen Abläufe in ihren Aktivitäten bevorzugt und es auch zu keiner Ausweitung des Freizeit - auf den Leistungsbereich kommt. In der Vergangenheit liegen hierüber keine Angaben vor, abgesehen von der Antriebsschwäche während depressiver Phasen, die hier nicht zur Annahme eines K-Kriteriums führen.

L. hat in den einzelnen Lebensbereichen stets Vorausschau bewiesen und langfristige Vorsorge getroffen, auch die Arbeitsplatzwechsel fand wohlüberlegt statt. Eine *fehlende Lebensplanung* ist eindeutig zu verneinen.
Ebensowenig zeigt L. ein *inadäquat hohes Anspruchsniveau.* Zwar liegt und lag ihr viel an einem gewissen materiellen Standard, es besteht jedoch kein Mißverhältnis zwischen ihren Ansprüchen und den reellen Möglichkeiten; im übrigen verlangt sie für sich persönlich wenig, während Statussymbole beider Eheleute mehr Bedeutung haben.
Zwar kündigte L. einmal wegen Überbelastung, jedoch bestand hier keine Notwendigkeit in finanzieller Hinsicht zu arbeiten. Ansonsten weist ihr Lebenslauf lange Arbeitsverhältnisse mit der Fähigkeit zur Belastbarkeit auf, so daß von einer *geringen Belastbarkeit* nicht gesprochen werden kann.
Eine *paradoxe Anpassungserwartung* kann ebenfalls nicht bejaht werden, vielmehr nimmt L. schnell die Verantwortung auf sich.
Forderung nach Ungebundenheit sowie *übermäßiger Alkoholkonsum* scheiden aus.

2.2.2. D-Kriterien

L. ist ihren *sozialen Pflichten* durchgängig nachgekommen (Beitrag zum Lebensunterhalt; Verantwortung für den Haushalt, um dem Ehemann möglichst viel an Arbeit abzunehmen; Pflegen eines Bekanntenkreises; Sorgen für die Mutter).
Auch ein *adäquates Anspruchsniveau* ist zu bejahen, da L. eine ihre Person betreffende fast übermäßige Bescheidenheit an den Tag legt, begründet in der Angst, das Erreichte nicht halten zu können.
Die *Gebundenheit an eine geordnete Häuslichkeit und an ein Familienleben* zeigt sich in der Tatsache, daß der Wohnbereich eine zentrale Rolle im Alltag einnimmt. Ebenso steht der Ehemann und die Versöhnung mit der Verwandtschaft im Mittelpunkt des Interesses der L.
Ein *reales Verhältnis zu Geld* ist ebenfalls gegeben. L. weiß zu haushalten und zu wirtschaften, sie zeigt einen extrem sorgfältigen Umgang mit ihrem Eigentum und hat ausreichend Vorsorge getroffen, wobei alle Merkmale sowohl für den Querschnitt als auch im Rückblick zu bejahen sind. Man kann hier bereits von einer den D-idealtypischen Pol in das andere Extrem verlassenden Tendenz sprechen.
Das Kriterium *Arbeitseinsatz und Befriedigung bei der Berufstätigkeit* ist im Querschnittintervall nicht eindeutig vorhanden. Die momentane Tätigkeit umfaßt vergleichsweise geringen Arbeitseinsatz, von Überstunden ist nichts bekannt. Grund für die im Gegensatz zu früheren Tätigkeiten schwächere Motivation mag das von der Probandin als schlecht empfundene Betriebsklima sein. In der Vergangenheit kann dieses Merkmal jedoch bejaht werden, als L. Überstun-

den leistete und ihre Tätigkeit als verantwortungsvoll beschrieb, so daß hier die Arbeit sehr wohl Mittel zur Selbstverwirklichung war.
L. ist zudem *anpassungsbereit* im Sinne des D-Kriteriums. Sie ist und war in der Lage, Ansprüchen Dritter zu genügen (im Arbeitsleben sowie im Eheleben), wobei zumindest im Berufsleben nicht von einem reinen Widerstandslosigkeit gesprochen werden kann. So weigerte sie sich, das ihr wichtige Umfeld aufgrund eines Arbeitsplatzes zu verlassen; ebenso nahm sie eine Kündigung eher in Kauf, bevor sie unterbezahlt eine von ihr nicht erwünschte Ganztagsstelle annahm.
Tragende Bindungen bestehen zu ihrem Ehemann und zur Mutter, ebenfalls offensichtlich zu dem befreundeten Ehepaar, sowie bis 1997 zur Familie des Bruders.
Das Vorliegen von *Verantwortungsbereitschaft* für andere zeigt L. durchgängig in Bezug auf ihre Familie und ihre Arbeit. Ihre *Eigenverantwortung* scheint möglicherweise in der Vergangenheit weniger stark entwickelt; seit dem Besuch einer Therapie ab 1995 ist bei L. jedoch auch in diesem Punkt eine vermehrte Aufmerksamkeit sich selbst und ihren Problemen gegenüber vorhanden.
Ebenso kann von *Lebensplanung und Zielstrebigkeit* gesprochen werden, da - nur aus dem sozialen Umfeld heraus betrachtet - eine Entgleisung von Kindheit an nahezu unvorstellbar erscheint, was in der Geradlinigkeit der Lebensführung und der grundsätzlichen Bescheidenheit zum Ausdruck kommt.
Insgesamt liegt bei L. eine Fülle von D-Kriterien vor, die unzweifelhaft bejaht werden können.

2.3. Relevanzbezüge und Wertorientierung

2.3.1. Relevanzbezüge

Die Zukunftsplanung betreffend strebt L. keine größeren Veränderungen ihrer äußeren Lebensumstände an. Sie plane, die Gruppentherapie weiterhin zweiwöchig zu besuchen, eine Reduzierung der Sitzungen (wie bei einigen anderen Probandinnen) halte sie für sich für verfrüht. Die vermeintliche finanzielle Unsicherheit würde sie am liebsten aus dem Wege räumen, ebenso die Streitigkeiten mit ihrer Verwandtschaft.
Neben den für sie enorm wichtigen familiären Bindungen (Ehe, Bruder mit Nichten, Mutter) stehe für sie Geld im Mittelpunkt. Auf die Frage, was sie sich am meisten Wünsche, antwortete L. nach bleibender Gesundheit und Frieden: „Wenn ich sagen würde, daß Geld mir nicht wichtig sei, würde ich lügen."
Bei der Betrachtung der für L. bedeutsamen *Relevanzbezüge* lassen sich zwei besonders herausragende Punkte erkennen, deren Belange gleichzeitig an feststehende Grundintentionen geknüpft sind.

Zum einen fällt hierunter das familiäre Leben, welches das Verhältnis zu ihrem Ehemann in erster Linie sowie zur Verwandtschaft und zu ihrer Mutter umfaßt. Blickt man von dem oben genannten Querschnittintervall ein Jahr nach vorne, so erkennt man die unermüdlichen Versuche, sich mit der Familie des Bruders wieder zu versöhnen und insbesondere den Kontakt zu den Nichten, ihren „Ersatzkindern", wieder zu beleben.
Daneben spielt das gesellschaftliche Ansehen keine unerhebliche Rolle, die Kontakte zu gutsituierten Bekannten, das ordentliche Zuhause etc. Beide Aspekte liegen ebenso in der Vergangenheit wie im Querschnittintervall und in der darauffolgenden Zeit bis heute vor.
Der zweite Bezugspunkt sind die finanziellen Belange, die für L. eine herausragende Bedeutung haben und hatten. Die stetige, meist unbegründete Sorge eines finanziellen Engpasses (so z.B. die Scheu, die Psychiaterkosten zu übernehmen, oder die Besorgnis über den vorzeitigen Ruhestand des Ehemannes), das Sparen ohne Not und das Horten von Lebensmitteln u.ä. zeigen die Relevanz dieser Thematik für L. In diesem Zusammenhang kann von einem Sog gesprochen werden, der die Probandin - gegen ihre Absichten - immer wieder einholt, wobei diese Verhaltensweise von Kindheit an besteht.

2.3.2. Wertorientierung

In der Vergangenheit bewies L. Stetigkeit und die Bereitschaft, Vorsorge zu treffen und hierfür auf aktuelle Annehmlichkeiten zu verzichten, wie sich im Bereich der finanziellen Vorsorge und der Eheführung zeigt.
L. verfügt im Rahmen der Betrachtung der *Wertorientierung* über ein gefestigtes Wertgefüge, welches sich ihrer Meinung nach am ehesten in einem geordneten, materiell abgesicherten und harmonischen Leben gekoppelt mit der entsprechenden Verantwortung („Das gab es einfach nicht; „Das war selbstverständlich.") widerspiegelt. Diese Vorstellung hat L. auch konsequent durchgesetzt, wobei die Diebstahlstaten in diesem Zusammenhang ihren Wünschen entgegenliefen. Die Scham für das, was sie der Familie „angetan" hat, ihr Unrechtsbewußtsein sowie das Gefühl der Außenseiterin machen klar, wieweit ihre eigentlichen Werte ihrem delinquenten Verhalten widersprechen.

3. Kriminologische Diagnose

3.1. Die Bezugskriterien der Kriminologischen Trias

Im *Lebenslängsschnitt* verwirklicht L. ein Maximum an Tendenzen zum D-idealtypischen Pol hin, wobei diese sich über die gesamte Lebensentwicklung und über alle Lebensbereiche hinweg erstrecken.

Daher scheiden die Kategorien der *kontinuierlichen Hinentwicklung zur Kriminalität mit Beginn in der frühen Jugend* und der *Hinentwicklung zur Kriminalität im Heranwachsenden- bzw. Erwachsenenalter* aus. Auch die *Kriminalität im Rahmen der Persönlichkeitsreifung* ist nicht einschlägig. Zwar treten die delinquenten Phasen bei L. durchaus vorübergehend auf, um dann wieder durch lange diebstahlsfreie Zeiten abgelöst zu werden; jedoch sind diese Erscheinungen abgekoppelt von K-idealtypischen Verhaltensweisen bspw. im Freizeitbereich.
Die Merkmale der *Kriminalität bei sonstiger sozialer Unauffälligkeit* mögen insofern erfüllt sein, als L. tatsächlich im Lebenslängsschnitt ein der Durchschnittsbevölkerung entsprechendes Leben führt und nicht sozial auffällig wird. Unter Rückgriff auf die Relevanzbezüge und die Wertorientierung kann jedoch festgestellt werden, daß diese Kategorie im hier vorliegenden Fall unzutreffend ist. Es besteht bei L. - trotz der Zielsetzung, durch die Diebstähle Geld zu sparen - kein „zweckrationaler" Zusammenhang zwischen Lebenszielen und den Delikten (wie Gewinnstreben o.ä.). Vielmehr ist zwar das Bedürfnis nach einem hohen Lebensstandard und das Bestreben, Geld zu sparen, vorhanden, dem steht jedoch ein starker Wunsch, sich korrekt und legal zu verhalten, gegenüber (so die Einschätzung, praktisch eine Verbrecherin zu sein).
Das schlechte Gewissen, das Gefühl, eine Außenseiterrolle einnehmen zu müssen, und der Leidensdruck sprechen gegen ein Verhaltensmuster, in dem sich - wie selbstverständlich - im Randbereich der Kriminalität bewegt wird.
Somit bleibt der *kriminelle Übersprung* als letzte Kategorie, die die Taten als einen „Bruch" in der Lebensentwicklung versteht. Auf den ersten Blick ergeben sich bei L. weder äußere noch innere Auffälligkeiten, vielmehr besteht eine soziale Unauffälligkeit verbunden mit sozialer Integration im Lebenslängsschnitt. Teilweise sind die D-idealtypischen Merkmale praktisch „übererfüllt", so daß in der Tat die Delikte sich nicht aus Mängeln in den Lebensbereichen, auch nicht im Sinne K-idealtypischer „Ausreißer", herleiten lassen, sondern im Widerspruch zu diesen stehen. Den *Lebensquerschnitt* betreffend liegt hier eine krimiresistente Konstellation vor, da die vier entscheidenden Merkmale (Erfüllung der sozialen Pflichten, adäquates Anspruchsniveau, Gebundenheit an eine geordnete Häuslichkeit und an ein Familienleben sowie ein reales Verhältnis zu Geld und Eigentum) erfüllt sind.
Dies heißt allerdings nicht, daß auch im weiteren Sinne von einem rein zufälligen Zustandekommen der Delinquenz ausgegangen werden kann. Vielmehr muß bereits hier auf einen möglichen Zusammenhang mit den psychischen Besonderheiten (Persönlichkeitsstruktur und psychische Situation unmittelbar vor der Tat) hingewiesen werden, die die Delikte mit Hilfe psychologischen Ansätzen erklären können. Nach den bloßen kriminologischen Kriterien bleiben die Straftaten jedoch unerwartet.

3.2. „Besondere Aspekte“ im Leben des Täters

Als ein „besonderer Aspekt“ stellt sich bei L. das Verhältnis zu Geld und Eigentum dar. Die Sorge um ihre finanzielle Absicherung zieht sich wie ein roter Faden durch das Leben der L.: Bereits in ihrer Kindheit steht der Vater als Beispiel für extreme Sparsamkeit, der die Familie gleichzeitig in Unsicherheit wiegt. Als L. mit ihrem Ehemann Schulden für den Hausbau aufnahm, erklärte L., sei sie sehr nervös und unsicher geworden, ob sie zur Rückzahlung in der Lage sein würden. In dieser Phase kam es zum ersten Mal (nach der Schulzeit) zu einem Diebstahl. Ebenfalls delinquent wurde L., als sie selbst keine Arbeitsstelle hatte. Trotz einer überdurchschnittlichen Absicherung zeigt L. auch heute noch Angst vor einem Abstieg. In diesem Zusammenhang sind auch ihre Neigungen zum Horten und die Tatsache, daß L. „sich nichts gönnt“, zu beachten. Die Gefahr der Diebstähle ergibt sich fast immer dann, wenn die Sorge um die finanzielle Situation überhand nimmt; ein Umstand, den L. durchaus erkennt (so die Ablehnung des Psychiaters wegen der hohen Kosten und der Angst, aus diesem Grunde zu stehlen.) Gleichzeitig traten diebstahlsfreie Zeiten (von zehn bis fünfzehn Jahren) auf, als die Schulden abbezahlt waren oder sie eine gesicherte Arbeitsstelle hat (1993 bis 1995).
Neben dem finanziellen Aspekt ist - gerade unter Berücksichtigung des Auftretens der Delinquenz - eine Anfälligkeit für besondere Streßsituationen (Arbeitsüberlastung; Streit mit der Familie) zu beobachten, in denen es ebenfalls zu Diebstählen kommt. Parallel hierzu ist die Erkrankung an einer Depression zu beachten, welche als „besonderer Aspekt“ zusätzlich wirksam ist.

4. Folgerungen

4.1. Folgerungen im Blick auf die Prognose

Die *grundsätzliche Prognose* ist beim kriminellen Übersprung günstig. Im Rahmen der *individuellen Basisprognose* soll auf die oben genannten Besonderheiten eingegangen werden. Von Bedeutung ist in diesem Zusammenhang, daß psychopathologische Aspekte offensichtlich im Vordergrund stehen: Depression, die Einnahme von Psychopharmaka und die Behandlung seit 1995 zunächst aus Anlaß der Depression, dann auch im Hinblick auf die Diebstähle verbieten eine Beurteilung ohne Rücksicht auf die psychologischen Besonderheiten des Falles. Der (von L. verneinte) Zusammenhang von depressiven Verstimmungen und Diebstählen ist besonders in der Phase 1995 und 1997 (Diebstahlsversuch nach Ausbruch des Streits mit der Verwandtschaft) erkennbar. Die Bewertung ist insofern schwierig, als die besonderen stabilisierenden Aspekte (wie bspw. Familienverbund, geregelte Arbeit) hier nicht die entscheidende Rolle zu spielen scheinen. Diese sind auch in Zukunft als wirksam anzusehen. Das einzig greif-

bare, ohne Rückgriff auf psychologische Modelle manifestierbare, stabilisierende Moment der „finanziellen Sicherheit“ liegt zwar objektiv vor, kann jedoch rational von L. so nicht erkannt werden, so daß auch in diesem Punkt die „Erwartbarkeit“ im kriminologischen Sinne nicht vorliegt. Das für sie momentane Hauptproblem (die Herabsetzung des Einkommens des Ehemannes) kann als destabilisierendes Moment nicht verändert werden. Selbst wenn dies der Fall wäre, so ist es gut möglich, daß kleinere oder gewichtigere Veränderungen in dieser Hinsicht, nämlich in finanziellen Umständen des Ehepaares, auftreten, die zwar objektiv keine Bedeutung haben, von der Probandin jedoch als Auslöser für die oben beschriebenen Ängste dienen und sie erneut delinquent werden lassen. Das zweite destabilisierende Element ist die Auseinandersetzung mit ihrer Verwandtschaft. Dieser Aspekt wird voraussichtlich ebenfalls in Zukunft bestehen bleiben. Drittens - und mit beiden vorangegangenen Aspekten eng verknüpft - ist der Aspekt der depressiven Erkrankung als ein die Rückfallgefahr erhöhender Umstand zu werten (hierzu unten 4.2). Insgesamt bleibt es jedoch unter gewissen Vorbedingungen bei einer günstiges Prognose.
Unumgänglich ist der Blick auf die *Interventionsprognose*. Staatliche Sanktionen (hier nur geringfügiger Art) hatten insofern stabilisierende Wirkung, als sie den Vorsatz hervorriefen, nicht mehr rückfällig zu werden. Hierin lag jedoch im nachhinein keine Lösung des Problems, da es zu regelmäßigen, wenn auch von langen diebstahlsfreien Intervallen unterbrochenen Rückfällen kam.

4.2. Folgerungen im Blick auf Einwirkung und Behandlung

Da die Lebensumstände der L. in jeder Hinsicht geordnet sind, können diese hinsichtlich der Einwirkung unberücksichtigt bleiben. Erforderlich erscheint jedoch der Verbleib in der Gruppentherapie und zwar primär unter dem Gesichtspunkt, daß hier in gewisser Weise eine Kontrollfunktion ausgeübt werden kann und Veränderungen hin zu einer Destabilisierung rechtzeitig auffallen. Des weiteren scheint die Gruppe ein geeignetes Forum zu sein, um die schwierige Situation mit ihrer Verwandtschaft aufzuarbeiten. Die Betreuung durch die Ärztin verbunden mit einer entsprechenden Medikation mag ebenfalls ratsam sein, jedoch wird diese Entscheidung von psychiatrischer Seite her beurteilt werden müssen.

II. Ergänzungen

Bei einem Gespräch mit der Leiterin der Selbsthilfegruppe im April 1999 konnte festgestellt werden, daß L. nicht rückfällig geworden ist. Sie habe die familiären Schwierigkeiten akzeptiert und könne nun „damit leben“. Die Antidepressiva habe sie selbständig - entgegen des Anratens der Ärztin - nach und nach abgesetzt und fühle sich sehr wohl dabei. Sorge bereiteten ihr einige körperliche Beschwerden, die nach Einschätzung der L. möglicherweise erneut zu einem Ausbruch einer depressiven Verstimmung führen könnten. Die mit der gebotenen Vorsicht abgegebene günstige Prognose bleibt nach dem hier Gesagten weiterhin bestehen.

M. Probandin 7

I. Methode der idealtypisch-vergleichenden Einzelfallanalyse

1. Übersicht zum Lebenslauf

März 1923	geboren
1929 bis 1939	Besuch der Volksschule; erster Diebstahl
1939	Beginn einer Schneiderlehre
1940	Abbruch der Lehre wegen zu leistendem Kriegsdienst
1942	Geburt der Tochter; Vater des Kindes fällt im Krieg; Tochter wächst bei der Großmutter auf
1945	Rückkehr vom Kriegsdienst; Aufbauarbeiten
1948 bis 1956	Arbeit in einer Zigarettenfabrik
1956 bis 1968	Arbeit in einer Strumpffabrik
1957	Hochzeit; Bau eines Hauses
1961	Totgeburt; verstärkte Begehung von Diebstählen
1968 bis 1974	Tätigkeit als Werkstattschreiberin
1974	Unterleibsoperation; Aufgabe der Berufstätigkeit; von da an durchgängig verstärkte Begehung von Diebstählen
ca. 1978/79	Diebstahl entdeckt; Selbstmordgedanken; Behandlung durch Nervenarzt

1989	Gerichtsverhandlung; Freiheitsstrafe von acht Monaten auf Bewährung
1990	Tod des Ehemanns
Mitte 1993	erneut entdeckter Diebstahl; Erstellung eines Gutachtens; Einstellung des Verfahrens wegen Schuldunfähigkeit
Juli 1995	Besuch der Selbsthilfegruppe
Ende 1995	erneuter Diebstahl
1997	letzter Diebstahl
Anzahl der registrierten Eintragungen wegen Diebstahls[465]	mindestens 5

2. Analyse der Erhebungen[466]

2.1. Analyse des Lebenslängsschnitts

2.1.1. Verhalten in den einzelnen Lebensbereichen

2.1.1.1. Erziehung im Kindes- und Jugendalter

M. sei im März 1923 als Tochter eines Schlossers geboren worden; ihre Mutter sei Hausfrau gewesen. Beide Eltern seien mittlerweile verstorben, sie habe noch eine fünf Jahre ältere Schwester.

Nach der Geburt ihrer Schwester 1918 habe ihre Mutter einen Abgang und eine Fehlgeburt erlitten, weswegen sie eigentlich kein Kind mehr haben wolle. Als sie dennoch schwanger geworden sei, habe ihr Vater sich für das Kind ausgesprochen („Für jeden von uns beiden sollte es einen Ersatz geben, falls uns etwas passiert.").

Sie sei sehr streng und in christlichem Glauben erzogen worden, und zwar sowohl durch ihre Eltern als auch durch die katholische Klosterschule, die sie besucht habe. Sie habe neben der Schule sehr viel im Haushalt helfen müssen.

---

[465] mangels Akteneinsicht konnten die Eintragungen nur auf Grundlage der Angaben der Probandin geschätzt werden.

[466] Die Erhebungen ergeben sich aus einem Gespräch mit der Probandin vom 9.6.1998.

Ihre Mutter habe stets die Schwester vorgezogen. Liebe habe sie von ihrer Mutter nie bekommen, lediglich vom Vater, der viel gerechter gewesen sei als die Mutter. Auch habe ihr Vater sie, von einer Ausnahme abgesehen, im Gegensatz zu ihrer Mutter nie geschlagen. Wenn ihre Schwester etwas angestellt hätte, habe die Mutter das dem Vater nie erzählt, in ihrem Fall jedoch sofort. Sie habe sich zu Hause immer unterdrückt gefühlt; die regelmäßigen Schläge habe sie irgendwann nicht mehr ernst genommen. Ihre Schwester sei sehr eifersüchtig auf M. gewesen und habe sie nie gemocht; als sie noch sehr klein gewesen seien, habe ihre Schwester „Verrecke!“ gerufen, was sie nie vergessen werde.
Bei ihrem ersten Diebstahl in der Schule, sei ihre Mutter zu den Klosterschwestern gerufen worden. Nach diesem Besuch habe sie zu M. gesagt, sie solle bloß nicht mehr nach Hause kommen. Darauf habe M. sich den ganzen Tag in einem Straßengraben vor dem Haus versteckt, bis ihre Mutter sie gefunden habe und sie angeschrien habe, wie sie es wagen könne, nicht heim zu kommen.

M. akzeptierte die (hier sehr strenge) elterliche Erziehung und leistete trotz der ungünstigen Umstände (Gefühl des Ungeliebtseins, ungerechte Bevorzugung der Schwester, Schläge) keinen Widerstand. Sie nutzte auch die inkonsequente Erziehung zumindest seitens der Mutter nicht aus, sondern fügt sich in das Familienleben unter Übernahme von vielen Pflichten im Haushalt ein. Insgesamt ist daher das Verhalten der M. in diesem Bereich dem D-idealtypischen Pol zuzuordnen.

2.1.1.2. Aufenthalts- und Wohnbereich

M. habe bis ca. 1942 bei ihren Eltern gelebt, bis sie bis 1945 die Stadt wegen der Einberufung zum Kriegsdienst verlassen habe, was ihr sehr schwer gefallen sei. Nach ihrer Rückkehr habe sie mit ihren Eltern und ihrer kleinen Tochter zunächst bei Verwandten gewohnt, da das Elternhaus 1945 bombardiert worden sei, später seien sie zurückgezogen. 1957 sei sie im Zuge ihrer Hochzeit mit ihrem Ehemann zusammengezogen, sie hätten dann das Haus gebaut, in dem sie bis heute lebe. Es handelt sich hierbei um ein sehr gepflegtes Haus am Stadtrand mit einem großen Garten. Auffällig sind die vielen Photos des verstorbenen E hemannes sowie die zahlreichen von M. gefertigten Stickereien.

Das Verhalten den Aufenthalts- und Wohnbereich betreffend entspricht hier dem D-idealtypischen Zuschnitt. M. wächst im Elternhaus auf und verläßt dieses erst gezwungener maßen zur Ableistung des Kriegsdienstes, kehrt dann aber wieder nach Hause zurück. Die endgültige Loslösung von dem elterlichen Haus erfolgt erst mit der Heirat. Danach wird der Wohnort nicht mehr gewechselt; zumindest bis zum Tod ihres Ehemannes scheint M. durch den Beruf, die Ehe und die Kinder in die örtliche Umgebung eingebunden gewesen zu sein. Nach dem Tod des Partners sind offensichtlich nur noch einige nachbarschaftliche Kontakte vorhanden. M. legt im übrigen wert auf die Gestaltung und Pflege des Hauses und des Gartens.

2.1.1.3. Leistungsbereich

Bezüglich der *schulischen Leistungen* fehlen Angaben. Es liegt hinsichtlich der strengen elterlichen und schulischen Erziehung allerdings nahe, daß es sich bei M. - von dem Diebstahl abgesehen - um eine eher angepaßte Schülerin handelte.

Nach Abschluß der Volksschule habe sie 1939 eine Schneiderlehre begonnen, die sie jedoch 1942 wegen ihrer Einberufung zum Kriegsdienst habe abbrechen müssen.
Nach ihrer Rückkehr bei Kriegsende habe es zunächst sehr wenig Arbeit gegeben. Der Vater ihres Kindes sei an der Front gefallen und sie habe lediglich angeben könne, verlobt zu sein, daher habe sie nur wenig staatliche Unterstützung für sich und ihre Tochter erhalten. Sie habe zunächst als „Trümmerfrau" das Haus ihrer Eltern wieder aufgebaut. Im Februar 1948 habe sie eine Arbeit in einer Zigarettenfabrik aufgenommen, wobei ihre Tätigkeit in der Arbeit an der Maschine und im Abwiegen von Tabak bestanden habe. Acht Jahre später sei die Firma langsam aufgelöst worden und sie habe als einer der letzten Mitarbeiter 1956 dort aufhören müssen. Nach drei Monaten der Arbeitslosigkeit habe das Arbeitsamt ihr eine gut bezahlte Tätigkeit in einer Strumpffabrik vermittelt. Dort habe sie die Nadeln für die Herstellung von Stoffen einrichten müssen. Ihre Tochter habe ihr nach ihrer Hochzeit 1963 immer geraten, nicht mehr zu arbeiten, da sie das Geld nicht mehr brauchen würde; dies habe sie jedoch abgelehnt. 1968 sei sie als Werkstattschreiberin in die Schreibstube gewechselt (Verwaltung der Stempelkarten u.ä.), bis die Firma in Konkurs gefallen sei. Danach habe sie ein der Arbeitsabteilung einer Elektrofirma gearbeitet, nach einer Unterleibsoperation habe sie 1974 die Berufstätigkeit aufgegeben.

M. zeigte stetes Interesse an einer beruflichen Tätigkeit und sah diese als eine Notwendigkeit an. Nach der körperlich belastenden Arbeit im Aufbau nach Kriegsende suchte M. sich eine neue Tätigkeit, wobei es ihr nicht darauf ankam, schnell Geld zu verdienen, sondern sie vielmehr einen sicheren Arbeitsplatz wünschte. M. war des weiteren auch bereit, Tätigkeiten auszuüben, die ihrem ursprünglichen Berufswunsch nicht nahekamen. Von der Arbeiterin mit manueller Tätigkeit arbeitete sich M. langsam aber stetig bis zur Angestellten im Bürobereich hoch. Sie weist ausschließlich langjährige Arbeitsverhältnisse auf, die wenigen Wechsel sind nicht von ihr verschuldet. Das Betriebsklima sowie die Tatsache, eine befriedigende Tätigkeit auszuüben, standen für M. nicht im Vordergrund; M. war jedoch erleichtert, überhaupt eine Arbeit gefunden zu haben.

Um im Alter besser leben zu können, setzte sie ihre Berufstätigkeit auch dann noch fort, als eine finanzielle Notwendigkeit nicht mehr bestand, bis gesundheitliche Gründe sie zum Aufhören zwangen.
M. hat demnach vorgesorgt und lebt offensichtlich in finanziell geordneten Verhältnissen; so kann sie beispielsweise das recht große Haus noch halten.
Insgesamt liegt hier im Leistungsbereich eine D-idealtypische Ausprägung vor.

2.1.1.4. Freizeitbereich

Bezüglich der Freizeitgestaltung im Kindes- und Jugendalter ist bekannt, daß M. viel im Haushalt hat mitarbeiten müssen. Nach Kriegsende sei sie ab und zu von ihrem Vater in den Trachtenverein mitgenommen worden, wo sie auch ihren Ehemann kennengelernt habe. Sonstige Angaben aus dieser Zeit fehlen. Später habe sie viel im Garten gearbeitet; ihr Hobby seien Handarbeiten gewesen. Nach dem Tod ihres Mannes habe sie dies jedoch aufgegeben. Überhaupt habe sie jetzt wenig zu tun und sei sehr einsam, da sie ihre Kinder viel zu selten besuchen würden.

M. schränkte in ihrer Jugend die ihr neben der Schule verbleibende Zeit in nicht unerheblichen Maße durch häusliche Mitarbeit ein. Auch in späteren Zeiten zeigt M. eher Interesse an geordneten Abläufen, wobei die Freizeit primär innerhäusig verbracht wird. Für M. entscheidend war im übrigen auch das Zusammensein mit ihrem Ehemann (beispielsweise bei der Gartenarbeit), was zu einer Veränderung in diesem Bereich nach dessen Tod führte. Seit diesem Zeitpunkt besteht nur noch eine geringe aktive Freizeitgestaltung, so hat M. ihr Hobby aufgegeben und leidet an der Einsamkeit. Im Ergebnis ist das Verhalten der M. in diesem Bereich zumindest bis zum Tod ihres Ehegatten eindeutig dem D-idealtypischen Pol zuzuordnen, danach bestehen trotz eines veränderten Freizeitverhaltens keinerlei K-idealtypische Tendenzen.

2.1.1.5. Kontaktbereich

Bezüglich der *schicksalhaft vorgegebenen Kontakte* sei auf die Angaben im Bereich Erziehung im Kindes- und Jugendalter verwiesen; beide Eltern sind seit längerem verstorben, zu dem Verhältnis der jetzt achtzigjährigen Schwester fehlen Angaben.

Gleichermaßen wenige Hinweise im Bereich der *selbstgewählten Kontakte* gibt es auf jetzige oder ehemalige Freunde oder Bekannte. Offensichtlich bestand während der Ehe ein gemeinsamer Bekanntenkreis. Heute erklärt M., sie sei sehr einsam. Zwar habe sie guten Kontakt zu den Nachbarn, auch sei sie vor einiger

Zeit zu einem jüngeren befreundeten Ehepaar mit kleinen Kindern nach Österreich gefahren, die immer sehr nett zu ihr seien und sich freuen würden, wenn sie zu Besuch käme. Ihre Tochter und ihre Enkelin würden sie jedoch nicht häufig besuchen. Sie habe ihnen bereits das Haus angeboten, ihre Schwiegersohn lehne dies jedoch ab. Nach Angaben der Bewährungshilfeleiterin sucht M. Kontakt zu den Mitgliedern der Selbsthilfegruppe, was jedoch sehr schwierig sei, da hier kein übermäßiges Interesse bestehen würde.

M. zeigt das Bedürfnis nach tragenden Bindungen und einem Bekannten- oder Freundeskreis, wobei es ihr gerade darauf ankommt, daß die Personen nicht beliebig auswechselbar sind. Momentan erscheint jedoch fraglich, ob über einen oberflächlichen Bekanntenkreis hinaus (wie beispielsweise die nachbarschaftlichen Kontakte) vertrauensvollere Beziehungen bestehen. So ist die Bekanntschaft zu dem jüngeren Ehepaar, in der M. offensichtlich eine Art Großmutterrolle einnimmt, im Alltag der M. nicht wirksam. Die eigenen Kinder führen im wesentlichen ihr eigenes Leben. Daher kann im Ergebnis keine eindeutige D-idealtypische Einordnung erfolgen; gleichzeitig liegen keine K-idealtypischen Anzeichen vor, da M. kein zweckorientiertes utilitaristisches Interesse an sozial auffälligen Persönlichkeiten aufweist.

Sexuelle Kontakte hatte M. zunächst zu ihrem damaligen Freund, dem Vater ihres Kindes (geboren 1942), der jedoch im Krieg fiel. In der Nachkriegszeit, als sie mit ihrer Tochter und ihren Eltern bei Verwandten habe unterkommen müssen, sei eines Abends ein amerikanischer Soldat in das Haus eingedrungen und habe versucht, sie zu vergewaltigen. Ein ihn begleitender Kamerad habe ihn gerade noch davon abhalten können. Sie habe panische Angst gehabt, dies sei ein „schicksalhaftes Ereignis" gewesen. Zum ehelichen Kontakt siehe 2.1.1.6.
Im sexuellen Bereich ist mangels detaillierter Angaben keine gänzlich verläßliche Einordnung möglich, es weist jedoch einiges darauf hin, daß M. hier dem D-Idealtypus entspricht (erster Geschlechtsverkehr erst als Erwachsener mit einer sozial unauffälligen Person; nur wenige Partner, welche als Persönlichkeit im Vordergrund stehen, also keine reinen Sexualbekanntschaften).

2.1.1.6. Eigene Familie

Nachdem der Vater ihres Kindes gefallen sei und sie selbst nach der Geburt zum Kriegsdienst eingezogen wurde, habe zunächst ihre Mutter die Tochter großgezogen, bis sie selbst 1945 zurückgekommen sei. Ihr zukünftiger Ehemann sei erst 1948 aus dem Krieg heimgekehrt. Er sei mit ihrem Vater über gemeinsame Besuche im Trachtenverein bekannt gewesen, zu denen ihr Vater sie auch mitgenommen habe. Ihr Mann sei dann immer häufiger bei ihnen zu Hause zu Besuch gewesen, sie hätten jedoch beide nie ans Heiraten gedacht. Er habe sich

von Anfang an sehr um ihre Tochter gekümmert und sie immer wie sein eigenes Kind behandelt. Die Umgebung habe lange Zeit gar nicht gewußt, daß das Mädchen nicht seine Tochter sei, bis sie es irgendwann allen erzählt habe. Ihr sei es egal gewesen, was die Leute gedacht hätten, schließlich habe sie nichts Schlimmes getan. Die Hochzeit habe 1957 stattgefunden. Sie hätten dann begonnen, ein Haus zu bauen, in dem sie heute noch lebe. 1961 hätte sie eine Totgeburt erlitten, was sie sich heute noch vorwerfe. Es sei nämlich möglich, daß sie diese verschuldet habe, da sie während der Schwangerschaft noch mit Waschbottichen hantiert habe und ihr totes Kind zwei Schnittwunden im Gesicht gehabt habe. Danach hätten sie versucht, noch ein Kind zu bekommen, sie sei jedoch nicht mehr schwanger geworden. Eine ärztliche Untersuchung habe ergeben, daß dies eventuell an der Zangengeburt ihrer ersten Tochter liege. Eine ungefährliche Schwangerschaft sei nur noch unter der Voraussetzung möglich gewesen, daß M. nicht mehr schwer hebe und zwei Jahre lang kein Kind empfange. Mangels verläßlicher Verhütungsmethoden hätte ihr Ehemann vorgeschlagen, daß Risiko nicht einzugehen, so hätten beide beschlossen, kein eigenes Kind mehr zu bekommen. Ihre Tochter habe 1963 geheiratet, nachdem ihr Ehemann seine Einwilligung in eine Hochzeit vor Volljährigkeit mit 21 Jahren verweigert habe. Jetzt habe sie bereits Urenkel.
Ihr Ehemann sei immer eine große Unterstützung (gerade in Bezug auf ihre Delinquenz) gewesen, ohne ihn hätte sie das nicht durchgestanden. Sie hätten sich immer sehr gut verstanden. Nach ihrer Unterleibsoperation (Entfernung der Gebärmutter) habe sich allerdings der Geschlechtsverkehr zwischen ihnen geändert; ihr Ehemann habe festgestellt, daß sie nicht mehr so sei wie früher. Vielleicht habe dies daran gelegen, daß sie sich nicht mehr als Frau gefühlt habe, jedenfalls habe es weniger Freude bereitet.
1990 sei ihr Mann überraschend an einer Lungenembolie gestorben. Er sei zu einer Krebsvorsorgeuntersuchung geschickt worden, im Zuge derer ihm ohne den vorab notwendiger Gerinnungstest Blut entnommen worden sei, was zu einer Embolie geführt habe. Krebs habe er nicht gehabt, wie sich später herausgestellt habe. Sie sei ins Krankenhaus gefahren, um ihn von der Untersuchung abzuholen, als er bereits tot in dem Zimmer gelegen habe. Dann hätten sie die Ärzte informiert. Sie sei zu einem Rechtsanwalt gegangen, da sie zunächst plante, gegen das Krankenhaus vorzugehen; dieser habe ihr jedoch wegen der langen Verfahrensdauer und der schlechten Erfolgsaussichten abgeraten. Sie sei über den Tod nicht gut hinweggekommen, ihr Leben habe sich sehr stark verändert und sie sei einsam geworden.

Insgesamt ist das Verhalten der M. im Bereich der eigenen Familie dem D-idealtypischen Bereich zuzuordnen. Sie ist grundsätzlich bereit gewesen, eine feste Bindung einzugehen, wobei eine Eheschließung mit dem Vater ihres Kindes nicht möglich war. Diese erfolgte erst recht spät und nach längerer Bekanntschaft. Bei ihrem Ehemann handelte es sich um eine sozial unauffällige Person, die - was für M. von großer Bedeutung war - das uneheliche Kind wie ein eigenes annahm. Die Ehe wurde wohlüberlegt geschlossen; M. besaß offensichtlich genügend Reife, um nicht überstürzt zu heiraten. Beide Ehepartner waren bereits berufstätig und brachten eine gewisse finanzielle Sicherheit mit. Die Beziehung der beiden war von gegenseitiger Zuneigung geprägt. Es fand eine gemeinsame Lebensführung statt, wobei gegenseitige Verantwortung und Kompromißbereitschaft vorhanden waren, wie sich in dem (vernunftbetonten) Verzicht auf ein weiteres Kind und in der Unterstützung im Rahmen der Delinquenz der M. zeigt. Ein weiteres Indiz sind die großen Veränderungen nach dem Tod des Ehemannes, der einen nicht überwundenen Verlust darstellt.

2.1.1.7. Alkohol- und Drogenkonsum

Ihren Angaben zufolge habe sie praktisch nie Alkohol getrunken und nicht geraucht. Tabletten vermeide sie ebenfalls, auch nicht für normale gesundheitliche Beschwerden (zur Einnahme von Antidepressiva siehe 2.1.1.8.).

2.1.1.8. Körperliche und psychische Verfassung/Therapie

Momentane körperliche Beschwerden gibt M. nicht an. 1961 habe sie eine Totgeburt gehabt und habe danach nicht mehr schwanger werden können. 1974 habe sie sich einer Unterleibsoperation unterziehen müssen. Ca. 1978/79 habe sie unter extremer Müdigkeit und Konzentrationsschwäche gelitten, was auf die Einnahme von Tabletten zurückzuführen gewesen sei (hierzu unten). Gleiche Symptome habe sie nach dem Tod ihres Mannes 1990 festgestellt. M. hat ein gepflegtes, unauffälliges Erscheinungsbild.

Von psychischen Auffälligkeiten berichtet M. erstmalig im Rahmen der Entdeckung eines Diebstahls 1978. Der ermittelnde Polizeibeamte habe ihr erklärt, daß „das nicht normal" sei, und ihr einen Nervenarzt vermittelt. Dieser habe sie untersucht (Hirnströme, EKG etc.) und ihr Tabletten verschrieben. Ein therapeutisches Gespräch habe nicht stattgefunden. Von den Tabletten sei sie sehr müde geworden und habe sich nicht mehr konzentrieren können. Ihr Ehemann habe nichts von den Medikamenten gewußt und habe sich sehr über ihren Zustand gewundert. Als sie dann eine Grippe bekommen habe, hätte sie die Tabletten abgesetzt. Acht Tage später sei es erneut zu einem Diebstahl gekommen. Zu dieser Zeit habe sie sich mit Selbstmordgedanken geplagt; bei einem Arzt habe sie unter dem Vorwand von Schlafstörungen nach Schlaftabletten gefragt, um sich das Leben zu nehmen. Der Gedanke an ihren Ehemann habe sie jedoch davon abgehalten.

1993 sei ebenfalls im Zusammenhang mit ihrer Delinquenz ein psychiatrisches Gutachten erstellt worden, welches sie als voll schuldunfähig beschreibe.
Seit Juli 1995 sei sie Mitglied der Selbsthilfegruppe, die stabilisierend wirke. M. erklärt, daß sie vielleicht weniger Diebstähle begangen hätte, wenn sie eine derartige Therapie vorher begonnen hätte.
M. erscheint sehr anhänglich, zeigt während des Gespräches Fotos, lenkt von dem eigentlichen Thema ab, indem sie sehr ausführlich über Geschehnisse in ihrem Leben berichtet (Kriegserfahrungen, Tod ihres Mannes o.ä.). Man gewinnt den Eindruck, daß sie einen zum Bleiben überreden möchte; sie weint während des Gespräches, als die Sprache auf ihren verstorbenen Ehemann kommt.

2.1.2. Delinquenzbereich

2.1.2.1. Frühere Straftaten, Verurteilungen und Strafverbüßungen

Den ersten Diebstahl habe sie in der Schule begangen, wobei ihre Mutter von der Klosterschule informiert worden sei. Als einzige *„deliktische Handlung“ im Kindesalter* läßt sich hier wegen der mangelnden Zielstrebigkeit und Vielseitigkeit sowie aufgrund der Tatsache, daß von einer über einen längeren Zeitraum begangenen Delinquenz nichts bekannt ist, keine Gefahr der kriminellen Verfestigung erkennen.

Wann die nächsten Taten begangen wurden, ist nicht bekannt. M. gibt jedoch an, daß es 1961 nach der Totgeburt „verstärkt“ zu Diebstählen gekommen sei, gleiches den Zeitraum nach ihrer Unterleibsoperation 1974. Seit diesem Zeitpunkt seien die sonst phasenweise auftretenden Diebstähle nicht mehr abgeklungen. Als sie ca. 1978 entdeckt worden sei, habe sie sich nervenärztlich untersuchen lassen, es wurden ihr die stark ermüdenden Tabletten verschrieben, nach deren Absetzen sie acht Tage später wiederum einen Diebstahl beging. Sie habe durchgehend Diebstähle begangen, teilweise täglich, dann wieder zwei oder drei Wochen nicht.
In der Regel habe sie Geldstrafen bekommen. Als sie vor dem Tod ihres Ehemannes erneut eine Sache weggenommen, dann aber wieder zurückgelegt habe, sei sie dennoch entdeckt worden. Ihr Rechtsanwalt habe ihr geraten, alles ihr zur Last gelegt zuzugeben, da es „dann schneller gehe.“ Er habe im Rahmen der Gerichtsverhandlung nicht einmal die Urteilsverkündung (acht Monate Freiheitsstrafe auf Bewährung) abgewartet. Nach Ablauf der Bewährungszeit sei sie erneut gefaßt worden, ihr Mann sei zu diesem Zeitpunkt bereits tot gewesen; in diesem Verfahren sei jedoch das psychiatrische Gutachten erstellt worden, welches sie für voll schuldunfähig erklärte. Man habe ihr in diesem Fall die Rechtsanwaltskosten erstattet.

Die Taten seien nicht geplant und u.a. abhängig von der Häufigkeit der Stadtbesuche gewesen. Sie habe erst im Laden an das Stehlen gedacht, wie eine spontane Idee sei ihr der Gedanke gekommen, etwas einzustecken. Sie habe sich nie beherrschen können. Wenn sie die Sachen genommen hätte, habe sie ein befriedigendes Gefühl verspürt („Das besitze sich jetzt.“). Gleichzeitig habe sie jedoch auch Angst gehabt; teilweise habe sie darüber nachgedacht und die Dinge wieder zurückgelegt. Wirklich zufrieden sei sie erst gewesen, wenn sie den Laden verlassen hätte. Häufig habe sie die Objekte nicht brauchen können und zu Hause im Keller unter Kisten gestapelt; so habe sie dort drei Stangen Zigaretten und Brandwein gelagert, obwohl weder sie noch ihr Mann geraucht oder getrunken hätten. Die Sachen seien teilweise verdorben. Für die Diebstähle habe sie keine Entschuldigung, schließlich lebe sie in geordneten Verhältnissen.

2.1.2.2. Letzte Tat(en)

Seitdem sie die Selbsthilfegruppe (Juli 1995) besuche, sei sie noch zweimal beim Stehlen von Zeitungen und Illustrierten entdeckt worden, die Verfahren seien jeweils ohne Auflagen eingestellt worden. Ihren letzten Diebstahl habe sie 1997 begangen, als sie Nähseide weggenommen habe. Jetzt habe sie mehr Ruhe; der Drang, etwas mitzunehmen, sei geringer geworden, die Angst vor einem neuen Diebstahl bleibe jedoch.
Die letzten Taten reihen sich ohne größere Unterschiede in die vorhergehende Delinquenz ein, wenn auch die Intensität offensichtlich nachgelassen hat.

2.1.2.3. Analyse des Delinquenzbereichs

Bezüglich der Zielstrebigkeit der Diebstähle ist folgendes festzustellen:
Angesichts der praktisch durchgehenden Delinquenz kann hier nicht jeder Tatentschluß in Zusammenhang mit einer außergewöhnlichen Stimmungslage oder einer Konfliktsituation gebracht werden. Allerdings ist auffällig, daß unter den vorgenannten Umständen zumindest eine Verstärkung der Delinquenzintensität stattfand. Im einzelnen kann dies bei dem Erlebnis der Totgeburt und der Unterleibsoperation festgestellt werden.
Eine Planung im eigentlichen Sinne hat offensichtlich nicht stattgefunden, indes hatte M. wohl das Bewußtsein, daß es wahrscheinlich zu einer Tat kommen würde. Die Angabe, erst spontan im Geschäft auf die Idee eines Diebstahls zu kommen, ist so gesehen unglaubwürdig, betrachtet man die Häufigkeit der Straftaten. Jedoch hat M. trotz des Bewußtseins, möglicherweise zu stehlen, keinen Plan gefaßt, in dem Tatort, Tatobjekt o.ä. bereits festgelegt wurden. Von einer gänzlich unüberlegten, naiven Vorgehensweise kann bei M. nicht gesprochen werden. Im Verhältnis der begangenen zu den entdeckten Taten ist sie sehr sel-

ten auffällig geworden; teilweise hat sie die Dinge auch wieder zurückgelegt. Andererseits fehlte es an einer zweckorientierten Ausführung eines Tatplanes unter Anstreben des Taterfolges mit allen Mitteln. Gegen die Annahme einer erhöhten Zielstrebigkeit spricht die Tatsache, daß M. für die Diebstahlsobjekte zumindest teilweise keinerlei Verwendung hat, die Sachen nutzlos hortete und verderben ließ.

Insgesamt läßt sich festhalten, daß es im vorliegenden Fall über einen sehr langen Zeitraum (Minimum dreißig Jahre) zu regelmäßigen Diebstählen gekommen ist, wobei eine intensive Delinquenz praktisch ohne diebstahlsfreie Zeiten von 1974 bis 1995 anzunehmen ist. Die Diebstähle unterscheiden sich zwar, wie oben dargelegt, von typischen zielstrebig durchgeführten Taten; allein von der Häufigkeit her ist hier dennoch eine kriminelle Verfestigung zu bejahen. Eine derartige Verfestigung mag zwar in letzter Zeit abgeschwächt, jedoch nicht abgeklungen seien; schließlich liegt nach Angaben der M. der letzte Diebstahl erst ein halbes Jahr zurück. Die Entwicklungstendenz hat sich hier verlangsamt, ohne gänzlich zum Stillstand gekommen zu sein.

2.2. Analyse des Lebensquerschnitts

(Als Querschnittintervall soll in der Folge der Zeitraum 1997 vor dem letzten Diebstahl beleuchtet werden; das Ergebnis kann im übrigen auf die Zeit vor den vorangehenden Diebstählen 1996 übertragen werden.)

2.2.1. K-Kriterien

Eine *Vernachlässigung des Arbeits- und Leistungsbereichs* kann bereits mangels Berufstätigkeit in dieser Zeit nicht bejaht werden. Die *Vernachlässigung familiärer und sonstiger Pflichten* liegt ebensowenig vor, insbesondere weil auch in diesem Bereich derartige Pflichten schon aus Altersgründen für M. praktisch nicht mehr bestehen. Aber auch im Rückblick läßt sich dieses Kriterium nicht vorfinden.

In gleichem Maße kann das Merkmal des *fehlenden Verhältnisses zu Geld und Eigentum* verneint werden, da M. in geordneten Verhältnissen lebt und sich rechtzeitig eine angemessene Altersversorgung gesichert hat. Die Zustände in ihrem Wohnbereich lassen keinesfalls auf einen sorglosen Umgang mit Eigentum schließen.

Mangels offener, ungeplanter Abläufe ist auch ein *unstrukturiertes Freizeitverhalten* vorliegend nicht anzunehmen; wenn es zu einer Freizeitgestaltung kommt, dann ist diese, soweit außerhäusig, nicht spontan, sondern organisiert. Gleiches gilt für die Vergangenheit.

In Betracht kommt allerdings das Kriterium der *fehlenden Lebensplanung*. Zwar besteht der Wunsch nach einem ausgefüllten Leben und die Suche nach Kontakten, diese realisieren sich jedoch nicht. Bei M. ist eine gewisse Resignation festzustellen, die die weitere Lebensplanung erschwert. Im Rückblick betrachtet kann jedoch eine derartige Tendenz nicht angenommen werden, so daß im Ergebnis das Kriterium abzulehnen ist.
Ein *inadäquat hohes Anspruchsniveau* ist nicht gegeben.
Das Kriterium einer *paradoxen Anpassungserwartung* betreffend ist anzumerken, daß M. tatsächlich im Querschnittintervall die Tendenz zeigt, die Schuld für ihre schwierige Lage in den Umständen, namentlich den Tod ihres Mannes sowie die selten präsenten Kinder, zuzuschreiben, wobei zu beachten ist, daß sich diese Situation tatsächlich erschwerend auswirkt und typischerweise bei älteren Menschen zu Problemen führt. Im Ergebnis ist daher das Kriterium zu verneinen.
Des weiteren besteht bei M. weder *die Forderung nach Ungebundenheit,* noch liegt ein *übermäßiger Alkoholkonsum* vor.

2.2.2. D-Kriterien

Rückblickend kann bei M. die *Erfüllung sozialer Pflichten* bejaht werden; Im Querschnitt ist dieses Kriterium mangels vergleichbarer Pflichten wenig aussagekräftig.
Ein *adäquates Anspruchsniveau* besteht ebenso wie die *Gebundenheit an eine geordnete Häuslichkeit*. M. zeigt in Bezug auf materielle Ansprüche keine Unzufriedenheit (und tat dies auch nicht in der Vergangenheit); gleichzeitig ist für sie der Wohnbereich von großer Bedeutung, da sie viel Zeit in Haus und Garten verbringt und diesen Bereich entsprechend pflegt.
Aufgrund der 1974 aufgegebenen Berufstätigkeit kann das Kriterium des *Arbeitseinsatzes und der Befriedigung bei der Berufstätigkeit* nicht herangezogen werden.
Das D-Kriterium des *realen Verhältnisses zu Geld und Eigentum* ist ebenfalls gegeben, wie sich aus der finanziellen Absicherung der M., die auch rückblickend ausreichend Vorsorge getroffen hat, ergibt. Hinweise auf übermäßige Schulden oder Ausgaben im Querschnittintervall liegen nicht vor.
Von einer *produktiven Freizeitgestaltung* oder einem *persönlichen Engagement für personale und Sachinteressen* kann bei M. nicht ausgegangen werden, eher fehlt es seit dem Tod ihres Mannes an Hobbys oder ähnlichen Interessen, die mit Nachdruck verfolgt werden. Wie auch bei den anderen Kriterien ist in diesem Zusammenhang jedoch das Alter der M. zu berücksichtigen.
Als *tragende menschliche Bindung* ist in der Rückblende zumindest ihr Ehemann anzusehen, im Querschnittintervall wird dieses Kriterium allerdings mangels tragfähiger Beziehungen zu verneinen sein. In Betracht kommen hier die

Tochter und die Enkelin, die jedoch nach Ansicht der M. zu wenig Kontakt halten und ihr eigenes Leben führen.

2.3. Relevanzbezüge und Wertorientierung

2.3.1. Relevanzbezüge

Während M. vor ihrer Eheschließung im wesentlichen mit dem Überleben als alleinerziehende Mutter beschäftigt war, rückt in der Folge als ein zentraler Bezug die Beziehung zu einer anderen, nahestehenden Person in den Vordergrund. Diese von Ehemann und Kind ausgefüllte Rolle läßt momentan eine Lücke entstehen, die die eigene Familie nicht zu schließen vermag. Bekannte und Freunde sind nicht vorhanden oder stehen M. zumindest nicht nahe genug, um die sich seit 1990 entwickelnde Vereinsamung zu stoppen. Unterstützt wird diese Tendenz durch die nur noch geringere Verantwortung in Beruf und Familie. Ausdruck dieser Entwicklung ist die ständige Suche nach Kontakt, die nicht selten enttäuscht wird, und die im Gespräch starke Betonung ihrer Einsamkeit. So erklärte sie, daß sie sich schon frage, „wozu das alles noch gut sei, jetzt, wo sich keiner mehr für sie interessieren würde." Es handelt sich hierbei um einen *Mangel* an (positiven oder negativen) Relevanzbezügen.

2.3.2. Wertorientierung

Von Beginn ihrer Jugend an war es für M. eine Selbstverständlichkeit, Verantwortung zu tragen (so bereits für den elterlichen Haushalt, die Berufstätigkeit, die Rolle der alleinerziehenden Mutter usw.). Sie führt ein bürgerliches und geordnetes Leben, in dem es auch nach Schicksalsschlägen nicht zu größeren Verfehlungen kam. Somit verwirklicht M. die von ihr als selbstverständlich angesehenen Wertevorstellungen und weist äußerlich gesehen eine gewisse Stetigkeit in dieser Hinsicht auf.

3. Kriminologische Diagnose

3.1. Die Bezugskriterien der Kriminologischen Trias

Im *Lebenslängsschnitt* kann eine diagnostische Zuordnung zu der Kategorie der *kontinuierlichen Hinentwicklung zur Kriminalität* nicht erfolgen, da in der Kindheit und Jugend der M. keine K-idealtypischen Verhaltensweisen auftreten. Ebensowenig liegen die eine *Hinentwicklung zur Kriminalität im Heranwachsenden- und Erwachsenenalter* kennzeichnenden K-idealtypischen Verhaltens-

muster im Leistungs- und Freizeitbereich vor, nachdem eine Loslösung vom Elternhaus stattfand.
Gegen die Einordnung der Delinquenz als *Kriminalität im Rahmen der Persönlichkeitsreifung* spricht, daß es sich hier gerade nicht um eine vorübergehend auftretende Auffälligkeit handelt, die in irgendeiner Weise als entwicklungsspezifisch beschrieben werden kann. Zudem fehlt es an einem K-idealtypischen Freizeitverhalten.
Die *Kriminalität bei sonstiger sozialer Unauffälligkeit* ist unter dem Gesichtspunkt des D-idealtypischen Lebenslängsschnitts bei M. durchaus passend; gleichzeitig fehlt es an einer kriminovalenten Konstellation im Lebensquerschnitt; vielmehr liegen einige der D-Kriterien vor. Allerdings entspricht die Grundhaltung der M. im Hinblick auf die auch im Rahmen der Delinquenz wirkende Wertorientierung nicht den Anforderungen, die an die hier in Frage stehende Kategorie gestellt werden. Bei M. findet sich keine, und schon gar nicht eine einseitige Betonung von Bezügen wie Gewinnstreben oder Eigennutz; die Vorteile der Straftat sind nicht unmittelbar, teilweise noch nicht einmal mittelbar (wie sich an dem Horten oder Liegenlassen der Diebstahlsobjekte zeigt) intendiert. Zu einer für diese Kategorie typischen Bagatellisierung der Taten kommt es ebenfalls nicht.
Zu prüfen ist nun die Bewertung der Delinquenz als *krimineller Übersprung*. Im Lebenslängsschnitt betrachtet führt M. ein sozial weitgehend unauffälliges Leben; es finden sich über alle Lebensbereiche hinweg keine K-idealtypischen Verhaltensmuster. Gleichzeitig besteht im Lebensquerschnitt zwar keine kriminoresistente Konstellation, drei der entscheidenden Kriterien (Adäquates Anspruchsniveau, Gebundenheit an eine geordnete Häuslichkeit und ein reales Verhältnis zu Geld und Eigentum) sind aber zu bejahen. Die sonstigen D-Kriterien sind überwiegend nicht existent, allerdings ist zu beachten, daß das Fehlen einiger Kriterien aufgrund des Alters der M. nicht aussagekräftig ist. Im Rahmen der Relevanzbezüge und der Wertorientierung scheint M. zumindest oberflächlich betrachtet ein gefestigtes Leben zu führen. Unter kriminologischen Gesichtspunkten stellt die Straffälligkeit der M. daher einen „Bruch“ in der sonstigen Lebensführung dar; die Delinquenz ist somit kriminologisch nicht zu erwarten. Darüber darf auch nicht hinwegtäuschen, daß die Häufigkeit der Delikte dazu führt, daß der nächste Diebstahl „wahrscheinlich“ und damit in gewisser Weise vorhersehbar erscheinen mag. Dieser Schluß beruht allein auf der Regelmäßigkeit der Straftaten; das Verhalten in den sonstigen Lebensbereiche in der idealtypisch-vergleichenden Einzelfallanalyse lassen diese Erkenntnis nicht zu.

3.2. „Besondere Aspekte" im Leben des Täters

Ein externer Aspekt, der für M. sicherlich im Mittelpunkt stand, war die Ehe, die bis 1990 andauerte. Die enge Beziehung zu ihrem Ehemann, der sie auch im Rahmen ihrer Diebstahlstaten unterstützte und mit dem sie vor allem den Hauptteil ihrer (Frei-)Zeit verbrachte, konnte zwar die Delinquenz nicht verhindert. Sie sorgte jedoch für eine gewisse Stabilität in den anderen Lebensbereichen, insbesondere nach Schicksalsschlägen wie dem verlorenen Kind, der schweren Operation o.ä. Nach seinem Tod entstand hier eine Lücke, die bis heute nicht ausgefüllt werden konnte (siehe hierzu 4.1.).

Wiederkehrende Reaktionen (u.a. in Form von Diebstählen) sind bei M. im Falle von realen Verlusten oder Verlustgefühlen zu beobachten.
Die erste deliktische Handlung wurde in der Kindheit verübt, die für M. durch das Fehlen mütterlicher Zuwendung geprägt war. Eine Verstärkung der Delinquenz ist bei dem nächsten einschneidenden Erlebnis der Totgeburt zu erkennen, die wiederum einen Verlust darstellt, für den M. sich zusätzlich verantwortlich fühlt. Gleiches gilt für den Zeitraum nach der Operation, im Rahmen derer die Gebärmutter der M. entfernt werden mußte. Hier tritt der Verlust in zweierlei Hinsicht auf; zum einen ist nun endgültig die selbstverständlich schon altersbedingt nicht mehr in Betracht kommende Mutterschaft unmöglich geworden. Zum anderen verändert sich das Verständnis der Weiblichkeit dahingehend, „keine echte Frau mehr zu sein", was sich im Sexualleben der Eheleute widerspiegelt. Ab diesem Zeitpunkt ist M. durchgängig delinquent. Der letzte von M. zu ertragende Verlust ist schließlich der Tod ihres Ehemannes, dessen Einfluß auf die bis dato verübten Straftaten nicht festgestellt werden kann, da diese wie gesagt bereits Jahre vorher ohne größere Pausen verübt wurden, woran sich auch nach dem Tod nichts änderte. Dieses Ereignis ist vielmehr im Rahmen der Prognose im Zusammenhang mit den sonstigen stabilisierenden Faktoren in den anderen Lebensbereichen zu untersuchen.
Nicht gewertet werden können die frühe versuchte Vergewaltigung sowie der 1993 diagnostizierte, zur Schuldunfähigkeit führende psychopathologische Befund

4. Folgerungen

4.1. Folgerungen im Blick auf die Prognose

Die *typische* Prognose im Rahmen des kriminellen Übersprungs ist günstig, wenn auch hier ein besonderes Augenmerk auf die *individuelle* Basisprognose gerichtet werden muß.

Unter Berücksichtigung der „besonderen Aspekte" erweist sich das Bestehen einer tragenden menschlichen Bindung oder zumindest sonstiger Kontakte, die im Alltag der M. wirksam werden, als stabilisierend, so ehemals die Beziehung zu ihrem Ehemann. Derartige Kontakte sind im Moment jedoch nicht gegeben; M. leidet zunehmend unter dem Gefühl der Vereinsamung. Die für die Prognose entscheidende Situation momentan stellt sich so dar, daß die Kinder, die durchaus ein adäquater Bezugspunkt waren und sein könnten, sich bereits von zu Hause gelöst haben. Die Tochter ist selbst bereits Großmutter; die Bereitschaft, einen engen Kontakt (z.B. durch Einzug in das Haus) aufzubauen besteht seitens der Kinder nicht. Sonstige Bekannte, wie beispielsweise das Ehepaar in Österreich, auf das M. sehr viel wert zu legen scheint, sind bereits räumlich zu weit entfernt und können alleine aufgrund des Altersunterschiedes kein geeignetes Substitut darstellen. Auch die nachbarschaftlichen Kontakte scheinen keine ausreichende Basis bilden zu können. Die Vereinsamung verbunden mit einer empfundenen Sinnentleerung und das Gefühl, über den Verlust des Mannes nicht hinwegzukommen, führen zu einer Verschlechterung der individuellen Prognose.

Hinzu kommt, daß es hier offensichtlich noch nicht zu einer aktiven Verarbeitung von Schicksalsschlägen bzw. von traumatischen Erlebnissen gekommen ist, so daß sich ein Befund im Sinne des § 20 StGB hat entwickeln können. Die Häufigkeit der Diebstähle zumindest bis 1995 fördern die Zweifel an einer günstigen Prognose noch.

Bezüglich der bis jetzt angeordneten Sanktionen ist festzuhalten, daß die Geldstrafen und selbst Bewährungsstrafen nicht zu einer Verbesserung der Situation geführt haben. Die Gruppentherapie hat nach Aussage der M. eine stabilisierende Wirkung; jedoch kam es nach wie vor zu Diebstählen - M. wurde in dieser Zeit zweimal entdeckt - , wenn auch offensichtlich nicht mehr derartig gehäuft. Eine vollständige Rückfallvermeidung ließ sich bis dato nicht erreichen.

4.2. Folgerungen im Blick auf Einwirkung und Behandlung

Die Schwierigkeit bezüglich der Einwirkungsmöglichkeiten auf M. liegen u.a. darin begründet, daß der neben den psychischen Befunden wichtigste externe Aspekt, hier der fehlende soziale Kontakt, nur schlecht von außen her beeinflußt werden kann.

Bezüglich der therapeutischen Einwirkung erscheint der weitere Besuch der Selbsthilfegruppe für M. zwingend erforderlich. Zum einen besteht hier - wie oben bereits dargelegt - die Chance, zumindest in gewissem Maße die Situation für M. bereits durch die Treffen selbst und das Bewußtsein, dort Menschen zu treffen, zu verbessern. In diesem Rahmen könnten sich Möglichkeiten auftun, dauerhafte Kontakte zu gleichaltrigen Frauen aufzubauen. Zum zweiten kann die Gruppentherapie bei entsprechendem Zeitaufwand zur Aufarbeitung der Vergangenheit und damit zur Beseitigung der psychischen Instabilität beitragen. Gleichzeitig bedarf es einer Beobachtung in Bezug auf mögliche Verschlechterungen, wobei die Kontrollfunktion im Rahmen einer Gruppentherapie selbstverständlich von der Bereitschaft des jeweiligen Probanden abhängt, sich dieser Kontrolle zu unterziehen. Die Häufigkeit der Diebstähle bedürfen eigentlich einer stärkeren Einwirkung, da M. bereits während des Gespräches den Eindruck hinterließ, sie wolle wenn möglich das Thema Straffälligkeit aussparen, was in einer Gruppentherapie besser möglich ist als in einer Einzeltherapie. Wie bereits angedeutet, sind die Konflikte möglicherweise lediglich verdrängt und nicht aufgearbeitet. Zweifelhaft ist jedoch, ob M. die Bereitschaft zeigt, eine intensivere Behandlung womöglich auch innerhalb der Gruppentherapie zu unterstützen, da der Leidensdruck momentan nicht stark genug erscheint. Eine Entscheidung über die weitere therapeutische Behandlung muß jedoch Fachleuten überlassen bleiben.

Insgesamt ist festzuhalten, daß auch bei Fortsetzung der Gruppentherapie wie bisher ein Rückfall nicht unwahrscheinlich erscheint. Die Prognose ist daher ungünstig, ohne daß sich hieraus ergibt, daß bei einer weiteren intensiven Einwirkung eine Rückfallvermeidung ausgeschlossen ist.

II. Ergänzungen

Wie sich im September 1998 (also drei Monate nach dem Interview) herausstellte, war M. seit dem Diebstahl Mitte 1997, den sie als letzte Tat angegeben hat, noch dreimal rückfällig geworden, davon einmal an Heiligabend 1997, den sie alleine verbracht hatte. M. hatte die erneuten Taten der Selbsthilfegruppe verschwiegen. Im Zusammenhang mit diesen Diebstählen ist nun eine Begutachtung geplant; gleichzeitig wird im Rahmen der Selbsthilfegruppe versucht, den Kontakt zwischen anderen Gruppenmitgliedern und M. zu intensivieren.

Nach einem erneuten Gespräch mit der Leiterin der Selbsthilfegruppe im April 1999 wurde bekannt, daß es nach den Taten im Winter 1997 zu keinem Rückfall mehr gekommen ist. Wegen dieser letzten Diebstähle wurde M. nochmals begutachtet mit dem Ergebnis einer hochgradigen Depression. Sie leide unter Schuldgefühlen, da sie die einzige in der Gruppe sei, die rückfällig geworden ist. Die verschriebenen Medikamente vertrug M. zunächst nicht, ein neues Präparat schlägt mittlerweile gut an. M. befand sich zuletzt mehrere Wochen in Kur.

Hier hat sich die an sich ungünstige Prognose bestätigt. Positiv wirkt sich jedoch jetzt die Behandlung der Depression aus.

N. Probandin 8

I. Methode der idealtypisch-vergleichenden Einzelfallanalyse

1. Übersicht zum Lebenslauf

Februar 1926	Geburt
1932 bis 1936	Besuch der Volksschule
ca. 1934	erster Diebstahl
1940	Tod des Vaters
1946	Schwangerschaft
1947	Heirat, Geburt des Sohnes
ca. 1950	Auszug aus dem Elternhaus
1955	erste große Auseinandersetzung mit ihrem Ehemann; Versöhnung und Umzug; Tätigkeit in Schreinerei
1956	Schwangerschaft; Aufgabe der Arbeit
1957	Geburt der Tochter
1963	Scheidung; Unterbringung der Tochter im Waisenhaus; Arbeit bei einer Elektrofirma
1964	Arbeit bei einem Autohersteller; Umzug
1965	zweiter Diebstahl
1968	dritter Diebstahl
1972	vierter Diebstahl

1982	fünfter Diebstahl, erste Verurteilung
1985	Aufgabe der Berufstätigkeit
1986	sechster Diebstahl
1988	siebter Diebstahl; Suizidversuch; zweimonatiger Aufenthalt in der Psychiatrie
Januar bis April 1989	dreimonatiger Aufenthalt in der Psychiatrie;
Oktober bis November 1989	zweimonatiger Aufenthalt in der Psychiatrie; seitdem ambulante Arbeitstherapie
Dezember 1990	achter Diebstahl
April 1992	neunter Diebstahl
August 1994	zehnter Diebstahl
seit 1995	Besuch der Selbsthilfegruppe
Anzahl der registrierten Eintragungen wegen Diebstahls	mindestens 5

2. Analyse der Erhebungen[467]

2.1. Analyse des Lebenslängsschnitts

2.1.1. Verhalten in den einzelnen Lebensbereichen

2.1.1.1. Erziehung im Kindes- und Jugendalter

R. gibt an, im Februar 1926 als zweitjüngste Tochter von fünf überlebenden Geschwistern geboren worden zu sein. Ihr Vater sei Maurer gewesen, ihre Mutter Hausfrau. Von den insgesamt elf geborenen Kindern hätten nur sie, drei Schwestern und ein Bruder überlebt. Sie sei in sehr ärmlichen Verhältnissen

[467] Den Erhebungen liegt ein Gespräch mit der Probandin vom 7.12.1998 zugrunde; im übrigen lagen die Ermittlungsakten aus den Jahren 1986 bis 1994 vor.

aufgewachsen, da ihr Vater als Maurer nicht viel verdient habe. Die Familie hätte noch etwas Landwirtschaft betrieben, wobei die Kinder allesamt hätten mithelfen müssen. Sie habe häufig morgens vor der Schule arbeiten müssen; nachts sei der Vater mit den Kindern und einem Schubkarren eine Stunde über die Felder gelaufen, um von den reicheren Bauern etwas Holz zusammenzusuchen, damit der Vater hiervon Körbe flechten hätte können. Dies sei sehr unangenehm gewesen, aber ihre Mutter habe sie häufig gebeten mitzugehen, da sie sonst mit dem Geld nicht auskommen würden. Die Nachbarn seien nicht gut auf den Vater zu sprechen gewesen; wie sie später erfahren habe, hätte ihr Vater bereits einmal ein halbes Jahr im Gefängnis gesessen, weil er fremde Baumstümpfe gefällt habe. Die Armut sei sehr schlimm gewesen, man könne sich das heute gar nicht mehr vorstellen.
Ihre Eltern seien eigentlich nicht streng gewesen, aber sie hätte eben sehr viel arbeiten müssen. Schläge habe sie von ihren Eltern nicht bekommen. Sie habe eine schöne Kindheit gehabt (in einem Gutachten gab sie an, eine sehr schwere Kindheit gehabt zu haben), gerade in besseren Jahren hätte dann ein Schwein geschlachtet werden können. Ihre Mutter habe hiervon nie etwas gegessen, sondern behauptet, sie vertrage kein Fleisch, nur damit die Kinder genug zu essen gehabt hätten.
Ihre Geschwister seien irgendwann weggezogen. Eine Schwester sei „auf Stellung gegangen" und habe ab und an Geld nach Hause geschickt; die andere habe die Handelsschule besucht und ihr Bruder sei in die Lehre gegangen. 1940 habe ihr Vater den ersten Schlaganfall erlitten und sei halbseitig gelähmt gewesen, so daß ihre Mutter ihn gepflegt habe. Ihre Schwester sei in diesem Zusammenhang nach Hause zurückgekehrt, und die drei Geschwister hätten die Feldarbeit erledigt. Ihr Vater sei noch in diesem Jahr ein einem erneuten Schlaganfall gestorben.
1946 sei das Elternhaus abgebrannt; sie hätten noch die Hälfte des Hausrates mitnehmen können und seien dann bei Nachbarn untergekommen. Sie habe jeden Tag betteln gehen müssen.

Das Verhalten der R. weist in ihrer Kindheit und Jugend eindeutig zum D-idealtypischen Pol. R. gehorcht ihren Eltern und fügt sich vollständig in das Familienleben ein. Auffällig ist die Übernahme von Pflichten, die über die - heute und damals - altersgemäßen Anforderungen hinausgehen. Sie sieht die Notwendigkeit ihrer Mithilfe ein und wehrt sich trotz der nicht unbedeutenden Belastungen nicht dagegen.

2.1.1.2. Aufenthalts- und Wohnbereich

Sie habe über ihre Hochzeit hinaus auf dem Hof ihrer Eltern gelebt; als dieser 1946 abbrannte, hätten sie zwischenzeitlich bei Nachbarn gewohnt und das Hause wiederaufgebaut. Ihr Mann sei nach ihrer Hochzeit 1947 mit auf den Hof gezogen. Einige Jahre später hätten sie sich eine eigene Wohnung gesucht. Nach einem heftigen Streit mit ihrem Ehemann 1995 seien sie einige Monate später in eine größere Wohnung gezogen, die er ausgesucht habe. Die Wohnung habe im fünften Stock gelegen und sie habe hochschwanger immer Treppen steigen müssen. Ein Jahr nach ihrer Scheidung sei sie mit ihren beiden Kindern in eine Drei-Zimmer-Wohnung gezogen. Nachdem ihr Sohn ebenfalls ein Jahr später ausgezogen sei, sei die Wohnung zu groß geworden und sie habe ihre jetzige Eigentumswohnung erworben, in der sie noch einige Jahre mit der Tochter zusammengelebt habe. Hierbei handelt es sich um eine kleine, gemütlich eingerichtete und ordentliche Zwei-Zimmer-Wohnung in einem Hochhaus. Die Einrichtung ist älter aber gepflegt, es finden sich verschiedene Erinnerungs- und Sammelstücke darin. R. erklärt, sie sei sehr gerne alleine in der Wohnung. Die Wohnungswechsel hätten innerhalb derselben Gegend stattgefunden.

R. wuchs in ihrem Elternhaus, das für sie das Zuhause darstellte, ohne Unterbrechungen auf und verließ dieses selbst nach der Hochzeit nicht, um auf dem elterlichen Hof zu arbeiten. Erst Jahre nach der Eheschließung folgt ein Umzug in eine eigene Wohnung. Die folgenden Umzüge werden geplant durchgeführt und erfolgen aus vernünftigen Gründen wie Platzmangel o.ä. Eine Einbettung in die Umgebung ist bis 1985 durch die Arbeitsstätte und seit 1989 durch die tägliche, ambulante Therapie gegeben. Die Wohnung dient als Zuhause, in dem sich R. wohlfühlt. Insgesamt läßt sich daher eine D-idealtypische Ausprägung erkennen.

2.1.1.3. Leistungsbereich

R. sei zur Volksschule gegangen, in der sie sich jedoch oft ausgestoßen gefühlt habe. Sie habe immer die aufgetragenen Kleider ihrer Geschwister angehabt, während die anderen Kinder modern gekleidet gewesen seien, weswegen sie gehänselt worden sei. Die anderen hätten sich auch gutes Essen kaufen können, sie hingegen habe immer nur ein Brot mitbekommen. Nach der Schule habe sie keine Ausbildung absolviert, da sie in der Landwirtschaft habe helfen müssen. 1955 habe sie dann begonnen, in einer Schreinerei zu arbeiten, was sie jedoch nach zehn Monaten wegen ihrer Schwangerschaft habe aufgeben müssen. Nach ihrer Scheidung, im Rahmen derer sie einen Unterhaltsverzicht für sich erklärt habe, habe sie ihr Tochter in ein Waisenhaus gegeben, um selbst etwas zu verdienen. Ihr ehemaliger Mann habe 80 DM für den Sohn und 140 DM für die Tochter zahlen müssen, das Heim habe jedoch bereits 500 DM im Monat gekostet. Das Geld habe „hinten und vorne nicht gereicht." Ein Jahr habe sie in einer Elektrofirma Schalter überprüft, wobei der Verdienst so schlecht gewesen sei, daß ein Bekannter sie bei einem Autohersteller untergebracht habe. Von 1964 bis 1985 habe sie dann dort in der Lackierei als Schichtarbeiterin gearbeitet. Aus dem

Gutachten ergab sich die im Rahmen der Fremdanamnese festgestellte Äußerung, daß R. wegen ihrer Zuverlässigkeit und Korrektheit im Betrieb geschätzt worden sei. Seitdem sie diese Stelle angetreten hätte, hätte sie keine finanziellen Probleme mehr gehabt. Wie sich aus den Akten feststellen ließt, erhielt R. zwischen 1985 und 1987 Arbeitslosenunterstützung in Höhe von ca. 1000 DM monatlich, danach wurde ihr eine monatliche Rente von ca. 1100 DM ausbezahlt. Die erworbene Eigentumswohnung ist schuldenfrei. Ihre Kinder sind finanziell von ihr unabhängig.

Bezüglich der *Ausbildung* ist hier festzuhalten, daß diese nicht aus fehlendem Interesse unterblieb, sondern nicht alle Kinder von zu Hause fortgehen konnten, um die Landwirtschaft aufrechtzuerhalten. Die beiden jüngsten Kinder sind daher auf dem heimatlichen Hof geblieben. Somit liegt hier keine K-idealtypische Tendenz vor.

Gleiches gilt für die *Berufstätigkeit*. R. war von Kindesbeinen an Arbeit gewohnt und war nur in Zeiten der Kindererziehung nicht berufstätig. Die Arbeitsplatzwechsel erfolgten aufgrund einer Schwangerschaft und nicht ausreichender Bezahlung, wobei es R. nicht auf „das schnelle Geld" ankam, sondern sie nach der Scheidung gezwungen war, das Lebensnotwendige selbst zu verdienen. Danach wies sie ein 21jähriges Arbeitsverhältnis auf, welches sie im Alter von 59 Jahren auflöste. Ein besonderes Interesse an einer Weiterqualifikation ist bei R. nicht ersichtlich, wobei hier die ungünstigen Chancen mangels Berufsausbildung zu berücksichtigen sind. Entscheidend fällt in jedem Falle ins Gewicht, daß R. als alleinerziehende Mutter auch anstrengende Arbeiten wie die Schichtarbeit in der Lackierei verrichtete, um das finanzielle Einkommen der Familie zu sichern. R. ist im Besitz der Eigentumswohnung, von Schulden o.ä. ist nichts bekannt. Im Ergebnis ist auch im Leistungsbereich eine Annäherung an den D-idealtypischen Pol zu erkennen.

2.1.1.4. Freizeitbereich

In ihrer Kindheit und Jugend habe sie neben der Schule sehr viel auf dem elterlichen Hof gearbeitet. Über eine Freizeitgestaltung während ihrer Ehe und danach ist wenig bekannt. Sie habe sich um die Kinder kümmern müssen, obwohl sie sich mit 21 Jahren eigentlich zu jung gefühlt habe. Sie habe noch etwas erleben wollen, habe jedoch mit dem Kind nicht mehr weggehen können. R. beschreibt ihren Tagesablauf heute in der Form, daß sie zwischen 7 und 8 Uhr aufstehe, frühstücke, den Haushalt mache und einkaufen ginge. Nach dem Mittagessen sei sie von 13 bis 16 Uhr bei der Arbeitstherapie. Danach esse sie zu Abend und schaue fern o.ä.

R. schränkte ihre Freizeit von Kind auf zugunsten der Mitarbeit bei den Eltern ein. In der Folge entsteht der Eindruck, daß sie sehr wenig Zeit für sich hatte, sondern für den Haushalt und die Kinder da war. Während ihrer Berufstätigkeit hatte sie zumindest zu Beginn nur geringe Möglichkeiten, eine aktive Freizeitgestaltung auszuüben. Seit ein paar Jahren sind Tagesablauf und Freizeit geordnet. R. zeigte zu keinem Zeitpunkt Tendenzen, unüberschaubare oder unruhige Abläufe zu bevorzugen. Die Freizeit wird primär innerhäusig verbracht, wobei der Wohnbereich bewußt als Ort der Freizeitgestaltung ausgewählt wird. Das Verhalten läßt sich demnach eher dem D-idealtypischen Pol zuordnen.

2.1.1.5. Kontaktbereich

R. blieb lange bei ihren Eltern bzw. ihrer Mutter wohnen, um diese durch ihre Arbeitskraft zu unterstützen. Eine Loslösung fand erst nach der Heirat statt. Nachdem ihre anderen Geschwister mittlerweile verstorben seien, würde ihre Schwester sie jeden Sonntag besuchen kommen, beide würden auch Weihnachten und Sylvester gemeinsam feiern. Sie telefoniere ab und an mit ihrem Sohn, man sehe sich gelegentlich. Zu ihrer Tochter hätte sie früher mehr Kontakt gehabt; sie habe auch die Betreuung ihrer Kinder sichergestellt, wenn die Tochter habe arbeiten gehen müssen. Früher seien ihre Kinder und Enkelkinder jeden Sonntag vorbeigekommen. Jetzt sehe sie sie aber nur noch selten, da diese wegen ihrer Arbeit nicht viel Zeit hätten. Ab und zu besuche sie ihre Tochter, was jedoch nicht häufig geschehe, um ihr nicht zur Last zu fallen.

Auf die Frage nach einem Bekanntenkreis während ihrer Ehe erklärt R., sie habe „das noch nie so gemocht“, sie sei lieber alleine. Auch jetzt habe sie keinen Bekanntenkreis und lebe eigentlich sehr zurückgezogen. Da sie in die Arbeitstherapie, in der sie einen gewissen Sinn sehe, gehen würde, sei sie keinem anderen Verein beigetreten. Die Leute in der Arbeitstherapie seien sehr nett, private Kontakte pflege sie jedoch nicht, da ihr die gemeinsamen Nachmittage schon reichen würden.

Im Bereich der *schicksalhaften Kontakte* zeigte R. stets die Bereitschaft, sich in das Familienleben zu integrieren, und unterstützte die Mutter durch ihre Mithilfe und ihre Anwesenheit auf dem Hof, welche R. in gewisser Weise selbstverständlich erschien. Inwieweit R. nach ihrem Auszug Kontakt zu ihrer Mutter gehalten hat, ist nicht bekannt.

Die *selbstgewählten Kontakte* bestehen momentan in der Bindung an die Schwester, früher möglicherweise auch hinsichtlich der anderen Geschwister. Der Kontakt zu den Kindern ist zurückgegangen. Ansonsten pflegte R. auch in der Vergangenheit praktisch keine Kontakte zu Freunden. Insgesamt gibt es im

vorliegenden Fall D-idealtypische Tendenzen insbesondere im familiären Bereich, wegen der fehlenden sonstigen Kontakte entspricht das Verhalten der R. jedoch dem D-idealtypischen Pol nicht in ausgeprägter Weise. Gleichzeitig ist eine K-idealtypische Konstellation jedenfalls zu verneinen.
Über *sexuelle Kontakte*, die über das Eheverhältnis hinausgehen, gibt es keine Angaben.

2.1.1.6. Eigene Familie

Sie habe ihren Ehemann kennengelernt, als sie im Nachbardorf Lebensmittelmarken eingelöst habe und sie ihm dort aufgefallen sei. Nach und nach hätten sie dann Bekanntschaft geschlossen. Ihr Ehemann habe eine Lehre als Klempner begonnen, diese jedoch abgebrochen; später habe er bei demselben Autohersteller wie sie und in einem Möbelhaus gearbeitet. Sie sei sehr schnell schwanger geworden, woraufhin ihre Mutter gesagt habe, sie müsse heiraten. Im Alter von 21 Jahren habe sie eigentlich noch etwas erleben wollen, was jedoch als Mutter nicht möglich gewesen sei. Beide hätten zunächst auf dem Hof gelebt, ihr Mann habe auswärts gearbeitet.

Ihren Ehemann habe sie nur selten gesehen. Um nicht nach Hause kommen zu müssen, habe er als Jugendleiter u.ä. gearbeitet. Er habe immer „andere Frauen gehabt." Wenn sie sich darüber aufgeregt habe, habe er sie geschlagen und mißhandelt. Sie habe gehofft, daß er sich mit dem Alter ändern werde. Sie hätte bereits einmal die Scheidung eingereicht, aber ihr Mann habe sie überredet, diese rückgängig zu machen. Laut Aussage in den Akten trennte sich ihr Mann 1954 für ein Jahr von ihr und kam nur sporadisch in die Wohnung. R. erzählt im Interview, daß 1955 am Tag vor der Kommunion ihres Sohnes ihr Mann seine schmutzige Wäsche wieder einmal vorbeigebracht habe, um dann wieder zu gehen. Da sei sie „ausfällig" geworden, woraufhin er sie geschlagen habe. Am nächsten Tag sei er wieder gekommen und habe mit in die Kirche gedurft. A-bends habe er dann nicht gehen wollen, obwohl sie ihn zu seinem Zug geschickt habe. Er habe sie angefleht, sie sei jedoch standhaft geblieben. Dann sei er zu ihrem Sohn gegangen und habe diesem Selbstmord angedroht, wenn er die Mutter nicht überreden würde. Ihr Sohn habe gebettelt, daß sie ihm das an seinem wichtigen Tag nicht antun könne, so daß sie nachgegeben habe. Ihr Mann habe zu diesem Zeitpunkt bereits eine größere Wohnung ausgesucht, in die sie drei Monate später eingezogen seien. An dem Verhalten ihres Ehemannes habe sich jedoch nichts geändert. Er habe sich neben seiner Arbeit um Fußball, Jugendgruppen und das Rote Kreuz gekümmert, um nicht nach Hause kommen zu müssen. Bei der Entbindung ihrer Tochter 1957 sei er nicht bei ihr, sondern bei einer anderen Frau gewesen.

Jahre später habe eines Tages ein Mann vor der Tür gestanden und ihren Ehemann zu sprechen gewünscht. Er habe ihr erklärt, daß er ihren Mann mit seiner Ehefrau „inflagranti“ erwischt habe und daß er sich jetzt scheiden lasse. Das sei für sie der endgültige Beweis gewesen und sie sei direkt zu einem Rechtsanwalt gegangen. Dieser habe ihr erklärt, daß ihr Ehemann ihn ebenfalls als Anwalt in Anspruch nehmen wolle. Ihr sei das egal gewesen, da für sie nur eine kurze und schmerzlose Scheidung wichtig gewesen sei, damit alles vorbei und sie frei sei. Sie habe bezüglich ihrer Person den Unterhaltsverzicht erklärt, und 1963 seien sie geschieden worden. Die Kinder seien bei ihr geblieben, wobei sie die Tochter unter der Woche in das Waisenhaus habe geben müssen. Ihr Sohn sei nach seiner Lehre, die Tochter erst später ausgezogen. Die Tochter habe zuerst geheiratet, dann der Sohn; mittlerweile habe sie vier Enkelkinder. Beide Kinder hätten einen guten Beruf erlernt; ihr Sohn habe auch ein Haus bauen können. Sie habe nicht wieder geheiratet. Wie sich aus ihrer Aussage im Rahmen der Begutachtung ergibt, hat ihr Mann eine neue Ehefrau. Man sehe sich ab und zu auf Familienfeiern, wo man sich wie Fremde verhielte. Die Kinder hätten zu ihrem Vater noch ein ganz gutes Verhältnis und stünden eben zwischen den Fronten.

R. war nach ihren Aussagen noch nicht bereit, eine Ehe einzugehen, tat dies jedoch aufgrund der bestehenden Schwangerschaft. Besondere Vorbereitungen haben nicht stattgefunden, gleichzeitig waren Gemeinsamkeiten nicht von Bedeutung. Weder sie noch ihr Ehemann verfügten über eine abgeschlossene Ausbildung, so daß eine materielle Absicherung nicht garantiert war, ebensowenig hatten sie eine eigene Wohnung. Im Gegensatz zu ihrem Ehemann stellte sich R. allerdings auf das Eheleben ein, versorgte Kinder und Haushalt und verzichtete auf eigene Interessen, ohne daß sie hierfür von ihrem Ehemann Anerkennung erfuhr. Zusammen verbrachte Freizeit sowie ein neuer Bekanntenkreis fehlen, wobei hierfür die Verantwortung primär der Partner trug. Die Eheleute hatten durchgängig tiefgreifende Meinungsverschiedenheiten, so daß R. bereits nach ein paar Jahren die Scheidung einleiten wollte. R. zeigt durch ihre Anpassung an das Eheleben D-idealtypische Züge, insgesamt ist der Bereich der eigenen Familie jedoch eher dem K-idealtypischen Pol zuzuordnen, wobei der Ehemann derjenige ist, der in starkem Maße K-idealtypisches Verhalten an den Tag legt.

2.1.1.7. Alkohol- und Drogenkonsum

Auf einen auffälligen Konsum von Alkohol oder anderen Drogen gibt es keine Hinweise.

2.1.1.8. Körperliche und psychische Verfassung/Therapie

2.1.1.8.1. Feststellungen aufgrund des Interviews

R. gibt an, sich 1988 einer Unterleibsoperation unterzogen zu haben. Sie leide seit einigen Jahren an Abnutzungserscheinungen des Knies, so daß sie nur schlecht laufen kann.

Sie habe seit jeher unter Schlafstörungen gelitten. Besonders stark seien diese nach ihrer Scheidung geworden. In dieser Phase habe sie einen „Durchhänger" gehabt und sich depressiv gefühlt. Nach einem ihrer Diebstähle1988 habe sie sich mit Schlaftabletten das Leben nehmen wollen, nach der Einnahme habe ihre Tochter sie im letzten Moment gerettet und in eine Klinik gefahren. Von Oktober bis Weihnachten 1988 sei sie in einer Psychiatrie gewesen, ebenso drei bis vier Monate im darauffolgenden Jahr. Seit diesem Aufenthalt nehme sie bis heute Antidepressiva. Besonders im Winter würden die Depressionen schlimmer.

Seit 1989 besuche sie täglich eine ambulante Arbeitstherapie, im Rahmen derer sie bspw. Steckdosen zusammenschraube; Rollenspiele würden ebenfalls stattfinden, zudem finde einmal die Woche ein Depressionstraining statt. Solange sie könne, wolle sie diese Therapie fortführen. Die Stationsärztin habe im Rahmen eines Diebstahls 1988 oder 1989 bei ihr eine „Bewußtseinsspaltung" festgestellt. Für sie heiße das, daß sie Sachen mache, ohne zu wissen, was sie tue. Nach einer Begutachtung im Rahmen ihres letzten Diebstahl 1994 sei sie seit 1995 Mitglied der Selbsthilfegruppe, wo sie gerne hingehe und was ihr helfe. Außerhalb der Treffen habe sie aber keinen Kontakt zu den anderen Frauen. Auch diese Therapie wolle sie in Zukunft beibehalten.

2.1.1.8.2. Feststellungen aufgrund der Sachverständigengutachten[468]

R. gab in medizinischer Hinsicht an, seit 1987 unter Bronchitis verbunden mit starken Hustenanfällen zu leiden. Seit 1983 habe sie eine Magenschleimhautentzündung. Seit September 1991 gab R. an, starke Kopfschmerzen zu haben.

Hinsichtlich einer therapeutischen Behandlung läßt sich den Gutachten entnehmen, daß R. nach dem Suizidversuch im Oktober 1988 ein stationärer Aufenthalt bis November 1988 erfolgte. Des weiteren befand sich R. von Januar 1989 bis April 1990 und von Oktober bis Dezember 1989 in stationärer Behandlung.

---

[468]Die Sachverständigengutachten wurden - jeweils im Rahmen der entsprechenden Diebstahlsverhandlung - im Juni 1989, im September 1991, im Mai 1993 und letztlich im November 1995 erstellt.

Alle vier Sachverständigengutachten kommen zu dem Ergebnis, daß R. seit 1963 an einer depressiven Symptomatik leide, welche seit 1988 eine chronifizierte endogene Depression darstelle. Des weiteren bestehe eine in höchstem Maße ausgeprägte psychosomatische Störung (Kopf- und Magenschmerzen), die in belastenden Situationen, aber auch mit zunehmender depressiver Verstimmung zunehme. Im ersten Gutachten vom Juni 1989 wurde zusätzlich ein sich auf dem Boden der oben genannten Störungen entwickelter, sekundärer Arzneimittelmißbrauch diagnostiziert, auf den es in der Folge jedoch keine Hinweise mehr gab. Das letzte Gutachten modifizierte die Diagnose dahingehend, daß zusätzlich eine Angststörung im Alter angenommen wurde.

2.1.2. Delinquenzbereich

2.1.2.1. Frühere Straftaten, Verurteilungen und Strafverbüßungen

Den *Angaben der Probandin* zufolge habe sie die ersten Diebstähle begangen, als sie noch in der Schule gewesen sei. Sie sei sehr unglücklich darüber gewesen, daß sie im Gegensatz zu ihren Mitschülerinnen nie eigenes Geld gehabt habe. So habe sie aus dem Geldbeutel ihrer Mutter zunächst 10 Pfennig entwendet. Als ihre Mutter das nicht bemerkt habe, habe sie regelmäßig Geld entnommen. Mit dem Geld habe sie sich in der Schule etwas zu essen gekauft. Ihre Mutter sei dann dahinter gekommen und habe sie ausgeschimpft und gefragt, ob sie sich nicht schämen würde, wo sie doch so arm seien. Ihre Mutter habe aber gewußt, daß sie aus Not gestohlen habe. R. habe sich geschworen, so etwas nie wieder zu tun.

Zum nächsten Diebstahl, damals von Lebensmitteln, sei es erst 1965 wieder gekommen. Zu dieser Zeit sei sie nach ihrer Scheidung depressiv gewesen und habe unter starken Schlafstörungen gelitten. Weitere zwei Taten seien 1968 und 1972 gefolgt. Sie sei jedesmal von der Ladeninhaberin entdeckt worden, die sie als auffällig blaß beschrieben habe. Bis dahin wurde jedoch keine Anzeige erstattet.

Zu den Diebstählen allgemein äußerte R., daß sie häufig Dinge mitgenommen habe, die sie nicht habe gebrauchen können (zweimal Kleidung in der falschen Größe). Typischerweise sei es ihr an den Tagen, an denen es zu einer Straftat gekommen sei, sehr schlecht gegangen. Sie habe wenig geschlafen und sei nervös gewesen. Die Nervosität, die sie wie die Schlafstörungen immer begleitet hätten, sei in diesen Situationen besonders intensiv geworden. Geplant habe sie die Delikte nicht, aber vielleicht habe sie unterbewußt daran gedacht. Die eigentliche Idee sei ihr immer erst im Laden gekommen.

Aus den *Akten* ergaben sich des weiteren folgende Feststellungen, die sich im wesentlichen mit den (weniger ausführlichen) Angaben der R. im Interview decken:

1982 kam es zu einem erneuten Diebstahl in einem Kaufhaus, wofür R. zu einer Geldstrafe von 400 DM verurteilt wurde.

Im November 1986 entwendete R. Gebrauchswaren im Wert von ca. 20 DM. Im Rahmen der Ermittlungen erklärte sie: „Wieso ich die Waren, ohne zu bezahlen, mitgenommen habe, kann ich nicht sagen. Aus finanziellen Gründen habe ich es jedenfalls nicht getan." R. wurde zu einer Geldstrafe von 20 Tagessätzen in Höhe von 35 DM verurteilt.

Das nächste Diebstahlsdelikt, Lebensmittel im Wert von 10 DM, beging R. im Oktober 1988 (zwei Wochen nach einem Suizidversuch). Sie gab wiederum bei der Polizei an, daß sie nie mit Diebstahlsvorsatz in ein Geschäft gehe, sondern es passiere aus ihr unerklärlichen Gründen. Während der Begutachtung nach dem Ablauf der Tat befragt, erklärte R., daß der Diebstahl sich wie alle anderen Taten auch abgespielt habe. Sie habe mehrere Gegenstände eingekauft und in den Einkaufswagen gelegt. Nach der Bezahlung sei sie aufgefordert worden, ihre Einkaufstasche zu leeren. Sie sei ganz entsetzt gewesen, als sie gemerkt habe, daß Artikel in der Tasche gewesen seien, die sie gar nicht benötigte.
Ihr Sohn erfuhr erst jetzt von den Diebstählen; auf sein Anraten begab sich R. in klinische Behandlung (siehe oben 2.1.1.8.2.).
Das Sachverständigengutachten ging aufgrund einer schweren krankhaften seelischen Störung in Form einer chronifizierten Depression, einer erschwerend hinzukommenden psychosomatischen Störanfälligkeit und einer möglichen Restwirkung von Betäubungsmitteln vom Vorliegen eingeschränkter Schuldfähigkeit aus; R. wurde wegen nicht auszuschließender voller Schuldunfähigkeit freigesprochen.[469]

Die nächste Tat ereignete sich im Dezember 1990, bei der R. Kleidung und eine Musikkassette entwendete. Die Angaben im Rahmen des Sachverständigengut-

[469] Im Gutachten wurde folgendes ausgeführt: „Gegen die Annahme eines geplant durchgeführten Diebstahls zum Ziele der persönlichen Bereicherung spricht die Tatsache, daß R. in gesicherten persönlichen Verhältnissen (Rente, Sparrücklagen, schuldenfreie Eigentumswohnung, finanziell unabhängige Kinder) lebt. Die Tat selbst imponiert insgesamt als persönlichkeitsfremd: Die Probandin wuchs in geordneten Verhältnissen auf, wurde durch eine religiöse Erziehung geprägt. Das strafbare Verhalten vollzog sich als unbewußt, d.h. aus Motiven, die teils durch die Persönlichkeitsmerkmale mit ausgeprägtem Minderwertigkeitsgefühlen, Selbstaggressionen, Neigung zu Selbstvorwürfen und Schuldgefühlen und durch die zusätzliche depressive Erkrankung zu erklären sind und sich der bewußten Wahrnehmung des Kranken entziehen."

achtens decken sich mit den sonstigen Beschreibungen der R. über ihre Delinquenz (Unverständnis, keine Erinnerung, Überraschung bei der Entdeckung). In dem Gutachten konnte das Vorliegen der Voraussetzungen des § 21 StGB nicht sicher ausgeschlossen werden, woraufhin eine Verurteilung zu einer Geldstrafe (60 Tagessätze à 35 DM) erging.

Im April 1992 entwendete R. Lebensmittel und Kosmetika im Wert von etwa 25 DM. R. gab im Rahmen einer Vernehmung an: „Mir ist unverständlich, wieso ich die Sachen mitnehmen wollte, ohne zu bezahlen. Ich hatte nicht die Absicht, mich zu bereichern. Wenn ich die Sachen in die Tasche stecke, schalte ich richtig ab. Ich kann mir die Tat daher nicht erklären."
Zum Hergang der Tat vom Gutachter befragt, erzählte R., ihr sei es in dieser Zeit sehr schlecht gegangen, da sie Angst um ihre Tochter gehabt habe, die sich einer Unterleibsoperation habe unterziehen müssen. An ihren Aufenthalt im Laden und an ihre Einkäufe könne sie sich erinnern, nicht jedoch an die Tat selbst. Es wurde verminderte Schuldfähigkeit festgestellt. Das Verfahren wurde unter Anordnung einer Geldauflage in Höhe von 300 DM an einen Verein für psychisch Kranke vorläufig gem. § 153a II StPO eingestellt.

2.1.2.2. Letzte Tat

Den letzten Diebstahl habe sie 1994 begangen. Die Verhandlung habe sich so lange herausgezögert, daß sie zwischenzeitlich über einen Psychiater Kontakt zu der Selbsthilfegruppe bekommen habe. Sie habe sich geschworen, keine Delikte mehr zu begehen, aber in ihrem Unterbewußtsein sei der Gedanke noch vorhanden.
Das Gutachten kam zu dem Ergebnis, daß R. neben der Depression unter Phobien leide, die mit zwanghaftem und keiner rationalen Kontrolle unterliegendem Verhalten korreliere. Wegen Schuldunfähigkeit kam es zum Freispruch.

2.1.2.3. Analyse des Delinquenzbereiches

Bezüglich der *„deliktischen Handlungen" im Kindesalter* ist festzuhalten, daß diese als eher belanglos einzustufen sind. Neben der Tatsache, daß es sich um Entwendungen im Familienkreis handelte, entstanden sie unter dem Einfluß der Mitschüler, die R. wegen fehlenden Taschengeldes als Außenseiterin behandelten. Es handelte sich um einfache Wegnahmen über einen relativ kurzen Zeitraum, die nach einer Zurechtweisung durch die Mutter unterblieben.
Die *Straftaten* wurden begleitet von einer offensichtlich nach der Scheidung entstandenen Depression, die sich an den Tagen der Delinquenz besonders deutlich zeigte. Der Tatentschluß somit in einer labilen Stimmungslage gefaßt. Eine Pla-

nung der Delikte fand nicht statt. Nach den Angaben der R. hat sie die Diebstähle immer in größeren Abständen bis zu zehn Jahren begangen, so daß es glaubwürdig erscheint, daß R. bei einem Ladenbesuch vorher nicht mit einer Tat rechnete. Geht man davon aus, daß R. tatsächlich nicht oder nur selten neben den entdeckten Delikten stahl, so ist auch von einer eher einfältigen Tatausführung auszugehen. Teilweise hatten die Tatobjekte zudem keinen Nutzen für R. Dies entspricht im übrigen der Einschätzung durch die Sachverständigen, die jeweils zu dem Resultat einer zumindest eingeschränkten Steuerungsfähigkeit kamen. Auffällig ist, daß sich die Taten praktisch kaum voneinander unterscheiden. Ein „Bruch" ist daher nicht ersichtlich, vielmehr wurden die an sich ähnlichen Taten in unregelmäßigen Abständen ohne eine Tendenz zur Verfestigung verübt. Im Ergebnis kann hier keine Zielstrebigkeit bejaht werden.

2.2. Analyse des Lebensquerschnitts

Als Querschnittintervall dient der Zeitraum unmittelbar vor der letzten Tat 1994.

2.2.1. K-Kriterien

Eine *Vernachlässigung des Arbeits- und Leistungsbereichs sowie familiärer und sonstiger sozialer Pflichten* ist nicht vorhanden. R. ist in beruflicher Hinsicht nicht mehr verpflichtet, besucht jedoch regelmäßig die tägliche Therapie. Rückblickend ist eine derartige Nachlässigkeit ebenfalls nicht erkennbar.

Gleiches gilt für das K-Kriterium des *fehlenden Verhältnisses zu Geld und Eigentum.* Ein sorgloser Umgang mit Geld oder Sacheigentum ist weder im Querschnitt noch in der Vergangenheit zu beobachten.

Ein *unstrukturiertes Freizeitverhalten* im Sinne einer ausschweifenden oder planlosen Freizeitplanung ist ebensowenig zu bejahen; gleiches gilt im Rückblick.

Es kann bei R. auch nicht durchgängig von einer *fehlenden Lebensplanung* ausgegangen werden, da sie im wesentlichen mit der Versorgung der Kinder und der Beschaffung des Lebensunterhaltes beschäftigt war. Ein Einbruch ist jedoch in der Phase der Verstärkung der Depression zu beobachten, in der R. sogar einen Suizidversuch unternahm.
Inadäquates Anspruchsniveau sowie eine paradoxe Anpassungserwartung sind nicht gegeben.

Im Querschnittintervall ist auch nicht von einer *mangelnden Realitätskontrolle* im kriminologischen Sinne (Wunschvorstellungen, Selbstüberschätzung) auszugehen (anders eventuell in psychologischer Hinsicht, siehe oben 2.1.1.8.2.). Hingegen liegt dieses Kriterium während der Ehe in Bezug auf die Chancen einer Verhaltensänderung bei ihrem Mann näher.

Die von R. im Querschnitt bereits seit längerer Zeit besuchte Arbeitstherapie in hohem Alter läßt auch den Schluß zu, daß R. versucht, ihr Schicksal aktiv zu bewältigen, so daß in diesem Sinne Zweifel an einer *geringen Belastbarkeit* bestehen, weswegen das Kriterium im Ergebnis abzulehnen ist.

2.2.2. D-Kriterien

Soweit vorhanden, kommt R. im Querschnitt ihren *sozialen Pflichten* nach, was ebenfalls für die Vergangenheit gilt.
Gleichermaßen zeichnet sich R. durch eine, möglicherweise in der Vergangenheit begründete Bescheidenheit in materieller Hinsicht aus, so daß ein *adäquates Anspruchsniveau* vorliegend bejaht werden kann.
Der Wohnbereich stellt für R. das Zentrum des alltäglichen Lebens dar, indem sie gerne Zeit verbringt und den sie entsprechend gestaltet, womit die *Gebundenheit an eine geordnete Häuslichkeit*, wenn auch nicht an ein Familienleben gegeben ist.
Ein *reales Verhältnis zu Geld und Eigentum* ist aufgrund des umsichtigen Umgangs in finanziellen Dingen und der geleisteten Vorsorge ebenfalls zu bejahen.
Eine *produktive Freizeitgestaltung* im Sinne des D-Kriteriums kann nicht angenommen werden, wobei hier jedoch auch das Alter der Probandin zu berücksichtigen ist.
Gleiches gilt für persönliches Engagement für personale und Sachinteressen.
R. zeigte im Querschnitt und im Rückblick *Anpassungsbereitschaft*, wenn diese auch während ihrer Ehe in Widerstandslosigkeit aufgrund ihrer hilflosen Lage mündete.
Ob eine *tragende menschliche Bindung* besteht, ist schwierig zu beurteilen. Letztere besteht möglicherweise zu der Schwester, obwohl das Gesamtbild eher den Schluß zuläßt, daß es bei R. zu Vereinsamungserscheinungen gekommen ist, welche gerade das Fehlen von tragenden Bindungen voraussetzen.
Sowohl rückblickend durch die Versorgung der Kinder als auch durch den Besuch der Arbeitstherapie zeigt R. *Verantwortungsbereitschaft und* - wenn auch erst in den letzten Jahren - *Eigenverantwortung.*

2.3. Relevanzbezüge und Wertorientierung

2.3.1. Relevanzbezüge

Im vorliegenden Fall fällt auf, daß ein in der Regel vorhandener Relevanzbezug im Kontaktbereich fehlt. R. bevorzugt es, alleine zu sein, und weist in den verschiedenen Lebensphasen durchgehend wenig Kontakte zu anderen Menschen auf. Dies gilt für die Zeit während ihrer Ehe bis heute, wo R. ein recht zurückgezogenes Leben führt. Gleichzeitig und als paralleles Phänomen erkennbar war R. größtenteils auf sich gestellt; die mangelnde Anwesenheit des Ehemannes und die Rolle der alleinerziehenden Mutter, die keine neue Partnerschaft eingeht, lassen R. ein Leben ohne zwischenmenschliche Abhängigkeiten, aber auch ohne verläßliche Vertrauenspersonen führen.

2.3.2. Wertorientierung

R. war von klein auf gezwungen, mit schwierigen Situation, insbesondere mit finanzieller Not zurechtzukommen. Diese Entwicklung setzte sich in der Ehe und in der nachfolgenden Zeit als alleinerziehende, geschiedene Frau fort. R. läßt bereits früh erkennen, daß für sie verbindliche Maßstäbe gelten (so bei der Unterstützung der Eltern), ebenso zeigt sie Verantwortungsbewußtsein. Werte wie Bescheidenheit und Tüchtigkeit liegen der Lebensführung von Beginn an zugrunde.

3. Kriminologische Diagnose

3.1. Die Bezugskriterien der Kriminologischen Trias

Eine *kontinuierliche Hinentwicklung zur Kriminalität mit Beginn der frühen Jugend* scheidet bereits mangels einer frühen Ausprägung K-idealtypischer Verhaltensweisen aus.
Auch die *Hinentwicklung zur Kriminalität im Heranwachsenden- bzw. Erwachsenenalter* liegt nicht vor, da eine verschobene Kriminalität verbunden mit K-idealtypischen Tendenzen im Freizeit- und Leistungsbereich nicht erkennbar sind.
Bezüglich der *Kriminalität im Rahmen der Persönlichkeitsreifung* ist festzustellen, daß im Lebenslängsschnitt eine K-idealtypische Auffälligkeit im Freizeitbereich nicht gegeben ist; gleichzeitig stellt sich der Querschnitt als kriminoresistent dar. Im übrigen ist eine entwicklungsspezifische Abgrenzung nicht möglich.

Möglicherweise handelt es sich um *Kriminalität bei sonstiger sozialer Unauffälligkeit.* Abgesehen von Auffälligkeiten im Bereich der eigenen Familie zeigt R. eine weitgehend durchschnittlich geprägte Lebensführung. Gleichzeitig ist die kriminoresistente Konstellation im Lebensquerschnitt gegeben. Allerdings passen die Relevanzbezüge und insbesondere die Wertorientierung der Probandin nicht zu dieser Kategorie. Typische Merkmale wie die Intention, die Vorteile der Straftat zu erlangen, Gewinnstreben oder Eigennutz sind ebensowenig vorhanden wie eine Bagatellisierung der Delikte durch R. Vielmehr besteht ihrerseits Unverständnis über die eigene Straffälligkeit verbunden mit einem hieraus entstehenden Leidensdruck.
Somit kommt lediglich das Vorliegen eines *kriminellen Übersprungs* in Betracht. R. weist im Längsschnitt weitgehend D-idealtypisches Verhalten auf. Zwar nähert sich der Bereich der eigenen Familie, insbesondere der Ehe dem K-idealtypischen Pol, hierbei kommt jedoch dem Verhalten des Ehemannes starkes Gewicht zu. Des weiteren bestehen die finanziellen Probleme bei der Begehung des ersten Deliktes nicht mehr, so daß eine soziale Auffälligkeit in dieser Hinsicht ebenfalls nicht anzunehmen ist. Im Lebensquerschnitt finden sich zumindest drei der für die kriminoresistente Konstellation typischen Merkmale. Grundsätzlich stellt R. eine Person dar, bei der nicht mit einem Gesetzesverstoß zu rechnen ist, so daß die Delinquenz als ein „Bruch" zur sonstigen Lebensführung angesehen werden muß. Zwar handelt es sich nicht um ein einmaliges Ereignis, die fehlende Erwartbarkeit der Straftaten läßt sich jedoch bereits an der Unregelmäßigkeit der Delinquenz (teilweise mehrjährige Pausen) festmachen. Im Ergebnis ist die Kriminalität der R. in die Kategorie des kriminellen Übersprungs einzuordnen.

3.2. „Besondere Aspekte" im Leben des Täters

Ein herausragender Aspekt, der sich über zwanzig Jahre bei R. als vorhanden und wirksam erweist, ist die von ihr beschriebene depressive Erkrankung. Seit ihrer Kindheit litt die Probandin an Schlafstörungen und Nervosität. Nach der Scheidung erlebte sie depressive Verstimmungen; die Erkrankung verstärkte sich - unbehandelt - bis zu einem Suizidversuch 1988. Seitdem nimmt R. Antidepressiva ein, wobei die Therapie und die damit verbundene Medikation keine Heilung brachte. Auch heute noch sind depressive Verstimmungen bei R. insbesondere in den Wintermonaten vorhanden, die Schlaflosigkeit ist ebenfalls geblieben. Eine weitere, durchgehend zu beobachtende Verhaltensweise ist die zurückgezogene Lebensweise, die nicht nur im Alter sondern bereits während ihrer Ehe bestand. Unabhängig von einer psychopathologischen Beurteilung soll auf die die Taten begleitenden Umstände hingewiesen werden. Mit Beginn der depressiven Erkrankung, die R. nach ihren Angaben im Alter von 37 Jahren feststellte, kam es erstmalig - nach den „deliktischen Handlungen" in der Schul-

zeit - zur Delinquenz. R. beschreibt die Phasen, in denen sie stahl, als Zeiten, in denen es ihr tendenziell schlecht ging. In diesem Kontext kann dem Ereignis der Scheidung auch bezüglich des Aspektes der mangelnden Kontakte insofern Bedeutung zukommen, als hier ein zunehmend zurückgezogenes den Anfang genommen haben wird.
Weiterhin ist aufgrund der fehlenden „Erwartbarkeit" im kriminologischen Sinn besonders auf die Äußerungen der Probandin (Unverständnis, mangelnde Erinnerung) zu achten, die den Schluß nahelegen, daß hier eine von „normalen" Maßstäben entfernte Delinquenz vorliegt.

Zusätzlich zu den obigen Ergebnissen, die sozusagen losgelöst von der psychiatrischen Diagnose festgestellt wurden, sollen die Resultate der Gutachten Veranschaulichung kurz dargestellt werden:

Die psychiatrische Anamnese ergab folgendes:

Seit 1963 leide sie an oft monatelangen depressiven Zuständen. Ihre Stimmung sei dann gedrückt, sie sei antriebsarm, habe an nichts Interesse und habe das Gefühl, nichts wert zu sein, da sie nicht einmal ihre Enkelkinder ertragen könne. Sie schlafe sehr schlecht, grüble viel und habe immer wieder lebensmüde Gedanken („Ich lebe halt so dahin, weil ich halt da bin, am liebsten würde ich nicht mehr leben."). Sie habe Konzentrationsstörungen bei sich festgestellt; oft verspüre sie eine Leere im Kopf. Seit Jahren nehme sie Schlafmittel gegen ihre Einschlaf- und Durchschlafschwierigkeiten sowie codeinhaltige Medikamente gegen den Husten ein. Im letzten Gutachten von 1995 gab R. des weiteren an, daß sie unter unerträglichen Ängsten und Befürchtungen leide. Sie habe Angst, alles nicht mehr zu packen und aus dem Haus zu gehen; sie fühle sich hilf- und hoffnungslos.

Im Oktober 1988 habe sie zwei Wochen nach der Begehung eines Diebstahls einen Suizidversuch unternommen. Laut Aussage der Tochter habe sie sich bereits vorher in nervenärztlicher ambulanter Behandlung befunden, da es ihr schon seit längerer Zeit schlecht gegangen sei. Nach der Scheidung habe sich ihre Mutter zurückgezogen und nur noch gegrübelt.

Seit November 1989 besucht R. die ambulante Arbeitstherapie (tägliche Arbeitstherapie, einwöchige Gesprächstherapie, vierwöchige ärztliche Konsultationen). Vor allem im Herbst und Winter (so in den Monaten November 1989, im Herbst und Winter 1990 und im Herbst 1991) seien die Depressionen am schlimmsten. So sei es im November 1990 fast erneut zu einem Suizidversuch gekommen, wobei der Gedanke an ihre Familie sie letztendlich davon abgehalten habe. In den Sommermonaten ginge es ihr etwas besser, wobei jedoch im Frühjahr 1992 ihre Stimmung auch sehr gedrückt gewesen sei, da sie große Angst um ihre

Tochter, die sich einer Unterleibsoperation habe unterziehen müssen, gehabt habe. Im letzten Gutachten aus 1995 gab R. an, daß nicht einmal mehr im Sommer eine Befundverbesserung eintrete. Seit 1989 nimmt R. Antidepressiva ein, wobei sie die Medikamente wegen der häufigen Magenbeschwerden zwischenzeitlich absetzte.

Im Rahmen der *Beurteilungen* kamen alle Gutachten zu dem Schluß, daß R. seit ca. 1963 unter einer depressiven Symptomatik litt, damals mit reaktiven Anteilen (Ehescheidung). In den letzten zehn Jahren zeige sich der Symptomenkomplex als endogene chronifizierte Depression. Des weiteren wurde eine in höchstem Maße ausgeprägte psychosomatische Störung nachgewiesen, die sich in belastenden Situationen, aber auch mit zunehmender depressiver Verstimmung verstärke. Eine hirnorganische Störung wurde ausgeschlossen. Im Rahmen von Intelligenz- und Persönlichkeitstests wurde ein unterdurchschnittlicher Intelligenzquotient (Grenzdebilität) sowie Hinweise auf eine hochgradige psychosomatische Störung, ein depressives Syndrom und ausgeprägte Ungeselligkeit gefunden.

Im ersten Gutachten von September 1989 wurde zusätzlich ein sich auf den Boden der oben genannten Störungen entwickelter, sekundärer Arzneimittelmißbrauch diagnostiziert, der jedoch in der Folge nicht mehr nachweisbar war. Im letzten Gutachten wurde die Diagnose insofern modifiziert, als zusätzlich Angststörungen im Alter angenommen wurden. Die Ängste entstünden aus einer vorzeitigen negativen Lebensbilanzierung heraus (Minderwertigkeitsgefühle, Selbstzweifel, Schuldgefühle und Selbstaggression resultierend aus einem Lebensweg, der durch Versagungen, Erniedrigungen und großer Vereinsamung gekennzeichnet war) und führten zu einer negativen Selbsteinschätzungen mit dem Ergebnis einer latenten Suizidalität. Da die Abgrenzung zwischen Depression und Angst nur schwierig zu treffen sei, sei hier von einem Kontinuum mit eingelagerten Phobien und Zwängen auszugehen, wobei die Phobien mit einem zwanghaften Verhaltensrepertoire korrelierten.

4. Folgerungen

4.1. Folgerungen im Blick auf die Prognose

Die *grundsätzliche Prognose* im Rahmen eines kriminellen Übersprungs ist günstig. Da sich hier jedoch ein psychologischer Befund - oder bereits der Verdacht eines solchen - als ganz wesentlich für die Beurteilung der Delinquenz herausstellt, ist das besondere Gewicht wiederum auf die *individuelle Basisprognose* zu legen. Hierbei muß beachtet werden, daß der Aspekt der depressiven Erkrankung noch wirksam ist und dies wahrscheinlich auch bleiben wird.

Eine vollständige Heilung der Probandin erscheint nach den vorliegenden Informationen mittelfristig nicht absehbar zu sein. Auf der Gegenseite wirkt sich gerade bezüglich dieses Punktes positiv aus, daß seit mehreren Jahren zu einer aktiven Behandlung stattfindet. Die Arbeits- sowie die Gruppentherapie begleitet von einer medikamentösen Behandlung werden durch die Therapiewilligkeit der R. ermöglicht. Die Tatsache, daß R. diese Maßnahmen auch in Zukunft durchführen möchte, kommt begünstigend hinzu. Ebenso schlägt zu Buche, daß R. seit Beginn des Besuches der Selbsthilfegruppe vor vier Jahren keinen Rückfall erlitten hat. Ungünstige Auswirkungen mag die relativ starke Isolierung der R. haben, welche wohl auch zukünftig wirksam bleiben wird. Eine Änderung dahingehend, daß sich beispielsweise die Kinder verstärkt um sie kümmern, läßt sich mangels Interesse auf deren Seite nicht erwarten.
Bis hierhin läßt sich festhalten, daß die Prognose ohne die therapeutischen Ansätze ungünstig ist, da ein Rückfall im Zusammenhang mit einer Verstärkung der psychischen Erkrankung wahrscheinlich erscheint.

Bezüglich der *Interventionsprognose* haben sich in der Vergangenheit Geld- oder Bewährungsstrafen als wenig hilfreich erwiesen. Die Feststellung der Schuldunfähigkeit erschiene auch bei einem Rückfall möglich und wahrscheinlich, so daß derlei Sanktionen ohnehin nicht in Betracht kämen. Der Schwerpunkt muß daher auf therapeutischem Gebiet liegen.

4.2. Folgerungen im Blick auf Einwirkung und Behandlung

Als hauptsächlich stabilisierendes Moment hat sich bis dato die konsequente Bekämpfung der Depression erwiesen. Hier fällt insbesondere die rückfallfreie Zeit während des Besuches der Selbsthilfegruppe auf, deren Fortführung dringend geboten ist. Gleichzeitig ist die tägliche Arbeitstherapie von nicht minderer Bedeutung. Die Gliederung des Tagesablaufs durch eine sinnvolle Beschäftigung sowie das parallel angebotene Depressionstraining sind offensichtlich gerade für R. als ältere Probandin wertvoll. Erforderlich scheint eine psychologisch bzw. psychiatrische Entscheidung über die therapeutische Behandlung und eine Fortsetzung der Medikation, die offenbar ein Zurückfallen in starke depressive Zustände wie beispielsweise 1989 und damit eine erhöhte Delinquenzgefahr mit verhindern hilft.
Soweit es bei der intensiven therapeutischen Betreuung der Probandin bleibt, erscheint die Abgabe einer günstigen Prognose im Ergebnis vertretbar.

II. Ergänzungen

Bis April 1999 wurde R. nicht rückfällig. Im übrigen wurden keine Veränderungen festgestellt.

§12 Nicht zuzuordnende Akten

A. Akte 9

I. Akteninhalt[470]

1. Feststellungen aus Urteilen

Die im Oktober 1932 geborene H. trat strafrechtlich wie folgt in Erscheinung:

Datum der Sanktion/ der Tat	angewandte Normen; Tatobjekt	Sanktionen; Sonstiges
Oktober 1975	§ 242 StGB	Geldstrafe (10 Tagessätze à 10 DM)
Januar 1976	§ 242 StGB	Geldstrafe (9 Tagessätze à 20 DM)
März 1976	§ 242 StGB	Geldstrafe (40 Tagessätze à 15 DM)
Januar 1978	§ 242 StGB	Geldstrafe (40 Tagessätze à 10 DM)
September 1979	zweifacher § 242 StGB	Geldstrafe (30 Tagessätze à 30 DM)
Dezember 1980/ Januar 1980	zweifacher § 242 StGB	siebenmonatige Freiheitsstrafe auf drei Jahre Bewährung
März 1981/ Oktober 1980	§ 242 StGB	zehnmonatige Freiheitsstrafe auf vier Jahre Bewährung

[470] Die eingesehen Akten befinden sich auf dem - für die hier vorliegende Beurteilung maßgeblichen - Stand von 1989.

März 1983/ September 1982	vierfacher § 242 StGB	sechsmonatige Freiheitsstrafe ohne Bewährung
Oktober 1983	§ 242 StGB	Geldstrafe (40 Tagessätze à 10 DM)
Oktober 1985	§ 242 StGB	achtmonatige Freiheitsstrafe auf fünf Jahre Bewährung
Dezember 1986	fünffacher § 242 StGB	siebenmonatige Freiheitsstrafe auf fünf Jahre Bewährung
Dezember 1987	§ 242 StGB	siebenmonatige Freiheitsstrafe auf fünf Jahre Bewährung (Aussetzung erst in der Berufungsinstanz)
Januar 1989/ September 1988	§ 242 StGB (Rosenstock aus einem fremden Garten)	einmonatige Freiheitsstrafe ohne Bewährung; Annahme verminderter Schuldfähigkeit

2. Feststellungen aus den Sachverständigengutachten

Die beiden Sachverständigengutachten wurden im Rahmen einer Berufungsverhandlung im Oktober bzw. November 1987 erstellt.

2.1. Angaben der Probandin

H. erklärte, im Oktober 1932 geboren worden zu sein. Ihr Vater sei von Beruf Fahrdienstleiter gewesen; er sei mit 78 Jahren, die Mutter mit 69 Jahren verstorben. Ihren Vater beschreibt H. als sehr ruhig; sie sei immer ein Vaterkind gewesen und habe zu ihm eine sehr enge Beziehung gehabt. Die Mutter hingegen sei eine nervöse und aggressive Person mit suizidalen Tendenzen gewesen. Sie habe zwei Brüder und zwei Schwestern. Ihr ältester Bruder, der ein tüchtiger Handwerker gewesen sei, sei bereits mit 46 Jahren verstorben. Zu ihrer einen Schwester habe sie ein gespanntes Verhältnis, und insgesamt habe sie nur wenig Kontakt zu ihren Geschwistern. Sie habe sich als Zweitälteste stets um die Geschwister kümmern müssen. Aus ihrer Kindheit sei ihr insbesondere ein Ereignis

im Gedächtnis geblieben, bei dem sie in einen Brunnen gefallen sei und gedacht habe, sie müsse sterben. Seitdem habe sie bei sich eine psychische Veränderung festgestellt.
1939 sei sie eingeschult worden und sei eine ehrgeizige Schülerin gewesen, die nicht sitzengeblieben sei. Die nach der Volksschule absolvierte städtische Berufsschule habe sie mit der Abschlußnote „Gut" verlassen. Ihr Vater habe sie danach zu einer Ausbildung als Pelznäherin gedrängt, die sie auch abgeschlossen habe. Sie habe dann geheiratet und 1955 sei ihre Tochter zur Welt gekommen. Bereits zu diesem Zeitpunkt habe es Schwierigkeiten in der Ehe gegeben, da sie sich mit ihrem Schwiegervater schon besser verstanden hätte als mit ihrem eigenen Mann. Er sei eine „große Niete" gewesen und habe als Chauffeur weniger verdient als sie. Sie habe ihn in jeder, auch in sexueller Hinsicht erst zum Mann gemacht. Sie seien ein sexuell sehr aktives Paar gewesen. 1965 habe die Scheidung begonnen, die sich sieben Jahre lang unter großen Streitigkeiten hingezogen habe. Obwohl sie die Scheidung gewollt habe, sei sie immer noch sehr eifersüchtig auf andere Frauen gewesen. Das Sorgerecht für die Tochter sei ihrem Mann zugesprochen worden, der eine Beziehung zu einer neuen Frau begonnen habe. Ihre Tochter, zu der sie mangels Besuchsrechts kaum Kontakt gehabt habe, habe ihr immer Vorwürfe gemacht, daß sie sie weggegeben habe. Auch heute noch sei das Verhältnis zu ihrer Tochter distanziert.
Ihren ersten Diebstahl habe sie 1975 (mit 43 Jahren) begangen, als sie einen Pullover als Geschenk für ihre Tochter entwendet habe. Sie habe große finanzielle Sorgen gehabt, da ihre Ersparnisse nach dem Rechtsstreit um ihre Tochter aufgebraucht gewesen seien. Als sie 1983 in Haft gekommen sei, habe man sie dort schikaniert und beschimpft. Seit der Haftstrafe arbeitet die Probandin nicht mehr als Pelznäherin, sondern aushilfsweise als Bedienung oder als Bügelhilfe, des weiteren erhält sie 900 DM Arbeitslosenhilfe. Sie erklärte, daß sie andere Arbeiten als ihre ursprüngliche Tätigkeit gesucht habe, dies aber wegen ihrer Vorstrafen schwierig sei. Schulden habe sie glücklicherweise momentan nicht. Seit ihrem Aufenthalt im Gefängnis habe sie auch keinen Bekanntenkreis mehr, obwohl sie Kontakt zu anderen suche, was jedoch erfolglos geblieben sei. Sie habe einen Bekannten gehabt, die Beziehung habe jedoch nicht gehalten. Mai bis Juli 1987 verbrachte die Probandin wegen ihres Hanges zu Diebstählen in einer psychosomatischen Klinik, davor hatte sie eineinhalb Jahre eine Gesprächstherapie besucht.
H. erklärt, die Diebstähle hingen mit ihrer Verfassung zusammen, da sie an Depressionen leide und nicht alleine sein könne. Sie reagiere häufig aggressiv und depressiv und verspüre starke Spannungen und wahnsinnige Kräfte in ihrem Körper, aber nervlich sei sie sehr schwach und fühle sich rastlos und nervös. Sie habe bereits einige Suizidversuche hinter sich. Sie suche krampfhaft einen Mann, da sie seelische und körperliche Liebe brauche, obwohl sie gar nicht verstehe, daß sie noch so aktiv sein wolle. Sie habe deswegen einen Gynäkologen aufgesucht, der bei ihr eine Störung des Hormonhaushaltes festgestellt habe.

Nach der Einnahme der verschriebenen Medikamente sei sie jedoch noch aufgewühlter gewesen. Die Therapien hätten ihr wenig gebracht, da sie letztendlich einen Mann brauche. Rauchen würde sie nicht, Alkohol konsumiere sie nur gelegentlich. Es wurden bei H. psychosomatische Herz- und Bauchbeschwerden festgestellt.
Ein typischer Diebstahl spiele sich folgendermaßen ab: Sie liefe voller Verzweiflung von zu Hause weg und suche Orte auf, an denen sich viele Menschen aufhielten. In Kaufhäusern sehe sie die vielen schönen Dinge, die sie sich nicht leisten könne. Sie verspüre dann eine große Spannung, und irgend etwas setze bei ihr aus. Es sei ein wohliges Gefühl, wenn sie die Kleidungsstücke an sich nehme und sie erlange Befriedigung hieraus. Hinterher bereue sie ihre Taten stets. Sie habe sich immer so ungeschickt angestellt, daß sie jedesmal entdeckt worden sei. Der Nachteil ihrer Delinquenz sei also, daß sie sich praktisch immer selbst bestrafe. Die Kleider ziehe sie nie an, auch verschenke oder verkaufe sie sie nicht. Sie habe nur ein permanent schlechtes Gewissen, wenn sie die Waren bei sich zu Hause im Schrank sehe.

2.2. Diagnose

Bei H. handelt es sich laut Gutachten um eine innerlich gespannte, leicht erregbare, impulsiv-aggressive Persönlichkeit mit depressiven und hysterischen Zügen. Projektion diene als Abwehrmechanismus, andere seien für ihr instabiles Persönlichkeitsbewußtsein verantwortlich. Die Probandin lebe aggressive Vorstellungen offen aus. Es bestünden neurotische Tendenzen insofern, als aggressiv darauf bestanden werde, ihr Verhalten an selbst gesetzten Standards zu orientieren. Sie reagiere auf die Konsequenzen der mangelnden Anpassungsbereitschaft mit einem Mangel an Selbstwertgefühl und depressiven Verstimmungen. Des weiteren gebe es Hinweise auf neurotische Selbstbestrafungstendenzen, im zwischenmenschlichen Bereich bestehe ein Annäherungs-Vermeidungskonflikt. Die Diagnose eines pathologischen (neurotischen) Stehlens - in Abhebung von gewöhnlichen Diebstählen - sei hier berechtigt. Der Befund sei entsprechend der Klassifikation DSM-III 312.32 als Kleptomanie einzuordnen. Das Tatverhalten sei nach Art neurotischer Symptombildungen aufgebaut mit den typischen Merkmalen von Dranghaftigkeit, Ich-Fremdheit sowie einem vielfach sinnlosen Wegnahmeverhalten ohne Bereicherungsabsicht, wie sich aus der großen Zahl der entwendeten Kleidungsstücke ergebe. Der Befund habe damit krankheitswertige Ausmaße und führe zu einer erheblichen Verminderung der Steuerungsfähigkeit.

II. Methode der idealtypisch-vergleichenden Einzelfallanalyse

1. Übersicht zum Lebenslauf

Oktober 1932	Geburt
1939 bis 1947	Volksschule
1947 bis 1950	Ausbildung als Pelznäherin
zwischen 1950 und 1954	Heirat
1955	Geburt der Tochter
1965 bis 1972	Scheidung, Streit um das Sorgerecht
1975 bis 1979	Diebstähle, Verurteilung zu Geldstrafen
1980 bis 1981	Verurteilung zu Bewährungsstrafen
1983	sechsmonatlicher Haftaufenthalt
1985 bis 1986	weitere Verurteilung zu Bewährungsstrafen; eineinhalbjährige Gesprächstherapie; Arbeitslosigkeit, Gelegenheitstätigkeiten
Mai bis Juli 1987	Aufenthalt in psychosomatischer Klinik
Dezember 1987	Verurteilung unter Annahme verminderter Schuldfähigkeit
Januar 1989	letzte Verurteilung

2. Analyse der Erhebungen

2.1. Analyse des Lebenslängsschnitts

2.1.1. Verhalten in den einzelnen Lebensbereichen

2.1.1.1. Erziehung im Kindes- und Jugendalter

Aus den vorliegenden Informationen ergibt sich nicht, daß H. sich der elterlichen Kontrolle zu entziehen versuchte. Zwar war das Verhältnis zu ihrem Vater weit besser als das zu ihrer Mutter, die H. als aggressiv und nervös beschreibt. Ein aktives Ausnutzen der engen Bindung zu ihrem Vater läßt sich jedoch nicht erkennen. Zudem übernahm H. durch die Beaufsichtigung ihrer Geschwister durchaus von ihren Eltern übertragene Pflichten. Somit läßt sich in der Kindheit und Jugend eher ein D-idealtypisches Verhalten erkennen.

2.1.1.2. Aufenthalts- und Wohnbereich

Mangels Angaben kann bezüglich des Aufenthaltsbereiches keine eindeutige Einordnung stattfinden. Allerdings ist H. während ihrer Kindheit im Elternhaus aufgewachsen und hat dieses erst im Rahmen der Heirat und der Gründung einer eigenen Familie verlassen. Die Zeit bis zu ihrer Scheidung wohnte sie dann mit Ehemann und Kind zusammen. Hinweise, daß H. zeitweise wohnsitzlos ist oder häufig den Aufenthaltsort wechselt, existieren nicht. Allerdings ist in den letzten Jahren keine soziale oder berufliche Einbindung an den Aufenthaltsbereich gegeben. Im Ergebnis wird dennoch insgesamt eine Tendenz zum D-idealtypischen Pol bejaht werden können.

2.1.1.3. Leistungsbereich

Die Informationen über die *schulischen Leistungen* und die *berufliche Ausbildung* lassen eher eine D-idealtypische Ausprägung vermuten, da H. offensichtlich relativ problemlos Schule bzw. Berufsschule absolvierte und die Ausbildung, auf die ihr Vater bestanden hatte, abschloß.

Die *Berufstätigkeit* entspricht bis in die achtziger Jahre hinein ebenfalls eher einem D-idealtypischen Zuschnitt. H. ging neben der Kindererziehung ihrer Arbeit nach und hatte ein höheres Einkommen als ihr Mann, womit sie maßgeblich zur Versorgung der Familie beigetragen haben wird. Nach Aufgabe dieser Tätigkeit jedoch blieb H. arbeitslos und verdiente sich nur durch Gelegenheitsarbeiten ein Zubrot, wobei sich hier die Vorstrafen bei späteren Bewerbungen und das Alter erschwerend ausgewirkt haben können. Der Haftaufenthalt wird jedoch von H. als maßgeblicher Umstand angesehen, womit der Eindruck entsteht, daß H. es gleichzeitig an eigener Initiative mangeln ließ. Während offensichtlich in der Zeit der Ehe keine finanziellen Schwierigkeiten bestanden und H. Ersparnisse ansammelte, kam es im Rahmen der Scheidung zu einer diesbezüglichen Verschlechterung der Situation. Nach den Rechtsstreitigkeiten befand H. sich in einem finanziellen Engpaß, wahrscheinlich bestanden auch Schulden. Letztere sind nach Angaben der H. zum Zeitpunkt der Begutachtung nicht mehr gegeben, dennoch blieb die finanzielle Lage angespannt. Da eine einträgliche Einkommensquelle nicht mehr verfügbar ist, sind auch Vorsorgemaßnahmen nicht anzunehmen. Somit ist ab dem Zeitpunkt der Scheidung eine Tendenz vom D- zum K-idealtypischen Pol zu beobachten.

2.1.1.4. Freizeitbereich

Über das Freizeitverhalten der H. fehlen Angaben; es ist jedoch zu vermuten, daß sich dieses bis zum Abschluß der Scheidung tendenziell im D-idealtypischen Bereich finden läßt. In den letzten Jahren ist eine eindeutig D-idealtypische Zuordnung nicht mehr möglich, wenn H. beispielsweise die für einen Diebstahl typische Verhaltensweise (das Verlassen der Wohnung aufgrund des Bedürfnisses nach Menschenmengen) beschreibt. Gleichzeitig sind aber auch keine K-idealtypischen Aktivitäten wie Aufenthalte im kriminell gefährdeten „Milieu“ oder „Ausschweifungen“ zu erkennen.

2.1.1.5. Kontaktbereich

Im Rahmen der *schicksalhaften Kontakte* zeigte H. die Bereitschaft, sich in die familiäre Ordnung einzugliedern. Es bestand zumindest zu ihrem Vater ein enger Kontakt, das Verhältnis zur Mutter schien distanzierter zu sein. Daß H. ihre Eltern gegeneinander ausspielte oder diese ausnutzte ist nicht ersichtlich, so daß eher eine Neigung zum D-idealtypischen Pol anzunehmen ist.

Die *selbstgewählten Kontakte* im Familienbereich zeigen jedoch, daß H., die zu ihrer einen Schwester ein gespanntes Verhältnis hat und auch zu den noch lebenden Geschwistern nur wenig Kontakt hält, keinen besonderen Wert auf ein Aufrechterhalten der familiären Bande nach dem Tod der Eltern legte. Inwieweit nach ihrem Auszug der Kontakt zu den Eltern beibehalten wurde, kann nicht beurteilt werden. Das Verhältnis zur eigenen Tochter ist seit der Scheidung distanziert. Es fehlen Informationen über sonstige Freunde und Bekannte bis zu ihrem Haftaufenthalt. Danach, erklärt H., sei sie auf der Suche nach Bekannten gewesen, habe diese jedoch nicht gefunden, was den Rückschluß zuläßt, daß die vorher bestehende Kontakte keine dauerhaften und belastbaren Bindungen dargestellt haben. Insofern sind im Kontaktbereich K-idealtypische Tendenzen zu erkennen, wobei jedoch bezüglich der letzten Jahren festgestellt werden muß, daß H. nicht aus Desinteresse oder Nachlässigkeit heraus auf tragende Bindungen verzichtete, sondern vielmehr nicht in der Lage war, Kontakte zu knüpfen.

Hinsichtlich der *sexuellen Kontakte* weist H. kein K-idealtypisches Verhalten auf, indem sie etwa häufig ihre Partner wechselte oder eine dahingehende Beliebigkeit festzustellen ist. Allerdings ist auf die große Bedeutung der Sexualität für H. hinzuweisen, die sich jedoch erst im Rahmen der „Besondere Aspekte" auswirkt.

2.1.1.6. Eigene Familie

Wie lange die Beziehung der Eheleute vor der Hochzeit bestanden hat, ist nicht bekannt. Eine materielle Absicherung war jedoch durch die beiderseitige Berufstätigkeit gegeben, so daß in finanzieller Hinsicht keine mangelnde Voraussicht zu erkennen ist. Fraglich ist, inwieweit H. ihre Lebensweise zugunsten der Ehe umstellt. Sie schien eine dominante Rolle einzunehmen und zeigte wenig Respekt vor ihrem Mann, den sie als „Niete" und als von ihr geprägt beschreibt. Ein auf Zuneigung und gemeinsamen Interessen basierendes Zusammenleben bestand offenbar nicht. Entscheidend fällt des weiteren die gravierenden Auseinandersetzungen im Rahmen der sich überdurchschnittlich lang hinziehenden Scheidung auf, welche sich sicherlich zu Lasten der Tochter abspielte, zu der in der Folge gar kein und später nur ein distanziertes Verhältnis existierte. Im Ergebnis ist daher der Bereich der Familie tendenziell dem K-idealtypischen Pol zuzuordnen.

2.1.2. Delinquenzbereich

2.1.2.1. Frühere Straftaten, Verurteilungen und Strafverbüßungen

Den Taten lag jeweils eine besondere Stimmungslage (Drang, die Wohnung zu verlassen; Spannungsgefühl) zugrunde; zu einem nüchternen Tatentschluß kam es nicht. Eine Tatplanung liegt ebenfalls nicht vor. Nach der Beschreibung der H. wurde allenfalls mit der Begehung von Diebstählen gerechnet, wobei diese durch H. offenbar nicht oder nur schwer steuerbar waren. Überlegungen oder Vorkehrungen über die Tatausführung und das Verlassen des Tatorts, die die Erfolgschancen erhöht hätten, traf H. ebensowenig. Auch verwertete H. ihre Beute in der Regel nicht, indem sie die Kleidungsstücke trug, sondern sie bewahrte sie nutzlos auf. Eine Zielstrebigkeit der Kriminalität ist daher zu verneinen.

2.1.2.3. Letzte Taten

Die letzten beiden Taten 1987 und 1988 reihen sich ohne weiteres in die vorherige Straffälligkeit ein; es wird hier auf die verminderte Schuldfähigkeit im Sinne der Sachverständigengutachten verwiesen, die der H. Dranghaftigkeit, Ich-Fremdheit und mangelnde Bereicherungsabsicht bescheinigen. Die Tatsache, daß erst im Rahmen der letzten Verurteilungen eine verminderte Schuld festgestellt wurde, schließt keinesfalls aus, daß diese bereits lange vorher bestand, wobei es möglich erscheint, daß die hier angenommene verminderte Steuerungsfähigkeit sich im Laufe der Jahre verstärkt hat.

2.2. Analyse des Lebensquerschnitts

(Aufgrund der aussagekräftigen Gutachten, die aus Anlaß der vorletzten Tat erstellt wurden, wird als Querschnittintervall neben dem Zeitraum vor der letzten Tat im September 1989 gleichzeitig der Zeitraum vor der vorletzten Tat im März 1987 zugrunde gelegt.)

2.2.1. K-Kriterien

Im Querschnittintervall lebte H. von Arbeitslosenhilfe und Gelegenheitstätigkeiten, womit eine *Vernachlässigung des Arbeits- und Leistungsbereichs* in Betracht kommt. Inwieweit die Arbeitslosigkeit durch H. verschuldet ist, läßt sich nicht klären; sicherlich wirkten sich Vorstrafen und das fortgeschrittene Alter der H. negativ bei der Suche nach einer vergleichbaren Tätigkeit aus. Im Rückblick ist eine Nachlässigkeit in diesem Bereich nicht festzustellen; gleichzeitig kam H. offensichtlich ihren familiären Pflichten bis zur Scheidung nach. Soziale Pflichten im Sinne einer Verantwortung für andere Hausstandsmitglieder bestanden bei H. im Querschnitt nicht mehr.
Zwar gibt H. an, sie habe momentan keine Schulden, allerdings ist die Glaubwürdigkeit dieser Aussage zweifelhaft; zudem befand sie sich in einer finanziell sehr knappen Situation. Es fehlen jedoch Informationen über den Umgang der H. mit den wenigen Mitteln, die ihr zur Verfügung standen, sowie über die Behandlung ihres Eigentums wie Wohnung, Kleider o.ä. Rückblickend kann das Merkmal des *fehlenden Verhältnisses zu Geld und Eigentum* im Zusammenhang mit der langwierigen Scheidung angedacht werden, da H. ihre Ersparnisse für

den Rechtsstreit opferte, ohne sich über die Konsequenzen im klaren gewesen zu sein.
Ein *unstrukturiertes Freizeitverhalten* ist demgegenüber vorliegend nicht gegeben, da es nicht zu einer Ausweitung des Freizeit- auf den Leistungsbereichs kam.
Zu bejahen ist jedoch das Merkmal der *fehlenden Lebensplanung*, welche zumindest in den letzten Jahren erkennbar ist. Wie häufig lag zwar in der Vergangenheit eine Planung (Familie, Kinder) vor, die jedoch durch die Scheidung und das Selbständigwerden der Kinder hinfällig wurde. H. konzentriert sich nun primär auf die Suche nach einem neuen Partner. Berufliche Perspektiven oder andere Ansätze (z.B. eine Therapie), die ihr Leben ändern könnten, zieht H. gar nicht erst in Betracht.
Mangelnde Realitätskontrolle ist bei H. insofern festzustellen, als sie glaubte, alle Probleme würden sich mit dem Beginn einer neuen Liebesbeziehung lösen.
Gleichzeitig liegt auch eine *paradoxe Anpassungserwartung* vor, indem H. den Umständen und Dritten die Verantwortung für ihre Situation aufbürdete und, wie auch im Gutachten festgestellt, darauf bestand, selbst gesetzte Standards für sich als ausschlaggebenden Maßstab anzunehmen.
Da H. gerade die Beziehung zu einem anderen Menschen suchte und unter dem Alleinsein litt, ist das Kriterium der *Forderung nach Ungebundenheit* nicht einschlägig.
Gleiches gilt für einen unkontrollierten Alkoholkonsum.

2.2.2. D-Kriterien

Im Querschnittintervall weist H. keines der D-Kriterien auf.

Die *Erfüllung sozialer Pflichten* ist insofern schwierig zu beurteilen, als es H. an sozialen Kontakten mangelte. Aus den getätigten Äußerungen ist jedoch die Tendenz zu erkennen, daß Rücksichtnahme und das selbstverständliche Eingehen auf Erwartungen Dritter nicht zu den typischen Verhaltensweisen der H. gehört, so daß im Zweifel das Kriterium zu verneinen ist.
Ein *adäquates Anspruchsniveau* im Sinne von Bescheidenheit und Zufriedenheit bestand ebenfalls nicht, da H. dazu neigt, die Umstände für ihre mißliche Situation verantwortlich zu machen.
Über die *Gebundenheit an eine geordnete Häuslichkeit* ist nichts bekannt; im Gegenteil weist einiges darauf hin, daß H. sich in ihrer eigenen Wohnung nicht wohl fühlte und es sie häufig an Orte zog, an denen sich anonyme Menschenmassen aufhalten.
Ein *reales Verhältnis zu Geld und Eigentum* ist nicht bereits dann gegeben, wenn keine Schulden bestehen. Hinzukommen müssen positive Aspekte wie

beispielsweise Vorsorge durch Sparkonten o.ä., welche bei H. nicht zu erkennen sind.
Die Merkmale des Arbeitseinsatzes und der Befriedigung bei der Berufstätigkeit, der produktiven Freizeitgestaltung oder ein persönliches Engagement für personale oder Sachinteressen sind eindeutig nicht gegeben.
Gleichfalls fehlt es an dem Kriterium der *Anpassungsbereitschaft* (siehe 2.2.1.), sowie der Bereitschaft, das eigene Schicksal in die Hand zu nehmen und die eigene Situation zu verbessern *(hohe Belastbarkeit bei großer Ausdauer)*.
Auch *tragende, menschliche Bindungen* sind im Querschnittintervall nicht vorhanden.

2.3. Relevanzbezüge und Wertorientierung

2.3.1. Relevanzbezüge

Als wirksamer Bezug stellt sich das Bestreben dar, wieder eine Partnerschaft zu führen. Die Suche nach einem Mann wird zur zentralen Aufgabe im alltäglichen Leben der H. Von dieser Maßgabe rückt H. nicht ab, gleichzeitig wird hierin die Lösung der vorhandenen Probleme gesehen. So besteht H. darauf, daß eine Therapie ihr nicht weiterhelfe, sondern sie „einen Mann brauche". In diesem Zusammenhang ist hier auf die Bedeutung der Sexualität für H. hinzuweisen. Gleichzeitig erklärt H., sie könne nicht alleine sein und suche nach Bekannten. Die Forderung nach „körperlicher und seelischer Liebe" und die empfundene Einsamkeit (kein Bekannten- oder Freundeskreis) stellen letztendlich verschiedene Ausprägungen desselben Bezuges dar, nämlich der Notwendigkeit sozialen Kontaktes.

2.3.2. Wertorientierung

Eine Durchformung des Handelns anhand Prinzipien oder Wertvorstellungen, die sich klar von den Relevanzbezügen abgrenzen ließen, ist im vorliegenden Fall - u.a. mangels weiterer Informationen - nicht erkennbar.

3. Kriminologische Diagnose

3.1. Die Bezugskriterien der Kriminologischen Trias

Wegen der erst im vierten Lebensjahrzehnt einsetzenden K-idealtypischen Verhaltensweisen scheiden die Kategorien der kontinuierlichen Hinentwicklung zur

Kriminalität mit Beginn in der frühen Jugend sowie die Hinentwicklung zur Kriminalität im Heranwachsenden- bzw. Erwachsenenalter aus.
Auch die *Kriminalität im Rahmen der Persönlichkeitsreifung* ist nicht einschlägig, da es sich nicht um eine - entwicklungsspezifisch abgrenzbare - vorübergehende Delinquenz handelt, sondern diese vielmehr über fast fünfzehn Jahre hinweg bestehen bleibt. Auch fehlen typische Auffälligkeiten im Freizeitbereich.
Zu fragen ist daher nach einer *Kriminalität bei sonstiger sozialer Unauffälligkeit*. Zwar zeigt H. zumindest bis zum Ende ihrer Ehe (mit Ausnahme des Bereichs der eigenen Familie) im wesentlichen D-idealtypische Neigungen. In der Folge kommt es jedoch im Kontaktbereich und später im Leistungsbereich zu Tendenzen, die weg vom D-idealtypischen Pol eher in die Gegenrichtung weisen, ohne einem K-idealtypischen Verhalten in ausgeprägter Weise zu entsprechen. Im Querschnitt fehlt es an D-Kriterien überhaupt. Des weiteren handelte H. zumindest teilweise gerade ohne Bereicherungsabsicht, was sich nicht mit den typischerweise erkennbaren Relevanzbezügen dieser Kategorie vereinbaren läßt.
Möglicherweise handelt es sich bei dem delinquenten Verhalten um einen *kriminellen Übersprung*. Hiergegen sprechen allerdings die zwar nicht extremen, aber dennoch vorhandenen Auffälligkeiten, die gerade mit Beginn der Straffälligkeit zunehmen (so beispielsweise die finanziell angespannte Situation bei Begehung des allerersten Diebstahls). Auch besteht keine kriminoresistente Konstellation oder ein Überhang an D-Kriterien im Querschnitt. H. stellt sich insgesamt nicht als Person dar, bei der auf keinen Fall mit einem Gesetzesverstoß zu rechnen ist. Die Besonderheiten des Falles sind im nachfolgenden Punkt zu erörtern.

3.2. „Besondere Aspekte" im Leben des Täters

Problematisch erweist sich im vorliegenden Fall, daß eine „klassischer" Übersprung nicht bejaht werden kann und andererseits die Delinquenz tatsächlich nicht „erwartbar" im kriminologischen Sinne ist. Es kann jedoch ein Zusammenhang zwischen der Delinquenz und den im kriminologischen Vergleich aufgetanen Aspekten hergestellt werden, indem die Relevanzbezüge (Fehlen einer Bezugsperson als äußerer Aspekt) und der Kriterien im Querschnitt (paradoxe Anpassungserwartung) einer genaueren Betrachtung unterzogen werden. Die dort (wie auch im Gutachten) festgestellten Probleme im zwischenmenschlichen Bereich werden der Probandin erst nach der Scheidung bewußt bzw. wirken sich erst dann auf die Lebensumstände aus. Der fehlende Partner, der mangelnde Kontakt zur Tochter und der Wegfall eines Bekanntenkreises spielen sich somit in dem Zeitraum ab, in dem es erstmalig zur Straffälligkeit kommt. Gleichzeitig zeigen sich hier die Grenzen einer kriminologischen Deutung, die die Feststellung einer depressiven Erkrankung oder neurotischer Elemente einer psychologischen Beurteilung überlassen muß, bevor hieraus weitere Schlüsse gezogen werden können.

4. Folgerungen

4.1. Folgerungen im Blick auf die Prognose

Unter Bezugnahme auf die „besonderen Aspekte“ muß hier im Rahmen der *individuellen Basisprognose* zum einen festgehalten werden, daß der fehlende soziale Kontakt auch als in Zukunft wirksam angesehen werden muß. Dieser ist äußerlich auch nicht veränderbar, da es weniger die Umstände sondern ein innerer Konflikt ist, der zu den bestehenden Problemen führt. Die depressiven, neurotischen und aggressiven Symptome werden sich voraussichtlich ohne Einwirkung nicht von selbst zurückentwickeln. Unter der Annahme einer verminderten Steuerungsfähigkeit bleibt daher eine erhöhte Rückfallgefahr bestehen, so daß die Prognose ungünstig ausfällt.

Bei der Betrachtung der Wirkungen der Intervention läßt sich festhalten, daß weder Geld- oder Bewährungsstrafen noch längere Haftaufenthalte eine entsprechende Wirkung zeigten.

4.2. Folgerungen im Blick auf Einwirkung und Behandlung

Naheliegend ist aufgrund des krankheitswertigen Befundes eine therapeutische Behandlung, wobei die Entscheidung über die Art der Behandlung von psychologischer Seite her getroffen werden muß. Hindernd und damit die Prognose weiter verschlechternd wirkt sich die mangelnde Therapiewilligkeit der H. aus, die es offensichtlich vermeidet, die Ursachen der Delinquenz in der eigenen Persönlichkeit zu suchen. Unter dem Gesichtspunkt der Verstärkung des Leidensdrucks mag die Verhängung einer kurzen Freiheitsstrafe im letzten Urteil verständlich werden.

B. Akte 10

I. Akteninhalt[471]

1. Feststellungen aus Urteilen

Die im August 1966 geborene P. trat strafrechtlich in Erscheinung wie folgt:

Datum der Sanktion	angewandte Normen; Tatobjekt	Sanktionen; Sonstiges
Mai 1982	§ 242 StGB	richterliche Weisung: 48 Stunden gemeinnützige Arbeit
März 1983	zweimal § 242 StGB	eine Woche Jugendarrest
Mai 1984	§ 242 StGB (Lebensmittel im Wert von 40 DM)	sechs Monate Jugendstrafe zur Bewährung
Januar 1985		Untersuchungshaft
März 1985	Verstoß gegen BtMG	Widerruf der Bewährung
Juli 1985		zwei Jahre Jugendstrafe
bis September 1985		Haftaufenthalt
Oktober 1988	§ 242 StGB	Geldstrafe (30 Tagessätze à 10 DM)
Juni 1989	Verstoß gegen BtMG	vier Monate Freiheitsstrafe; Vollstreckung wegen Betäubungsmittelabhängigkeit zurückgestellt; Auflage der Behandlung

Die nächsten sieben Taten wurden verbunden und teilweise vorläufig bis zur Klärung der strafrechtlichen Verantwortung eingestellt:

[471] Es wird auf den letzten Stand der Akten von 1991 abgestellt.

Datum der Tat	Angewandte Normen; Diebstahlsobjekt	Sanktionen; Sonstiges
August 1989	§ 242 StGB (Kleidungsstücke im Wert von 115 DM)	P. entfernte die Preisetiketten; kein Geständnis
August 1989	§ 242 StGB; Waren im Wert von 15 DM	P. gab bei der Polizei an: „Manchmal überkommt es mich, dann lege ich es darauf an, erwischt zu werden. Die Detektive werden bestätigen können, daß ich fast provozierend offensichtlich gehandelt habe.“
Dezember 1989	§ 242 StGB (Kosmetika und Gebrauchswaren im Wert von 250 DM)	Angaben einer Zeugin: „P. machte einen abwesenden Eindruck und war ziemlich fertig.“
März 1990	§ 242 StGB; Gebrauchswaren im Wert von 100 DM	Angabe der P.: „Ich gebe die Diebstähle zu. Ich habe heute Tabletten genommen, die meine Handlungen dermaßen beeinflußt haben, daß ich ohne Interesse an den Dingen gestohlen habe. Ich bin krank und befinde mich wegen meines Tablettenproblems in ärztlicher Behandlung.“
Mai 1990	§ 242 StGB (Kaffee im Wert von 8 DM)	von Verfolgung wurde abgesehen
September 1990	§§ 242, 23 StGB (Lebensmittel im Wert von 20 DM)	von Verfolgung wurde abgesehen
Oktober 1990	§ 242 StGB (Schmuck und Porzellan aus einer fremden Wohnung entwendet und in Leihhäusern versetzt)	Annahme voller Schuldunfähigkeit wegen einer schweren neurotischen Persönlichkeitsstörung mit sekundärer Kleptomanie und voll ausgeprägter Drogenabhängigkeit

2. Feststellungen aus dem Sachverständigengutachten[472]

2.1. Vorgeschichte

Die im August 1966 geborene P. lebte bis zu ihrem vierten Lebensjahr bei ihrer Mutter und deren Ehemann, einem Berufssoldaten, der jedoch nicht der Vater von P. war und den die Mutter in den letzten Schwangerschaftswochen heiratete. Die Identität ihres leiblichen Vaters, eines Musikwissenschaftsstudenten, wurde P. bis zu ihrem 14. Lebensjahr verheimlicht; P. lernte ihn nie kennen. Über die Mutter ist bekannt, daß diese als ältestes von neun Kindern in psychiatrischer Behandlung war, da sie über den Tod ihres Vaters nicht hinwegkam. Bei der Geburt von P. war ihre Mutter 21 Jahre alt. In den ersten vier Jahren nach der Geburt holte die Mutter das Abitur nach und hatte nur wenig Zeit für das Kind, welches tagsüber bei Bekannten untergebracht wurde. 1970 begann die Mutter ein Universitätsstudium, und P. wohnte bei ihren Urgroßeltern. Mit sechs Jahren wurde sie in einer Pflegefamilie (eine Pfarrersfrau mit drei eigenen Kindern) untergebracht, wobei sie häufig nicht nach Hause kam und deswegen Hausarrest erhielt. Im Alter von acht Jahren wohnte sie bei den Großeltern, wo sie die Mutter am Wochenende besuchte. P. erinnerte sich, jedesmal geweint zu haben, wenn die Mutter wieder wegfuhr. Ein Jahr später kehrte P. zurück zu ihren Eltern. Dort verbrachte sie viel Zeit alleine, da sich die Mutter oft monatelang im Ausland aufhielt und für P. nicht erreichbar war, wobei sie auch keine Befürchtungen hatte, das Kind alleine zu lassen. Der Vater erübrigte ebenfalls nur wenig Zeit für die angenommene Tochter. P. sorgte in dieser Zeit für sich selbst. Erst nachdem P. einige Ladendiebstähle begangen hatte, kümmerte sich die Mutter etwas intensiver um die Tochter, gab das regelmäßige Reisen aber nicht auf. P. erklärte, ihr sei das selbständige Leben eigentlich recht gewesen, da sie habe machen können, was sie wolle.
1972 wurde P. eingeschult und war wegen der häufigen Versetzungen des Vaters insgesamt auf vier Grundschulen. Sie besuchte anschließend das Gymnasium. Der Vater verließ die Familie 1977. Mit vierzehn Jahren, also 1980, bestritt P. ihren Unterhalt teilweise aus der Untervermietung der elterlichen Wohnung; gleichzeitig begann sie, mit Haschisch zu handeln. In der Folge konsumierte und handelte sie auch mit LSD. Im gleichen Jahr entschloß sie sich zu einem Schwangerschaftsabbruch aus Angst vor der damit verbundenen Unfreiheit.
In der Schule begann sie ebenfalls mit ca. vierzehn Jahren zu schwänzen. Wegen ihres häufigen Fehlens mußte sie die Schule wechseln und die neunte Klasse wiederholen. Drei Monate später ging sie von der Schule ab und begann auch nicht den belegten Kurs zum Nachholen der Mittleren Reife. Zwei Jahre lang war P. auf Reisen in Europa und Asien. Seit 1982 nahm sie ab und an Kokain;

[472]Das Sachverständigengutachten wurde im Zusammenhang mit der letzten Verhandlung im Februar 1991 erstellt.

1984, mit 18 Jahren, probierte sie in Indien erstmalig Heroin. Wegen Diebstahls und Verstöße gegen das BtMG verbrachte sie Januar bis September 1985 in Haft (siehe oben unter 1.), in der sie im Juli die Mittlere Reife ablegte, wonach sie im September die Fachoberschule für Gestaltung besuchte. Durch den Haftaufenthalt wurde die Suchtkarriere kurzfristig unterbrochen. Sie erlitt jedoch einen Rückfall und injizierte danach hauptsächlich Kokain. Anfang 1986 sei sie zu ihrer Mutter „geflüchtet", wo es ihre eine Zeitlang besser gegangen sei. Von Februar bis Juni 1986 schloß P. die elfte Klasse ab. Nach den Sommerferien, die sie in Nordafrika verbrachte, kehrte sie jedoch nicht mehr in die Schule zurück. 1987 wurde sie wieder rückfällig und nahm von nun an primär Heroin ein. P. versuchte immer wieder, mittels eines Selbstentzuges die Abhängigkeit zu bekämpfen, jedoch ohne Erfolg. Von April 1987 bis Juli 1987 arbeitete sie bei einer Presseagentur, danach verbrachte sie einige Zeit in den Niederlanden. In der Zeit von Februar bis Juni 1988 war sie als Fotopraktikantin tätig, bevor sie wieder nach Belgien und in die Niederlande fuhr. Seit 1988 versuchte P., mittels Tabletten von dem Heroin loszukommen, was jedoch nicht gelang. In der letzten Zeit nahm sie große Mengen an Rohypnol, Codein, Barbituraten und Benzodiazepinen ein, wobei sie gleichzeitig Heroin konsumierte. Im Februar 1989 belegte sie einen Kurs, um das Abitur nachzuholen, welchen sie bis zu ihrer Verhaftung im September 1990 besuchte. Im August 1989 wurde eine ambulante Substitutionstherapie hauptsächlich mit Codein durchgeführt, wobei es bei P. sukzessive zu einem erhöhten Tablettenkonsum kam. Bis Dezember 1989 nahm P. alle ihr bekannten Drogen, ab Februar 1990 nur Heroin. Im März versuchte sie erfolglos einen erneuten Selbstentzug. Sie injizierte jeden dritten Tag Heroin und steigerte den Tablettenkonsum wieder. Im August wurde eine Entgiftung im Krankenhaus durchgeführt, wonach P. jedoch bald wieder rückfällig wurde. Im September kam es nochmals zu einer Entgiftung, bis im Rahmen des letzten Diebstahls im Oktober 1990 eine stationäre Entwöhnungsbehandlung durchgeführt wurde.

P. erklärte zu den Diebstählen, sie habe für sie sinnlose Gegenstände weggenommen und sich immer vorgenommen, nicht zu stehlen. Meistens habe sie dann aber die Kontrolle verloren; einmal angefangen, habe sie nicht mehr aufhören können. Es sei ihr nicht um die Gegenstände als solches gegangen, sondern sie habe sich einfach nicht zurückhalten können.

2.2. Diagnose

Es wurde bei P. eine schwere neurotische Persönlichkeitsstörung, die sich im Krankheitssymptom des Zwangs zum Stehlen zeigt, diagnostiziert. Gleichzeitig bestünde eine ausgeprägte Suchterkrankung, die geeignet sei, die kleptomanen Impulse zu verstärken.

In der lebensgeschichtlichen Entwicklung und der Sozialisation habe es bei P. einige ungünstige Faktoren gegeben. So sei durch die Kindheitsgeschichte der Aufbau eines stabilen Kontakts zu einer Bezugsperson unmöglich gewesen. In der mangelnden konstanten Zuwendung läge höchstwahrscheinlich die Ursache der gestörten Sozialisation. Mit 15 Jahren seien bei P. durch den Drogenkontakt erste typische diskrete Veränderungen in der Lebenseinstellung und - führung zu beobachten. Nach der Pause durch den Haftaufenthalt habe die typische Fortentwicklung (körperliche Abhängigkeit, Politoxikomanie etc.) ihren Gang genommen.
Bezüglich der Persönlichkeitsstörung mit sekundärer Kleptomanie handele es sich um einen pathologischen Zwang, der sich bei Kindern entwickeln könne, die keine notwendige Bezugsperson hatten, und der einen Appell nach Zuwendung darstelle. Das widerrechtliche Aneignen sei eine Impulshandlung, wobei die Zwangshandlungen zur psychischen Stabilisierung gebraucht würden. Sie stellten eine mißglückte Selbstreparatur des seelischen Befundsystems dar: Wegen fehlender Zuwendung „beschenke“ man sich selbst.
Die Drogensucht, hier psychischer und körperlicher Natur, sei ebenfalls durch die mangelnde Zuwendung zu begründen. Gleichzeitig werde hierdurch die Impulskontrolle gegen das Stehlen erheblich geschwächt.

Im Ergebnis sei bei P. die Steuerungsfähigkeit derart beeinträchtigt, daß volle Schuldunfähigkeit, bei einigen Taten vielleicht verminderte Schuldfähigkeit anzunehmen sei. Die Unterbringung gemäß § 63 StGB komme nur für Fälle in Betracht, in denen ausschließlich Kleptomanie vorläge. Hier sei wegen der bestehenden Wiederholungsgefahr an die Anwendung von § 64 StGB zu denken. Da jedoch eine Stabilisierung bei der Probandin eingetreten sei, sei eine derartige Unterbringung entbehrlich. Vorzugswürdig sei auf Auflagen oder gegebenenfalls Maßregeln wie die Führungsaufsicht zurückzugreifen.

II. Methode der idealtypisch-vergleichenden Einzelfallanalyse

1. Übersicht zum Lebenslauf

August 1966	Geburt
1970 bis 1972	bei Urgroßeltern gewohnt
1972 bis 1974	bei Pflegeeltern gewohnt
1972	Einschulung
1974 bis 1975	bei Großeltern gewohnt

1977	Vater verläßt die Familie
seit ca. 1978	Ladendiebstähle
1980	erster Kontakt zu Drogen und Drogenhandel; Schwangerschaftsabbruch; schulische Probleme, Schwänzen
1982	Schulabbruch; erstmaliger Kokainkonsum
1982 bis 1984	Reisen durch Europa und Asien
1984	erstmaliger Heroinkonsum
Januar bis September 1985	Haftaufenthalt; kurzfristig drogenfreies Leben; Ablegen der Mittleren Reife
ab September 1985	Fachoberschule für Gestaltung;
Anfang 1986	Rückkehr in die elterliche Wohnung
Februar bis Juni 1986	Abschluß der elften Klasse; Schulabbruch;
1987	Rückfall; mehrere Versuche des Selbstentzugs
1987 bis 1988	Tätigkeiten in Presseagentur und als Fotopraktikantin; zwischendurch Auslandsaufenthalte
seit 1988	Tablettenkonsum zunächst zur Substitution von Heroin
Februar 1989	Abiturkurs
August 1989	ambulante Substitutionstherapie
Dezember 1989	starke Politoxikomanie
März bis Oktober 1990	erfolgloser Selbstentzug, Entgiftungen; letzter Diebstahl

September 1990	Verhaftung
Februar 1991	Begutachtung durch Sachverständigen

2. Analyse der Erhebungen

2.1. Analyse des Lebenslängsschnitts

2.1.1. Verhalten in den einzelnen Lebensbereichen

2.1.1.1. Erziehung im Kindes- und Jugendalter

Auffällig ist im vorliegenden Fall zunächst, daß eine durchgängige Kontrolle durch die Eltern im wesentlichen fehlte, so daß darauf abzustellen ist, wie die Betroffene hierauf reagiert hat. Zumindest ab dem 14. Lebensjahr wurde dieser Umstand von P. nach und nach in stärkerem Maße ausgenutzt, indem sie mit Drogenhandel, Schwänzen und Ladendiebstählen begann. P. suchte keinen Anschluß an einen anderen geordneten Verbund, sondern bevorzugte (auf den ersten Blick) die Selbständigkeit. Somit ist zumindest ab Mitte des zweiten Lebensjahrzehnt von einem K-idealtypischen Zuschnitt auszugehen. Die Tatsache, daß die Eltern ein derartiges Verhalten geradezu provozierten, kann wiederum nur als Erklärung dienen.

2.1.1.2. Aufenthalts- und Wohnbereich

P. pendelte seit ihrer frühesten Kindheit zwischen den Eltern, Verwandten und Pflegefamilien hin und her. Auch als sie mit neun Jahren endgültig in ihr Elternhaus zurückkehrte, zog die Familie häufig um. P. betonte früh ihre Unabhängigkeit, wobei auch hier selbstverständlich zu beachten ist, daß ein geordnetes Familienleben mit ihren eigenen Eltern als Alternative nicht existierte. Sie verließ das Elternhaus bereits mit 16 Jahren und reiste viel herum. In der Folge gehören die häufigen Wechsel des Aufenthaltsorts zum Alltag der P., die immer wieder Monate im Ausland verbringt. Ein Interesse an einem bestimmten Wohnort oder einer Wohnung läßt P. vermissen. Im Ergebnis liegt daher eine K-idealtypische Ausprägung auch in diesem Bereich vor.

2.1.1.3. Leistungsbereich

Was die *schulischen Leistungen* angeht, erscheint eine normale Entwicklung bis zu Beginn der Pubertät möglich, worauf der Besuch des Gymnasiums schließen läßt. Ab dem 14. Lebensjahr zeigen sich deutliche Anzeichen in Richtung des K-idealtypischen Pols. Wegen massiven Schwänzens muß P. die Schule wechseln und ein Jahr wiederholen; kurz darauf kommt es zum Schulabbruch. Die Mittlere Reife, die von P. von ihren Fähigkeiten her wohl ohne Probleme hätte abgelegt werden können, wird erst in der Haft nachgeholt. P. beendet die danach besuchte Fachoberschule ebensowenig wie den Abiturkurs. Eine abgeschlossene Lehre liegt ebensowenig vor. Vielmehr bricht P. regelmäßig alle Tätigkeiten nach ein paar Monaten wieder ab. Die Unregelmäßigkeit und Inkonsequenz in diesem Bereich lassen im Ergebnis den Schluß auf eine K-idealtypische Ausprägung zu, wenn auch die immer wieder von P. in Angriff genommenen neuen Versuche einer Weiterbildung beachtet werden sollten.

2.1.1.4. Freizeitbereich

Ebenfalls ab dem 14. Lebensjahr kam es zu einer Ausweitung der Freizeit auf den Leistungsbereich, wobei diese Entwicklung sich weiter verfestigte. Erst nach dem Haftaufenthalt trat eine kurzfristige Stabilisierung ein. Der die Freizeit bestimmende Drogenhandel verbunden mit Aufenthalten in einem kriminellen Umfeld weisen auf ein unstrukturiertes Freizeitverhalten hin, in dem offene Abläufe geordneten Aktivitäten vorgezogen wurden. Somit läßt sich auch hier eine K-idealtypische Tendenz erkennen.

2.1.1.5. Kontaktbereich

Im Rahmen der *schicksalhaften Kontakte* läßt sich bei P. eine eher ablehnende oder zumindest indifferente Einstellung gegenüber den Eltern beobachten, wobei elterliche Erziehung selbst wiederum von Desinteresse der Tochter gegenüber geprägt war. Die frühzeitige Loslösung wurde auch nicht durch intensives Kontakthalten ausgeglichen; P. kehrte erst in einer Notsituation zu der Mutter zurück („Flucht" nach Hause).

Über die *selbstgewählten Kontakte* ist wenig Konkretes bekannt. Es bestanden jedoch utilitaristisch geprägte Beziehungen zur Drogenszene. Auf tragende Freundschaften o.ä. weist nichts hin.

Die *sexuellen Kontakte* betreffend machte P. bereits relativ früh erste Erfahrungen, wie sich in der Schwangerschaft im Alter von 14 Jahren zeigt.

Im Ergebnis weisen die Verhaltensweisen im Kontaktbereich zum K-idealtypischen Pol.

2.1.2. Delinquenzbereich

Über *„deliktische Handlungen" im Kindesalter* ist nichts näheres wie z.B. Zielstrebigkeit, Vielseitigkeit und Dauer bekannt. Es erscheint jedoch wahrscheinlich, daß diese Vorfälle den Beginn der kriminellen Entwicklung darstellen und nicht nur als unbedeutende Phase im Leben der P. wirken. (Dies insbesondere unter Zugrundelegung der Erkenntnis, daß P. die Taten beging, um Zuwendung zu erlangen; ein Motiv, welches im Kontext mit den familiären Umständen bereits im Kindesalter plausibel erscheint.)

Die dann folgenden *Straftaten* lassen sich in Diebstahlstaten und Verstöße gegen das BtMG aufteilen. Zumindest für die Delikte seit 1989 ist von einer Tatbegehung unter dem Einfluß von Drogen auszugehen, welcher wenigstens zur Verminderung der Steuerungsfähigkeit führte. Eine konkrete Planung bezüglich der Diebstahlstaten hat nach den Aussagen der P. selbst und nach den Erkenntnissen des Gutachtens nicht stattgefunden. Vielmehr handelte es sich um eine Art Kontrollverlust, so daß in der Folge P. den Taten nicht widerstehen konnte. Die Angabe der P., an den Gegenständen selbst kein besonderes Interesse gehabt zu haben, erscheint unter dem Gesichtspunkt glaubwürdig, daß es sich nicht um typische Beschaffungskriminalität (bspw. Stehlen von Bargeld, Schecks) handelte, sondern Gebrauchsgegenstände entwendet wurden, die sich nicht zur Finanzierung der Drogen eigneten. Daraus kann selbstverständlich nicht automatisch geschlossen werden, daß die Gegenstände für P. keine Bedeutung hatten, sondern lediglich, daß die Glaubwürdigkeit einer derartigen Aussage steigt Anderes gilt im übrigen für die letzte Tat, bei der P. die gestohlenen Gegenstände in Leihhäusern in Bargeld umsetzte. Beobachtet man die Diebstahlshäufigkeit, so läßt sich feststellen, daß die äußeren Lebensumstände und hier insbesondere der Drogenkonsum offensichtlich auf die Delinquenzintensität Einfluß hatten. So wurden laut Akten in der Phase nach der Haft und während des Aufenthaltes bei der Mutter 1985/86, in der P. weniger Drogen zu sich nahm und sie einen festen Aufenthaltsort aufwies, keine Diebstähle bekannt. In den Jahren seit 1988, die von stetig steigendem Drogenkonsum begleitet waren, verringerten sich die Rückfallintervalle.

Die Gesamtschau der Straftaten läßt aufgrund der mangelnden Steuerungsfähigkeit den Schluß zu, daß zumindest seit 1989 keine zielstrebige Tatbegehung vorlag. Die Entwicklung hin zu einer erhöhten Diebstahlshäufigkeit kann an dieser Einschätzung nichts ändern, da die Tatbegehung an sich nur eine geringe Zielstrebigkeit aufweist und in Zusammenhang mit dem Drogenkonsum zu stellen ist.

2.2. Analyse des Lebensquerschnitts

(Als Querschnittintervall wird in der Folge der Zeitraum unmittelbar vor der letzten Tat im Oktober 1990 zugrunde gelegt.)

2.2.1. K-Kriterien

Im Querschnittintervall kommt eine *Vernachlässigung des Arbeits- und Leistungsbereiches sowie familiärer und sonstiger Pflichten* in Betracht, da P. erneut die schulische Ausbildung (Abiturkurs) aufgab, wobei hier berücksichtigt werden muß, daß die Delinquenz selbst (Verhaftung im September 1990) den Auslöser darstellte, so daß ein Schulabbruch aus Nachlässigkeit, Faulheit oder ähnlichen Motiven nicht vorliegt. Jedenfalls im Rückblick können deutliche Anzeichen für eine derartige Vernachlässigung bereits seit ca. 1980 festgestellt werden.
Sowohl im Querschnitt als auch im Rückblick ist bei P. ein *fehlendes Verhältnis zu Geld und Eigentum* zu beobachten. Ihre finanziellen Mittel sind offensichtlich zum großen Teil in Drogen investiert worden; eine irgendwie geartete Vorsorge oder ein geplanter Umgang mit Geld läßt sich nicht erkennen.
Ein *unstrukturiertes Freizeitverhalten* ist bereits über einen längeren Zeitraum ersichtlich, wobei diese Entwicklung bis zum Querschnittintervall anhält bzw. noch verstärkt wird. Der genaue Ablauf der Freizeitgestaltung im Oktober 1990 ist zwar nicht bekannt. Aus dem Umstand, daß P. zwischen Entgiftungen und Rückfällen hin und her pendelt, läßt sich jedoch schließen, daß die freie Zeit wiederum im Drogen-„Milieu“ verbracht wird und es immer wieder zu Ausschweifungen kommt.
In gleichem Maße muß bei P. von einer *fehlenden Lebensplanung* ausgegangen werden. Ein geschlossenes Lebenskonzept fehlt im wesentlichen. Zwar gibt es immer wieder Ansätze einer Zukunftsplanung (Praktika, Nachholen des Abiturs), die auch zu Beginn in die Realität umgesetzt werden. Allerdings werden die Projekte nicht durchgehalten, so daß P. eher widerstandslos die geordneten Tätigkeiten aufgibt und erneut ins Ausland reist, mit Drogen handelt etc.
Des weiteren ist eine *geringe Belastbarkeit* in dem Sinne auszumachen, daß sich P. längerfristigen Bindungen bspw. in beruflicher Hinsicht regelmäßig nach einer gewissen Zeit entzieht und erneut in die Drogenabhängigkeit „flüchtet“. Berücksichtigung sollte hierbei finden, daß P. durchaus Engagement zeigt, von den Drogen loszukommen, wie die häufigen Versuche des Selbstentzugs zeigen.

Letztendlich jedoch reichen die Belastbarkeit und das Durchhaltevermögen nicht aus, um ein geordnetes Leben zu führen.
In Betracht kommt auch eine *mangelnde Realitätskontrolle* dergestalt, daß P. Ausbildungen oder Tätigkeiten in Angriff nimmt, die ihr interessant oder vielleicht als „Traumberuf" erscheinen (Presseagentur, Fotopraktikum), ohne den ersten Schritt, nämlich die dauerhafte Abstinenz und eine entsprechende Stabilität, verwirklicht zu haben.
Ganz eindeutig besteht im Querschnittintervall und bereits in den Jahren davor ein *unkontrollierter, übermäßiger Drogenkonsum*, der bereits seit etwa ihrem 15. Lebensjahr Hintergrundwirkungen zeigt, welche mit der Zeit immer stärker das alltägliche Leben der P. beeinflussen und dieses bis zur Steuerungsunfähigkeit einengen.

2.2.2. D-Kriterien

Im Querschnittintervall und ebenso in der Rückblende seit spätestens 1988 liegt keines der D-Kriterien vor. Insbesondere findet sich im Querschnittintervall auch keine *tragende menschliche Bindung*; im Bereich der *Verantwortungsbereitschaft und Eigenverantwortung* fällt auf, daß durch die Drogensucht eine tatsächlich umgesetzte Verantwortung für das eigene Leben und vor allem für die eigene Gesundheit nicht mehr gegeben ist, wobei der Wille, die Selbstzerstörung zu stoppen, durchaus erkennbar ist.

2.3. Relevanzbezüge und Wertorientierung

Als *Relevanzbezug* läßt sich bei P. eine generelle Unbeständigkeit feststellen, die sich u.a. in dem Drang manifestiert, den Aufenthaltsort so häufig als möglich zu wechseln (so z.B. die Reisen - vergleiche hier auch das Verhalten der Mutter). Gleichzeitig steht als Bezug die Drogensucht im Vordergrund, die den Alltag der P. bestimmt und die als letztes vernachlässigt wird. Zur Erklärung dieses Bezuges soll erst im Rahmen der „besonderen Aspekte" Stellung genommen werden.
Eine echte *Wertorientierung*, die sich tatsächlich im Handeln der P. manifestiert, ist schwerlich zu erkennen. Es sind jedoch immer wieder Bestrebungen nach einem geordneteren, drogenfreien Leben ersichtlich.

3. Kriminologische Diagnose

3.1. Die Bezugskriterien der Kriminologischen Trias

In Betracht kommt hier die Zuordnung in die Kategorie der kontinuierlichen Hinentwicklung zur Kriminalität mit Beginn in der frühen Jugend.
Im Lebenslängsschnitt weist P. zumindest seit ihrem 14. oder 15. Lebensjahr deutlich K-idealtypische Tendenzen auf, die sich im Laufe der Zeit eher verstärken. Es beginnt mit dem Schwänzen der Schule und dem Handeln mit „weichen" Drogen, bis es zu häufigeren Wohnortswechseln und einer zunehmend unstrukturierten Freizeit kommt und die Kontakte im Drogen-„Milieu" zu finden sind. Gleichzeitig sind jedoch Bemühungen festzustellen, die äußeren Umstände zu ändern, so daß eine typische Gleichgültigkeit oder ein völliges Ablehnen eines bürgerlichen Lebens bei P. ebensowenig vorhanden ist. Im Querschnitt sind hauptsächlich kriminovalente Faktoren gegeben, die in den meisten Fällen bereits seit einiger Zeit, manchmal bereits über Jahre hinweg vorliegen, so daß die letzte Tat in eine zugespitzte Lebenssituation eingebettet ist. Im Rahmen der Relevanzbezüge lassen sich die typischerweise auftretenden Faktoren wie Unruhe oder Unbeständigkeit erkennen, wobei andererseits die frühe Selbständigkeit und das Fehlen eines ruhenden Pols durch die sozialen Verhältnisse in Kindheit und Jugend verständlich erscheinen. Bei der Betrachtung der Delinquenz lassen sich einige Besonderheiten feststellen, die eine eindeutige Zuordnung zweifelhaft erscheinen lassen. Zum einen ist den Aussagen der P., die ihre Taten als nicht kontrollierbar beschreibt, Gewicht zuzumessen. Zum anderen kommt es in vielen Fällen nicht zu Taten, die aus der Situation, hier der Drogenabhängigkeit heraus verständlich wären. So sind alle bekannten Tatobjekte Gebrauchswaren (mit Ausnahme der letzten Tat), welche nicht der typischen Beschaffungskriminalität entsprechen.
Im Ergebnis entspricht das Verhalten der P. *im wesentlichen* einer kontinuierlichen Hinentwicklung im kriminologischen Sinne. Es drängen sich jedoch zusätzlich Faktoren auf (wie die oben beschriebene mangelnde Zielstrebigkeit bei der Tatbegehung; die Drogensucht; Entgiftungsversuche), die im Rahmen der „besonderen Aspekte" ihre Berücksichtigung finden müssen.

3.2. „Besondere Aspekte" im Leben des Täters

Im vorliegenden Fall wirken zwei Faktoren als „besondere Aspekte" bei P. Dies ist zum einen die Drogensucht, zum anderen die psychische Störung in Form von Zwangs- bzw. Impulshandlungen aufgrund einer neurotischen Persönlichkeitsstörung. Beide Faktoren werden - laut Gutachten - auf die früher versagte Zuwendung zurückgeführt.

Die festgestellte gestörte Sozialisation an sich, ohne auf Ursachen oder Interdependenzen einzugehen, schließt eine Zuordnung in eine „klassische" Kategorien, hier die der kontinuierlichen Hinentwicklung, nicht aus, sondern ist gerade ein typisches Merkmal. Dies gilt jedoch primär für die „durchschnittlichen" Fälle, bei denen der Betreffende selbstbestimmt handelt. Vorliegend ist die Steuerungsfähigkeit eingeschränkt oder vermindert, was sich im Alltag und der Delinquenz niederschlägt. Somit verläuft der Aspekt der Drogensucht, der hier nicht im einzelnen bewertet werden kann, parallel zu der sozialen Entwicklung, wobei beide „Stränge" in Abhängigkeit voneinander stehen. Dadurch daß die Drogensucht im vorliegenden Fall relativ deutliche Auswirkungen auf die sonstigen sozialen Lebensumstände hat (gleichzeitig sei jedoch auch darauf hingewiesen, daß genau diese Lebensumstände möglicherweise auch zur Sucht geführt haben), dient sie hier als *Erklärung*, ändert aber zunächst einmal nichts an der Einordnung des sozial auffälligen Verhaltens der P. Entscheidend ist nur, daß ein derartiger Aspekt hier bei der Prognose seine Berücksichtigung finden muß und als „besonderer Aspekt" in Beziehung zu den sonstigen kriminologischen Merkmalen gesetzt werden kann.

Noch komplizierter erweist sich der psychologische Befund der Persönlichkeitsstörung. *Nach* Kenntnis des Gutachtens ist die „Anomalie" des Falles klar ersichtlich und eine Einordnung in eine „klassische" Kategorie kann dann nicht mehr vorgenommen werden. *Vor* der Begutachtung weisen lediglich die oben genannten besonderen Faktoren auf eine Abweichung hin, auf die damit besonderer Wert gelegt werden sollte, wobei mit dieser Feststellung die Grenzen der kriminologischen Beurteilung bereits erreicht sind.

4. Folgerungen

Die *grundsätzliche Prognose* bei einer kontinuierlichen Hinentwicklung mit Beginn in der frühen Jugend ist ungünstig. Wie eben dargelegt, muß der Schwerpunkt auf der *individuellen Basisprognose* liegen, da die „besonderen Aspekte" eine generelle Prognose verbieten. Die in diesem Zusammenhang bei P. wirksamen Faktoren werden ohne Einwirkung wohl auch in Zukunft wirksam sein, was sich bereits aus den häufigen und in verschiedenen Formen durchgeführten Entzugsversuchen schließen läßt. Hinsichtlich der Einwirkung besteht bereits aufgrund der Schuldunfähigkeit ein bestimmtes Instrumentarium, wobei mangels anderer Informationen über den Stand der Stabilisierung von der Einwirkungsprognose des Gutachtens ausgegangen werden soll. Im Mittelpunkt wird im Rahmen von Auflagen o.ä. zunächst die Bekämpfung der Sucht stehen (im Gegensatz zur Einwirkung bei der „klassischen" Hinentwicklung, bei der bereits mit der Ordnung des Leistungs- und Aufenthaltsortes begonnen werden kann), bevor an eine dauerhafte therapeutische Betreuung zur Stabilisierung und zur Verringerung der zwanghaften Handlungen gedacht werden kann.

C. Akte 11

I. Akteninhalt[473]

1. Feststellungen aus Urteilen

Die im Juli 1939 geborene M. wurde strafrechtlich folgendermaßen auffällig:

Datum der Sanktion/ der Tat	angewandte Normen; Tatobjekt	Sanktionen; Sonstiges
August 1975	§ 223 StGB	Geldstrafe (10 Tagessätze à 30 DM)
zwischen August 1978 und Juni 1983	siebzehnfacher § 265a StGB	jeweils Geldstrafe (bis zu 120 Tagessätzen)
Juni 1986	§ 246 StGB	Geldstrafe (140 Tagessätze à 10 DM)
Oktober 1987	§ 242 StGB	Geldstrafe (40 Tagessätze à 10 DM)
November 1987	§ 242 StGB	Geldstrafe (30 Tagessätze à 10 DM)
Mai 1988	§ 242 StGB	Geldstrafe (30 Tagessätze à 10 DM)
Januar 1990/ September 1989	§ 242 StGB	sechsmonatige Freiheitsstrafe auf drei Jahre Bewährung
August 1992	§ 242 StGB	zweimonatige Freiheitsstrafe auf zwei Jahre Bewährung

[473] Die Akten befinden sich auf dem hier maßgeblichen Stand von 1997.

Juli 1997/ Mai 1995	§ 242 StGB (Lebensmittel im Wert von 3 DM)	Freispruch gem. § 20 StGB

In der letzten Hauptverhandlung wurde M. als aufsässig beschrieben und stritt ab, die angeklagte Person zu sein. Die Verhandlung führte zum Freispruch aufgrund von voller Schuldunfähigkeit wegen einer krankhaften seelischen Störung im Sinne einer floriden Psychose.

2. Feststellungen aus dem Sachverständigengutachten[474]

2.1. Angaben der Probandin

M. wurde im Juli 1939 geboren. Ihren Angaben zufolge sind ihre Eltern bereits verstorben. Sie sei acht Jahre im Ausland zur Schule gegangen. Ihre Lehre zur Verkäuferin habe sie wegen ihrer Heirat 1956 abbrechen müssen, danach sei sie stets Hausfrau gewesen. Sie stritt ab, Kinder zu haben; es wurde jedoch festgestellt, daß sie zwei Kinder (1968 und 1971 geboren) besitzt. M. behauptete in diesem Zusammenhang, „Kinder werden hergestellt, so etwas wie Schwangerschaften gibt es nicht“. 1990 ist es zur Trennung und 1991 zur Scheidung gekommen. Ihr ehemaliger Mann lebe nun in geordneten Verhältnissen in der Schweiz. M. bestand bei der Untersuchung darauf, sie sei noch verheiratet und ihr Mann würde zurückkommen. Ein sexuelles Bedürfnis habe sie nicht.
1991 erhielt sie noch Arbeitslosengeld in Höhe von 500 DM. Ihre letzte Arbeit besaß M. 1992 in einem Kaufhaus. Jetzt lebt M. von Sozialhilfe, ihre Miete wird vom Sozialamt bezahlt. Sie erklärte jedoch, sie lebe von ihrem eigenen Geld. M. wechselte häufig den Wohnort, wobei sie seit Jahren in Frauenheimen und Pensionen unterkommt. M. lebt sozial zurückgezogen.
Eine körperliche Untersuchung lehnte M. ab. Sie erklärt, sie habe wahnsinnige Kopfschmerzen. 1976 sei sie wegen eines Tumors operiert und bestrahlt worden, was zur Heilung geführt habe. Im Dezember 1991 habe sie eine Schußverletzung erlitten. Drogen nahm M. offensichtlich nicht ein.
M. erklärt, sie trainiere ihr Gedächtnis durch Lesen, früher sei sie viel Schwimmen gewesen. Sie esse auswärts, da es ihr zu Hause „zu eklig“ sei.
Sie stehe einer geheimen Weltorganisation vor, dessen Leiterin sie sei. Sie wünsche sich eine Sekretärin, um eine bessere Organisation aufbauen zu können. Aufenthalte in psychiatrischen Krankenhäusern liegen nicht vor.

[474] Das Gutachten wurde im November 1996 im Rahmen der letzten Verhandlung erstellt.

Zu den Diebstahlstaten gibt M. an, daran habe eine bestimmter Polizeibeamte Schuld, der ihr bereits häufig Gewalt angetan habe. Sie selbst habe nämlich gar nichts getan, so daß es sich um eine Verwechslung handeln müsse.

2.2. Beurteilung

M. habe in der Untersuchung paranoide Inhalte angegeben und es vermieden Daten zu nennen. Während der Untersuchung führte M. fiktive Telefongespräche. Die zuvor vernehmende Polizisten beschrieb sie als aggressiv. Offensichtlich ist es bereits 1975 zum ersten Mal zu einem Diebstahl gekommen.

M. sei bewußtseinsklar in örtlicher, zeitlicher und situativer Hinsicht sowie in Bezug auf ihre eigene Person. Ihre Konzentration sei beeinträchtigt durch die geführten „Telefonate". Der formale Gedankengang sei eingeengt auf das Thema Verfolgung und Bedrohung durch einen bestimmten Polizeibeamten. Sie wirke zerfahren und redete häufig an der Fragestellung vorbei.

Als psychotische Symptomatik (bestehend aus der Trias „inhaltliche Denkstörung", „Sinnestäuschung" und „Ich-Störung") wurde folgendes festgestellt:
Bezüglich einer inhaltlichen Denkstörung bestehe ein systematisierter Verfolgungs- und Größenwahn (Weltorganisation, Verfolgung durch Polizisten). Gleichzeitig komme es zu einer Art „doppelten Buchführung", indem neben dem allgemeinen Ordnungssystem ein privates schizophrenes Werte- und Bezugssystem bestehe, was zu einer Ich-Spaltung führe (Glaube an eine Verwechslung).

An Sinnestäuschungen würde Stimmenhören („Telefonate") und Geruchs- und Geschmackshalluzinationen („gelbes Nervengas") auftreten.
Im Rahmen der Frage nach einer Ich-Störung liege eine Derealisation vor (so wechselt der besagte Polizist ständig seinen Namen, er werde jedoch immer von ihr identifiziert). Neben einer Depersonalisation (M. erklärt, sie könne nicht in Spiegel schauen) glaube M. an Gedankenausbreitung, in dem sie „alle notwendigen Informationen automatisch zugespielt" bekomme.
Eine Suizidalität bestehe nicht, M. lehne eine Erkrankung ihrer Person ab.

2.3. Diagnose

Zum Zeitpunkt der Begehung des ersten Diebstahls 1975 erscheine eine ernsthafte Erkrankung („Tumoren") möglich. Vor diesem Zeitraum sei es wahrscheinlich, daß M. sozial besser gestellt und im wesentlichen integriert war.

Manisch-depressive Erscheinungsformen (affektiv) seien nicht vorhanden, dafür jedoch schizophrene. Es bestünden Wahnvorstellungen und akustischen Halluzinationen. Die Erkrankung sei anscheinend chronifiziert, so daß im Ergebnis eine chronifizierte paranoid-halluzinatorische Schizophrenie vorliege.

II. Methode der idealtypisch-vergleichenden Einzelfallanalyse

1. Übersicht zum Lebenslauf

Juli 1939	Geburt
1954	Lehre als Verkäuferin
1956	Heirat; Abbruch der Lehre
1968	Geburt des ersten Kindes
1971	Geburt des zweiten Kindes
1972	erste Verurteilung
1975	evtl. schwere Erkrankung
von 1979 bis 1984	Verurteilungen wegen Beförderungserschleichung
von 1987 bis 1992	Verurteilungen wegen Diebstahls
1991	Scheidung
Seit 1991	Arbeitslosen- bzw. Sozialhilfe
Juli 1997	letzte Verurteilung

2. Analyse der Erhebungen[475]

2.1. Analyse des Lebenslängsschnitts

2.1.1. Verhalten in den einzelnen Lebensbereichen

2.1.1.1. Erziehung im Kindes- und Jugendalter

Mangels Angaben kann das Verhalten der M. in Kindheit und Jugend nicht eingeordnet werden.

2.1.1.2. Aufenthalts- und Wohnbereich

Zumindest in den letzten Jahren weist dieser Bereich zum K-idealtypischen Pol. M. wechselte häufig den Wohnort, um nur vorübergehend in Frauenhäusern, Pensionen o.ä. unterzukommen. Ein Interesse an einem eigenen Wohnbereich oder eine soziale Einbindung sind nicht erkennbar.

2.1.1.3. Leistungsbereich

Über die *schulischen Leistungen* fehlt es an Informationen, offensichtlich hat M. jedoch einen Schulabschluß, der ihr erlaubte, eine Lehre zu beginnen. Diese wurde zwar aufgrund der Heirat abgebrochen, danach war M. jedoch als Verkäuferin tätig. Seit Ende der achtziger Jahre ist jedoch eine Entwicklung zum K-idealtypischen Pol zu erkennen, indem es zum beruflichen Abstieg kam, bis M. letztendlich zum Sozialfall wurde.

2.1.1.4. Freizeitbereich

Auch hier liegen keine aussagekräftigen Angaben (von der Angabe des Hobbys „Lesen" abgesehen) vor. Ein D-idealtypisches Verhalten ist in der Vergangenheit nicht ausgeschlossen, in den letzten Jahren weist jedoch nichts auf eine produktive Freizeitgestaltung hin.

---

475 Da die Angaben der Probandin vielfach als unglaubwürdig einzuschätzen sind, wurde die Analyse nur anhand der objektivierbaren Daten durchgeführt.

2.1.1.5. Kontaktbereich

Eine ähnliche Entwicklung läßt sich im Kontaktbereich feststellen, welcher möglicherweise bis vor einigen Jahren eher dem der Durchschnittspopulation entsprochen haben könnte. Eine D-idealtypische Neigung läßt sich jedoch in den letzten Jahren nicht mehr feststellen, da es aufgrund des sozial zurückgezogenen Lebens an tragenden Bindungen fehlt; auch besteht kein Kontakt mehr zu den Kindern. Eine K-idealtypisches Verhalten im Bereich der sexuellen Kontakte ist nicht festzustellen.

2.1.1.6. Eigene Familie

Bezüglich der Ehe und der eigenen Familie reichen die Angaben nicht aus, um eine Einordnung vorzunehmen. Allerdings ist festzustellen, daß M. noch keine Ausbildung hatte, als sie die Ehe einging. Auch ist der mangelnde Kontakt zu den Kindern auffällig. Eine D-idealtypische Konstellation läßt sich zumindest nicht eindeutig bejahen.

2.1.2. Delinquenzbereich

Über die Tatbegehung sowohl früherer als auch der letzten Tat ist wenig bekannt. Zumindest im letzten Fall ist von einer außergewöhnlichen Stimmungslage im Gegensatz zu einem nüchternen Tatentschluß auszugehen. Auffällig ist die große Anzahl von Straftaten, die erst im vierten Lebensjahrzehnt begangen werden. Diese Feststellung ist jedoch nicht geeignet, die Taten unter dem Gesichtspunkt der Zielstrebigkeit zu bewerten.

2.2. Analyse des Lebensquerschnitts

Als Querschnittintervall wird der Zeitraum unmittelbar vor der letzten Tat im Mai 1995 zugrunde gelegt.

2.2.1. K-Kriterien

M. erfüllt im Querschnittintervall weder berufliche noch persönliche Pflichten, so daß von einer *Vernachlässigung des Arbeits- und Leistungsbereichs sowie familiärer und sonstiger sozialer Pflichten* ausgegangen werden kann, während es in der Vergangenheit (ca. vor 1985) hierauf keine Hinweise gibt.

Ebenfalls kommt ein *fehlendes Verhältnis zu Geld und Eigentum* in Betracht, da M. als Sozialhilfeempfängerin angibt, von eigenem Geld zu leben. Hinweise auf Vorsorgemaßnahmen fehlen. Es ist jedoch zu vermuten, daß in der Vergangenheit dieses Kriterium noch nicht vorhanden war.
Mangels genauerer Angaben kann eine Entscheidung über ein eventuelle vorliegendes *unstrukturiertes Freizeitverhalten* nicht getroffen werden.
M. zeigt insofern eine *fehlende Lebensplanung*, als sie zwar Pläne schmiedet (Aufbau der „Weltorganisation" u.ä.), diese jedoch keinen realen Bezug aufweisen. Hinsichtlich tatsächlicher Pläne zeigt M. kein Interesse, sondern verneint deren Notwendigkeit (der Glaube an die Rückkehr des Ehemannes, an die Eigenversorgung und an die mangelnde Schuld an den Diebstählen).
Des weiteren ist eine *mangelnde Realitätskontrolle* sowie *geringe Anpassungserwartung* festzustellen, indem M. die Schuld in den Umständen oder bei anderen Personen sucht.

2.2.2. D-Kriterien

Im Querschnittintervall kann keines der D-Kriterien bejaht werden, insbesondere fehlt es an den entscheidenden Merkmalen wie der *Erfüllung sozialer Pflichten,* des *adäquaten Anspruchsniveaus*, der *Gebundenheit an eine geordnete Häuslichkeit* sowie eines *realen Verhältnisses zu Geld und Eigentum.*

2.3. Relevanzbezüge und Wertorientierung

2.3.1. Relevanzbezüge

Bezüglich der Relevanzbezüge ist eine Aussage *ohne* Rückgriff auf psychologische Modelle nur schwer möglich, da die psychopathologische Situation der M. derartig bestimmend für das Handeln ist, daß hiervon losgelöste Bezüge nicht erkennbar sind. In der Vergangenheit wiederum fehlt es an Angaben über besondere Interessen o.ä.

2.3.2. Wertorientierung

In diesem Kontext sei auf die Ausführungen des Gutachtens verwiesen, das M. ein „doppeltes" Wertesystem bescheinigt, wobei das selbst geschaffene Bezugssystem das (auch delinquente) Handeln der M. entscheidend mitbestimmt.

3. Kriminologische Diagnose

3.1. Die Bezugskriterien der Kriminologischen Trias

Die Kategorien der kontinuierlichen Hinentwicklung zur Kriminalität mit Beginn in der frühen Jugend sowie die Hinentwicklung zur Kriminalität im Heranwachsenden- bzw. Erwachsenenalter scheiden bereits wegen der erst spät einsetzenden Entwicklung K-idealtypischen Verhaltens aus.
Eine *Kriminalität im Rahmen der Persönlichkeitsreifung* ist ebenfalls nicht gegeben, da es an einer vorübergehenden und entwicklungsspezifischen Auffälligkeit (typischerweise im Freizeitbereich) fehlt.
Die Einordnung als *Kriminalität bei sonstiger sozialer Unauffälligkeit* ist ebensowenig möglich, da zumindest in den letzten Jahren K-idealtypische Tendenzen zu erkennen sind, die eine völlige soziale Integration ausschließen. Gleichzeitig kann im Lebensquerschnitt keines der D-Kriterien bejaht werden.
Gleiches gilt für die Kategorie des *kriminellen Übersprungs*, bei der es typischerweise nicht zu äußeren Auffälligkeiten kommt und unter Umständen eine kriminoresistente Konstellation angenommen werden kann. Einen derartigen „Bruch" zu der sonstigen Lebensführung stellen die letzten Taten der M. nicht dar.
Somit muß eine Zuordnung zu den vorgegebenen Kategorien unterbleiben. Es bleibt jedoch im Rahmen der Feststellung von sozialen, äußeren Auffälligkeiten der Hinweis auf die Frage, inwieweit die diagnostizierte Erkrankung als verstärkender Faktor für die sozialen Auffälligkeiten wirksam war. Unter diesem Gesichtspunkt wird es nämlich schwierig, die Delinquenz in Zusammenhang mit den K-idealtypischen Verhaltensweisen zu bringen, da diese hier praktisch voneinander abgekoppelt wären und nur durch die „Klammer" der Erkrankung in Verbindung stehen würden.

3.2. „Besondere Aspekte" im Leben des Täters

In diesem Zusammenhang ist auf die Beurteilung des Sachverständigengutachtens zu verweisen, die verdeutlicht, daß sich eine Beurteilung nach „normalen" Maßstäben hier verbietet und die kriminologische Deutung ihre Grenzen erreicht.

4. Folgerungen

Aufgrund der fehlenden Einsichts- bzw. Steuerungsfähigkeit als „besonderer Aspekt" und im Rückblick aufgrund der fehlenden Wirkung von Strafen, die sich nach dem vorliegenden Befund ohnehin verbieten, ist eine Rückfallgefahr gegeben. Der Aspekt der schizophrenen Erkrankung erlaubt nur den Schluß auf eine mögliche psychiatrische Behandlung (bei schizophrenen Erscheinungsformen in der Regel mittels Psychopharmaka und einer begleitenden Psychotherapie). Die Anordnung einer derartigen Behandlung, die einen starken Eingriff in das Leben der Täterin darstellen würde, ist zum einen rein unter dem Gesichtspunkt der Legalprognose und des weiteren unter dem Vorbehalt der Verhältnismäßigkeit zu betrachten. Da es M. zusätzlich an einem Willen zur Therapie mangels Krankheitsgefühl fehlt, erscheint der Erfolg einer zwangsweisen Anordnung trotz der hohen Rückfallgefahr momentan zweifelhaft. Die weiteren Entscheidungen müssen hier von psychologisch-psychiatrischer Seite getroffen werden.

D. Akte 12

I. Akteninhalt[476]

1. Feststellungen hinsichtlich der Straffälligkeit

Die im Juli 1954 geborene U. fiel strafrechtlich wie folgt auf:

Datum der Sanktion/ der Tat	angewandte Normen; Tatobjekt	Sanktionen; Sonstiges
1974	§§ 242, 263, 267 StGB	richterliche Weisung
1975	§ 242 StGB	dreimonatige Freiheitsstrafe auf zwei Jahre Bewährung
März 1979	§ 242 StGB	dreimonatige Freiheitsstrafe auf drei Jahre Bewährung
Mai 1979	§§ 263, 267 StGB	sechsmonatige Freiheitsstrafe auf drei Jahre Bewährung
Juli 1979	§ 323a StGB; Fahren ohne Fahrerlaubnis	viermonatige Freiheitsstrafe auf drei Jahre Bewährung; Sperre der Fahrerlaubnis

[476] Die Akten befinden sich auf dem Stand von 1988.

Januar 1980 bis April 1980	Verstoß gegen BtMG Haftaufenthalt	sechsmonatige Freiheitsstrafe
August 1985	§ 240 StGB	Geldstrafe (15 Tagessätze à 20 DM)
Dezember 1986	§ 242 StGB	Geldstrafe
Mai 1987	§ 242 StGB	Geldstrafe (40 Tagessätze à 10 DM)
Dezember 1987	§ 242 StGB (Gebrauchswaren im Wert von 115 DM)	zweimonatige Freiheitsstrafe zur Bewährung; Auflage einer sechsmonatigen ambulanten Alkoholtherapie U. gab an, sie sei wegen privater Probleme volltrunken und nicht zurechnungsfähig gewesen.
Dezember 1988	§§ 242, 267, 25 II StGB	elfmonatige Freiheitsstrafe zur Bewährung, Weisung einer sechsmonatigen ambulanten Alkoholtherapie; Annahme verminderter Schuldfähigkeit

Beim letzten Delikt entwendete U. in Mittäterschaft mit zwei anderen Personen den Schlüssel sowie Stempel und Rezeptblanketts aus einer Arztpraxis und löste die gefälschten Rezepte gegen codein- und morphinhaltige Medikamente ein. Es wurde eine erhebliche Medikamenten- und Alkoholabhängigkeit zum Tatzeitpunkt im Zusammenwirken mit vorher genossenem Alkohol (BAK-Wert: 1,8 Promille) und Medikamenten festgestellt, welche zu einer erheblichen Einschränkung der Steuerungsfähigkeit führten.

2. Feststellungen zum Lebenslauf

U. wurde im Juli 1957 als mittlere Tochter eines Fernsehmoderators und einer Krankenschwester geboren. Nach fünf Klassen Volksschule besuchte sie ein Internatsgymnasium und mußte die siebte Klasse wiederholen. Hiernach wechselte sie auf die Realschule (ebenfalls Internat) und legte 1973 unter großen Schwierigkeiten die Mittlere Reife ab. Eine angefangene Lehre als Drogistin brach U. wieder ab. In der Folge arbeitete sie in verschiedenen Berufen, u.a. in der Filmbranche und als Fotomodell, wobei hier der Vater einer Vermittlerrolle einnahm.

In dieser Zeit kam U. in Kontakt zu Drogenkreisen. Von 1973 bis 1980 war sie alkohol- und drogenabhängig (u.a. Heroin). Nach einer 1977 begonnenen Langzeittherapie wurde U. 1979 rückfällig. Nach ihrem Haftaufenthalt 1980 nahm sie ihren Angaben zufolge von 1980 bis 1986 weder Alkohol noch sonstige Drogen. 1985 kam ihr bislang einziges Kind zur Welt. Ihre letzte Arbeitsstelle als kaufmännische Angestellte wurde ihr im Dezember 1986 gekündigt; zu diesem Zeitpunkt erhielt sie 450 DM zuzüglich 360 DM Sozialhilfe und 1.000 DM Kindergeld. Seit 1987 betrieb sie erneut Alkoholmißbrauch, welcher sich bis zum Ende des Jahres derartig steigerte, daß ihr Körper die Alkoholaufnahme verweigerte und U. sich hierzu durch Tabletteneinnahme zwang. Im März 1988 trank sie täglich ein bis zwei Flaschen Kognak, womit sie bereits nach dem Frühstück begann. Ihr Kind wohnte seit 1987 bei der Mutter. U. war 1987 und 1988 zwischenzeitlich ohne festen Wohnsitz und ohne Krankenversicherung.

II. Methode der idealtypisch-vergleichenden Einzelfallanalyse

1. Übersicht zum Lebenslauf

Juli 1954	geboren
1962 bis 1967	Besuch der Volksschule
1967 bis 1969	Besuch des Gymnasiums
1970 bis 1973	Besuch der Realschule; Mittlere Reife
1973	Drogistenlehre; Lehrabbruch
seit 1973	Drogenkonsum
1974	erster Diebstahl
seit 1974	verschiedene Tätigkeiten (Film; Fotomodell)
1977	Langzeittherapie
1979	Rückfall; häufige Straftaten
Januar bis April 1980	Haftaufenthalt
1980 bis 1986	angeblich kein Drogenkonsum

1985	Geburt des Kindes
Dezember 1986	Kündigung der letzten Arbeitsstelle
seit 1987	Alkoholmißbrauch; teilweise Wohnsitzlosigkeit; Kind wohnt bei seiner Großmutter; gehäuft Diebstähle
Dezember 1988	letzte Verurteilung

2. Analyse der Erhebungen

2.1. Analyse des Lebenslängsschnitts

2.1.1. Verhalten in den einzelnen Lebensbereichen

Über die *Erziehung im Kindes- und Jugendalter* ist wenig bekannt. Zu berücksichtigen ist, daß ab dem 13. Lebensjahr die Eltern aufgrund des Internatsaufenthaltes nur noch eingeschränkt für die Erziehung von U. zuständig waren. Inwieweit sich U. in die die Herkunftsfamilie ersetzende Schulgemeinschaft integrierte, kann nicht abschließend beurteilt werden.

Der *Aufenthalts- und Wohnbereich* ist bis 1987 ebenfalls nur schwer einzuordnen. Die Tatsache, daß U. im Internat aufwuchs hat an sich keine K-idealtypische Auswirkung, insbesondere da von Ausreißversuchen oder ähnlichem nichts bekannt ist. Zumindest seit 1987 besteht eine K-idealtypische Ausprägung, indem U. teilweise keinen festen Wohnsitz aufweisen kann.

Der *Leistungsbereich* ist eher dem K-idealtypischen Pol zuzurechnen. Bereits in der Schule traten Probleme auf (Wiederholungsjahr, Schulabschluß nur unter größeren Schwierigkeiten). In der Folge kam es zum Abbruch einer Lehre, ohne daß diese durch eine anderweitige Ausbildung ersetzt wurde. Vielmehr bevorzugte U. ungebundene und abwechlungsreiche Tätigkeiten, welche keinen fundierten Aufstieg erlaubten. Zuletzt arbeitete U. jedoch auch nicht mehr in diesem Metier, sondern als Verkäuferin und war spätestens 1986 auf Sozialhilfe angewiesen. Nach der Kündigung im Dezember 1986 ging sie keiner Tätigkeit mehr nach. U. lebte hinsichtlich der finanziellen Verhältnisse „von der Hand in den Mund“, zwischenzeitlich bestand nicht einmal eine Krankenversicherung.

Insgesamt läßt sich hier eine kontinuierliche Zuspitzung K-idealtypischer Verhaltensweisen erkennen.

Über den *Freizeitbereich* ist nur wenig bekannt. Angesichts der Drogenabhängigkeit kann jedoch in den Jahren von 1973 bis 1980 und seit 1987 von einem unstrukturierten Freizeitverhalten ausgegangen werden, insbesondere unter dem Gesichtspunkt, daß mangels einer geregelten beruflichen Tätigkeit eine formal organisierte und produktive Freizeitgestaltung unwahrscheinlich erscheint.

Hinsichtlich der *schicksalhaften Kontakte* kann nur festgehalten werden, daß nach dem Abschluß der Schule eine Verbindung zu den Eltern aufrechterhalten wurde. Inwieweit dies nur aus eigennützigen Motiven geschah (der Vater sorgte für Gelegenheitstätigkeiten, die Mutter nahm das Kind auf), kann abschließend nicht beurteilt werden.

Die *selbstgewählten Kontakte* lassen sich seit 1973 wenn auch zunächst nicht im „Bahnhofsmilieu", so doch in Kreisen finden, welche illegale Drogen konsumierten und verkauften. Ob ein fester Bekannten- oder Freundeskreis bestand, der nicht den utilitaristischen und kurzfristigen Anforderungen in der Drogenszene entsprach, ist nicht ersichtlich. U. lebte auch offensichtlich nicht mit dem Vater ihres Kindes zusammen. Im Ergebnis läßt sich daher eine K-idealtypische Tendenz vermuten.

2.1.2. Delinquenzbereich

Über die Tatausführung der einzelnen Delikte ist nur wenig bekannt. Festzuhalten ist jedoch, daß es sich um vielfältige Straftaten handelt, welche zum großen Teil in Verbindung mit der Alkohol- und Drogensucht (Vollrausch, Beschaffungs- und Verschaffungskriminalität) standen. Hinsichtlich der letzten Tat kann von der differenzierten Tatausführung her (Vorbereitungsmaßnahmen, stufenweises Vorgehen, geplante Tatbeteiligung Dritter) von einer erhöhten Zielstrebigkeit ausgegangen werden. Andererseits ist jedoch die verminderte Steuerungsfähigkeit zu beachten, die eine besondere Zielstrebigkeit gerade ausschließt. Auffallend ist die Einbettung der Taten in die allgemeine Lebenssituation der U. Das erste Delikt wurde ein Jahr nach dem Beginn der „Drogenkarriere" begangen. Die intensiven Phasen der Delinquenz fielen in der Folge mit Lebenssituationen zusammen, in denen die Drogensucht besondere Ausmaße annahm (1979 nach dem erlittenen Rückfall; 1987 nach dem erneuten Ausbruch der Alkoholsucht), siehe hierzu auch unter 3.

2.2. Analyse des Lebensquerschnitts

Im Lebensquerschnitt, hier der Zeitraum von 1988 an, läßt sich eindeutig eine *kriminovalente Konstellation* feststellen. U. ging bereits seit über einem Jahr keiner geregelten Tätigkeit mehr nach, gleichzeitig sah sie sich offensichtlich auch nicht in der Lage, für ihr eigenes Kind zu sorgen, so daß eine *Vernachlässigung des Arbeitsbereichs sowie familiärer Pflichten* vorliegt. Ebenso verwirklicht sie das Kriterium des *fehlenden Verhältnisses zu Geld und Eigentum*, da ein irgendwie geartetes Wirtschaften mit finanziellen Mitteln, soweit sie denn überhaupt vorhanden sind, nicht ersichtlich ist. Eine Vorsorge - insbesondere für das Kind - fehlte ebenso wie die Sicherstellung des Lebensminimums durch eine geregelte Tätigkeit. Ein derartiges Leben „von der Hand in den Mund" ist rückblickend seit über zehn Jahren zu beobachten. Auch ist im Querschnitt von einem *unstrukturierten Freizeitverhalten* in Form von „Ausschweifungen" und offenen Abläufen auszugehen, welches seinen Hintergrund in der Alkoholsucht findet. Die *fehlende Lebensplanung* läßt sich unter dem Gesichtspunkt bejahen, daß U. weder in beruflicher noch in privater Hinsicht Zielvorstellungen oder eine Vorausschau erkennen läßt, vielmehr entsteht der Eindruck, daß U. „sich treiben läßt". Des weiteren besteht seit dem Abbruch der Lehre eine *mangelnde Realitätskontrolle*, welche dadurch zum Ausdruck kommt, daß U. sich von vermeintlich vielversprechenden Tätigkeiten z.B. als Fotomodell anziehen ließ, ohne gleichzeitig eine Ausbildung anzustreben. Ähnliche Entwicklungen lassen sich auch im privaten Bereich und in ihrem Drogenverhalten erkennen. Das K-Kriterium des *übermäßigen und unkontrollierten Alkoholkonsums* ist in den Phasen von 1973 bis 1980 und wieder seit 1987 vorzufinden.
D-Kriterien hingegen liegen im Querschnittintervall nicht vor.

2.3. Relevanzbezüge und Wertorientierung

Als *Relevanzbezüge* lassen sich bei U. eine gewisse Unruhe und Unbeständigkeit festhalten, welche sich am ehesten im Leistungsbereich zeigen. Das mangelnde Durchhaltevermögen, die Anziehungskraft, die - gefördert durch den Vater - die „Filmszene" auf U. ausübt, und die Verführbarkeit, die schließlich in der Drogensucht endet, weisen auf eine auch hinsichtlich der *Wertorientierung* wenig gefestigte Persönlichkeit hin.

3. Kriminologische Diagnose

In Betracht kommt im vorliegenden Fall am ehesten eine *Hinentwicklung zur Kriminalität im Heranwachsenden- bzw. Erwachsenenalter*. Zwar bestehen im Schulalter hinsichtlich des Leistungsbereichs bereits Schwierigkeiten, die auf

eine K-idealtypische Tendenz hinweisen. Zu beachten ist jedoch, daß letztendlich ein Schulabschluß absolviert wurde und daß insgesamt keine eindeutigen K-idealtypischen Verhaltensweisen in den anderen Bereichen zu diesem Zeitpunkt vorlagen. Vielmehr verstärkten sich letztere, nachdem U. aus dem geordneten Internatsverbund ausschied und nunmehr „selbständig" ihre Zukunft in die Hand nahm. Die Lehre wurde abgebrochen, es folgten von dort an nur noch Gelegenheitsarbeiten. Seit 1973 finden sich nun auch in anderen Bereichen K-idealtypische Muster (insbesondere im Kontaktbereich), welche sich nach einer zwischenzeitlichen Rückentwicklung seit 1986 verdichteten. Im Lebensquerschnitt liegt folgerichtig eine kriminovalente Konstellation vor. Insgesamt läßt sich daher, wiewohl die Informationen über das Betragen der U. im Schulalter nur dürftig sind, eine quasi nach hinten verschobene Entwicklung nach dem Wegfall des geregelten Alltags im Internat erkennen, welche im Ergebnis einer kontinuierlichen Hinentwicklung in der frühen Jugend entspricht.
Hinsichtlich der „besonderen Aspekte" steht die Alkohol- und Drogensucht im Vordergrund, welche nicht nur Auswirkungen auf die anderen Lebensbereiche sondern auch auf die Delinquenz (hierzu 2.1.2.) hat und daher bei der Prognose ihre Berücksichtigung finden muß.

4. Folgerungen

Die grundsätzlich ungünstige *Prognose* wird auch durch die individuelle Basisprognose nicht verbessert. Der Alkoholmißbrauch wirkte sich im übrigen ebenso wie der Verlust der Arbeitsstelle (im Dezember 1986) in der Vergangenheit destabilisierend aus und ist nach wie vor als wirksamer Faktor von Bedeutung für die gesamte Lebensführung der U. Hinsichtlich der Interventionswirkung ist zum einen auf den Einfluß der Haftstrafe 1980 einzugehen, nach welchem es zu einer gewissen Stabilisierung hinsichtlich der Drogenabhängigkeit kam. Die im vorletzten Urteil angeordnete Therapie hingegen führte nicht zu dem gewünschten Effekt. Dennoch sollte genau dieser Punkt - wie im letzten Urteil festgehalten - im Vordergrund stehen, da die Abhängigkeit die Rückfallgefahr stark erhöht und des weiteren einer Verbesserung der sonstigen Lebenssituation im Wege steht. Daher ist eine therapeutische Behandlung unbedingt erforderlich. Des weiteren sollte in einem zweiten Schritt im Rahmen der Bewährungshilfe versucht werden, die Suche nach einer neuen Tätigkeit und einer Wohnung zu unterstützen.

E. Akte 13

I. Akteninhalt[477]

1. Feststellungen zur Straffälligkeit

Die im Oktober 1972 geborene J. wurde strafrechtlich folgendermaßen auffällig:

Datum der Sanktion/ der Tat	angewandte Normen; Tatobjekt	Sanktionen; Sonstiges
Dezember 1987	§ 242 StGB	§ 47 JGG
September 1988	§ 242 StGB	vier Wochen Jugendarrest; richterliche Weisung (Lese- und Rechtschreibkurs); Auflage (32 Stunden Arbeit); J kam weder der Weisung noch der Auflage nach
November 1989/ November 1988	§ 242 StGB	unter Einbeziehung des vorherigen Urteils: vier Wochen Jugendarrest; richterliche Weisung
Januar 1990	§ 242 StGB (Familiendiebstahl, Geld im Wert von 4.800 DM)	nicht bekannt
Dezember 1990/ Februar 1990	§ 242 StGB (Geldbörse mit 900 DM)	Aussetzung der Jugendstrafe gem. § 27 JGG

J. hatte bei der letzten Tat die Geldbörse aus der Tasche eines flüchtigen Bekannten entwendet. Sie wurde deswegen zwischenzeitlich in Untersuchungshaft genommen. J. gab an, aus einer Notlage heraus gestohlen zu haben, da sie keine Unterkunft gehabt habe. Im Urteil wurden zu ihren Gunsten die Abstände zwi-

[477] Die Akten befinden sich auf dem Stand von 1990.

schen den Diebstählen sowie die positive Entwicklung im Vergleich zu den Jahren 1987/88 berücksichtigt.

2. Feststellungen zum Lebenslauf

J. wurde im Oktober 1972 in eine Sinti-Familie hineingeboren. Ihr Vater wurde, als sie noch ein Kind war, auf der Flucht vor der Polizei erschossen. Hiernach kam es erstmalig zu starken Auffälligkeiten im Verhalten der J. Sie lebte seit dem im Familienverbund der Sintis, wobei ein ständiger Konflikt zwischen ihrer Mutter und der Großmutter, die Sippenführerin war, schwelte. Diesen Konflikt nutzte sie konsequent aus. J. wurde erst mit acht Jahren eingeschult. Ihre Mutter, Analphabetin, hatte laut Akten „temperamentvolle Auftritte" in der Schule und war gegen eine Schulausbildung. In der Pubertät war J. häufig nicht zu Hause (so bspw. von November 1988 bis Januar 1989), da sie Probleme mit ihrer Mutter hatte. 1987 wurde Erziehungsbeistandschaft angeordnet, da J. wegen Diebstähle auffällig geworden war. Im Rahmen der Beistandschaft gelang es, die Mutter von der Notwendigkeit einer Schulausbildung zu überzeugen; zu diesem Zeitpunkt war J. jedoch bereits dem Einfluß der Mutter entwachsen. J. verließ 1988 nach acht Jahren Sonderschule diese auf dem Stand der vierten Klasse, ohne Lesen oder Schreiben zu können. Seit Februar 1990 lebte sie wieder bei ihrer Mutter, die jedoch wenig Zeit hatte, da sie die kranke Großmutter pflegte. Eine Berufsausbildung begann J. nicht. Seit ihrem 18. Lebensjahr lebt sie von 460 DM Sozialhilfe, wovon sie 60 DM an ihre Mutter für ein Zimmer abgibt. Laut Urteil sei sie bemüht, sich ihr Geld einzuteilen. In der Verhandlung zeigte J. die Einsicht, lesen und schreiben lernen zu müssen. J. wird als kontaktfreudig und einsichtig beschrieben. Sie lege nun großen Wert auf den Familienzusammenhalt und verlasse sich auf ihre Großmutter.

II. Methode der idealtypisch-vergleichenden Einzelfallanalyse

Da es an detaillierten Angaben mangelt, kann eine idealtypisch-vergleichende Einzelfallanalyse nur eingeschränkt angestellt werden.

1. Übersicht zum Lebenslauf

Oktober 1972	geboren
zwischen 1975 und 1980	Tod des Vaters

1980 bis 1988	Besuch der Sonderschule ohne Abschluß
1987	erster Diebstahl
Juli 1987	Anordnung der Erziehungsbeistandschaft
1988 bis 1990	Häufiges Verlassen des Elternhauses; mehrere Diebstähle
seit 1990	Leben von Sozialhilfe
seit Februar 1990	letzter Diebstahl; Rückkehr in das Elternhaus

2. Analyse der Erhebungen

2.1. Analyse des Lebenslängsschnitts

Das *Erziehungsverhalten* der J. weist im Lebenslängsschnitt zum K-idealtypischen Pol. Spätestens nach dem frühen Tod des Vaters ordnete sich J. nicht mehr in die noch bestehende Familienordnung (insbesondere Mutter und Großmutter) ein und nutzte die Konflikte zwischen beiden Bezugspersonen so weit es ging aus, bis es schließlich zur Erziehungsbeistandschaft kam. Auch hiernach trat keine Stabilisierung ein, J. zeigte keinen Gehorsam gegenüber der (nun positiv gegenüber der Schule eingestellten) Mutter und riß von zu Hause aus.

Auch im *Aufenthalts- und Wohnbereich* zeigen sich ähnliche Tendenzen. Zumindest nach Ende der Schule verließ sie in den Jahren 1988/89 regelmäßig die Familienwohnung, ohne daß davon ausgegangen werden kann, daß sie statt dessen in geordneten Verhältnissen wohnte. 1990 besaß sie sogar gar keine Unterkunft mehr. Eine Stabilisierung ist lediglich in der Rückkehr nach Hause zu sehen, wiewohl diese aufgrund einer Notlage stattfand.

Der *Leistungsbereich* ist gleichfalls dem K-idealtypischen Pol zuzuordnen. J. hat nicht nur keinen Schulabschluß, sie ist auch Analphabetin. Bereits in der Schule fiel sie negativ auf und zeigte - zunächst unterstützt durch die Mutter - keinerlei Interesse daran, lesen und schreiben zu lernen. Auch später versuchte J. nicht, dieses Defizit zu beseitigen: Den angeordneten Lesekurs besuchte sie nicht. Von Gelegenheitstätigkeiten ist nichts bekannt, vielmehr lebte J. sofort von der Sozialhilfe.

Über das *Freizeitverhalten* ist ebenso wie über das *Kontaktverhalten* nichts bekannt. Hinsichtlich der *schicksalhaften Kontakte* läßt sich festhalten, daß J. nun zu ihrer Familie zurückkehrte, wenngleich dies in einer Notsituation geschah. Zu beachten ist auch der Familiendiebstahl 1990, der gegen eine Stabilisierung in Richtung D-idealtypischer Pol spricht.

Hinsichtlich des Delinquenzbereichs lassen sich keine werthaltigen Aussagen treffen, da über die Tatausführung nur wenig bekannt ist.

2.2. Analyse des Lebensquerschnitts

Es bestehen im Lebensquerschnitt (die Wochen unmittelbar vor der letzten Tat im Februar 1990) zumindest drei der für eine *kriminovalente Konstellation* erforderlichen K-Kriterien. J. kümmerte sich um keinerlei berufliche Tätigkeit, sondern lebte von Sozialhilfe. Ebensowenig versuchte sie, ihre Ausgangschancen zu verbessern, in dem sie ihren Analphabetentum bekämpfte. Mangels grundsätzlicher Bereitschaft läßt sich daher eine *Vernachlässigung des Arbeits- und Leistungsbereichs* konstatieren, wobei dieses Kriterium schon seit Jahren vorliegt. Auch erscheint ein *fehlendes Verhältnis zu Geld und Eigentum* zu bestehen, da J. keine Bemühungen anstellt, ein gesichertes Einkommen zu gewährleisten und als Ausweg aus ihrer Notlage Straftaten begeht. Es fehlt daher bereits an einem Minimum an Vorsorgen, von weiteren finanziellen Planungen ganz abgesehen.
Ob ein *unstrukturiertes Freizeitverhalten* im Querschnittintervall gegeben ist, läßt sich nicht mit Sicherheit feststellen, wiewohl dieses, sofern es keine großen Ausgaben erfordert, angesichts der fehlenden Unterkunft und einer geregelten Tätigkeit möglich erscheint.
Eine *fehlende Lebensplanung* hingegen läßt sich recht eindeutig bejahen. J. zeigt keinerlei vorausschauendes Denken, wobei diese Entwicklung bereits im Schulalter ansetzt. Zu beachten ist, daß J. die erforderliche Unterstützung hinsichtlich des Schulabschlusses erst zu spät erfährt. In der Folge lebte sie „in den Tag hinein". Zukunftsvorstellungen oder Planungen sind - bis zum Zeitpunkt der letzten Verhandlung - nicht erkennbar.
Nach D-Kriterien sucht man demgegenüber vergeblich.

3. Kriminologische Diagnose

J. weist frühe und ausgeprägte K-idealtypische Tendenzen im Erziehungs- und Leistungsbereich auf. Dies insbesondere unter dem Gesichtspunkt, daß von Verhaltensauffälligkeiten schon im Kindesalter nach dem Tod ihres Vaters die Rede ist und sich diese auch im Schulverhalten widerspiegeln. Die K-idealtypische Entwicklung verschärfte sich, nachdem sie die Schule verließ, und erstreckte sich dann auf den Aufenthaltsbereich. Parallel hierzu verschlechterte sich nun

auch die finanzielle Situation, da J. offensichtlich durch die Schwierigkeiten zu Hause nicht mehr wie früher von der Familie unterstützt wurde, so daß letztlich der Ausweg in der Delinquenz gesucht wurde. Im Lebensquerschnitt liegen mindestens drei der entscheidenden K-Kriterien vor. Somit läßt sich hier die Diagnose der *kontinuierlichen Hinentwicklung zur Kriminalität mit Beginn in der frühen Jugend* anstellen, vorstellbar erscheint auch eine Einordnung zwischen dieser Kategorie und der *kontinuierlichen Hinentwicklung im Heranwachsendenalter.*
Als „besonderer Aspekt“ ist das offenbar schwierige Verhältnis zu ihrer Familie zu qualifizieren, von der sie sich auf der einen Seite lösen möchte, auf der anderen Seite jedoch deren Unterstützung bedarf.

4. Folgerungen

Die grundsätzliche *Prognose* fällt hier ungünstig aus. Inwieweit sich die Rückkehr in die Herkunftsfamilie stabilisierend auswirkt, kann nicht mit letzter Sicherheit beurteilt werden. Positiv fällt ins Gewicht, daß J. offenbar an Einsicht gewonnen hat und sich insbesondere bereit erklärte, lesen und schreiben zu lernen. Aus den Interventionswirkungen in der Vergangenheit läßt sich schließen, daß eine tatsächliche Einsicht bei J. erforderlich ist, da sie sich sonst den Anordnungen widersetzt. Angesichts des destabilisierenden Einflusses der knappen finanziellen Mittel, die erneut zu Diebstählen „aus einer Notlage heraus“ führen können, erscheint es zwingend notwendig, daß im Rahmen der Einwirkung im Leistungsbereich angesetzt und sich hier zunächst auf die Beseitigung des Analphabetentums konzentriert wird.

F. Restliche Akten

Die restlichen Akten, welche weder zum Vergleich mit den Interviews geeignet noch mangels ausreichender Informationen mittels der Methode der idealtypisch-vergleichenden Einzelfallanalyse darstellbar sind, werden hier der Vollständigkeit halber anhand der Grunddaten tabellarisch aufgeführt.

	Akte 14	Akte 15	Akte 16
Alter	35 Jahre	21 Jahre	24 Jahre
Schulabschluß	nicht bekannt	nicht bekannt	nicht bekannt
Ausbildung	nicht bekannt	nicht bekannt	nicht bekannt
Berufstätigkeit	Lagerarbeiterin	arbeitslos	nicht bekannt
Familienstand	ledig	ledig	ledig
Kinder/Anzahl	-	-	-
Staatsangehörigkeit	deutsch	deutsch	kroatisch
Drogen / Alkoholkonsum; Verstoß gegen BtMG	-	Verstoß gegen BtMG	Verstoß gegen BtMG
Sanktionen/ Anzahl	3	4	6
ausschließlich wegen Diebstahls verurteilt	+	-	-
Alter beim ersten Delikt	30 Jahre	19 Jahre	17 Jahre

	Akte 17	Akte 18	Akte 19
Alter	26 Jahre	23 Jahre	45 Jahre
Schulabschluß	Hauptschule	Hauptschule	Hauptschule
Ausbildung	-	-	-
Berufstätigkeit	-	Gelegenheitstätigkeiten	arbeitslos
Familienstand	getrennt lebend	ledig	geschieden
Kinder/Anzahl	2	-	1
Staatsangehörigkeit	albanisch	österreichisch	jugoslawisch
Drogen / Alkoholkonsum; Verstoß gegen BtMG	-	drogenabhängig	-
Sanktionen/ Anzahl	3	9	2
ausschließlich wegen Diebstahls verurteilt	+	-	+
Alter beim ersten Delikt	25 Jahre	14 Jahre	41 Jahre

	Akte 20	Akte 21	Akte 22
Alter	38 Jahre	35 Jahre	38 Jahre
Schulabschluß	Hauptschule	nicht bekannt	-
Ausbildung	nicht bekannt	nicht bekannt	-
Berufstätigkeit	Verkäuferin; Prostituierte	Sozialhilfe	Sozialhilfe
Familienstand	nicht bekannt	geschieden	nicht bekannt
Kinder/Anzahl	-	-	6
Staatsangehörigkeit	deutsch	deutsch	deutsch
Drogen / Alkoholkonsum; Verstoß gegen BtMG	alkoholabhängig	alkoholabhängig	alkohol- und drogenabhängig
Sanktionen/ Anzahl	7	8	4
ausschließlich wegen Diebstahls verurteilt	-	-	-
Alter beim ersten Delikt	19 Jahre	27 Jahre	32 Jahre

	Akte 23	Akte 24	Akte 25
Alter	20 Jahre	47 Jahre	37 Jahre
Schulabschluß	nicht bekannt	nicht bekannt	Realschule
Ausbildung	nicht bekannt	nicht bekannt	Kindergärtnerin
Berufstätigkeit	nicht bekannt	nicht bekannt	arbeitslos
Familienstand	nicht bekannt	ledig	nicht bekannt
Kinder/Anzahl	-	-	-
Staatsangehörigkeit	irisch	deutsch	bosnisch
Drogen / Alkoholkonsum; Verstoß gegen BtMG	-	-	-
Sanktionen/ Anzahl	2	7	4
ausschließlich wegen Diebstahls verurteilt	+	-	+
Alter beim ersten Delikt	19 Jahre	44 Jahre	34 Jahre

	Akte 26	Akte 27	Akte 28
Alter	39 Jahre	25 Jahre	24 Jahre
Schulabschluß	nicht bekannt	Hauptschule	Hauptschule
Ausbildung	nicht bekannt	-	Verkäuferin
Berufstätigkeit	nicht bekannt	Wäscherin	arbeitslos
Familienstand	nicht bekannt	ledig	geschieden
Kinder/Anzahl	-	-	-
Staatsangehörigkeit	deutsch	türkisch	deutsch
Drogen / Alkoholkonsum; Verstoß gegen BtMG	-	-	drogenabhängig
Sanktionen/ Anzahl	4	3	5
ausschließlich wegen Diebstahls verurteilt	-	+	+
Alter beim ersten Delikt	28 Jahre	21 Jahre	16 Jahre

	Akte 29	Akte 30	Akte 31
Alter	46 Jahre	24 Jahre	26 Jahre
Schulabschluß	Hauptschule	Abitur	-
Ausbildung	-	Studentin	-
Berufstätigkeit	arbeitslos	Studium	arbeitslos
Familienstand	ledig	ledig	nicht bekannt
Kinder/Anzahl	-	-	-
Staatsangehörigkeit	deutsch	finnisch	türkisch
Drogen / Alkoholkonsum; Verstoß gegen BtMG	-	Verstoß gegen BtMG	-
Sanktionen/ Anzahl	5	4	2
ausschließlich wegen Diebstahls verurteilt	-	-	+
Alter beim ersten Delikt	20 Jahre	21 Jahre	25 Jahre

§ 13 Ergebnisse und Wertung

A. Zusammenfassender Vergleich der Interviews mit den zugeordneten Akten *(Erste Ebene)*

Betrachtet man die Ergebnisse der unter § 11 angestellten Vergleiche,[478] so kann man zunächst feststellen, daß je jünger die interviewte Probandin ist desto mehr Akten zugeordnet werden konnten. Dies erscheint unter dem Gesichtspunkt des höheren Durchschnittsalters der Interviewpartnerinnen verständlich.

Inhaltlich lassen sich unterschiedliche Entwicklungen und Parallelen erkennen, die jedoch bei einer Gesamtbetrachtung ineinandergreifen.
So kann zunächst festgehalten werden, daß durchaus spezifische Gemeinsamkeiten zwischen den Ausgangsfällen und den jeweiligen Vergleichsfällen bestehen. Diese gehen über eine grobe Tendenz in Richtung K- oder D-idealtypisch hinaus, so daß vielfach Übereinstimmungen auch im Detail gegeben sind (vgl. Interview 1, 5). Des weiteren erscheinen die Gemeinsamkeiten nicht „zufällig" aufzutreten, sondern begleiten eine ganze Lebensentwicklung durchgängig (vgl. Interview 1, 2). Gerade bei denjenigen interviewten Probandinnen, bei denen eine ungünstige Prognose abgegeben wurde (vgl. Interview 1, 2), kann man zumindest in jüngerem Alter gerade im Leistungsbereich Ähnlichkeiten feststellen. Auffällig ist jedoch, daß die kriminovalenten Neigungen in den Vergleichsfällen stets wesentlich stärker ausgeprägt waren als in den Interviews (eine Ausnahme bildet hier Interview 5). Besonders deutlich wird diese Differenz in den Fällen, in denen die Interviewpartnerinnen selbst K-idealtypische Verhaltensweisen aufweisen (Interviews 1, 2, 4). Regelmäßig existierte in den besprochenen Vergleichsakten eine praktisch alle Bereiche umfassende Tendenz zu kriminovalenten Verhaltensweisen, die das K-idealtypische Verhalten der interviewten Frauen an Intensität und Dauer übertraf. Im Ergebnis fehlt es also in den Interviewfällen an einem den Vergleichsakten in der Regel anhaftenden völligen Zusammenbruch der Strukturierung der Lebensführung.

Der zweite wesentliche Aspekt ist die Frage nach dem Alkohol- und Drogenmißbrauch, welcher als kriminovalenter Faktor in der idealtypisch-vergleichenden Einzelfallanalyse bereits eine Rolle spielt. Bei den oben besonders hervorgehobenen Interviews (Interviews 1, 2, 4) wurde mit einer Ausnahme (Akte 1a) in den zugeordneten Vergleichsakten eine Alkohol- oder Drogenabhängigkeit festgestellt. Die Tatsache der Suchterkrankung ist in diesen Fällen regelmäßig begleitet von besonders ausgeprägten Hintergrundwirkungen auf die alltägliche Lebensführung, was sich wiederum in der Diagnose niederschlägt. Somit kann bereits hier die Überlegung eine Rolle spielen, daß der Faktor der

---

[478]zur Erläuterung der *Ersten Ebene* vgl. auch oben unter §10

Abhängigkeit zu einer wesentlichen Verschärfung der kriminovalenten Situation führt. Fehlt es in den Vergleichsfällen an Drogen- oder Alkoholmißbrauch, so steigt die Vergleichbarkeit mit den (nicht drogensüchtigen) Interviewpartnerinnen. Gerade im Fall Interview 4, in dem die interviewte Probandin in der Vergangenheit selbst alkohol- und tablettensüchtig war, zeigt sich, daß auch Dauer und Intensität der Abhängigkeit eine Rolle spielen und auf die sonstigen Lebensbereiche offensichtlich von großem Einfluß sind.

Dieser Gesichtspunkt wird noch einmal unter C. unter einem anderen Blickwinkel, nämlich durch den Vergleich auf der dritten Ebene (Vergleich der Interviews mit allen ausführlichen Akten) beleuchtet.

B. Vergleich der Interviews mit allen Akten *(Zweite Ebene)*

In diesem Abschnitt werden die Ergebnisse aus den Interviews mit sämtlichen Akten (Untergruppen I-III) untersucht.[479] Da das Minimum der gemeinsamen Informationen sich auf die Grunddaten beschränkt, werden auch nur diese im folgenden zugrunde gelegt. Es sei nochmals darauf hingewiesen, daß aufgrund der kleinen Stichprobe (acht bzw. vierzig Fälle) keine statistischen Aussagen getroffen werden können. Die entsprechenden Tabellen, Prozent- und Durchschnittsangaben dienen daher einerseits der Darstellung einer (empirisch nicht abgesicherten) Tendenz, andererseits aber auch der Übersichtlichkeit.

I. Altersstruktur

Maßgeblicher Zeitpunkt für die Berechnung des Alters der Delinquentinnen in den Aktenfällen war der Zeitpunkt der letzten Sanktionierung. Grund hierfür ist, daß die Tatsache, daß einige Frauen seit mehreren Jahren nicht mehr bei den Staatsanwaltschaften München auffällig wurden, nicht zwingend heißen kann, daß es tatsächlich zu keinem Rückfall mehr gekommen ist. Vielmehr besteht die Möglichkeit, daß die Delinquentinnen in einem anderen Bezirk erneut Straftaten begangen haben. Da sich die Beurteilung nur auf bekannte und sichere Informationen stützen soll, kann Beurteilungszeitpunkt nur der letzte Stand der eingesehenen Akten sein.

[479] zur Erläuterung der *Zweiten Ebene* vgl. auch oben unter §10

Tab. 10: Interviewprobandinnen

Lebens-alter	18-20	21-25	26-30	31-35	36-40	41-45	46-50	51-55	56-60	> 60	Ø
Anzahl (n = 8)	-	1	-	1	-	-	1	2	1	2	51,4 Jahre

Tab. 11: Aktenfälle

Lebens-alter	18-20	21-25	26-30	31-35	36-40	41-45	46-50	51-55	56-60	>60	Ø
Anzahl (n=40)	5	11	6	5	4	2	2	1	4	-	32,6 Jahre

Zunächst fällt auf, daß das Lebensalter bei den interviewten Frauen wesentlich höher liegt als in den Vergleichsfällen. Gerade bei dieser Kategorie ist jedoch zu berücksichtigen, daß das höhere Alter der Interviewpartnerinnen auch auf einen längeren „Selektionszeitraum" zurückzuführen ist. Betrachtet man diejenigen Akten und Interviews, bei denen es zu einer Therapie und/oder Begutachtung gekommen ist, haben die Betroffenen im Schnitt erst nach 11,6 Jahren nach dem ersten Diebstahl eine psychotherapeutische Behandlung begonnen. Gleichzeitig kam es im Durchschnitt nach 4,6 Diebstählen erstmalig zur Begutachtung durch einen Sachverständigen. Damit sind die Probandinnen der Interviewgruppe im Schnitt schon deswegen älter, weil diejenigen Probandinnen aus den Aktenfällen, für die eine Begutachtung in Betracht kommt, das Alter, in dem regelmäßig eine solche stattfindet, noch nicht erreicht haben.

II. Schulabschluß

Tab. 12: Interviewpartnerinnen

	keinen	Haupt-, Volks- oder Sonderschule	Realschule	Abitur
Anzahl (n = 8)	-	5	3	-
Angaben in %	0	62,5	37,5	0

Tab. 13: Aktenfälle

	keinen	Haupt-, Volks- oder Sonderschule	Realschule	Abitur	nicht bekannt
Anzahl (n=40)	8	16	4	2	10
Angaben in %	20	40	10	5	25

Hier ist lediglich festzuhalten, daß es in den Aktenfällen insgesamt eine höhere Zahl von Delinquentinnen gibt, die über gar keinen Schulabschluß verfügen. In beiden Gruppen überwiegt der Hauptschul-, Sonder- bzw. Volksschulabschluß.

III. Ausbildung

Tab. 14: Interviewpartnerinnen

	keine	Lehre	Studium
Anzahl (n = 8)	4	4	-
Angaben in %	50	50	0

Tab. 15: Aktenfälle

	keine	Lehre	Studium	nicht bekannt
Anzahl (n=40)	19	10	1	10
Angaben in %	47,5	25	2,5	25

In beiden Gruppen verfügen ca. die Hälfte der Betroffenen über keine Ausbildung. Ob in den Aktenfällen die gleiche Konstellation wie in den Interviews vorliegt, nämlich daß in drei Fällen die Ausbildung aufgrund äußerer, nicht „verschuldeter“ Umstände ausblieb, ließ sich anhand der wenigen Informationen nicht mit Sicherheit beurteilen.

IV. Berufstätigkeit

Tab. 16: Interviewpartnerinnen

	Keine/ Arbeitslosigkeit	Gelegenheitstätigkeiten	geregelte, ausbildungsfremde Tätigkeit	Arbeit im Ausbildungsberuf
Anzahl (n = 8)	2	-	4	2
Angaben in %	25	0	50	25

Tab. 17: Aktenfälle

	Keine/ Arbeitslosigkeit	Gelegenheitstätigkeiten	geregelte, ausbildungsfremde Tätigkeit	Arbeit im Ausbildungsberuf	nicht bekannt
Anzahl (n=40)	23	6	4	2	5
Angaben in %	57,5	15	10	5	12,5

Die erste gravierende Auffälligkeit zeigt sich im Punkt Berufstätigkeit. Während die Interviewpartnerinnen zu drei Vierteln einer geregelten Tätigkeit nachgehen, befinden sich 72,5 Prozent der Vergleichsgruppe nicht in einem geregelten Arbeitsverhältnis. Diese Tendenz wird im Vergleich mit den ausführlichen Akten (siehe unten C.) detaillierter untersucht.

V. Familienstand

Tab. 18: Interviewpartnerinnen

	ledig	verheiratet	geschieden	getrennt lebend	verwitwet
Anzahl (n= 8)	-	2	4	1	1
Angaben in %	0	25	50	12,5	12,5

Tab. 19: Aktenfälle

	ledig	verheiratet	geschieden	getrennt lebend	verwitwet	nicht be- kannt
Anzahl (n=40)	20	1	8	4	-	7
Angaben in %	50	2,5	20	10	0	17,5

Für das hier aufgeführte Merkmal liegt es nahe, den hohen Anteil der Ledigen in der Vergleichsgruppe mit dem geringeren Lebensdurchschnittsalter zu erklären. Umgekehrt gilt dies für die größere Zahl der Geschiedenen und getrennt Lebenden bei den interviewten Frauen.

VI. Staatsangehörigkeit

Alle *interviewten* Frauen sind deutsche Staatsangehörige. Zwölf der vierzig Delinquentinnen in den *Aktenfällen*, also 30 Prozent, waren Ausländerinnen.
Hier läßt sich ein hoher Anteil an Nichtdeutschen in den Aktenfällen feststellen. Zum einen aufgrund der kleinen Stichprobe, zum anderen aufgrund von allgemeinen statistischen Problemen bei der Untersuchung der Ausländerkriminalität[480] sind diese Zahlen jedoch ebenfalls nur als eine Tendenz zu verstehen und bedürften der genaueren Untersuchung anhand einer aussagekräftigen Stichprobe, was jedoch nicht Thema der vorliegenden Arbeit ist. Zur Tatsache, daß sich unter den interviewten Frauen keine Nichtdeutsche befand, läßt sich (wiederum neben der geringen Anzahl an Probandinnen) festhalten, daß Ausländerinnen, die der deutschen Sprache nicht mächtig sind, von vornherein für die Aufnahme in die Selbsthilfegruppe nicht in Betracht kommen, so daß auch hier ein Auswahlmechanismus greift.

VII. Alkohol- und Drogenkonsum/Psychopathologischer Befund

Von den *interviewten Frauen* konsumierte keine illegalen Drogen; in einem Fall kam es zu Alkohol- und Tablettenabusus. Bei allen Frauen ergab sich zumindest der Verdacht einer psychischen Störung.
In 19 *Aktenfällen* fand ein Alkohol- oder Drogenabusus bzw. ein Verstoß gegen das Betäubungsmittelgesetz statt. In sieben Fällen wurde eine psychische Störung bzw. der Verdacht hierauf festgestellt.

---

[480] vgl. z.B. *Göppinger*, Kriminologie, S.535

Bemerkenswert ist der in den Vergleichsfällen hohe Anteil Alkohol- bzw. Drogenabhängigen, welche fast 50 Prozent ausmachen. Bereits im obigen Vergleich der nach Vergleichsmerkmalen zugeordneten Akten ließ sich die besondere Bedeutung der Drogenproblematik erkennen. Bezüglich des jetzigen Vergleichs stellen sich zwei Fragen: Ist die Tendenz bzw. die Neigung, Alkohol und Drogen (im Gegensatz zu Tabletten) zu konsumieren, in „pathologischen“ Fällen geringer ausgeprägt? Oder läßt sich die geringe Belastung der Selbsthilfegruppe mit Drogen wiederum auf die Tatsache zurückführen, daß die Suchterkrankung einen Ablehnungsgrund zur Aufnahme in die Gruppe darstellt ? Für letzteres spricht die Tatsache, daß von sieben Aktenfällen, in denen ein Verdacht auf eine psychische Störung bestand, drei der Delinquentinnen drogen- bzw. alkoholabhängig waren. Eine eindeutige oder gar statistische Aussage läßt sich anhand der hier zur Verfügung stehenden Aktenmenge nicht treffen. Das hier angesprochene Problem wird daher nicht quantitativ, sondern qualitativ im Punkt C. II. 2. nochmals beleuchtet.

VIII. Anzahl der Sanktionen

Tab. 20: Interviewpartnerinnen

	2-3	4-5	6-7	8-9	> 9	Ø
Anzahl (n=8)	2	2	2	-	2	6,13

Tab. 21: Aktenfälle

	2-3	4-5	6-7	8-9	10-11	>11	Ø
Anzahl (n=40)	10	15	7	4	2	2	5,73

IX. Alter bei der ersten Sanktion

Tab. 22: Interviewpartnerinnen

Leben salter	14-17	18-20	21-25	26-30	31-35	36-40	41-45	46-50	51-56	Ø
An-zahl (n=8)	1	-	1	3	-	2	-	-	1	31,5 Jahre

Tab. 23: Aktenfälle

Lebens-alter	14-17	18-20	21-25	26-30	31-35	36-40	41-45	46-50	51-55	56-60	Ø
Anzahl (n=40)	10	7	8	6	3	1	3	-	1	1	25,4 Jahre

Die höhere Anzahl der Sanktionierungen in der Interviewgruppe kann auf den ersten Blick mit dem höheren Durchschnittsalter erklärt werden. Zu beachten ist jedoch, daß die Differenz der Anzahl der Sanktionierungen recht gering ist, die Altersdurchschnittsdifferenz jedoch sehr hoch. (So ist - theoretisch - bei einer fünfzigjährigen Delinquentin eine stärkere Vorstrafenbelastung zu erwarten als bei einer fünfundzwanzigjährigen.) Hier spielt möglicherweise das höhere „Einstiegsalter" der Interviewprobandinnen eine Rolle (Tabelle 22)

X. Sonstiges

Bei den *Interviewpartnerinnen* wurden ausschließlich wegen Diebstahls sieben von acht Frauen strafrechtlich sanktioniert. In fünf Fällen kam es zur Anwendung der §§ 20, 21 StGB.
Innerhalb der Gruppe der *Aktenfälle* wurden ausschließlich wegen Diebstahls dreizehn Frauen von vierzig verurteilt. In zwei Fällen wurden die Voraussetzungen des § 20 StGB (einmal davon wegen Drogenabhängigkeit) bejaht; in sieben Fällen kam es zur Anwendung des § 21 StGB (davon dreimal wegen Drogen- bzw. Alkoholabhängigkeit).

C. Vergleich der Interviews mit den ausführlichen Akten *(Dritte Ebene)*

Für die Frage nach Unterschieden oder Gemeinsamkeiten der interviewten Probandinnen und der Aktenfälle sollen diese nun in den einzelnen Lebensbereichen gegenüber gestellt werden.[481] Ein detaillierter Vergleich, der über die persönlichen Grunddaten hinausgeht, ist lediglich mit den fünfzehn *ausführlichen Aktenfällen* möglich, die bereits oben unter die Untergruppen I und II fallen, also insgesamt ausreichende Informationen enthalten. Im folgenden werden zunächst die einzelnen Lebensbereiche, die Delinquenz und die Diagnose untersucht, bevor die Bewertung der Ergebnisse aus dem Vergleich erfolgt (siehe unter II.). Auf dieser Ebene wird neben der Einordnung als D- oder K-idealtypisches Verhalten auch auf Gegebenheiten und Parallelen einzugehen sein, welche sich

[481] zur Bedeutung der *Dritten Ebene* für den Vergleich insgesamt siehe oben unter § 10

nicht ohne weiteres als idealtypisches Merkmal qualifizieren lassen, aber mindestens in drei Fällen vorhanden sind.

I. Lebenslängsschnitt und Diagnose

1. Erziehungsbereich

1.1. Interviewprobandinnen

In diesem Bereich lag in sechs Fällen ein eindeutig D-idealtypischer Zuschnitt vor; in zwei Fällen kam es zu K-idealtypischen Tendenzen (Interview 1, 3), ohne daß eine ausgeprägte Neigung vorlag. Auffällig ist in diesem Bereich des weiteren, daß in vier Fällen ein stark gestörtes Verhältnis zu einem der beiden Elternteile gegeben war, wobei dieses primär durch das Gefühl des Ungeliebtseins und der Benachteiligung den Geschwistern gegenüber geprägt war. Genau in diesen vier Fällen wurden die Kinder geschlagen und in zwei Fällen (Interview 1, 2) auch sexuell mißbraucht. Bei einem weiteren Mißbrauchsfall (Interview 5) ist über das Verhältnis zu den Eltern nichts näheres bekannt. Insgesamt beschreibt keine der Probandinnen ihre Erziehung als „lasch“, vielmehr sagen fünf Frauen aus, sie seien „sehr streng“ erzogen worden. Alle Delinquentinnen wurden von beiden Eltern gemeinsam aufgezogen; keine von ihnen war ein Scheidungs- oder Waisenkind.

1.2. Aktenfälle

In sechs von fünfzehn Fällen zeigten die Delinquentinnen im Erziehungsbereich Neigungen zum K-idealtypischen Pol. In vier Fällen wurde das Verhältnis zu mindestens einem Elternteil als besonders schlecht beschrieben. In zwei Fällen wurden die Betroffenen als Kinder gleichzeitig geschlagen. Acht Frauen waren entweder Scheidungs- oder Waisenkinder. Von sexuellem Mißbrauch ist in keinem der Aktenfälle etwas bekannt geworden.

2. Aufenthalts- und Wohnbereich

2.1. Interviewprobandinnen

Auch hier liegt in sechs Fällen eine eindeutige D-idealtypische Ausprägung vor, die sich im wesentlichen durch den späten Auszug aus dem Elternhaus, geordnete Umzüge und die Einbindung in die Umgebung auszeichnet. In zwei Fällen (Interview 1, 2), in denen im übrigen eine gespannte Atmosphäre im Elternhaus herrschte und es zum sexuellen Mißbrauch kam, liegen zwischenzeitlich K-idealtypische Neigungen über die Jugend hinaus vor. Keine der Probandinnen weist jedoch durchgehend ausgeprägte Verhaltensweisen wie häufige Heimaufenthalte oder Wohnsitzlosigkeit auf.

2.2. Aktenfälle

In zehn Fällen weist das Verhalten in dieser Kategorie zum K-idealtypischen Pol. Auffällig ist insbesondere, daß in acht Fällen dieses K-idealtypische Verhalten so stark ausgeprägt war, daß es zur teilweisen Wohnsitzlosigkeit oder zur Unterkunft in bloßen „Unterschlupfmöglichkeiten" kam.

3. Leistungsbereich

3.1. Interviewprobandinnen

Alle Probandinnen haben einen Schulabschluß. Mangels genauerer Informationen kann lediglich bei zwei Frauen eine eindeutig D-idealtypische Konstellation bejaht werden. Aufgrund der sonstigen Betragensweise in Jugend und Kindheit erscheinen Auffälligkeiten jedoch insgesamt bei nur zwei Probandinnen wahrscheinlich.

Hinsichtlich der Ausbildung wurde zwar bereits festgehalten, daß die Hälfte über keine abgeschlossene Lehre oder sonstige Ausbildung verfügt. Allerdings ist in drei Fällen davon auszugehen, daß diese Tatsache nicht auf dem „Verschulden" der (der älteren Generation angehörenden) Probandinnen beruhte, sondern auf äußere Umstände zurückzuführen ist (Kriegseintritt, Mithilfe im Landwirtschaftsbetrieb der Eltern).

Im Hinblick auf die Berufstätigkeit lassen sich die Probandinnen in zwei Gruppen einteilen: In fünf Fällen liegt ein überwiegend D-idealtypisches Verhalten vor, welches sich durch wenige und wenn nur geordnete Wechsel oder eine begründete Aufgabe (altersbedingt) der Arbeitsstelle auszeichnet (eine Ausnahme bildet eine diebstahlsbedingte Kündigung beim Interview 6). In einem Fall (Interview 3) gab die Probandin ihre Berufstätigkeit zugunsten der Familie auf, wobei hier eine finanzielle Notwendigkeit, den Beruf wiederaufzunehmen, nicht bestand. In diesen Fällen findet sich eine gute bis sehr gute finanzielle Absicherung.
Die zweite Gruppe (Interviews 1, 2, 4) weist K-idealtypische Verhaltensweisen dahingehend auf, daß zwar zwischenzeitlich eine Berufstätigkeit ausgeübt wurde, es jedoch zur Kündigung wegen Diebstahls oder zur Aufgabe der Arbeit we-

gen Alkoholsucht kam. In einem Fall besteht die Arbeitslosigkeit noch fort, es werden lediglich Gelegenheitstätigkeiten ausgeübt. Pläne für eine Wiederaufnahme der Berufstätigkeit bestehen nicht.

3.2. Aktenfälle

Insgesamt ist im Leistungsbereich in zehn Fällen eine deutlich K-idealtypische Ausrichtung zu erkennen. In vier Fällen besteht bereits kein Schulabschluß, elf Frauen haben keine Ausbildung. Nur eine der Frauen war zum Zeitpunkt der Akteneinsicht berufstätig; nur fünf Frauen sind zu irgendeinem Zeitpunkt einer geregelten Tätigkeit, also nicht nur Gelegenheitstätigkeiten nachgegangen. Lediglich zwei Frauen gaben einen vernünftigen Grund für die Aufgabe der Berufstätigkeit an (Schwangerschaft, Alter o.ä.) an.

4. Freizeitbereich

4.1. Interviewpartnerinnen

Im Freizeitbereich finden sich wiederum in mindestens fünf Fällen D-idealtypische Ausprägungen. Auffällig ist, daß diese Probandinnen angaben, nur sehr wenig Zeit für sich gehabt zu haben. Sie zeichnen sich durch ein besonderes Pflichtbewußtsein, insbesondere der Familie gegenüber aus.

4.2. Aktenfälle

Hinsichtlich des Freizeitbereichs fehlt es an ausreichenden Informationen.

5. Kontaktbereich

5.1. Interviewprobandinnen

Im Bereich der schicksalhaften und später selbstgewählten Kontakte fällt auf, daß diejenigen Probandinnen, die in ihr Verhältnis zu ihren Eltern in der Kindheit als gut beschreiben, sich auch nach der äußerlichen Loslösung um die Eltern bis heute kümmern (regelmäßige Telefonate, Besuche etc.), während in den anderen Fällen (insbesondere in den Familien, in denen es zum Mißbrauch kam) eine ablehnende oder gespaltene Haltung an den Tag gelegt wird. Eine Ausnahme bildet in der Hinsicht Interview 3. Lediglich in einem Fall (Interview 1) lag das K-idealtypische Merkmal vor, daß die Probandin nur in einer Notlage zu-

rück ins Elternhaus kehrt.
Hinsichtlich der selbstgewählten Kontakte sind keinerlei Besonderheiten neben der Einordnung als D- oder K-idealtypisch ersichtlich, bis auf die Tatsache, daß bei den beiden älteren, verwitweten Frauen eine Tendenz zur Vereinsamung festzustellen ist.

5.2. Aktenfälle

Auch hier sind nur wenige Informationen in den Akten zu finden. Auffallend ist jedoch, daß im Bereich der Kontakte zur Herkunftsfamilie neun Frauen nur in einer Notlage zurück zu den Eltern bzw. ins Elternhaus kehrten.

6. Eigene Familie

6.1. Interviewprobandinnen

Im Bereich der eigenen Familie läßt sich wiederum eine Einteilung in zwei Gruppen vornehmen. In drei Fällen (Interviews 3, 6, 7) wird die Ehe als gut beschrieben, sie stellt offensichtlich eine Stütze dar und ihr Wegfall wird als sehr schmerzhaft empfunden. Die übrigen Frauen führten eine in fast jeder Hinsicht schlechte Ehe. Auffallend ist insbesondere, daß sich in dieser zweiten Gruppe alle Betroffenen als unterdrückt, geschlagen und einsam beschrieben; in allen Fällen kam es zur Untreue seitens des Ehemannes, der selbst K-idealtypisches Verhalten an den Tag legte.
Alle sechs Frauen mit Kindern haben zu diesen ein enges Verhältnis. In zwei Fällen kam es im Laufe der Zeit zu einer Totgeburt bzw. zum Versterben des Kindes kurz nach der Geburt.

6.2. Aktenfälle

Von den sieben Frauen, die verheiratet waren, mußte in allen Fällen der Bereich der eigenen Familie dem K-idealtypischen Pol zugerechnet werden. In drei Fällen bestand ein nur schlechtes Verhältnis zu den Kindern, zu denen kein Kontakt gehalten wurde.

7. Alkohol- und Drogenkonsum

7.1. Interviewprobandinnen

Lediglich in einem Fall wurde ein Alkoholmißbrauch festgestellt. Illegale Drogen konsumierte keine der Frauen. In zwei Fällen ist ein Tablettenabusus zumindest in der Vergangenheit als wahrscheinlich anzusehen. In mindestens fünf Fällen wurden Antidepressiva oder andere Psychopharmaka eingenommen. Insgesamt läßt sich eine Tendenz erkennen, daß die Betroffenen eher Tabletten als sonstigen Drogen zuneigen.

7.2. Aktenfälle

In drei Fällen betrieben die Frauen Alkoholmißbrauch (in einem davon auch Tablettenmißbrauch). In sechs Fällen waren die Delinquentinnen drogenabhängig.

8. Psychische Verfassung/Therapie

8.1. Interviewprobandinnen

In allen acht Fällen lagen Störungen psycho(patho)logischer Natur vor, wie die folgende Tabelle zeigt:

Tab. 24: Interviewpartnerinnen

	Interview 1	Interview 2	Interview 3	Interview 4
Störung / Befund	Eßstörungen, vermutlich depressive Verstimmung	depressive Angstzustände	reaktive Depression	Alkohol- und Tablettensucht
	Interview 5	Interview 6	Interview 7	Interview 8
	Charakterneurose mit depressivem Reaktionsmuster	Depression	Befund unbekannt; möglicherweise depressive Verstimmung	endogene Depression

Auffällig ist, daß in sechs Fällen ein Befund der Depression oder zumindest das Vorliegen depressiver Züge vorlagen. Des weiteren erklären sieben der Betroffenen, sie hätten Suizidgedanken oder einen Suizidversuch erlebt. In sechs Fällen kam es zur psychotherapeutischen bzw. psychiatrischen Behandlung. Der Bereich der psychischen Verfassung und hierbei insbesondere die Frage nach einer depressiven Erkrankung ist damit in den hier vorliegenden Fällen von besonderer Bedeutung für die Prognose.

8.2. Aktenfälle

In fünf Fällen kam es zur eindeutigen Diagnose eines psychopathologischen Befundes, in zwei Fällen bestand der Verdacht hierauf. Die folgenden Störungen traten auf:

Tab. 25: Aktenfälle

	Akte 9	Akte 5a	Akte 11
Störung/ Befund	depressive, neurotische und hysterische Züge, „Kleptomanie"	Depression	chronifizierte paranoid-halluzinatorische Schizophrenie
	Akte 1a	Akte 2a	Akte 10
	Charakterneurose	abnorme, hysterische Persönlichkeit	neurotische Persönlichkeitsstörung „Kleptomanie"

In drei Fällen von sieben wurde eine psychologische oder psychiatrische Behandlung durchgeführt. In fünf Fällen bejahte man das Vorliegen der Voraussetzungen der §§ 20, 21 StGB. In drei Fällen lag gleichzeitig eine Alkohol- oder Drogenabhängigkeit vor.

9. Delinquenzbereich

9.1. Begleitendes Lebensereignis

9.1.1. Interviewprobandinnen

Im Delinquenzbereich fällt bei den interviewten Frauen besonders ins Gewicht, daß ihre Taten von der Tendenz her eine geringe Zielstrebigkeit aufweisen.

Noch bedeutender erscheint auch im Zusammenhang mit der psychischen Verfassung (siehe 8.) die Frage nach einem „auslösenden" oder vielmehr begleitenden Moment zu sein. Problematisch an der Fragestellung ist die Tatsache, daß in den meisten Fällen, insbesondere auch bei den Vergleichsakten eine Situation den Hintergrund bildete, die als auslösend oder zumindest verstärkend bewertet werden könnte. Damit würde jedoch der idealtypisch-vergleichenden Einzelfallanalyse der Boden entzogen werden, da hiermit gerade der Zusammenhang zwischen K-idealtypischen Verhaltensweisen und der Delinquenz im Sinne der Erwartbarkeit hergestellt werden soll. Daher ist die Definition eines „Auslösers" eng zu fassen, so daß beispielsweise eine „insgesamt belastende Lebenssituation" nicht ausreicht, um dieses Merkmal zu erfüllen. Vielmehr soll als ein die Delinquenz begleitender Umstand ein Lebens*ereignis* verstanden werden, also eine klar abgrenzbare Phase oder ein Ereignis, nach oder während dessen Eintritt es spätestens in den folgenden drei Monaten zu einem Diebstahl kam, wobei hierunter auch psychische Auffälligkeiten fallen, sofern sie in der Zeitspanne ausgebrochen sind. Es sei erneut darauf hingewiesen, daß zum einen eine Ursächlichkeit zwischen Ereignis und Diebstahl nicht festgestellt werden kann. Zum anderen ist man gezwungen, sich auf die Angaben der Probandinnen insofern zu verlassen, als diese das Ereignis als besonders bedeutsam einstufen.
Hinsichtlich des ersten Diebstahls gaben die Probandinnen in sieben Fällen einen Begleitumstand an, der den oben genannten Voraussetzungen entspricht. Bezüglich der folgenden Taten konnte bei jeder Frau mindestens einmal eine derartige Krisensituation festgestellt werden. Diese lassen sich in folgende Gruppen unterteilen:

- psychische Auffälligkeit (Depression, Absetzen der Antidepressiva, Suizidversuch) : 8 Taten
- Ereignisse bezüglich des eigenen Kindes (Geburt, Totgeburt, Erkrankung) : 6 Taten
- Scheidung, Trennung vom Lebenspartner: 4 Taten
- Ereignisse bezüglich der Herkunftsfamilie (hier Erkrankung der Mutter): 2 Taten
- Ereignisse bezüglich des Ehemanns (Kenntnis der Untreue, besondere Schwierigkeiten kurz nach der Eheschließung): 2 Taten
- Operation (hier Unterleibsoperation): 1 Tat
- finanzielle Schwierigkeiten (hier Neuaufnahme eines Kredits bei ausgeprägter Angst vor finanzieller Unsicherheit)[482]: 1 Tat

[482]Das Vorliegen eines finanziellen Engpasses, welches ebenfalls in zwei Fällen als Grund für den Diebstahl angegeben wurde, erfüllt gerade nicht die Voraussetzungen eines „Lebensereignisses". Etwas anderes gilt für den hier eingeordneten Fall (Interview 6), bei dem die Sorge um die finanzielle Absicherung unbegründeterweise stark ausgebildet ist und damit nicht dem klassischen Fall eines Diebstahls aus einer Notlage heraus entspricht.

Inwieweit diese begleitenden Umstände eine Besonderheit darstellen, wird sich im Vergleich mit den Aktenfällen zeigen (siehe II).

9.1.2. Aktenfälle

Es konnte in drei Fällen, bei denen gleichzeitig ein psychopathologischer Befund vorlag, ein abgrenzbares Lebensereignis festgestellt werden, nach dessen Eintritt es nur wenige Monate später zu einem Diebstahl kam. Dabei handelte es sich in zwei Fällen um den Ausbruch einer psychischen oder körperlichen Erkrankung; im letzten Fall trennten sich die Eltern der Betroffenen. In den übrigen Fällen konnte ein derartiges Lebensereignis - abgesehen von der beginnenden Suchtentwicklung bei einigen der Alkohol- und Drogenabhängigen - nicht vorgefunden werden.

9.2. Aussagen der Probandinnen zum Taterleben

9.2.1. Interviewprobandinnen

Hinsichtlich der Aussagen der Betroffenen über den Verlauf und die Gefühlslage vor, während und nach der Tat lassen sich Gemeinsamkeiten erkennen, welche jedoch selbstverständlich auf ihre Glaubwürdigkeit hin überprüft werden müssen. So verneinten alle Frauen die Frage nach einer Ankündigung der Taten; teilweise wurden die Delikte als „unerklärlich“ beschrieben. Bei genauerem Nachfragen räumten vier Frauen ein, daß sie „eher aus Gewohnheit“ gestohlen hätten bzw. mit dem Bewußtsein, etwas zu entwenden, in den Laden gegangen seien. Aber auch in diesen Fällen kam es mindestens einmal zu einem Diebstahl, den die Betroffene offensichtlich für sie völlig überraschend beging. Während der Tat erklärten sieben Frauen, sie seien sehr angespannt und nervös, bis sie den Laden verlassen hätten; danach stelle sich ein Glücksgefühl („Euphorie“, „Erfolgserlebnis“) ein. Fünf Frauen zeigten ein hohes Unrechtsbewußtsein ihren Taten gegenüber.

9.2.2. Aktenfälle

In den sieben Fällen, in denen zumindest der Verdacht einer psychischen Störung bestand, reichten die Äußerungen von "Ich stehle, um über Niederlagen hinwegzukommen“ über „Meine Diebstähle hängen mit meiner Depression zusammen“ bis hin zu „Die Diebstähle sind mir völlig unerklärlich.“ In den übrigen Fällen fehlen derartige Aussagen.

10. Diagnose

10.1. Interviewprobandinnen

Nach den Untersuchungen mittels der idealtypisch-vergleichenden Einzelfallanalyse fiel das Verhalten von fünf Frauen in die Kategorie des kriminellen Übersprungs. In einem Fall (Interview 1) lag die Diagnose zwischen der Kategorie der kontinuierlichen Hinentwicklung mit Beginn in der frühen Jugend und der Hinentwicklung zur Kriminalität im Heranwachsenden- bzw. Erwachsenenalter. In zwei Fällen konnte man keine Zuordnung vorgenommen, wobei bei einer Betroffenen lediglich die Kategorien des kriminellen Übersprungs und der Kriminalität bei sonstiger sozialer Unauffälligkeit in Betracht kamen. Im Ergebnis besteht daher ein deutlicher Überhang derjenigen Frauen, deren Kriminalität kriminologisch „nicht erwartbar" ist.

10.2. Aktenfälle

In der Gruppe der vier Frauen, bei denen ein psychologischer Befund vorlag und die nicht alkohol- oder drogenabhängig waren, ließ sich einmal ein krimineller Übersprung und einmal eine kontinuierliche Hinentwicklung zur Kriminalität mit Beginn in der frühen Jugend feststellen. Die beiden anderen Fälle ließen sich nicht einordnen, da zwar K-idealtypische Tendenzen existierten, diese sich jedoch erst in fortgeschrittenem Alter entwickelten.
In der Gruppe der Alkohol- und Drogenabhängigen (mit oder ohne psychopathologischen Befund) konnte man alle Delinquentinnen in die Kategorie der kontinuierlichen Hinentwicklung zur Kriminalität mit Beginn in der frühen Jugend oder der Hinentwicklung zur Kriminalität im Heranwachsenden- bzw. Erwachsenenalter einordnen.
Die beiden Fälle, in denen weder ein psychologischer Befund noch eine Suchterkrankung diagnostiziert wurden, wurde einmal ebenfalls eine Hinentwicklung zur Kriminalität diagnostiziert; im anderen Fall ließ sich eine eindeutige Zuordnung nicht vornehmen.

II. Ergebnis des Vergleichs

1. Tabellarische Übersicht

Die unter I. gewonnenen Ergebnisse sollen nun noch einmal im Überblick dargestellt werden. Hierzu dient Tabelle 26, welche wie folgt aufgebaut ist:
Von links nach rechts wurden die untersuchten Probandinnen aufgeführt und zwar in folgender Reihenfolge:

Gruppe A: die acht interviewten Probandinnen 1 bis 8
Gruppe B: die ausführlichen Aktenfälle und zwar:

- **Gruppe B.I.**: diejenigen Fälle, in denen **ausschließlich** ein *psycho(patho)logischer Befund* vorlag (vier Fälle)
- **Gruppe B.II.**: diejenigen Fälle, in denen **sowohl** ein *psycho(patho)logischer Befund* **als auch** *Alkohol- bzw. Drogensucht* festgestellt wurde (drei Fälle)
- **Gruppe B.III.**: diejenigen Fälle, in denen **ausschließlich** *Alkohol- oder Drogensucht* diagnostiziert wurde (sechs Fälle)
- **Gruppe B.IV.**: diejenigen Fälle, in denen **weder** ein psycho(patho)logischer Befund **noch** Alkohol- oder Drogensucht festzustellen war (zwei Fälle)

Von oben nach unten wurden - neben der Einteilung in D- oder K-idealtypische Tendenz des jeweiligen Lebensbereiches - diejenigen Merkmale aufgeführt, welche sich in der idealtypisch-vergleichenden Einzelfallanalyse in die D- oder K-idealtypische Richtung auswirken und in mindestens drei Fällen vorkamen. Wie für die Methode der idealtypisch-vergleichenden Einzelfallanalyse kennzeichnend, handelt es sich damit um Merkmale, welche nicht die äußeren Umstände der jeweiligen Probandin umschreiben, sondern ihre Reaktion hierauf, so daß man sie als „aktive" Verhaltensweisen bezeichnen kann (zu den „passiven" Merkmalen siehe unten 4.). Da zum Bereich der selbstgewählten Kontakte sowie zum Freizeitbereich in vielen Aktenfällen zu wenig Informationen vorhanden waren, um eine abschließende Beurteilung vornehmen zu können, wurden diese Bereiche aus der Tabelle herausgenommen, um eine Verzerrung aufgrund unpräziser Kenntnisse zu vermeiden.

Die kriminovalenten Ergebnisse wurden dunkel markiert; D-idealtypische Verhaltensweisen blieben weiß. In den Fällen, in denen die Verhaltensweisen zwischen beiden Polen liegen, sind die Felder mit grauem Hintergrund gekennzeichnet.

Tab. 26

Gruppe	**Gruppe A.** (Interviews)							
Interview-/Akten-Nr.	1	2	3	4	5	6	7	8
Erziehung[1]								
D-K[2]	DK	D	DK	D	D	D	D	D
Aufenth.-/Wohnbereich[3]								
D-K	K	DK	D	D	D	D	D	D
Wohnsitz[4]	-	-	-	-	-	-	-	-
Leistung[5]								
D-K	K	K	D	DK	D	D	D	
Schule[6]	+	+	+	+	+	+	+	+
Ausbildung[7]	+	-	+	+	+	+/-	+/-	+/-
Beruf[8]	+	-	-	-	+	+	-	-
geregelt[9]	+	+	+	+	+	+	+	+
gelegentlich[10]	-	-	-	-	-	-	-	-
Aufgabe des Berufes[11]			+	-		+	+	+
schicksalhafte Kontakte[12]								
Notlage[13]	+	-	-	-	-	-	-	-
Eigene Familie[14]								
D-K	K	K	D	K	K	D	D	K
Kinder[15]		+	+	+	+		+	+
Delinquenz								
begleitendes Ereignis[16]	?	?	+	+	+	+	+	+
nur Diebstahl[17]	-	-	+	+	+	+	+	+
Diagnose								
krim. Überspr. oder K.b.U.[18]	-	-	+	+	+	+	+	+

[1] Erziehung im Kindes- und Jugendalter

[2] D- oder K-idealtypisches Verhalten

[3] Aufenthalts- und Wohnbereich

[4] Wohnsitzlosigkeit bzw. Nutzen von „Unterschlupfmöglichkeiten

[5] Leistungsbereich

[6] Schulabschluß vorhanden

[7] Ausbildung vorhanden

[8] momentane Berufstätigkeit

[9] zu irgendeinem Zeitpunkt (längere) geregelte Berufstätigkeit ausgeübt

[10] ausschließlich Gelegenheitstätigkeiten

Gruppe B. (ausführliche Akten)														
B.I. (psychol.Befund)				B.II.(psychol. Befund +Alk./Drog.)			B.III. (Alk./Drog.)						B.IV. (%)	
9	5a	11	1a	2a	3a	10	1c	2b	1d	1b	1e	12	13	3a
D	D	?	K	D	D	K	K	D	?	K	K	?	K	?
D	?	K	K	K	?	K	K	DK	K	K	K	K	K	D
-	?	+	+	+	?	-	+	+	-	+	?	+	+	?
DK	D	K	K	K	DK	K	K	DK	K	K	K	K	K	D
+	+	+	+	-	+	+	-	+	+	+	-	+	-	+
+	+	-	-	-	+	-	-	-	-	-	-	-	-	+
-	+	-	-	-	-	-	-	-	-	-	-	-	-	-
+	+	+	-	-	+	-	-	-	-	-	-	-	-	+
						+	+	+		+		+		
-	+	-			-		-	-		-		-	-	+
-	-	-	+	+	-	+	+	+	+	+	-	+	+	-
K	K	K		K	K						K			K
-		-										-		?
+	+	+	-	-	-	-	-	-	-	-	-	-	-	-
-	-	-	+	-	-	-	-	-	-	+	-	-	+	-
+/-	+	+/-	-	-	-	-	-	-	-	-	-	-	-	?

[11] Berufstätigkeit wurde aus vernünftigen Gründen (Heirat, Schwangerschaft, Krankheit) aufgegeben

[12] Kontakt zur Herkunftsfamilie (erst als schicksalhafte, dann als selbstgewählte Kontakte)

[13] Rückkehr zur Herkunftsfamilie nur aufgrund einer Notlage

[14] Eigene Familie

[15] Ausgeprägt gutes (+) bzw. schlechtes (-) Verhältnis zum eigenen Kind

[16] begleitendes Lebensereignis in den letzten drei Monaten vor einem Diebstahls (vgl. oben C. II. 9.1.)

[17] ausschließlich wegen Diebstahls aufgefallen

[18] Diagnose: krimineller Übersprung oder Kriminalität bei sonstiger sozialer Unauffälligkeit

2. Vergleich der Interviewpartnerinnen mit den Alkohol- und Drogensüchtigen

Betrachtet man die Ergebnisse der interviewten Frauen (Gruppe A) in der Tabelle mit denjenigen Fällen, in denen nur Alkohol- und Drogenmißbrauch eine Rolle spielten (Gruppe B.III.), so stellt man fest, daß bei letzteren über alle Lebensbereiche hinweg ein deutlicher Überhang an K-idealtypischen Verhaltensweisen bzw. an kriminovalenten Entwicklungen besteht. Zwischen den Konsumenten illegaler Drogen (Akten 1c, 2b, 1d, 1b) und den Alkoholsüchtigen (Akten 1e, 12) ist jedoch kein aussagekräftiger Unterschied im Vergleich der kriminorelevanten Formen festzustellen.

Zwar sind auch bei den interviewten Frauen zwei Fälle zu finden, welche K-idealtypische Verhaltensweisen über mehrere Bereiche hinweg aufweisen. Doch selbst bei diesen Probandinnen sind die kriminovalenten Züge wesentlich schwächer ausgebildet als in der Gruppe B.III. (Schulausbildung, geregelte Berufstätigkeit, keine Wohnsitzlosigkeit etc.).
Die sonstigen interviewten Delinquentinnen weisen gar keine oder nur in sehr begrenztem Maße K-idealtypische Ausprägungen - und dann nur im Bereich der eigenen Familie - auf. Zu diesem Punkt war jedoch bereits oben im Rahmen der Analyse ersichtlich, daß in allen Fällen einer K-idealtypischen Neigung die K-idealtypischen Verhaltensweisen des Ehemannes deutlich überwiegen.

Betrachtet man nun diejenigen Frauen, bei denen sowohl eine psychische Störung als auch eine Drogen- oder Alkoholabhängigkeit vorliegen (Gruppe B.II.), so zeigt sich, daß diese drei Fälle sich im Ergebnis der Gruppe B.III. annähern. Auch hier bestehen ausgeprägte kriminovalente Tendenzen, welche sich nicht auf wenige Lebensbereiche beschränken, sondern die gesamte Lebensführung der Betroffenen kennzeichnen.

Dieses Ergebnis deckt sich im übrigen auch mit den unter Punkt B. gewonnenen Erkenntnissen aus dem Vergleich mit den Aktenfällen nach gesonderten Vergleichsmerkmalen. Wie bereits dargestellt, konnten in den Vergleichsakten in der Regel zwei Tendenzen festgehalten werden: Zum einen handelte es sich in der Überzahl der zugeordneten Akten um Delinquentinnen, welche alkohol- oder drogensüchtig waren. Zum anderen wurde deutlich, daß in diesen Fällen die Lebensentwicklung insgesamt klar zum K-idealtypischen Pol tendierte, eine Tatsache, die letztendlich den entscheidenden Unterschied zu den interviewten Probandinnen bildete.

Die sich hier abzeichnende Unterscheidung schlägt sich dann gleichermaßen und folgerichtig in der Diagnose und der Prognose nieder: Die Kriminalität der mit Alkohol- und Drogenproblemen belasteten Frauen wurde in allen Fällen einer hinsichtlich der Prognose ungünstigen Kategorie zugeordnet, während dies bei den interviewten Frauen lediglich bei zwei Delinquentinnen der Fall war.

3. Vergleich der Interviewpartnerinnen mit den Aktenfällen mit psychischer Störung

In vier Aktenfällen wurde ein psycho(patho)logischer Befund diagnostiziert (Gruppe B.I.). Vergleicht man nun diese Fälle mit Gruppe A, so entsprechen zwei der Aktenfälle dem typischen Bild, welches Gruppe A repräsentiert, nämlich einer tendenziell D-idealtypischen bzw. im Zwischenbereich liegenden Lebensführung mit einer K-idealtypischen Ausprägung im Bereich der eigenen Familie. Im Gegensatz dazu nähern sich die beiden anderen Delinquentinnen (Akten 11, 1a) in ihrem Verhalten dem oben beschriebenen charakteristischen Muster der Alkohol- und Drogenabhängigen, wiewohl die Diagnose weniger eindeutig ausfällt. Auf den ersten Blick läßt daher die Gruppe B.I. keine Schlüsse dahingehend zu, daß man nach der idealtypisch-vergleichenden Einzelfallanalyse „pathologische" Fälle sozusagen herausfiltern kann. Allerdings ist in diesem Zusammenhang folgendes zu beachten:

Zunächst ist - wie im gesamten Vergleich - selbstverständlich die kleine, statistisch nicht aussagekräftige Stichprobe zu berücksichtigen.
Des weiteren liegt die hier relevante Gruppe B.I. im Schnitt in einem deutlich „kriminoresistenteren" Bereich als die Gruppen B.II. und III. So wurde lediglich in einem Fall eine Diagnose abgegeben, welche die Kriminalität als kriminologisch „erwartbar" wertet. In zwei Fällen konnte eine eindeutige Diagnose nicht vorgenommen werden, da es sich um Frauen handelte, bei denen Delinquenz und K-idealtypische Verhaltensweisen erst in relativ spätem Alter auftraten, ohne daß diese Entwicklung in eine der möglichen Kategorien eingeordnet werden konnte. Auch dieses Ergebnis weicht von demjenigen der Gruppen B.II. und III. ab.

Von besonderer Bedeutung ist jedoch eine hier einschlägige Problematik, die als „Selektionsmechanismus" beschrieben werden kann. Im Rahmen des Vergleichs muß nämlich auch berücksichtigt werden, daß zwischen den Gruppe A und B.I. von vornherein ein wesentlicher Unterschied besteht: die Teilnahme an der Gruppentherapie. Wie oben bereits angesprochen, ist für die Aufnahme in die Therapie die Bereitschaft hierzu erforderlich.[483] Diese Therapiewilligkeit setzt wiederum ein gewisses Durchhaltevermögen und Ehrlichkeit der eigenen Person und der Delinquenz gegenüber voraus. Möglich erscheint, daß sich diese Verhal-

[483] Zur sog. „Therapieunfähigkeit" und zur Therapiewilligkeit vgl. auch *Rasch*, Forensische Psychiatrie, 1999, S.379 f.

tensweisen, welche unter anderem bereits in der jeweiligen idealtypisch-vergleichenden in den Relevanzbezügen bzw. in den „besonderen Aspekten" untersucht wurden, auch in anderen Lebensbereichen niederschlagen. D.h., daß Frauen, die sich über einen längeren Zeitraum einer gruppentherapeutischen Behandlung aussetzen, auch im Lebensalltag eher im Stande sind, in schwierigen Situationen Durchhaltevermögen zu beweisen.
Gleichermaßen sind auch rein praktische Erwägungen hinsichtlich der Therapieteilnahme anzustellen. Der regelmäßige und pünktliche Besuch der Selbsthilfegruppe erfordert bereits ein Minimum an geordnetem Lebensalltag, welcher beispielsweise bei Wohnsitzlosigkeit nicht gegeben ist.
Schließlich ist die mögliche Gefahr eines „psychotischen Schocks" zu beachten, der einer Aufnahme entgegensteht. In diesem Zusammenhang wäre der von einer akuten Psychose (paranoid-halluzinatorische Schizophrenie) betroffenen Probandin (Akte 11) eine Teilnahme bereits aus diesem Grunde verwehrt.
Im Ergebnis läßt sich also festhalten, daß u.a. aufgrund der Selektionsmechanismen eine geringere Belastung der interviewten Frauen mit kriminovalenten Verhaltensweisen wahrscheinlich wird.

Gleichzeitig dürfen aber auch die Gemeinsamkeiten nicht unberücksichtigt bleiben. Hier spielen insbesondere zwei Aspekte eine Rolle. Zum einen lag in nur einem „pathologischen" Fall eindeutig *kein* „begleitendes Lebensereignis" vor, während in den anderen Gruppen dieses Merkmal völlig fehlt. Des weiteren fällt auf, daß sich die Aussagen der „pathologischen" Täterinnen hinsichtlich der Tat und der Befindlichkeit stark ähneln. So finden sich in praktisch allen Fällen folgende Äußerungen: Eine Ankündigung des Delikts wird verneint, die Tat wird als „unerklärlich" beschrieben und vor der Tat bestehen dranghafte oder nervöse Spannungen gefolgt von einem Glücksgefühl und starken Reaktionen nach der Entdeckung. Die Probandinnen zeichnen sich in über der Hälfte der Fälle durch sehr hohes Unrechtsbewußtsein aus. Sie beschreiben sich als depressiv und von Suizidgedanken verfolgt und weisen auf frühere oder aktuelle therapeutische Behandlungen hin. Hier ist unbedingt zu beachten, daß bei Aussagen von Straffälligen Vorsicht geboten und deren Glaubwürdigkeit zu überprüfen ist. Zu den Schwierigkeiten hinsichtlich „tatbezogener" Abgrenzungsmerkmale sei auf die Kritik an dem Begriff des „pathologischen Stehlens" hingewiesen (siehe oben Erster Teil § 4 B. III.). Zur Gewichtung solcher Äußerungen siehe unten unter D. I.

4. Vergleich der „passiven" Faktoren

In Tabelle 26 wurden - wie bereits gesagt - lediglich Merkmale aufgeführt, die sich D- oder K-idealtypisch auswirken, welche also (in den meisten Fällen) ein aktives Handeln der Probandinnen erfordern. Während der Erhebungen fiel jedoch auf, daß die Frauen vielfach von lebensgeschichtlichen Ereignissen betroffen waren, die in der idealtypisch-vergleichenden Einzelfallanalyse keine Rolle spielten, da sie nicht als kriminorelevante Faktoren wirksam wurden. Aufmerksamkeit erregten diese Erlebnisse aufgrund der Ausführlichkeit, mit der über sie berichtet wurde, wodurch der hohe Stellenwert der geschilderten Situation für die jeweilige Probandin deutlich wurde. Diese familiären Umstände, aber auch Verhaltensweisen und Reaktionen zeichnen sich im Gegensatz zu den in Tabelle 26 angeführten Merkmalen entweder dadurch aus, daß sie von vornherein nicht von der Probandin beeinflußbar waren (bspw. Scheidung der Eltern), oder daß es sich um passive Verhaltensweisen handelte, mit denen die Betreffende für sie belastende Umstände erduldete.

Die Tabelle 27 gleicht im Aufbau der obigen Tabelle 26; von links nach rechts wurden wiederum die Fälle geordnet nach Gruppe A. bis B.IV. aufgeführt. Von oben nach unten finden sich die „passiven" Merkmale.

Tab. 27: „Passive Faktoren“

Gruppe	Gruppe A. (Interviews)							
Int./Akten-Nr.	1	2	3	4	5	6	7	8
Erziehung								
schlechtes Verhältnis[1]	+	+	+	-	?	-	+	-
Schläge[2]	+	+	+	-	-	-	+	-
Mißbrauch[3]	+	+			+			
strenge Erziehung[4]		+	+	-	+	+	+	+
Scheidungs-/Waisenkind[5]	-	-	-	-	-	-	-	-
selbstgewählte Kontakte[6]								
Vereinsamung[7]							+	+
Eigene Familie								
in der Ehe unterdrückt[8]	+	+	-	+	+	-	-	+
psych. Faktoren[9]								
Suizid[10]	+	-	+	-	+	+	+	+

[1] schlechtes Verhältnis zu mind. einem Elternteil (Gefühl des Ungeliebtseins, Benachteiligung gegenüber den Geschwistern)

[2] körperliche Züchtigung/Mißhandlung durch die Eltern

[3] sexueller Mißbrauch durch den Vater

[4] strenge Erziehung

[5] Scheidungs- oder Waisenkind

[6] Vereinsamung, zunehmende Kontaktschwierigkeiten

[7] selbstgewählte Kontakte

[8] durch den Ehemann unterdrückt, geschlagen, betrogen

[9] psychische Faktoren

[10] akute Suizidgedanken oder Suizidversuch

Gruppe B. (ausführliche Akten)															
B.I. (psychol. Befund)				**B.II.** (psychol. Befund + Alk./Drog.)			**B.III.** (Alk./Drog.)						B.IV. (%)		
9	5a	11	1a	2a	3a	10	1c	2b	1d	1b	1e	12	13	3a
+	-	-	+	-	-	-	+	-	-	-	-	-	+	-
-	-	-	+	-	-	-	+	-	-	+	-	-	-	-
+	+	-	-	+	?	-								
-	-	-	+	+	-	+	+	+	+	+	-	-	+	-
+		+												
-	+			-										
+		-	+	+		-								

Im Ergebnis läßt sich festhalten, daß die unter 1. bis 3. festgestellten Tendenzen sich in Tabelle 27 nicht widerspiegeln. Vielmehr sind die „passiven" Faktoren wesentlich gleichmäßiger verteilt. So besteht in den Punkten „schlechtes Verhältnis zu den Eltern", „sexueller Mißbrauch", „strenge Erziehung", „Vereinsamung" und „Suizidgedanken/-versuch" ein leichter Überhang bei den Frauen mit psychologischem Befund, demgegenüber zeigt sich in den Gruppen B.II. und III. ein erhöhter Anteil an Scheidungs- und Waisenkindern. Die „passiven" Faktoren können demnach nicht im Sinne einer kriminovalenten Abgrenzung herangezogen werden; im Gegenteil spricht mehr dafür, daß - mit Ausnahme des Verlustes eines Elternteils - selbige eher für einen pathologischen Hintergrund sprechen als dagegen. Dies deckt sich im übrigen mit der Einschätzung durch die sozialpädagogische Leiterin der Selbsthilfegruppe, welche die interviewten Probandinnen als tendenziell autoaggressiv und passiv beschrieb.

D. Schlußfolgerungen

I. Abgrenzung des „pathologischen“ zum „normalen“ Diebstahl

Hinsichtlich der Fragestellung nach einer Grenzziehung zwischen Taten mit bzw. ohne psycho(patho)logischem Hintergrund lassen sich die Ergebnisse der Untersuchung zusammenfassend wie folgt bewerten:

1. Wird bei einer Straftäterin im Ergebnis ein „krimineller Übersprung“ bzw. eine „Kriminalität bei sonstiger sozialer Unauffälligkeit“ diagnostiziert, so erscheint das Vorliegen eines „pathologischen“ Diebstahls wahrscheinlich. Die Delinquentinnen, welche primär D-idealtypische Verhaltensweisen und eine geringe deliktische Zielstrebigkeit aufweisen, waren gleichzeitig diejenigen, bei denen im nachhinein eine psychische Störung festgestellt wurde. Dies gilt um so mehr, wenn unterstützend eines oder mehrere der folgenden Merkmale hinzukommen:

- ein „begleitendes Lebensereignis“ (siehe oben C. I. 9.1. und C. II. 3.);
- Aussagen, die denjenigen der untersuchten Probandinnen mit psychologischer Störung entsprechen (vgl. oben C. I. 9.2. und C. II. 3.);
- das Vorliegen mehrerer „passiver Merkmale“ (C. II. 4.).

Diese Fälle können also bereits mittels der idealtypisch-vergleichenden Einzelfallanalyse „herausgefiltert“ und in der Folge gesondert behandelt werden. Es sei in diesem Zusammenhang nochmals darauf hingewiesen, daß man bei der idealtypischen Methode (wie auch bei anderen Prognoseverfahren) keine hundertprozentige Sicherheit erreichen kann. Dies erscheint allerdings auch nicht erforderlich, da alleine der Verdacht, daß eine vom Normalfall abweichende Konstellation gegeben ist, bereits hilfreich für das weitere Vorgehen sein *kann* und damit dem Täter nur zugute kommt.

2. Als wesentlich schwieriger stellt sich die Abgrenzung allerdings dar, wenn eine andere Diagnose als die des kriminellen Übersprungs bzw. der Kriminalität bei sonstiger sozialer Unauffälligkeit das Ergebnis der Untersuchung bildet. Im Vergleich zu den unter 1. besprochenen Delinquentinnen verhalten sich diese Täterinnen nicht „pathologisch-idealtypisch“. In diesen Fällen kann man mittels der idealtypisch-vergleichenden Einzelfallanalyse praktisch keine Unterschiede feststellen, welche auf einen „pathologischen“ Diebstahl hinweisen. Gleichzeitig verbietet sich der Gegenschluß, daß beim Vorliegen einer grundsätzlich ungünstigen Prognose auf keinen Fall eine psychische Störung den Hintergrund bildet. Wie oben dargestellt, gibt es Konstellationen, in denen die Probandinnen sich kriminovalent verhielten und ein Sachverständigengutachten zu dem Schluß kam, daß eine verminderte oder gar keine Schuldfähigkeit gegeben war. In die-

sem Rahmen spielt die oben bereits erwähnte Tatsache ein Rolle, daß es sich bei den interviewten („D-idealtypischen“) Probandinnen um eine selektierte Gruppe von Straftäterinnen handelt, die Durchhaltevermögen und Therapiewilligkeit als Voraussetzung mitbringen. Eine ungünstige Prognose ist im Gegenzug häufig an das Fehlen derartiger Charakterzüge gekoppelt.
Unter diesen Umständen sollte man demnach andere Merkmale, welche in der Untersuchung den „pathologischen“ Fällen gemeinsam waren, heranziehen. Wie bereits dargelegt, zählen zu solchen Indikatoren ein „begleitendes Lebensereignis“, entsprechende „typische“ Äußerungen der Betreffenden sowie das Vorliegen von „passiven Faktoren“. Hinsichtlich der Äußerungen der Probandinnen zu ihrem Taterleben vor, während und nach der Tat ist anzumerken, daß eine *isolierte* Würdigung solcher Aspekte, wie sie im Zusammenhang mit der Definition des „pathologischen Stehlens“ vorgenommen wird, breiter Kritik ausgesetzt ist und teilweise widerlegt wurde (siehe oben Erster Teil § 4 B. III). Um der Forderung nach einer Einbeziehung der lebensgeschichtlichen Entwicklung gerecht zu werden, können die Äußerungen nur im Zusammenspiel mit den anderen beiden Merkmalen als zusätzliche Hinweise dienen.

3. Für den Fall, daß zu einer psychischen Störung ein erhöhter Alkohol- und/oder Drogenkonsum hinzutritt, ist eine Abgrenzung praktisch nicht mehr möglich. Sowohl hinsichtlich der idealtypisch-vergleichenden Einzelfallanalyse als auch in bezug auf die sonstigen Merkmale unterscheiden sich diese Delinquentinnen nicht mehr von solchen, die ausschließlich eine Suchterkrankung aufweisen. Die Alkohol- bzw. Drogenabhängigkeit scheint derart starke Hintergrundwirkungen zu entwickeln, daß die Lebensführung quasi „vereinheitlicht“ wird. Schlußfolgernd muß wie unter 2. festgehalten werden, daß die Existenz von Drogenproblemen ebenfalls nicht bedeutet, daß man gleichzeitig eine psychische Störung ausschließen kann. Der idealtypische Vergleich stößt jedoch in diesen Konstellationen an seine Grenzen.

II. Rückfall und Prognose

Sinn und Zweck der Prognose und damit der spezialpräventiven Sanktionierung ist die Rückfallvermeidung. Gerade diese stellt allerdings ein häufig scheinbar unlösbares Problem dar und führt nicht selten zur Vermutung, daß „nichts funktioniert“. Auch in den Fällen des „pathologischen“ Diebstahls ist, wie oben dargelegt, die Frage der Rückfallverhinderung ein zentrales Thema, da sich die Delinquenten in der Regel durch wiederholtes Stehlen auszeichnen. Über das übliche strafrechtliche Instrumentarium hinaus muß für diese Fälle an Behandlungsmöglichkeiten gedacht werden, was die Problematik aufgrund der Überschneidungen mit anderen Fachgebieten noch verschärft. So wird bemängelt, daß die praktisch-organisatorischen Möglichkeiten der Therapie psychisch gestörter Rechtsbrecher bislang nicht ausreichend seien.[484] Gleichzeitig weisen Fachleute jedoch darauf hin, daß die neueren Forschungsergebnisse die These des „nothing works“ widerlegen, da der Straftäterbehandlung zumindest kleine Erfolge beschieden seien.[485]

In der vorliegenden Untersuchung wurde ein Hauptaugenmerk auf die Behandlung der Diebstahlsdelinquentinnen gelegt. Im Rahmen der Arbeit der Bewährungshilfegruppe kann man im Ergebnis eine positive Bilanz ziehen. Fast alle Probandinnen erhielten unter der Bedingung der Fortführung der Behandlung eine günstige Prognose. In lediglich zwei Fällen kam es während der Zeit der Gruppenteilnahme zu einem Rückfall, diese Delinquentinnen befanden sich bereits drei bzw. vier Jahre in der Selbsthilfegruppe. In zwei Fällen haben die Probandinnen - entgegen dem Verhalten in der Vergangenheit - das Diebstahlsobjekt ohne äußeren Anlaß, also freiwillig, wieder zurückgelegt. Alle Probandinnen sind seit mindestens einem Jahr, drei von ihnen bereits seit vier Jahren nicht mehr rückfällig geworden. Die spezifische Einwirkung mittels der Gruppentherapie scheint zur Stabilisierung und Beruhigung der Situation der Betroffenen zu führen, die sich vielfach seit Jahrzehnten mit dem Problem ihrer „Stehlsucht“ konfrontiert sahen. Diese Ergebnisse lassen Schlußfolgerungen dahingehend zu, daß solche Einrichtungen geeignet sind, die Rückfallquote wesentlich zu verringern bzw. Rückfälle ganz zu vermeiden. Vorbehaltlich einer - wie in der hier untersuchten Therapiegruppe vorhandenen - professionellen und engagierten Betreuung kann also eine *auf die Straftat zugeschnittene* gruppentherapeutische Behandlung zum Erfolg führen. Für die Praxis geht die Einrichtung als ermutigendes Beispiel voran; es bleibt wünschenswert, daß weitere Institutionen dieser Art nachfolgen.

[484]für alle *Rasch*, Forensische Psychiatrie, 1999, S.381

[485]*Rasch*, Forensische Psychiatrie, 1999, S.387

Zusammenfassung

Die wesentlichen Ergebnisse der Arbeit können wie folgt zusammengefaßt werden:

Erster Teil:

1. Unter *statistischen* Gesichtspunkten[486] fällt die relativ hohe Beteiligung von Frauen an Diebstahlsdelikten auf (1997: 30,8%), wobei der Diebstahl unter erschwerenden Umständen (1997: 7,9%) im Gegensatz zum Ladendiebstahl (1997: 39,1%) nur eine geringe Rolle spielt. Die absolute Zahl der weiblichen Diebstahlstäterinnen ist seit 1955 angestiegen; auf der anderen Seite ist der Anteil der Frauen im Vergleich zu den männlichen Tätern beim Ladendiebstahl gesunken. Als Begründung werden u.a. die Veränderungen der Kaufbevölkerung in den letzten dreißig Jahren angeführt.
Was die Altersstruktur anbelangt, sind Kinder und Jugendliche auf der einen und über 60jährige Frauen auf der anderen Seite am stärksten repräsentiert.[487]

2. Schätzungen über den Anteil *psychisch kranker Ladendiebe* schwanken zwischen 1% und 10%.[488] In den Untersuchungen steht die psychisch gestörte Frau als Ladendiebin im Vordergrund.[489]

3. Der Begriff der *Kleptomanie* (definiert als „Stehlen um des Stehlens willen" oder als „wiederholtes Stehlen aus unbewußten Motiven und aus einem unwiderstehlichen Drang") wird heute weitestgehend als veraltet angesehen, da es sich nicht um eine eigenständige, nosologisch abgrenzbare Krankheit handele.[490] Nachfolgend wurde der Begriff des *pathologischen Stehlens* entwickelt, welcher primär das Verhalten und die Befindlichkeit des Delinquenten vor, während und nach der Tat beschreibt.[491] Kritik hat diese Beschreibung des „Diebstahls ohne Bereicherungsabsicht" insbesondere deswegen erfahren, weil die Merkmale entweder beim „normalen" Diebstahl ebenfalls vorliegen können oder nicht beweisbar sind.[492] Die darüber hinaus existierenden unterschiedlichen ätiologischen Ansätze und Typologien beweisen, wie schwierig sich die Abgrenzung

---

[486] Im Ersten Teil unter § 2 B. I.
[487] Im Ersten Teil unter § 2 B. II.
[488] Im Ersten Teil unter § 4 A.
[489] Im Ersten Teil unter § 3 C.
[490] Im Ersten Teil unter § 4 B. II. 1. und § 5 II. 3.
[491] Im Ersten Teil unter § 4 B. II. 1.
[492] Im Ersten Teil unter § 4 B. III.

des „normalen“ vom „pathologischen“ Diebstahl gestaltet, wobei diese Diskussion vorwiegend aus psychiatrischer Sicht geführt wird.[493]
Zunehmend wird eine mehrdimensionale Betrachtung des Phänomens gefordert, welche die Lebensgeschichte, Konfliktbelastungen und die psychopathologische Entwicklung des Betreffenden einbezieht.[494]

4. Hinsichtlich der angeordneten *Sanktionen* bei weiblichen Diebstahlsdelinquentinnen ist festzuhalten, daß der Anteil der weiblichen Verurteilten in den letzten zehn Jahren rückläufig ist (von 1987: 34% auf 1997: 29,2%). Frauen werden häufiger zu Geld- und Bewährungsstrafen verurteilt als männliche Diebstahlstäter; die Höhe der verhängten Freiheitsstrafen ist zudem wesentlich niedriger als bei männlichen Delinquenten.[495]

5. Im Zusammenhang mit der Beurteilung der *Schuldfähigkeit* von Diebstahlsdelinquentinnen findet sich die „Kleptomanie“ in den Diagnoseschlüsseln unter dem Befund der schweren anderen seelischen Abartigkeit, und zwar als „Störung der Impulskontrolle“.[496] Es wird in diesem Zusammenhang vielfach darauf hingewiesen, daß es sich nicht um eine eigenständige Krankheit, sondern um ein Symptom der in den §§ 20, 21 StGB beschriebenen Grunderkrankungen handelt. In den Untersuchungen hat man besonders häufig (depressive) Neurosen und Psychosen (als krankhafte seelische Störung) diagnostiziert; gleichzeitig machen die Untersucher auf das Vorliegen einer begleitenden Konfliktbelastung bei den Täterinnen und Tätern aufmerksam.[497]
Über den Umgang mit dem Befund des „pathologischen Diebstahls“ unter dem Gesichtspunkt der Schuldfähigkeit herrscht Uneinigkeit. So wird auf der einen Seite eine großzügige Handhabung gefordert, andere Stimmen äußern sich zurückhaltend und verlangen eine sorgfältige Prüfung der Täterpersönlichkeit, bevor von einer Exkulpation ausgegangen wird. Überwiegend wird das Vorgehen anhand der Merkmale des „pathologischen Stehlens“ abgelehnt.[498]

6. Die *Rückfallkriminalität* von Frauen allgemein ist als sinkend einzustufen. Im speziellen Fall des „pathologischen Diebstahls“ fallen die Täterinnen in den Untersuchungen jedoch durch vergleichsweise hohe Rückfallzahlen auf. Hinsichtlich der *Vorstrafenbelastung* ist diese Gruppe der Delinquentinnen vorwiegend einschlägig vorbestraft.[499]

---

[493] Im Ersten Teil unter § 4 B. II. 2.ff.
[494] Im Ersten Teil unter § 4 B. IV. und § 5 A. V. 5.
[495] Im Ersten Teil unter § 5 A. I.
[496] Im Ersten Teil unter § 4 B. II. 2. und § 5 A. II. 3.1.
[497] Im Ersten Teil unter § 5 A. II. 1.-3.
[498] Im Ersten Teil unter § 5 A. II. 4.
[499] Im Ersten Teil unter § 5 B.

7. Was die *Behandlung* der Diebstahlsdelinquentinnen anbelangt, so sprechen sich Fachleute für eine (ambulante) therapeutische Einwirkung in Fällen der hier interessierenden Charakteristik aus; die „Kleptomanie" kann nach den bisherigen Erkenntnissen durchaus behandelt werden.[500]

8. Zusammenfassend sind es insbesondere die Abgrenzung des krankhaften vom durchschnittlichen Diebstahl und die Frage nach der Prognose und Rückfallvermeidung, welche Schwierigkeiten auf diesem Gebiet bereiten.[501]

Zweiter Teil:

9. Vergleicht man die interviewten Probandinnen mit Aktenfällen anhand von idealtypisch neutralen Vergleichsmerkmalen wie Alter, Anzahl der Sanktionen und Alter beim ersten Delikt (*Vergleich auf der ersten Ebene*),[502] so kann man folgendes festhalten: Die Kriminovalenz ist in den Vergleichsakten in der Regel sehr viel stärker ausgeprägt als in der Interviewgruppe, wobei diese Tendenz praktisch alle Lebensbereiche (mit Ausnahme des Bereichs der eigenen Familie) umfaßt. Die Entwicklung schlägt sich folgerichtig auch in der (ungünstigeren) Diagnose und Prognose der Aktenfälle nieder. Zum zweiten konnte intensives K-idealtypisches Verhalten besonders dann beobachtet werden, wenn - wie bei einer Vielzahl der Vergleichsakten - Mißbrauch von Alkohol oder Drogen vorlag. Die starken Hintergrundwirkungen der Suchtproblematik verringert gleichzeitig die Vergleichbarkeit mit den (im großen und ganzen) in dieser Hinsicht unbelasteten Interviewpartnerinnen.

10. Der *Vergleich auf der zweiten Ebene* (Vergleich der Interviewpartnerinnen mit allen Akten anhand der Grunddaten)[503] zeigte zunächst, daß der Altersdurchschnitt der Interviewgruppe wesentlich über dem der Vergleichsgruppe lag, was auf den längeren „Selektionszeitraum" zurückzuführen ist. Die Interviewpartnerinnen gingen im Schnitt dreimal so häufig einer geregelten Tätigkeit nach wie die Vergleichsgruppe. Auffallend war des weiteren, daß in fast der Hälfte der Vergleichsfälle Alkohol- oder Drogenprobleme eine Rolle spielten, während dies bei den interviewten Probandinnen die Ausnahme darstellte. Hinsichtlich der Delinquenz lag das „Einstiegsalter" bei der Interviewgruppe höher; gleichzeitig waren - im Gegensatz zu den Bezugsfällen - fast alle Frauen ausschließlich einschlägig vorbestraft.

---

[500] Im Ersten Teil unter § 5 B. II. 3.

[501] Im Ersten Teil unter § 6

[502] Im Zweiten Teil unter § 13 A.

[503] Im Zweiten Teil unter § 13 B.

11. Beim Vergleich der Interviewpartnerinnen mit den ausführlichen Akten (*Vergleich auf der dritten Ebene*)[504] ist zu unterscheiden:
Zwischen der Interviewgruppe und den Aktenfällen, bei denen Alkohol- bzw. Drogenmißbrauch konstatiert wurde,[505] bestehen Differenzen dergestalt, daß in den Vergleichsfällen über alle Lebensbereiche hinweg kriminovalente Verhaltensweisen deutlich stärker entwickelt waren und demnach die Prognose ungünstiger ausfiel. Dies entspricht im Ergebnis dem Vergleich auf der ersten Ebene. Unterschiede zwischen alkohol- und drogenabhängigen Delinquentinnen bestanden hingegen nicht. Lag sowohl eine psychische Störung als auch Alkohol- bzw. Drogenabusus vor, so entsprachen diese Vergleichsfälle ebenfalls den ausschließlich mit einer Drogenproblematik belasteten Fällen.

Bezüglich der Probandinnen mit psychischem Befund (Interview- und Aktengruppe) ist zunächst festzustellen, daß in den meisten Fällen eine Depression (bzw. depressive Reaktionsmuster) oder eine Neurose diagnostiziert wurde.[506] Vergleicht man die Interviewpartnerinnen und diese Aktenfälle mit psychischer Störung im Hinblick auf die lebensgeschichtliche Entwicklung,[507] so ist nur teilweise Kongruenz hinsichtlich der Kriminovalenz gegeben. Neben der kleinen Stichprobe ist jedoch zu beachten, daß man dieses Ergebnis auf einen „Selektionsmechanismus" zurückführen kann, da die Interviewprobandinnen bestimmte Merkmale erfüllen mußten, um in die Gruppentherapie aufgenommen zu werden (bspw. Therapiewilligkeit, fester Wohnsitz, Beherrschen der deutschen Sprache, keine Gefahr eines „psychotischen Schocks"). Zudem läßt sich trotz der Unterschiede festhalten, daß die Diagnosen in den Aktenfällen mit psychischem Befund günstiger ausfallen als in den Fällen mit Alkohol- bzw. Drogenabhängigkeit. Des weiteren ergeben sich Merkmale, die praktisch allen „pathologischen" Fällen gemeinsam sind, nämlich ein „begleitendes Lebensereignis" sowie ähnliche Aussagen der Probandinnen hinsichtlich des Tathergangs und der eigenen Befindlichkeit vor, während und nach der Tat.

Bei der Untersuchung der „passiven Faktoren"[508], welche nicht als kriminovalente Abgrenzungskriterien herangezogen werden können, ist festzustellen, daß - mit Ausnahme des Merkmals „Scheidungs- oder Waisenkind" - die Probandinnen mit psychischer Störung (Interview- und Aktenfälle) in stärkerem Maße „passive Faktoren" aufweisen als die übrigen Vergleichsfälle.

---

[504]Im Zweiten Teil unter § 13 C.
[505]Im Zweiten Teil unter § 13 C. II. 2.
[506]Im Zweiten Teil unter § 13 C. II. 8.
[507]Im Zweiten Teil unter § 13 C. II. 3.
[508]Im Zweiten Teil unter § 13 C. II. 4.

12. Die Ergebnisse lassen folgende *Schlußfolgerungen* zu:[509]
Hinsichtlich der *Qualifizierung* der Tat als „pathologisch" sprechen kriminoresistente Verhaltensweisen und eine hieraus folgende günstige Diagnose und Prognose für das Vorliegen eines „krankhaften" Diebstahls. In diesen Konstellationen kann also mittels Methode der idealtypisch-vergleichenden Einzelfallanalyse eine Einschätzung über die weitere, gegebenenfalls gesonderte Behandlung der Delinquentinnen vorgenommen werden.
Ist im Ergebnis eine ungünstige Prognose abzugeben, so muß auf diejenigen Merkmale zurückgegriffen werden, welche den „pathologischen" Fällen gemeinsam waren („begleitendes Lebensereignis", spezifische Aussagen hinsichtlich des Tatgeschehens, das Vorliegen mehrerer „passiver Faktoren"), wobei diese teilweise nur als Indikatoren für einen Diebstahl mit pathologischem Hintergrund dienen können.
Liegt ein ausgeprägter Alkohol- bzw. Drogenmißbrauch vor, ist eine Abgrenzung mittels der idealtypisch-vergleichenden Einzelfallanalyse bzw. der oben genannten Kriterien aufgrund der starken Hintergrundwirkungen der Drogenproblematik nicht mehr möglich. Hieraus folgt allerdings gleichzeitig, daß die Existenz eines psychopathologischen Befundes nicht ausgeschlossen werden kann. Auch in diesen Fällen ist somit die Untersuchung der Lebensumstände des Täters zum Zwecke der Einordnung erforderlich.
Insgesamt erweist sich die Einbeziehung der lebensgeschichtlichen Entwicklung daher in allen Fallgruppen hilfreich und ist der isolierten Untersuchung des aktuellen Tatgeschehens vorzuziehen.
Im Blick auf die *Rückfallvermeidung* kann die - auf die spezifische Straffälligkeit der Täterinnen zugeschnittene - gruppentherapeutische Behandlung gute Erfolge aufweisen. Die Probandinnen sind seit der Teilnahme größtenteils nicht mehr rückfällig geworden, so daß im Ergebnis diese Art der Behandlung „pathologischer" Diebstahlstäterinnen geeignet erscheint, langfristig weitere Straftaten zu vermeiden.

---

[509]Im Zweiten Teil unter § 13 D.

Literaturverzeichnis

A. Lehrbücher, Monographien, Aufsätze

Albrecht, H.-J.: Legalbewährung bei zu Geldstrafe und Freiheitsstrafe Verurteilten, Freiburg 1982

Amelunxen, C.: Die Kriminalität der Frau, Hamburg 1963

Baer, R.: Psychiatrie für Juristen., Stuttgart 1988

Baer-Hess, V.: Über Kleptomanie beim Manne, in: Monatsschrift für Psychiatrie und Neurologie 1948, S.224 ff.

Baljer, E.: Forensische Psychiatrie, in: Faust (Hrsg.): Psychiatrie - Ein Lehrbuch für Klinik, Praxis und Beratung, Stuttgart - Jena - New York 1995, S.813 ff.

Bauer, G./Hagenbuchner, K.: Stehlen in psychiatrischer Sicht, in: Wiener Zeitschrift Nervenheilkunde, Grenzgebiete 1972, S.58 ff.

in der Beeck, M.: Der Zwang zu stehlen, Bonn - Berlin 1991

Bethge, H.-J.: Der Ladendiebstahl unter besonderer Berücksichtigung des Diebstahls in Selbstbedienungsläden (Dissertation), Kiel 1966

Bleuler, M.: Lehrbuch der Psychiatrie, Berlin - Heidelberg - New York 1983

Bock, M.: Die Methode der idealtypisch-vergleichenden Einzelfallanalyse und ihre Bedeutung für die Kriminalprognose, in: Die Täter-Individualprognose (Hrsg.: Dölling), Heidelberg 1995

ders.: Gutachten zur Sozialprognose auf der Grundlage der „Methode der idealtypisch-vergleichenden Einzelfallanalyse" nach Göppinger, Mainz

de Boor, W./Kohlmann, G.: Obsessionsdelikte - Tiefenmotive bei Eigentumsdelinquenz, Basel - München - Paris - London - New York 1980

ders. : Über motivisch unklare Delikte, Berlin - Göttingen - Heidelberg 1959

Bresser, P.: Diebstahl ohne Bereicherungstendenz - kein psychopathologisches Syndrom, in: Fortschritte Neurologie, Psychiatrie 1979, S.617 ff.

Comer, R. J.: Klinische Psychologie (Hrsg.: Sartory, Metsch), Heidelberg - Berlin - Oxford 1995

Dietrich, H.: Atalanta-Komplex und Kleptomanie, in: MschrKrim 1965, S.141 ff.

Dilling, H./ Mombour, W./ Schmidt, M.H.: Internationale Klassifikation psychischer Störungen, ICD-10 Kapitel V (F), 2. Auflage, Bern - Göttingen - Toronto - Seattle 1993

Dorsch, F.: Psychologisches Wörterbuch, 13. Auflage (Hrsg.: Häcker, Stapf), Bern - Göttingen - Toronto - Seattle 1998

Dürrmüller, S.: Der Ladendiebstahl, in: Kriminalistik 1972, S.293 ff.

Eisenberg, U.: Kriminologie, 4. Auflage, Köln - Berlin - Bonn - München 1995

Fekete, K.: Psychopathologie des Ladendiebstahls (Dissertation), Würzburg 1981

Fiedler, P./ Mundt, Ch.: Dissoziative, vorgetäuschte Störungen und Störungen der Impulskontrolle, in: Birbaumer, Frey, Kuhl, Prinz, Weinert (Hrsg.): Enzyklopädie der Psychologie, Serie II (Klinische Psychologie), Band 2 (Psychische Störungen und ihre Behandlungen), Göttingen - Bern - Toronto - Seattle 1997, S.355 ff.

Floru, L.: Der Begriff des „Pathologischen Stehlens", in: MschrKrim 1974, S.72 ff.

Foerster, K.: Abnorme Gewohnheiten und Störungen der Impulskontrolle nach ICD-10, in: Venzlaff, Foerster (Hrsg.): Psychiatrische Begutachtung, 3.Auflage, München – Jena 2000, S.267 ff.

Geerds, F.: Ladendiebstahl - Gegenwärtige Situation und mögliche Konsequenzen für Rechtsanwendung und Gesetzgebung, in: Festschrift für Eduard Dreher zum 70.Geburtstag (Hrsg.: Jeschek, Lüttinger), Berlin - New York 1977, S.533 ff., (zit.: Geerds, in: FS für Dreher)

ders.: Ladendiebstahl, in: Sieverts, Schneider (Hrsg.): Handwörterbuch der Kriminologie, Band 5, Lieferung 2, Berlin 1991, S.347 ff., (zit.: Geerds, in: HWB der Kriminologie)

Gerlinghoff, M./Backmund, H.: Kleptomanie bei Anorexia nervosa und Bulimie, in: MschrKrim 1986, S.325 ff.

Glatzel, J.: Zur psychiatrischen Begutachtung von Ladendieben, in: Strafverteidiger 1982, S.40 ff.

Göppinger, H.: Kriminologie, 5. Auflage, München 1997

ders. : Angewandte Kriminologie - Ein Leitfaden für die Praxis, Berlin - Heidelberg - New York - Tokio 1985

ders.: Der Täter in seinen sozialen Bezügen. Ergebnisse der Tübinger-Jungtäter-Vergleichsuntersuchung, Berlin - Heidelberg - New York - Tokio 1983

Hadamik, W.: Die Wesenslosigkeit des Kleptomaniebegriffes, in: MschrKrim 1955, S.83 ff.

von Hentig, H.: Zur Psychologie der Einzeldelikte, Tübingen 1954

Huber, G.: Forschungseinrichtungen und Lehrmeinungen in der Psychologie, in: Göppinger, Witter (Hrsg.): Handbuch der forensischen Psychiatrie, Band II, Berlin – Heidelberg – New York 1972 , S.663 ff.

Jung, F.: Kriminologische Untersuchungen an Vermögensverbrechern, Göttingen 1970

Kaess, M.: Ein Fall von Eigentumsdelikt als sexuelle Symbolhandlung und seine strafrechtliche Bedeutung, in: MschrKrim 1958, S.46 ff.

Kaiser, G.: Kriminologie, 10. Auflage, Heidelberg 1997

Keller, S./Battegay, R./Rauchfleisch, U.: Diebstähle bei Depressiven, in: MschrKrim 1981, S.342 ff.

Keupp, L.: Zur Problematik der weiblichen Delinquenz, in: MschrKrim 1982, S.219 ff.

Knöllinger, C./Foerster, K.: „Kleptoman" – Mythos oder Realität ?, in: Bewährungshilfe 2000, Heft 1, S.43 ff.

Kockott, G.: Sexuelle Störungen, in: Faust (Hrsg.): Psychiatrie - Ein Lehrbuch für Klinik, Praxis und Beratung, Stuttgart - Jena - New York 1995, S.635 ff.

Konrad, N.: Psychiatrische Richtungen und Schuldfähigkeit, Hamburg 1995

Koob-Sodtke, T.
Die Elstern - Gruppenarbeit mit Frauen mit Diebstahlsproblematik - Ein Erfahrungsbericht, in: Bewährungshilfe 2000, Heft 1, S.55 ff.

Kraus, A.: Depression, in: Battegay, Glatzel, Pöldinger, Rauchfleisch (Hrsg.): Handwörterbuch der Psychiatrie, Stuttgart 1984, S.106 ff.

Krause, W.: Ladendiebstahl und Zurechnungsfähigkeit, in: MschrKrim 1963, S.49 ff.

Kreuzer, A.: Kriminologische Dunkelfeldforschung, in: NStZ 1994, S.13 ff.

Kury, H.: Ausgewählte Fragen und Probleme forensischer Begutachtung, Köln - Bonn - Berlin - München 1987

Lange, H.-U./Engelmeier, M.-P./Pach, J.: Der Ladendiebstahl ohne Bereicherungstendenz, in: MschrKrim 1980, S.140 ff.

Langelüddeke, A./Bresser, P.: Gerichtliche Psychiatrie, 4. Auflage, Berlin - New York 1976

Leygraf, N./Mester, H./Tölle, R.: Psychodynamische Aspekte krankhaften Stehlens, in: Pohlmeier, Deutsch, Schreiber (Hrsg.): Forensische Psychiatrie heute, Berlin - Heidelberg - New York 1986, S.201 ff.

Loitz, R.: Ladendiebstahl unter der Lupe, Köln 1971

Luthe, R.: Forensische Psychopathologie, Berlin - Heidelberg - New York 1988

Marneros, A.: Behandlung seltener und schwer klassifizierbarer Syndrome, in: Möller (Hrsg.): Therapie psychischer Erkrankungen, Stuttgart 1993, S.646 ff.

Mey, K.-D.: Ladendiebe, in: Kriminalistik 1966, S.308 ff.

Michaelis, J.: Kriminologisch-kriminalistische Aspekte des Ladendiebstahls unter besonderer Berücksichtigung des Warenhausdiebstahls, Frankfurt a.M. - Berlin - New York - Paris 1991

Möller, H.-J.: Zur Psychopathologie von Stehlhandlungen ohne (wesentliche) Bereicherungstendenz, in: Archiv für Psychiatrie und Neurologie 1977, S.323 ff.

Müller, Ch., Lexikon der Psychiatrie, Berlin - Heidelberg - New York 1973

Mundt, Ch.: Eigentumsdelikte bei endogenen Depressionen, in: Fortschritte Neurologie, Psychiatrie 1981, S.214 ff.

Nedopil, N.: Forensische Psychopathologie: Stuttgart - New York 1996

Osburg, S.: Psychisch kranke Ladendiebe – Eine Analyse einschlägig erstatteter Gutachten, Heidelberg 1992

dies.: Forensisch-psychiatrisch begutachtete Ladendiebe - eine Typologie, in: MschrKrim 1992, S.10 ff.

Pauleikhoff, B./Hoffmann, D.: Diebstahl ohne Bereicherungstendenz als psychopathologisches Syndrom, in: Fortschritte Neurologie, Psychiatrie 1975, S.254 ff.

Rasch, W.: Forensische Psychiatrie, 1. Auflage, Stuttgart - Berlin - Köln - Mainz 1986; 2. Auflage, Stuttgart - Berlin - Köln 1999

ders.: Schuldunfähigkeit, in: Ponsold (Hrsg.): Lehrbuch der gerichtlichen Medizin, Stuttgart 1967, S.55 ff.

ders./Petersen, U.: Kriminalität innerhalb endogen-phasischer Depressionen, in: MschrKrim 1965, S.187 ff.

Rauchfleisch, U.: Chancen und Probleme der ambulanten Psychotherapie von Straffälligen, in: Amsel-Kainarou, Nelles (Hrsg.): Forensische Psychiatrie – Machtinstrument oder Schattendasein?, Bern - Stuttgart - Wien 1993, S.65 ff.

Roxin, C.: Strafrecht Allgemeiner Teil, Band 1, 2. Auflage, München 1994

Schallert, Ch.: Erkennen krimineller Gefährdung und wirksames Eingreifen, in: DVJJ-Journal 1998, S.17 ff.

Scharfetter, C./Faust, V.: Anamnese und psychischer Befund in Stichworten, in: Faust (Hrsg.): Psychiatrie - Ein Lehrbuch für Klinik, Praxis und Beratung, Stuttgart - Jena - New York 1995, S.57 ff.

Scheuch, E.K./Daheim, H.-J.: Sozialprestige und soziale Schichtung, in: Kölner Zeitschrift für Soziologie und Sozialpsychologie, Sonderheft 5, 1970, S.65 ff.

Schmidt, G.: Der Stehltrieb oder die Kleptomanie, in: Zentralblatt für die gesamte Neurologie und Psychiatrie 1939, S.1 ff.

Schneider, H.-J.: Kriminologie, Berlin - New York 1987

ders.: Frauenkriminalität und Frauenstrafvollzug, in: Gedächtnisschrift für Hilde Kaufmann (Hrsg.: Hirsch, Kaiser, Marquardt), Berlin - New York 1986, S.267 ff. (zit.: Schneider, in: GS für Kaufmann)

Schönke/Schröder: Strafgesetzbuch (Kommentar), 24. Auflage, München 1991 (Bearbeiter: Lenckner)

Schorsch, E., Die sexuellen Deviationen und sexuell motivierte Straftaten, in: Venzlaff (Hrsg.): Psychiatrische Begutachtung, Stuttgart - New York 1986, S.279 ff.

von Schumann, H.-J.: Entschuldbare Eigentumsdelikte, 1. Auflage, Hamburg 1975; 2. Auflage, Heidelberg 1988

Schwind, H.-D.: Kriminologie, 8. Auflage, Heidelberg 1997

Stephanie, R.: Die Wegnahme von Waren in Selbstbedienungsgeschäften durch Kunden, Bern - Stuttgart 1968

Suttinger, G.: Diebstahl, in: Sieverts (Hrsg.): Handwörterbuch der Kriminologie, Band I, Berlin 1966, S.117 ff. (zit.: Suttinger, in: HWB der Kriminologie)

Tegel, H.: Der Ladendiebstahl - Außergewöhnliche Tätertypen, in: Kriminalistik 1963, S.203 ff.

Tölle, R.: Psychiatrie, einschließlich Psychotherapie, 11. Auflage, Berlin - Heidelberg - New York 1996

Wagner, J.: Ladendiebstahl - Wohlstands- oder Notstandskriminalität? Heidelberg 1979

ders.: Staatliche Sanktionspraxis beim Ladendiebstahl, Göttingen 1979

Weber, J.: Spät- und Alterskriminalität in der psychologisch-psychiatrischen Begutachtung, in: Forensia 1987, S.57 ff.

Witter, H.: Allgemeine und spezielle Psychopathologie, in: Göppinger, Witter (Hrsg.): Handbuch der forensischen Psychiatrie, Band I, Berlin - Heidelberg - New York 1972, S. 429 ff.

Wolfslast, G.: Die Gutachtenpraxis des Gerichtsärztlichen Ausschusses für NRW, dargestellt am Beispiel der beanstandeten Gutachten des Jahres 1976, in: MschrKrim 1979, S.76 ff.

B. Statistiken

Polizeiliche Kriminalstatistik Bundesrepublik Deutschland, Jahrgang 1955-1997 (Hrsg.: Bundeskriminalamt, Wiesbaden), (zit.: PKS Jahrgang)

Polizeiliche Kriminalstatistik 1998: Bulletin zur PKS 1998, Nr.29, S.273 ff. (Presse- und Informationsamt der Bundesregierung)

Rechtspflege - Ausgewählte Zahlen für die Rechtspflege 1987 bis 1992, Reihe 1 (Hrsg.: Statistisches Bundesamt, Wiesbaden)

Rechtspflege - Ausgewählte Zahlen für die Rechtspflege 1993 bis 1996, Reihe 3 (Hrsg.: Statistisches Bundesamt Wiesbaden)

Rückfallstatistik 1990 für das Basisjahr 1984 (Hrsg.: Der Generalbundesanwalt beim BGH)

Statistisches Jahrbuch für die Bundesrepublik Deutschland, Jahrgang 1999 (Hrsg.: Statistisches Bundesamt, Wiesbaden)

Strafverfolgungsstatistik, Jahrgang 1997 (Hrsg.: Statistisches Bundesamt, Wiesbaden)

Werner Schubert (Hrsg.)

Akademie für Deutsches Recht 1933-1945 Protokolle der Ausschüsse Ausschuß für Jugendrecht, Arbeitsgemeinschaften für Jugendarbeitsrecht und Jugendstrafrecht (1934-1941)

Herausgegeben und mit einer Einleitung versehen von Werner Schubert

Frankfurt/M., Berlin, Bern, Bruxelles, New York, Oxford, Wien, 2001. XXI, 661 S.
Akademie für Deutsches Recht 1933-1945. Protokolle der Ausschüsse.
Herausgegeben von Werner Schubert. Bd. XI
ISBN 3-631-37064-4 · Geb. DM 198.–*

Der Band dokumentiert die Beratungen des Ausschusses für Jugendrecht der Akademie für Deutsches Recht sowie der Arbeitsgemeinschaften für Jugendarbeitsrecht und Jugendstrafrecht (1934-1941). Den Hauptteil des Bandes bilden die Beratungen über eine Reform des Jugendgerichtsgesetzes, dessen Neufassung 1943 verkündet wurde. Das neue Gesetz verstärkte einerseits die Tendenz des Nationalsozialismus zur Disziplinierung der Jugend, andererseits enthielt es wesentliche Verbesserungen gegenüber dem bisherigen Jugendstrafrecht, vor allem im Bereich der Sanktionen. Der Entwurf zu einem Berufserziehungsgesetz von 1942 sollte die arbeitsrechtliche Erfassung sämtlicher Jugendlichen gewährleisten. Als Grundsätze für die rechtliche Gestaltung der Berufserziehung ergaben sich: Einheit von Berufserziehung und Berufsausbildung, Konzentration der Berufserziehung auf den Jugendlichen und Ausdehnung auf alle Jugendlichen. Jeder deutsche Jugendliche sollte eine Berufserziehung durch praktische Ausbildung erfahren; es sollte „keinen ungelernten, keinen berufslosen Deutschen" geben. Der Anhang bringt in einem Nachtrag zu Band VII (Ausschüsse für Strafprozeßrecht) Auszüge aus dem neu aufgefundenen Protokoll der Arbeitsgemeinschaft für Fragen der Strafbarkeit der SS und des Reichsarbeitsdienstes vom 7.2.1939 (Rechtsmittel, Urteilsrüge, Urteilsbestätigung).
Die Einleitung des Herausgebers erschließt die Verhandlungsergebnisse und Biographien der wichtigsten Ausschußmitglieder.

Aus dem Inhalt: Jugend- und Kinderarbeitsrecht · Jugendpflegerecht · Bewahrung von Jugendlichen (Änderungen des Reichsgesetzes für Jugendwohlfahrt) · Entwurf eines Gesetzes über die Berufserziehung der deutschen Jugend von 1942 (Berufserziehung im Betrieb – Berufserziehung außerhalb des Betriebes) · Jugendstrafrecht: Schuldfähigkeit – Jugendstrafen – unbestimmte und bedingte Verurteilung – Zuchtmittel – Jugendarrest – Erziehungsmaßregeln – Strafverfahren in Jugendsachen – Stellung der Hitlerjugend – Strafbefehl und polizeiliche Strafverfügung – Strafvollstreckung und Vollzug

FSC
www.fsc.org
MIX
Papier | Fördert
gute Waldnutzung
FSC® C083411

Kolibri 360 GmbH
Ferdinand-Jühlke-Straße 7
99095 Erfurt, Deutschland
produktsicherheit@kolibri360.de

Druck:
CPI Druckdienstleistungen GmbH
im Auftrag der
Kolibri 360 GmbH
Ferdinand-Jühlke-Str. 7
99095 Erfurt